世界体育史丛书

郝勤　主编

美国体育史（上）

［美］杰拉尔德R.杰纳斯　琳达 J.波里什　格特鲁德·菲斯特　著

霍传颂　宋秀平　张鹏翔　卢凤仪　译

人民体育出版社

关于作者

杰拉尔德 R. 杰纳斯博士（Gerald R. Gems，PhD） 国际学者，19本书及200多本出版物的作者、编辑。目前为伊利诺斯内伯维尔中北大学的运动学教授。北美体育史协会前主席，现任国际体育与体育史学会副会长。自1996以来，他一直担任《体育史杂志》的书评编辑。2012年他被美国政府授予富布莱特学者奖，并于2016年获劳特利奇一等奖学金。

琳达 J. 波里什博士（Dr. Linda J. Borish） 西密歇大学历史学副教授，专注于研究美国女性体育史。并在科利奇帕克马里兰大学获得了美国学博士学位。她发表了体育史、妇女及不同性别历史、作为主编参与的犹太籍美国人史，以及劳特利奇出版社历史系列之美国体育史（Routledge，2017）。她还出版了包括《芝加哥体育》

《美国犹太人与运动》《体育馆中的犹太人》《犹太教、体育及田径运动》《美国体育史指南》在内的一系列书籍。她的论文曾在《体育史杂志》《国际体育史杂志》《历史反思：理论与实践杂志》和《美国犹太史》上发表。她是2007年纪录片《美国体育中的犹太妇女：奥林匹克之核心》的监制和历史学家，是布兰迪斯大学哈达撒–布兰迪斯研究所的副研究员，并且收到大量与美国妇女、美国体育史相关的研究基金。波里什博士在2001—2002年被选举担任北美体育史研究协会的国际大使，同时也是执行委员会和出版物委员会成员。在1996年到2000年中，她曾是《体育史杂志》书评共编者。

格特鲁德·菲斯特博士（Gertrud Pfister，PhD） 丹麦哥本哈根大学荣誉退休教授。她曾在1993年到2000年间，任国际体育教育和体育史协会主席；2001年到2007年间，任国际体育社会学研究会主席。2005年获得体育历史领域终生成就联合奖。被授予布达佩斯梅森威斯大学荣誉博士。她是美国运动机能学和体育教育学学院、欧洲体育科学学院的研究员。已获得雷根斯堡大学历史博士和波鸿鲁尔大学社会学博士学位。她曾因学术成就被丹麦女王授予爵士及骑士十字勋章。2016年，德国总统亲自授予她贡献十字勋章奖，以表彰她对推动妇女运动所做出的贡献。

主要译者简介

霍传颂，男，1987年9月生，山东淄博人。先后毕业成都体育学院英语专业和体育教育训练学专业，体育史与体育文化传播在读博士研究生，美国西密歇根大学访问学者。现任成都体育学院讲师。长期从事欧美体育史、奥林匹克运动、体育翻译研究，发表学术论文《从女子篮球规则演变看美国女性体育观念的发展》，主持和参与《美国体育史》《体育翻译研究》及《中华武术外译》等多项国家级和省部级课题。

序

体育：在历史中奔跑

郝勤

现代体育是一个全球文化体系，是人类社会发展与文明进步的重要成果与标志。现代体育以共同的理念、统一的规则、跨国性组织、周期性赛事及全球化活动方式将世界连接为一个整体，使全人类拥有共同的语言与梦想。现代体育以竞技与身体运动为核心，在促进人的身心健康、人格发展、社会和谐及世界和平等方面具有重大意义，并在政治、经济、文化、国际交往等领域产生着重要作用与影响。

中国体育是世界体育的重要成员与组成部分。从历史来看，现代体育是中国人最早接纳并融入世界的领域之一。资料显示，早在1840年前后，现代体育的一些运动项目即在香港、澳门等地登陆中国。19世纪末20世纪初，随着教会学校的出现与基督教青年会的传教活动，田径、球类等许多现代体育项目陆续由天津、上海、广东等地传入中国。与此同时，在"救亡图存""强国强种"的强烈愿望下，清末民初的中国知识分子也从日、德、英、美等国大力引进现代体育。20世纪上半叶，中国逐渐融入世界体育体系，不仅在全国中小学设置体育课，还举办了七届全国运动会，参加了十届远东运动会和三届奥运会。中华人民共和国成立伊始，即排除各种障碍，参加了1952年赫尔辛基奥运会。1958年至1979年，中国因众所周知的原因脱离了世界体坛。改革开放后，中国重新回到国际体育大家庭。从1984年洛杉矶奥运会开始，中国运动员在一系列重大国际赛事中取得了举世瞩目的成就。1990年，北京成功举办亚运会，2008年北京成功举办第29届夏季奥运会，中国体育代表团取得金牌总数第一。中国为世界体育的发展作出了重要贡献，成为促进世界体育发展、推动世界和平与人类进步的重要力量。

就中国体育与现代体育的历史关系而言，与欧美人不一样，现代体育是中国人在家仇国恨、民族危亡背景下被动接受的外来文化。体育对中国人而言从一开始就不是欢快的游戏，而是在强烈民族情绪下"救亡图存""强国强种"的路径与手段。对体育这一外来文化的功能与价值，中国人始终是以自己的视角与心态来理解的。这就是为什么从康、梁、秋瑾、蔡锷再到蔡元培都力主"军国民主义体育"。从清末民初始，"打败洋人""为国人争气"一直是中国体育的主旋律。直至今天，"为国争光""爱国主义"仍然是中国人心目中厚重的体育价值观。

从1984年洛杉矶奥运会到2008年北京奥运会，中华民族的"百年耻辱"终于在奥运会奖台上一扫而光，中国人的"百年梦想"在体育领域得到实现。但与此同时，在中国全面奔向小康社会的背景下，中国人对体育的价值需求也发生了显著而重大的变化。中国人民不仅需要在重大国际赛场上扬眉吐气，也需要通过体育增强国民体质，促进身心健康，实现人的全面发展与社会和谐进步，提高生活质量，发挥体育在社会、经济、文化、外交等领域的独特作用与重大影响。由此，在北京奥运会后，中国体育进入了全民健身、竞技体育、体育产业、体育文化全面协调发展的新阶段。2014年，国务院下发的《关于加快发展体育产业促进体育消费的若干意见》指出："发展体育事业和产业是提高中华民族身体素质和健康水平的必然要求，有利于满足人民群众多样化的体育需求，保障和改善民生，有利于扩大内需，增加就业，培育新的经济增长点，有利于弘扬民族精神、增强国家凝聚力和文化竞争力。"显而易见，这是新的历史时期中国政府与人民对体育的全新需求与共识。

新的实践需要新的理论。在新的历史时期，中国体育发展实践对体育理论和学术研究必然提出新的任务与要求。在实现由体育大国向体育强国迈进的道路上，我们迫切需要研究和了解世界各国体育发展的历史与经验。毕竟，西方发达国家在体育的社会化、市场化和职业化道路上比我们先行一步，当前中国体育发展中遇到的许多问题都是欧美发达国家经历过的，他们的经验与教训都值得我们很好地去学习与借鉴。

在新一轮体育改革发展进程中，体育史学必将扮演重要的角色，彰显自身的学术价值与理论意义。体育史学是记录、收集、整理、研究、解释体育这一社会文化现象发生、发展、演变的过程与规律，从而帮助人们认知体育并为体育的发展提供历史借鉴的学科。体育史学通过严谨的材料收集、甄别、分析与运用，将历史的经验与教训加以总结与研究，从而为体育改革发展决策与实践提供必不可少的参考与借鉴。就这一意义而言，体育史学不仅是体育学的基础性学科，而且也是一门实践指导性很强的应用学科。

举个例子来说，中国足球的职业化与市场化改革从1995年起步，期间历经大起大落，曲折坎坷，迄今仍在艰难中摸索。而欧美各国职业足球已有百余年历史，发展水平高，法规配套，市场完善，产业成熟，已经发展成为规模巨大的产业门类。其实，欧美足球在职业化过程中也曾遭遇很多挫折，有的问题比中国足球还要严重，但是我们却很少去研究、借鉴别人的经历与经验，思考如何避免再走这些弯路。再推而广之，诸如大众健身产业打造，职业赛事组织管理，俱乐部、联赛或联盟建设，电视网媒赛事转播权营销，体育媒介运行与服务，运动员转会市场管理营销，运动员保险，体育赞助与广告，球迷关系公关，体育场馆管理与营销等，这些都是目前中国体育改革发展的新课题，在实践中也遇到了很多新问题。但由于欧美发达国家历经多年发展，业已形成较为完善而成熟的市场管理与运行机制，这些问题都需要从史学的角度加以总结与阐释，以为我所用。

自现代体育传入中国以来，体育史学就是中国体育科学体系的基础理论学科之一。早在19世纪初，严复、孙中山、梁启超、蔡锷、陈独秀、毛泽东、蔡元培等时代先驱便在了解和研究欧美、日本等国家和地区近代史基础上，注意到了体育之于"强国强种"、振兴中华的重大意义与价值。1919年，当中国刚开始出现体育教育之时，郭希汾先生便撰著了国内首部《中国体育史》教材，开启了中国体育史研究的先声。此后，体育史学也开始逐步成为中国体育理论和学术研究的基础性学科。

20世纪60年代是中国体育史研究的奠基时期。1962年，成都体育学院体育史研究室（1986年改为体育史研究所）的成立是中国的体育史学科的里程碑。这不仅是国内第一个正式建立的体育史专业研究机构，而且形成了首个体育史学术团队与梯队。老一辈体育史学者李季芳、孙仲达、董时恒、张咏、卢君雄、周西宽、旷文楠、梁光桂、颜绍泸等在十分困难的条件下开辟了中国古代体育史、中国近现代体育史和外国体育史等各个研究领域，发表和出版了大量重要文章与著作，为中国体育理论与体育史学的发展作出了开拓性的重要贡献。

在新的历史时期，体育史研究秉承"继承传统，开拓创新"理念，不仅完成了大量科研成果，获得了包括国家社科基金重大招标课题等在内的国家重大课题立项，而且创建了国内首个以中国古代体育史为主题的体育史博物馆，建立了国内体育院校首个文史专业，形成了本科、硕士、博士在内的人才培养体系，成为国内公认的体育史与体育文化人才培养基础与摇篮。

外国体育史是成都体育学院体育史研究所开创的重要研究领域。早在20世纪60年代初，体育史学的前辈们就对美国、英国、日本、德国等国体育史资料进行了翻译与整理。笔者于20世纪80年代初在成都体育学院体育史研究所攻读硕士研究生时，使用的教材就包括了美国学者范达冷的《世界体育史》、日本学者岸野雄三所著《欧洲体育史》、日本学者今村嘉雄的《体育史学》等。而这些珍贵的文献都是前辈学者们翻译且亲自用蜡纸钢板手刻油印的！

遗憾的是，因为种种原因，当年老一辈苦心翻译的这些译著未能正式出版。更令人遗憾的是，除了20世纪90年代周西宽、颜绍泸先生所著《体育运动全史》及近年来翻译出版的德国历史学者沃尔夫冈·贝林格所著《运动通史》、法国历史学家乔治·维加雷洛所著《体育神话是如何炼成的》等著作外，迄今为止国内正式出版的外国体育史研究成果寥寥无几。由此导致国内对世界各国，尤其是发达国家体育发展的历史与特点几乎一无所知。这种情况不仅不利于我们了解这些国家体育发展的情况与特点，而且对体育理论与学术研究领域也是一个巨大的缺失。

2011年，成都体育学院体育史研究所在学校领导的大力支持下，利用学校申报博士授权单位专项基金，组织有关专家学者撰译《世界体育史丛书》。该丛书拟分别就英、美、德、俄、法、日等主要体育发达国家的体育史进行研究和翻译，系统全面地介绍这些国家体育发展的历史与特点。之所以选择这些国家，不仅是因为它们在当今国际体坛有较大影响，而且在历史上这些国家与中国现代体育的兴起与发展关系十分密切，有助于我们更好地了解中国现代体育传入发展的源流脉络。

路漫漫其修远兮，吾将上下而求索。出版一套世界体育史系列丛书，不仅是中国体育学科建设和体育改革发展实践的需要，也是几代体育史学者的心愿。在此，我们谨对支持这套丛书撰译出版的成都体育学院领导、人民体育出版社，以及所有参与和支持这套丛书的专家学者表示衷心的感谢。我们相信，是共同的理想与事业将我们联系在一起，并将指引我们在探索的道路上继续走下去！

2019.5

目 录

第一章 早期殖民时代的美洲体育（1400—1750年） …………（1）

 第一节 印第安人的体育娱乐 ……………………………（4）

 第二节 宗教对英国殖民地的影响 ………………………（14）

 第三节 美洲殖民地体育 …………………………………（19）

 小结 …………………………………………………………（46）

 大事年表 ……………………………………………………（46）

第二章 美国革命时代与建国初期的体育和娱乐活动

   （1750—1820年） ………………………………（49）

 第一节 大觉醒运动与体育的定位 ………………………（52）

 第二节 消费主义和殖民生活的改变 ……………………（58）

 第三节 美国的启蒙运动以及体育和身体思想 …………（62）

 第四节 边区和乡村体育 …………………………………（64）

 第五节 革命时期和建国初期的女性娱乐活动 …………（67）

 第六节 印第安人体育 ……………………………………（70）

 第七节 美国革命战争时期的体育实践 …………………（71）

 第八节 19世纪社会模式的转变 …………………………（81）

 小结 …………………………………………………………（81）

 大事年表 ……………………………………………………（82）

第三章　南北战争前的健康改革与体育形式（1820—1860年）

……………………………………………………………………（85）

第一节　南北战争前的概况 ……………………………………（88）

第二节　健康改革家 ……………………………………………（92）

第三节　身体强健的基督徒 ……………………………………（95）

第四节　女性和体育活动 ………………………………………（99）

第五节　乡村体育 ………………………………………………（108）

第六节　农业跟体育新闻的兴起 ………………………………（114）

第七节　中上层阶级的体育实践 ………………………………（117）

第八节　公共体育锻炼场所 ……………………………………（120）

第九节　印第安人和非裔美国人的体育娱乐活动 ……………（124）

第十节　移民与体育文化 ………………………………………（130）

小结 ………………………………………………………………（135）

大事年表 …………………………………………………………（135）

第四章　理性化现代体育之崛起（1850—1870年）…………（139）

第一节　现代体育的概念 ………………………………………（141）

第二节　社会亚群体与现代体育的发展 ………………………（147）

第三节　体育兄弟会 ……………………………………………（157）

第四节　体育俱乐部和理性休闲的发展 ………………………（166）

第五节　美国团队运动和竞赛的发展 …………………………（171）

第六节　校际体育运动的崛起 …………………………………（180）

第七节　内战和体育活动 ………………………………………（184）

小结 ………………………………………………………………（185）

大事年表 …………………………………………………（185）

第五章 镀金时代体育的扩张和新形式（1870—1890年）…（188）

第一节 体育和社会阶层化 ……………………………（191）

第二节 民族休闲形式的保留 …………………………（197）

第三节 校际间体育文化的发展 ………………………（206）

第四节 男性体育文化 …………………………………（212）

第五节 商业体育 ………………………………………（215）

第六节 性别体育，阶层和社会角色 …………………（226）

第七节 体育的常规：业余主义对职业化 ……………（235）

小结 ……………………………………………………（237）

大事年表 ………………………………………………（237）

第六章 进步主义早期的美国体育和社会变迁（1890—1900年）
……………………………………………………（240）

第一节 进步主义时期的社会改革者 …………………（242）

第二节 美国意识形态下的竞技和比赛 ………………（244）

第三节 娱乐空间 ………………………………………（255）

第四节 回归大自然运动 ………………………………（266）

第五节 族裔群体 ………………………………………（269）

第六节 身体文化 ………………………………………（273）

第七节 体育运动和科学技术 …………………………（275）

第八节 现代奥林匹克 …………………………………（277）

小结 ……………………………………………………（281）

大事年表 ………………………………………………（282）

第一章
早期殖民时代的美洲体育
（1400—1750年）

阅读完本章节后，你将会了解以下内容：
- 美国殖民地时期的体育根基源于多民族文化
- 体育锻炼与消遣娱乐对多元部落的美洲印第安人的重要性
- 不同的欧洲殖民者对体育运动锻炼的态度及他们的态度是如何塑造美国殖民地时期的体育模式的
- 宗教影响贯穿了整个美国殖民地时期
- 殖民地时期美洲体育的发展对不同的社会阶层、种族和性别的意义
- 美国殖民地时期的体育运动类型及体育运动的区域差异

16世纪，阿兹特克人流行一种发源于本地的球类运动，名叫特拉克提（Tlachti）❶。这种运动引起了白人殖民者和传教士的注意。他们曾经以为美洲本土体育是在欧洲白人传统体育的基础上发展起来的。西班牙传教士费雷·伯纳迪诺·德·萨哈冈（Fray Bernardino de Sahagun）在描述这类比赛时，是这样描绘比赛队员、装备及奖品的：

> 他们（统治者）玩球的时候，有捕手，以及球员。他们以昂贵的物品为赌注——金项链、绿宝石、绿松石、奴隶、珍贵的披肩、昂贵的腰布、耕地、房屋、皮革腿带、金手镯、雁翎臂带、鹅毛披肩、大包的可可等。这些全都被用作一种称为特拉其特里比赛的赌注。
>
> 比赛在两队间进行，每队都被限制于墙壁内，这些墙及墙内地板都极为光滑。球场内边沿的地上都画有边线，而墙上则有两个石质的球环。球员需设法将球投入其中，而那些将球投入的队员将赢得所有贵重的物品，并赢得部分赛场旁观者的赌注。比赛装备包括橡胶球、接球手套、束腰带和皮革护髋。（Sahagún 449-450）

殖民地时代的美洲体育大致是由三类人创造的：北美印第安人（北美洲的原始居民），非洲人（被迫迁到新大陆的劳工和奴隶）及欧洲白人（尤其是英国人）。他们在美洲体育的发展历程中起到了极为重要的作用。16、17世纪殖民地时期美洲体育就是在印地安文化、非洲文化及欧洲白人殖民者文化的碰撞中发展起来的。这三类人的宗教信仰、社会阶层结构、种族、性别角色、族裔，以及区域环境都对殖民地时期美洲体育的发展起到了极大的作用。

---

❶阿兹特克人的一项运动，又名通向死亡的球赛。这项运动是在I形的球场上进行的，玩的是充满敌意的硬橡皮球。球场上往往充满伤害。球赛是阿兹特克人祭神仪式中不可缺少的一部分。这种活动只允许贵族参加。获胜一方的队长甚至整支球队的队员都会被砍头，作为献给神灵的珍贵祭品。对于崇拜神灵的阿兹特克人来说，这是一种无上的荣耀。<http://zhidao.baidu.com/link?url=2r2X_vDCr126X1xOkEZL5JCFWPXEwX7uzIrPNotQ5Y-LS7csOvL03FcGFJFCrRdoALI3D4h4zpVXy_EBbdckkq>

第一章　早期殖民时代的美洲体育（1400—1750年）

在克里斯多弗·哥伦布（Christopher Columbus）1642年发现新大陆之前，数百万的印地安人就已经在北美洲繁衍生息，他们保持着与欧洲截然不同的文化特色，包括他们的球类运动以及有体育特征的庆典仪式。因此欧洲殖民者发现的新大陆并非像人们想象的是一片"蛮荒之地"。相反，欧洲人遇到了和他们的国度，如英格兰、西班牙、法国、葡萄牙等完全不同的文化和社会环境。

历史学家卡尔·关奈里（Carl Guarneri）对欧洲人和北美印第安人早期的文化碰撞和渗透做过这样的描述：

> 从以下几点可以看出欧洲人和北美印第安人在随后两个世纪里的冲突：追求财富方面，物资交换方面，追求新大陆的控制权，产生宗教间的冲突，同时又有粮食生产技术上的差异。欧洲人对北美印第安人进行暴力剥削、奴役，并受到抵抗（29）。在与欧洲人的早期接触期间，新大陆的印第安人中还存在各种社会阶层。尽管在欧洲人的眼中北美印地安人都有相同特征（其实是一种刻板偏见），但实际上他们是截然不同的。从狩猎，到耕种，再到手工艺产品，以及语言和宗教，印第安人之间的差异甚至比欧洲人之间的差异还要大（32）。

事实上，这些北美印第安人都有着自己的宗教、经济、政治和社会信仰。在欧洲殖民者到来之前，有六大具有代表性的印第安人部落群生活在北美大陆的中部、中西部和西南部，即：阿纳萨兹人、大平原人、密西西比人、伍德兰人、北部和西北部的采猎人，他们特点各异。除此以外，还有其他的北美印第安人生活在北美大陆的各个角落。

阿纳萨兹人生活在干涸的美国西南部，会使用复杂的灌溉系统种植玉米、豆类和南瓜。后来，他们因为干旱重新在今天的亚利桑纳和新墨西哥定居。阿纳萨兹人建立了阿科马、霍皮和祖尼普韦布洛等印地安村落。这些北美印地安人后来遭到西班牙侵略者弗朗西斯克·瓦斯奎兹·德·科罗纳多（Francisco Vasquez de Coronado）的入侵，后者将他们统称为普韦布洛人（Guarneri 30-31）。其他生活在大平原的印第安居民，以捕猎水牛为生。这些半游牧部落包括夏安人、阿拉巴霍人、波尼人及苏族人（Guarneri 29, 31）。另一群美国印第安人被叫做密西西比人。他们生活在密西西比河与俄亥俄河之间的河谷地带。他们在美国中西部和西南部建立起自己的部族聚落并种植食物，如玉米、豆类和南瓜。卡霍基亚的北美印地安人在今天的圣路易斯附近建立了一个超过3000人的原始社会及宗教寺院（Guarneri 31；Rader，American Ways 4）。

其他的部落社会包括东部的伍德兰人生活在大西洋岸边，今天分属美国和加拿大。这个区域的部落按照季节进行狩猎、捕鱼和农业耕种。夏季耕作和捕鱼，到冬季就迁徙到小范围的区域狩猎。这一群落中有易洛魁人，他们占据今天纽约北部及宾夕法尼亚州，由六个部落组成。易洛魁的文化鼓励积极参与体育锻炼和体育运动。甚至因为他们的团结及极佳的身体素质，并且他们的领土在英法定居地之间，使得易洛魁人在殖民战争中表现得极为突出（Guarneri 32）。正如本章后面将谈到的，欧洲人和印第安人之间的冲突极大地影响了早期的美洲体育运动。另外一个部落社会就是北部及西北部地区的采猎部落。这些部落生活在加利福尼亚及太平洋的西北部地区，以渔猎为生。直到18世纪晚期，他们一直都以小村落的形式生活在远离欧洲殖民者的区域。根据关奈里的调查，这六大美国印第安人群体互有不同，又相互联系。这就是印第安人的多样性（Guarneri 32）。

事实上，北美印第安人在生活实践、语言习惯、宗教信仰上都有极大差异。北美人群和土地的多样性极大地影响着新大陆早期的体育运动，以及人们对体育的看法。对于体育运动或休闲形式，有些备受喜爱，而有些被人们厌恶，这些态度极大地影响了早期的体育形式。不同的北美印第安人、奴隶，以及欧洲殖民者都在参与体育活动，体育成为了殖民社会的一部分。并且在争夺新大陆的过程中，体育对不同人群有着不同的意义。

第一节　印第安人的体育娱乐

在欧洲人发现新大陆以前的很长时间，北美印第安人就已经将体育活动引入日常生活及宗教活动之中。他们依靠娴熟的捕鱼及狩猎技术，以及对地形和水情的了解进行野外运动。不同地区的殖民者也会把当地人的运动技巧运用到自身的户外活动如打猎、捕鱼及捕鸟中。印第安人能在水中游泳或操纵独木舟，而且部族的孩童在很小就学会了游泳。人们日常用弓箭来捕鱼和狩猎以提供食物，战时狩猎技能则被赋予了军事的作用。射箭就包括游戏训练和竞技比赛。

其他的项目，如滚环比赛，则被赋予了训练其他能力的作用，同时也让人借机赌博。北美所有的部落都参与到其中。在比赛中，男性在一个平坦的土地上滚铁环，其余的人则以个体或集体的形式向环中投掷矛、镖或者箭（*King 18, Koppedrayer 21-22, Dyson 148-149*）。事实上，印第安居民拥有各式各样的体育活动，包括长曲棍球，一种类似于冰球的运动。后者在冬天的冰上进行，参赛者可以是男性、女性和孩子。而西北部和西南部的部落则流行一种类似于羽毛球的名叫打毽子的运动。比赛中，目标物（有时是带羽毛的玉米壳）被手或者拍子击打以保持其在空中的状态。而对于新墨西哥地区的祖尼人来说，这项运动则具有一定的宗教意义，寓意着精神之力。比赛中常设赌局（*Meneses 280-281*）。

一、射箭

对于北美印第安人来说，箭术是一项十分实用的技能。在西部平原的苏族（亦称达科塔族，Dahcotahs）部落中，男孩用弓箭射击滚动圆环，来模仿射击移动中的野兽。在达科塔州的曼丹部落中，男人们练习速射，看谁能在相同的时间内射出最多的箭。在东南部的切诺基人有一种男女老幼都参加的竞赛形式，以玉米秆为目标进行射击。

射箭是大批美洲印第安文化中重要的一项，正如乔治·卡特林（George Catlin），以美洲印第安人的研究员和画家身份出名，在他的画作《美国曼丹族的射箭》（*Archery of the Mandans*）中展现的一样

于纽约公共图书馆，珍藏书区重印，*Archery of the Mandans*，1845

检索地址：https://digitalcollections.nypl.org/items/510d47da-dc0a-a3d9-e040-e00a18064a99

早期的欧洲白人殖民者描述了印第安人在箭术上的技能。英国的探险家詹姆斯·罗齐尔（James Rosier）曾有过一段关于新英格兰的美洲土著人箭术装备的记载（ca. 1605）：

"当我们到达岸边准备和他们交易时，我在其中一艘独木舟上看到了他们的弓和箭。当我在船上张弓搭箭，我发现我的力量仅仅够支撑五到六秒钟"。（Rosier, qtd. In Altherr, Part 1 38）

英国牧师查尔斯·伍利（Charles Wooley）大约于1678年在殖民地时期的纽约旅行，并且对纽约地区的印第安人作了如下描述：

"在基督徒特别是荷兰基督徒来到之前，他们对于弓箭非常熟悉。由此让我确信了之前听到的话：他们7岁的男孩就能射落飞行中的鸟"。（Wooley, qtd. In Altherr, Part 1 39）

二、跑步

当信使需要寻找食物、交付货物、传递战争消息或其他部落之间的重要事件时，跑步也表现出其实用性的一面。东北部易洛魁族的信使可以在3天时间内跑到他们半径240英里（385公里）的部落网络中的任何一个地方。在西南部的印第安部落将跑步变成了文化的一部分。墨西哥的阿兹特克信使于1519年在24小时内奔跑了260英里（420公里），将侵略者到达的消息带给了国王蒙特祖马（King Montezuma）。1680年，新墨西哥的普韦布洛部落组织了一次成功的反抗西班牙侵略者的行动。他们依靠擅长奔跑的信使让部落之间能够协同作战。在西南部的部落中，跑步还保持着部分宗教的意义。宗教仪式、成年仪式、丰收庆典和竞技比赛都有跑步运动的身影，其中有的项目需要具有极好的耐力。不论男人还是女人都参加踢球赛跑的比赛，这需要他们在长形的场地上不断将球推进，展开一场技巧与体力的较量。有时候，球会被木棍替换，踢木棍赛跑这种跑步形式则出现在了丰收仪式上，在全长25英里（40公里）范围内进行。人们喜爱的木棍被相信是具有魔力的，会被参与者珍藏多年。就像现代体育名人堂中那些纪念品被珍藏一样（*O'Fearghail 29-30，Meneses 168，Collier 262-266*）。

三、赛马

当欧洲的殖民者通过哥伦布大交换❶将马匹引进到北美大陆之后，人们对于跑步传递消息的需求就减少了。事实上，哥伦布第一次将马带到美洲后，它们就帮助西班牙征服者击败了印第安人。然而，随着西班牙先遣队将马的使用普及开来，北美印第安人通过交易、掠夺以及收集走失的马等方式获得了马匹（*Guarneri 56，65*）。北美印第安人认为马是神圣的动物，将它们视为珍宝。西部平原部落中的一些人成为了熟练的骑手，男人和女人都参与骑马竞赛活动，他们与本部落的人比赛，也同其他部族的人竞争。竞赛通常为3到4英里（大约4.5到6.5公里）的距离。获胜者将获得相当的声望和财物。1806年，内兹佩尔塞骑手向刘易斯和克拉克的探险队员挑战赛马，当时探险队正在勘查新购置的路易斯安那西北部的领土，这块土地让美国的面积扩大了一倍（*Johnson 105-106*）。

犹他北部的肖肖尼族印第安人将赛马作为一项体育传统。他们与东部的肖肖尼族印第安人一起发展壮大马群，从事这项运动已经有数百年之久。对于犹他北部华谢基殖民地的肖肖尼人来说，饲养马匹是发展赛马传统重要的一步。华谢基的农民赛马队擅长控制马匹，他们的祖先不但以赛马为乐，而且以赛马来设置赌局增加收入。20世纪早期的华谢基印第安人通过与他们的白人邻居进行赛马以重新燃起对于这项运动的热情（*Kreitzer 237*）。由此，肖肖尼印第安人丰富的赛马传统保持了几个世纪，使人回想起他们的祖先骑马驰骋，反抗外族入侵的情景。对于赛马的激情也在其他地区的肖肖尼人中扎根，比如内华达州的奥怀希、怀俄明州的沃舍基堡、爱达荷州的霍尔堡及犹他州的斯卡尔瓦利。在这些地区中，各个部落都将赛马看得和其他节日庆典一样，就像7月4日国家独立日。这些比赛组织良好，严格规定了赛道尺寸、明确了比赛距离以及其他的规则（*Kreitzer 237*）。显然，赛马因此影响了不同美洲土著部落的体育传统。

---

❶ 哥伦布大交换（Columbian Exchange）是一件关于生物、农作物、人种、文化、传染病以及观念在东半球与西半球之间的一场引人注目的大转换。<http://baike.baidu.com/link?url=WH99E3hLqquMtE-2hTJXzteZDvuYDAhRF5RRUuuxDmj51kIz9VLhZANxJ2GaRnGika5_pCMxFs-3jVHiEJbNnwaQ1lX8YBrUg2kVvT0EjHwW>

乔治·卡特林（George Catlin）描绘了19世纪60年代中期到晚期赛马的场景
乔治·卡特林，赛马，由保罗·梅隆收藏，图片由董事会提供，国家艺术画廊，华盛顿

四、长曲棍球[1]

北美印第安文化中最突出的竞技项目就是长曲棍球。长曲棍球在整个北美十分盛行。它超越了日常生活，成为了一种神秘的宗教仪式性的活动——同时也是一种实用性的运动，为了战争训练而开展。在葬礼或是纪念仪式上都要举行长曲棍球比赛。顶级的球员会终生拥有社会的尊重，有些优秀运动员甚至以球棒为陪葬品。长曲棍球的不同玩法体现了北美印第安文化中的宗教色彩。长曲棍球一词来源于法语，意为"球和棍的运动"。成群的男女都加入到这个充满活力的运动中（*Rader, American Ways 8*）。长曲棍球比赛需要的是合作精神而非个人英雄主义。这一流行运动规则灵活，没有边界，场地可以不规则，可以有不同数量的运动员参加（有时多达几百人）。运动员不需要穿戴任何保护设备，赤身裸体地

---

[1] 长曲棍球根源于印第安土著部落，有着几个世纪的悠久历史，经常用来解决部落间纷争、强身健体，以及用于锻炼出剽悍的部落男丁，后来甚至代替了战争。17世纪以前很多人有趣地称它为"laggataway"，意思是战争中的小兄弟。传说是当两个部落卷入一场武斗之中时，每个部落各出1000人参加比赛。竞赛场地是1到15里场地范围，而比赛往往会持续好几天。有些部落是用一根杆、一棵树或者一块岩石作为球门，击中得分。有些部落是用两根目标杆做成球门，球穿过两目标杆即得分，而他们所用的球是用木头、鹿皮、烧黏土或者骨头做成的。<http://baike.baidu.com/view/1602622.htm>

上场也未尝不可，就像古希腊的奥林匹克。东南的乔克托部落还允许运动员手持两根球棒。球门间距会依据参赛人员的数量来设置。事实上，在1791年中西部迈阿密印第安人参加的一次比赛中，一位欧洲的观众甚至将球门设在了2英里（3.2公里）以外（Vennum 237）。

长曲棍球被认为是一项大众运动。参赛者在鼓手和歌唱的妇女的鼓舞下参加比赛（Twombly 35-36）。比赛的赌注也十分巨大：1794年，塞内卡和莫霍克部落（易洛魁联盟的成员）就通过比赛解决了土地争端；到1797年的复赛时每队则派出了500名运动员，每个部落同时上场60名队员；在东北部的休伦部落，运动员不仅以物质产品为赌注，甚至还拿自己的老婆、孩子及人身自由下注。失败者有时可能会失去他们的头发甚至他们的小指头。毫无疑问，这样的情况导致了一些报复性的甚至致命性的比赛。东南部的切诺基人对那些参赛却失败的当权者指责不已。赛前，运动员会以绝食、吃泻药或是禁欲的方式来净身。而东南一些部落则通过在皮肤上划痕产生疼痛感的方式来提高运动员的耐力以保持状态（Vennum 28）。

乔克托印第安人的长曲棍球也引起了欧洲人的兴趣。著名的印第安文化研究员、画家乔治·凯特林是这样描述乔克托曲棍球比赛的：

> 每方有一个球门设置在场地上，由两个间隔25英尺（7.6米）直立的标杆顶部横跨一个横杆构成，门与门之间间隔40到50杆（220到275码，或者200到250米）。或者有的则是在两者中间有个点，球员通过抛掷球击中球门得分。这些部落用来击球的棍，可以弯曲成椭圆形，上面安装网袋，以防止球滑出。球员抓住球棒的一端，在空中飞跃接球，或者将球传给下一个队友。运动员不穿硬底鞋为防止意外，但需穿着腰布，上缀有由白色马鬃或者翎毛做的皮带或者"辫子"，脖子上戴有鬃，由涂成各色的马鬃制成。当球穿过每方的标志杆时即可得分，记入成绩。然后停止一分钟。当裁判员宣布比赛继续时，同样的场景会不停地继续下去，直到一方达到100分——这是比赛规定的获胜分。当参赛者拿起球杆开始比赛时通常为日出时分，比赛会在太阳下山结束。比赛结束后，根据先前的约定，运动员可以获得一些足够大家豪饮的酒，让大家尽兴，但是不能喝醉。（Catlin, qtd.in Riess, Major Problems 27-30）

凯特林的著作和绘画表达了一个欧裔美国人对北美印第安体育运动的看法。凯特林将乔克托的这种运动描述为"最美丽的体育运动"，他有关此运动的绘画作品数量大大超过了其他关于乔克托部落的作品（*Goodyear 139*）。当其他人把这种运动当作美洲社会一部分的时候，这种殖民地时期印第安人进行的长曲棍球运动却随着时间的推移而发生了变化。

虽然殖民时期的欧洲旅行者热衷于此项运动，并设计了大量的比赛规则，但他们仍使用了大量不敬的语言去描述运动员，这表明欧洲白种人对印第安部落的长曲棍球运动是有偏见的。正如大约1703年东北部地区的法国殖民者巴伦·德·拉昂坦（Baron de Lahontan）所描述的：

> 这些野蛮人，三到五百人同时在一个五到六百步的范围比赛。他们平均分为两队，击打两柱中间的球。每队都努力将球弄到己方，有一些人跑向球，其他人则保持一定距离予以保护。这种运动如此暴力以致于运动员经常因努力抛球而割破皮肤，弄断腿。所有的这些运动都是为了宴会或者其他的一些娱乐而举办。（Baron de Lahontan, qtd.in Altherr, Part 1 439；italics in original）

而这样的蔑视心态决定了1763年麦克依诺堡垒中（Fort Michilimackinac）英国士兵的悲惨命运，因为中西部的奥吉布瓦族和索克族用长曲棍球作为掩护对英国人进行了报复。他们起初在堡垒墙外进行长曲棍球比赛，然后将球偶然地抛入墙内以测试守军的反应。当士兵打开大门，冒险外出看比赛的时候，那些将武器藏于斗篷下的印第安观众突然进攻以报复那些白人侵略者。那些在大屠杀中幸存下来的堡垒中的人面临着被印第安人奴役的命运（*Vennum 88-103*）。

后来，在美洲大陆的另一端，白种人前往观看比赛并没引起巨大的反响。1765年，切诺基族女性之间的一场比赛引起了人们的兴趣，奥吉布瓦的比赛也允许男孩和女孩参赛。达科他人的比赛甚至会在男性和女性之间展开，而后者享有数量上的优势，五个女性对一个男性。白人的入侵，以及随之而来的对土地的争夺引起了巨大的连锁反应。不同的道德准则及强加的白人标准导致了禁赌令的颁布。西式风格的着装要求，以及礼拜日进行传统长曲棍球活动而不去教堂也让部族中的基督教传教士十分恼火（*Vennum 104-117*）。

由塞斯伊士曼（Seth Eastman）绘制的《苏族印第安人玩球》
(Ball Playing Among the Sioux Indians)
图片由国会图书馆提供，LC-USZC4-4810

五、简易曲棍球和双球

简易曲棍球——一种使用装饰过的，弧形的球棒击打球的运动风靡整个美洲大陆，在有些部落主要供女性玩耍（如克里人），而有些部落中仅供男性参加（如北加利福尼亚的一些部落）。而克劳族则是男女混合组队。与之相反，双球则多数是妇女参与。和长曲棍球相似，比赛中两球被绑在一起而后抛出，运动员使用曲棍击打。这项运动会测试女性的耐力——一种白人妇女很少被期望具有的能力。在双球运动中，男性比赛、女性赌博的现象表明了印第安妇女和殖民而来的盎格鲁妇女的不同（*Keith 101-102*）。正如奥克森丁（Oxendine）指出，美国印第安社会妇女地位的重要性体现在体育活动的参与上："北美印第安妇女以活跃的，机智的运动员形象，和热心热忱的观众形象参与到球类运动中。"（*22*）他描述说，虽然规则经常变换，但女性仍积极参与到各类体育运动中。

六、托利球和其他形式的棍球

在北美密西西比河流域，乔克托人进行一种叫托利球的传统运动（又叫棍球）。它在前哥伦比亚时期形成，最终发展成为长曲棍球。不同地区的北美印第安部落进行不同形式的托利球（Stepp 285）。最早对乔克托人托利球的记录来自1729年的天主教传教士。但是实际上这些比赛更早前就在各部落流行了。它展示了战争的各个方面，并且用来解决争端。一次比赛可以持续数日并且比赛场地也没有边界，参赛人数可以多达数百人（Stepp 287）。一场关于前哥伦比亚时期乔克托人之间进行的托利球比赛传达了这种体育的特性：

> 比赛规则极少，防御技巧繁多但多数十分野蛮。阻止对手得分经常意味着绊倒、铲断，甚至用手或球棍击打对手的头部和身体。结果是导致受伤频繁，一些比赛甚至在未有结果前就因为一方或双方伤亡而提前结束（Stepp 287）。

到19世纪后期，随着越来越多的白人和印第安人参与其中，在密西西比河的乔克托人的比赛上进行赌博已变得司空见惯。然后一些白人希望禁止比赛中的暴力行为，因为在这种高风险的比赛中死亡时有发生。1889年密西西比法院禁止在棍球的比赛中进行赌博（Stepp 287）。

不同的棍球比赛引起了密西西比河畔其他印第安人的兴趣，有些甚至是男女混合参赛。1700年，一个耶稣会传教士保罗·德·茹神父（Father Paul du Ru）见证了马斯科吉德的一种棍球比赛。他指出人们会对比赛结果进行赌博，他也描绘出男女比赛中的不同：

> 我们走进村庄，在那有一场比赛和舞蹈将举行。男士以组为单位参加：其中一个人手持球，并向上抛掷。他们都尽可能地跑，然后用棒击打球，而棒子最接近球的那一方，赢得此轮。然后胜方为下一轮抛球。这是一种非常激烈的比赛，也是一种老幼参与的比赛……

（妇女）在场地里两个巨大的柱子中间分成两队。有人在中间扔小球，然后接住球的人尽力带着球绕着己方柱子三圈，但是她需要躲避对方运动员对她的抓捕。如果不能的话，她可以将球抛给队友，让队友们继续绕着柱子跑。有时，如果球落入对方运动员的手中，则对方继续做相同的事。比赛时间相当长，结束后，女士会跳入水中清洗。有时候男士也会玩这个游戏（455）。

白人定居者也大量著书描绘北美印第安人的其他体育活动。英国人威廉·伍德（William Wood）在他1634年出版的《新英格兰的前景》（*New England's Prospect*）中就对北美印第安人进行的足球和进行其他的体育运动进行了详细描述：

> 他们的体育运动，大概有三到四种，如足球、射击、跑步、游泳。比赛都是有奖励的，奖品有贝壳、海狸皮、黑塔皮。奖品摆放在沙滩上有一英里长。比赛用球和手球差不多大，要抛在空中，用赤脚去踢。有时候比赛时间能长达两天，他们在赢得的土地上做上标记，第二天从标记处继续。在他们进行比赛前，要像去打仗一样将彩料涂满全身。（qtd.in Altherr, Part 1 160–161）

伍德虽然欣赏马萨诸塞州印第安人的这种激情的足球运动，但是他也宣称英国人在此的优势："在足球比赛中，一个英国人能够战胜十个印第安人。"（161）

和其他的体育休闲运动一样，北美印第安人也会在这些比赛中下注，正如历史学家乔治·艾森（George Eisen）所说："我们必须牢记在印第安文明中赌博既是一种休闲形式也是一种伴随着体育运动而生的活动。"（"Early" 10）例如，易洛魁人和塞内卡人进行的球类比赛，每队都有专为社会或宗教目的设立的小组。在部落会议进行的比赛中，球是鹿皮制成的，有足球大小。在比赛开始前，每队都要下注，赌注包括个人财产等，作为增加比赛乐趣的一部分（Dewey 736）。白人定居者对北美印第安人体育的态度反映了当欧洲人定居北美后对当地体育、社会的宗教态度。

第二节　宗教对英国殖民地的影响

在欧洲，天主教和新教的长期文化冲突一直持续。天主教教皇斐迪南（Ferdinand）和伊莎贝拉（Isabella）统一西班牙后，导致反犹太和穆斯林的宗教法庭产生，以及出现假皈依的现象。1492年西班牙侵占格兰纳达，让穆斯林在西班牙南部消失。在前往美洲的途中，哥伦布和其他统治者坚信，由于他们对宗教的热情及扩张基督教统治领域的渴望，上帝赏赐他们发现了新大陆。其他欧洲殖民者，比如法国耶稣会传教士和英国清教徒，都想建立神的国度。就他们而言，宗教扩张受到新教改革的推动，因此16世纪20年代以后，在新教和天主教之间，展开了一场全面的涉及思想、感情和领地的竞赛（*Guarneri 38*）。

那些宗教带来的紧张因素影响了欧洲殖民者对体育和运动的看法。基于宗教和寻求财富的原因，欧洲殖民者来到美洲大陆。宗教和利益的追求影响了他们在北美时对体育活动种类的选择。殖民者对印第安文化一直持有偏见。其中一些白人保持了自身原有的经济和文化方式，这影响了他们对美洲印第安体育活动的描述。那些早期的清教徒决定了现代美国人对体育特别是对少数族裔体育运动的态度（*Eisen*，"*Early*" *15*）。

一、加尔文教

16世纪30年代，约翰·加尔文（John Calvin）呼吁在欧洲进行宗教改革。在16世纪，"改革派"新教徒，又名加尔文教徒，将加尔文教教义传至英格兰、苏格兰、法国及英属殖民地。加尔文教宣扬"宿命论"的教义，即上帝知晓人的命运而且只有少数人能受到上帝的救赎，其他人都将受到惩罚。在加尔文教文化中，社会是神权政治的，神是至高无上的君主。一个人只要努力成为一名好的基督教徒，信仰神，就会成为"圣人"而非"罪人"。这样的观念渗透到教徒们生活的各个方面。加尔文教权威们"坚持个人勤俭节约、公众斋戒，午夜宵禁，以及细致的宗教教导。他们禁止跳舞、打牌、酗酒、打扮时尚"（*Rader*，

American Ways 32）。在寻求救赎的过程中，加尔文认为肉体和灵魂的区别很小，两者都需要摆脱罪恶。事实上，在宗教改革的所有领导者中，对娱乐和游戏一直有着一种矛盾的态度。从1541年到1564年，加尔文在瑞士日内瓦提出严格的教义，努力建立神权政治，构建一个神的国度。娱乐和游戏在当时受到打击（Baker 74）。加尔文主义最热心的追随者英国清教徒，将这些对休闲娱乐、身体活动的限制，以及娱乐活动不利于健康的观念带到了英格兰殖民地。在16世纪末17世纪初，清教徒一直对其所谓的"恶魔的运动（休闲娱乐）"嗤之以鼻，这样的观点在清教徒移民到这个新世界时对体育和身体活动的本质产生了影响。正如贝克描述的，"清教徒禁令的年代，不仅在英格兰，同样在北美，也是体育史上非常重要的一章"（72）。

二、英国教会

新教改革期间，英国国王亨利八世（King Henry Ⅷ）于1534年在未得到教皇克莱门特七世（Pope Clement Ⅶ）许可的情况下同阿拉贡（Aragon）的凯瑟琳（Catherine）王后离婚，并宣布他自己为英国教会（同样以英国圣公会著称）的首领，从此结束了英国同罗马的古老纽带。在这一过程中，亨利"无意中打开了通向几个世纪宗教冲突的大门"（Rader, *American Ways* 32）。亨利于1553年去世，在玛丽女王（Queen Mary，亨利与凯瑟琳的女儿）统治期间，她继承了母亲的宗教，所以皇冠的宗教归属又从新教交到了罗马天主教手中。因此受迫害的新教徒在玛丽女王统治期间都想要逃离到拥护加尔文教派的地方。在玛丽女王1558年去世前，伊丽莎白一世女王（Queen Elizabeth Ⅰ）登上王位（亨利八世的女儿），从此宗教政权又回到新教手中。

伊丽莎白一世的统治秩序影响了新殖民地关于体育的宗教观。例如，伊丽莎白批准了亨利国王所支持的赛马。马上长枪比赛为年轻的贵族所拒绝，赛马为女士和贵族所接受（Baker 62）。网球同样在贵族阶层受到欢迎。亨利八世曾拥有七块网球拍，并在汉普顿修建了一个网球场，至今仍以"世界上在用的最古老的球场"闻名，并在威斯敏斯特宫殿修建了两个室内和两个室外球场。他在1522年同奥兰治世家的国王、王子、勃兰登堡的总督一起参加双打比赛（Baker 62; Gillmeister 79）。伊丽莎白女王保持了对网球的支持，虽然她自己不打网球，但是却很爱看各国上层贵族参加的比赛（Baker 66）。

1588年，英国在海上击败了西班牙的无敌舰队，英国的新教击败了西班牙的天主教，并从西班牙的领土扩张中解放出来。然后英国殖民者便开始追求"西进热潮"（Westward Fever）的海外扩张，寻找新世界向全世界宣传他的宗教和价值观，其中当然包括了使北美印第安人皈依他们的信仰。英国上层阶级的新教观延伸到了英殖民地的体育运动中。但是当早期殖民者在美洲探索生存之时，英国贵族的体育运动并没有传递到北美殖民地的各个阶层中。

国王詹姆斯一世（King James I）和清教徒们在对安息日娱乐活动的观点上有很大不同。
于纽约公共图书馆重印，《詹姆斯一世，大不列颠、法国和爱尔兰的国王，信仰的守卫者》
引自http://digitalcollections.nypl.org/items/510d-47da-25d2-a3d9-e040-e00a18064a99

三、清教主义

在新教改革期间，英国清教徒所坚持的宗教教条禁止那些他们视为不道德，或不能提供任何有用目的的运动和比赛。但是当清教徒移民至这个新世界时，各式各样发展起来的社群和宗教组织吸纳了一些体育形式。这些被禁的活动包括：不合礼仪的舞蹈、喝酒、卖淫、暴力运动、赌博，以及野蛮的节日。清教徒相信这些身体运动减损了他们对神的奉献以及损害了社群建设。事实上，大多数新教徒鄙夷虚度时间，而不是促进身心健康的娱乐活动。然而加尔文派认为，对于教育年轻人，适当的娱乐消遣是可以接受的，包括箭术、游泳、竞走、捕鱼及打猎。

在16世纪末17世纪初，有一群加尔文教的疯狂信徒企图照搬加尔文主义的条款来改革英国教会长久以来的专制和独裁，而这群人就是我们现今耳熟能详的清教徒。他们企图去"净化"继伊丽莎白之后，詹姆斯一世所领导的新教王朝。詹姆斯国王对清教徒的厌恶遭到了反击（*Rader, American Ways 34*）。清教徒们意欲去除当时的一些娱乐活动，并严守安息日规则——每周日是向上帝祷告的日子。清教徒们对英国贵族花大把的时间和金钱在网球、剑术和保龄球等这些娱乐项目上的生活方式表示很不赞同。于是在1581年，英国清教徒、著名的消遣批判者菲利普·斯塔布斯（Philip Stubbes），著书《剖析时间的浪费》（The Anatomy of Abuses）来批评贵族们的娱乐行为。"任何违背上帝旨意，而且既不符合安息日主义或者其他一些原则的活动，都将不被接纳，应该被绝对禁止"，但是斯塔布斯对于把体育运动与赌博行为等量齐观的评论也并不赞同，尽管他个人对足球等流行体育项目也并不是太看好。斯塔布斯认为：足球是友好的战斗，而不是游戏或娱乐方式；但足球也是野蛮血腥的，而不只是一种屈从性的体育消遣（*qtd. in Baker 75*）。如此，宗教和阶级的双重矛盾导致了安息日主义的出现。

清教徒不但对贵族的娱乐进行批评，还攻击劳苦大众仅有的一些娱乐活动。他们认为在体育赛事的输赢上投注是一种很可耻也很浪费资源的行为。他们抨击在天主教节日或者异教仪式中，人们普遍喜欢进行一些暴力娱乐活动，比如斗牛、斗鸡等娱乐活动。在这样一些暴力娱乐项目中，成千上万的小动物在哀鸣。如此这般，这些娱乐项目也很自然地成为欧洲和美洲殖民地清教徒竞相抨击的对象了。总体来说，清教徒批评那些在赌博、饮酒、嬉戏、血腥运动、娱乐活动浪费时间的人，以及那些宁可从事不道德、不自律的活动也不去教堂的人。

在这一场清教徒与非清教徒关于是花时间运动还是花时间祷告的争斗中，詹姆斯国王表达了对体育的推崇。在1618年的时候，他所著的关于《体育之书》（Book of Sports）表明了他的态度。詹姆斯认为，体育能够细化社会使命，在政治和军事上都起到了很重要的作用。平民们有权利进行法律所允许的休闲运动，除了不准在运动中携带攻击性武器。而且詹姆斯认为进行体育活动的权利当以法令的形式公布。国王的这一鲜明的英国国教立场从很大程度也引发了他们与清教徒之间的矛盾态势。相关的记载如下：

> 我们听到来自人民的抱怨声，他们在做完礼拜之后仍被禁止在周日下午进行合法的娱乐和活动，这只会带来两个糟糕的后果：一是使得有一些牧师抓住机会阻碍人们交流，让人民以为我们的宗教中没有真诚合法的娱乐和欢笑，这只会使人们心中产生不愉快……另一方面则会对那些利用身体训练为战争作准备的人带来不便，一旦我们或我们的后人需要他们的时候，后果将不堪设想。进一步说，这会衍生很多肮脏、丑恶现象并会让闲散人员在酒馆散布不满言论。如果在周日或安息日禁止平民进行体育运动，你能看到他们在工作日全心投入到工作和劳动中吗？（qtd.in Riess，Major 22-23）

詹姆斯国王公开宣布有益健康的体育运动是被允许的：

> 我们希望能非常高兴地看到，人民的合法娱乐活动将不再被阻挠。如跳舞、射箭、跳跃、跳高及任何类似的无害的娱乐活动，如五朔节❶、莫里斯舞等一切在闲暇时间开展，同时不妨碍宗教服务的活动……但我们这里仍然要禁止那些不合法的活动如斗熊和斗牛，还有法律所禁止的保龄球运动。（qtd.in Riess，Major 23）

詹姆斯国王的公告挑战了虔诚清教徒们的宗教信仰。国王命令将他的公告发行全国，并公布关于运动、劳动、宗教的政治地位，从而要求某些虔诚的清教徒重新认识自己在社会中的地位。1633年，国王查尔斯一世（King Charles Ⅰ）将对体育运动的公告再度发行——传统体育运动确定为有益人民健康和国家军备建设的活动。那些将体育运动视为亵渎宗教的清教徒对此恨得咬牙切齿，并尽可能

---

❶ Maypoles，5月1日的五朔节对于许多北半球各地的文化而言是春季的传统节日，通常是公共节日。传统英国五朔节仪式及庆典包括跳莫里斯舞（Morris dance）及加冕五月女王，还有涉及五朔节花柱的活动。许多衍生于盎格鲁–撒克逊异教习俗传统。Anthony Aveni. May Day: A Collision of Forces [M] //The Book of the Year: A Brief History of Our Seasonal Holidays. Oxford: Oxford University Press, 2004: 79-89.

在英格兰和新英格兰地区削弱这个公告的影响力（Altherr，Part 11）。之后在美洲殖民地，殖民者们继承发扬了这个来自欧洲的体育观念。

第三节　美洲殖民地体育

英王詹姆斯一世在位期间，英国不断发展的文化、宗教和经济形势促使英国清教徒首领，以及伦敦弗吉尼亚公司领导者，和新大陆上被迫劳动并成为契约仆人的英国民众，将北美开拓为殖民地。殖民者带来的欧洲文化传统与印第安人还有北美非洲人的互动，促进了美洲殖民地中娱乐、健身和体育运动的发展。新移民来到殖民地的原因各不相同，这从他们居住的区域可以看出来，而不同的体育活动和运动项目也在不同的殖民地区出现。这一章节剩下的部分会具体阐述民族、地点和信仰如何影响南部、北部和中部殖民地的体育活动。

一、弗吉尼亚州的詹姆斯敦

1607年建立的第一个殖民地，位于弗吉尼亚州的詹姆斯敦岛，在这里英国传统文化与殖民地文化的差异显而易见。作为第一个永久殖民地，詹姆斯敦岛脱离了英国政府的统治，定位为由伦敦弗吉尼亚公司所有的商业机构。从一开始，伦敦弗吉尼亚公司的主要目的就是为以英王詹姆斯一世为首的股东、商人和政治官员获取利益。最初国王给伦敦弗吉尼亚公司特许证，是希望将本土印第安人变为基督徒，而更宏伟的目标是在新大陆为国王和他在英国的支持者获取财富。

殖民地的军事指挥官约翰·史密斯上尉（Captain John Smith）在到达詹姆斯敦岛时发觉当地环境和气候恶劣，拓荒者们面临着死亡和困苦。史密斯不得不实行严格的法令来让所有人为新殖民地的福祉而努力奋斗。但是，岛上的劳动者由寻找黄金的绅士和身份卑微的仆人构成，因为他们缺少种田和生产的经验，因而导致早期的殖民生活十分困难。同时，阶级斗争的存在和不务正业的年轻人让岛上的生活更加拮据，疾病和营养不良的状况影响着每一个人。所有这些使得这个时期被称为詹姆斯敦的饥荒年代。在1607年到1609年间，在詹姆斯敦岛，900名殖民者中只有大约60%的人活了下来。约翰·史密斯，弗吉尼亚的首位领导者说那些没有技能的仆人永远不会知道这一天都干了些什么（qtd.in Nash et al., Brief 5th ed. 52）。

　　殖民地幸存了下来，烟草成为詹姆斯敦岛、弗吉尼亚州、马里兰州和其他殖民地的主要经济作物。英国对于"快活草"的大量需求刺激了英国的种植者寻求廉价劳动力去种植这种劳动密集型的作物，最开始这些劳动都是由下层人士和没有工作的移民进行，作为穿越大西洋到达美洲殖民地的回报，这些移民成为了契约仆人，出卖劳动长达4～7年。而后英国殖民者尝试奴役美洲印第安人并强迫他们从事作物种植的辛苦劳动。切萨皮克地区的波兹坦联邦抵抗了英格兰殖民者对于他们土地的入侵，但在1622年失败了（Nash et al., Brief 5th ed. 56-57）。1619年，当20个黑人作为荷兰私掠船的俘虏抵达詹姆斯敦岛时，他们成为第一批被迫来到北美英国殖民地的黑人。这个不幸群体的到来，标志着17世纪末南方殖民地中奴隶成为主要劳动力的开始。在17世纪的多数时间，南方的上流社会主要依靠契约仆人，这些契约仆人在这一时期占到了切萨皮克市劳动力的75%～80%。

17世纪30年代的詹姆斯顿（Jamestown），基斯·罗科（Keith Rocco）
图片由国家公园事务处提供

17世纪，弗吉尼亚州变化的人口塑造了切萨皮克种植园主的休闲生活方式，种植园主们一心寻找能在田间进行繁重体力劳动的人，而他们自己则可以享受娱乐和运动。南方的上流社会是年轻的白人贵族，他们拥有广阔的土地，厌恶手工劳动，在保龄球、纸牌、骑马和赌博上消耗大量时间，起初他们强迫新移民和仆人进行体力劳动，接着是强迫黑人。这些拥有权力的南方上流人士在切萨皮克区域的体育运动上展示了他们的社会价值和社会地位。

二、南方殖民地

弗吉尼亚切萨皮克地区，马里兰州以及南卡罗来纳州的殖民地，有着区别于其他美洲殖民地区的发展动机和劳动力构成。美国殖民初期，这些南方殖民地在体育传统和体育娱乐上发挥了关键性的作用。富足的南方白人贵族、常年劳作的契约仆人（男性和女性）、黑人奴隶和印第安人一起塑造了殖民地的工作形态和体育模式。主要因素是因为融合了不同种族、社会阶层、性别和宗教信仰。有时，体育能划分群体，是奴隶主与奴隶，下层劳工与大农场主斗争的场所；有时，体育能把同种族或者同阶级的人团结在一起，以维持他们在殖民地的权力和地位。

大农场主骑马穿过领地，监视奴隶和作物，前往其他地区参加体育竞赛。在南方殖民地，赛马、纸牌、赌博与富足的种植主们的身份紧密相连。1724年，一位弗吉尼亚的作家写道，"大多数的种植主们过着轻松的生活，他们不欣赏劳动和除赛马以外的其他运动，也不喜欢除了斗鸡以外的消遣活动"。1740年，弗吉利亚的立法机构规定斗鸡是违法的，但法律对于居民的爱好并无多大效力。南方的殖民者甚至从英格兰和爱尔兰进口斗鸡（qtd.in Guttmann, *Sports: The First Five Millennia* 120）。

很多富足的南方种植主把体育当作维护和享受社会经济地位的一种方式，赛马和斗鸡的发展也反映了社会经济的发展。最大的变化之一是黑人奴隶成为南方的主要劳动力。黑人奴隶首先出现在弗吉尼亚，这个奴隶制和南方体育传统深厚的地方，在1660年之后，奴隶人口有了很大的增长。由于契约仆人，这些来自底层没有固定职业的年轻白人人数的减少，英国加入到了新英格兰和美洲南部的黑人奴隶贸易当中。南方种植园主认为他们强迫非洲人成为奴隶的行为理所当然，这源于他们坚信白种人的优越性及英格兰人的文化优越性。总而言之，种植园主们需要奴隶制的存在来维持他们在南方的财富和权力，他们也积极地促使奴隶制合法化，从而将奴隶视为受法律保护的财产，以便强制其为自己劳动。

在弗吉尼亚发生白人种植主与试图促进阶级流动性的下层白人农民之间的冲突之后，种植主们预见到加强实施奴隶制度的必要性。1676年，名叫纳撒尼尔·培根（Nathaniel Bacon）的农民希望得到更多的土地来提高他的社会地位，和其他白人农民一样，他要把印第安人赶走或杀死以得到觊觎的土地。白人农民不仅与印第安人斗争，还与州长威廉·伯克利（William Berkeley）的民兵和统治阶级的贵族们斗争。白人农民、白人民兵和上层殖民者之间的暴力冲突导致了弗吉尼亚全州范围内的一场阶级和种族内战，培根领导的起义在他死于痢疾之后土崩瓦解，但南方贵族们不得不采取措施让各阶层的白人们重新团结起来。为了平息下层白人日益增长的怨恨，奴隶主们将奴隶制合法化，并把各阶层白人的利益凌驾于黑人奴隶之上。在这种情况下，不同阶层的白人依赖于白种人优越性以获得统治权力来统治黑人。在这样的社会结构中，即使是贫穷的白人农民也希望拥有自己的奴隶，只是他们负担不起，但他们依然相信自己有优于黑人的优越性。"一种种族共识开始形成，不同阶层的白人团结在一起共同地追求建立一个奴隶社会"（Nash et al., Brief 5th ed. 59-60）。将奴隶制引入到南美殖民地后，对当地的种族、社会和体育，尤其是赛马运动有着深远的影响。

（一）南方殖民地种植园文化中的赛马和赌博

赛马在南方殖民地内很流行，在这里赛马不但是合法的，而且对马种的改良十分盛行。17世纪，种植园主在弗吉尼亚州建立起赛马场，同时马里兰州和南加州也是种植主和赛马主人的乐土。正如历史学家提摩太·布林（Timothy Breen）解释的："种植主们对于赌博的巨大热情，尤其对于赛马的热情，与弗吉尼亚州意义非凡的社会变化相符合。""1700年，统治者们前所未有地团结在一起。"（31）

在南方殖民地，赛马、纸牌、赌博与种植主们的身份紧密相连。包括赛马场上的比赛和种植主之间高赌注的赛马。烟草种植主将唯物主义、个人主义及竞争的价值观融入了体育运动和日常生活中，训练赛马和高赌注的赌博标志着他们的地位高于家中的女人（女人通常是只能作为观众而非参赛者），下层白人农民和工人，以及黑人奴隶。弗吉尼亚州的赛马"关系着个人荣誉，有着严谨的规则，巨额的赌注以及广泛的社会关注"，这个比赛专属于南方贵族们，他们证明了"马是主人的延伸物"（Breen 32, 34）。男性贵族的权力和平民的顺从，在赛马场上显而易见。只有拥有大量财力的种植园主才拥有在公共场所赌博的特权，标志之一就是威廉·伯德二世（William Byrd II，1674—1744）。他是最早的弗州种植园主之一（查尔斯市的韦斯特沃庄园）。伯德家族是狂热的赛马爱好者和饲育人。1720—1730年间，对于威廉·伯德和罗伯特·卡特（Robert Carter）这样的种植主，四分之一英里赛马被视作"切萨皮克的运动"（Struna, People 98）。伯德以日记的形式将1740年夏天和秋天的赛马记录下来：

> 1740年，5月1日，晚饭过后，我们步行向赛马场，但因为下雨被迫回来了。
> 1740年，5月8日，大约12点，同伴和家人都来到赛马场，我把所有的钱给了他们，霍尔先生给了我一枚皮斯托尔硬币（西班牙古金币），他在四点时赢回来两个。
> 1740年，8月7日，我的儿子去了赛马场。
> 1740年，10月30日，晚饭后有一场比赛，我未到，但赢了二十先令。（qtd.in Altherr, Part 1 249）

南方种植园主们用赛马展示着他们的地位和权威，而殖民社会中的下层人士——女人、贫穷的农民、仆人和奴隶们——只能远远观看比赛，而不参与其中，这更加凸显了男性贵族在体育和社会上的地位。比赛之后，旅店或者小酒店会向缺钱和没什么地位的普通种植园主提供场所来让他们运动、喝酒、斗鸡和赌博。

赛马合约被弗吉尼亚的法庭视作有效的，从而维护了贵族和与之社会地位相当的人比赛。1674年9月10日，约克郡的一则法则声明：

> 詹姆斯·布洛克（James Bullocke），泰勒人，让他的母马与马修·斯兰德先生的马一起比赛以获得两千磅的烟草和木桶，这违反了劳

工参加比赛的规定,赛马只是一项贵族运动,他被处以一百磅的烟草和木桶的罚款。

对马修·斯兰德(Mathew Slader)先生和詹姆斯·布洛克来说,由斯兰德先生亲笔签署并承认他的马奔向尽头,让布洛克的马取得胜利,这是显而易见的作弊,他们将会被处以一小时的足枷。(qtd.in Altherr, Part 1 242)

十七世纪末,亨里克郡的记录显示贵族在赛马和赌博中作证的重要性:

威廉·伦道夫(William Randolph),大约38岁,宣誓:上个星期六,这两周在马尾山举行的赛马的宣誓证人,威廉·爱普先生(Wm. Epes)和斯蒂芬·库克(Stephen Cocke)先生希望威廉注意协议:爱普先生和威廉先生的马以十先令比赛一次,每匹马都会保持线路。(qtd. in Stanard 296)

切萨皮克市各个赛马场的比赛都具有文化、经济和法律的重要意义。赌注是贵族们荣誉的象征,高昂的赌注会提高他们的社会地位。根据规定比赛不会停止,除非马匹在下赌注和比赛规定的时间内死掉(Carson, Colonial 51)。

对于临近的赛马比赛,公众会关注在报纸和政府公报上的新闻。1744年10月10日,一位约瑟夫·巴特勒(Joseph Butler)先生将他的赛马意愿发表在《南卡罗来纳公报》(South Carolina Gazette)上:

查尔斯镇的约瑟夫·巴特勒将会骑着他阉割过的栗色马参加夸特到查尔斯镇的赛马比赛。他将与其他任何母马或阉割过的马进行比赛,时间为12月1日,赌注为500至1000升。(qtd.in Altherr, Part 1 238)

另一个《南卡罗来纳公报》的广告商公布了1747年4月的比赛:

任何种马、母马、阉割过的马……都可参赛,奖品是一个外包皮革内镶丝绸的马鞍、马鬃和赛马价值30升。同时还有一个银质手表和其

他的一些东西。(qtd.in Altherr, Part 1 239)

赛马作为南方人喜欢的运动一直在进行。贵族和庄园主在马里兰州、弗吉尼亚州，在查尔斯顿、南加州，以正式和非正式的形式继续比赛。在查尔斯顿不远的地方，富足的南方加州人早在1665年就建立起了赛马场。不同的白人基督徒、犹太人、自由的黑人和奴隶带动了大批的人在赛马场观看比赛。定居在卡罗来纳的犹太人和胡格诺派（法国新教徒）一样渴望信仰自由和在查尔斯顿贸易的自由。非犹太人和犹太人抵制英格兰的呼声越来越高，"向往更高的社会地位，犹太人中的男男女女都在寻求与非犹太人一样的社会地位"（*Rosengarten and Rosengarten 75，88*）。作为有教养的标志，赛马区分了不同的南方人。马萨诸塞州的律师小约西亚·昆西（Josiah Quincy Jr.）在1773年来访查尔斯顿，这样记载赛马的流行程度：

  3月16日，从早上五点开始仔细阅读省内的公共记录……现在正在前往赛马场。
  赛马非常精彩——但菲娜普彻底地打败了小戴维（小戴维赢了十六场比赛）。最后一场预赛中，菲娜普落后于小戴维。开始的4英里在8分70秒内完成。输赢关系到2000英镑，同一天，菲娜普在赛场被卖到300英镑。
  比赛过程中，我看到了一系列精彩的比赛，高价的赛马，我见识了赛场非凡的艺术性和神秘感。(qtd.in Altherr, Part 1 240-241)

（二）南方其他的户外运动

大量的南方殖民者都喜欢使用如弹弓、弓箭等狩猎工具捕捉鸟、麻雀和其他的一些动物。在整个北美殖民地，人们都喜欢钓鱼。这些南方种植园主和他们的孩子经常在他们的种植园内进行这些运动，这意味着这些运动仅有上层社会的人才有机会参与。1721年弗吉尼亚种植园主威廉·伯德二世（William Byrd Ⅱ）在位于詹姆斯敦的家中建造了草地保龄球场，这在他的日记中可以看到：

3月16日，他开始为球场铺设草坪；

3月24日，他走向花园，察看他的人造草坪；

5月10日，草坪已准备就绪，准备进行同彼得·方登牧师的比赛。

20年后伯德家的客人仍能在这草坪上进行保龄球赛。在伯德的日记中，他记录了1739年的十场比赛：他同邻居、商业客户，以及他11岁的儿子威廉进行的比赛。那时他同客人们进行了32场令人愉悦的晚间比赛。日记中的最后一个夏天，1741年7月，伯德几乎整个夏天都在打球。而在18世纪早期，他和他的朋友们也在韦斯托弗（Westover）玩板球 (qtd.in Carson, Colonial 77, 81)。

和北方殖民地相比，尽管南方殖民地的殖民者们面临着较短的冬季天气，但他们仍然会在池塘的冰面上开展冰上运动。人们都渴望在冰上呼吸室外的新鲜空气，滑冰成为了体育爱好者们的赌博项目。当气候条件允许的时候，伯德的同伴们会在韦斯托弗参加滑冰运动。1709年寒冷的12月，伯德在前一天和朋友们滑过冰之后又回到了冰上，并且"没用任何工具地在冰上滑行"。同一天晚上，伯德和他的朋友们"给了艾沙姆兰多夫先生两个冰刀片，尝试着在冰上滑行。突然，冰面裂开了，冰水直达他的大腿中部"（qtd.in Carson, Colonial 86）。其他的南方殖民者们滑冰、散步、打猎、垂钓、骑马、斗鸡，在远离种植园的地方利用空暇赌博。"对于绅士们、奴隶们，以及地位在他们之间的人们来说，斗鸡、赛马甚至是猎狐已经成为了当地代表性的活动"（Gorn and Goldstein 27）。尽管如此，大多数的体育活动都是在白人、有钱人或是种植园主这些绅士们的支持下进行的，他们通过这些体育运动来炫耀自己的特权，以及展示他们对土地、奴隶和比赛的控制权。

那些在安息日高举宗教礼节大旗的南方殖民者们遵守着禁止在安息日开展体育活动的规定。在英国国王查尔斯二世建立的卡罗来纳殖民地里，宗教自由和无主土地吸引着人们去那里建立上流社会，以维持这片土地的所有权和殖民政府的存在。1701年，北卡罗来纳州和南卡罗来纳州成了两块完全独立的殖民地。南卡罗来纳州殖民地主要依靠奴隶们种植谷物来维持，而北卡罗来纳州虽然依旧存在着奴隶制经济，但同时也发展了其他的工业经济形式。北卡罗来纳州殖民地大约在1741年颁布了法规，希望殖民者们将安息日当作是用来反思的宗教日子："条例之一，要更好地维持安息日（即星期日）的传统，以便更好地遏制道德败坏。"这个条例要求人们在周日要"无比虔诚地执行自己的宗教义务……"任何在北卡罗来纳州殖民地，14周岁及以上的人，因参与体育或娱乐活动违反这项禁令而被捕者"将公开罚款十先令"（qtd.in Altherr, Part 1 9）。

卡罗来纳州1669年的基本宪法曾许诺宗教宽容，因而吸引了基督教反对者和犹太人从英国投奔这里。在查尔斯镇新的英属殖民地中，异教徒们正常地经商，保留着他们的信仰（Rosengarten and Rosengarten 60）。在安息日禁止开展体育及娱乐活动依然是南卡罗来纳殖民地的传统习俗。1712年的旧法令中写到："安息日，通常叫做礼拜日。"并且列举出了禁止的活动，"不能有公开的体育和娱乐活动，像捕熊、捕牛、足球运动、赛马、歌唱或戏剧表演，以及其他任何非法的娱乐、锻炼和体育活动"（qtd.in Altherr, Part 1 7）。违反者将被罚款。尽管有着诸多这样的规定，政府努力限制体育活动，但那种每天一有空闲就想运动的冲动依然存在。殖民政府颁布法令的做法本身就暗示了有殖民者想在工作之余进行体育活动的想法。

安息日以外的日子里，南卡罗来纳州的上层居民们主要从事网球、竞走，或以球类、赛马为代表的运动和娱乐活动。查尔斯顿种植园的伊莱扎·卢卡斯·平克里（Eliza Lucas Pinckney）在自己1742年的书信簿里深刻地描写了那时的网球运动。在其中一页里，她非常有趣地谈到了另一种广为流行的运动——潜水："如果潜水者假装他们采到的每一粒珍珠都像网球那么大的话……"（qtd.in Altherr, Part 1 108）。事实上，在南卡罗来纳州和切萨皮克地区的深水航道中采集珍珠之类珍宝的活动，凸显了白人奴隶主与他们雇佣的水下工人在身体上与种族上的不同。这一点在下一章节中将做进一步的探讨。

（三）种植园奴隶的体育娱乐

奴隶们会利用一天当中的空余时间来放松自己，或者参加一些能够获取食物的体育活动。种植园主们白天通过强迫奴隶们做高强度的劳作来控制他们，但当夜晚或是休息日的时候，远离雇主的奴隶们希望能够拥有工作之外的休闲生活。对奴隶们来说不管农场生活是多么的残酷，他们为了生存而奋斗的意愿不会改变，尽管处境艰难，抑或是奴隶主摧毁了他们创造的本能或阻碍了他们去建立自己的生活方式（Wiggins, Glory 3）。奴隶们在有限的物质环境里寻找他们自己的娱乐活动。钓鱼填补了他们食物的缺乏,而那些最得奴隶主信任的奴隶被允许持枪打猎。奴隶们在音乐和舞蹈里延续了非洲文化的元素,奴隶们在这些表演里扮演骗子和无赖,用白人雇主们不了解的形式来讽刺嘲笑他们。威金斯(Wiggins)在《体育和娱乐游戏》(*Sport and Popular Pastimes*)中对奴隶们的娱乐生活做了如下描述:

> 大多数时间是在周日,当没有多少工作时,奴隶们无论老少都穿着花哨的旧衣服,做着大踢腿动作,蹦蹦跳跳地四处游走。他们像"大房子"里的白人一样举止优雅地行脱帽礼,但他们簇拥着的主人并没有理解这样做的真正含义。(Wiggins, "Sport and Popular Pastimes" 74)

> 有时候,奴隶们为了取悦他们的主人而在赛马时担任骑手,或做些驯马的工作,或在主人举行的充满激烈身体对抗的赌博中扮演拳手和摔跤手。尽管南方立法部门在19世纪30年代曾试图禁止赌博活动,但奴隶们还是私下里用保龄球、纸牌和骰子来赌博。(Wiggins, "Sport and Popular Pastimes" 74)

奴隶们的生活与自己的身体息息相关,他们引以为傲的是自己的强健体魄。他们赛马、竞舟、赛跑、跳远,也有像游泳这样具有实用性的比赛。由于很多种植园和农场靠近河道,非洲奴隶们施展了他们学自家乡的游泳技能。历史学家凯文·多桑(Kevin Dawson)解释道:"19世纪以来的发现表明,非洲后裔的游泳和潜水技能远高于欧洲人以及他们的后裔。事实上,包括水手在内的大多数白人基本上都不会游泳"(1327)。据多桑说,从中世纪到19世纪晚期,大多数白人不会游泳。在中世纪,很多的因素造成了人们对游泳的不重视,包括一些宗教原因。医生们认为水对身体有危害,以及水中含有的不确定的物质和生物对人体的影响(*Dawson* 1333)。相比于黑人们在水中展现的游泳技能,白人们对游泳一直保持着勉强的态度。在19世纪,尽管黑人、亚洲人,以及印第安人都向他们展示了自由式泳姿的速度和力量,但西方人显然不太喜欢自由式泳姿,因为这种泳姿会比蛙泳产生更多的水花(*Dawson* 1334)。奴隶们在种植园和周围的河道里、水塘里,以比赛和训练为目的,运用着他们的游泳技能。在南卡罗来纳州的一个种植园里,约翰·科林斯科尔(John Clinkscales)说:

在南北战争之前的几年里，他父亲有一个名叫阿萨克斯（Essex）的奴隶，是他父亲那里"最好的游泳者"，甚至可能是全国最好的。他的这个荣誉可能是在种植园之间的比赛中获得的。在17世纪，理查德里根曾看到过一个种植园主在巴贝多奴隶间举行大池塘捉鸭子比赛，捉到的人将得到那只鸭子，或许吃了它或许卖掉它。这项"周末运动"的创始人德拉克斯上校（Colonel Drax）说，"叫上一些游泳技术最好的黑人，命令他们下水去捉鸭子，但是禁止他们潜水，原因是他们按规定游向鸭子的话，就可以在鸭子逃离前奋力划水，再猛扑上去抓住它；如果潜水去抓的话，就变得很容易，比赛很快结束，毫无精彩可言"。（*Dawson 1341*）

很多南方种植园的奴隶妇女也由于继承了她们非洲祖先的传统而学会了游泳，并且南北战争之前，一直在生活中运用这项身体技能。"无论是由奴隶们自己组织的，还是奴隶主们组织的游泳比赛，都为奴隶群体带来了胜利的荣誉。这些比赛让女奴隶们能够打败她们的异性对手，并且能够给参加和观看比赛的奴隶们带来欢乐。这些不同群体间的比赛，以及其他的各项体育竞赛和娱乐项目，或多或少地加强了奴隶们的团结意识"（*Dawson 1341*）。

无论男女，奴隶们在游泳上展示出来的天赋与那些勉强加入这一行列的奴隶主们的技术简直是天壤之别。另外，"西方的妇女更多的是抵制游泳，因为大多数人都是裸泳，而西方的礼节是不容许妇女在公共场所有裸体行为的"（*Dawson 1341*）。在1696年的一本关于游泳的专著里，作者指出，"事实上印第安人与黑人们在游泳和潜水的天赋上远高于其他人。对他们来说，用珍珠做的饰品是给女士们最好的礼物；他们为她们潜水捉鱼；他们同时也是很好的修锚工，或者擅长找回漂走了的货物"（*qtd.in Dawson 1333*）。

除此之外，不同于南方白人们在陆地上遭遇野兽袭击，在考验耐力和灵敏度的游泳运动中，奴隶们也会在这种"血腥运动"中遭到水中生物的攻击。奴隶们被迫参加这些运动的同时，他们的主人常常警惕地留意着他们。奴隶们还"把游泳与一些残忍的运动结合起来，通过与鲨鱼、短吻鳄、蝠鲼搏斗来娱乐，以此证明他们的力量与技巧，甚至将之作为他们的成人仪式"（*Dawson 1341*）。以1700年在卡莱罗纳的一个例子来说，曾有一个奴隶与鲨鱼缠斗在一起。约翰·劳森报道："有些游泳和潜水技能高超的奴隶或是其他人，赤裸着身体进入水中，用手里仅有的一把小刀与鲨鱼搏斗。他们通常都被鲨鱼杀掉或者重创，然后鲨鱼转身逃走。"（qtd.in Dawson 1342）就像是到水下去采珍珠这种危险又困难的工作，这些表现了奴隶们在水中的勇气，并且挑战着他们的身体与力量。这种远离繁重的陆上劳动和监视的活动，也会作为他们的消遣项目。特别是潜水去采珍珠，虽然奴隶主们会搜刮近乎所有的收获，但奴隶们也会得到一些物质上的奖励；潜水者们常常又把这些奖励给他们的东西卖给他们的主人（Dawson 1348，1349）。

不少奴隶间的体育比赛都反映了现实中他们被统治的艰苦生活。根据他们长辈们的经验，奴隶的孩子们通常都玩一些强调团结合作的游戏，而不是被淘汰出局。"甚至连孩子们玩的那些躲避球和追拍游戏都设计了各种防止他们被淘汰出局的规则。"为了缓和因奴隶主的买卖而失去父亲、母亲、叔叔、祖父、祖母的痛苦，奴隶们在孩子们的娱乐活动中都强调着忠诚与团结（Wiggins，Glory 11）。孩子们与父母在一起玩乐的时光是如此的珍贵，这也是奴隶制中仅存的一点希望之光。

三、新英格兰殖民地

体育运动在美洲殖民地初具形态，当然，都是拜那些带着对他们自己的家庭和宗教有独特见解的新英格兰移民者们所赐——他们有着截然不同的环境背景。新英格兰人认为这项最有价值的体育运动给殖民地的人们带来了身体、思维及精神上的益处。

（一）普利茅斯的最早一批移民

1620年，带着对英国的不满，威廉·布拉德福德（William Bradford）❶在马

---

❶ 威廉·布拉德福德（William Bradford，1755年9月14日—1795年8月23日），美国律师、法官、政治家，曾任美国司法部长。维基百科<https://zh.wikipedia.org/zh-tw/%E5%A8%81%E5%BB%89%C2%B7%E5%B8%83%E6%8B%89%E5%BE%B7%E7%A6%8F%E5%BE%B7>

萨诸塞州建立了普利茅斯殖民地。他想要脱离英国国教,实行他自己所谓的孤立主义教派。他和他的拥护者们想要建立自己的宗教信仰,以及新的殖民地法律和社会习俗。奔波于生计——修建房屋、清理土地、制作衣物、种植粮食及准备食物——让他们没有空余的时间去玩乐,布拉德福德和他的拥护者们对人们辛勤劳作的态度有着一句最好的概括:"懒惰为人唾弃。"然而当布拉德福德在1621年的圣诞节,看到一群新移民在普利茅斯的大街上嬉戏时,这种宁愿去玩耍也不劳动的做法让这些移民劳动者与一心想要实行自己的宗教道德的布拉德福德之间的关系越发紧张。布拉德福德在他的普利茅斯种植园记录中记载了这次事件:

> 在圣诞节那天,地方长官(像往常一样)叫他们去工作,但是大多数的新公司给奴隶们放了假,并解释说在这天工作有违他们的道德标准。于是地方长官告诉他们如果他们说这事关道德的话,他会体谅他们,并且允许他们状态好了再工作。当他在下午做完工作回家时,他却发现奴隶们公然地在大街上玩游戏,有的在玩掷横木,有的在玩凳子球,于是他直接走到他们中间拿走了他们玩耍的东西,然后告诉他们,别人在工作时他们却在玩耍,这的确违背了他的道德标准。如果他们真是十分喜爱游戏的话,可以回家玩,最起码不该在大街上游戏、狂欢(*82-83*)。

布拉德福德将娱乐看做是偷懒,并将之视为反对普利茅斯殖民者宗教信仰的表现。

相似的紧张局势也曾在1627的玛丽山区发生过,当时托马斯·莫顿(Thomas Morton)想要建立一个80英尺高(24米)的五月柱来庆祝殖民地的命名。布拉德福德不希望看到年轻人们围着五月柱跳舞并且做着一些他认为有伤风化的行为。他声称莫顿和他的同事们"在那里一起又喝又唱了好几天,并且叫来印第安女人一起又唱又跳"。布拉德福德认为这些行为就是异教徒的庆祝活动,就像"罗马弗洛拉女神的宴会,或者是发酒疯的人"。布拉德福德停止了这场活动,并把莫顿送去了英国,然后"推倒了五月柱",结束了这场殖民地里的庆典(*Bradford 141-142*)。

（二）新英格兰的清教徒们

虽然那些最初的移民者想要在他们的普利茅斯殖民地划清与无神论者们的界线，但是英国的清教徒们却急切地想要建立一个神圣的国度，并且实行与自由对立的宗教信条。于是他们开始移民到新英格兰，不久数量就超过了清教徒。1629—1640年，在这场大迁徙中，超过两万的清教徒来到了美洲（Rader, American Ways 34）。作为这次浪潮的一部分，约翰·温斯洛普（John Winthrop）❶，一个虔诚的清教领导者，在1630年带着一队清教徒来到了曼彻斯特港殖民地。

他一心想要建立一个不同于英国那种松懈宗教法令的新宗教殖民地。他和他的众多追随者们举家跨过大洋来到新英格兰，想要建立一个乌托邦式的国度，"一座山丘之上的城市"，重整社会让全世界来效仿。事实上，温斯洛普相信清教徒们与上帝之间签订了契约，上帝始终在观察着他们，看他们是否真正按照契约在行事。温斯洛普强调遵从契约的必要性，以此实现这种将教派、家庭和国家的宗教道义联系在同一个清教国家的重任。这种与上帝签订的契约形成了人们在大迁徙之初对体育及身体的看法。

温斯洛普维持并加强了清教徒的信仰。他同时还担当着清教教会的领导人和曼彻斯特港的官员，并制定了殖民地的宗教信条，以及清教徒团体中的一切行为准则。清教徒们信奉上帝的预言，没有所谓的自由意愿——只有上帝清楚哪个灵魂会进入天堂或是地狱。在仁慈的契约里，只有上帝的仁慈能够让一个人得到救赎或被上帝选中成为社会所公认的圣徒。清教信仰挑战着所谓的工作契约，人们相信人的努力工作，或者人的能力传达出了上帝选中了谁来作为救赎的对象。虽然如此，清教徒的工作准则意味着所有人都必须为社会作出贡献，为他们的主人服务。

---

❶约翰·温斯洛普（John Winthrop，1588年1月12日—1649年3月26日），1629年，温斯洛因清教信仰被剥夺公职，率领一批清教徒前往新大陆并成立马萨诸塞湾殖民地，在1630年被选为殖民地总督，马萨诸塞州的温斯罗普镇是以他命名的，而哈佛大学的温斯罗普大楼也是以他命名，因为他曾短期担任过哈校长。维基百科<https://zh.wikipedia.org/wiki/%E7%BA%A6%E7%BF%B0%C2%B7%E6%B8%A9%E6%96%AF%E7%BD%97%E6%99%AE>

在马萨诸塞殖民地，每个人都在为等待着上帝的"召唤"而付出，为全社会的幸福而工作，而不是仅仅为了个人的成就和荣誉。带着这种信条，被领导的人认同对体育和娱乐清教式的主张，强调作为一种合法的活动，无论从身体或是道德来看，体育必须是带着对身体有益的目的进行的。温斯洛普甚至在他的日记里写到了关于劳动者们需要对大脑和身体进行补充，以抵消他们建设新英格兰殖民地时脑力与体力的消耗，"我在心中反思，发现用一些表面上的娱乐来放松自己的神经是很有必要的，我为之而屈服，并且适当的运动是如此的身心愉悦"（qtd.in Gorn and Goldstein 32）。因此在美洲的殖民地的清教徒，带着他们对精神世界的追求，或许将被当作是"不久以前的道德运动员"（Lucas and Smith 113）。

  清教徒们因在道德和宗教信仰上的坚定信念而自我束缚着他们的体育及娱乐活动，同时这也形成了他们殖民生活中政治、社会和经济的独特理念。禁止体育活动的条例（如曼彻斯特、罗德岛州及康列狄格州）严格限制了包括骰子游戏、纸牌游戏、掷圆环（一种近似于马蹄铁一样的圆环投掷游戏）、滚球游戏、九柱戏和其他一些活动。清教徒们视赌博为罪恶和轻浮，赌博有悖于他们致力的生产活动，而生产活动对于他们在殖民地生存、维持公共活动和经济基础是非常重要的。清教徒们崇尚以失去自由意愿来换取社会地位，也就是说，社会地位的改变源于他们宗教信仰的改变，而不是创造经济地位能力的改变。严守安息日对清教徒来说意义重大。他们为周日制定了"蓝色法律"，作为一个祈祷和休息的日子，禁止广受人们欢迎的体育、娱乐活动。清教政府会重罚那些违反这一法律的人。1630年在曼彻斯特港发生了一次事件，当时一名叫约翰·贝克的人违反了这一法令，法院宣布他将因"在安息日这天打猎而被施以鞭刑"（qtd.in Guttmann, Sports: The First Five Millennia 118）。

  清教领导者们是允许钓鱼、猎鸟、射箭和捕猎这些运动的，因为他们认为这些能够提供食物的运动是非常有用的，并且有助于本国政府官员及居民们锻炼身体。然而，为了维持安息日及限制血腥运动，部分新英格兰殖民地的报纸发表了不少文章以期停止这些活动。例如，《新英格兰周报》于1732年9月25日发表的文章指责了残酷对待动物的行为：

> 一个运动员的狗或者马是他亲密的伙伴；他甚至比爱自己的妻子还要爱它们，与它们在一起的时间比和自己的兄弟还要长，宁愿喂养它

们也不愿帮助穷人，对它们的训练教育和血统保持胜过子嗣和财产；但当它们老了或不能再工作了，同样招致蔑视和残酷待遇。特别是那些马匹，常常死在他们主人的暴行之下，或者是长途跋涉的劳累之下。我们是在把体育运动建立在它们的苦难之上。

拿东西砸公鸡是一年当中最残忍的运动。捕牛是一项长期存在的运动，它们在篱笆圈里的痛苦，以及作为对手的狗在它们身上撕开的伤口，都是为了博得那些屠夫一样所谓的大人物或者上流人物的欢心。猎鸭也是另外一项同样残忍的运动，有时候猫头鹰也会参与其中来增加血腥和娱乐程度。斗鸡与赛马是当时最为流行的残忍项目，女士们如今最喜爱的后一项，也是最为我们熟悉的野蛮游戏。

但是我们是在对谁，或者是对哪些生命做出这样非人道的事情呢？难道他们不也同样是我们所崇拜的神所创造的一部分吗？那些同我们一样的生命，只有当我们也成为那些地位低下的动物，从它们的角度来生活，或许我们才能明白什么是真正的幸福。（"Cruelty to Animals" 1）

在18世纪的新英格兰，唯一有组织并且有观众的运动便是赛马。"比较正式的赛马比赛开始于罗德岛上的两个地区：纽波特和纳拉干族国。"在18世纪20年代，这两个城镇开始举办赛马，不仅仅有本地人参加，还有新英格兰其他地区想要一睹这种有组织、高质量赛马比赛的人。在18世纪30年代，赛事组织者们开始雇佣专业的骑手，提前一周就开始为比赛做广告，并且在同一天举办多场比赛（Daniels, Puritans 173）。赛马也开始在曼彻斯特慢慢流传开来。波士顿报早在1715年就开始刊登赛马的广告。在18世纪20年代广告中开始出现离城市仅仅几英里远的赛马比赛。一个典型的例子就是1721年5月在剑桥镇南部举行的比赛，3英里（4.8公里）赛马比赛的冠军的奖品是一个价值10英镑的大酒杯。有意参加比赛的团体，只要交纳20先令的参赛费，体重为9英石（大约125磅或者57公斤）的骑手就能骑着不超过14个手掌高的马参加赛马（Altherr, Part 1 287）。18世纪60年代，在东曼彻斯特、波士顿附近和康涅狄格州的部分城市都出现了赛马比赛（Daniels, Puritans 173）。

但是清教徒们乌托邦式的幻想遭到了新移民者们对劳动、娱乐、体育运动及新世界宗教信仰的挑战。很多新来者都拒绝接受生硬的清教教条，同时，清教徒后代的改变也削弱了新英格兰宗教对他们生活的影响。教会成员数量的减少反映了新英格兰人需要解决怎样信仰清教这个问题，17世纪中期的妥协条约也淡化了成为清教徒所需的宗教经历。清教的领袖——新英格兰公理会的教士们通过了妥协条约："那些教会成员的孩子们如果能遵循'虔诚的礼节'，即使他们没有过皈依的经历，也允许他们加入教会。"另外，17世纪中期的新英格兰人常常反对强加给体育和娱乐的限制。尽管有着一些挑战，保护传统宗教观和限制娱乐与体育活动的法令依然存在，例如，1736年8月，一位波士顿的文员发表在《波士顿周报》（Boston Weekly Newsletter）上的文章：

> 尽管该省制定了几部完善的法律来保护安息日，禁止安息日当天及次日的劳动、工作、经营或者任何的娱乐、体育、游泳，以及在马路、公路、公共场地、码头上非必需的行走与骑车活动。以上活动在任何的情况下都不予允许。

因此，将来更加有效的监管措施将处罚那些触犯了上述条例的人们；并且违反了涉及房屋许可的相关法律将被检举。法庭的书记员将在报纸上直接公开这项条例（Lyde 2; italics in original）。

随着人们对宗教忠诚度的衰减，17世纪新英格兰人的后代在社会中经济地位的提升，以及在社区中对诸如像娱乐、游戏、饮酒、社交聚会等活动的追求，清教社会中所谓公共活动场所的范围已经远远超出了传统教堂的范围。

美洲殖民地酒馆数量的增多，使它们成为了殖民地各阶层人们最理想的进行体育与娱乐活动的场所。许多有钱人在体育项目上赌博，其他人则成为观众。而那些社会底层的人们则利用自身的技艺进行纸牌或者血腥的捕兽、斗鸡运动。东北部地区，在像波士顿、纽约和费城这些不断扩大的城市里，酒馆已经广泛地被殖民者和旅行者们当作旅途休息、享受美食饮料、进行体育娱乐活动、相互交流的场所。

事实上，各个酒馆连接在一起，构成了人们彼此交流的信息网。在曼彻斯特，一些道德规范仍然被强制执行着，酒馆老板们禁止人们在酒馆里玩转盘、保龄球和跳舞，这些活动被官方认定为赌博、非法的性活动及缺乏生产力的行为。在酒馆文化中，玩纸牌和骰子是最常见的活动。许多酒馆也提供九柱地滚球和草地保龄球（Struna，People 70）。抛开遵循清教礼节的道义不提，许多殖民者把酒馆看做是牟利的地方，通过体育比赛和赌博来展示他们的技能，并以他们自己认为正确的职业道德规范来赚钱。大约从1700年至1749年，在康涅狄格州米德赛克斯郡，老塞布鲁克的黑马酒馆，会定期举行酒馆体育运动、纸牌游戏、喝酒和赌博活动。这些活动特别受到那些工作在码头和船坞的粗犷的工人们的欢迎。有些酒馆也会作为旅馆来经营，为那些来到新英格兰的疲惫的旅行者们提供食物、饮料和体育消遣活动。酒馆以"娱乐"作为招牌，欢迎着旅者和城镇里的人们，并以一种特别的方式规避了早期新英格兰禁止体育和娱乐活动的法规。

一个典型的城市酒馆是一个兼具休息和娱乐的地方
图片由国会图书馆提供，LC-USZC2-1370

公众集会——不仅仅在酒馆，也在新英格兰的公共广场或者空地——以民兵操练、体育锻炼和娱乐的方式将殖民者们集中起来。年轻人通过民兵训练获得了广泛的认可。新英格兰政府允许人们进行摔跤比赛（Daniels，Puritans 168）。有时候会全军"进行战斗演习和射击比赛"，向专门召集在一起的观众们展示他们的军事技能（Struna，People 79）。

风云人物

科顿·马瑟（Cotton Mather）
图片由国会图书馆提供，LC-USZ62-92308

科顿·马瑟，第三代清教教士，是17世纪晚期到18世纪早期新英格兰清教徒大臣。他坚决支持那些对身体有帮助并且有益于清教徒的体育项目，并禁止那些非法的项目。马瑟宣称庆祝安息日就是要侍奉上帝以及祷告，而不是进行体育运动。正如他在1703年的名为上帝之日的声明中所说："在安息日的体育运动？！自从世界被赐福后有了这一天，就从未有过如此可悲和可恨的事情。"（qtd.in Altherr, Part 1 7）马瑟也曾宣称反对那些他曾看到的，伴有跳舞、饮酒、残忍运动之类对身体及灵魂都有害的活动。他特别指出那些误入歧途、背离清教教义而去参加体育运动的年轻人："有一部分孩子背离了我们，正沉迷在那些极其不敬的行为里，肮脏、浑身酒气、淫靡并且铺张浪费。他们是恶魔的孩子，天生就充斥着邪恶。"（qtd.in Dulles 20）

与此同时，他认为室外运动——散步、打猎、钓鱼、划船以及其他一些他称之为纯洁的项目——能够锻炼人们工作中的体力与脑力。虽然马瑟将他个人认为是有益的运动编入史册，但他自己也承认在1716年的一次钓鱼旅行中发生过这样一次事故：

> 这一天我身上发生了一件奇怪的事。天哪，请让我弄清这是怎么回事吧！我尝试着做一件事，我很少这样做（几年才做一次），我和一些女士、绅士们在国外骑马，呼吸乡间的空气来放松自己，我们来到了一处著名的鱼塘。在水中的一只小舟里，我的脚滑了一下，于是我掉进了池塘。船离岸边有一段距离，我一定会被淹死的。但我最终被救上了岸，并且被迅速抬上了一张温暖的床，最终并无大碍。（qtd.in Altherr, Part 1 201）

风云地点

哈佛学院

源自纽约公共图书馆米里亚姆和艾拉·D. 瓦拉赫（Miriam and Ira D. Wallach）艺术分部（1743），新英格兰剑桥高校景象。检索地址：http://digitalcollections.nypl.org/items/510d47d9-7abc-a3d9-e040-e00a18064a99

那些出生于新英格兰杰出家庭的哈佛（1636年建立于剑桥）学子们，在课余时间也得面对安息日的法律。清教牧师小托马斯-谢巴德给他在哈佛的儿子写了一封信,建议他如何利用时间,告诉他要努力学习:"重新塑造你自己以及你的工作,不要让玩儿占据你太多的时间。"他同样警告他的儿子"在学习上要充分调动你的主观能动性",努力减少饮酒、赌博和吵闹的活动,这正好符合学校的宗教宗旨。根据历史学家布鲁斯—丹尼尔斯所说,"即便是在哈佛,在军营,也会有大量的机会让这些孩子们放纵自己,并没有任何的球类运动的记载"。室外体育运动看上去更适合年轻人们提高自己的体力与脑力。钓鱼或许是殖民地最受欢迎的运动。哈佛的高层为学生们举办了正式的"钓鱼与捕鸟"的活动。

(三)中部殖民地

1681年,英王查理二世(King Charles Ⅱ)将美洲中部殖民地宾夕法尼亚州的所有权授予一位名叫威廉·彭(William Penn)的改革者和狂热派教徒。像其他新英格兰的新教徒一样,威廉·彭提出了他的宗教观念并将之作为新殖民地的基础。他想要为公谊会信徒们提供一个能够让他们实践宗教自由和建立标准社会的殖民地。他想要将这个"神圣的实验"建立在17世纪的传教士乔治·福克斯(George Fox)的学说之上。作为乔治·福克斯的追随者之一,威廉·彭属于17世纪四五十年代英国一个名为公谊会的特殊宗教教派。他在公谊会信仰上的狂热态度,让他近乎不能容忍在宾夕法尼亚州中部殖民地里的任何体育活动。1674年威廉·彭在美国北部建立了早期的殖民地,一开始新泽西的建设风风火火,但是随后就销声匿迹了。因此,对于那些公谊会信徒来说,当威廉·彭在1681年得到了王室给予他的宾夕法尼亚时,他们有了机会在美国北部的殖民地重建他们的世界(*Nash et al., Brief 5th ed. 76-77*)。

(四)宾夕法尼亚的体育娱乐活动

在宾夕法尼亚殖民地,威廉·彭和公谊会信徒们推崇不同于17世纪60年代英属北美地区的清教徒们遵从的宗教观念。他们相信心灵启示,也就是说,他们相信直接与神灵沟通的特殊交流,而不是教会古板的指示和殖民地领导者或牧师绝对的权力。公谊会信徒们相信彻底地与被称作"公众之友"的信徒们沟通交流,将会让他们明白所谓的心灵之光。他们将殖民地创造成独特的灾难庇护所，并对不同宗教背景的人敞开大门。公谊会信徒们在那个父权主义盛行的时代，给予殖民地的女人们超乎寻常的平等地位。乔治·福克斯（George Fox）认为心灵之光能够传递给任何人，无论男女。威廉·彭也遵循他的宗教观念在宾夕法尼亚建立了殖民地，这里的男女都拥有在公共活动中的发言权。

  威廉·彭的传教理念影响了新殖民地体育和娱乐的性质。他的公谊会信徒们相信节俭和正直高尚是通往天堂的道路。这与南方殖民地的绅士和农场主们炫耀性消费——用马匹、种植园、奴隶、桌球的装备来换取比赛比分或者掷骰子的机会——截然不同。因为被认为对公谊会的崇拜有潜在的阻碍，类似南方种植园的娱乐消遣，以及与之相关的装饰品和表现出来的物质主义遭到了殖民地官员们的批评。他们主要致力于追求男女个体精神的幸福，而不是像南方殖民地的人和新英格兰的富人和商人那样，通过追求财富和社会地位来得到尊敬，或实现对社会中低层的农民、妇女、仆人和奴隶的控制。公谊会信徒们拒绝向上层社会的人脱帽，也不愿穿着奇装异服以显示社会地位。对于宾夕法尼亚州体育的重要性，像他们的殖民地被称为"和平国度"一样，公谊会信徒们同样拒绝赤裸双臂或者在军事训练中打斗。因此，他们不参加诸如在阅兵日举行的公开体育表演，或者是在曼彻斯特举行的军事训练，也不会参加其他殖民地举行的射击之类的比赛活动。对于宾夕法尼亚和新泽西的男女公谊会信徒们来说，肉体的、野蛮的和与枪联系在一起的，包括拳击比赛、斗牛、狂欢在内体育活动，毫无文化意义。

  威廉·彭和他的公谊会追随者们明确地解决了关于体育和娱乐的问题。他们的法令总的来说促进了宗教自由，有的法令坚决遵循安息日传统，限制体育与娱乐活动。教徒的领导者们宣布星期天为教会交流日，不得进行日常工作。蓝色法规禁止纸牌、斗鸡、捕熊、赌博、酗酒、寻欢作乐及其他被视作违法的娱乐活动。但朋友之间却可以进行被视为有益健康的、单纯的对身体有好处的娱乐和体育活动。殖民者们在宾夕法尼亚和新泽西能参加滑冰、雪橇、散步、游泳、垂钓等活动。像在其他美国殖民地一样，因为马匹在美洲殖民地交通与农业领域的重要作用，赛马在宾夕法尼亚同样盛行。然而赌马却是被严令禁止的。

威廉·彭（William Penn）
图片由国会图书馆提供，LC-USZ62-106735

（五）公谊会教徒的体育兴趣和挑战

实施监管非法娱乐活动的法令对公谊会教派的权贵们来说是一项挑战。随着18世纪早期许多非教派的人口来到这里定居，宾夕法尼亚人口的增加，各种文化价值观也在此时与当地文化开始融合。在1715—1740年，宾夕法尼亚经历了政治、社会和经济的变革。教会对法律与社会风俗的控制被削弱。新的移民，包括德国人、苏格兰爱尔兰人，以及无教派的英国人到殖民地来定居，时时刻刻都在挑战那些对体育与娱乐活动严格限制的守则和法规。新来的劳动者构成了新的下层社会，他们热衷于酒馆娱乐、酗酒、赌博及喧闹的社会集会。其他那些新来的盎格鲁异教徒，像那些有钱有势的商人们一样，也有用参与体育活动的方式来展示他们社会地位的欲望。费城成为了政治、经济和社交活动的中心，居民也越来越热衷于娱乐与体育运动，包括赛马、保龄球、滑冰这样的体育锻炼和桌球、纸牌及与之相伴的酗酒和赌博等娱乐活动，甚至于那些血腥的斗鸡和斗牛运动也越来越受人们的欢迎。

最终，有组织的高级体育俱乐部出现了，但公谊会的领导者还是让他的信徒远离这些俱乐部开展的体育娱乐活动。上层社会的绅士和政客们为了他们的共同追求和对体育的探索而建立起一些新的社会和体育组织，例如，"1732年为了钓鱼、打猎及餐饮娱乐而建立的斯古吉尔殖民地"（Jable, "Pennsylvania's" 119）、"1766年建立的为赛马提供场地的费城骑师俱乐部"。于是，教会的信仰给殖民地的娱乐和消费兴趣让了步。威廉·彭的神圣实验在宾夕法尼亚复杂的人口构成，以及像酒馆那样的世俗机构数量增加的趋势下黯然失色。事实是"许多早期的宾夕法尼亚人有强烈的游玩的欲望，体育和娱乐活动恰恰满足了这种需求"（Jable, "Pennsylvania's" 119, 121）。

（六）纽约殖民地

荷兰殖民者于1624年来到了这个新世界并为之命名新尼德兰，它是一个位于新阿姆斯特丹（之后更名为纽约城）的商业中心。荷兰人们给新殖民地带来了有着他们文化风俗的体育和娱乐活动。在哈得孙河沿岸的荷兰居住地，酒馆是主要的娱乐活动场所。在那里人们玩着一种类似于手球的游戏。荷兰人也发明了一种叫做考尔夫的运动，类似于高尔夫和冰球，也是用一根棍子来控制球。打飞的球常常危害到当地其他人的私人财产，为了规范这项运动，1656年桔堡（Fort Orange）和比维儿维克（Beverwyck）颁布了一条法令。法令声明：

> 市民们抱怨说他们反对在街上打考尔夫球，因为这种运动给他们房屋的玻璃造成威胁，并且也很容易让人们受伤……这样违反了公众街道自由……为了公众自由……禁止所有人在街上打考尔夫球，违反这项法令的人将被处以25美元的罚款。（qtd.in Altherr, Part 1 158）

更受人们欢迎的是九柱戏游戏，一种类似于保龄球的运动，在这项运动中人们拿关在桶里的猫取乐。规则规定，拿保龄球瓶砸开桶救出关在桶里的猫就获胜。鹅则有着更为悲惨的命运，广受欢迎的"雄鹅拔河"也是将活生生的鹅作为比赛的道具，人们把鹅用金属线挂在两个柱子之间，参加者们需要骑着马或是在水里划船去扯下那些鹅。

新尼德兰居住地允许不同的宗教及各种特殊的团体并存，这使得新阿姆斯特丹有着各种各样的宗教信仰、异国风俗、多元文化及丰富的体育活动。1654年，第一批23个信仰犹太教的犹太人，和来自巴西的妇女孩童来到新阿姆斯特丹定居。这标志着犹太人在美洲生活的开始，并且像其他移民一样，他们是为了所谓的宗教自由而来新世界的。没有古板安息日教条的新阿姆斯特丹让一切都看上去甚是合理。然而，如同其他的殖民地一样，新阿姆斯特丹的官方公开声明依然保有严格的周日安息日教条。高举着安息日法令的大旗，政府官员彼得·斯度维森特（Peter Stuyvesant）禁止了违反安息日教条的体育及其他一些活动。在1656年1月，斯度维森特正式宣布了有关安息日的法规，声明周日要"禁斋并且为主祷告，感谢上帝守护人们、赐予人们经济与农业的繁荣，更重要的是正确、感激地接受上帝的赐福"。这个法令很好地诠释了人们是怎样度过周日的：

　　我们明令禁止在斋戒和祷告的礼拜日期间所有的劳动、网球和其他球类运动、打猎、垂钓、旅游、耕作、播种、收割及一切非法的赌博和酗酒，违者将按照既定的法律论处。（qtd.in Altherr，Part 15）

荷兰官方在随后的一年又再一次加强了安息日法律，在一次法庭事件记录可以看到：

　　原告说，他3月7日向副司法长官乔恩·丹尼尔（Jan Daniel）报告，被告在新尼德兰长官下命令宣布的祷告日里打冰球，因此根据法律被告将被判罚款。然而，被告却给出了对该次事件不同的看法。被告坚持说自己当时没有打冰球，并承诺提供证据。法庭接受了他们的说法，并要求被告在下一个审判日提供出证据。（qtd.in Altherr，Part 1 462）

当1664年英国占领新尼德兰时，他们给它重新命名为纽约，但那些荷兰的娱乐活动得以延续下去。这个殖民地的户外环境提供给人们进行冬季冰雪运动的条件，像滑冰、滑雪橇及冰球。英国牧师查尔斯·伍雷在1678年的纽约城观察并记录了人们滑冰的情形。他描述那些轻盈的滑行：

冰面上那些男人女人们飞快地滑行，令人称赞。踏着滑板，就像是从一个地方飞到另一个地方一样。（qtd.in Altherr, Part 1 462-463）

在稍晚些的1748年，一个英国的国民宣称：

"荷兰是最不平凡的民族。他们用雪橇创造出了奇特的时尚，一些雪橇有着天鹅的外形，或者各种水鸟的形状。他们用这些雪橇在结了冰的池塘里进行比赛，并让冬天不再充斥着冰冷与死亡。他们还在冰上建了供人休憩的小屋，在里面度过了无数痛饮热酒的美好时光。他们甚至在最容易破碎的冰上进行比赛的行为让人热血沸腾"。（qtd. in Twombly 22）

荷兰人对滑冰的热情，以及在滑冰运动上积累的丰富经验，通过之后现代奥林匹克运动会女子滑冰的成功展露无遗。在这个中等殖民国家，无论男女老少都展示出他们对体育的热爱。

拉鹅运动（Gander-pulling），一种荷兰人的消遣，是一项有关从其悬挂之处拉鹅的比赛
由J.A.卢卡斯（J.A. Lucas）和R.A.史密斯（R.A. Smith）再版发行，1978，美国运动的传说（Saga of American sport），纽约：哈伯柯林斯（Harper Collins），546

纽约的人们同样参加保龄球、九柱戏、各种用柱子或拍子的球类运动、射击、钓鱼、打猎和射箭。和其他在北美殖民地的群体一样，荷兰殖民者将体育当做生活的一部分。在纽约较为宜人的天气里，赛马广受欢迎，并且风靡整个殖民地。1665年，政府官员理查德·尼克尔斯（Richard Nicholls）在纽约亨普斯特德主持了一场赛马比赛。

赛马主要是为了改善马的品种，而不是为了娱乐。这在当时十分流行，跑得最快的马能得到一个银杯的奖励。总之，赛马在美国的各个地区都广为流行。赛马在费城（以及费城骑手俱乐部）一直得以延续。而在东北地区，上流社会的人也常常资助那些赛马俱乐部。19世纪赛马在美国的文化中占有了重要的位置，无论南方北方，大城镇的市郊或者小县城，都建有赛马场（Larkin 283）。

赛马运动在1665年被美国确立，统治者理查德·尼克尔斯（Richard Nicholls）
在纽约建立长岛路线
© Getty Images

小结

有着不同背景的人，无论是北美印第安人还是欧洲人、非洲人，他们定居在了这个新世界并且在殖民的岁月里参加体育与娱乐活动。人们有着不同的宗教信仰，不同的经济、社会和政治见解，以及不同的种族、民族和性别身份，这意味着殖民者们以他们自己本国的文化形式进行着不同的体育娱乐活动。体育活动在那个时期通常是非正式的，但对于上层和富裕的殖民者来说，体育同时也具备更多正式的宗教意义。

大事年表

- 美国史前时期至1492年
本土美国人盛行比赛
- 1492年
克里斯多弗·哥伦布（Christopher Columbus）登陆美国
- 1492年
西班牙人将犹太人和穆斯林从本土驱逐
- 1517年
马丁·路德（Martin Luther）开始新教改革并抨击天主教
- 1530—1539年十年间（16世纪30年代）
约翰·加尔文（John Calvin）发起宗教改革
- 1558年
伊丽莎白一世（Elizabeth Ⅰ）加冕英格兰女王
- 1565年
西班牙人建立佛罗里达州的圣奥古斯丁（第一个新世界欧洲永久居住地）
- 1585年
在罗诺克岛北卡罗来纳州海岸建立英国第一个居住地

- 1586—1588年

英国居住者在罗诺克岛发现外来居住者

- 1588年

英国击败西班牙无敌舰队

- 1607年

在弗吉尼亚建立詹姆斯敦殖民地（北美第一个英国永久居住地）

- 1609年

西班牙人发现新墨西哥圣塔菲

- 1618年

詹姆斯一世（King James Ⅰ）在英格兰发布了《体育之书》

- 1619年

第一次从非洲到弗吉尼亚的奴隶运输

- 1620年

新教徒发现普利茅斯殖民地

- 1630年

约翰·温斯洛普（John Winthrop）州长和新教徒建立马萨诸塞湾殖民地

- 1632年

乔治·卡尔夫特（George Calvert）（巴尔的摩勋爵）用出让的土地建立了马里兰州

- 1636年

哈佛学院创立

- 1664年

英国占领新荷兰，重命名为纽约

- 1665年

赛马出现在纽约殖民地

- 1692—1693年

萨勒姆猎巫事件

- 1676年

维吉尼亚贝肯（Bacon）叛乱

● 1681年

威廉·彭（William Penn）用出让的土地建立了宾夕法尼亚

● 17世纪90年代

在切萨皮克地区，白人劳役转变为黑人奴隶劳动

● 1732年

斯古吉尔河渔业在费城建立

第二章

美国革命时代与建国初期的体育和娱乐活动

（1750—1820年）

阅读完本章节后，你将会了解以下内容：

- 传统体育如何起实际作用？是如何在早期殖民地时期中坚持下来的？
- 大觉醒运动形成了美国殖民地时期社会各个阶层对体育运动的一些看法意见
- 启蒙思想在美国体育、运动锻炼与身体保健中的重要性
- 体育运动对偏远地区的意义
- 经济状况、消费观念的改变和社会等级是怎样为不同生活背景的美国人提供运动途径的？
- 美国革命时期体育锻炼的场所
- 年轻共和国中体育的角色及其对女性的积极作用
- 对各种形式的骑马和赛马保持持续兴趣的原因

来自费城的改革领导者、外交家、发明家本杰明·富兰克林（Benjamin Franklin）拥有自力更生者所有的特点。他强调把身体和心理方面的美德及自力更生作为美国人的价值观。他的思想及对体育运动的追求，表达了殖民者希望通过体育运动来磨炼人的身体和精神，进而实现个人主义和思想教育。他在自传中提到了"身体锻炼"的重要性：

> 作为一个在水边长大的孩子，我大部分生活都与水有关，我学会了游泳、划船……当我与伙伴一起驾船或者划独木舟时，我通常都是指挥行驶，特别是在遇到困难时……在其他情况下，我通常也是这群孩子中的指挥者（9-10）。

在英格兰的一段旅居，富兰克林回忆起了他那令人钦佩的游泳能力：

> 我脱了衣服跳入水中，从切尔西游到布莱克弗瑞尔，沿途欣赏水上和水下的风景，这一行为让那些认为这是新奇事物的人感到十分的吃惊及兴奋。我小时候就因为有过这样的经历而感到高兴，我曾经也看过一些关于游泳的书，后来我加上了一些自己的想法，让我的游泳姿势更优美且简单实用。所有这些我都在同伴面前展示过，面对他们的钦佩我真是受宠若惊（53-54）。

富兰克林令人赞叹的泳技展示吸引了一个英国贵族邀请他来教其两个儿子游泳。他在回忆录中写到："威廉·怀特汉姆先生（William Wyndham）希望我教他们游泳，并且表示如果我愿意教他们的话，他会给我一笔丰厚的报酬……我想如果我留在英国开办一所游泳学校的话，我现在一定已经赚翻了"（Franklin 55）。但是当时25岁的他拒绝了这些请求并且返回了美国殖民地，在那里继续发展他对游泳方面的兴趣，他发明了一套潜水衣并且写了一本关于如何游泳及漂浮在水面上的书（Twombly 39）。

第二章　美国革命时代与建国初期的体育和娱乐活动（1750—1820年）　51

本杰明·富兰克林（Benjamin Franklin），美洲殖民地印刷商，成为了一位政治家并且以发明家、科学家和伦理道德推广人的身份赢得了名望，同时是体育的拥护者

图片由国会图书馆提供，LC-D416-29337

　　18世纪，在早期殖民地文化向现代转型期间，越来越多的殖民者开始相信是自身的锻炼而不是上帝的庇护使人的身体更好和更健康。当美国社会向前发展，日渐摆脱大英帝国对其的束缚时，一些殖民者开始强调人和独立个体的价值而不是附和早期殖民者所推崇的全知全能的上帝。富兰克林可能是殖民地历史上最著名的游泳者，此外他作为印刷商、议员、改革者、公益及改革事业领导者，在参与体育活动及政治事务中所展现出的坚强人格与自信激励着人们从清教思想中转型。科学研究和探索促使了人们对人类身体看法的转变，同时也给美国殖民者灌输了关于身体健康和体育运动的新的理念。

　　18世纪，从英国传入了殖民地人民为了民主而斗争的观念，这使美国人民渴望经济政治民主化的愿望日益高涨。许多不同社会等级的北方殖民者开始根据他们在宗教、政治、体育、经济及工作方面的体验来定义美国特性。由于个人主义思想的日益增长和对人的能力的推崇，许多殖民者开始越来越多地关注物质财富和自身地位，因此许多关于体育运动的观点在这些殖民者中开始兴起。但是宗教领袖却对人们追求物质财富而不是精神财富而感到担忧。他们还担心人们日益增长的对自由、自我的追求及日益增长的迁移率将威胁美国社会的稳定。因此，在这段经济和人口快速发展的时期，关于体育运动的地位引起了殖民者的广泛争论。此外，在这个变革时期，体育锻炼这个话题也是自由主义者和保守的集体主义者争论的焦点之一。

总的来说，美国殖民生活在18世纪中期发生的变化导致了新、旧两种文化观念的冲突。比如，人们日益增长的对科学的重视与东北部清教徒强调的宗教观点发生了冲突。一些殖民者声称他们信奉自然神论，上帝不再是万物的主宰。在那段社会转型时期，这些文化和宗教的变革，以及殖民者在改革时期内积累的经验，使得美国人对体育运动的观点有了很大的改变。

第一节　大觉醒运动与体育的定位

18世纪中期，美国殖民地新旧两种价值观的冲突中，宗教复兴击败了殖民者的新思想。这个被称做是"大觉醒"（Great Awaking）的运动不仅包含了宗教方面的灵感，还包含了许多关于美国殖民地社会、权力、平等、个人主义方面的新想法。它产生了一种广为流传的理念——通过让各种阶层、年龄、种族的人参与进来，进而使这项运动在美国改革中达到高潮。从1730—1760年纵观整个美洲殖民地，"对新精神的追求挑战了旧势力的权威，随之产生的新的思想和行为为下一代的改革运动注入了活力"（Nash et al., *Brief 3rd ed. 101*）。"大觉醒"运动的积极影响不只是在宗教范围内。与此同时，殖民者的文化价值观也影响到了体育方面。殖民者也开始意识到，人们应该进行有道德的消遣，而不是庸俗、无聊的活动。当时流行的信仰复兴运动同样具有社会和政治影响力，它反映了那个时期人们对于体育运动和闲暇时间的看法。

一、新英格兰殖民地的觉醒、信仰及休闲活动

新英格兰地区的宗教和地区领袖担心加尔文思想的日渐式微和民众对宗教信仰依附度的降低。本杰明·富兰克林（Benjamin Franklin）、托马斯·杰弗森（Thomas Jefferson）、本杰明·拉什（Benjamin Rush）及其他一些殖民地的清教

领袖则不断地强调善行和理性。另外，也有殖民地领导人开始运用新的科学方法来帮助人们了解世界。乔纳森·爱德华兹（Jonathan Edwards）在他的一段著名的讲话《落在愤怒上帝手中的罪人》(Sinners in the Hands of an Angry God) 中，提倡大家不要太过在意所谓的上帝的力量，并且号召年轻人在新英格兰传播这种思想；神职人员越来越强烈地要求减少喧闹的娱乐消遣及一些不健康的体育运动。乔治·怀特菲尔德（George Whitefield）是英国国教的一名信徒，他在1739—1740年的美国之行期间提出一种新的生活方式，并在露天的辩论引来了数千人，他对每个人说——不管一个人的身份、种族、性别或是年龄，都能实现对神的皈依。这种大规模的公众性演讲表达了民主而不是传统的信念，同时还强调应该多用工夫在精神灵魂方面而不是娱乐及运动。这位神职人员对赛马也颇有微词。1772年一位弗吉尼亚的牧师也对此抱怨不已（qtd.in Altherr, Part 1 281）。

确实，像乔纳森·爱德华兹（Jonathan Edwards）这样狂热的神父都视运动、娱乐、酒馆娱乐（游戏、赌博、饮酒），以及和动物有关的体育运动为罪恶。他们警告殖民者要像清教徒那般为道德工作，而不是浪费时间在那些琐碎的追求上。在对民众富有激情的布道中，爱德华兹喊道，人们不该去酒馆寻乐而是应该多去教堂（Nash et al., Brief 3rd ed. 102）。

"大觉醒"运动的另外一些努力还包括安息日活动以及在周日关闭酒馆。波士顿的一项法案还规定礼拜天闲散人员不得游泳或者滑冰，如违反上述法令将处以10先令的罚款（qtd.in Altherr, Part 2 2-3）。而传统的有益健康和锻炼的实利的（功利主义的）体育活动，比如钓鱼、打猎及骑马仍然是被允许的。

二、南部殖民地、体育活动的批判者以及社会精英

到改革时期，在南部地区，比如新英格兰及中部的殖民地，地域文化的发展已经相当明显。南方地区的气候、土壤、地形及奴隶劳动力所支撑的烟草业和糖作物与北方地区的完全不同，它的农业和工业更具多样性（Cobb, Away 9-10）。1785年，托马斯·杰弗森（Thomas Jefferson）[1]评论了他所见的新独立

---

[1] 托马斯·杰弗森，1743年4月13日—1826年7月4日，美利坚合众国第三任总统，同时也是《美国独立宣言》主要起草人及美国开国元勋中最具影响力者之一。<http://baike.baidu.com/view/39605.htm>

的美国人的行为举止：在北方，人们冷静、爱劳动、独立，珍惜自己的自由，也希望别人拥有自由，并对宗教相当迷信。南方的人则暴躁、嗜酒好色、懒惰、不踏实，维护自己的自由，却伤害蔑视他人的自由；大方、率直、不崇拜宗教而只相信自己（qtd.in Cobb，Away 10）。

风云人物

本杰明·拉什博士（Dr. Benjamin Rush）
图片由国会图书馆提供，LC-USZ62-97104

本杰明·拉什（Benjamin Rush）博士是费城的一名内科医生，在18世纪50年代撰写了一些关于医学和健康之类的书籍，他还曾签署独立宣言并根据他掌握的身体的医学知识发表了关于体育和身体健康方面的评论。用启蒙思想来说，他倡导科学、医学及道德规范的统一以便形成一个健康的身心。拉什建议美国民众开展各种形式的健身活动，他在他的诸多著作中为学生体育健身提出了很好的建议。

第二章　美国革命时代与建国初期的体育和娱乐活动（1750—1820年）

1772年，拉什撰写了《对节制和锻炼的绅士的建议》（Sermons to Gentlemen upon Temperance & Exercise）一书，在书中他鼓励年轻人开展骑马运动，并说明开展这项运动并不会有损绅士形象：

> 骑马是一个绅士最能表现男子气概的时候。博内特（Burnet）主教曾经对一名律师感到十分吃惊，这名律师比其他人都长寿，并且活到老学到老，他把这都归功于他日常的骑马运动，以至于他在有生之年走遍了全国的每个法庭。但是，我会在后面提到另外一个使我们赞同的原因，那就是骑马能使我们健康。每天骑行的距离会根据不同人的力量、身体调节能力或者是骑马的技术而不同……每天骑行8~10英里即可保持健康，而这也是我们想要的。（qtd.in Altherr, Part 1 15-16）

拉什还与费城人本杰明·富兰克林（Benjamin Franklin）一起建议美国各个年龄段的民众参与游泳活动。

> 作家对游泳的赞美不胜枚举，诗人雅芳（Avon）也曾说道："有力的肌腱激起水花。"除了锻炼手臂之外，游泳还能通过排汗除去体内的尘埃……我强烈推荐在夏季频繁地沐浴以及游泳。（qtd.in Altherr, Part 1 29）

1790年8月2日，拉什在卫理公会学院发表的一篇文章里对学生们谈及游泳。他发现因为学院禁止每一类娱乐活动……可以锻炼身体的游泳运动也是不被允许的，除非是老师在场参与才可以（qtd.in Altherr, Part 2 22）。他在1790年发表的一篇文章《论学校的娱乐项目与惩罚措施》（On the Amusements and Punishments Proper for Schools）中曾建议学校可以对男学生开展他认为合适的体育活动。悲哀的是，许多年轻人有久坐的习惯，他劝说道："我们年轻人的娱乐活动就应该是运动起来，这对未来的生活有很大的好处，特别是在户外运动或者是田间劳作的时候。"（qtd.in Hartwell 24）拉什在1772年的演说中列出了他认为对男性健康很有利的体育活动："对于我提到的所有的锻炼项目来说，我还要加一点，滑冰、跳跃以及网球、保龄球、套环、高尔夫都是有益健康的。"（qtd.in Altherr, Part 2 224-225）拉什还鼓励女性去费城女子学院获取适当的教育。他建议舞蹈可以作为一种锻炼身体的活动（Park, "Embodies Selves" 71）。其他的身体健康作家也提供了女性身体健康的锻炼活动，下文中将会谈到。

受启蒙运动启发，拉什还提倡把戒酒以及规律饮食归纳到自己的健康计划之中。1784年，他在《酒精对人身心影响的探究》（Spirituous Effects of Liquor on the Human Body and Mind）一书中提到了酒精对人的身心健康所存在的恐怖的潜在影响。他指出，啤酒、葡萄酒、苹果酒可以作为医用，但是蒸馏出的酒精被证明是对人体有害的。他建议美国民众改变他们的饮食习惯并且靠锻炼来增强身体素质。这本小册子可谓是一本杰作。到1850年，出版发行超过17万本（Rorabaugh 40-41）。18世纪，拉什的理论对锻炼身体、体育运动、身体保健的影响长达几十年。

在南方殖民地及农村地区，旅者和传教士骑着马在不同的地区传播一些关于宗教信仰的信息。这些来回游走的骑手声称上帝不会对人的社会地位分别对待——不管是黑是白，贫或富，男人或者女人都应该参与到教派中来。浸礼宗教徒和卫理公会教徒的新的宗教游说吸引了很多信徒的加入，越来越多的殖民者通过传教士了解到了人人平等和个人主义的思想。到1860年，大约有75%的南方礼拜者信奉浸礼宗教和卫理公会教的传统（Cobb, Away 48）。

这些新兴的传教士挑战了传统权威，他们对体育运动和改革的看法集中在个人主义上而非顺从于南方的上层社会。"大觉醒"运动的支持者期望通过南方上流社会以及高水平的运动员来削减对体育运动和赌博的热情。

因此这些教会的追随者通过努力，劝说那些底层殖民者加入他们的队伍去挑战南方上流社会对底层的控制，他们还通过在公众面前的勇猛来展现运动与休闲娱乐的价值。宗教领导人批评那些有关饮酒和肤浅的娱乐体育项目，比如赛马、赌博、搏击打斗、开庭日和竞选日活动。新的思想挑战了南方上层社会的理念，也挑战了他们所控制的传统等级制度（Isaac 168）。因此，此前极力维护旧秩序的南方社会精英在赛场或是在观看其他绅士的运动表现时，展现出了他们新的平等思想。在争取下层阶级的白人和奴隶过程中，教会反对者不仅挑战了南方贵族们所进行的体育和娱乐活动，还挑战了自己所在的弗吉尼亚州那些传统的规矩与条令(163–164)。

埃尔卡纳·沃特森(Elkanah Watson)是一位农业学家和改进农业技术的倡导者,他提出了许多使农民受益的实用的体育锻炼方法,批判了他在弗吉尼亚所看到的血腥的斗鸡赛,他对这种禽类间血腥的厮杀以及在现场观战的群众表达出了强烈不满。他记录了那个"鸟禽为赌博而倒下的时刻",同时也这样评论鸟禽之间的血腥打斗和亢奋的人群:

> 这些小英雄们被训练用来为赌博服务,在人群和叫喊声中没有丝毫的畏惧……它们彼此逐渐靠近,几乎同时突然扑向对方并施以猛烈的攻击。它们的身体,有时候直接是头部,承受着残酷而致命的打击……垂死的挣扎使得它们难以再站起来攻击对手。我很快就厌倦了这种野蛮的运动并找到一个树荫来休息,在这里我被一场黄蜂和蜘蛛间的战斗吸引了。(qtd.in Riess, Major 27)

沃特森不仅对这种血腥的斗鸡赛感到惊恐,他还被围观这种行为的绅士和贫民所震撼。人们进行这种轻佻丑陋的娱乐活动,这种完全有悖人性、损坏道德的比赛让他十分吃惊。他对身边的"赌博、酗酒以及虚度光阴并时常打架斗殴"的风俗感到极其厌恶(qtd.in Riess, Major 27)。

尽管道德方面的批评不断,但是动物间互相残杀的运动仍然不断,正如人们把打猎作为一项运动而不是为了获得食物而杀死动物,并且这类活动经常登上报纸。一篇题为《乡村体育》(Country Sport)的文章在几家报刊,如《商业广告人》(Commercial Advertiser)、《汉普顿联邦报》(Hampden Federalist)以及《哥伦比亚卫报》(Columbian Centinel)上反复转载,文章描述了1816年12月26日在俄亥俄的坎通进行的一项运动:

> 根据通知书上所说,第一方阵由来自俄亥俄州沃辛顿的约700名男性组成,他们将狩猎范围定为一个5英里宽、8英里长的椭圆形。在中间是一个1英里见方的方形。他们沿着椭圆形的边界列阵向中心方块行进。到太阳落山时他们的战绩惊人——两只狼,三只熊,三十三头鹿以及117只火鸡。("Country Sport" 3)

因此，这些传统的体育项目和琐碎的娱乐消遣仍然继续着，以致有些人对此类活动在新社会中的存在价值感到疑惑。

斗鸡吸引了大量赌博和欣赏比赛中粗鲁行为的观众

图片由国会图书馆提供，LC-USZ62-120656

第二节　消费主义和殖民生活的改变

18世纪60年代，美国人开始逐渐意识到他们的文化世界与英国的是不同的，他们急于打破英国的君主统治以及摆脱英国人的特性。但是在这之前，如历史学家卡尔·关奈里（Carl Guarneri）所说的，大西洋贸易系统不仅给美国传输了货物，也同样传输了宗教思想。大觉醒运动的趋势以及源源不断运往美洲的货物使美洲殖民者的需求远远超越了基本生活的需求："大觉醒运动让宗教与消费革命挂钩，而这种结果并非宗主国的初衷"（Guarneri 86-87）——这使得英国与北部的殖民者发生了冲突。伴随着1763年巴黎条约的签署，双方的七年

第二章　美国革命时代与建国初期的体育和娱乐活动（1750—1820年）

战争❶结束，英国开始对美国殖民地征税从而弥补其战争欠款，这些经济限制和关于税收的严厉的政治条款限制了美国社会的经济发展和政治自由。

在大觉醒运动时期，英国在美洲殖民地和大西洋贸易中扮演的重要角色，刺激了美洲殖民者寻求经济方面和文化生活方面的改变。这些变化首先起源于英国，即城市化带来的压力、快速的人口增长以及产品产量的不断提高，引发了消费者的革命。在贫困线以上的家庭对货物商品有了更多的选择。大西洋贸易圈通过"商品帝国"的形式被带到了美洲殖民地（Guarneri 85-86）。因此，在这段英帝国与美洲殖民者关系不断紧张的时期，一种在英国兴起并被许多美国中产阶级所接受的盎格鲁-美利坚文化出现了。美洲殖民地人民日益增长的家庭收入以及英国商品的日益降价使这些商品更容易地进入了普通人的生活。一些货物比如英国的茶壶、杯子、银器、家具及衣物成为中产阶级热衷的消费品。"一些社交活动，比如喝茶、打牌成为了消费休闲的惯例，这也是向人展示自己新财物的好时机"（Guarneri 86）。在经济困难时期，这些消费至上主义者购买便宜的英国货物也减轻了殖民地与英国的紧张关系。

然而一些地位较低的殖民者想要通过消费革命，与更富有的殖民者一起获得一些利益，这时文化和体育的发展趋势不再局限在小范围，而是被允许在一些地点进行。历史学家理查德·布什曼（Richard Bushman）建议上层社会的绅士和小姐需要一些合适的环境来进行娱乐休闲活动并同时展示出他们的文雅，"文雅并不是指一定要开展一些新的活动，它只是把以前的活动方式上升到更高的层次。歌唱、打牌、吃喝、聊天等活动开始在每一个酒馆举行。一个人的行为和他使用的物件成为了判断此人是否是优雅的上层人士的标准"（xviii）。

为有教养的人开设的酒馆通常比那些供普通劳动者、水手、旅行者娱乐和饮酒的酒馆多出一些如谈生意、讲政治以及各种政治活动的功能。许多酒馆建在一些可以让主顾吃喝、做游戏以及运动的地方——这些更迎合了地主阶级和社会低阶层人的需求，这些酒馆通常是和一些粗鲁醉酒玩血腥运动以及赌博的人联系在一起。而上面提到的多功能的酒馆则是中产阶层及上层社会改革的目标。这时，

---

❶七年战争发生在1754—1763年，而主要冲突则集中在1756—1763年。当时欧洲上的主要强国均参与了这场战争，其影响覆盖了欧洲、北美、中美洲、西非海岸、印度及菲律宾。吴春秋.世界战争通鉴[M].北京：国际文化出版公司，1995：1.

一位马萨诸塞州的政治家及爱国主义者约翰·亚当斯（John Adams）❶对建设这类酒馆的未来深表担忧，宣称这种地方就是那些闲散人员的庇护所。亚当斯如此描述那些常去酒馆的殖民者："年轻人在此浪费了他们大量的时间和金钱，并养成了酗酒、懒惰的恶习。"（qtd.in Bushman 161）对比而言，在1773年开业的费城的城市酒馆却想要改变成为如亚当斯（Adams）这样的绅士和一些改革时代的领导人所设想出来的更加高级的酒馆。1774年，亚当斯在费城的这家开业一年的城市酒馆里举办了第一次大陆会议，让包括乔治·华盛顿❷在内的许多爱国领导人备感荣耀。但是，在费城其他的酒馆继续招揽一些不文雅的主顾，这群人依然大吵大闹，喝酒赌博成了酒馆文化的核心。在这种情况下，也许这个费城的建筑被命名为找麻烦人酒馆才合适。

窘境中的男人酒馆，坐落在历史上著名的费城，也是从革命前时代至今唯一现存的酒馆建筑
图片由国会图书馆提供，HABS PA，51-PHILA，276-5

---

❶约翰·亚当斯（John Adams，1735年10月30日—1826年7月4日）是美国第一任副总统（1789—1797年），其后接替乔治·华盛顿成为美国第二任总统（1797—1801年）。他是由托马斯·杰斐逊组成的《独立宣言》起草委员会的成员，被誉为"美国独立的巨人"。<http: //baike.baidu.com/link?url=4VWUS_G WaGWPzCFdtehBKRDWkxp2IXcTrRsmfdLb_K_UQCnmXj5Os4yr9xB065Kjqpuo2ObxFnuaAsXNJ2-jjW85C5IE OmSdyCj-XjArEwS>

❷乔治·华盛顿（George Washington，1732年2月22日—1799年12月14日），美国联邦党政治家，美国首任总统，被美国称为"国父"，美国独立战争大陆军总司令。<http: //baike.baidu.com/ subview/39583/7138796.htm>

第二章 美国革命时代与建国初期的体育和娱乐活动（1750—1820年）

在市区有很多酒馆，一些支持有益健康娱乐活动的人敦促减少饮酒以及酒馆里盛行的娱乐项目，并且鼓励大家尊敬安息日，而不是像个小孩子一样追求室外的身体娱乐活动。1789年5月13日费城有一名通讯记者记录道：

> 快走吧，他想通过《联邦公报》（Federal Gazette）建议当局缩减费城酒馆、小商贩及犬只的数量，并让其通过法案，进而来阻止以下恶行：
> 1. 周日打扰公众做礼拜的马车噪音。
> 2. 周日在任何地方从事任何形式体育运动的男孩，尤其是那些在礼拜之地附近的，在周日游泳、滑冰是不合时宜的，这些使年轻人堕落，并且使我们的城市被外来宾客所鄙夷。
> 3. 周日在酒馆消遣，尤其是在晚上。
> 4. 醉酒，以及庸俗的谩骂，这种行为应该被严厉地处罚。
> 5. 导致很多孩子骨折甚至死亡的在街道中飞驰的马匹。
> 6. 被称为"燃尽旧年"（Firing out the old year）事件，它酿成很多惨剧，许多人被惊吓甚至受伤。（"Philadelphia" May 13, 1789, n. pag.）

在中西部人口剧增的农村地区，托马斯·杰弗森总统颁布了《西北条例》（the Northwest Ordinance）❶，法律规定与酒馆有关的赌博体育活动是不道德的。1805年2月1日一条俄亥俄州的条款如下：

> 凡是开设酒馆，或是出售酒精产品的人在酒馆范围内开展危险活动，或者引发暴乱，抑或是在安息日开展任何赌博活动的，不论是纸牌、色子、台球、木球、墙手球或者是其他扰民的活动，都有可能被起诉，并处以超过20美元的罚金……（qtd. in Altherr, Part 2 19）

---

❶条例正式规定了西部由领地到州转变的法律程序和条件，为美国西部各州加入合众国奠定了法律基础。强调领地或州的政体必须是"共和制"，在西部领地内"不得有奴隶或强迫劳动"，必须保证领地居民的民权和自由。其具有重要意义，是西部地方政权组织形式的纲领性文件。<http://baike.baidu.com/view/5222522.htm>

尽管许多上层社会人士不再去酒馆了，但是他们仍没有放弃在这些地点附近开展类似的活动。正如布什曼所说："酒馆生活对有教养的人来说似乎是不体面的，但是他们还是会在自己的客厅里玩牌喝酒，优雅的桌子、精美的椅子以及穿着华丽姿态优美的人，这些已然改变了此类活动的原始意义。"（53）他们认为自己的娱乐项目与农民以及其他下层人士相比更绅士更文明，这也是他们消费至上与享乐主义和平民的娱乐不同之处。

第三节 美国的启蒙运动以及体育和身体思想

启蒙运动开始于17世纪，它强调人的信念和科学家对于科学方法的研究。这样的两位科学家包括社会契约理论和政治哲学理论的作者约翰·洛克（John Locke），以及致力于自然科学革命的艾萨克·牛顿（Isaac Newton）。这项启智的运动开启了一个对科学过程追根溯源的时代。在美国，一些绅士和受过良好教育的殖民者开始关注唯物主义和科学，而不再只是关注加尔文主义信条。启蒙运动还影响了人们关于体育运动以及关于人的身体机能是如何运作的思想认识。

在这种时代背景下，本杰明·富兰克林对一个人能很有计划并且合理地安排自己的休闲时间，而不受神的影响致以敬意。他在1779年的《博弈之德》（*The Morals of Chess*）的文章中写道："人生就像是一盘象棋，在其中我们有很多机会来获取，并且对手会和你奋力竞争……这带来的在心灵上的反应不但是无害的，而是十分有益的。"（*Franklin 233*）因此，美国启蒙运动的追随者把智力的和身体的文化结合在一起描绘出一个探索世界和人类的唯物的模式。

1810年，一本名为《青年娱乐项目》（Youthful Recreations）的儿童读物中这样说道："必须承认，青少年时期是获得健康身体的好时机，而这全靠有规律的运动。"书中内容继续：

> 整天待在火盆前不动，
> 从来也不出去玩，
> 这样也许可以使自己不冷，
> 但是到老了就不能动了。

《青年娱乐项目》的作者还提出一些其他的建议和体育活动:"为了预防身体虚弱,锻炼是很有必要的。"此外,健康的身体不是只属于有钱人家的孩子:"出身富裕的孩子,还有那些即使是被迫采棉、纺毛或者是整天坐着纺纱的穷孩子,都至少应该用早上或者晚上1小时的时间来进行一些锻炼身体的娱乐活动……"(qtd.in Altherr, Part 2 17)

《青年娱乐项目》插图中的羽毛球娱乐,1810年印制,费城自由图书馆
https://babel.hathitrust.org/cgi/pt?id=m-dp.39015065528781;view=1up;seq=20;size=75

18世纪中期，体育成为了训练上层年轻男性社会化的重要的手段。这些来自上流社会，父亲都受过良好教育的男孩子学到了作为启蒙运动内容之一的身心健康的重要性。基于他们优越的出身，这些孩子不用在田间或者是作坊里锻炼身体。一些在私立学校的体育的支持者，包括诺亚韦伯斯特和本杰明·拉什都认为应该选择自己喜欢的某些项目来锻炼。身为极富影响的美国大词典的作者，韦伯斯特1790年在哈特福德发表了一次关于年轻人身体训练的演讲。在对年轻绅士的这个演讲中，他说道："年轻人协助自然并强健自己的体魄本是他们的份内之事。"他还教促"人不仅仅是因为劳作而锻炼了身体，一些能使人劳动的娱乐活动应该经常地开展"。他还建议道，这些优秀的年轻绅士应该多参与如跑步、足球、套环及跳舞这类的体育活动，来弥补缺乏的身体锻炼（*qtd.in Hartwell 23-24*）。

　　在美国，拥有特权的年轻白人可以接受来自诸如哈佛大学、耶鲁大学、普林斯顿大学、布朗大学等高等学府的关于政治和经商的教育。这些学院的建立就是为了提高已经受过教育的男性对大众和社会身份的更好的责任感。他们的课程包括对身体、精神和灵魂恰当的关心。他们把体育活动整合进学院生活来帮助学生们形成健康的身体和思想。这些运动所追求的组织性和竞争性与现在完全不同。1795年10月6日，耶鲁大学制定了一个制度，限定学校周边的体育活动：如果有学生离开导师或教授去钓鱼，或擅离学院2英里以上并且毫无遮蔽地暴露在公众视野范围内，要罚款34美分。普林斯顿的学生詹姆斯·加内特（James Garnet）描述了他在1813年3月的一个活动：在春天这样的好天气里我们进行了很多的活动，我们通过跑步跳远等方式健身。耶鲁大学的校长提莫斯·怀特（Timothy Dwight）记录下学生们在19世纪初期在学校里进行的活动：男孩子和大人们踢足球、玩板球以及进行一些其他需要技术动作的活动。冬天，他们还在新英格兰滑冰、玩雪橇等（*qtd.in Altherr, Part 2 25, 103*）。

　　直到19世纪前期，男学生体育活动的种类才有了增加。1826年，哈佛大学成为了美国第一个开设体操课并举行竞技性比赛的学校。现在，那些在学院或从社会中选拔出来的年轻人都会留意约翰·亚当斯给他儿子昆西·亚当斯在体育和文化上的建议。他说："儿子，我建议你经常去参加滑冰、跳舞和骑马，参与这些活动不仅需要强健的体魄还需要优雅的姿势。"（*qtd.in Bushman 200-201*）在

第二章　美国革命时代与建国初期的体育和娱乐活动（1750—1820年）

这个新国度，为使共和党人的儿子有旺盛的精力，经济、工业齐头并进地发展（qtd.in Bushman 201）。作为文化基石的组成部分，适当的体育活动可以帮助一个人更好地在新民主中定位。

第四节　边区和乡村体育

　　相对于发展中的城市居民，农村社区见证了宗教的复苏以及城市中散播的新的科学理论，居住在偏远地区的人对于体育运动有不同的需要。家庭或者谷仓让边远地区的人们聚在一起并且提供了进行体育运动的机会。19世纪的第一个十年，一个伊利诺伊州的居民说："居民们都散布在铁路边、空旷等类似的地方。晚上的时候人们聚在一起玩扔铁圈球或者套圈等游戏，然后结束快乐的一天。"（qtd.in Altherr，Part 2 20）

　　历史学家艾略特·戈恩（Elliott Gorn）分析了边远地区的人们这种粗犷的生活方式以及人们引以为傲的体育运动。无限制格斗在南部乡村文化中占有很重要的地位。戈恩解释说，参赛者在室外观众的围观下开始他们的打斗直到一方说停止或者不能够再继续为止。参赛者们相互打斗直到一个人倒下，站立者为胜者（Gorn，"Gouge and Bite" 36-37）。这种激烈的斗争方式在边远的马里兰州、弗吉尼亚、肯塔基、阿拉巴马等地被认为是斗士们维护自己的荣誉和训练技巧的主要方式。因为在这些地方，恶劣的环境让居住者们不得不通过打猎和种植作物等方式来努力地生存下去。因此并不是政府官员及牧师吹捧的工作伦理、节制和道德以及宗教价值观的作用，而是边疆居民和他们家庭遵循的偏僻地区文化推动了其他价值观念和技能的发展。正如戈恩所说，"在那些仍然享受古老而野蛮的比赛方式的中下层男性文化里，挖眼比赛是焦点赛事"；而上层阶级和知识分子"绅士对荣誉的定义强调冷静克制，挖眼选手则以原始的野蛮为荣"（Gorn，"Gouge and Bite" 39，49）。

　　众多暴力比赛的记录描述了那些偏僻地区的观众所见证的血腥残酷的格斗。其他国家的旅行者为这些暴力比赛所震惊，并记录了他们在美国偏僻地区旅途中的所见所闻，表达了他们对这些战斗的困惑。1791年，一位到弗吉尼亚州的法国游客详细描述了这种边疆的风格:"那个地区穷人的风俗是粗鲁和暴力。他们满嘴脏话、酗酒、赌博并且经常打架。他们用一种东部美国人不使用的格斗方式。格斗者使用他们的拳头、脚还有牙齿。他们一心想要挖出其他人的眼睛。"1796年,一位到弗吉尼亚州的游客声称"遇见在战斗中失去了一只眼的人一点也不罕见,并且有一些人以能熟练挖出别人的眼睛为荣。但更糟糕的是,这些不幸的家伙在他们的格斗中会去竭尽全力扯下对方的睾丸。在我经过马里兰和弗吉尼亚州的时候就亲眼目睹了四五个例子。在南、北卡罗来纳州和乔治亚州的人则比弗吉尼亚州的人们更加沉迷于这种崇拜中"。他总结,"在这些州的某些特定区域,每三个到四个男性中就有一个人只有一只眼睛"(qid.in Altherr, Part 2 135–137)。

在叙述他们在偏僻地区旅途中的见闻时,一些评论家指出,落后乡村里,男性为了侮辱对方人格和身体而进行格斗的仪式存在着一些与性别、社会经济相关的因素。男性在这些战斗比赛中展示了他们身体上的勇敢和荣耀,并且在暴力冲突中捍卫了自己和家庭成员的尊严。一份1798年的记录上写着:

> 北卡罗来纳州那些没有找到好工作的人在喝酒、玩纸牌和骰子、斗鸡,或赛马上消磨时间,这些事之间的间隙则被拳击比赛填满;而这些比赛经常由于一些挖眼的壮举变得难忘。由于他的专业表演,胜利者会收到许多来自观赛人群的掌声和呐喊,而他那被挖出眼睛的差劲对手则由于他的不幸失败而被嘲笑。这种野蛮风俗更流行于卡罗来纳州和乔治亚州的下层人民之间(qid.in Altherr, Part 2 135)。

暴力格斗的风俗已经在边远地区广为传播。直到1793年,东部人认为过半的肯塔基人没长眼睛,并且在十年过后,接近1/3的宾夕法尼亚州德裔美国人只有一只眼睛。一个去过宾夕法尼亚地区的康涅狄格州居民写道:"有一天,一匹只有一只眼睛的马身上坐了都是只有一只眼睛的一家三口。"(qid.in Altherr, Part 2 138)几年之后在俄亥俄州,一个旅者正要安慰一个因为打架而鼻子被咬掉的人,但是这个人却回答道,"不要可怜我,去可怜那边那个家伙",并用手指向一个只有一只眼睛的人,另外一只手里拿着他成功夺来的眼珠(Altherr, Part 2 141)。

第二章　美国革命时代与建国初期的体育和娱乐活动（1750—1820年）　67

尽管在纽约、新罕布什尔、宾夕法尼亚州、肯塔基州、伊利诺斯州、印第安纳州、路易斯安那州、田纳西州、乔治亚州、密苏里州，法律禁止致残和盘剥，但该现象仍持续发生。在边界地区，尤其是南部，粗暴的打架斗殴成为有代表性的文化现象。男人们为展示他们的勇气和体魄，努力成为格斗获胜者。一个南卡罗来纳州偏远地区的法官恰当地总结了在美国偏远地区盘剥斗殴的体育事件数目，在公告书中，他这样说：

> 以上帝的名义……我以前在世上从来没见过这样的事情。有一个原告，他的眼睛爆出来了！一个陪审员的眼睛也爆出来了！两名观众的眼睛也爆出来了！（qid.in Rader, American Ways 77）

尽管乡下相同社会地位的人进行无规则格斗的现象是司空见惯的，其他形式的争斗也多次上演，深刻展现了社会中种族和民族的不同矛盾。拥有许多土地和奴隶的南部运动员，有时候会举办拳击比赛，让有凹记伤痕的奴隶对垒另外一个。这种仪式有它自己的含义，将在下一章节中探究。

第五节　革命时期和建国初期的女性娱乐活动

18世纪早期，白人妇女的社会角色依然被区别对待着。然而，上流阶层的白人男士在新的大学，如哈佛和普林斯顿，可能参与一些运动项目和身体锻炼。年轻的女生禁止参加这些活动。确实，当时殖民地时期的美国社会妇女面临许多族长制社会和区域规定的限制要求，包括性别期望分派他们扮演家庭主妇、母亲、女儿、姐妹，和愿意与家庭及神圣之地分享道德价值的支持者，而不是参加那些看起来只适合男人和男孩的社团。在这期间，妇女没有法律、政治和经济权利，尽管许多人意识到在法律上，她们的权利和权益与其丈夫儿子是平等的。上流阶层控制着社会和政治地位及公共利益。在美国的启蒙运动时期，一些18世纪的作家设想道，"男人女人的四肢和器官基本是一样的，不考虑不同的性别个体，必须有一个最好的饮食规则、生活规则和大量运动形式，来促进人类身体素质发展"（Park，"Embodied Selves" 71–72）。但是这些观点与主流思想下的有区别的男女教育、社会和体育行为大相径庭，妇女承担着家庭责任，背负着社会对没有监护人和家庭的妇女外出的道德禁令，都限制了她们参与到南部贵族或者北部绅士们的一般娱乐当中，如桌球厅、桥牌室和酒馆活动。

不具竞争性的身体活动，如行走、园艺、游泳，甚至于骑马，这些实用和活跃的娱乐活动被认为是有利于女性健康的，有益于在家庭里面照顾孩子的一些运动可能会被一些妇女追求，选择什么样的活动取决于年龄和身体状况以及她们生活的地点和物质条件——是在城市还是落后的边远地区。杰出的历史学家艾伦·古特曼（Allen Guttmann）写到，"没有哪个竞技项目是被我们平等分类的，是为适合女性而设计的"；事实上，在早期美国，女性体育"被限制于剥玉米、缝被子竞赛，还有其他一些涉及妇女家庭劳作的竞技项目"（Guttmann, Sports: The First Five Millennia 119）。妇女参加公开的体育项目可能会对她们的家务技巧有帮助，但是她们的地位仍然区别于那些参加到娱乐活动的男性，这再次证明那个时期性别"歧视"依然占据着主流。公共聚会上的交流，如射击竞赛、礼拜日、安息日、以及类似的活动，会将妇女从家庭琐碎中解放出来。在边远地区，社会地位更低的妇女可能要在他们丈夫或兄弟残忍粗暴的搏斗中支持他们，并且像那些毫无干系的围观者一样观看。在建国早期，观察者丹尼尔·德雷克（Daniel Drake）指出一些民事事件通常会给徒步赛跑、小马赛跑、摔跤和搏斗等各式各样的比赛让道（qtd.in Larkin 274）。

上流社会阶层中，好吵闹的和爱赌博的年轻男人、男劳工，和在路途的酒店中歇脚的旅人被认为不适合与拥有虔诚信仰和中上层阶级社会地位的女性在一起。因此，只有在适当的时间地点，酒店才为女性顾客提供服务，"他们的酒吧客户基本上没有男性"（Larkin 282）。在早期美国城市，那些地方使得他们区别于典型酒馆——"一些有礼貌的社会精英自称"——给政治领导阶层和社会精英举办晚宴和舞会。那些给上流社会娱乐的环境优雅的酒馆，与那些迎合较低阶层的充满噪音、咒骂声、斗殴和淫荡行为的酒馆形成鲜明对比（Bushman 161, 164）。在这些极好的小酒店，没有逗熊、赌博，或者调戏妇女等龌龊行径，没有不文雅的、轻浮的社会轶事。所以，对比那些玩乐于公共聚会场所的游戏，年轻女子在她们私密房间中玩的桥牌游戏则显得更加高雅。布什曼描绘了早期美国社会中高收入和低收入的人群："人们在红木桌上玩着桥牌，旁边银质灯台上点着蜡烛闪闪发光，上流社会相信这和那些工作了一天的工人，用一双油腻腻的手，身边放着一大杯啤酒，在昏暗的酒馆里玩的桥牌不同。"上流社会的女性，与她们地位相当的女性伙伴可以在一个美丽的环境下享受她们的休闲活动，她们认为这是"帮助改变粗野娱乐的休闲形式，也是有教养的文明和启蒙的展示"（Bushman 52）。

  17世纪，在儿童出现性别差异之前，他们的日常生活都是类似的。年轻的女孩在她们房间附近享受着一些娱乐消遣的时候，男孩们也会加入进来。比如，女孩和男孩都喜欢玩一些如捉迷藏和互相追逐的游戏（因为具体不知道是什么名字，暂且叫追逐游戏吧），他们在户外进行互相追逐的体育活动，如滑雪橇和滑冰。对于那种男女混合、有冲撞的竞技体育活动，男孩扮演的往往是强壮的主角，女孩则更倾向于扮演他们的合作搭档（Rotundo 34）。当女孩长大之后，她们玩得更少了，而这时的男孩则转向追逐更加具有挑战性的体育游戏，这种在体育中区别的性别身份表现出美国社会不同的性别扮演不同的角色。然而一些美国妇女和男人却探索着女人参加体育娱乐活动的可能性。在19世纪前几十年期间，一些妇女开始积极参与更多的特别耗费体力的体育活动。甚至早在18世纪后期几十年中，更多人开始争论其实女性比传统观念中更有能力、强壮、健康，甚至聪明。至少，这应该会成为事实，假如当初她们的能力和思想观念的进步与发展没有被社会习惯性地、错误地限制和约束（Park, "Embodied Selves" 91）。激进的男女思想者开始寻求将更加"刺激"的体育活动扩大到女性运动中，下章节将对此再作阐述。

第六节　印第安人体育

  当新共和国中的白人男性公民在为民主的意义和对社会流动性需求进行抗争时，女性同样也在寻求她们在国家中的地位。而印第安部落居民则在为他们不断被侵蚀的土地、被强加的外来文化而抗争。1791年，一个法国贵族观察了美国东北部的印第安居民后说道,"他们的孩子们玩的游戏就和我们的一样;他们通过进行网球、赛跑和射箭活动来度过年少时光……"(qtd.in Altherr, Part 2 66)。19世纪初,纽约西部的奥奈达部落在继续射箭运动的同时又发展了套环运动。毛皮商丹尼尔·威廉姆士·哈蒙(Daniel Williams Harmon)在1800年左右观察了北美(加拿大)的阿西尼波河流域的射手并评论道,"从他们4、5岁开始一直到18岁或20岁,都要对着一个目标练习射箭;并且为了使训练过程变得更有趣,他们总要以一些最多不过是一支箭的小东西为代价来下赌注"。他认为这些人也许是世界上最优秀的射手。他们中的许多人可以在40~50米的距离有2/3的概率射中如1美元大小的目标(qtd.in Altherr, Part 2 66)。但不是所有的部落都愿意和平地接受同化。19世纪,西部边界亚利桑那州的阿帕奇人抵抗白人的入侵,到1807年的时候,美国士兵都害怕他们的弓箭手。西布伦·派克(Zebulon Pike)中尉1807年写的一篇文章描述他们的箭1米多长:"他们射出的这种武器可以在100码的距离内把一个人射穿,一个长官告诉我在一次与他们的战斗中,一支这样的箭射在他的盾上,巨大的冲击力立即把他从马上震了下来。"(qtd. in Altherr, Part 2 66)

长曲棍球仍然是最流行的印第安运动项目。在18世纪80年代到90年代间,白人考察人员记录下了在纽约的易洛魁联盟、肯塔基的萧尼族人,阿拉巴马的克里克人、田纳西的切诺基人和密西西比谷的契卡索人以及苏必利尔大湖区所进行的游戏项目。在1804年到1806年由托马斯·杰弗森总统派出来探索路易斯安那州山地情况的军团在达科他地区目睹了一场曼丹人的游戏。负责探索大草原和落基山的西布伦·派克同样写了很多关于长曲棍球的东西:"这天下午他们在草原上举行了一场很棒的比赛。"赌徒下注高达几千美元,而且比赛总共有两三百人参加。派克描述道,"苏族人赢得了比赛,从他们高超的掷球技术以及他们的灵活性来看,我觉得普昂斯和瑞纳兹是最灵活的选手"(Altherr, Part 2 422–428)。

第七节　美国革命战争时期的体育实践

美国殖民地文化、社会、政治、宗教及经济面貌的改变是由一系列在18世纪

第二章 美国革命时代与建国初期的体育和娱乐活动（1750—1820年）

六七十年代间日益激化的矛盾体现出来的。那时殖民地正寻求从英国获得独立。然而，为获得自由和民主的斗争并没有波及黑人、印第安人、妇女或者是穷苦阶级的白人。在美国革命战争时期内，关于调和体育和休闲思想的观念显示了这个年轻的国家各个方面的发展迫在眉睫。各个殖民地转而向掌控资源和财富的上流社会进行挑战，殖民地间为了对抗英国而产生的团结合作，形成了这个新国家在18世纪末的战争时期对于体育谨慎关心的理念和态度。

美国革命使英国与美国殖民者的关系日益紧张。起因于殖民地的爱国者道德上和政治上的控制让娱乐消遣、体育运动没有机会铸造美国民族的民族性。18世纪70到80年代，工作上的道德超越娱乐上的道德，渗透到殖民地追求独立的斗争中。在实现民主、独立、自由以及脱离英国束缚实现政治自由的斗争中，为了获得独立的殖民者们不断号召着勤奋、道德和努力劳作。政治和宗教领袖此时不提倡休闲娱乐和体育运动，相反，他们极力劝说人民团结起来努力争取从英国获得自由，并且建立一个共和体制的新国家。爱国人士和政治领袖们认为国民应该在有助提升道德水平的活动中培养自己的品德，自我奋进而不是在无聊粗俗的休闲娱乐中闲散度日。

美国殖民者于1774年在费城召开了第一次大陆会议❶，旨在回应与英国日益增加的敌对关系。在这次建立了民主政府雏形的会议中，体育运动、休闲活动的开展地点也在议程范围之内。议会通过了一项法案，"不赞成任何形式的奢侈浪费行为，特别是赛马、任何形式的赌博、斗鸡、各类演出以及其他高消费的娱乐项目"（qtd.in Rader, American Sports, 2004: 16）。在这动荡的年岁里，人们对于国家大事的关注限制了人们对于体育活动的参与。然而，当国会在1776年7月4日批准《独立宣言》时，隆重的庆祝活动也包含了体育运动和娱乐项目。的确如此，爱国人士约翰·亚当斯在7月3日写给妻子关于这个重大的场合的信中也提到了："成功的一代将会庆祝这个时刻，正如周年庆典一样……它应该在全国范围内被隆重地庆祝，有盛况，有游行、表演、游戏、运

---

❶1774年9月5日，北美殖民地在费城召开了殖民地联合会议，史称"第一届大陆会议"（The First Continental Congress），除佐治亚缺席外，其余12个殖民地的55名代表都参加了会议，会议向英王呈递了《和平请愿书》，表示殖民地仍对英王"效忠"。尽管这次大陆会议没有提出独立问题，但它是殖民地形成自己的政权的重要步骤。<http: //baike.baidu.com/view/1026633.htm#3>

动、礼枪礼炮"（Adams 115）。当然，通过体育运动庆祝美国独立这一传统一直延续了下去，在1816年，《新汉普爱国者报》（New Hampshire Patriot）发表了一篇关于国庆40周年庆典的文章："礼炮在黄昏时发射，体育运动与庆祝还有烟花到处都是，仿佛把夜晚变成了白天……独立的喜庆被传到国家每一个角落，这正如人与上帝同时发誓将永保自由"（"Fortieth Anniversary" 2）。美国独立日庆典包含了各种各样的活动，许多新型体育也因此在19世纪初那段时间得以发展。

在这个刚成立不久的国家，许多政治家和权威人士因为见证了美国革命中的士兵和将领们在体育锻炼中增强了身体素质，因而不断地为适度有益的体育运动争取一席之地。弗吉尼亚州有一个名叫乔治·华盛顿的种植园主，是美国革命战争时期的一个重要将领。他出色的身体素质使他成为了大陆军士兵们争相效仿的对象。之后他成为了美国总统，同样地，他也为全体美国公民树立了一个很好的榜样。华盛顿在百忙之中仍然挤出时间来进行各种体育运动，在全体美国公民中树立起了楷模形象。他会进行各种球类运动，同时也会玩一种叫做门球（wicket）的板球运动。此外，华盛顿在他的爱国领袖气质中所展现出来的强壮的体魄以及号召全民参与运动也使得他个人比较喜爱的骑马和猎狐运动得以发展。其他的一些士兵们平时会玩五人制手球以及殖民者们熟悉的保龄球（Ledbetter 30-32）。当然，他们也会进行对身体素质要求很高的马术运动以及在战时被认为是极其有用的游泳运动。1777年，华盛顿在宾夕法尼亚州的诺里斯顿（Norristown）还通过信函来推广体育。他在信中写道："出于娱乐目的的体育运动不仅应该被允许进行，更应该得到鼓励推广。"（qtd.in Altherr, Part 1 16）在他的日记中，他曾多次写到在弗吉尼亚州外出猎狐的情况：

　　1773年3月19日："外出猎狐，在种植园的一个泥洞附近发现一只野狐，并于2小时45分钟后将其猎杀。"

　　1773年10月5日："在尼克镇和盖斯提斯先生还有伦德先生一起猎狐。发现一只野狐并追踪了2小时30分，但最终它还是逃脱了。"

　　1785年12月5日："这是一个充满猎物气息的早晨，我和我的猎犬外出狩猎……我和我的猎犬分别追踪着一只野狐，但最终我们一只都没有逮到。我的法国猎犬们在今天表现得更好了，在它们更加适应狩猎并且更加充分明白自己为什么要去奔跑后,它们值得你去寄予对它们更好表现的期望。"

1786年1月10日:"带着我的猎犬们走出我在尼克镇的种植园。11点左右,我们在谢尔顿的波克松发现了一只野狐。漫不经心地追逐了它一会儿,并将它赶上了树,在大约1点的时候成功将其逮获。"(Altherr, Part 1 378, 387; Part 2 354-355)

乔治·华盛顿(George Washington)促进了身体健康和军事力量观念的形成,此图表现了他伟岸的身姿和马背上的英勇

图片由国会图书馆提供,LC-USZ62-72497

华盛顿还帮忙宣传军队对于身体素质的具体需求:"不管你是战士也好,绅士也罢,身体素质在生活中的核心地位已彰显无遗;我们历史上的每一次战争过后,军队都会在年轻士兵的日常训练中加入一些专门性的技术训练"。(qtd.in Hartwell 24)美国革命战争以及19世纪的其他一些战争都遵循着这一模式。

一、马的使用

美国革命战争过后,马的实用性使其在美国生活中得以普及。宾夕法尼亚州的一个名叫托马斯·本杰(Thomas Benger)的人在费城引进了一匹叫做"信使"的英国著名赛马作为种马来培育更好的美国马匹品种。有着阿拉伯纯种良马血统的"信使"孕育出了一系列冠军马们,这其中就有"美利坚日食"(American Eclipse)、"极速旋风"(Whirlaway)、"战争之王"(Man o' War)、"偷天换日"(Swaps)及"传奇"(*Secretariat*)(Twombly 29)。一种被誉为"摩根马"的美国马种也在美国革命战争之后诞生于佛蒙特州。这一马种是由贾斯汀·摩根所饲养,一匹有着能够拖动大型啤酒货车厢的力量且样貌及速度不逊于纯种良马的小型马选种而来。在工作日,这匹小型马不停地工作,拖着比自身重量重数倍的货物。而在周末,它则奔驰于佛蒙特州及西马萨诸塞州的各种赛马场上,赢下一个个赛马冠军。这一小型马因其出众的特质而被选为种马,繁衍出了一系列在19世纪的赛马场上叱咤风云的冠军马们(Twombly 33-34)。

各种形式的赛马比赛在全美如火如荼地进行,在有些比赛中甚至可以见到美国最早几任总统的身影。"乔治·华盛顿及托马斯·杰弗逊以他们各自所饲养的马为傲,并将它们作为种马来提升驯马、役马、车马及赛马的血统。"华盛顿还在弗吉尼亚州的亚历山大协助组织了赛马比赛,并以出色的骑术在比赛中脱颖而出。杰弗逊在总统任期内经常骑马锻炼,并且他"几乎不缺席在白宫以北2英里(约3.2公里)的国家赛马场所举行的周会"(*White House Historical Association* n. pag)。

美利坚合众国成立后很多地方都出现了赛马场,赛马比赛也很夺人眼球。1806年,一匹名为"扬基"的美国赛马仅用时不到3分钟便跑完了1英里(约

1.6公里）的赛程。当时美国南部举办的赛马赛事主要集中在新奥尔良，因为在新奥尔良的汉普顿种植园附近有一条建于1815年的赛马跑道。当新奥尔良成为这一地区的现代体育运动枢纽时，这条赛马跑道被梅太丽赛马跑道所取代（Guttmann, Sports: The First Five Millennia）。以下是1816年2月26日，南卡来罗纳州查尔斯顿的《城市公报》（City Gazette）的一则赛马比赛广告：

> 赛马——今日12点在华盛顿赛马场将举行一场1000美元级别的赛马比赛。这将是本周最好的一场赛事，以下是参赛马匹信息：
> 维纳先生的赛马"指环王"，马鞍号r. h.，5岁，负磅95磅，粉色彩衣。
> 科尔·理查德森先生的赛马"幸运甜心"，马鞍号 s. m.，6岁，负磅95磅，蓝红彩衣。
> 辛格尔顿先生的赛马"小约翰"，马鞍号s. g.，5岁，负磅95磅，红黑彩衣。
> 丹特准将的赛马"响尾蛇"。（Sports of the Turf, n. pag.）

赛马作为一种流行的运动一直传递了下来，并在之后的发展过程中不断地翻开新的篇章。

二、体育锻炼

美利坚合众国成立后，政治家们不断要求美国公民参加一些有益身心健康的体育锻炼而不是去参与一些以赌博及谋利为目的的活动。约翰·亚当斯在美国革命战争参战期间一直给他在马萨诸塞州家中有文化且思想独立的妻子阿比盖尔（Abigail）灌输着教育孩子的思想："把你的孩子们培养成强壮的、积极向上的、勤奋踏实的人。"在合众国早期的美国人眼中，体质对于下一代具有与美德同样重要的地位（qtd.in Bushman 199）。那些对道德、对身体健康有益的体育运动得到了美国领导人的认可，尽管他们一直在批判欧洲国家的休闲娱乐活动、体育赛事，以及非主流体育运动。18世纪80年代，可能是新英格兰地区第一个体育协会的"哈特福特鲱鱼鲑鱼俱乐部"（The Shad and Salmon Club of Hartford）

成立，并一直致力于推广各种有益健康的户外运动及钓鱼赛事（Daniels, New England 170）。对于农民、绅士及诗人们来说，这些户外运动增强了他们的体质并使他们沉浸于大自然的美而非暴力活动之中。这些户外运动流行一段时间之后，他们还组织了一种所有健康的新英格兰人民都可以参与的户外远足运动，以此确保他们社区都能参与到适当的体育运动之中。

伴随着各种体育及体育娱乐组织的成立，费城地区的户外体育运动在美国中上层白人阶级中不断发展。1732年，美国历史最悠久且影响力最大的钓鱼俱乐部之一的斯古吉尔钓鱼公司成立，并于18世纪之后的几十年中不断扩大自身规模。这家坐落于斯古吉尔州的斯古吉尔钓鱼公司也被人们称为"斯古吉尔殖民地"。它是由费城贵格派领袖威廉·彭（William Penn）的追随者们建立的，并一直致力于推广运动锻炼、体育赛事及社交运动。这家俱乐部将自身的钓鱼特权与居住在斯古吉尔河河畔，名叫坦慕尼或坦慕蒙德的美国印第安居民联系到了一起。坦慕尼及坦慕蒙德分别是德拉威尔及列尼列那波印第安部落的酋长，他们名字的含义分别是"友善的"及"最杰出的"（MacGregor 393）。为了纪念坦慕尼作为赞助商及守护神，斯古吉尔公司的运动员们将5月1日作为圣徒纪念日来纪念这位印第安酋长，同时5月1日这一天也标志着新的钓鱼赛季的开始，在当天会进行一系列的宗教仪式来祈祷新赛季顺利进行（MacGregor 393–394）。斯古吉尔俱乐部的会员非常热爱捕鱼及水上娱乐运动，此外他们也会进行丛林狩猎运动。美国独立战争之后，这家公司成为了斯古吉尔州一家赫赫有名的公司。

斯古吉尔钓鱼公司的历史记载册上记录了该俱乐部会员19世纪在费城疯狂追逐的那些体育运动。想要获得这个俱乐部的会员资格是很不容易的，因为只有在试用期内得到8个会员的签字批准，然后再经历一段至少6个月的学徒期考核，并得到俱乐部中大多数会员的投票支持，你才可以正式成为会员，以及享有在斯古吉尔河畔垂钓、猎鸟和享受宴会的权力。俱乐部每一位会员都需自己准备小舟、钓鱼装备、饵料、挡板、草帽等工具。在18世纪的时候，俱乐部的官员们都会定期在斯古吉尔河畔的城堡里召开会议。俱乐部的会员们在撰写自己的运动经历时写到了俱乐部管理人员威廉姆·帕森斯（William Parsons）和托马斯·斯蒂奇（Thomas Stretch）的一次关于俱乐部在1775年3月7日举行的钓鱼比赛的谈话："从大使馆所管辖的几片水域内渔业情况来看，他们现在不仅仅是在踏踏实实孜孜不倦地搜寻鱼群并将其捕获了，同时他们也开始注重钓鱼时的穿着以及如何享

第二章　美国革命时代与建国初期的体育和娱乐活动（1750—1820年）

19世纪约翰沃尔什公司出版公司的成员在靠近斯古吉尔河河畔的城堡相见，
一起在湖面享受钓鱼比赛的快乐
图片由国会图书馆提供，LC-DIG-pga-03304

用鱼了。"此外，这些人的记载中还提及了他们外出钓鱼时遇到的鱼的种类。有一位俱乐部会员在《斯古吉尔钓鱼公司年史（1732—1888）》中写道：

　　大约1789年的时候，那位被世人称为"钓鱼王子"的本杰明·斯卡尔先生在斯古吉尔河钓到了一条长约15英寸（50厘米）的鲑鱼。
　　1791年9月15日是永远值得纪念的一天，一条4英尺长（约1.2米）的鲟鱼跃到了城堡对面船队的某一艘船上，之后斯古吉尔公司宣布把这条鱼烹饪之后宴请大家。（qtd.in Altherr, Part 2 223）

该俱乐部的会员也喜欢和费城的社会名流们参加一些上层阶级的运动。其中有一些会员同时也是格洛斯特精英猎狐俱乐部的会员，比如说萨默尔·尼古拉斯（Samuel Nicholas），他在1760年5月1日成为了斯古吉尔钓鱼俱乐部的第102位会员，但他同时还是格洛斯特俱乐部1766年建立时的27位创始成员之一。1775

年,他还是美国海军的第一官员。格洛斯特俱乐部会员在入会时所要签订的合约内容如下:"俱乐部成员有义务饲养一窝狐狸并将其提供给俱乐部作为猎狐所用。在以下几个方面会员必须与俱乐部达成一致……"在接下来的合约内容中还提及了会员所需支付的费用以及需要遵守的规定。斯古吉尔钓鱼俱乐部以及格洛斯特猎狐俱乐部的会员中都有一些费城上流社会人物,比如约翰·迪金森(John Dickinson)、里维·霍林斯华斯(Levi Hollingsworth)、托马斯·米夫林(Thomas Mifflin)、罗伯特·莫里斯(Robert Morris)和萨默尔·莫里斯(Samuel Morris Jr.)(*Fagan 3, 9, 11-14*)。

三、共和母亲

对于美利坚合众国的白人女性来说,美国革命并未给她们带来自由的承诺,她们在其他领域所受到的性别歧视一直延伸到了体育运动和消遣活动。美国著名爱国诗人约翰·亚当斯的妻子阿比盖尔·亚当斯(Abigail Adams)在1776年给她丈夫的信中写到:"在新编的法律中,我希望女性能够被给予一定权利。"此外,她还犀利地抨击了以男性为中心的宗法制度:"在一个家庭中绝对不能让丈夫的权力不受约束,请记住每一个男性只要他愿意,那么他就可能成为家庭中的暴君。"(*qtd.in Kerber 12, 23*)美国革命战争期间,女性同胞们参与到了诸如出台抵制,签订请愿书,以及协助丈夫或儿子处理公务的政治活动中,但是她们并没有因此而在美利坚合众国得到选举投票权以及其他的一系列基本权利。美国革命未能使女性得到平等和自由,与之相反,一种新的关于女性在政治领域中的法定角色的意识形态发展开来。在早期的民主形态下,女性在美利坚合众国中的形象被认为应该体现出作为母亲的价值。她们肩负着教育及养育子女的重任,并有义务将儿子们培养成为社会中品德高尚、积极向上的美国公民。美国革命战争鼓励了一些女性去大胆思索。她们认为男性世界及政治领域不应该与家庭分割开来,既然作为美利坚合众国中的母亲们(*Kerber 146-147*),她们就应该对社会作出自己的贡献。她们应该成为家庭中的"向导",将优秀的品质与美德传承给自己的下一代。

在这个新的国家里,一些女性为了履行家庭中女性的角色,赞成女性去女子学院接受教育,因为在阅读、写作和照顾家人方面有着更好的知识和技能储备能够让女性成为一个更好的母亲。这会扩大白人女性在家庭中的影响力,但是这

第二章　美国革命时代与建国初期的体育和娱乐活动（1750—1820年）

马萨诸塞州的阿比盖尔·亚当斯（Abigail Adams）写下了关于女性在美国革命年代的经历，支持女性得到进一步发展的机会，并且提醒她的丈夫爱国者约翰·亚当斯（John Adams）考虑女性在这新国度的角色定位

图片由国会图书馆提供，LC-USZ62-112534

样的影响力源于女性的家庭角色。在美国，女性在社会中的影响力是源于她们的能力而不是性别。在女子学院的教学中，他们着重将年轻女性培养成为一名好母亲、好妻子。在共和母亲的理念中，支持者提出"人们至少要意识到健康的重要性，并且要让女人来实现这一国家理想"。美国建国初期，"他们并没有协商好如何将体能、运动和健康联系起来"（然而女性在19世纪初期会这样做）。很多地区的女性都会参与到散步、骑马和园艺中；1790年后，"美国女性每天进行的体育活动有了一些变化"（Struna，"Good Wives" 247，249）。18世纪末，性别问题仍然影响着美国社会的体育活动和政治风俗。

美国中上层阶级的白人女性可以参与一些可接受的、有益于身体健康的户外活动。在美国东北部进行的包括雪橇在内的一些冬季体育运动中，有时候男性和女性可以共同参与。1794年，英国旅行家威廉·普莱斯特在费城写下一段关于雪橇运动的描述：

美国女孩冬季主要的娱乐活动是雪橇,这也是她们非常喜欢的一项活动,并且这的确也是这个国家所有女性都能参与的活动。我从未了解到一个女人会对这样的消遣方式如此痴迷……酒馆一整晚开着,酒馆老板也没休息;整个国家都参与其中。下雪以后,我们种植园主的女儿拿出热沙并把它们装袋放在雪橇底下。种植园主女儿乘坐双马雪橇去拜访几里外村子的朋友,滑行速度非常快。(qtd.in Altherr, Part 2 441)

阿比盖尔·亚当斯于1890年9月6日在写给托马斯·布兰德·霍利斯的信中表达了她对于狩猎——这一典型的男性运动的观点,信中写道:

不管是清晨还是夜里都有很多的鸟儿在为我唱歌,歌唱它们的自由和安逸;当普通法令无法正确被遵守时,我还希望这能够出台一部狩猎法来禁止猎人进入这片区域。这片地区的鹧鸪、丘鹬和鸽子对于猎人的诱惑实在是太大了。(qtd.in Altherr, Part 2 330)

安·瓦尔德(Ann Warder),一个英国商人的妻子,于1786年12月7日在她的日记中表达了她冬季在费城乘雪橇后去酒馆的不满,日记中写道:

晚饭后,杰里·帕克带着莎莉、利迪娅、我还有我儿子去乘雪橇,开始觉得乘雪橇还挺不错的。我们在回来的路上还看见几组雪橇刚刚出发。后来乘雪橇这个消遣活动让我觉得很讨厌,因为很多人在乘雪橇回来之后就会很混乱地一块去酒馆通宵达旦地喝酒。(qtd.in Altherr, Part 2 440)

对于共和母亲来说,在公众场合出现,或者在酒馆进行粗暴的体育运动都违背了18世纪晚期的道德标准和性别观念。

早期美国人的生活中,由于性别结构的缘故,男性世界的政治、体育和公共机构通常都是女性的禁地。然而,早期教育对中上阶层妇女的开放,则是定义下一个世纪妇女在美国社会和体育中所起作用的漫漫长路中的一部分。革命战争中男人强调的英雄主义和身体技能,以及政府的男性领导人拥有的力量和勇气,

第二章　美国革命时代与建国初期的体育和娱乐活动（1750—1820年）

都暗示着在那种消极的背景下，妇女在美国社会尤其是体育运动方面的自由和平等是受限的。正如历史学家琳达·科贝尔（Linda Kerber）对于革命年代及共和国早期的解释："男人以区别于妇女的特质为荣。"在乔治·华盛顿、约翰·亚当斯，以及托马斯·杰弗森这些在战后用自己的形象重塑了美国政体的男人们面前，女性的弱点成了男子气概的修饰和陪衬（11）。

第八节　19世纪社会模式的转变

18世纪美国城市和农村地区的一些公民对运动所展现出的热情可能是出于革命战争胜利的推动，和随后美国人民建设新国家的需要。然而，19世纪早期城市和农村经济、社会、政治和文化环境的变化都催生出了新的体育运动和锻炼形式（将在第三章进行探讨）。

1812年的战争，又称美国第二次独立战争，再一次要求美国士兵用军事力量和身体素质去打败英国。军事英雄、美国后来的总统安德鲁·杰克逊（Andrew Jackson）❶，同时也是一名骑马好手，他通过骑马一事为美国的发展增添了乐观精神。美国的胜利促成了19世纪上半叶经济、社会、文化、科技和人口的急剧变化。这些变化影响了运动观，并且改变了美国文化中男性与女性运动的类型和组织结构。

小结

当美国断绝与英国的联系，从一个殖民地社会发展成为一个新的合众国初期，美国公民参与的体育活动往往是由当地组织的、非正式的传统运动竞赛。然而，一些体育项目遭到攻击，这些攻击来自于宗教复兴运动的支持者，以及一些虚伪的政治领导者。他们认为那些体育运动在新的美国社会的发展中是不道德且不切实际的。在边疆、在马道、在酒馆，体育竞争的形式往往伴随着赌博和消费

---

❶安德鲁·杰克逊（Andrew Jackson，1767年3月15日—1845年6月8日），是美国第7任总统（1829—1837年）。首任佛罗里达州州长、新奥尔良之役战争英雄、民主党创建者之一，杰克逊式民主因他而得名。杰克逊始终被美国的专家学者评为美国最杰出的10位总统之一。<http://baike.baidu.com/view/146935.htm>

至上主义，这与传道士追求的道德与宗教理论相悖。此外，在启蒙运动、消费革命和美国大革命的推动下，早期的体育运动受到了社会阶层、种族、性别、语言环境等现实因素的影响，体育运动和文化的主要参与者为白人。

大事年表

- 18世纪30年代—18世纪50年代

在美洲殖民地，宗教复兴的第一次伟大觉醒

- 18世纪50年代

在美洲殖民地，启蒙运动发展了对理性、生理和科学的新的认识

- 1756—1763年

七年之战（著名的印法之战）；终止于巴黎合约的签订

- 1764年

英格兰推行糖和货币税

- 1765年

印花税法和其他税收法案；殖民者反对印花税法

- 1766年

在费城，赛马总会成立

- 1770年

波士顿大屠杀

- 1773年

波士顿倾茶事件

- 1774年

第一届大陆会议在费城举行

- 1775年

第二届大陆会议召开

列克星敦和康科德战役

- 1776年

签署《独立宣言》

第二章 美国革命时代与建国初期的体育和娱乐活动（1750—1820年）

- 1776—1783年

美国独立战争爆发

- 1783年

在巴黎，和英国签署《和平条约》

- 1787年

制宪会议召开；

订立西北条例；在老西北地区扩张土地

- 1788年

宪法通过；

从英格兰进口"信使"（顶级赛马）

- 1789年

第一次美国国会会议；

乔治·华盛顿（George Washington）被选举为总统

- 1791年

《权利法案》通过

- 1793年

埃里·惠特尼（Eli Whitney）发明了轧棉机

- 1800年

华盛顿特区成为美国首都

- 1802年

全国性大赛在华盛顿附近拉开序幕

- 1803年

路易斯安娜购地案成立

- 1804—1806年

路易斯和克拉克远征

- 1806年

美国快马"扬基"（Yankey）2分59秒跑了一英里（1.6公里）

- 1807年

艾尔卡·拉华森（Elkanah Watson）在马萨诸塞州波克夏创立了第一次农业博览会，关于赛马，身体技能比赛和乡村技能，如犁耕

- 1810年

自由黑人汤姆·莫里诺（Tom Molineaux）在英格兰拳击锦标赛上输给汤姆·克里布（Tom Cribb）

- 1812年

与英国的1812年战役

- 1815年

新奥尔良战役

- 1816年

美国第一艘游艇特里奥帕特拉驳船，建造于马萨诸塞州塞勒姆

- 1819年

约翰·斯图尔特·斯金纳（John Stuart Skinner）创办了《美国农民》杂志，包含户外体育和乡村健康

第三章

南北战争前的健康改革与体育形式

（1820—1860年）

阅读完本章节后，你将会了解以下内容：
- 内战前的医疗改革者在促进人们对体育锻炼采取积极态度方面的重要作用
- 男性和女性在倡导女性体育运动和女性体育教育中的作用
- 南北战争前人们对于农村地区健康状况以及体育运动的看法
- 体育新闻的发展以及对内战前美国文化的影响

体育改革的拥护者和体育的爱好者托马斯·温特沃斯·希金森（Thomas Wentworth Higginson）在他广受欢迎的文章《圣徒和他们的体魄》［Saints, and Their Bodies首次发表于1858年3月的《大西洋月刊》（Atlantic Monthly）］中明确说到，在美国南北战争前的动荡时期，体育给美国人的心理和身体均带来益处。希金森认为对于男性来说，体育能在品德与体质方面帮助他们在一个民主国家里扮演好自己的角色。"在社会中，有一种说法：体质的强健同品质的高尚是不相容的"（583）。为了反对这种盛行的体育态度，希金森倡导了学习强国和道德活力强国下的新的体育观。

强健的身体是所有永恒胜利的必要条件。对美国人来说，身体健康已经成为了极其重要的一部分，在丢失土地的情况下，强健的身体是一切力量的唯一源泉。只要身体状况不退步，我们可以在任何事情上冒险……

我们喜欢在男子气概的竞争中遇见一类人，这类人先与我们在橄榄球场相遇，而后极具思想深度，吸引着我们跟随他们的思想脚步，这类人即使是在我们认为的无法匹及的深渊中依然一往无前……我们或多或少希望这种思想能对身体锻炼有所益处。在这种一往无前的思想下，一旦开始比赛，我们便没有理由让其他国家的运动员超过我们……

但即使是美国人，也很少有人能将运动习惯保持到成年！……当然，成年男子不仅想参与和少年们一样多的体育锻炼，而且更为积极主动……

现在我们来说户外运动（应该没有人想把自己局限在室内），首先说一说与其相关的运动，即使是泳池里一立方英里的水对任何男孩子来说都值得花费一年时间进行教育。而一艘船就是个王国……

第三章　南北战争前的健康改革与体育形式（1820—1860年）

在板球场上或赛船的河上来亲近大自然。同她一起游泳、驰骋、奔跑，她会用她的魔力把你带回最原始的自然之中，感觉像你新生了一样……（"Saints" 585–586, 589, 591–593, 595）

托马斯·温特沃斯·希金森（Thomas Wentworth Higginson），健康改革家和体育活动的倡导者
图片由国会图书馆提供，LC-USZ62-73367

希金森与其他有着相同想法的内战前期的改革家们共同致力于教育改革、废除黑奴、女性权益的争取和自我节制。这些改革家试图在1812年战争之后，尤其是在南北战争之前，建立一个由强壮、活力四射、品德高尚的人们所组成的年轻的民主国家。在同英格兰或是其他国家相对比时，有人批判道：美国是一个由羸弱的、不爱运动的人建立的弱小国家。为此，像希金森这样的改革家们坚持推行体育改革和以性别为基础的身体锻炼。希金森特别指出，这些改革要实施到每一个公民身上，从而，随着时间的流逝，越来越多的城市和郊区的白人中产阶级将越来越重视体育锻炼："对身体自由和身体表达的不安和渴望暗自涌动。而托马斯·温特沃斯·希金森就是这一切意识的传教士。"（Lucas, "A Prelude" 54）

第一节　南北战争前的概况

在19世纪上半期的美国转型中，囊括了社会、经济、地理、科技及信仰的改变，这些也促就了南北战争前期健康运动和体育运动的形成。美国依靠独特的文化传统努力把自己建立成一个独立的国家，而体育也成为了文化传播中很重要的一部分。虽然英语得以保留，但是英国的很多习俗和做法，以及政府组织和民主形式都发生了很大的变化。不同地区生活方式的不断发展使得美国人民和国家的性质受到质疑。对身体与精神的规范也在这个由大量白人、清教徒、奴隶主，同时兼有印第安人、自由和非自由的黑人、西班牙裔人、不断增长的欧洲新移民以及西部的亚裔移民所组成的共和国中成为了备受关注的焦点。通过19世纪早期到内战前人们对科学技术的运用，美国由传统的、乡村式的农业社会向北部现代化的、城市化的工业化社会转型，形成了这个年轻的国度中各类人群追求身体健康和体育形式的双重运动。在这个动荡的年代里，人们为改革而提出的体育观念使得城乡之间的相互影响以及城乡价值观之间不可避免的冲突暴露出来。

在其他文化方面，新民主国家的人民努力去刻画出一个新美国人的形象。一些美国作家们创作了一些关于美国人的故事，比如说里谱·万·温克尔（Rip Van Winkle）的《最后一个莫希干人》（The Last of the Mohicans）和《白鲸》（Moby-Dick）。一些女性作家，如《汤姆叔叔的小屋》（Uncle Tom's Cabin）的作者哈里特·比彻·斯托（Harriet Beecher Stowe），通过奴隶制的实施和美国白人男性在政治、经济上的支配地位来质疑美国社会的宗法性。其中，一小部分忠实的女权支持者在她们的"观点独立"中呼吁选举平等，这些都形成于美国成立之初。1948年在美国纽约塞尼卡福尔斯所举行的妇女权利大会标志着美国女权运动的开始。其中最引人瞩目的是美国女性伊丽莎白·卡迪·斯坦顿（Elizabeth Cady Stanton）和苏珊·安东尼（Susan B. Anthony）在内战前期依然继续为之奋斗。经过近几十年的美国社会改革，一些少数民族和不同宗教的移民也试图在美国的政治社会环境中寻得一席之地。

在美国南北战争之前的这段时间里，美国的人口和殖民地都在不断扩张，

第三章　南北战争前的健康改革与体育形式（1820—1860年）

在这种情况下，这个国家不同地区、不同群体的体育都受到了影响。在1820年以后，越来越多的人移民到美国。德国移民、犹太移民、爱尔兰移民、英国移民以及亚洲移民都涌入了美国西海岸，美国人口迅速增长，并且人们纷纷移居到新兴城市。在19世纪30年代，大约有60万移民涌入了美国，而从30年代到50年代大约有五六百万人口移民到了美国（Walters）。1815年，美国有18个州，其中路易斯安那州是最西边的一个州。到1860年，美国已经拥有了33个州，其中包括加利福尼亚州和俄勒冈州。土地和人口的扩张充满着美国中产阶级白人不断增长的"昭昭天命（Manifest Destiny）"❶信仰。其观念认为：美国在向西扩张的过程中揭示了美国人成功的命运，实现了上帝安排的计划，而这个计划就是赋予美国人掠夺土地和征服土著居民的神圣权力。"昭昭天命"向开拓者们提供了冠冕堂皇的理由来从东向西不断扩张，同时创造了边境社会，甚至在东北方推行城市化。许多中东部的美国人离开密苏里等地，去寻找更好的生活并在西边购置农田。另外一些则是到了西边其他地方，他们认为这些地方对于他们家人健康的提升很有帮助。19世纪40年代，他们跋山涉水，努力寻找新的世界。

在19世纪，"昭昭天命"带领美国开拓者们到了得克萨斯州，那时该州还是墨西哥的领土。在那里，白人开拓者和在边境生活的墨西哥人将劳动和休闲结为一体，把自己生活工作中的骑马技巧和捆扎技巧混合在一起形成了赛马这项体育项目。狩猎和钓鱼不仅是生活所需的，同时也成为了体育项目，打牌、台球也不例外。很多男人在这些项目上会花掉很大一部分时间。19世纪30年代初，得克萨斯州至少有三条赛马赛道（Dyreson, "Sporting" 278）。对妇女们来说，绗缝活是生活必备，也可用来打发时间，交谊舞也成了晚上的消遣。尽管有着以上所提到的消遣方式，边境生活依然艰难并且充满暴力。1835年，这个地方的白人和本土墨西哥的开拓者们联合起来反抗自己的政府，并成立了独立的得克萨斯共和国，而这个国家于1845年被美国收编。美国与墨西哥的冲突从1846年持续到1848年，最终爆发了美墨战争，致使美国占领了加利福尼亚和墨西哥西南部。

---

❶昭昭天命（Manifest Destiny），为一个惯用措辞，是19世纪美国的民主党、共和党所持的一种信念，他们认为美国被赋予了向西扩张至横跨北美洲大陆的天命。昭昭天命的拥护者们认为美国在领土和影响力上的扩张不仅明显（Manifest），且本诸不可违逆之天数（Destiny）。昭昭天命最初为19世纪时的政治标语，后来成为标准的历史名词，意义通常等于美国横贯北美洲，直达太平洋的领土扩张。
<http://baike.baidu.com/view/776117.htm>

1848年的淘金热带来了许多追寻财富的人，他们大多数都是从加利福尼亚和世界各地（包括中国）而来的单身男性，创造出了一个拥有不同背景和信仰的多元文化的移民国家，这些移民不仅包括犹太人、新教徒还有天主教徒。新兴产生的各式各样的娱乐消遣活动中，涵盖了牛熊斗和滑雪；而滑雪在冬天成为了邮递的最实用的方式。高山滑雪在美国西部的一些山地中颇为盛行，女性们也积极参与这项运动。此时依靠农场生存的人们又开始从中西部向西部边境迁移以寻找更好的土地和更优良的发展机会。

19世纪初的牛熊斗是在边境地区流行的一种消遣方式
纽约公共图书馆数码图像集，2016年9月21日，http://digitalcollections.nypl.org/items/510d47e1-42eb-a3d9-e040-e00a18064a99

　　在南北战争之前的时期，改革运动被第二次宗教大觉醒所激发，在大多数美国人经历宗教热情之际，宗教激情在复兴背景下传播开来。在这次思想改革中，南北战争的改革家经常把体育锻炼同道德培养联系在一起。在大觉醒的教义中，一个拥有良好精神修养的人都会拥有良好的身体素质。亦即，从基督返回地球之际的千年和平与繁荣需要公民具有良好的道德和身体健康的信念。在大觉醒时期，浸礼会教友和卫理公会教徒在南方收获了大批追随者，到1860年的时候，大约有75%的南方基督教徒追随了以上两个宗教之一（Cobb，Away 48）。但是除了宗教之外，不同地区的人在奴隶问题上依然争论不休。

人类多样性的观点受到整个19世纪科学研究的影响，通过种族研究和对民族、社会经济以及性别群体的分析，而建立起的人类学的科学领域。美国白人学者研究美国本土的部落并记录下其生理、社会和文化差异。他们普遍认为印第安人是未经开化的野蛮人，充其量是"高贵的野蛮人"。在19世纪前几十年中，医学研究一度陷入"伪科学"，那时，医生和医疗专业人员尚未阐明专业标准，出现了一些自称身体特征决定内部构造的人。骨相学家研究了头盖骨的结构与肿块以用来确定心理机能，而相面先生通过检查面部特征来确定人的性格。19世纪中叶，在达尔文进化论的影响下，推动科学向差异和分类发展。科学家对人种的数量和分类进行了广泛的讨论，将不同的文化群体进行了标记分类，如原始人、野蛮人和文明人。盎格鲁–撒克逊科学家们提出的进化过程理论把盎格鲁–撒克逊清教团体置于种族顶级的位置，与此刻板印象相联，这种排名方式显得颇为合理、公平而又准确无误，而公众也觉得这个排名是经过科学调查所得出的结果。对适者生存坚定不移的信念，使得美国理所当然地不断向西拓展国土、强占土地并对墨西哥进行殖民侵略。在政府的支持下，那些开拓者们认为殖民是上帝赐予他们的权利，也是他们的"昭昭天命"，他们有将自己国家独有的文明形式在那些他们认为不够先进的民族中间传播开来的使命。出生时的肤色为主要因素，决定了他能否被当时社会所接受，而像社会中产阶级价值观、礼貌的标准和道德水平则需要的是后天的勤奋努力来形成。

一些学者曾经用"白人特征"来描述新美国社会的接受标准。在美国社会，白人被赋予一些特殊的权利和特别豁免权，并延续到了20世纪。但是在这里，白人特征不只是意味着肤色，那些穷人和工人阶级的白人同样没有社会地位；天主教徒、犹太人和其他非新教徒因为宗教信仰问题也同样不被认可。欧洲东部和南部那些在爱尔兰人之后移民到美国的民众也面临着相似的种族歧视。诚如一位《纽约时报》评论家所说：在中午的时候，那些黑黝黝的意大利人用自己的锡壶吃着饭，而他们棕色皮肤的妻子则在旁边站着（Jacobson，Whiteness 56）。斯拉夫人在工厂火红的熔炉旁工作，而这些地方对于白人来说太脏了，也太热了（Arnesen 18）。一些美国人把犹太人描写为有着高鼻梁、厚嘴唇和向外突起眼睛的猥琐的小贩，而一些报纸更进一步运用卡通的方式、讽刺的手法来塑造犹太人的形象（Diner）。

在美国这些数不清的变化中，文化、地标、体育以及娱乐消遣等也都产生了诸多变化。虽然部分美国人在他们自己的农场里工作或作为一个农民在乡下干活，但越来越多的人开始涌入北部城市去寻找具有工业时代工作模式的新工作。这样即便是美国的一些地区仍旧以农业为主，但是在东北部的一些城市中已然形成了一种新的工业生产模式并且创造了许多谋生手段，而这些改变也为新的体育形式的产生提供了条件。

在人口、土地扩张、移民、新交通工具的产生等一系列变化中，美国白人中产阶级经常会关注周围的情况，寻找问题，解决问题，以此来确保美国社会健康发展。改革家们通过对社会个体和社会结构的深入研究来稳定社会，并寻求社会发展的新方向。例如，反奴隶运动、禁酒运动、女权运动、教育和健康改革以及体育改革等方面的改革活动都具有相同的特点。南北战争时期的改革家们认为在他们民主社会的初期，没有任何困难能够压倒他们乐观的精神。罪恶的奴隶制度终将被废除；妇女终将获得自己应有的财产权、选举权和工资收入；醉酒引起的过失终将被根除；公立学校可以为年轻人提供教育，并在不久的将来为民主的国家培养有教养的人民；瘦弱的体质和不良的生活习惯终将在健康改革的推行中通过体育锻炼修复、完善。

第二节　健康改革家

南北战争前期的改革活动家们在提高美国民众整体身体素质的进程中，健康和体育改革已在性别、社会经济、农村和城市等各领域有所发展。在对美国居民的社会、体育和道德情况的评判中，诸如凯瑟琳·埃丝特·比彻（Catharine Esther Beecher）、托马斯·文特沃斯·希金森（Thomas Wentworth Higginson）、西尔维斯特·格雷厄姆（Sylvester Graham）、威廉·安德鲁斯·奥尔科特博士（Dr. William Andrus Alcott）和玛丽·戈夫·尼克尔斯（Mary Gove Nichols）这些改革家们同其他中产阶级白人改革家们设想了一种理想的社会，强健的体魄和集体的健康构建了这个社会的文化基础。

在解决美国城市人口健康问题和提供合适的体育锻炼，以达到挽救美国社会

第三章 南北战争前的健康改革与体育形式（1820—1860年）

的过程中，南北战争前期的改革家们提出"自助"。托马斯·文特沃斯·希金森（Thomas Wentworth Higginson）是从哈佛大学神学专业毕业的牧师兼军人，从他在杂志上发表的文章和出版的书籍可以看出，他支持体育运动、废除奴隶制度、维护女性权力，同时他也认可体育锻炼可以给美国民众带来强健的体魄和其他的好处。在1845年的时候，他说健康是位于中央的天体，周围由闪闪发光的星星围绕，而我们自鸣得意的东西不过是一些人造卫星围绕于天体身旁（Higginson, "The Murder of the Innocents" 355）！那些有着相似观点的、强调身心健康合二为一的改革家们认为保持良好的卫生是一种道德义务，反之，不良的卫生和疾病是邪恶的。无论这些义务是对上帝、民族、国家或者他们自身，没有实现健康的行为都将视之为不道德。健康的福音很好地例证了南北战争前期产生的宗教热（Borish, "The Robust Woman"; Cayleff; Whorton）。

威廉·奥尔科特（William A. Alcott）博士写了不少的书和手册，用以敦促男性和女性养成一些强身健体的锻炼习惯，又推荐了一些他认为有利于道德建设的运动方式。他最出名的作品有：《青年男性指南》（The Young Man's Guide，正式出版于1833年，之后还有各种版本）、《青年女性指南》（The Young Woman's Guide）、《健康书馆》（Library of Health）和《健康法则》（The Laws of Health），在这些作品中都包括了健康、卫生保健、运动和消遣娱乐。在这些自助手册中，奥尔科特认为对于美国人来说"身体健康就意味着精神健康"（Park, "Embodied Selves" 88）。在《青年男性指南》中，奥尔科特指责赌博是不道德的，同时体育活动印证了他观点的有用性："赌博是邪恶的……让我来告诫你，我年轻的读者们，我告诫你们千万不要走上这条不归路。"奥尔科特进一步指出赌博会带来非常邪恶的后果，"我的意思是赌博、纵欲、道德败坏"。除了这些之外，奥尔科特告诫年轻人应该选择一些运动："他们必须有娱乐活动，而这些活动应该在室外进行……一些人喜欢打球、投掷套环、九柱线和其他活动，但是其中没有一项是涉及金钱的。"他同时列举出溜冰也是一项非常好的户外运动（qtd.in Menna 15-17, 19）。他还写了一部关于年轻女性体育锻炼的指导手册，关于这个我们将在下一章进行讨论。

另外，一些中产阶级体育改革家们强烈要求城市居民参加锻炼，同时关注他们的饮食习惯，从而寻求健康的饮食理论。西尔维斯特·格雷厄姆（Sylvester Graham）假定了一个更基本的概念，叫做活力理论。格雷厄姆认为特别的食物能够刺激神经系统，引领他感受未知诱惑。因此，他将食物和营养与道德联系起来，并宣布人们应该戒除酒精、咖啡、茶、香料、肉类和其他可能使胃兴奋和对消化能力有所损伤的食物。为了消除这些不健康食物所带来的影响，他发明了一种温和的食物——全麦饼干。其他的一些改革家则喜欢提高身体素质，玛丽·戈夫·尼克尔斯认为水疗法是可以恢复女性精力、治疗女性疾病的一种手段。她在《水疗法经验谈》（Experience in Water-Cure, 1850）中详细介绍了水疗法，她认为水中沐浴和洗凉水澡让人精神焕发，加之合适的运动、宽松的衣服可以使女性身体更加健康（Cayleff 36）。

风云人物

欧米亚·哈特·林肯·菲尔普斯（Almira Hart Lincoln Phelps, 1793—1884），在她的课程安排中促进了女性教育，倡导了生理教育。19世纪，开始于《植物学精讲》（Familiar Lectures on Botany, 1829），菲尔普斯写了很多有影响力的教材和论文，其中她最具代表性的作品《女性学生》（Female Student）或者说是《女性教育之年轻女子讲座》（Lectures to Young Ladies on Female Education）在1833年第一次出版，强调了身体锻炼对于白人中产阶级学生的重要性不亚于教室中的学术学习。在健康改革运动中如同她的同行们一样，菲尔普斯为女性的推荐方案中也有体操（Chisholm 738）。下文摘录自《女性学生》，章名"健康和干净"，给菲尔普斯生理教育和女子体操观点的建议：

体育教育被当做参考，去改进能够被合理学科体系影响的人类框架和感官……身体是受思想直接引领的仪器。在这种生存状态下，他们必须共同居住在一起，应该相互促进彼此，这点非常重要……

健美操（来自两个希腊文，象征着优雅与力量），而女子体操非常适合成为一个教育的组成部分。然而，遗憾的是，你们中的许多人似乎不情愿地从事体育运动，就好像你参与的每一刻都是浪费一样。正如头脑与身体之间的亲密联系，你必须确信，后者不能不引起重视。

（qtd. in Menna 20-22）

第三章　南北战争前的健康改革与体育形式（1820—1860年）

健康和体育改革的支持者指出城市男女不健康的生活方式包括：不健康的饮食习惯导致消化不良；在户外活动没有精神，从而使他们失去活力。相反，改革家认为城市居民们应该学习农村的生活方式，追求过去农民们从事的活动。希金森说与他同时代的中产阶级表现出来的脆弱的健康情况："要成为纯粹的理想的灰姑娘，我们的孩子首先要成为挤奶女佣。"（qtd.in Borish, "Benevolent America: Rural Women" 949）19世纪多次出现以下情况：健康的农场家庭里呼吸着新鲜空气，做着有益健康的身体活动。相比之下，健康改革者时常谴责当代美国城市居民身体素质低下。希金森和凯瑟琳·比彻（Catharine Beecher）在女性健康问题上有着相同的观点，但是希金森更关注南北战争前期男性的健康问题。当然不只是城市人和男性才会有消化不良的情况。1852年，一个乡村记者在《犁：农事月报》（The Plow：A Monthly Journal of Rural Affairs）中有一段话说："谁有消化不良的病症呢？不要一起说，我知道你们都有过这样的情况"（qtd. in Borish, "Benevolent America" 321）。

第三节　身体强健的基督教

托马斯·希金森在1858年发表的文章《圣徒和他们的体魄》中认为人的身体状况同人的生产活动和信仰直接相关。健全的身心使得白人、城市人、中产阶级、高层人士有条件在商业和社会中追求机会。身体同道德的结合也可以帮助他们在这个年轻民主的社会中为家庭获取好的生活，为自己谋得令人尊重的地位。在赞颂体育给年轻人带来好处的同时，希金森同时借鉴了英国体育的传统。对于体育有力的且具有英国式的热爱首次被一个独特的公立学校所记载，并通过在极富盛名的《汤姆·布朗的学生时代》上发表获得了国际知名度（Lucas 51-52）。《汤姆·布朗的学生时代》由托马斯·休斯（Thomas Hughes）于1857年编写，这本书以托马斯·阿诺德校长（Thomas Arnold）在拉格比公学的体育运动中所扮演的积极角色为基础，在年轻人的思想、宗教信仰和身体运动方面做出了指导。休斯的书在大西洋两岸一炮走红，同时美国改革家们因"男孩们朝气蓬勃的理想生活"接受了竞技体育所带来的好处，标志着内战前夕的美国社会身体观和宗教观的改变。"一名崇高的、理想化的基督教运动员"的概念成为了美国文化中促进年轻人接受体育和体育活动并进行健康改革的信条的一部分。（Lucas 52）所以，在当时的健康观、体育状况和南北战争前的生活背景下，处于政治和宗教领导地位的白人男性们不得不将体育文化作为自我培养的一部分。

对希金森和与之思想相近的改革家们来说，人应该成为身体强健的基督教徒，从事适合他们性别的工作。强健的基督教徒信奉身体是上帝的寺庙，锻炼人的身体是为了上帝的荣誉，并以此来提升道德和塑造人的性格的理念。强健的基督教徒们象征着最好的生理文化、道德标准等。依照希金森的理论，像比彻这样的束缚妇女于家庭生活的理念（Cult of Domesticity❶规范了妇女的三从四德，后章再议），揭示了性别的意识形态。强健的基督教徒们拥有健硕的肌肉、规范的道德和运动中的阳刚之气。在身体健康这个教义传播的过程中，希金森强调男人需要强壮的身体来扮演好自己的角色，训练出强壮的体格，并把大脑训练成追寻知识的载体。希金森自己就是一个美国人眼中的"典型的强健的基督徒"，他的文章吸引了很多读者。事实上，希金森就是美国内战前期典型的社会变革的代表人物。受"时代乐观主义"的影响，希金森已成为新时代的象征和赢家，是新的健康和运动的幸福使徒（Lucas 55）。

希金森给予那些忽略健康法令的人警告，然后他会详细讲述体育活动是如何解决健康问题的。尤其他会批评那些有着不良生活习惯，并且普遍患有消化不良的中产阶级城市男人。在19世纪60年代的时候，希金森给一个典型的城市商务男士道勒罗斯（Dolorous）写了一封信，信中详细阐述了这种疾病会给他的生活带来严重后果。根据道勒罗斯的性格特点，希金森指出他不得不在35岁放弃工作，因为那时他的身体状况将会很差。微弱瘦小的人不能在社会中扮演好自己的角色；作为一个商务人士，他也能清晰地预见到他的职位将会有很多人前仆后继。无论是商务人士，抑或是政治家，或者是西方的征服者，他们的成功都取决于男性的身体状况，体育锻炼为人们提供了必要的精力与活力（Borish, "The Robust Woman"）。

---

❶盛行于19世纪到20世纪初，这种文化要求女性除了在家洗衣服做饭带孩子就什么都不要做，类似中国传统观念里要求女性三从四德。Lisa A. Keister, Darby E. Southgate（2011）. Inequality: A Contemporary Approach to Race, Class, and Gender Check [url= scheme（help）. Cambridge: Cambridge University Press. p. 228. ISBN 978-0-521-68002-8.

第三章 南北战争前的健康改革与体育形式（1820—1860年） 97

《汤姆·布朗的学生时代》（Tom Brown's School days），这本畅销的书籍是由一位英国作家托马斯·休斯（Thomas Hughes）在1857年写成，影响了内战前美国的改革家推广健全的运动体系和适合年轻男子的精神上、学术上的训练

来自托马斯·休斯，1857，《汤姆·布朗的学生时代》（坚石传媒公司）

强健的基督教徒支持者们认为体育在建立自己的性格特点、领导能力、竞争力、勇气、团队合作和规范性等方面必不可少，因此，他们强调体育运动可以作为一个积极向上的锻炼活动，帮助人们强健体魄、提高道德修养，从而使他们更加适应美国社会。改革家们如同希金森、奥利弗·温德尔·福尔摩斯（Oliver Wendell Holmes）、戴维梭罗和亨利·大卫·索罗（Henry David Thoreau）（他住在一个马萨诸塞州康科德瓦尔登湖的小茅屋，撰写了《瓦尔登湖》等），都认为户外活动对于男孩子来说是一个不错的选择，可以帮助他们提高身体素质，更进一步为步入成人行列作好准备（Gems and Borish, "Sports, Colonial Era" 637-643）。福尔摩斯鼓励老年人参加体育运动。1858年，他在《大西洋月刊》上刊登了一系列的体育评论，标题为《早餐桌上的独裁者》（The Autocrat at the

Breakfast Table）。在接下来的摘录中，福尔摩斯描述了一些体育活动，并且他相信这些活动会让美国人精力充沛，汲取到积极的知识。在下面的摘录中，福尔摩斯描述了他认为对美国男性有益的特定体育运动，并承认"年轻的朋友"所表述的积极的体育观点，他最近在一本杂志上写了一篇"令人钦佩的文章——直接引用希金森的文章《圣徒和他们的身体》"。

> 过去的9年中，在夏日之际，我通过划船度过了很愉快的假期。在查尔斯河上的舰队里我大概有三艘船……
>
> 当我的拇指上有了羽翼般的老茧，当我可以一口气完成15英里的训练，当我能在8分钟或者更少的时间内跑完公里数，然后我好像觉得在老《时代周刊》头条上可以留下的也只是我的休闲时光……
>
> 我不否认散步的吸引力……散步是年纪大的人可以不断坚持的运动项目。
>
> 马鞍皮革材质在某些方面甚至比底革材质……更适合于骑马。
>
> 拳击是粗鲁的运动，但是对于精力充沛的小伙子来说并不粗野……昨天晚上我还观看了一场绅士的拳击表演赛……
>
> 拳击，于你我而言，恐怕不行。昨晚一时兴奋，却也只是试试手套而已……［qtd.in Kirsch, *Sports*（Vol. 3）22, 23-24, 26, 27］

改革家们通常认为一些户外运动，如划船、游泳、赛马等可以作为各个年龄层追求的运动。希金森说"没有船的人似乎不能称为男人"，即使拥有一艘船可能会导致经济压力。他还说："拥有一艘最破的船也比租一条船好"（"Saints" 593）。团队体育包括棒球、板球和橄榄球，都被认为是对人身体有益的运动（"Saints" 594）。

所以，基督教徒同强壮的运动员一起寻求在现实世界的满足。体育锻炼不但成为了男人们训练的主要途径，而且也成为社会所广泛接受的休闲活动，这些都归功于体育活动改革。这些项目由白人、中产阶级改革家带头，强调身体活力、道德水平、信仰，与此同时他们也会提供一些建议，以此来帮助他们摆脱旧的、不良的生活习惯。许多机构随同城市化进程在东北部成立了，其中就包括1851年在美国成立的基督教青年会❶，这些机构强调身体健康与品德同时锻炼。将青年揽于宗教组织怀抱中的理念同样被犹太男性所执行，这些人于1854年成立了美国第一个青年希伯来协会。这些组织的影响力和女性在组织中的地位在下一章将会着重介绍，涉及有组织的体育活动的扩展和新的文化空间与物理空间发展的促进。

第四节 女性和体育活动

在东南部城市的迅速发展壮大中，白人、中产阶级和新教教徒中的改革家们注意到了女性健康的衰落。由于这个原因，一些女性就堕落到去履行以性别为取向的城市价值观的"家务活动"或者说是"女性真正应该从事的活动"中去了。女性所扮演的角色在城市中是多重的：妻子、母亲、道德守护者、养育者，而为了去扮演好这些角色中的形象，她们则需要有更好的身体。那么作为一位母亲怎么可能在自己不健康的时候去建立像天堂一样的家，同时又教导自己的孩子作为积极的民主人员而生存呢？女性的身体状况与美国社会的安宁、小孩的抚养相关。再者在实现自己女性角色并把自己放到合适的位置上，需要的是一个健康的体魄。

凯瑟琳·比彻（Catharine Beecher）是一个中产阶级白人改革家，她在自己的作品中广泛提到了在南北战争前的妇女问题，令人悲哀的是，1856年，城市女性正在坠往一条身体与精神的消亡之路，并由此导致了一场病态与畸形侏儒的竞赛（"Health"400）。那时，美国的农村妇女正通过家务劳动维持她们的幸福。比彻在这段时间内写了很多杰出的作品：1841年的《国内经济论》（A treatise on Domestic Economy）、《闺中少女必读》（For the Use of Young Ladies at Home）和《上学》（At School），1855年的《致健康幸福的人们的信》（Letters to the People on Health and Happiness），1865年的《校园健美

---

❶ 基督教青年会（Young Men's Christian Association），简称Y.M.C.A.，1844年6月6日由英国商人乔治·威廉创立于英国伦敦，希望通过坚定信仰和推动社会服务活动来改善青年人的精神生活和社会文化环境，总部设在瑞士日内瓦。1851年传到美国。<http://baike.baidu.com/link?url=incpmH2aNaNtRdAE8WRDv9zwIbcpMa3EcBDskUohgKa79j0xXOPSASTa2aaLW9lPeZl5f5xDJUThsu99pZihu_>

操》（Calisthenic Exercises for Schools）、《家族》（Families）和《打造健康》（Health Establishments）等。1923年，她成立了哈特夫特女性学校（Hartford Female Seminary），此校同时作为她宣扬关于家庭和体育教育的公开场合。比彻开创了讨论女性健康受到城市化负面影响的先河。她不仅看到城市的生活对人的身体来说是很不好的，而且她更能察觉到这个环境对于女性来说更危险，例证是"19世纪中叶，女性往往是与体弱多病联系在一起的"（*Sklar 205*）。所以，一种紧迫感在基督教改革家们的布道中不断被提及。

在注入宗教热情和追求完美的信条中，比彻等城市改革家强烈希望美国人去留意健康和快乐的法则。在下面的言论中，比彻表达了对女性健康的关切：

> 我亲爱的女性朋友，我可以进入你的婴儿房、客厅、厨房么？我对你们所关心的事情都很关心……
>
> 如果有个毁掉女性身体健康的计划以最迅捷的方式被制定出来，那么这应当成为这个国家大部分人极为关切的事情……
>
> 美国妇女健康的标准太低，以至于很少有人知道健康的女性是什么样子。（*Letters 7-8, 122*）

像比彻和威廉·奥柯特（William Alcott）这些改革家们都在南北战争前期写作了关于身体健康方面自我帮助的书。这些书尤其针对那些城市中身体健康状况差的女性。在比彻的观念里，有钱的、有大把闲暇时间的女性和没钱、整日忙忙碌碌的女性都存在健康问题。城市的环境对这两类女性的健康都存在严重的威胁。

比彻看来，上层社会的女性经常会拒绝家务活动，以此来保持身体的活力，她们会选择雇佣保姆来做那些事情，也正是因为这样，她们缺乏身体锻炼。比彻尝试去除一些由于社会地位差异引起的歧视。她主张把家务活动作为治疗女性疾病的一种手段。有什么是比家务劳动更好的舒展肌肉、强健身体的手段呢？女性身体健康是通过扫地、擦灰、整理床和家具……还有做饭来获得的。比彻认为一位女性如果一天花两个小时拖地、扫地会拥有比那些在客厅、卧室闲逛的人更红润的脸颊、细致的皮肤。总的来说，比彻认为简短的锻炼和家务活动是有益人的健康的（*qtd.in Borish，"The Robust Woman" 143*）。同时比彻搜集了许多这方面的资料来支持她的观点。她会把她在旅途中遇到的身体健康的已婚女性的名字记录下来，让人忧虑的是健康的女性微乎其微。但是，她的例证是基于上层的城市女性，她们很少会花时间进行体育锻炼。还有一些女性不愿意把自己的健康状况作为例证记下来。对上层社会的女性来说，所谓的流行疾病有时可作为逃脱家务劳动的手段。

另外，工人阶级的女性承受着巨大的压力，这对她们的身体是没有好处的。长时间地在高噪音、封闭的环境中工作使得她们的身体饱受摧残。事实上，工厂生活对于女性来说是相当残酷的。所以比彻想传达的信息是城市里各个阶层的女性都存在着健康问题，都需要通过锻炼来提高身体素质以解决健康问题。她认为，城市女性的健康问题需要专门针对女性的解决办法，那就是以性别为基础分类的体育活动。

与之相对比，比彻和希金森认为理想化的健康人士就是农场中工作生活的男男女女。同城市中的女性相比，农场中的女性拥有像牧歌中一样的生活和良好的身体状况。所以，越来越多的人开始相信这些改革家的观念。他们明确指出在室外锻炼的乡村生活和久坐的城市生活的不同。

然而，不是所有人都认为农村生活是理想生活。在那个兜售科技、商业、运动广告的城市中，城市记者认为相比城市生活，农村生活是低等的。而乡村记者对此看法持坚决的反对态度，表示鄙视城市的腐败和财富对年轻人的诱惑，以上两点严重危害了他们的身心健康。农业媒体打造了一个乡村女士的正面形象，像1868年《马萨诸塞州农报》（Massachusetts Ploughman）中描述的农夫女儿的健康积极的形象：健康的光辉映照在她的面颊上（"The Farmer's Daughter" n. pag）。

农村的年轻人渐渐离开农村，这警醒了新英格兰的农业记者；乡村记者强调：女性对幸福生活的追求成为了农村人口减少的主要原因。许多女孩希望有机会能够离开农村，她们想告别繁重的农活，去尝试中产阶级的城市生活。在乡村记者的描述中，普通农民希望能够保持他们原有的生活，更希望他们的子女们都留在农村，但是年轻人都不愿意留下。在农业杂志上提供建议的乡村女性表示，她们会站在那些代表乡村健康生活的乡下女孩儿一边。这种农场生活的观点与理想中的农村生活形成了鲜明对比，正如城市健康改革家比彻和奥柯特所设想的充满健康运动的农场生活与现实中农村生活对比鲜明一样。就像

凯瑟琳·比彻（Catharine Beecher）（前排左二）在她的女子学校中推广健康改革和体育教育，强调内战前美国文化中女人自身的性别角色

© Getty Images

1846年发表在《美国农学家》（American Agriculturist）中的一篇文章，作者指出这些女孩需要从身体到精神全面的改变（Borish, "Benevolent America: Rural Women" 950）。当然，在农村女孩身体状况的辩论中，农民都希望保持现状。在乡村记者和农民努力让农村生活更加好的时候，年轻农村女孩们却希望能够远离乡村中繁琐的劳务活动。一些农村姑娘确实离开村子去城里的纺织厂工作，例如在洛厄尔、马萨诸塞州这些地方，一方面她们为自己家里挣了不少钱，另一方面可以从农村的生活中解脱出来。历史学家托马斯·都柏林（Thomas Dublin）注意到1830—1860年有1%的年轻单身女性离开新英格兰北部山地农场去城市中寻找工作（3）。一些新英格兰农民的女孩儿在她们结婚前都在纺织厂工作，另外一些则离开乡村去城市中寻找更好的工作机会。对一些乡村女孩儿来说，磨坊给了她们独立养活自己和经济独立的机会，让她们可以享受城市的优雅，而不用呆在乡下（Dublin 23-24）。农村的女性经常能感受到城

市乡村的紧张状况，有时她们从一些在水磨镇工作的女性亲戚朋友的信件中就能了解到这一紧张情况。此外，在美国南北战争前期城市乡村的期刊也对女性的身体状况进行了说明。

一、体育教育

体育教育成为了凯瑟琳·比彻女校课程中重要的组成部分。在为年轻中产阶级女性规定的性别角色中，比彻和她的追随者促进了体育活动、体育锻炼的发展。1831年，一位美国母亲在康涅狄格州的哈特福德发表了一篇论文《青年女性的柔软体操课》（Course of Calisthenics for Young Ladies）（Park，"Embodied Selves" 77）。有些体育教育的史学家将此归功于凯瑟琳·比彻。在这本书中，作者希望年轻女性去参加"自由轻量级体操和音乐韵律体操"（qtd. in Hartwell 29）。

比彻为学校、家庭和健康公司设计的适合女性练习的柔软体操运动，富含大量描述和图例
由凯瑟琳·比彻再版发行，1856，《适合学校和家庭的生理学和体操学》
（Physiology and Calisthenics for schools and families）（纽约：哈伯和兄弟们）

比彻于1823年在她就职的第一所学院——哈特福特女子神学院首次引进了体操。学校中的女生一般都通过健美操增进身体健康。女性体育教师教学生们一些有治疗作用的体操，用来加强女性身体特定部位的健康。比彻向批判者表示，这种有规律的体育形式不会危及女性的身体健康，而她在推广妇女健美运动的过程中面临了很多思想障碍。就当代人们对女性气质的定义而言，人们认为女性普遍缺少强壮的体质和健康的身体，这也使得女性缺乏了参加体育活动的积极性（Verbrugge；Vertinsky，The Eternally Wounded Woman）。比彻的一些活动项目同那种接受女性可以很好地参加体育活动的观点结合了起来。作为在南北战争前改革的一部分，受到比彻支持的女性体育活动并没有在女性范围内引起关于性别歧视的高潮。后来，一些女子学校依照比彻的体操训练模式，将体操训练作为专门提高女子身体素质的项目。

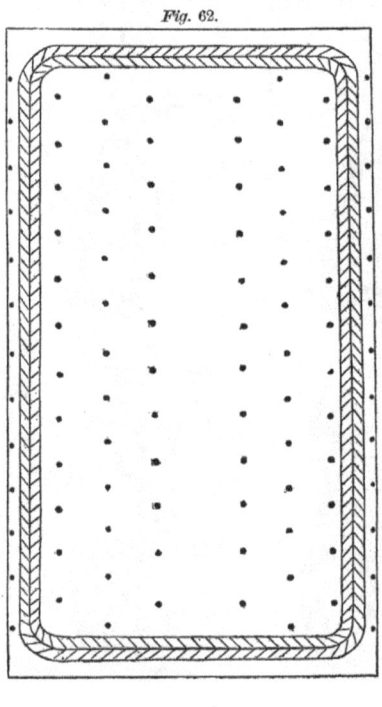

一个适合学校、家庭和保健公司的比彻体操运动体操馆的设计
由凯瑟琳·比彻再版发行，1856，《适合学校和家庭的生理学和体操学》
（Physiology and Calisthenics for schools and families）（纽约：哈伯和兄弟们）

二、户外体育活动

健康专家们说户外体育活动可以帮助女性维持良好的身体状态，尤其对那些长期呆在家中闲散的城市女性大有益处。他们推荐女性可以去参加散步、骑马等活动，同时鼓励其参加更多的户外活动。类似园艺这样的户外活动，一方面使得女性在园艺建造过程中锻炼身体，另一方面提升了家庭美学。凯瑟琳·比彻建议女性在维持身体活力的同时参加一些适合女性的体育锻炼。比彻把户外的体育活动称为"健康的殿堂"，"闲适的散步、阴凉和盛开的鲜花会吸引女性在夏天进行户外锻炼，而一些冬季运动则会吸引她们冬天在室外锻炼"（*Letters 169*）。对女性来说，在公园和私人池塘滑冰被视为一项非常流行的冬季运动。

那时，中、高级资产阶级特别喜欢槌球，因为这个项目一方面可以给他们提供健康，另一方面可以帮助他们进行社交活动。到19世纪60年代，槌球已经非常流行，然而在女性参与的比赛中，经常出现作弊现象，这就降低了那些追求胜利的男性对于这项体育活动的兴趣（*Sterngass*）。下面是一首由中产阶级媒体所写，并于1867发表在《哈珀周刊》（Harper's Weekly）上的与妇女对槌球运动的诉求有关的幽默小诗：

> 我们有，最为光滑的草坪，草皮紧密又富有弹性；
> 我们有，最为美丽的女孩，活力四射热情高涨；
> 我们有，满腔的自信，心情舒畅令人愉快；
> 我们有以上种种，弄笑逗趣。
> 篮筐已放好，木槌已选好；
> 游戏已预热，你已举首戴目；
> 还要多长时间故作认真？
> 是的，在游戏的过程中，
> "调情"是比赛的开始？（"*A Croquet Problem*" 583）

在大多数体育活动中，那些竞技性不强的体育活动常常用以调整女性的身体健康。对于那些从事家务活动的女性来说，散步、园艺等可以让她们身心愉悦。

然则这也是在南北战争前女性不能参加男性世界的公共活动的一个非常重要的原因。

槌球游戏，一种流行的运动消遣和适合中产阶级美国人的集体性体育比赛
图片由《哈伯周刊》（Harper's Weekly）提供，1866年9月8日

三、运动服

无论城市还是乡村，女性都会选择适合自己的运动服来参加体育锻炼，提高身体素质。1851年春季，伊丽莎白·史密斯·米勒（Elizabeth Smith Miller）推出了女性在从事园艺工作时的舒适的服装。她提到"土耳其女衫裤直到脚踝，而其裙子在膝盖下4英寸，代替了繁重的、乱糟糟、可气的旧衣服"（即她的长衫）。接待完来宾以后，米勒去了塞内卡福尔斯、纽约看望她的表妹、女权主义者伊丽莎白·卡迪·斯坦顿（Elizabeth Cady Stanton）。斯坦顿"强烈谴责了那些束缚女性时尚的衣服，意味着她将踢开束缚，同我站在一条战线上"（*qtd.in McClymer 47*）。

当然，同时加入的还有斯坦顿的邻居和朋友，《百合花》（The Lily）改革报纸的编辑阿米莉娅·詹克斯·布鲁默（Amelia Jenks Bloomer）。阿米莉娅会在她的专栏里面倡导斯坦顿的服饰。史密斯回忆道："这件衣服以她的名字命名。"然

第三章　南北战争前的健康改革与体育形式（1820—1860年）　　107

而，伊丽莎白·史密斯·米勒和斯坦顿女士忍受嘲笑穿着布卢默服装（灯笼裤）的时候，史密斯·米勒叙述说："我们一旦这么做，就要承受来自各个地方、各种人的嘲笑，不过，被嘲笑之后，我们就可以随意地穿我们喜欢的裙子、衣服，自由地参加体育活动"（qtd.in McClymer 47-48）。就这样，这种灯笼裤就成为了女性服饰、权利改革的重要事件。阿米莉娅·布鲁默在1851年出的新的专栏内容就是穿着她设计的这种衣服拍的一张照片。这种衣服取消了对女性身体非常不好的，而且又有典型的外延装饰的裙子蕾丝紧身衣（如只有17英寸腰围的紧身衣）。恰到好处的鞋子又好看又舒服，而不是时尚的、痛苦的，也形成了宽松的服装的一部分，同时也成为了一种时尚，越来越流行。1851年《格拉尼特农夫》（Granite Farmer）中刊登的一篇文章说，"这种灯笼裤式女士连衣裙在各个方面的发展如雨后春笋一般。"（qtd.in Borish,"Benevolent America：Rural Women"954）

这种灯笼裤的流行引发了关于此穿着是否对妇女身心健康有利的争论。一些农村姑娘非常认可这种衣服，她们同姐妹们都穿，以此来挑战男性权威。这样的穿着传达了一个信息：农村姑娘希望获得健康、舒展的生活。

穿着灯笼裤的女性，专为提升女性在体育活动中行动的自由而设计

图片由国会图书馆提供，LC-USZC2-1978

第五节 乡村体育

体育运动对于乡村男女的身体健康皆有好处。一些体育娱乐活动被证明不论是对男性还是女性都非常实用，比如散步、游泳和骑马。而其他的一些体育运动对于男女来说会有些许不同，如钓鱼、溜冰等。但是在休闲的时间参加这些体育活动的，又经常是乡村的男性，而不是女性，她们并没有厌倦农场的家务生活。农场男人经常整天都在户外努力地工作，他们不用呆在家中，可以呼吸新鲜的空气而不是家里难闻的味道。另外，农场的女人们则花费一整天的时间在家劳动，没有机会享受户外的新鲜空气。一个从事农村媒体业的女性指出，农场的女人把所有的精力都放在了家务事上，她们被束缚在了繁琐的家务事中。她对与性别有关的新鲜空气问题发表了评论，1845年她声称："对于一个农夫的妻子来说，在树林里漫步寻找鲜花是愚蠢的，吸入新鲜空气是完全无用的……除非她匆匆忙忙跑出去，看看鸡怎么回事，或是为了某种烹饪目的去寻找鸡蛋。"（*qtd.in E.M.C. 287-288*）

在南北战争前期的新英格兰，体育改革家认为农场居民需要在空旷的地方参加特定的体育锻炼来提高自己的身体活力，而不是只进行消耗体能的劳动。一个记者在1852年《新英格兰农民报》（New England Farmer）上发表了一篇文章，文章说"把体育跟劳动等同起来是非常不正确的"。作者认为体育运动跟户外体育活动对年轻男女道德和幸福感上的促进不亚于其在身体方面的促进作用"（"Physical Recreation" 483-484）。事实上，体育锻炼的改革在某种程度上成为了城市乡村在南北战争时期改革的主要组成部分。

以前，棒球活动都是在户外绿地上举行，而且没有现代时钟去计算其时间的长短，所以棒球消除了某些地区城市与乡村之间的间隙。加拿大安大略省最早在1838年就对棒球做了相关记录，到19世纪40年代，棒球俱乐部在美国东部迅速增长、彼此竞争，特别是在各种规则和场地设置上竞争激烈。1858年成立了棒球联盟并实施纽约规则，自此之后，棒球的发展更加迅速。

一、农业博览会

19世纪早期，乡村中的男孩们在博览会上展示自己的劳动技能，来为以后成为新型农民做好准备，第一届农业博览会于1810年在皮茨菲尔德举行，马萨诸塞州跟其他州随后也举办了类似的博览会。新英格兰的科学家们发起了类似的展会，艾尔卡纳·华森（Elkanah Watson）作为农业博览会的始祖，极力促进农业的发展。1807年，他展出了两只美利奴绵羊，他说："很多农民，甚至是妇女，都对参加展出的展品非常好奇。"为了维护普通农民的利益，伯克郡农业协会于1811年得以成立（Neely 21, 61; Borish, "A Fair"）。

农业博览会是在农场家庭日历中专门标注出的一场特殊的休闲活动，农村地区所有家庭都会加入这个极具特色的公共聚会。在农业博览会上，虽然某一些展出会遭到女性的抵制，但是男人和男孩、妇女和女孩都会分别参加适合他们的独特的农业技术的展出，比如农事（耕种和机械艺术）和家庭式农业展出。农村男性跟女性同农业改革家们一样都参加农业展销会，为休闲、体育赛事和农业愉悦提供了场所。因此，19世纪早期和中期，每年都会举行秋季农业展销会，大会持续3~4天，并且已经成为了在农业改革运动中社会、教育和农业社会休闲活动改革的一部分。展销会的参观者非常享受他们的农闲时光，也非常高兴能在农闲时节展现他们自己的体育技能。19世纪中叶，农业展销会红遍了整个地区、州、国家，可以称那时为农业展览的黄金时间（Butterfield 289-297）。随着时间的流逝，男男女女参加新英格兰农业展览会的初衷和方式也不断改变。19世纪早期，展销会只是农村社区的一项休闲放松的盛会，到19世纪中期，展销会逐渐变成了参与者寻求利润的契机。

在农业展销会上，农村女性不但作为观众，而且也作为竞赛者参与展览，而平时这是作为农场中男性的特权而存在的。在展览的模式中，女性在她们展示自己产品的时候将她们的工作及休闲融为一体进行展出。但是农村男性却在展览的奖项授予中占据优势，他们给予女性做蛋糕、奶油和家务活动、工艺品制作的奖励。一些女性在挑战男性的权威时往往会选择一些非传统的项目，如马术，来同男性竞争。这样的竞赛把女性摆到了竞争者的位置，但相比社会意向所构建的女性活动而言，女性已经不仅仅只参与适合她们性别的体育竞赛了，这使女性的运动形式饱受争议。女性的这种改变，与农村健康改革所定义的"做适合自己性别的运动"有所冲突。女性将家庭农作艺术的竞争和通过骑马展示自己的身体联系到一起，新英格兰的农村改革催生出了对女性休闲行为的热议。农村改革家希望女性仅仅通过展示家庭技艺夺得奖励，因为这样的比赛综合了女性的工作和娱乐，同时拓展了女性从家务劳动到社会劳动的转变并获得好处，在这里她们不但可以取得社会荣誉，还可以得到社会的认可。一个新英格兰农业支持者如此鼓励农村女性："在展览会上展出乳制品和收拾整洁的妻子对新英格兰人来说相当荣耀，他们都侧面凸显出了你的高超能力；对，没错，这也向世界展示了妻子对于农夫来说是多么的重要。"（Thomas n. pag.）然而，那些像男性一样骑跨在马鞍上骑马的女性还是遭到了农业传统人士的批评。

更为普遍的是，农业出版物对"马的问题"发表了不同的意见。一些农民对于农村男性和女性参加赛马表示担心，因为这些项目的参与者经常面临赌博、喝酒和其他战前时代大受挑战的不道德行为的诱惑。宣传农业的农业人士与寻求利润的展销会推动者之间有了一定的冲突，那是因为展销会推动者希望借助赛马吸引大量的观众，但是赛马会占据场地，大南瓜、优质的牛和精致的园艺没有足够的场地就无法展出（Borish, "A Fair"）。女性赛马吸引了许多参观者的热议，也产生了一些关于女性权力和参加赛马的争论，这些人认为女性不能为获得奖金而去赛马。

一位批评家是这么谴责赛马场上的女性的："骑马师、赛马的粉丝、奔驰的马和'奔驰的女性'已经成为本季度博览会上最显眼的东西'。"他将招摇过市的女性和招摇过市的家畜进行了比较：

> 我们的女儿以及我们的马，幼年或成年女性，甚至是妻子，以及小母马、种母马都被带到展览中，饱受注视，承受着无数批评、赞扬、奉承和爱抚，她们驾驭的动物，皮肤美丽，体态优美，动作优雅。（"Cattle Shows" 14-15）

一个赛马的反对者是这样说的："这些女性难道不就是奔驰的女性吗？"这些建议的提出者希望赛马可以帮助女性提高自己的身体素质，同时接受性别约束，但要与为奖金而参与竞赛的行为严格区分开来（"Female Joackeys" 142）。农业博览会上的女性赛马者在体育中展示着矫健的身姿，但这在许多质疑者眼中与农业社会普通的女性比赛相去甚远。

尽管有这样的争议存在，女性仍坚持参加这样的公开活动。在加利福尼亚，女士们在竞赛和表演赛等地方展示了自己的骑术，甚至是像男人那样骑跨马鞍而不是遵循女性普遍被要求的侧坐马鞍。1858年，一个国家级的赛马大会在长岛举行，大约有四千名观众，优胜者的奖励是一架500美元的钢琴［Kirsch，Sports（Vol. 3）187-191］。因此，赛马不仅质疑性别角色，也突出了区域差异，这将在下一节具体讨论。

二、赛马和轻驾车赛马

南方人养马为了速度，北方人养马为了能够运输更多的东西，这两个地区在养马方面是无法统一的，因为各自的生活方式完全不一样。这种不同在1823年的运动会中表现了出来，当北方的企业家科尼利厄斯·范·韦斯特（Cornelius Van Ranst）作为赛马"美国日蚀"的拥有者接受来自北卡罗来纳的威廉·维森·约翰逊（William Ransom Johnson），"亨利爵士"的拥有者的挑战，两匹马在4英里（6.4公里）的马场为2万美元的奖金进行了三局两胜制的比赛。这场比赛赌注下得非常疯狂，很多人都投入了大量的金钱。一个弗吉尼亚州的农场主，他押上了五年自己农场中棉花的产量，押南方赢；另一个北方棉纺织工厂的拥有者，押上了自己三年的利润。在长岛的比赛中，国会议员约翰·伦道夫（John Randolph）押了1万美元在北方马匹身上（Twombly 40）。比赛在美国长岛举行，大约有6万名观众，美国人艾克里普斯（Eclipse）成为两组竞赛者的最终赢家。随后这种比赛也成为了南北对立的主战场。

轻驾车赛马也一度成为南北战争前期最热门的一项体育活动。历史学家梅尔文·阿德尔曼（Melvin Adelman）把赛马作为美国历史上第一个现代运动，因为它的规模、赛制相对完善，同时又是在纽约大都市举办的。他认为，"因为轻驾车赛马运动娱乐的便捷性、参与性和不高的花费，赛马者纷纷开始驾驶他们的跑车（街上飞奔的马的别称），第三大道迅速成为纽约的主要地区……19世界早期几乎都是小跑……即兴比赛，但后来，永久性的轻驾车赛马建筑开始出现"（"The

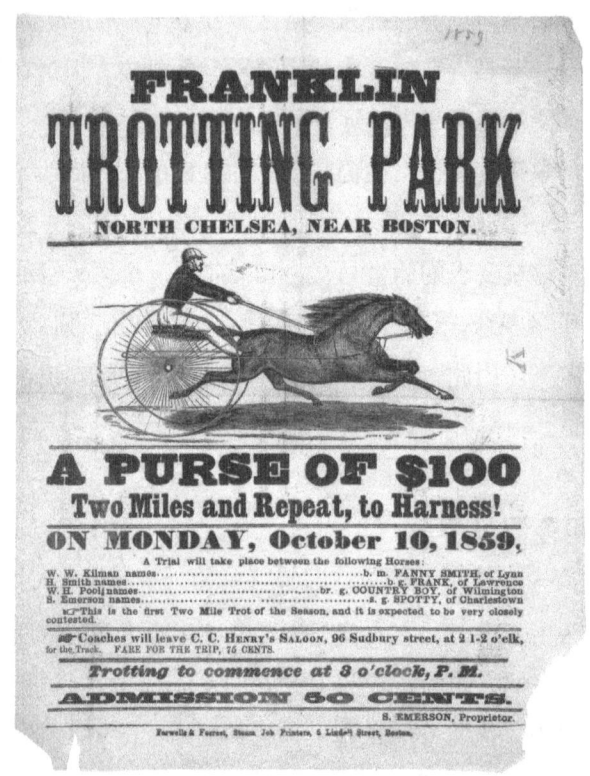

轻驾车赛马比赛的广告为观众通知了即将到来的比赛，并鼓励大家下注
图片由国会图书馆提供，第64组，第39文件夹

First"8）。当时，赛马成为了报纸上的流行词汇，威廉·波特（William T. Porter）从1831年开始就在《时代精神》（Spirit of the Times）上报道赛马及其比赛结果。

随着1824年纽约赛马车俱乐部和1825年长岛赛马车俱乐部的成立，人们对赛马车的兴趣越来越热烈。记者在报道中说，通过提高饲养质量来增加比赛的胜算，组建由俱乐部赞助的培训班，增强纽约轻驾车赛马比赛俱乐部之间的关系，同时也去同其他俱乐部比赛（Adelman, "The First" 9）。1847年11月17日，布莱克·霍克（Black Hawk）和詹尼·林德（Jenny Lind）之间开展了一场每英里（1600米）500美元的轻驾车赛马比赛，点燃了联盟比赛的热潮。轻驾车赛马比赛在东北部吸引着很多选手和观众，特别是那些在美国很富有且拥有自己的马的家庭，但是大多数拥有种马和赛车的家庭似乎都是中产阶级。不同的社会地位决定了两项运动的不同……而且，轻驾车赛马比赛吸引了更为广泛的人群的关注

(Adelman, "The First" 13)。

随着中产阶级体面的绅士们纷纷购买轻驾车赛马比赛用马，越来越多的人开始参与和观看赛马车。在1837年的经济萧条时期，赛马活动举步维艰，而轻驾车赛马比赛则在美国赛马圈中创造了新的体育效益。阿德尔曼（Adelman）说过："在1837年经济危机之后的10年，赛马在美国北部衰落，而体育记者们对于轻驾车赛马比赛的报道反而渐渐增加了……相对于赛马比赛需要的纯种、进口的马，轻驾车赛马比赛只需要本土的马匹就能完成比赛。"（"The First" 10）拥有轻驾车赛马比赛所需要的赛马标志着中产阶级在社会中的地位。在美国康涅狄格州布里奇波特市，一个通过缝纫机发家致富的名叫纳撒尼尔·惠勒（Nathaniel Wheeler）的中产阶级，通过拥有自己的赛马强调了轻驾车赛马对绅士的重要性。

19世纪的农业博览会为农村比赛和乡村家庭节日提供了场所
图片由国会图书馆提供，LC-DIG-pga-00607

经济大萧条之后，轻驾车赛马比赛的兴起提升了19世纪中叶体育运动的普及程度。赛马的观察家们包括城市和乡村中对于赛马车狂热的人，就像阿德尔曼解释的那样："赛马车不仅仅在经济衰退中非常流行，在现代社会中依然很火爆，它可以抓住比其他项目更多的观众的热情。同其他流行的娱乐活动一样，赛马车

的出现是由于城市化和经济扩张而产生的，这使得美国人的生活更加现代化。"（"The First" 14）

1847年"黑鹰"和珍妮·林德的马车竞速
图片由国会图书馆提供，LC-USZ62-7745

第六节　农业跟体育新闻的兴起

　　南北战争之前，美国是一个农业国，农业新闻主要集中于如何让农业发展得更好，以及农民健康水平的提高和农业技术的进步。1819年《美国农民》（American Farmer）开始发行，这是美国农业报纸的始祖，它是由约翰斯·图尔特·斯金纳（John Stuart Skinner）所创立（Demaree 23）。记者们都关注如何提高农业水平，他们的文章覆盖了农业经济的很多地方。斯金纳后来将报纸分成两个部分，一个是体育篇，另一个是女性篇。斯金纳经常会把一些关于农村男、女性健康体育项目的文章和他自己的一些喜好发表出来。他认为这对美国发展来说是相当好的，所以他在1819—1824年所发表的文章大多数都是关于体育的。最后，他在1825年开辟了一个专栏来报道体育，这个专栏名为《体育杂录》（Sporting Olio）（Berryman）。这个专栏后来非常流行，而且有一个典型的意识就是，1825年斯金纳认为，"收拾农田、树林或附近的溪流，在一个星期的努力学习或定居劳动即将结束时，花一下午时间打猎、钓鱼、游泳、在木桩上打保龄球、俯仰环等比浪费一整天去召集民兵、光顾赌场、喝威士忌等不知道要美好多少"（qtd.in Demaree 33）。在《体育杂录》中，斯金纳分享了他对户外运动的热爱，包括赛马，还有从对动物品种感兴趣的农学家那儿获得的信息。

风云人物

纳撒尼尔·惠勒（Nathaniel Wheeler）

纳撒尼尔·惠勒（Nathaniel Wheeler）创立了惠勒和威尔逊制造公司，并担任公司总裁。19世纪，惠勒作为一个白手起家的人，凭借他在康涅狄格州沃特敦的运输制造商工作时掌握的技术诀窍，在缝制行业中建立了一个非常成功的企业。惠勒和发明家艾伦 B. 威尔逊（Allen B. Wilson）在沃特敦建立了他们自己的公司，并获得缝制行业专利。1856年，公司迁移到布里奇波特，而且还扩大了缝纫机产品的产量。

惠勒和妻子玛丽·克里希·惠勒（Mary Crissy Wheeler）、孩子居住在宽敞的家中。在他妻子的国内活动和慈善事业中，玛丽·惠勒是"苏联人民"在战前的美国生活中上层阶级妇女的典型，而纳撒尼尔·惠勒象征在商务和休闲展示自我财富的体育绅士。纳撒尼尔·惠勒在布里奇波特的家有固定的几匹快马和马车，为惠勒和威尔逊制造公司继续盈利，惠勒可以享受各种休闲活动，如赛马、雪橇和马车比赛（社区）。因此，惠勒和威尔逊制造公司（后被辛格公司接管）提供了一个双赢的示例，即新技术的所有者和管理者拥有19世纪通过体育活动所展示的状态。

为了让他的分享吸引整个农村家庭的兴趣，斯金纳在《美国农民》上专门建立了"女性"专栏，他给乡村女性（包括妈妈们和她们的女儿）展示了一些文章和实例。在其报纸中，斯金纳向其女性读者提出了"理性娱乐和指导的目的"（qtd.in Demaree 33）。他发表了一些关于女性健康、晚饭的准备及户外活动的文章。《美国农民》刊发了数篇关于改革的问题和户外运动兴起的文章（Berryman and Brislin 60）。南北战争之前，另外的一些记者追随着他的步伐继续前进，专门引进了关于女性健康的专栏。因此，斯金纳为美国乡村人民和注意南北战争前美国社会农业的条件和良好健康的其他人提供了一个重要的论坛，并且为乡村读者提供了一个健康、优质农业的综合信息的杂志报告。

斯金纳最后出售了《美国农民》，但是他仍然关注体育，并于1829年建立了《美国草坪体育杂志》（American Turf Register and Sporting Magazine）。这是美国第一次把体育新闻放到单独的位置。事实上，这本杂志"对于美国的影响比其他任何一个因素都大"（Demaree 36）。

《家园》（Homestead）的编辑在康涅狄格州力图解决乡下、中产阶级支持者关于提高农业需求的问题。就像农业历史学家莎莉·麦克穆里（Sally McMurry）说的那样，农村进步的中产阶级男性、女性通过读报这种手段来获得提高生产效率跟收入的方式方法。这些农村报纸的目标群体是那些敢于实践的农民（McMurry 1–2）。《家园》的所有者梅森C.维尔德（Mason C. Weld）和他的追随者们希望驱散人们对于书本农业的偏见。这本杂志的目的是为了帮助那些农民更好地修剪草坪、饲养牛群，使庭院繁花似锦、菜园果蔬茂盛（"To Our Friends" 787）。

实际的农业信息伴随着身体健康和体育活动，正如产品广告希望能在工作或娱乐中得到应用一样。赛马比赛的结果和一些标题为"健康的保持""冬天洗澡""娱乐"等字眼的文章一起出现也是众所周知的。另外一个话题是西尔威斯特·格拉汉姆（Sylvester Graham）吃的棕色面包，这个在农村城市都争论得非常激烈。一个《北方农民》（Yankee Farmer）的读者说他觉得格拉汉姆的餐饮太难吃了（"Where are the Grahamites?" 2–3）。简言之，一些人认为总体上饮食对运动和体育活动来说相当有益。

因此，新闻印刷品使得体育新闻不但在城市中传播，同时也在城市的边缘地区开始流行。农业记者提供了一个专栏用来讨论体育教育，这些编辑希望通过提升居民（大多居于乡下）的幸福感来促进美国民族主义。另外，除了《美国农民》跟《美国草坪体育杂志》，一些出版物如《新时代精神》（New Spirit of the Times）、《美国农业家》（American Agriculturist）和一些区域性的新英格兰农民跟波士顿耕种者也发布了一些关于健康的信息。这些刊物形成之初被史蒂芬·哈代（Stephen Hardy）描述为工业提供者，即便如此，体育产品的生产落后于理论的发展。作为体育和休闲商业中最大的部分，在19世纪早期的几十年里，这些期刊在推动体育追求和与其有关的经济活动方面至关重要。

"那些读了报纸的读者，大都会倾向于去参加自己关注的体育活动"（Hardy,

"Adopted" 134）。

随着美国城市化的推进，市场信息提供者和体育及相关产业的文化交流也在增加。那些移民到城市的人依然会去读包括一些纪录还有赛马的杂志。越来越多的城市报纸，包括美国19世纪早中期的《纽约先驱报》《纽约时报》等覆盖了赛马、轻驾车赛马、球赛、拳击及其他一些体育活动。在这段时间，"主要的体育专栏的编辑编写了很多内战前的体育活动。《时代精神》的威廉姆T.波特（William T. Porter）和《美国草坪体育杂志》的编辑约翰·斯图尔特·斯金纳影响了美国体育新闻报道的写作方向，培养了体育观众，使体育发展具体化，并且形成了内战前夕报道的特定板式"（Menna 35）。

19世纪前中期体育新闻中发表的文章极力倡导美国人通过锻炼获得更强健的体魄。这种提倡体育的态度随着现代体育的发展一直传承了下去！这里就有一篇刊登在《美国草坪体育杂志》上的题为《运动中》（On Exercise）的文章节选（1838年11月）：

> 运动可以预防疾病，或者说也能提升身体的抵抗力。如果健康是种像"莫里森药片"或是健康授权的秘方一样买卖的商品，人们便会不紧不慢地走进集市购买，即使难吃至极也心满意足一口吞下。
>
> 每天至少运动一次以刺激身体自然发热和身体其他机能；把运动看作是一般的对系统的影响，促使你走向户外，习惯运动。当你进食时你会确信运动比"调味品之王"或其他还未发明的调味品更让你有食欲。
>
> （qtd.in Menna 33-34）

像《大西洋月刊》《哈勃周报》以及《弗兰克莱斯利画报》（Frank Leslie's Illustrated Newspaper）这些杂志都发表过宣传体育运动有益健康的文章。

第七节 中上层阶级的体育实践

随着内战前夕农业体育报刊对体育锻炼的好处及一些运动的宣传，一些中上层阶级的人，以及那些想在农村地区扩张的生意人将体育与更高的社会经济地位紧密联系了起来。在南方，农村地区占了很大的一部分，城市化远远没有北方完善，一些体育项目则是从19世纪早期才开始的。在一些运动技术稳定的地方，中上层阶级把他们自己同体育竞赛联系在了一起，以此来提高他们的运动员排名。

一、决斗

南方一些精于世故的绅士决定通过决斗的手段，使用剑或者手枪来解决阶级问题。在欧洲决斗盛行了几年之后，这种形式慢慢地传到了美国殖民地。一场决斗的起因通常是因为白人的统治地位受到威胁，或者是为了自己的妻子甚至情妇受到挑战。一个人不能维护自己的荣誉的时候，经常会影响在家里的地位和社会地位等。即便是卓越的美国人也会陷入这种情况。史蒂芬·迪凯特（Stephen Decatur）是1812年的美国英雄，在1820年的一次决斗中受伤。安德鲁·杰克逊（Andrew Jackson）成为总统之前参加了很多次决斗，在决斗中杀死了很多人。在南加州甚至有决斗俱乐部。虽然弗吉尼亚1828年宣布决斗不合法，其他地方也随后推出相关的法令来禁止这项活动。但是在华盛顿，个人决斗依然合法存在了十多年。美国海军直到1862年才终止这种决斗。1870年，萨瓦那跟乔治亚的居民采用了赛船的方式来决出胜者（*Hollan 142, 149, 272*）。这种形式的竞争使得那些有信仰的人非常困惑，牧师在全国各地巡回布道来制止这种行为。这种发展展示了中产阶级文化及当时美国人民生活礼仪的标准。

二、蒸汽船比赛

19世纪30年代，蒸汽船比赛使得住在海边的人和周围的游客都非常兴奋。这些项目非常危险，那些滚烫的开水可能会爆炸酿成严重的后果，但是这并没有影响这个项目的发展。在没有电报的情况下，蒸汽船运载观众观看各种体育比赛，比如地下拳击比赛或者蒸汽船比赛。尤其是19世纪30年代，蒸汽船在密西西比河和哈德逊河上比赛的时候，展现了内战前夕的新蒸汽机技术（*Menna 87*）。19世纪50年代，这种比赛也会在五大湖和萨克拉门托河上比赛。接下来这一段是1832年《时代精神》所描述的一场"北美号"和"伊利号"在哈德逊河上比赛的精彩盛况：

第三章　南北战争前的健康改革与体育形式（1820—1860年）　119

在最开始的时候，码头上挤满了充满兴趣的观众，他们都想看看这些蒸汽船是怎样为即将开始的竞赛作准备的。"北美号"抢先从码头发射，但它被迫先扫除它周围的停船，这就给了"伊利号"一个绝好的机会开上来并驾齐驱。现在就像一场拔河比赛，所有人对这两个完美的艺术作品报以敬畏和崇高的情感。

它们顺潮而行，像飞毛腿一般快得异乎寻常，交替领先，但是距离小得还不能够预知胜负。

最终一段短短的时间决定了这场相距甚微的比赛的胜负。"北美号"比"伊利号"抢先8分钟到达了码头的末尾，使从纽约到奥尔巴尼的通路难以置信地缩短到了9.5个小时。（qtd.in Menna 88）

当时最著名的比赛是罗布特E.李（Robert E.Lee）跟纳齐兹六世（Natchez VI）在1870年7月进行的比赛，比赛的里程约有1278英里，最后罗布特E.李在三天后获胜。

《盛大的密西西比河汽船比赛》（The Great Mississippi Steamboat Race），
卡瑞尔和艾夫斯（Currier&Lves）1870年7月
图片由国会图书馆提供，LC-USZ62-5315

三、游艇

在新英格兰,富有的波士顿商人乔治·克朗尼实德(George Crownishied)建造了一艘花费超过5万美元巨款的游艇。这艘游艇被称为"艳后方舟"(Cleoprtra's Barge),并于1816年启航。克朗尼实德的船于1817年驶入欧洲海域,他在打败大陆上的赛手之后,想在1817年挑战波罗的海诸国的海员,但是在这个过程中克朗尼实德患了严重的心脏病,这艘游艇就以很低的价格卖掉了,最后在夏威夷运送货物。对于游艇的兴趣爱好,花费了大概三四十年的时间才在纽约流行起来并建立俱乐部。第一个美国游艇俱乐部于1844年成立,第一届比赛是在1851年举办的。

第八节　公共体育锻炼场所

对于纽约各个阶层、各个种族、各种肤色的人来说,19世纪50年代中央公园的建立给他们提供了一个可以参加体育锻炼、享受新鲜空气的地方。随着南北战争前夕城市化进程的推进,在城市街道上进行体育运动备受批评,因为对在街上散步的人们如商人、职员、当地居民及商店、大厦的参观者来说,在街上运动具有一定的安全隐患。19世纪初,纽约的官员们想要把体育运动从闹市区的公园清除出去,因为工薪阶层和年轻人时常把球抛到街上或是自己跑到街道上,这样可能给路过的人带来危险。例如,1816年,纽约曾经制定了与公园相关的法律:

没有任何一个人可以在第三街区和第六街区的公共场合或是公园进行球类、掷圈环和其他任何体育活动,在第一街区不能玩草地保龄球或击球项目,在公园内外及其附近不能进行扔石子或是竞走的游戏。如果在这些区域违规玩草地保龄球或是掷铁环将会处以每项5美元的罚款。

一个合适且正派的人选就是公园管理员,他们的职责就是监督人们遵守相应法令的条款,也预防骚乱和噪音。如果有人在限制区域玩击球

游戏或是草地保龄球，公园管理员会及时将这些违法者报告给公园董事代理人。（"A Law" 3）

关于把公园作为工薪阶级和年轻人潜在的体育场所的提议是由一位名叫J.莫顿（J. Morton）的市议会议员提出来的："如果违反本条例的是未成年人、学徒、雇工或者奴隶的话，家长、监护人、奴隶的所有者将承担所有的后果。"（"A Law" 3）

城市区域不断扩张，提供体育锻炼的公共设施成为了民众关心的话题。中产阶级爱明恩特·怀特（Eminent White）同其他改革家们一样，坚持建立纽约公共公园的提议。1851年，市长安布罗斯·金斯兰德（Ambrose Kingsland）划拨160英亩的土地来建造公园，这个提议开始了建造中央公园的政治流程。通过建造公园来提高城市居民的道德跟身体素质，以此来提升政治权力、促进城市发展、房地产发展。除了这些之外，中央公园还为美国其他地方建造公园提供了框架例证。著名的公园设计师弗里德里克·劳·奥姆斯特（Frederick Law Olmste）和他的助手卡尔沃特·沃克斯（Calvert Vaux）在公园中专门设计了一个可以让年轻人参加户外锻炼的区域，但是这个公园却成为了一个体育比赛的场所。一些公共组织提出异议，究竟是把公园的场地应用于体育活动或者球场，还是用作一些暴力较少的活动，如散步之类的。体育活动经常会吸引粗暴的人们来赌博、赛马等，政府官员们认为公园应该最好应用于一些安静的活动，更适合那些精英人士来散步（Rosenzweig and Blackmar）。公园的管理者制定了一些规矩，首要的目的就是控制在公园的体育活动，同时鼓励人们去欣赏美景、呼吸新鲜空气。

奥姆斯特和沃克斯通过他们的"绿地计划"（Greensward Plan）控制公园中的各种活动。"为了能够把运动员和体育比赛隔离在公园之外，绿地计划砍去了长长的直道，一些报纸的编辑担心，这个公园可能会成为特权享用的竞速场所"（Rosenzweig and Blackmar 244），同时会使赛马的流行度越来越高，而这些担忧则是很实际的。尽管争论一直存在，公园委员会还是对马车和马设置了速度限制。但是这种限速规定和缺少笔直的道路没能制止那些想去参与比赛的人，而逮捕那些参与速度竞赛的人不仅仅是为了安全，更重要的是要保证环境的和谐。以社会等级划分而出现的紧张状态依然存在，作为公园的管理方，他们希望能够把公园维持在漂亮、安静的状态，同时使得游人们不那么暴躁（*Rosenzweig and Blackmar 245-246*）。

中央公园早期开放的时候，社会底层的人希望通过在公园里打球和参加体育活动来使公园管理方将他们的兴趣考虑在内，或者更准确地讲，考虑如何使他们不被认出来。中央公园历史学家罗森茨威格（Rosenzweig）和布莱克玛（Blackmar）对公园的使用者及公园管理人员表现出的阶级偏见进行了研究。即便在公园对外开放以前，仍然有一些棒球俱乐部向公园方要求把场地提供给他们用。像棒球、板球，还有其他一些体育团体都会不断地向公园递交申请。正如罗森茨威格和布莱克玛写的一样："这些俱乐部把公园当作了实现他们梦想的地方，但是奥姆斯特和公园方开始考虑这些俱乐部的出现是否会是场噩梦。"（249）拥有大量观众和粗暴行为的体育活动使得公园的管理者很担心，他们担心公园不会按照自己预想的方向发展。

在中央公园年度报告中，一些问题浮现了出来，公园的员工希望能够控制人们在公园里进行体育运动的行为。他们认为公园既满足这些俱乐部的要求，又保持公园的整体形象来满足那些上层精英来公园享受自然美景的愿望是不可能实现的。公园的总裁认为体育跟一些有活力的娱乐项目将让公园想要保持自然美景的愿望受到损害。政府在19世纪50年代至60年代把球赛排除在公园之外是杜绝那些令人反感的体育运动的一个有效办法（*qtd.in Rosenzweig and Blackmar 249*）。类似的关注也出现在关于对公园中公共场所跟田园景象的使用上，以及学校男生所体现出来的体育行为类型。为了限制这些男孩子的行为，公园管理方要求他们出示老师给他们开具的关于他们良好表现的道德证明，但是这个时期大多数工人阶级的男孩在他们小的时候根本没有上过学。学校女生也可以去公园参加一些运动，如槌球。"公园对女性娱乐活动开放，但只限于那些文雅的游戏"（*Rosenzweig and Blackmar 249，251*）。

公园中最受女性追捧的体育项目是溜冰，这项户外运动给了她们在结冰的水面上提高身体素质的机会。无论是同其他女生一起还是同男性一起，越来越多的女性在战前时期开始溜冰。在溜冰流行的同时，《哈勃周报》的一个记者说公园的管理方提供了良好的冰场。他们把池塘、沼泽很好地利用了起来，并在每天晚上都浇上水，以此来吸引人们参与其中。这个主意非常有效，溜冰吸引了很多人，不论男女（"*Skating*" *101*）。溜冰吸引的不光是这两类人，少年、老人也纷纷加入。年轻人在分享他们的滑行技能的同时也从那些更有经验的人身上学到了不少东西。

女子在中央公园的女子池塘滑冰，在其他溜冰者旁边展示她们的技能
图片来自《哈伯周刊》（Harper's Weekly），1860

天气暖和的时候，年轻女性开始游泳以提升自己的身体素质。女性们学着照顾并保护自己的孩子，使他们不至于在公共泳池游泳时溺水。游泳给女性们提供了一个锻炼自己身体的途径并且能使他们保护家庭成员不溺水，这种现象在城市和乡村报纸上都被频繁地报道。私人泳池都是由上层社会的女性享用，而公共泳池则成了城市普通女性学习游泳的场所。《纽约时报》对中央公园的游泳学校的记录表明，游客们见证了她们（指代本段之前的女孩们）的游泳技巧，也为她们的耐力感到佩服。但像这样允许女性公然游泳的人道主义的原则没有超过4～5年（*qtd.in Johns and Farrell-Beck 55*）。

这种运动氛围也在其他城市中如波士顿和芝加哥等出现。各种各样的参与者在公共场所进行体育活动。1851年，芝加哥政府制定了一条禁止在公园中玩球的法令。城市中的教父们推测这个法令可能会使得快速发展的城市边缘化。尔后，公共设施为城市催生了许多中产阶级和商贸机会。在中东部城市资本化迅速增长的时候，城市的男男女女都会享受体育活动和公园的美景，同圣路易斯、辛辛那提市、密尔沃基市相比，芝加哥在西部拥有商业的绝对优势地位。

第九节　印第安人和非裔美国人的体育娱乐活动

一方面，当美国中产阶级和上流社会的美国人在宣传体育锻炼对身体有好处和希望从事新的体育活动的时候，社会主流的白人清教徒却支配着非裔美国人和印第安人的活动。非裔美国人在北方城市受到了严格的约束，在使用公园和体育设施的过程中受到严重歧视。在南部，被奴役的非裔美国人面临着在奴隶社会内创造自己的运动和娱乐活动的束缚。无论是自由的还是受约束的非裔美国人，他们都想通过体育这条路来获得社会的尊重和权利以反抗南方的白人主人及拥有政治经济权力的北方白人。最终，诸多黑人体育组织开始在北方发展，同时，那些自由的黑人在追求着他们的体育遗产。另一方面，印第安人为了获得更好的土地来开垦和获得良好的生活，正离开自己原先在东部的土地向西部进发。他们尝试着保留他们自己的文化跟体育活动，如长曲棍球，但是西部移民的浪潮改变了他们部分的体育历程。

一、非裔美国人

南方的白人越来越依靠奴隶的劳动力来种植烟草、大米、棉花，这些农业生活导致了奴隶数量日益庞大。在奴隶团体中，从日出到日落，在严格的折磨人的体力劳动和奴隶主的监督之外，奴隶们创造了他们自己的生活、文化，并在这种残酷的社会中得以存活。奴隶们希望获得独立自治的权利，并且希望远离那些没日没夜的重体力劳动。除唱歌、作曲和跳舞之外，他们用他们的体能技巧参加了各种各样的体育活动。

在南方种植园的上流社会中，两个奴隶之间发生的不正规的拳击比赛时有发生，一些有钱的农场主甚至经常组织"正规"的拳赛，用他们的奴隶来打败其他农场的奴隶们。历史学家大卫·威金斯（David Wiggins）说奴隶主通过这种拳赛可以获得比赛马更多的收入。据记载，一旦一个好的奴隶拳手为他的主人赢得了足够的钱，他们就会被赋予自由，离开南方，依靠自己的拳术为自己获取更好的经济条件（Wiggins，"Good" 273）。

汤姆·莫林尼奥克斯（Tom Molineaux）（图示）在一次英国举办的拳击锦标赛中败给了汤姆·科里布（Tom Cribb）

图片来自B.斯皮尔斯（B. Spears）和R.斯旺森（R. Swanson），1988，《美国运动和体育教育史》（History of sport and physical education in the United States）（杜比克，IA：威廉.C.布朗），153

为了达到这个目标，最早的黑人运动员必须去国外比赛。汤姆·莫林尼奥克斯（Tom Molineaux）就是其中一个，至于他是天生的自由之身还是后期通过他的体育技巧赢得自由之身的就不得而知了。无论如何，他在1809年为英格兰工作并在那里遇见了另外一个在美国出生的黑人拳手比尔·里奇蒙德（Bill Richmond）。后者变成了他的教练，莫林尼奥克斯在一年之后和汤姆·科里布（Tom Cribb）为了争夺英格兰冠军而比赛。莫林尼奥克斯为其失利提出争议，但在重赛中依然一样战败。再后来，莫林尼奥克斯将职业生涯转到了摔跤，最后于1818年在爱尔兰逝世。

奴隶们喜欢骑马，他们经常在种植园里自发地举办非正式的比赛。他们也会陪同主人到别的种植园里，主人骑马，有时他们也会参与其中并感受那种兴奋。奴隶们经常只是旁观者，但有时也会是训练员或者赛马骑师，他们确实参与到了赛马比赛中，在那儿身怀绝技的黑人赛马骑师以马术赢得尊重。曾经有一个叫威廉·格林（William Green）的奴隶在爱德华·汉弥尔顿（Edward Hamilton）的种植园当了几年的赛马骑师。"我记得我从9岁到20岁一直跟随着他"，格林说到，"然后，他把我交给了一名赛马骑手。他拥有很多名贵的马及许多的赛马；但我长到拥有足够赛马的体型之后，他就把我带去赛马了。"同样地，住在南加利弗尼亚种植园的雅各布·斯特洛伊尔（Jacob Stroyer），最初也被雇佣作为赛马的训练师，后来变成赛马骑师（*Wiggins, "Good" 273-274*）。

北部的非裔美国人由于种族歧视的原因，通常都做着体力劳动和低收入的工作，他们往往都是通过耍一些小聪明才能参与到赛马的活动中来。后来的黑人出版社的纪实讲述了一个黑奴聪明地骗过主人和安息日的限制，在骑马技术上展示了运动员般的非凡才能。一个篇名为《一次难以想象的比赛》的故事，刊登在1855年出版的《省自由人报》（Provincial Freedman）上。在马萨诸塞州伍斯特的一个镇上，有个叫莱德威尔（Ridewell）的牧师拥有一匹珍贵的马。身为施洗者，莱德威尔"在道德行为规范方面非常死板。他雇佣了一个名叫庞培（Pompey）的黑人，但是他不像他的主人一样在道德方面那么死板，他……非常圆滑……是一个非常能干的仆人，老牧师会毫不犹豫地将最重要的事委托给他。"然而在镇上，一些人并不是害怕莱德威尔说教，而是比起参加安息日的礼拜他们更愿意在星期天晚上集会到一片空地，"在小镇的郊区赛马"。赛马地藏在树林的背后，参与者可以不受官员条例的约束或者其他人的阻止。在这儿，这个非裔仆人尽情地发挥着他的聪明才智。庞培将他对马的了解带到实战中，文章写到：这个老牧师拥有镇上最好的马。这匹马是老摩根血统，它混合了阿拉伯血液，人们逐渐了解到马路上几乎没有其他的任何东西能超越它。作为一个牧师，莱德威尔对他自己的马却没有外人对他的马那样崇拜，事实上他坚持宣称马超快的速度并没有给他带来任何喜悦。庞培知道牧师住得离教堂很近因此总是步行去集会，这匹珍贵的马就此被圈在草场里。他知道赛马活动正在进行，于是决定用主人的马来比赛。

> 庞培确信就品种来说，老摩根能击败这个地区其他所有的马。
> 所以在紧接着的星期天晚上，他偷偷将马缰藏在夹克里，溜进草地，悄悄套住这匹马，来到集合的地方。在这里，好几十匹马已经聚

第三章　南北战争前的健康改革与体育形式（1820—1860年）

集，比赛马上就要开始了。庞培跨上马背，待指示令一下，老摩根立刻进入了状态，最后两杠（11码或者10米）领先于其他马匹。比赛场面相当壮观，天黑之前庞培很好地完成了赛马比赛，他也因此赢了不少钱。接着，在接下来的两个月内，几乎每个星期天下午都会在赛马场找到他的踪影，他一次又一次地参加并赢得比赛。在这段时间里，不仅只是庞培喜欢上了赛马，对于老摩根自己来说，它也爱上了赛马的刺激，它每次入场前的动作都展示了它投入比赛前的兴奋之情。（Cobb，"An Unexpected Race" n. pag.）

然而庞培和他团队的比赛的秘密还是没有保守住，他们被一个执事从远处看到，最后导致了一场"意想不到的比赛"，这位牧师也被卷入其中。牧师莱德威尔相当震惊，同他的随从执事们前往赛场，当场把赛马人群抓个正着。莱德威尔对他们在安息日开展这样的比赛尤为愤怒，在之后的安息日晚上，他命令庞培把摩根带过来并且拴在马厩里。当牧师和他的马来到比赛地点时，人们正准备开始比赛，此时有的骑手立刻认出了"老摩根"但没有认出骑着马的牧师。其中一个赛马骑师问牧师是否是第一次来比赛，牧师吃惊地回答道：粗鲁的人！正在此时，比赛的指挥者叫道：开始！牧师莱德威尔马上被拖入了比赛，"老摩根对那声口令太熟悉了，一旦听到口令它的鼻子就会发出声音，在它一声具有野性的鼻息声后，所有剩下的12匹参赛马都跟着它发出同样的声音"。任凭牧师怎么努力也拉不住快跑的摩根，他努力展现的似乎是他骑马的技术。赛后，一个人走过来对牧师说：你骑得……很好……我们要的就是这样的荣誉。

这件事最后解决了，庞培告诉他的主人：有些邪恶的人常把老摩根从草场里偷出来，然后用它在安息日中午赛马。庞培知道这件事，但是他找不出是谁做的。所有的事件都被解决了，牧师莱德威尔也一切都清楚了，在他自己的立场上没有不道德的行为，最后他终于可以带着善意的笑来讲述他意想不到的赛马比赛。但能肯定的是无论是对于庞培还是其他人来说，小镇里再也没有安息日赛马比赛了（Cobb，"An Unexpected Race" n. pag.）。

在南方，奴隶们的游泳技能被主人用在种植园附近排水沟的工作上，或者不正式的游泳娱乐上。比尔·科鲁普（Bill Crump），一名内战前北卡罗来纳州的奴隶，从日出到日落他一直在地里工作，"晚饭时间我们有几个小时去游泳或者

躺在浅滩边睡觉……"（qtd.in Dawson 1340）

其他时候，种植园主们也会组织一些正式的游泳比赛。类似于其他人组织的拳击、摔跤、骑马或跑步比赛，游泳比赛也为奴隶们提供了一个展示他们体能方面的勇猛同时获得尊重的好机会。在这些比赛中，奴隶主会挑选出最好的游泳健将来对抗其他农场主的选手，以及参加其他一些比赛。种植园主经常会用比赛的结果来打赌。比赛的胜利会为奴隶在其他奴隶中赢得威望。

由卡瑞尔和艾夫斯（Currier&Lves）绘制的《羊头湾明日之星比赛》（The Futurity Race at Sheepshead Bay），展现了黑人骑士间的竞赛

图片由国会图书馆提供，LC-USZ62-14022

一些奴隶也会作为游泳选手参与到在水里捕杀动物的运动中。在与鲨鱼、短吻鳄及其他一些危险的海洋动物搏斗中展示着自己的耐力和游泳技能时，主人可能正在为他们健壮的体格下注。击败这些海洋动物的奴隶会被允许把这些战利品留下作为他们的食物。同样地，有时奴隶们去钓鱼和打猎时会遇到类似和凶猛动物厮杀的事情，只是这些事情并不受人关注。不论发生任何情况，这样激烈的水上技能让奴隶们在专门用来破碎他们人性和自由的制度里展现着些许的强项和骄傲。的确，奴隶们有时会通过水中的血腥运动来向人们展示和证实自己的刚毅（Dawson 1341）。

贯穿整个南部,非裔美国人中的绝大多数都面临着严重的种族隔离,他们大多数都是南北战争前留下来的奴隶。即使有些奴隶被强迫成为拳击手、摔跤选手,或者成为主人娱乐消遣时的赛马骑师,但还是有许多奴隶享受并创造着他们自己的娱乐消遣,例如,在舞会上唱歌跳舞、射击或者钓鱼。约西亚·汉森(Josiah Hanson),一个曾经是奴隶的牧师,曾谈论到:即使最严厉最贪婪的主人们也不能通过吓唬或者抽打我们让我们从这份欢乐中脱离出来(Wiggins, "Sport and Popular Pastimes" 62)。

即使是在那些没有实行奴隶制的国家,比如19世纪早期的美国,无论是城市还是乡村依然存在着严重的种族隔离制度,黑人不能自由地参与到体育运动中来。尽管如此,自由的黑人及黑人小孩都会在一些如拳击、田径赛以及钓鱼等运动中团结一致。战争前,像波士顿这样的城市,自由的黑人由于被驱逐出白人的教堂从而组织了他们自己的教堂,希望由自己的黑人牧师来主持他们的重要聚会和精神世界。拥有自由的黑人也会希望在免于种族歧视的情况下有他们自己的娱乐空间。

二、印第安人

中西部和东南部的原印第安居民,在与白人的抗争中被驱逐到了土地贫瘠的地方。在还没有被侵占的西部地区,印第安居民仍然过着他们快要消失的田园生活,而平原上的印第安人过着追随牛群的游牧生活。除狩猎以外,他们也喜欢跳舞和长曲棍球比赛,西南部的部落则喜欢长距离的跑步。长曲棍球在印第安人文化中根深蒂固,比赛常常有很多人参加,但白人常对比赛中的赌博和身体赤裸提出指责。1825年佐治亚州的一场长曲棍球比赛聚集了3000人,赌金达到3500美元(Vennum 111, 277)。但在19世纪30年代,东部那些和白人社会接触更多的部落渐渐采用了许多更规范的规则,由裁判员来主导比赛,此后在纽约易洛魁联盟看到白人观众就成为司空见惯的事了。1848年,东南部的彻罗基人开始在比赛中装饰他们的衣服。

盎格鲁和印第安两种文化的相互影响必然产生出混血人群和体育文化。早期的人类学对于身体上的差异产生了很大的兴趣,在这个过程中构建了种族的概念。在这样的背景下,竞走运动风靡于19世纪30年代,专业的选手竞争赌注和通过用别称来引起注意从而宣传自己，例如，"美国鹿""波士顿雄鹿""北部快船"。人们在身体的种族区分上有着共识，即普遍认为印第安人更擅长奔跑。路易斯·本内特（Louis Bennett）是一个苏格兰男人和赛内卡女人所生的混血儿，他使用了"鹿角"这一别称，跑步时穿着鹿皮鞋，并且在头发上别上羽毛。当他成功打破10英里的纪录时，整个国家都轰动了。1835年，一个来自美国康涅狄格州的农民亨利·斯坦纳德（Henry Stannard）成为第一个在1小时内跑完10公里的人（用时59分48秒）。"鹿角"于1861年开始游居英国，在那里，他把这个纪录进一步提升到了51分26秒。

第十节 移民与体育文化

19世纪中叶移民到美国的人们把他们的文化、语言、宗教、饮食及运动方式也带到了这个国家。为了保持他们的民族身份，这些新移民有意介绍他们自己民族的体育运动，从而在新教徒或者说精英群体中创设了自己的文化空间。在一些少数族裔的体育俱乐部中，新移民组织他们自己的休闲活动以期在青年人中推广本民族的语言、价值观及文化传统。这些美国的新来客遭遇到的是与他们本民族迥然不同的社会环境和行为方式，而体育在这个时候不管是对男人还是对女人来说，都是一个联系拥有相似的民族、种族、社会阶层的纽带。确实，这个时候自发组织起来的体育俱乐部已经成为各个不同族群建构自己小团体的基本方式。这些团体允许他们的成员参与体育运动并且保持他们的文化身份（Rader,"The Quest" 356-357）。少数族裔的体育活动及一些社会实践，尤其是年轻人组织的，有时候会与本土受过教育的白人或中产阶级改革者的利益相冲突。他们促进与健康、正确的道德观，以及性别与行为取向有关的身体运动和体育活动。不过，随着时间的推移，少数族裔体育俱乐部也影响了土生土长的美国人的体育习惯（下一章将会讨论这一点）。

一、德国移民的体育实践

日耳曼人是最早移民到美国的民族之一。查尔斯·贝克（Charles Beck），德国特纳体操协会的一名成员，于1825年移民到马萨诸塞州。在马萨诸塞州，他受聘于朗德希尔学校（Round Hill School），该校比约瑟夫·考格斯威尔（Joseph Cogswell）和乔治·班克罗夫特（George Bancroft）在北安普敦创立的学校早两年建立。贝克把体育课纳入了课程表，同时还在学校创设了室外体操场。除贝克之外，另外一个德国体操协会会员查尔斯·弗伦（Charles Follen）受聘于波士顿体育馆，并于1826年指导哈佛学生练习体操。紧接着于1827年，又一名德国体操协会成员弗朗西斯·利伯（Francis Lieber）来到波士顿并主管波士顿体育馆，主要负责游泳池的管理。

许多德国人于1848年移民到美国，那时德国国内正处在政治革命中。这些德国移民以本国的体育协会为模板自发组建了自己的体育组织，其中以"Turner"最为著称。1848年，他们在俄亥俄州的辛辛那提创建了第一个体育协会，紧接着，他们又在纽约和费城创办了自己的体育组织。1851年，一群德国移民在印第安纳波利斯创建了一个新组织，该组织旨在促进当地的体育与文化活动，并为其命名为"Indianapolis Turngemeinde"。这个体育组织的名称来自于德语词汇"turner"，意指杂技演员或体操运动员（Stempfel 5）。这些德国体育的倡导者希冀将体操纳入教育与健身的一部分，并总结成一句口号：健康的心智居于健康的身体中（来自拉丁语 mens sana in corpore sana）。一些来自体育协会的德国移民于1850年创立了自己的国家体育组织，旨在宣传本民族的文化、语言和价值观。他们希望推广德国的体操体系并将重点放在下列体育项目中：快走、自由练习、体操、女子舞蹈、平衡木、吊环、马术、双杠、撑杆跳及一些娱乐游戏。这些早期德裔美国人的体育组织采纳了弗里德里希·路德维格·雅恩（Friedrich Ludwig Jahn，1778—1852年）的体育哲学，以期吸引更多的德国（雅恩是公认的德国体操之父）。

印第安纳波利斯的德国人创立体育协会的同一年，在费城的德裔美国人举办了名为"国家体操节"的体育运动会。该体育盛会的主要项目是体操、健身项目以及赛跑和跳高。国家体操节到目前为止仍是全美历史最悠久的业余体育赛事。因此，可以说德裔美国人于1848年创立的首个体育协会是美国体育教育的先行者。紧接着，在德国人较为密集的密尔沃基、芝加哥、路易斯维尔等城市也相继成立了各种体育协会。到19世纪50年代，当美国各地的德裔人口相对比较稳定的时候，所有的体育协会将其组织与发展都归功于那些为躲避1848—1849年国内动乱和自由的政治诉求而来到美国的移民（Hofmann；Barney）。

印第安纳波利斯的协会成员包括早期的体操运动员，他们将其创始人约翰·奥特（John Ott）的家具工厂作为活动场所。"工厂前院用来做身体活动。体操设施包括单杠，后来通过协会会员集资购买了双杠"（*Stempfel 5*）。印第安纳波利斯的早期体操组织与随后成立的体育组织融合成一个新的组织，这个新组织命名为"社会体操俱乐部"（Social Gymnastic Club）。这些德裔美国人聚集在一起修建了他们自己的体育场所，这些体育场所提供体育设施、图书馆、讲座、歌剧和各种戏剧表演，俨然成为德国移民的业余生活中心。不过在随后的美国内战中，由于许多德裔美国人参加了联军，很多体育场馆因此被废弃并最终关闭。

密尔沃基的德国人在促进体操和各种竞技项目的发展过程中同样扮演了积极的角色。德裔美国群体中的商业领袖于1853年7月创建了密尔沃基的体育协会。密尔沃基的体育协会由乔治·布罗西（George Brosius）所领导，其重点就是发展德国的体育体制。布罗西被称为德裔体育之父，他于1842年举家移民到密尔沃基，并于1854年开始在体育组织中担任体育指导。密尔沃基的体育协会成员开始在本州的公立学校中推广体育教育，并将之推广到全国。从东海岸到西海岸，德裔美国人在全美组建自己的体育协会，同时，他们将本民族的智慧与体育观念推广开来。

二、苏格兰移民的体育俱乐部

早在1836年，苏格兰移民就在纽约开展他们传统的高地运动。他们于1853年在波斯顿成立了首个苏格兰俱乐部。随后的整个19世纪50年代，他们在全美不同地区相继成立了许多俱乐部。这些苏格兰移民希望在他们的新居住地保存他们传统的语言、服饰、音乐、舞蹈、饮食、娱乐方式及体育运动。随后成立的很多苏格兰俱乐部将会员限制在苏裔移民中。在他们的体育盛会上，比赛项目也丰富多彩，包括跳远、跳高、赛跑、套装赛跑、蒙眼骑独轮车比赛、跳马、掷铅球、投球、拔河，还有高地舞蹈和单刀舞戏等。19世纪50年代后期，"纽约苏格兰俱乐部"开始通过收取入场费和提供现金大奖使其年度游戏更为商业化和专业化。多达2万的观众对此类活动表现出了浓厚的兴趣。苏格兰俱乐部最终把该竞赛向非苏格兰裔的运动员开放［Rader, *American Sports*（2004）69］。一些苏格兰比赛也吸引了美国本土出生的运动员和观众的关注，而跑步、跳高和掷铅球比赛最终被年轻人、白人和上层阶级社会的人以现代化方式接纳。

古苏格兰人和锡斯尔俱乐部在纽约中央公园进行苏格兰国家娱乐项目——冰冻的池塘上的冰壶，弗兰克·莱斯利（Frank Leslie）在报纸上的插图

图片由国会图书馆提供，LC-USZ62-108125

三、爱尔兰裔美国人

美国南北战争前，东北部爱尔兰的小酒馆与搏击俱乐部对那些年轻的爱尔兰工人阶级来说是一个绝佳去处，在那里他们磨炼拳击技巧，畅饮啤酒，建立友谊。在19世纪有着性别区分的爱尔兰社会中，小酒馆及与之相连的体育运动被视为男人的领地。战前大约有70%的职业拳手是爱尔兰人或爱尔兰美国人。拳击甚至在爱尔兰族群中助长了一种民族主义，因为那些叫嚣着反对英帝国侵占他们祖先领地的爱尔兰新移民不断挑战英国拳手（Riess, Sport 87）。他们引进了英国的职业拳击比赛规则，新的规则规定：禁止击打腰带以下部位，禁止击打倒地的拳手，职业比赛必须有裁判员等。这些规则与先前美国边区的那些无护具的拳击比赛形成鲜明对比，同时也为过渡到一种规约的、中产阶级标准的体育礼仪起到了重要作用。在美国引用新规则之前，一场于1842年在纽约举

行的拳击比赛发生过悲剧，拳手托马斯·麦克伊（Thomas McCoy）在拳台上被打身亡。

1849年，汤姆·海尔（Tom Hyer）击败了爱尔兰裔拳手扬基·苏利文（Yankee Sullivan），这导致了本土生长的美国人与移民之间社会关系的紧张。同时，另一个爱尔兰移民拳手约翰·莫里斯（John Morrissey），证明了一个街头拳手同样也可以获得自己的社会地位。约翰·莫里斯出生于爱尔兰的一个贫困家庭，他先是移民到纽约州的特洛伊，然后转战纽约去证明自己。1853年，他在英式拳击规则下击败了扬基·苏利文，并且问鼎了美国职业拳赛冠军。在1858年的加拿大比赛中他击败了美国人约翰·希南（John Heenan），捍卫了自己的冠军头衔。最终，莫里斯光荣退休，这个时候他已然是一个赌博机构的业主，在下一章中将进一步讨论。

1860年，希南在英国锦标赛上向汤姆·赛尔（Tom Sayer）发出挑战。这场在英国进行的比赛总共打了43个回合，耗时2小时20分钟，最终却没有分出结果，因为双方都认为自己应该获得冠军。然而这场比赛却有着重大的文化意义，年轻的美国正把自己从英国的影响中解放出来，并寻找自己的身份。体育这时成为了战争的替代品，而美国在19世纪下半叶越来越居于国际领导地位［Kirsch, Sports（Vol. 3）142-147］。

同时，爱尔兰移民的拳击水平在战前美国仍然具有突出的地位。莫里斯退休后的事业，比如在纽约的博彩业主身份使他在纽约的萨拉托加温泉圣地拥有了一所奢华的住宅，他的政治关系和财产甚至使他修建了一个赛马场。不过更常见的社会现象是，19世纪的拳击比赛在更大的社会范围内导致了民族和文化之间的冲突。比如北方拳手（新教信仰者）与爱尔兰拳手（天主教信仰者）之间的比赛总会滋生一些民族情绪，这直接导致了"反爱"情绪的产生并影响到美国东北部数以千计的新移民。

四、亚裔美国移民

19世纪早期和中期的移民大部分来自欧洲，但是随着1848年加利福尼亚金矿的发现，很多中国人开始移民到美国。亚裔移民，"准确地讲中国人移民来到美国，是与1849年淘金热联系在一起的。从1848年中国移民开始到1882年《排华法案》❶的签署，可能有30万中国人移民到美国"（Daniels，Coming 239）。在淘金热时期，移民大多数是年轻的单身男性；二战之后，中国人移民到美国的规模更大，尤其是加利福尼亚州。大多数中国人在加利福尼亚建立了自己的体育组织以对抗他们所受到的兴起于19世纪后期的种族歧视。19世纪90年代，一些华裔美国人在旧金山海湾地区参加体育运动，包括"从拳击和自行车到古苏格兰游戏、棒球、橄榄球等在内的数百种比赛"（Park，"Sports" 446）。旨在促进华裔青年体育的组织在20世纪初出现。

小结

内战前期标志着美国人在农村和城市生活的广泛变革及美国的移民时代。从19世纪20年代到50年代，健康改革家和倡导者为了促进国家人民的健康培养了人们对于体育运动的积极态度。然而，并非所有的美国居民都拥有参加体育运动的机会或者加入被改革者和体育记者所吹捧的体系。不同背景的人们对体育关注的升温、工业化、城市化的发展、技术创新，以及文化中固有的社会阶级差别、性别和种族区分，这些因素都为促进19世纪现代、竞技型体育奠定了基础和框架，这在下面的章节中将会讨论。

大事年表

- 1819—1830年
《美国农民》主编约翰·斯图尔特·斯金纳（John Stuart Skinner）
- 1820年
《密苏里妥协法案》通过
- 1820—1860年
（美国南北）战前改革运动；健康改革，身体健康，人类体育和健康出版物，评论家抨击认为体育运动是不道德的理论

---

❶Chinese Exclusion Act，美国于1882年5月6日签署一项法案，允许美国暂停入境移民。该法案是针对大量华人因中国的内部动荡和有机会得到铁路建设工作而迁入美国西部所作出的反应，是在美国通过的第一部针对特定族群的移民法。<http://baike.baidu.com/link?url=HvAnE8ZYC2X2qX95-Dt2RtoJWefuSY-qnHO7Jovek2iqDoC4AALFEw4bVa3TnXsC1UFgDDdpFq_WMY2grSkbTq>

- 1821年

第一所公立高校在马萨诸塞州建立

- 1823年

凯瑟琳·比彻（Catharine Beecher）创办了哈特福德女子学院，专门为女子提供体育和家庭教育

门罗主义创立

原山学校被创办（马萨诸塞州），而且包括作为课程组成部分的体育教育

南北赛马举行，美国艾克里普斯（Eclipse）击败亨利爵士

- 1825年

开通伊利运河

开通慢跑轨道（纽约长岛）

- 1828—1836年

安德鲁·杰克森（Andrew Jackson）担任美国总统

- 19世纪30—40年代

第二次宗教大觉醒

- 1831年

专门为年轻女子而出版《健美操疗程》

威廉T.波特（William T. Porter）创办《时代精神》，并发表了体育访谈

- 1832年

爆发黑鹰战争

- 1833年

奥博林学院创办（第一所男女同校大学）

- 1835年

大步行比赛（国际步行大赛），其赞助者是约翰·史蒂文·考克斯（John Cox Stevens），在长岛举办

- 1836年

爆发阿拉莫战役

- 1837年

霍山学院（全女子学院）要求学生锻炼

- 1837年

爆发金融危机

- 1837—1838年

"泪痕"（切斯诺部落被强制迁移）

- 1841年

凯瑟琳·比彻（Catharine Beecher）发表《国内经济》《女子在家之用意》《在校》，成为女人的家庭需要和身体健康需要的畅销书

- 19世纪40年代

大陆的移民西迁

- 1843年

耶鲁大学成立第一个划船俱乐部

- 1844年

塞缪尔·莫尔斯（Samuel Morse）发明了电报，快速播报新闻和体育成绩成为可能

纽约游艇俱乐部成立

- 1845年

兼并得克萨斯

- 1846—1848年

美国和墨西哥开战

- 1848年

塞尼卡福尔斯妇女权利公约在纽约成立，第一次提出了妇女有选举权

德裔移民在美国创立了第一个特纳社会

加利福尼亚淘金热

- 1849年

汤姆·海尔（Tom Hyer）赤手空拳在拳击赛中挑战扬基·萨利文（Yankee Sullivan）

- 1851年

美国出现青年基督教协会

● 1854年

希伯来青年男子协会在巴尔的摩成立

加兹登购地

● 1858年

强健的基督徒运动在美国兴起,出自托马斯W. 汉金森（Thomas W. Higginson）著名文章《圣徒,还有他们的身体》,提升了道德和生理的健康

第四章
理性化现代体育之崛起
（1850—1870年）

阅读完本章节后，你将会了解以下内容：

- 促进美国19世纪中期新式体育方式崛起的因素
- 社会阶级建立体育俱乐部及体育协会组织的具体方法
- 竞技体育中体育行会的重要性和体育中的经济利益
- 合理的消遣娱乐和体育运动的出现方式及其形成过程中受到性别、民族、种族的影响
- 民族信仰对美国体育团体项目出现的影响
- 关于美国首次校际体育比赛过程中所产生的问题
- 美国内战对体育运动的影响

棒球运动是在19世纪中期广泛开展起来的，最早出现有组织的团体体育运动，查尔斯·贝弗利（Charles Peverelly）在其1866年所著的《美国娱乐志》（Book of American Pastimes）中有如此叙述：

> 毫无疑问，玩棒球如今也已成为了美国最受欢迎的户外运动，说起它为何如此广受推崇，有很多充足的理由。这个运动恰恰符合了美国人的脾气天性：比赛的九局只在短短的2个半小时或更短的时间内就能打完。从首位击球员站位举棒的那一刻起，就有一种令人激动与振奋的感觉，而这种感觉会一直持续到第九局最后一名球手被杀出局。
>
> 而且比较而言，棒球运动是一种经济的消遣活动：运动服不贵，运动器械、所用的色彩原料、俱乐部会所的布置，以至俱乐部满员时会员们按比例分摊费用时也不必花费大量的钱……大量的民众可以参加到这种既有益健康又高尚的休闲活动中来。
>
> 如今，此项运动已自显其至尊受拥地位，无需任何过多的赞美之词。当年"尼克巴克"（Knickerbocker，建于1845年），紧接着是"哥谭"（Gotham）、"老鹰"（Eagle）及"帝国"（Empire）等一批俱乐部先后让代表自己俱乐部颜色的彩条高高飘舞风中，招引棒球运动的粉丝们前往聚集……从那时起，棒球运动得到了大力发展直到其在全美无数城市和乡村全面开花……棒球运动尊者自尊，所到之处，无不受到我们良好市民们的拥戴。我们欣慰地看到，在成千上万前来观看那些重要比赛的观众之中，女性占了相当一部分比例。（qtd.in Levine, American 35-37）

19世纪中期的几十年中，美国社会中诸如棒球这类运动的发展尤为迅速，人们给体育的意义赋予了一些新的视角，把其视作这个国家文化活动的一种延伸的形式。一些倡导者在这个时期大力宣扬美国体育的好处良多——那是一个变化和成长的时期，在人口不断增长的同时，知识、科技及社会方方面面都在发生着变化。在南北战争爆发之前的几十年当中，体育事业发展迅猛。在残酷的战争年代里，体育被战争所影响，但在此时期不同阶段的许多地方，体育赛事还是一如既往地进行着。

现代体育运动在这段时间得以迅速发展的原因是多方面的，其发展当然也不免受到一些重大问题如性别、种族及社会地位等方面的影响。对于棒球运动具有性别倾向的这一点，体育教育讲师、《体育训练与运动员手册》的作者威廉·伍德（William Wood）在1867年曾写道："棒球被称做（可说是）美国的国球。全美上下的城镇乡村，几乎无人不对这项充满活力的男性十足的运动有不同程度的喜爱。"［Manual（Vol. 1）14］然而，有其他美国生活评论家对此则表示了担心，他们认为，把太多的时间与重心放在开展与促进体育活动上，会降低人们对工作责任方面所应有的价值观，对于那些中低收入阶层而言尤其如此。身为记者的威廉·克里夫特（William Clift）在造访美国东北部的一些社区后，在其以提摩西·帮克尔（Timothy Bunker）为笔名的专栏中写了一篇题为《棒球俱乐部》（Base Ball Clubs）的散文，文中他反驳了许多战前健康与体育方面改革家的观点："目前我们所打的棒球正在成为一种麻烦，因为其'可以培养出好球手，但也造就了不称职的农民和工人，还有不合格的丈夫及父亲'。我还是先别忙把犁地用的爬犁削来做球棒吧"（Clift 304, 306）。

本章将探讨在1850—1870年这个时间段中多个运动项目的发展过程，以及人们对体育的广泛关注，因为这个时期正是体育运动普及进一步深化，体育新闻和体育事件评论从战前的断续起落变得更具持续性的时期，此点在第三章中已有讲述。在这个阶段出现的新兴的或逐渐成熟的体育项目有：早期棒球、赛马、赛跑、帆船、划船、拳击、体操及壁球。大学校际体育比赛也初始于这些年间，总而言之，体育运动就是在此阶段发展成为美国各阶层民众民俗文化中一个重要的组成部分的。在这段时期，关于发展体育运动的各种理论引发了针对体育的众多不同的观点。

第一节　现代体育的概念

从19世纪40年代起一直到内战前夕，由于移民、工业化及新兴行业的出现，美国城市居民的数量大为增长。这些或来自海外或来自本土农村的人大量涌入工厂，使得如纽约、波士顿和芝加哥这样一些大都市变得日益拥挤起来，因而就有人认为有必要让这些都市人做些身体操练和参加一些体育运动，免得他们的日子过得一成不变而缺少了生气。美国城市文化中的体育发展同时也受到居家和工作生活方面的科技发明、通讯及交通的改变等所带来的影响。正如历史学家史蒂文·里斯（Steven Riess）所解释的那样，"在美国，城市的发展对于有组织的体育运动，以及休闲体育活动的影响比其他任何一种因素都要更重要。几乎所有的当代主要体育项目都起源或发明于城市"（Riess, City 1）。城市对于美国体育文化发展过程中的关键时刻起到了支撑作用。城市是最先有组织的、合理化（即在其支持者看来是具备正当的有益理由并依照规则而进行的体育运动）、商业化和专业化的体育运动的所在地。在城市文化广泛发展的过程中，由于城市具体环境与结构的改变，城市人口的增加，以及流传于社会不同阶层、种族、性别及民族民众之间的一些对于体育的新看法的出现，体育文化也随之得到了广泛的发展。

确实，城市成为了现代体育的焦点。如第三章中所谈及到的，这个时期的健康与体育改革家们呼吁民众参加有益健康的活动，以使这个新兴的国度拥有一群具有高度道德水准与健壮体质的国民。这些倡导者把现代美国体育运动与体育休闲活动视作许多中产阶级白人为工作、学业及追求脑力事业打拼而长时间劳动所导致的疲劳效应的一种解药。无论是为增强体力和智力使用"印第安棒"（一种瓶状的有不同重量的棒子）进行锻炼，还是在新成立的运动俱乐部中参加划船、球类运动或体操等活动，19世纪中期的几十年中城市居民越来越把体育运动看作是这个国家城市生活的核心组成部分。

在继续和发展已有体育休闲活动的同时，这个关键时期还出现了一些新的体育运动形式，两者均为美国文化从前现代体育向现代体育转化的组成部分。体育历史学家艾伦·古特曼（Allen Guttmann）清楚地描述了现代体育本质所具有的一些主要特点：世俗、平等、理性、科层组织、量化及追求纪录（从仪式到纪录）（From Ritual to Record）。在接受这种构架的基础上，其他体育历史学家也研究了体育的这些现代形式的特点。历史学家乔治·克尔西（George Kirsch）是这样阐述的："民主化、理性化、政事化、专业化、地方性、全国性、国际性的比赛、大量的媒体报道及对数字的痴迷，这些都是新式体育的特点。"另外，随着19世纪中期现代体育的出现，"体育俱乐部与组织机构协会（志愿组

第四章　理性化现代体育之崛起（1850—1870年）　143

成的协会）开始安排比赛，并制定规则对比赛进行场内场外的管理"［*Sports*（Vol. 3）xiv］。鉴于城市生活中工作与消遣的方式越来越受到时间与社会阶层等条件的制约，因此，体育比赛结果、记录比赛成绩及打破纪录这类事情就越来越引起社会的重视。现代体育的其他特性包括：所有参赛者机会均等（理论上，参赛者在特定的比赛中按规则进行比赛，人人都有机会取胜）。竞争作为美国文化中的一个重要成分，这个时期的众多男性领导者及从政者都将竞争视为取得成功与胜利及建立规章制度的一种手段。此种态度的出现影响了19世纪中期体育的发展，如科斯奇（Kirsch）所言："当人们对体育运动的狂热在全社会漫延之时，职业化和商业化便不可避免地接踵而至了……观众们为了一睹自己心目中的英雄的英姿而自愿掏钱买票；电报与平面媒体及时对民众报道最新战果"［（*Sports*（Vol. 3）xiv］。历史学家麦尔文·安德尔曼（Melvin Adelman）同样列举了现代体育不同于与前现代体育的6个重要特点：有组织、有规则、有竞争、分工明确、信息公开、数据的统计及记录的产生。虽然这种过渡并没有一连串的飞速变化作为标志，但现代体育的崛起却清楚地表明其是在向这些记录发展的（"The First" 6-7）。

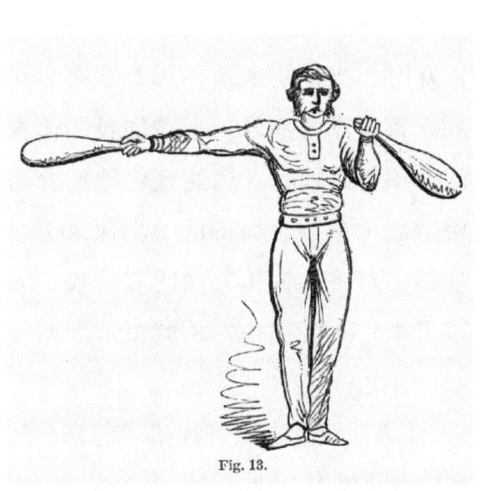 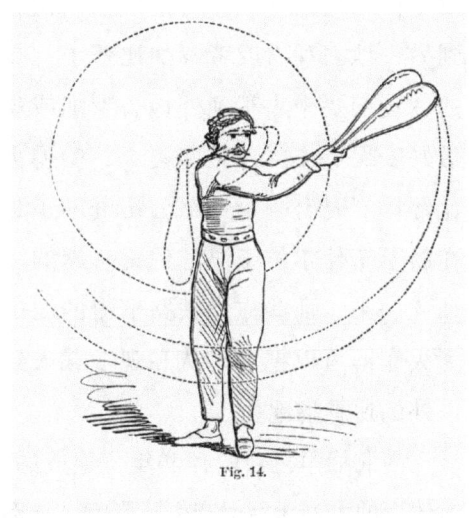

专为塑造健康体魄而设计的印第安社团操

由W. 伍德（W. Wood）再版发行，1867，身体锻炼指南（Manual of physical exercises）：包含体操、赛艇、溜冰、剑术、板球、健美体操、帆船、游泳、拳击、棒球，并且还附有训练规则和健康建议
（纽约：哈伯兄弟）

现代体育之花在美国的盛开最初只是一个由男性统领的世界，运动员、管理者是男性，有许多运动项目的观众也都是男性。当然，妇女们也以自己的方式投身于这场文化的发展之中，不过在早些时候（前面章节已谈及）性别意识形态与习俗就意味着女性体育运动及其休闲体育活动的发展方式有别于男性。

一、交通运输对于现代体育发展的影响

19世纪中期，那些铁路线众多的大城市成为了体育运动崛起的中心所在地。像巴尔的摩和俄亥俄（起运于1828年）的铁路运输替代了载人船与货运船，加快了长途运送人与货物的速度，而且在把更多的人聚集在一起去参加和观看城市的体育比赛中起到了关键作用。到了1840年，整个美国已铺有3000英里（4828公里）的铁道线路，主要集中在东北地区。1850年时，就有30000英里（48280公里）的铁道线将美国的东北和老西北部（下中西部）连接了起来（Nash et al., Brief 5th ed. 283），如纽约、波士顿、费城、芝加哥、巴尔的摩和圣路易斯等城市，就以其囊括了社会各阶层丰富的体育文化而闻名。

以前城市的环境很紧凑，到哪里都很近，步行就能到达，这样才有利于设立体育场馆开展体育活动。而铁路的发展使得城市变大，人们可以从一地到另一地去观看或者参加比赛了。在一些有铁路线的地方，当运动员及他们的球迷们要坐火车到外地去参加或观看比赛时，当地的城镇还帮着铁路公司做好安保工作。1852年夏天，哈佛大学和耶鲁大学之间开展了首届校际体育比赛，当时有一个铁路公司资助了其中的一项赛跑项目，以此宣传他们公司在新罕布什尔位于温尼伯索基湖的一个旅游点（本章后面将进一步探讨）。如此一来，那些作为铁路枢纽的城市就获得了经济和宣传方面的双丰收，因为火车既可以把运动队和观众载入到城市里来，又能把他们从城市送到城市以外的比赛场地去。

南北战争之后的1869年，建成的横贯大陆铁路线把东西部连接了起来，这对体育的发展无疑也产生了影响。铁路在运输方面成为一种举足轻重的方式，它们所运载的既有男女运动员和观众，也有体育用品和体育产品。后来职业运动队纷纷前往加州及其他西部地区进行比赛，横贯大陆铁路对这种旅行的发展起到了重要作用。同时铁路运输也推进了全美体育运动赛事的举办，这些赛事的体育记

者、促销员、城市建设推动者和成千上万的观众聚集一堂，一起观看拳击、棒球及其他各类赛事。

铁路因此为城市政客、资本家、公民领袖和支持者们提供了新的机会。城市建设者们开发推广他们商业化的娱乐与消遣设施，为城市大众建起了新的运动设施和体育场馆。萨缪尔F. B. 莫尔斯（Samuel F. B. Morse）1832年发明的电报系统于1844年投入使用，不仅优化了通讯手段，而且因其具有传播有关火车发车时间消息的能力使铁路旅行变得更为便捷。如此一来，在19世纪中期欣欣向荣的城市生活中，越来越认识到体育运动迅速发展的企业家和运输管理者们便可以为那些有钱有闲的人们参与体育活动提供服务了。

二、媒体对于现代体育的影响

随着报纸及体育杂志对体育新闻报道的增加（第三章中已谈及），一些有关的手册和指南也增加了有关体育方面信息的传播。在城市和乡镇，在家中和学校阅读体育消息的人们发现一本又一本大赞体育运动的好处、详述比赛规则、介绍新体育用具的新书涌入人们手中。具有代表性的刊物包括：罗宾·卡佛尔（Robin Carver）的《体育之书》（The Book of Sports，1834年首次在波士顿出版）；《男孩子的体育运动：青年的优雅休闲运动集锦》（*Athletic Sports for Boys: A Repository of Graceful Recreations for Youth*，1866），书中介绍了拳击、钓鱼、划船、帆船、击剑、滑冰、体操及其他一些体育项目；及迪奥克莱西恩·刘易斯（Dioclesian Lewis）所著有关其训练系统的书《适合男性、女性及孩童的新体操》（*New Gymnastics for Men, Women, and Children*，1862）。1867年，威廉·伍德（William Wood）出版了他图文并茂的手册《健身操、基本体操、柔软体操、划船、帆船、滑冰、游泳、击剑、拳击、板球、棒球手册及其训练规则和健康建议》（Manual of Physical Exercises, Comprising Gymnastics, Calisthenics, Rowing, Sailing, Skating, Swimming, Fencing, Sparring, Cricket, Base Ball, Together with Rules for Training and Sanitary Suggestions）。伍德后来还写过《体育运动法则——如何保持和增进健康与美貌，以及如何矫正由于缺乏运动所产生的身体缺陷》（*The Law of Athletics, Showing How to Preserve and Improve Health and Beauty, and to Correct Personal Defects Caused* by Want of Physical Exercise, 1880）一书，并附以他认为有助于增强健康的运动材料。

健康改革家与体育热衷者诸如托马斯W. 西金森（Thomas W. Higginson）、凯瑟琳E·比切尔（Catharine E. Beecher）、阿尔米拉·菲尔普斯（Almira Phelps）和威廉A·阿尔卡特（William A. Alcott）（第三章中已谈及）等人的文章阐明了健身操练和体育运动的基本原理和积极因素，在振奋民族精神、传播宗教理念、提高个人身体素质，以及为这个年轻的民主社会造就一批批身强体健、有能力尽责尽职的公民等方面起到的积极作用。另外，随着体育运动的日趋组织化、合理化和大众化，广告商开始试着对美国的体育狂热者们推销运动器材，推广体育赛事，对城市经济中日益扩大的消费群体销售运动时装和体育用品。

其他形式的通讯手段被用来传播体育赛事比分和运动员在赛场上的表现。电报为体育记者和报纸新闻提供了一种新的传播方式，使他们得以为对体育日益狂热的市民报道种种比赛的战果，市民们则如饥似渴地抢读有关板球、棒球和赛马、拳击等市际比赛的新闻报道，以及后来出现的考验美国人在体育中的民族主义精神的国际赛事报道。

第二节　社会亚群体与现代体育的发展

由于许多中上层的美国白人十分不愿意与大批涌入城市的移民和贫穷的工人混同，因此便有了以社会阶层和地位为基础而形成的居住区域，这对于美国在南北战争之前出现的新式体育运动起到了至关重要的作用。上层阶级所从事的精英体育和为了帮助富人进行体育运动及社交而建立的会所、运动俱乐部等为美国文化输入了新的体育比赛项目。历史学家本杰明·雷德（Benjamin Rader）以出生于美国上层的白人经验为依据，对居民小区的发展与精英体育之间的关系做过调查，说这个群体"试图用建立以社会地位为基础的亚群体来应对这个新生的城市工业化社会。具有社会排他性的俱乐部成为了阶级归属的主要媒介"（Rader, "The Quest" 361）。由于成为这类俱乐部的会员是以财富、性别和种族为条件的，于是对于每个来俱乐部运动休闲的人而言，他们的会员身份便成为了一个具有排他性的标志。在19世纪的后半叶，这些社会精英开始从事水上运动如游艇和一些划船赛及壁球项目。

一、帆船

约翰·考克斯·史蒂文斯（John Cox Stevens）于1844年成立了纽约帆船俱乐部，他自己则以帆船运动员先驱的身份闻名于全美。帆船作为一项有声望而且受社会欢迎的运动把史蒂文斯与纽约的上流社会联系了起来。凭着自己对体育运动的热爱及美国至上主义的信念（即相信美国因其民主的制度与道德体系和强劲的体能而较之于其他国家更具优势），史蒂文斯试图挑战1850年强悍的英国帆船队，以显示美国帆船运动的强大。具体地说，他想建一艘能打败英国人的帆船，而他那艘名为"美利坚"的帆船真的就在1851年击败了英国的18名对手（奖杯延迟到1857年才颁发），从而获得了维多利亚女王亲临上船造访的机会。

纽约帆船俱乐部的独特性要求是所有想成为其会员的人必须具有财富与地位。其会员是一群社会的上层人士，成为其中一员会带来相当大的声望。每位会员第一年缴纳40美元的会费，之后每年交20美元。当然会员们同时都拥有昂贵的帆船，并且"俱乐部制定了价格高昂的制服……定期举办舞会并组织前往如纽波特比奇、罗德岛、巴港、缅因及附近其他一些富人度假胜地巡游"（Rader, "The Quest" 362）。基于1844年起草的会规，于1857年出台的《纽约帆船俱乐部宪章》（Constitution of the New-York Yacht Club）指明，成为一名俱乐部会员，在拥有足够的经济条件购买符合俱乐部身份的帆船之外，还须遵守一系列严格的规定：

每位申请入会者必须有现会员推荐并列举出推荐理由；申请者的姓名住址及推荐人的姓名住址，材料均交由俱乐部秘书处处理。然后通过投票的方式进行会员选举。参与投票的法定人数须包含来自五艘帆船的成员，其中若有两票反对则不能通过。

所有选举活动均由帆船派出代表参加；一艘帆船只能占一个名额……合格者必须是已经下过水、并持有会计签名、秘书存档、并标有其吨位与装备证书的帆船。吨位小于25吨、目前在俱乐部无代表权的帆船不被授予代表权［qtd.in Kirsch, Sports（Vol.3）60-61］。

史蒂文斯的成功促使各个城市的高端帆船俱乐部纷纷出现，竞相声称其与城市精英男士为伍（Gorn and Goldstein 78）。1849年，买下了"新奥尔良新月号"的詹姆斯O.尼克松（James O. Nixon）等一些北方人帮助成立了南方帆船俱乐部（Guttmann, Sports: The First Five Millennia 121）。拥有史蒂文斯"美国号"帆船组织（史蒂文斯成立的辛迪加）为纽约帆船俱乐部颁发了奖杯，并规定其为未来国际帆船赛的奖杯，美国杯帆船赛事的成功一直延续到今天。

风云人物

19世纪50年代到80年代的约翰·考克斯·史蒂文斯（1785—1857）在美国白人精英领域有着举足轻重的地位。史蒂文斯通过参与体育来巩固其富商地位，并且通过与国际对手较量来彰显其美利坚文化价值观推动者的角色。在南北战争时期，史蒂文斯是一名赞助商中的领袖人物，以其财富支持了如赛马、帆船、徒步及各种球类运动。为了保持与社会经济地位低下的运动员的距离，他没有赞助任何拳击比赛。1831年他同他的兄弟在新泽西的霍博肯挨着纽约河建立了一个名为"乐土"的公园。正如历史学家本杰明·雷德（Benjamin Rader）所记录："约翰·考克斯·史蒂文斯建公园、养护草皮（跑马场）、赞助徒步运动，他成为了南北战争时期美国支持体育或者说体育事业的典范"［American Sport（2004）37］。史蒂文斯所参与的精英体育运动——帆船，也奠定了他在这个新生国家崇高的社会和历史地位。

图片由史蒂文斯理工学院提供

二、划艇及赛艇

在有组织、商业化体育及合理化休闲运动发展期间，划艇及赛艇运动与其他体育项目一样被视为男性赛事。划艇运动因其生气勃勃与锻炼体力的特质得到了战前健康改革家、体育推广者、体育记者、体育顾问及城市领导们的一致赞赏。也许是托马斯·希金斯把这种观点表达得最为精炼，如第三章中所提到的，他说划艇与提升男性气质密切相关。同样，体育教育者及倡导者威廉·伍德也（William Wood）说过："划艇运动之所以受欢迎是因为它是一项男性的、健康的运动而且具有娱乐性……世界上也许没有其他任何一项运动或练习能更公平或更好地磨炼出男性的最佳特质的了。"（*Manual 92*）

　　这个国家的众多水路——包括港口、河流和运河——使得划艇运动对于从事水务工作的工人们及那些中上收入阶层的划艇俱乐部成员而言唾手可得。19世纪中期，在纽约市（及纽约北部的多处地点）、波士顿、费城和华盛顿特区等城市的水域常常开展业余和专业的划艇赛船活动。体育历史学家罗纳德·史密斯（Ronald Smith）断言，除严格训练的赛马之外，划艇在1830年间受关注的程度高于其他任何一项运动（*Sports 27*）。中上阶层的人成立这些业余赛船俱乐部的目的是让人们享受体育运动，为这些人提供在他们看来是与自己身份相符的娱乐消遣活动。

> 纽约有许多俱乐部成立，如"碧浪""海鸥""埃及艳后""珍珠""翠鸟""瞪羚""密涅瓦"和"刚多拉"等，这些俱乐部在1834年组成"城堡花园业余赛船俱乐部协会"，并在城堡花园建起了船库。这是美国第一个此类协会，目的是进行赛船活动与娱乐休闲。该协会的会员中有许多人是当时的时尚青年，其驳船派对被认为是纽约的诸多乐事之一。不过它们却也是名声在外的划艇俱乐部，比如"碧浪"就是在业界无人不知、无人不晓的一个俱乐部……罗林斯（Rollins）兄弟就是"碧浪"的队员，他俩都是相当有名的业余赛手。"瞪羚"和"海鸥"也都是著名的俱乐部，船身为漂亮蓝色的"海鸥"在多场比赛中仅次于"碧浪"而荣膺第二。（*Crowther and Ruhl 7-8*）

　　1837年，由纽约业余帆船俱乐部举办的帆船比赛吸引了上万人的围观［*Rader, American Sports*（2004）40］。比赛在其他州也开始流行，其中波士顿于1642年8月5日举办了首届帆船比赛，并在当时被称为人们最喜欢的赛事。次年，纽约俱乐部划桨能手挑战了来自波士顿的帆船比赛狂热者并且打败了他们（*Crowther and Ruhl 12-13*）。除此之外，来自美国罗德岛州普罗维登斯的纳拉甘西特俱乐部（Narragansett Boat Club）和底特律俱乐部也是当时优秀的帆船俱乐部。前者是美国迄今还存在的历史最久远的一支俱乐部，并且还在稳定壮大。"纳拉甘西特俱乐部于19世纪发展成熟，已然成为了普罗维登斯东部上层社会的运动员组织"（Crowther and Ruhl10–11；Narragansett Boat Club n. pag.）。后者也是美国历史中一直延续到现在的历史最久远的俱乐部之一，担任男人之间的社交场所和帆船比赛俱乐部的双重角色，在早期的一场比赛中，其"从纽约买进一艘四桨赛艇，次年又买进一艘克罗利亚斯船并且划着它在美国伊利运河转了一圈，买了这些船之后一场由猪岛（现在叫贝尔岛）到船库的长2英里（3.2公里）的帆船比赛，是在美国西部海域举行的第一场帆船比赛"。1848年的一场火灾烧毁了船库，其中只幸存了一艘船，但是俱乐部之后又重建了其他几个俱乐部会所（Crowther and Ruhl 11）。

在南北战争前的十几年中，社会和体育都面临着奴隶制度的问题，赛艇活动中不时会出现南北地方俱乐部之间的紧张局面。随着赛艇运动朝着越来越现代化的趋势发展——俱乐部的组织性、规则的制定、比赛的举行及运动技巧与设备的改进，因而代表自己所属地方在水上运动中赢得比赛的自豪感越来越强烈，吸引着一批在社会上有声望的青年人。1837年12月，刊登于《时代精神》上的一篇文章在谈论纽约市一家赛艇俱乐部与佐治亚一家俱乐部之间展开的一场提议赛时涉及了奴隶制的问题：

> 佐治亚水上俱乐部迄今为止并未收回其对我们纽约勇士们发出的挑战，即以每英尺2000美元算，各方各得10000美元，进行一英里（1.6公里）里程的比赛。佐治亚一方的船只名为"蜥蜴"，以下问题需要注意：由于布朗斯维克（Brunswick）出版的《倡导者》（The Advocate）中所指出，对于佐治亚一方于去年秋天所提出的有关佐治亚船员肤色的问题，我俱乐部不能提出异议……
>
> 佐治亚水上俱乐部……该俱乐部所刊登的对纽约船队的挑战从未以任何正式的方式通知过对方。某人在夏天曾碰到白哈勒的一些队员，得知他们不愿意与黑奴们一比高下；但如果佐治亚的人要赛船的话，情况就会不一样了。佐治亚俱乐部的挑战书对于参赛队员的事只字未提，而纽约对佐治亚一方队员的组成若提出过适当的要求的话，那纽约方面便可以避免自身名誉受损的事情发生了。我们被授权作此宣告：我们保证，"蜥蜴"的船员们，他们与白人之间没有高低之分，同样是血肉之躯，将受到同等的对待。（qtd. in Menna 107）

这场比赛看来压根就没有进行，当然对于奴隶制的激烈纷争在战前的美国各地从来就未停歇过。

1851年，赛艇运动在波士顿普及开来，"由该项目的优秀者所组成的'联合赛艇俱乐部'成立了"。刚开始，俱乐部没有组织比赛，但是到了1854年时，波士顿市"决定让赛船成为7月4日庆祝独立日内容的一部分"——亦即说，在独立日这天举行体育运动和其他娱乐活动成为传统（如我们见到的更早期的情况一样）的一部分。波士顿的赛船活动"对职业和业余赛手均予开放"，但"在业余与职业赛手之间划分了界限"，（不过在这个阶段）"这种界限还很模糊"。职业赛艇运动到1850—1860年期间蓬勃开展，但是在早些年间，对于业余选手与职业选手同场比赛（赛艇或其他运动）的问题就开始出现在现代体育中（后面的章节将谈及业余赛手所面临的挑战）。1857年，联合赛艇俱乐部作为业界的一个协会在为业余赛手推出雄鹰杯赛艇赛事的事情上起到了举足轻重的作用，而这些业余赛手们在与19世纪50年代组织起来的众多其他俱乐部的比赛中表现神勇（*Crowther and Ruhl 22–23*）。

在19世纪美国体育中赛艇的丰富历史也离不开另外一个重要的赛艇俱乐部——华盛顿特区的"波多马克赛艇俱乐部"，它参加过波多马克河上举办的许多赛事。该俱乐部最初于1859年成立时叫"波多马克驳船俱乐部"，它吸引了众多社会地位与经济地位都很优越的男性公民作为其会员。"波多马克赛艇俱乐部"同华盛顿特区的其他赛艇俱乐部一起成立了"波多马克河赛艇协会"。那时候，赛艇运动普及甚广，吸引着大批观众，职业选手们的表演激励着男青年及年纪较大的业余选手们在各个具有良好水域，成立起一个又一个的赛艇俱乐部。"波多马克赛艇俱乐部"与其他多个赛艇俱乐部之间进行比赛，并为本俱乐部中高阶层的男人们和他们的家庭举办体育及社交聚会；俱乐部里面还举行过其他运动，如游泳和独木舟比赛等（*Gems and Borish*，"Sports, Colonial" 639）。该俱乐部还举办过全美赛艇赛船赛事。1859年6月，《华盛顿星报》（*Washington Star*）对该俱乐部举办的赛艇及其他体育活动表示赞赏："很高兴看到我们优秀的公民们把注意力集中到这项令人愉悦而健康的运动上来；可以肯定的是与工会领导下的其他城市相比，这项运动对于这座城市而言更有必要而且更能成功地开展，因为我们这里大多数人的工作都是久坐不动的，并且我们又有宽阔的波多马克河为我们提供一条极佳的河流"（*qtd.in Proctor 8*）。那些年里，俱乐部一直吸引着乔治城的精英市民参加赛艇及其他社交活动。职业赛手查尔斯·科特尼（Charles Courtney）在波多马克河上参加过很多比赛，在康奈尔大学成立赛艇队之前成为"波多马克赛艇俱乐部"的教练员。实际上，在19世纪50年代，业余赛艇——美国最早的大学校际运动（本章稍后将谈及），也是大学和其他学院中现代体育发展的一个部分。但职业赛艇则是在19世纪50年代晚期才开始有了长足的发展，赛船手们的高超技巧通过比赛吸引来资金和大量观众。

19世纪50年代迅速发展起来的赛艇俱乐部到了1861年因南北战争的爆发戛然而止。在此之前，以决出美国划手之冠的场场比赛强烈地吸引着大量观众与赌徒。其中一次于1859年10月24日在波士顿举行的冠军赛，有6名划手参加，冠军被纽约纽伯格的"约什"乔舒亚·沃德（Joshua "Josh" Ward）获得："冲线前的那几桨充满力度，作为冠军的乔舒亚划船飞驰而过，在尖叫的欢呼声中最先冲线！"沃德以10秒的优势击败波士顿的托马斯·博伊尔（Thomas Doyle），《纽约快船》（New York Clipper）报道："沃德是最棒的，今年在所有的赛事中，他实至名归的冠军头衔没人能夺走。"[qtd. in Kirsch, Sports（Vol. 3）48, 49]

乔舒亚·沃德的职业生涯在19世纪60年代早期一直保持着强劲的势头，他与自家兄弟几个，人称沃德兄弟，常常与格林兄弟对决——这些比赛常常是"更重要的比赛……（是说）跟钱有关系的"，据赛艇编年史的作者小塞缪尔·克劳瑟（Samuel Crowther Jr.）记载：

> 乔舒·沃德是那种传统型的五大三粗的划手——身材高大、肌肉发达、力大无比且耐力惊人，任何长度的比赛对他来说都不在话下，且特别擅长距离比较长的比赛。他在哈德逊河波基普西段10英里（16公里）的那场比赛中创下1小时23分的成绩一直无人能及；在他的强盛时期，几乎每场比赛的纪录都是他拿下的。沃德一家挺进赛艇事业且毫无疑问地成为当时所有赛艇家庭中最著名的一家，他们确实值得一提。
> （Crowther and Ruhl 148-149）

沃德一家人住在哈德逊河边的康沃尔，他们的父亲经营着一家旅店同时也是个渔夫，是他把自己的儿子们带到水上的。乔舒的几位兄弟也都是很棒的划手——约翰、伊利斯、吉尔、查尔斯还有汉克。其中"乔舒（Josh）和伊利斯（Ellis）的划船技巧几近完美"。1862年8月，乔舒·沃德受到了来自詹姆斯·汉米尔的挑战，汉米尔是赢得"匹兹堡所有划船赛事"的冠军划手，汉米尔在思古吉尔河上击败沃德赢得"全美职业划手"冠军而震惊了全美。而沃德（Ward）1863年在波基普西一场大造声势的复赛中夺回了冠军头衔（Crowther and Ruhl 148-149, 150）。《弗兰克莱斯利画报》（Frank Leslie's Illustrated Newspaper）报道了这次比赛，宣称沃德为"美国的划船冠军"：

> 沃德与汉米尔7月23日的波基普西大战令沃德在去年9月猝不及防地被来自宾夕法尼亚的汉米尔摘走的王者桂冠失而复得，上次沃德由于自己的优势而过度自信，才让他年轻的对手在思古吉尔河上占了上风，连赢两局。（"Joshua Ward" 315）

复赛在哈德逊河上举行。从纽伯格启程，总长5英里（8公里），双方各得500美金。参赛者们紧张训练，观众们翘首以待。以下是摘自《弗兰克莱斯利画报》的部分内容：

> 比赛当日，波基普西挤满了来自波士顿、纽约、费城及匹兹堡的观众，人们纷纷对比赛下赌注，其情景可以说是生机勃勃、激动人心……
> 沃德每划出一桨，都是在进一步确定自己的胜利，只见他步步发力，毫不松懈，划得一如既往的有力而均匀，当信号枪宣告他为获胜者时，他已超出对手十个船身，从而使其被夺走的美国冠军划手的称号物归原主。（"Joshua Ward" 315）

19世纪60年代还有其他更多职业赛手之间激烈的赛艇之战，1867年，詹姆斯·汉米尔（James Hamill）再次为重金而战，这次对手是来自缅因州波特兰的瓦尔特·布朗（Walter Brown），两人在哈德逊河上5英里（8公里）长的赛段上为争得4000美元的奖金而一决高下。五万多人挤满河的两岸，为了目睹这两名势均力敌的划手之间的激战，"这次人们比以前全国任何一场比赛下的赌注都要大"（Crowther and Ruhl 156）。这场激烈的比赛尤显尊贵的地方是两方赛手身后

第四章　理性化现代体育之崛起（1850—1870年）　155

专业的赛艇冠军争夺赛在詹姆斯·汉米尔（James Hamill）和瓦尔特·布朗（Walter Brown）之间展开，奖励为4000美元。
图片由国会图书馆提供，LC-USZ62-684

各跟着一艘驳船，驳船上还有别的划手，倍受争议的是他们使用了包括舞动手枪之类的战术：

> 汉米尔（Hamill）的（驳船）上是约翰·比格林（John Biglin），而查理·摩尔（Charlie Moore）则为布朗（Brown）开着驳船；比格林与摩尔各自手里挥舞着一把手枪，一旦哪只驳船不小心靠对方划手太近时，对方随即威胁着要开枪。两位赛手就在这阵阵的叫骂声中继续划桨。布朗起步迅速，很快他就领先了一两百码（183米）并企图朝汉米尔溅水，不过，汉米尔虽然起步较慢，却快速赶上并超过了布朗，到达航标船时超前布朗4个船身。那时候的比赛每次只设一艘航标船，首先到达航标船的赛艇有先行权，另外一只赛艇只能绕着他划行。汉米尔试图转个急弯，但落潮的劲浪对他的船产生了巨大的阻力，他一时无法躲开。布朗紧跟其后，看到汉米尔被困住了，便直接朝着他冲了过去，结果船被撞破人落水中，汉米尔又不会游泳，随后被他的领航员救了起来。继而布朗继续前行赢了比赛，裁判是资深划手史蒂芬·罗伯茨（Stephen Roberts），布朗的人声称没有犯规之处，反过来，汉米尔的

支持者也声张了他们的权利……火上浇油的是，站满了人的码头突然垮塌，上面一半的人掉入了水中。等一切混乱归于平静，裁判才宣布，由于布朗犯规，汉米尔赢得比赛。（*Crowther and Ruhl 156-157*）

这两位杰出的划手在19世纪60年代后期继续参加了很多比赛。

三、壁球

除水上运动之外，大都市里的有钱人也以参加壁球运动来显示自己的精英地位。运动俱乐部为冬季寻求健康运动的城市精英和上等阶层的人们提供了室内壁球运动。壁球（那时也拼作racquet）运动在19世纪中期十分流行，特别是纽约市。1845年，城里的富人们在百老汇成立了"壁球场俱乐部"。该俱乐部"很快便成为纽约城里最著名的社交俱乐部……到了19世纪50年代，俱乐部继续保持其独有性，禁止小生意人成为会员"，也不接受中产和工人阶层加入俱乐部，只有城里最富有的那些人才能成为其会员［*Kirsch，Sports（Vol. 3）297, 298*］。1845年5月7日起执行的《壁球俱乐部规则及内部章程》（*The Constitution and By-Laws of the Racket Court, Adapted 7th May, 1845*）阐明了该俱乐部为其会员保持某种标准的意图：

> 会员们希望自己和自己的朋友专门有地方能从运动健身中受益，能享受到身心的合理的休闲与放松，而不必与不相干者为伍；会员须知，为保证俱乐部长期保持这种水平，我们必须严格遵守以下条例——禁止赌博、按规入会、生人入会需经由现会员介绍……
>
> 俱乐部除壁球运动之外，还需有一个40×120英尺（12.2×36.6米）的球场，房屋后面设有保龄球室。位于百老汇的俱乐部，面积55英尺（16.8米）见方的空间中，将含有一间提供充足报刊与杂志的阅读室，一间台球房，一间惠斯特（扑克游戏的一种）与象棋房，一间餐室，如经会员通过，还要开设一间体操房。［*qtd.in Kirsch，Sports（Vol. 3）298-99*］

19世纪50年代，一些公共壁球俱乐部也提供室内运动。像今天公共网球场的情况一样，打球的人需要登记预约场地，具体规则有时候视俱乐部的大小而定。以下章节摘自1860年1月7日刊登在《纽约快船报》上的"室内球场运动规则"：

1. 同意一起打球的会员须将自己的名字写于记分牌旁边的一块牌子上，然后根据上面自己名字的先后上场打球……

2. 使用场地双打时，须将其中三人的名字写在牌子上，单打则写两个人的名字……

3. 遵循一般打法的会员可以打五局，无论参加打球的是两人、三人或四人……

4. 发球时，发球者的一只脚必须站在为其划定的框内，其他参与者进入发球一方的场地时，可以随意站立……

5. 发球时，球必须越过而不能接触到前方墙上的中线，球必须先落地（在其弹跳之前），且落在发球者另一方场地的划线之内而不能触线。［qtd.in Kirsch，Sports（Vol. 3）304-5］

这些壁球的雏形到了19世纪后期逐渐演变为室内壁球和网球。建于1875年的（纽约市）墙网球场俱乐部大楼则成为了富有商人们城市休闲与商务活动的场所。该体育俱乐部是纽约市最早的俱乐部之一，也是最早开设室内网球场的俱乐部之一。

第三节　体育兄弟会

一般来说，由男性所组成的各类体育运动群体促使美国城市体育的兴起。被称为"体育兄弟会"的这些团体所从事的体育运动涉及了各种道德与体质的层面，通常与那些有知识、中产的、有文明思想的维多利亚式绅士们所主张的所谓有益健康与提升地位（更有组织、更理性）的运动形成鲜明的对比。绅士们把有益健康的运动看成是塑造新城市文化和经济环境中的市民应具备的精神与高尚道德品质必不可少的一种途径。体育兄弟会又被人们戏称为"吃软饭的"，其体现的是男人之间一种非正式的会友关系，他们之间有着共同的价值观和兴趣爱好，有点气味相投的意思，与他们喜欢从事的体育活动紧密相连的则是豪饮、赌博、谈天说地、打架斗殴及社交集会这类事情［*Rader, American Sports*（2004）32］。所谓"喧嚣的单身汉文化"主要是些年轻的未婚男子，做一些及时行乐、聚众赌博、酗酒狂欢、比赛较量的事，形成一种与那些推崇创造、自认为是正当体育活动的文化格格不入的体育文化。体育兄弟会由工人阶级、少数族裔、单身汉、逐利的沙龙客栈店主、游手好闲的花花公子、在体育企业中为自己寻乐逐利的中上阶层等各色人等组成，他们在战前开展了各式各样的城市体育运动，这些运动使上述行会的男人们得以尽情挥洒他们的男人气概。从事美国研究的学者西蒙 J·布朗纳（Simon J. Bronner）研究过"男子气概传统"及高度性别化的男性气质的表现在不同族裔与阶级环境中是如何发生的。他写道："性别的表现是……以不同方式表达与达成共识的一系列个性。"（*Bronner xii*）战前的美国，男人进行体育运动的地方大都是与那些男女同住的居住区隔离开来的，参与者在运动中的象征和活动均是为了显示其男子气概。在沙龙的单身汉文化中寻求冒险的年轻中产阶级及富人们为他们所共同追求的享乐主义、花天酒地与男性权力的展示找到了一个平台。

体育兄弟会中值得关注的是来自爱尔兰的移民，作为19世纪最大移民群体中的一部分，这些爱尔兰男人把他们爱运动、爱喝酒的传统带到了美国。历史学家史蒂文·里斯（Steven Riess）写到城市中的体育兄弟会"这种单身汉文化的所有内容，就是运动员们衡量男子气概的标准时比谁在嫖妓、酗酒、赌博及斗殴方面更技高一筹"（*City Games 15*）。19世纪中期是现代体育发展的普及阶段，体育兄弟会进行的那些特别的体育活动在现代体育的实体空间与事件中留下了它的印迹。

一、拳击运动

体育兄弟会的成员们享受着发生在维多利亚时代下层社会中的酒馆、赌场及其他场所里的拳击活动所带来的乐趣。特别是这个时期的赤手拳击（即不带手套）常常是血腥的对战，作为拳手的这些城市青年为的是从下赌注的赌徒们身上赚到钱。对手凶狠的出拳通常是对一个拳击手勇气的挑战，与拳击或对练那种比较健康的自卫艺术性质形成鲜明对比的是，这种体育兄弟会为钱而战的拳击运动强调的不是提高健康水平与身体的灵活性，而是通过赌博获得一种得意和胜利感。威廉·伍德在他的《身体与体育锻炼手册》中图解了拳击或对练作为一种受人尊重的运动项目与来自酒馆文化的工人阶层和少数族裔所从事的那种凶狠的赤手拳击之间的感觉差异。"这项男子气概十足的运动与那种'拳击场'中野蛮的、令人恶心的比赛没有什么必然的联系。如果一名有作为的拳击手就等于一个粗俗的彪形大汉的话，那么就好比一个斯文优雅的文人就是一名伪造者，或者一个聪明灵活的体操运动员"（Manual 238）。

跟在这种维多利亚式的反主流文化中产生的桌球比赛一样，赤手拳击也吸引了来自社会各种阶层的看客。战前时期的反拳击立法表明，这些非法的拳击比赛为躲避法律界人士的注意，都是在体育兄弟会酒吧的隐蔽室内、乡郊野外或是出海船舶上进行的。这样的一些环境更突出体现了维多利亚文化中那些单身汉们、吃软饭者们的聚会所具有的下层社会属性。在这种活动中掺杂着的叫骂与酗酒、赌博、血腥暴力及寻欢作乐，无不凸显出拳击圈中那种所谓的男性气概。其中部分拳击手和酒吧店主在这种非法体育运动中赚得了半个身家，这与许多维多利亚时代的男性领袖们倡导的那种理性的、中产阶级的、新教徒式的职业伦理简直相去甚远，如历史学家本杰明·雷德（Benjamin Rader）所言："那些个力大无比、肌肉发达、出拳迅猛果断的拳击运动员，相对于那种柔和的、谦卑的维多利亚式男性气质的理念（对于一些人）而言，是更具有吸引力的一种非主流。"
［Rader，American Sports（2004）44］

二、酒馆与台球厅

战前，城市迅速发展起来的体育活动是在体育兄弟会所提供的各类场所开展的，这些酒吧客栈特别为来自工人阶层的男人们的竞技游戏、体育比赛和饮酒作乐提供了场地。这些工人所玩的台球与维多利亚时代那些家庭富有、头脑清晰的上层人士家里玩的台球有着显著的不同。工人们在赌博、酗酒与笑闹声中进行的酒吧式台球，通常以高度竞争的形式出现。詹姆斯·赫尔（James Hall）于1828年在对台球桌的描写中所列举出的一些特征与在酒吧里聚集的体育兄弟会的情况很是吻合：

满是污渍的肮脏地面散落着雪茄碎片、海报和果壳，被烟熏得发黑的墙面似乎见证了无数次的半夜作乐狂欢……与墙相接的一排长凳被升到了足以看清台球桌面的高度，以供不打球的看客们……或坐着或靠着，口含雪茄面色阴沉地吞云吐雾，懒洋洋地喝着杯中的白兰地或是白水，抑或忙着数着自己有多少胜算的机会。（qtd.in Riess, Major, 51-52）

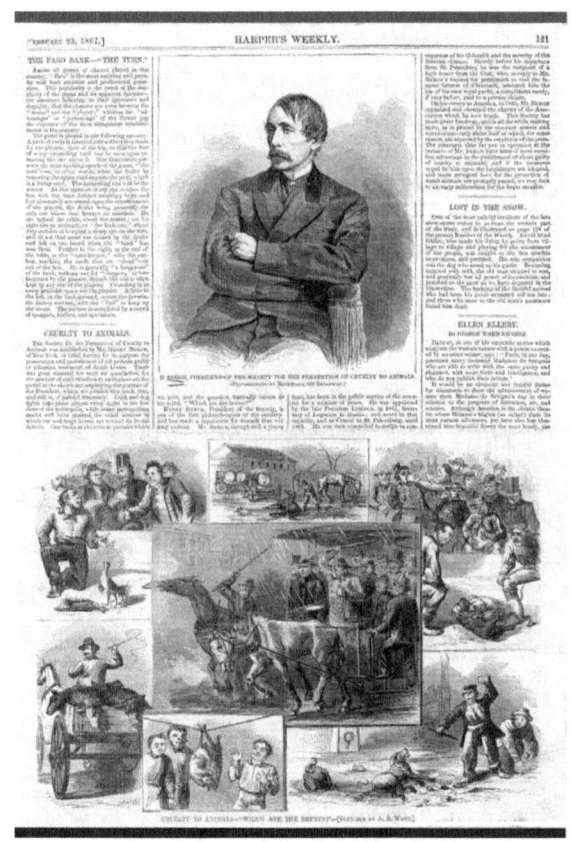

19世纪，对虐待动物的批评之声并不能减轻动物间血腥运动的上演
图片来自Corbis图库

19世纪50年代，工人们在其居住的城市就可以打台球，这时体育兄弟会开始频繁开展台球比赛。1858年美国举行的首届大型台球比赛中，纽约的迈克尔·费蓝（Michael Phelan）击败来自费城的拉尔夫·本杰明（Ralph Benjamin），赢得了1000元美金［Kirsch, Sports（Vol. 3）283］。作为台球主要推广人的费蓝在接

下来的一年又与底特律的约翰·西里特（John Seereiter）展开角逐，这次比赛奖金丰厚，他们的支持者所下的赌金数目也不菲，前来观战的人有男有女。比赛从晚间7点半一直持续第二天早上5点钟。结果最后费蓝取胜，据说赢得了15000美元。有着男性亚文化的支持，又有酒馆作为举办地，一名有才的台球员通过赌博加上自己娴熟的技艺，可以赚到大把的钱［Rader，American Sports（2004）41；Riess，City 17］。

为了迎合赌徒们的嗜好，台球桌上有时候也上演动物比赛，比如斗鸡、斗鼠之类。但如此一来，那些把体育运动作为一种积极理念来推广的运动健康倡导者们则开始愤怒反击，把事情提到了道德的层面，有文字为证，1867年发表在《哈珀周刊》上的一篇文章就以《虐待动物——谁是畜类？》（Cruelty to Animals）为标题对上述活动进行了抨击。

三、徒步赛跑

19世纪中期的徒步赛跑（职业赛跑）有着大批看客与赌徒的支持，这一点对于体育兄弟会休闲文化的发展起到了关键的作用。实际上，比显示个人体力优势的项目能吸引更多观众的就只有赛马了。在此商业体育的早期阶段，徒步赛跑是一项比较具有现代特质的运动而非只是一种即兴跑步而已。该项运动为那些体力上好的工薪阶层运动员提供了最初的赚钱机会。例如，著名体育运动员及推广者约翰·考克斯·史蒂文斯（John Cox Stevens），其倡导精英的维多利亚式体育文化以表现美国特质与民族主义精神，并以此来作为对抗强大的英国对手的武器——他个人出资1000美元，作为1835年举行的被称为"伟大的赛跑"比赛的冠军奖金。这场比赛更激发了人们成为赛跑及竞走运动员的热情，同时也吸引了更多观众来观看比赛。这场被《美国草地体育杂志》称为"人类能力的考验"的比赛吸引了各国运动员前来参赛，争相成为领取史蒂文斯1000美元现金的获胜者，而冠军必须在1小时内跑完10英里（16公里）的赛程；对于在规定时间内超越所有其他选手的冠军，史蒂文斯还将另付300美元的追加奖金。比赛在长岛的"联合竞赛场"举行，沿途观众给9名参赛者加油鼓劲。来自康州基林斯沃斯的美国农民亨利·斯坦纳德（Henry Stannard）以59分48秒的成绩赢得比赛。被他击败的运动员中有一名爱尔兰人和一名普鲁士人，两人完成了10英里的赛程但时间却超

过了允许的1小时。美国观众为自己同胞的胜利而喝彩。在《伟大的赛跑》一文中,《美国草坪体育杂志》作了如下报道:

> 据我们所知,胜者斯坦纳德赛前充分训练了一个月,他是一名强壮有力的青年,跑到终点时看上去根本不累,他就比赛取得成功非常感谢史蒂文斯先生。先生驾车陪他跑完了整个赛程,一路上为他鼓劲,并在比赛开始阶段提醒他不要用力过度;到达第六英里(大约10公里)处时,先生让他停下来喝了点白兰地和水,之后,当他踏上6英里的界点时,时间刚过了36分钟,当喇叭声响,他优雅地往前一跳,高兴地叫道"我按时到达",他每跑完一英里都在时限内……他被叫到领奖台上,主办方对其宣布了胜利(还有1300美元的奖金)。然后他被邀与俱乐部(纽约赛马俱乐部)共餐;他讲了一小段话作为回应,感谢史蒂文斯先生及俱乐部的绅士们在这次比赛全程中对所有参赛运动员所付出的关心。(qtd.in Riess, Major 52-54)

在1835年那场"伟大的赛跑"的带动之下,接下来的40年代,新泽西的灯塔田径场开展了无数次的徒步赛跑。这些比赛都是在美国的职业跑将们与他们英国劲敌之间展开的,比赛吸引了大批观众前来观战,人们想要亲眼见证美国人所追求的"美国至上"是如何上演的。1844年那次比赛吸引了三万观众,参赛者来自英国、爱尔兰、美国,其中还有一名运动员是美国印第安人。然而,这类比赛大多伴随着下赌注、饮酒作乐与观众的喧闹,由于被怀疑作假,这些赛事没有得到那些健康的、具有道德觉悟的维多利亚式运动员的支持。并且由于其他体育运动项目的发展(包括团体运动,本章稍后谈及),到了南北战争前夕,人们对于徒步赛跑这项运动就已经不太热情了。尽管如此,1861年,爱德华·裴森·维斯顿(Edward Payson Weston)试图花10天的时间从波士顿走到华盛顿,虽然此行以失败告终,但维斯顿的举动还是赢得了人们的喝彩。而6年之后,他成功地完成了一项为时26天从缅因到芝加哥的马拉松〔Kirsch, Sports(Vol.4)335〕。

在徒步赛跑的鼎盛时期,美国选手经常外出参加国际级的比赛。有一名叫乔治·西沃尔德(George Seward)的选手,人称"世界职业冠军,更广为人知的称呼是'美国奇才'",他于1843年乘船离开纽约前往英国参赛。威廉·伍德（William Wood）在他写于1880年的《运动法则》手册中作了以下描述："1844年9月30日，他（西沃尔德）用9秒的时间跑下100码（91.4米）；这一纪录经受住了漫长时日的考验。"西沃尔德不仅"在此种距离上"出类拔萃，而且在"跨栏"上亦是如此，从100、200到300码（110—274米）；跨栏规定的高度是3.6英尺（1.1米）（Wood 36）。作为一名赛跑冠军，西沃尔德的训练日程如下：

> 早上6：00-7：00：起床、洗澡、擦干。
> 练习——快步走3～5英里（4.8～8公里），视天气状况而定；洗澡、擦干，全身按摩。
> 早上8：00或8：30：早餐……
> 上午10：30：练习——以慢步走开始，逐渐加快速度，再进入冲刺跑；如果环境天气容许，此练习持续时间较长。
> 下午1：00：主餐……
> 下午3：30：练习——双手握轻量哑铃适量步行或跑步；弃哑铃作大约100码（约91米）冲刺跑。
> 下午7：00：晚餐……
> 晚上10：00：就寝
> （Wood, The Law 36-37）

四、赛马

赛马在19世纪中期得到了极大发展，成为了一项赛马主人和赛场观众都喜爱的运动，体育协会也时常赞助比赛。赛马，特别是纯种马的比赛是上层社会喜爱的一项运动，它需要有承办人来承办以吸引公众的兴趣。赛马比赛的承办人，例如，养马者和场地经理一直都在致力于降低宗教或其他因素对于比赛的影响。另外，他们也需要解决无数的现实问题和资金问题，这样才能使比赛项目更具娱乐性并获得利益。赛马比赛的组织者要提供实质的比赛奖金来吸引有实力的马匹参赛而使比赛更加精彩，他们也需要寻找适合的场地及为马主、驯马者、参赛者，以及马匹和观众建立适用的设施［Kirsch, Sports（Vol. 3）180-181］。

赛马比赛促使这一时期赛马饲养的系统化。正如第二章提到的，工业革命后，英国赛马梅森杰（Messenger）的引入产生出了许多的冠军马。梅森杰作为种马有许多后代，包括阿普杜拉（Abdullah），以及它的后代哈密尔顿（Hambletonian），它们相继在19世纪50年代盛行的轻驾车赛中引起轰动（见第三章）。在哈密尔顿参赛的8年中，它孕育了1331匹马驹，这给它的主人带来了巨大的名和利（Twombly 31）。与此同时，轻驾车赛在赛场上有了很多后继者，Lady Suffolk（也被称作"有经验的灰色母马"）参加了162场比赛，弗洛拉（Flora Temple）在1859年的东西部比赛中击败了来自加利福尼亚的"公主"（Princess）［Kirsch, Sports（Vol. 3）214, 217］。

随着赛马这类有组织的体育比赛的开展，富人与穷人之间的社会等级区别变得越来越明显。例如，约翰·考克斯·史蒂文斯（John Cox Stevens）22年间一直担任纽约赛马骑师协会总裁或副总裁。尽管所有阶层的观众都可以观看赛马比赛，但是只有富人才能组织比赛和拥有昂贵的赛马。

由大众和赛马媒体高调宣传的战前比赛包括了一系列重要的南北方的跨区域对决。在1821—1845年间，有五场南北方赛马比赛，或称为"著名的南北区域比赛"，是在位于长岛的联合赛马场举办的，这个赛马场于1821年投入使用。这些比赛吸引了大量热情的观众，同时，南北部越来越明显的文化与经济差异也激起了关于奴隶、农业税及引起了内战前几十年南北部人民矛盾的中心——禁酒令等方面的热烈争论。比赛的观众包括精英阶层和下层社会观众，他们当中许多人乘坐火车来观看比赛。

1823年，让北方人民高兴的是，北方赛马冠军艾克莉普丝（Eclipse）战胜了南方的赛马亨利爵士（Sir Henry），赢得了20000美元的奖金，同样的事情于1842年再次发生，北方的赛马时尚（Fashion）打败了南方人的爱马波士顿（Boston）。1845年，来自田纳西的南方赛马佩顿（Peytona）与来自北方的时尚（Fashion）相遇，观众超过3万人，另有2万人在场外翘首以盼。这次让北方人失望了，佩顿（Peytona）战胜了时尚（Fashion），赢走了20000美元。《纽约先驱论坛报》曾报道：

比赛当日，不但大量的观众增加了比赛的趣味性，而且，地域情感、选手间的竞争及某种程度上因比赛而设的高额奖金的支持者使人们

第四章 理性化现代体育之崛起（1850—1870年）

对于比赛结果产生了极大的兴趣，这与精彩的比赛相映成趣。"我们可以看到，现场的观众包括杰出的体育界人士、政客、编辑、记者、经理人、演员等"，他们在赛马冲到终点时欢呼。"当Fashion看起来要领先了，但仍咬得很紧……当赛马互相接近时都禁不住啜泣，最终佩顿以7.45.1/4取得胜利。"（qtd.in Riess, Major 57-61）

这场著名的南北赛马于1845年举办，南部之马佩顿（Peytona）击败了北部之马时尚（Fashion）
图片由国会图书馆提供，LC-USZ62-14099

像驯马师和赛场经理人这样的赛马拥护者从赛马中的获利随着源源不断的骑师分红而减少。赛马业所获得的经济和社会地位是掌握在上层社会人士手中的，是一种"帝王的游戏"。随着内战的开始，纯种马的比赛在北方开始没落，因为马匹的喂养、场地设施的维护费用过高，普通赛马比赛缺少观众，而且北方地区繁殖业相对落后。对于一些美国人来说，赛马是另一种战争形式，它可能削弱了南北方地区间的紧张状态，一直到19世纪中期关于奴隶制的争论才使局势又紧张起来。无论如何，统治阶级赛马比赛的没落并没有阻止战时南北方关于奴隶和政权相关的政治、经济和道德方面的辩论，它也阻止不了美国南北方的危机浪潮。南北方把赛场上由赛马的速度来决定胜者的竞争无情地转变为国家内战的战场，并由流血、胜利或士兵的牺牲而定。

然而内战后，赛马又继续发展。1866年，美国骑师俱乐部启用布朗克斯区的杰罗姆公园作为纯种赛马的场地。富商伦纳德W.杰罗姆（Leonard W.

Jerome）和他的富人朋友奥古斯都·贝尔蒙（August Belmont）、威廉R.特拉弗斯（William R. Travers）、詹姆斯R.亨特（James R. Hunter）建立了美国骑师会员制俱乐部。他们所建的场地位于韦斯切斯特县的黄金地段，对于纯种赛马比赛来说是一块非常好的场地，它有着华丽的会所、便利的设施和其他比赛项目设施及休息区。为了强化赛马比赛的高尚感和避免与赛马相关的酗酒、赌博、堕落所带来的负面形象，杰罗姆制定条约和规定来维护他的道德观和社会阶级行为：禁止酒类买卖和赌博，鼓励端庄的礼仪［Riess，City 25；Rader，American Sports（2004）49］。《纽约快船报》曾对这个新的公园进行了报道，提及了它的精良："观众非常多，据估计有3万观众现场观看，包括女士。"为了普及赛马这项体育运动，它报道说"公众应被允以低廉的票价观看比赛，比如说五十美分"，而不是2美元或5美元。这个报道总结："只有很少一部分富有阶层才能承受得起这种'奢侈的赛马比赛'"（qtd.in Riess，Major 143）因此，对于那些想参加体育比赛的普通大众来说，其他比赛项目可以满足他们的需求。

第四节　体育俱乐部和理性休闲的发展

19世纪美国体育的兴起大部分是由不同阶层、种族、民族和宗教的公民（特别是男性公民）们的兴趣促成的。一些年轻的单身男性更喜欢体育行会里比较激烈的体育运动，这被来自中产阶级的男性指责为不道德与浪费时间。作为一种抵制，他们标榜自己是遵循一种完全不同的、更恰当、更值得尊敬、更规范和更勤奋的"强健的基督徒"理念。这些为了获得身体和精神上的统一而进行体育运动的人们希望能把恰当的体育活动和理性休闲与城市生活紧密联系起来，也就是说体育活动应该能够保证心理和身体上的双重健康。这些紧密联系是由拥有相似背景、职业、社会阶层和民族的人们集合形成的，对于体育的兴趣是以某一特别的体育项目或是联谊会为中心载体的。19世纪中期（1840—1870），体育运动的兴起无论是在为男性建立的俱乐部数量上还是比赛所吸引的观众数量上都表现得很明显。

一、体操和活跃的身体

这一时期发表了大量关于改善体质和通过体育锻炼保持身体强壮的文献。这些文献均把体操当成抵消久坐不动的城市生活所带来的消极影响的强有力的方式。体操成为体育教育的重要组成部分，学生在教师的指导下进行各种体操运动方面的锻炼。德国体操被德裔美国体操协会引入，目的是加强身体素质。健身房、城市中的基督教青年会和学校都在推广这一运动。一位哈佛教师兼医生戴克里先·刘易斯（Dioclesian Lewis）博士发现，他的"新体操"无论是对男人、女人还是对小孩都具有吸引力，他通过演讲、出书与当面指导来推广他的课程。刘易斯从德国体操中借鉴了大量的内容，因此，他的"新体操"既不是全新的也不完全是他自己的。但是，他确实对于这种轻体操的实用性推广及在学校中的推广产生了帮助（Hartwell 31）。刘易斯所推广的运动体系需要手边器械的辅助，例如，适合男性和女性的不同大小和重量的木制哑铃、木棒、沙袋和小环。体育锻炼是在音乐的伴奏下进行的，这样男性和女性都可以参加，女性可以使用轻型的器械。

除了一些出版物上积极的提倡"新体操"外，作为成立于1861年7月的波士顿体育师范学院（Normal Institute for Physical Education in Boston）的建立者和所有人，刘易斯还把他的训练课程应用于实践当中。这个颇具影响力的学校设置了教师培训课程，把体操介绍给教师们，由他们把这个体育项目在全美推广（Park, "Embodied" 89）。刘易斯曾在他的《适合男人、女人及孩童的新体操》一书中说到："这本书描述和介绍了一种新型的运动训练体系。像空气和食物一样，它的训练适合所有年龄层的男性和女性。"他确信这种体操运动能给人们带来良好的效果。这种训练体系能纠正双肩下垂和歪曲、头部姿势不良及其他的常见问题。"刘易斯提到，一些使用木棒和哑铃的特定姿势的练习可以强化身体的特定部位，他真心鼓励成人和小孩都来参加这项体育运动。

刘易斯也非常支持凯瑟琳·比彻在她的女子学院内引入健美操和体育课的做法（见第三章），他推荐了一种像灯笼裤一样的女子体操服，阿米利亚·布鲁姆（Amelia Bloomer）就女性权力和身体活动方面很认可这种服装。凯瑟琳·比彻于1851年建立了密尔沃基女子学院（Milwaukee Female College）来实践她的女子体育和家庭教育理念，学院开设体操类的体育活动和骑马课程来加强女子的身体健康。比彻在19世纪60年代曾想要通过建立一个健美操厅来完善体育系。但是在当时，性别差异限制了女子参加更有活力的体育运动和比赛。在学院内，比彻把刘易斯的一些体操训练融入她的课程当中，形成更适合女子的体育活动来加强她们的身体健康。

　　哈佛学院内也有这样改善年轻人身心健康的教育课程，它面向学生开设体操和体育训练课。在北部，一些受过良好教育的自由黑人公民可以进入有名的教育机构工作。艾伦·莫得尼克斯·休利特（Aaron Molyneaux Hewlett）就是曾在哈佛工作的第一位非裔美国人，他在建于1859年的哈佛学院体育馆内当主管，也是体育课老师，并从1859年开始担任体育器械的管理员直到他1871去世。休利特的体育课程包括教授体育器械的使用和开设健身房来加强身体素质及对男性学生进行身体塑形。休利特在哈佛的职位与内战前黑人奴隶的地位及内战时南部黑人的状况形成鲜明的对比。休利特是达力·萨金特（Dr. Dudley Sargent）博士的前任，后者为海明威体育馆的主管，后来成为哈佛体育学院的院长（见第六章）。

艾伦·莫得尼克斯·休利特（Aaron Molyneaux Hewlett）担当第一位哈佛大学体育馆的主管
图片由哈佛大学档案室提供

教师和作家们向就读于女子学院或阅读关于体操改善体质等书籍的美国年轻女士推介了一种不太强烈的体育运动。在瓦萨、圣约克山和埃尔米拉女子学院，年轻女性在做体操时会使用轻型的木棒和沙袋辅助。实际上，戴克里先·刘易斯的体操训练课程在女子学院找到了用武之地。无论是早期的女子学院还是更早一些的私人男女合校，刘易斯的19世纪女性体操运动更大程度上是适合女性学生的健美操运动而不是面向男性学生的体操运动。正如健美操本身名字所赋予的性别倾向一样，刘易斯强调，女性学生更需要通过锻炼强健身体和具有更灵活的运动能力来增强健康。女子体育运动和教育方面的顾问们也同意女性需要符合她们性别特点的体育运动，而不是适合男性的激烈的体育运动。许多19世纪的体操课程"指导美国女性如何自我有意识地强化体质，包括通过挺直脊柱来获得完美的胸型和饱满的胸部"（Chisholm 738，744，751）。

二、基督教青年会

就城市中的男性而言，适宜参与体育活动的文化环境开始专门为其性别和主导的宗教习俗而构建。基督教青年会（YMCA，Young Men's Christian Association）1844年始建于英格兰，1851年在美国开始发展。19世纪50年代，在一些城市周边，特别是波士顿、纽约和华盛顿等一些大城市聚集了大量的单身年轻男性和工人。基督教青年会推广了一种独有的清教内涵，后来开始提供健身器械吸引顾客来达到它的目的。内战前，"基督教青年会最初目的是为潮水般涌入城市的年轻人提供精神引导及实际帮助"［Rader，American Sports（2004）106］。为了抵消舞厅和台球厅等城市娱乐的诱惑和提供一个安全的场所使人们远离犯罪、堕落、酗酒和赌博，基督教青年会变成了一个城市年轻男性进行身心锻炼的场所。因此，健身房已经变成了教堂极具吸引力的因素，吸引了追求休闲运动的年轻男性，因为基督教青年会的设施能集阅读、休闲和友谊于一体，年轻男性在道德安全的氛围中既可以进行体育锻炼，又可以学到基督教的知识。正如一位史学家曾经提到的，从1857年到1870年，基督教青年会"一直试图找到一种满足一切现有需要并符合时代需求的体育教育模式：体育锻炼，正如其名，并不是一直被视为协会常规职能"（Johnson xiii-xiv）。之后的几十年里，在小卢瑟·霍尔西·久得克（Luther Halsey Gulick Jr.）博士的探索性领导下，体育已经在基督教青年会课程中占有了很大的比例（如第六章所示）。

到19世纪70年代，一些基督教青年会已经配备有举重器械，并开设体育课程用于吸引强身派基督教徒来锻炼，他们成为了精神世界与世俗社会过渡的标志。一些牧师之前把体育运动当成是一种罪恶的诱惑或者是无足轻重的休闲，因此刻意回避体育运动。但此时出现了一种新的观念，就是把身体当成是灵魂的住所，因此，要加强和维护体能及身体健康。然而，种族差异在许多城市的基督教青年会中仍然大量存在。华盛顿是为非裔美国人开办基督教青年会的发源地，在这里黑人男性有机会接触社会体育和休闲体育活动。华盛顿的基督教青年会是由安东尼·鲍恩（Anthony Bowen）于1853年创立的，他曾经是个奴隶。基督教青年会至此成为了一个通过锻炼诉求健康的场所，尽管白人和黑人并不共享器材，体育还是成为了一种连接宗教和世俗中的白人、黑人的娱乐健康形式。

三、希伯来青年会

1854年，一群犹太人在马里兰州的巴尔的摩建立了第一个希伯来青年会（YMHA，Young Men's Hebrew Association，原名希伯来青年文学会，the Young Men's Hebrew Literary Association），标志着美国希伯来青年会运动的开始，它提倡犹太青年要进行阅读、社交、道德和体育活动。因为清教徒社交俱乐部的反犹太主义，犹太青年常被排挤在外。一些德国犹太人在其他地方建立起希伯来青年会，它仿照基督教青年会的模式，开设休闲和读书活动，从而加强犹太青年的精神价值观。初期发展过后，希伯来青年会随着内战的展开而壮大，到19世纪末期，它开设有教育课堂、体育活动、讲座和一些社会课程，以便男性犹太青年移民能够更好地融入美国生活。

正如基督教青年会提倡的"强健的基督徒"一样，希伯来青年会期望促进"强健的犹太徒"，这是由马克斯·诺道克斯（Max Nordaux）发起并命名的运动，它鼓励犹太青年把体育运动和精神价值观融合起来，这样才能改变犹太人一直以来给人的虚弱和瘦弱的固有形象。在安息日参加体育运动是另一个需要考虑的问题，也就是基督教的星期日和犹太教的星期六。在两个宗教的安息日参加体育运动在早期均被禁止。随着希伯来青年会数量的增多，一个全国性的管理协会开始出现，用来安排体育和文化活动。后来，人们计划把男性和女性希伯来青会合并起来，这就成了20世纪犹太社区中心运动的先驱。

希伯来青年会在诸如纽约、费城、路易维尔和新奥尔良等大城市提供永久性的设备设施，用来吸引新会员和加强年轻人对于体育的兴趣。许多青年会从最初的图书室和社团俱乐部发展到拥有健身房、游泳馆、保龄球场、台球厅和其他娱乐设施。纽约的希伯来青年会在1875年以健身房而闻名，它完善的健身房于1877年开业（Kirsch，"Young Men's"；Borish，"Young Men's"）。

四、体育和宗教社团的女性附属机构

对于女性清教徒和犹太人来说，在基督教和犹太青年会中进行身心锻炼的机会仍然有限。这些青年会曾经拒绝给予她们会员身份，而且拒绝让她们进入社团大楼参与体育教育课程，所以早在19世纪80年代，女性们就组建了她们自己的基督和希伯来青年会的女性附属协会。当女性在波士顿建立起她们自己的基督教女性青年会（YWCA，Young Women's Christian Association），她们专为女性开设了柔软体操课程。随着女性在这个社团的作用逐渐增加，其他地方的女性纷纷建立起她们的基督教或希伯来女青年会，越来越多的女性开始参加体育运动。一些特殊的民族、宗教组织，例如，希伯来青年会和女青年会同其他白人、盎格鲁撒克逊和清教徒项目一样开始为满足她们自己的需要而服务。因此，体育已经变成一种工具，在运动中用于灵魂和民族认同的皈依。

第五节　美国团队运动和竞赛的发展

19世纪中期现代体育运动的发展，特别是男性体育运动的发展也表现在团队运动的兴起上，它更注重竞争、规则、俱乐部间的联盟、比赛成绩、数据和纪录的保持及关于体育运动和运动员间信息的传播。而且，观众们蜂拥而至，进入赛场现场观看男人们的团队比赛。青少年们从小就开始学习比赛规则，特别是棒球和板球等团队运动激起了很多体育迷、记者和健康顾问们的兴趣，他们都认可团队运动对于男性健康的重要性。事实上，棒球成了美国全国性的娱乐活动，人们对于它的态度所表现出来的民族主义正如板球对于英国一样。

一、棒球的出现

19世纪四五十年代以前,青年男性和男孩们就有玩棒子和球的传统,后来演变成了流行的娱乐活动——棒球,它在19世纪后半期成了美国最重要的体育活动。亚力山大·卡特莱德(Alexander Cartwright)是一位银行职员,同时也是纽约尼克巴克棒球俱乐部的秘书,他于1845年编写了棒球的比赛规则,因此被赋予"美国棒球之父"的称号。尼克巴克棒球俱乐部的先锋作用被载入查尔斯·贝弗利(Charles Peverelly)的《美国娱乐志》(The Book of American Pastimes)一书中:

在1842年至1843年间,许多喜爱体育运动的绅士们,随意地聚在二十七街的一块运动场上,他们带着自己的球拍和球等。通常情况下,偶尔在赛季,两三位球员在天气晴好的上午互相走动,召集足够多的球员打场比赛。随着技艺的提高,场地的更换成为必要。接下来的一年,他们在另外一个更方便的场地进行比赛,它位于第三街铁路交叉点的默里山的山坡上。他们当中最有名的球员有:科尔·詹姆士·李(Col. James Lee)、富兰克林·兰塞姆博士〔Dr. (Franklin) Ransom〕、亚伯拉罕·塔科尔(Abraham Tucker)、詹姆士·费舍尔(James Fisher)和W.(威廉姆)韦尔〔W. Cwilliam Vail〕。W. 韦尔后来在哥谭俱乐部成了最有名的"永远存在的韦尔"。1845年春天的某一天,一个疯狂的球迷亚力山大J.卡特莱德(Mr. Alex. J. Cartwright)在球场上提议,要有一个固定的组织,招收一些新球员。他的建议获得通过,梅塞尔W. R. 惠顿(Messrs. W. R. Wheaton)、卡特莱德(Cartwright)、D. F. 柯里(D. F. Curry)、小E. R. 杜佩奈(E. R. Dupignac Jr.)和W. H. 塔科尔(W. H. Tucker)组成了他们自己的招募委员会,很快他们就召集了足够多的人进行了一场有规模的比赛……据说,他们很快就会从默里山被赶走,他们需要在新泽西找到一个合适并长久的地方进行比赛;所以,一两天后,他们召集了足够组织起一场比赛的人员,沿着公路前进,希望在路的两边找到一块场地，最终，他们找到了伊利希恩球场（Elysian Field），并在此固定下来。因此，一群人组成了一个把健康、休闲和社会娱乐联系起来的组织，从而开创了当今美国伟大的棒球运动的核心，这项运动在全国各地都非常流行，没有其他运动能够如此地具有男性气质并起到改善体质的作用。（qtd.in Levine, American 37）

正如它的追随者所标榜的那样，这项很"男人的"运动是一群职员、商人和工人们进行的比赛，此时，他们还不是职业的球员。尼克巴克棒球俱乐部早期规定的棒球规则是棒球成为现代体育的重要部分，其他球队也使用此规则。卡特莱德提议的棒球场地为钻石形，各角落垒与垒间的距离为90英尺（27.4米）。1845年所采用的完整的规则出现在了1855年出版的《时代的精神》（Spirit of the Times）一书中，内容如下：

规则1. 本垒与二垒间的距离为42步，一垒到三垒间也是同样的距离42步；本垒距投球手不少于15步。

2. 比赛为21分制，但比赛完结时，两队队员数量必须相同。

3. 投球手必须按规矩投出有效的球，不能用球丢击球者。

4. 球被打出界外，或是打出一垒或三垒则是界外球。

5. 三次击球没被接到而最后一个被接到，则为出局（hand out）；如果没被接住则是界内球（fair），此时击球者可以跑垒；擦棒球（foul tip）❶不算得分。

6. 球被击出或擦棒，不管飞行中被接到或是落地反弹被接到，击球者都出局。

7. 打出一个界内球后，球员必须到一垒，如果跑垒员在到达一垒前，球已经到对方手中，一人出局。

---

❶擦棒球（Foul Tip），碰触球棒后迅猛而直接地到达捕手手中并被接住的击球叫"擦棒球"。没有接住就不是"擦棒球"。棒球常见术语。<http://zhidao.baidu.com/link?url=C08xCcr-r2OSCKI4XyKZHQ00Fo0bhUTOhSax4th-Zzh5gvOynzWG0J4tKx783judRb30dMNQOaP-52GTw8nwW2PO8qHdz092fsJfuqPaU2a>

8. 球员必须以击球的顺序跑垒，当击出一个界内球，击球者没被接杀，第一垒必须无人，下面几垒相同。

9. 无论何时，当跑垒员不在垒上时，被对方手中的球打中，一人出局。但如果球落地，不出局。

10. 跑者有意防碍守备，出局。

11. 如果已有两人出局，当击球者出局，另一方球员在击球时跑回本垒，不出局。

12. 三次出局，换边。

13. 球员必须按顺序击球。

14. 界外球时，跑者不能进垒。

15. 投手犯规时，跑垒者在触垒时不能被接杀。

16. 击出的球反弹出球场时，可以进一个垒。

17. 棒球重5.5～6盎司（156～170克），直径为23/4～31/4英寸（7～8.25厘米）。

[qtd.in Kirsch, Sports（Vol. 3）73-74]

除了尼克巴克规则外，在不同的小镇和城市中，特别是在东北部地区还有许多其他版本的棒球比赛规则（例如马萨诸塞规则等）。体育历史学家乔治·克思齐（George Kirsch）认定"纽约比赛"的规则要胜过其他的棒球比赛规则。无论纽约的商人和记者去哪里，他们都会进行自己当地的体育运动。而随着纽约逐渐成为美国最大和最有影响的城市，他们也将他们本地的体育运动作为美国全国性的休闲运动在灌输和推广[Kirsch, Sports（Vol. 3）71-72]。"马萨诸塞规则"下的体育运动则不具备此吸引力，也不能与哥谭比赛相抗衡。马萨诸塞的比赛是在不规则的方形场地上进行，也就是说垒与垒之间的距离不一样。而卡特莱德把场地形状变成了钻石形，并且所有垒之间的距离相等。马萨诸塞的比赛中，击球手站在一垒和四垒中间，也就是本垒击球。击球手击打过后，跑垒，直到安全上垒或出局。如果接球手接到三个球，或者击出的球在空中被接住，又或者在跑垒过程中被球打到（直接用球打跑者），选手都要出局（Kirsch, Baseball and Cricket 54-55）。一人出局通常也意味着一局结束，第一个获得约定比分的队赢得比赛。

第四章　理性化现代体育之崛起（1850—1870年）

棒球比赛时的场景，表明棒球是19世纪中期流行的一项富有男子气概的户外运动
图片由国会图书馆提供，LC-USZ62-640

整个19世纪50年代到60年代早期，纽约的棒球运动逐渐走强，他们的棒球规则开始在球员间流行。纽约的棒球规则要求9名球员参赛，场地形状固定，每个角落的垒为钻石形的内场。到了19世纪70年代，规定击球手有9次投球机会，低手投球或是由击球手指定腰部以上或以下投球。1858年，纽约的22家俱乐部组成了一个庞大的协会，命名为"国家职业棒球运动员协会"，它拥护业余比赛规则。这个协会包括尼克巴克、哥谭、老鹰、帝国、波罗的海、哈莱姆、独立、大都会、冠军、圣尼古拉斯、艾克沙修、星际、企业、联合及自由等俱乐部。因为俱乐部间、邻里间、城镇间及不同职业间的竞争导致对胜利的日益关注，这些基于阶级的绅士俱乐部逐渐趋向聘用制和职业化。1860年8月，韦尔克的《时代的精神》一书曾就两队间激烈的锦标赛作了报道。

伟大的棒球比赛

据我们所知，亚特兰大和艾克沙修棒球俱乐部间的第三场冠军赛将于九月的某个星期举行，而且毫无疑问，这将聚集美国历史上最大的一批棒球冠军赛观众。

就场地而言，我们已经听说过许多熟知的名字，哪一个更恰当更适合呢？这就是纽约东部的阅兵场，紧邻霍华德会馆。这里有30英亩美丽的场地，赛场如地板般平整，两千至三千名观众在这里可以享受到一场不会被打扰的完整比赛。到达赛场的交通设施也无与伦比，有三条铁路把观众直接送到赛场门口，费用低廉。我们确信，双方俱乐部都把赛场的安全工作做到了极致。（"Base Ball" 389）

在城市和郊区，出现了越来越多的由职员、工匠、店主和工人组成的棒球俱乐部，这也意味着有越来越多的球队为了冠军和球队的荣誉而进行比赛。棒球运动的发展受到公众的瞩目，吸引了更多的观众。棒球代替了酒吧和商业娱乐厅衍生出来的强硬、血腥和不道德的体育活动，弥补了生意场上因为久坐而导致身体虚弱和缺少在新鲜空气中活动的状况。体育倡议者把棒球当成一项特别有用的工具，用来帮助维多利亚时期的中产阶级男性和他们的儿子成为强身派基督徒。托马斯 W. 希金森（Thomas W. Higginson）以他自己在19世纪50年代的棒球经历为例，在亚特兰大月刊上发表了一篇文章，文章描述了他的会计师朋友多莱罗萨斯（Dolorosus）。希金森认为，棒球这种户外竞技性体育活动能够加强商人的体质，他引用了他朋友们的一场比赛来支持他的案例。这是艾克沙修和联合棒球俱乐部间的一场比赛：球员们展示出了"男子气概，英俊热切的面孔"，与此相反多莱罗萨斯表现出来的是"瘦弱的身材和苍白的面容"，这促使希金森宣布"我很满意，没有任何一种表现可以如此公正地说明你身体的糟糕状况"。他没有批评棒球队员们无所事事地浪费时间，相反，希金森和那些支持体育运动的同伴们强烈要求那些过度使用脑力的人走出户外，去棒球场上进行体育运动（Higginson, "A Letter" 467–468）。

棒球在美国不同的社会阶层、种族和民族所进行的体育运动中都占有一席之地。总之，正如体育和棒球历史学家们强调的那样，棒球"可能是美国南北战争前最重要的体育运动"。尽管一些维多利亚主义的批评家们基于惯性的反感而批评棒球运动，但是这种批评已经比男子亚文化的旧式体育运动轻微多了（Gorn and Goldstein 79）。到了1866年，在纽约举办的国家职业棒球运动员协会的第十次年会上，来自各州的212个棒球俱乐部成为了协会的会员［Wood, Manual of Physical Exercises（Vol. II）191–192］。历史学家罗纳德·斯托里（Ronald Story）曾调查过美国早期棒球的吸引力，他发现棒球在某种程度上被认为是狂暴的青年男性的一种很好的宣泄方式，而温和的运动如钓鱼、酒吧游戏或是马蹄铁、弹球等后院游戏则不然。而且，成年人和男孩都可以打棒球，棒球的声誉在某种程度上已经超越其他领域，在喧嚣的年代里，给球员们带来了一定的社会地位、勇敢的意志和极高的尊重（Story 123）。

整个19世纪，棒球在美国男性团队运动当中一直占有重要地位。即使是内战时期，因为血腥冲突在美国各地肆虐，其他体育运动的发展大大放缓，棒球运动仍然在远离家乡的前线士兵中盛行。从各州来的军队官兵们在战争期间仍然打棒球，北方和南方军队（他们向战争俘虏学会了这项体育运动）都发现棒球是一种很受欢迎的缓解战争恐惧的方式。战后，这些军人把棒球运动带到了全国各地。棒球运动发展的另一项有力证明就是，在联军退役军人的推广下，国家职业棒球运动员协会的俱乐部会员从1860年的62家增长到1865年战争结束时来自十个州的91家［Rader, American Sports（2004）54］。

风云人物

亨利·查德威克（Henry Chadwick）

亨利·查德威克（Henry Chadwick）是早期最有影响力的体育记者之一，他的职业生涯起始于1843年，到了19世纪50年代，他已经成为《纽约时报》的首席板球体育专栏作家。然而，他逐渐转向推广美国棒球比赛。作为一个体育专栏作家，他把早前曾用于板球比赛的技术统计带入棒球比赛中，并首先把数据分类：击球率、击打、安打上垒总数和全垒打。1858年，查德威克成为国家职业棒球运动员协会规则委员会的会员。作为委员会的主席，他设计改变了许多规则，使比赛更具现代性：规定接腾空球出局（第一次反弹接球早前曾被认为出局），从手下转向手上投球，投球手和击球手距离固定。查德威克于1938年因其对于棒球界和体育专栏写作方面的杰出贡献，被选入国家棒球名人堂。

历史学家乔治·克尔希（George Kirsch）曾研究过棒球在19世纪中期几十年间的发展，并就其早期对于球迷的影响力做了如下评述："观众们对于胜利的喜悦感同身受，这种带入感在19世纪五六十年代和我们当今一模一样。每一个球队都有他的追随者,他们认可自己的英雄,为他们的胜利喝彩。"这种强烈的支持在内战时期得到进一步加强,特别是前9个顶尖球队(qtd.in Riess, Major 104)。《弗兰克莱斯利画报》的新闻曾报道了战争结束的几个月后举行的一场锦标赛的精彩场面:

> 仅次于新泽西霍博肯的伊利西安球场在这个月的3日聚集了大批的球迷,他们是来见证美国历史上一场伟大的比赛的。这场比赛在纽约互保协会与布鲁克林的亚特兰大俱乐部间展开。在此之前,从没如此多的人群聚集在一起过,如此激烈的比赛在我国体育史上也从没听说过,这就是周四举行的棒球赛。("Base-Ball Match for the Championship" 356)

亚特兰大以18:12赢得了这场比赛,棒球在全民娱乐中占有重要地位。然而,随着适合年轻人休闲的英式板球运动于19世纪中期在费城等地普及起来,棒球仍需要进一步加强。

纽约莫里萨尼亚棒球俱乐部联盟的9位冠军成员
图片由国会图书馆提供,LC-DIG-ppmsca-09310

二、板球

在美国,对于极具体育思想的英国移民来说,英式板球作为一种体育遗产在他们之间很受欢迎。实际上,早在棒球之前,板球就已经受到观众的追捧,它提供给英国人的正如棒球给予越来越多美国人的一样,是一种"全民娱乐"(national pastime,这是1856年由美国水星棒球队发明的词语)。在1860年以前(及这之后的几年),板球是在美国唯一受到普遍欢迎的体育运动,到底是板球还是棒球能最终占据美国体育的核心,这仍然是个问题(Majumdar and Brown 142)。19世纪50年代,美国国家主义精神增强,这刺激了体育媒体更多地报道棒球和板球。人们对于美利坚身份认同的强化,导致这一时期棒球吸引了更多的观众。在表现国家体育实力方面,棒球超过了板球。

板球被认为是美国第一个重要的有组织的团体运动,19世纪40年代在运动员间逐渐兴起,例如,圣乔治板球俱乐部建于1839年的曼哈顿。板球队大部分是由中上层社会人士组成。1860年,大概有400多个板球俱乐部,会员一万多人,城市间的比赛有时西到芝加哥和密尔沃基(Riess,City 33)。国际间的比赛始于1840年间美国与加拿大的比赛,英国全明星于1859年战胜了北美联队。板球在设备(例如,一局、保证金、出局和平拍)、场地直径、规则(例如,双边各11人)等方面不同于棒球。内战前,板球俱乐部在某些城市还是非常流行的。费城成为了板球活动的中心,富有的维多利亚主义人士通过打板球来稳固他们的社会阶层和特权位置。这些精英们可能会加入费城板球俱乐部或是其他组织,因为这个城市是一些美国最古老的板球俱乐部的发源地。维多利亚主义会员们都持有这样一种信念,那就是"道德、社会和职业价值观可以通过板球而得到进一步加强。因此,一些费城人要求他们的儿子要进行这项体育运动,目的是社交,以便成为更有影响更成功的人士"(Jable,"Social" 205-206)。在乡村,如日尔曼镇,板球俱乐部有了一个乡村的户外场地,它们从嘈杂的城市中脱离出来。日尔曼镇和费城的板球俱乐部对于19世纪美国板球运动的普及起到非常重要的作用,板球俱乐部同时也是世纪之交时著名的美国乡村俱乐部的先驱,也就是在此时,男性和女性都可以打的网球和高尔夫球代替了板球,成为精英们喜欢的体育运动(详见下面的章节)。

然而,对于大多数美国人来说,棒球看起来还是比板球更有吸引力,这是因为棒球的行动要更敏捷,这吸引了想要进行体育运动的青年还有来观看比赛的观众。1859年,一位《纽约先驱报》(New York Herald)的记者曾就人们对板球失去兴趣,而对棒球兴趣浓厚进行过对比报道:

板球对于进取心强的我们来说太慢，太复杂，太乏味。板球场地必须像保龄球场一样平滑，这是因为板球要先触地，然后击球手才能击球或是出局……而棒球场不必这样，只要场地足够大……打一场棒球大概要两个小时，而板球要两天（qtd.in Riess, Major 90-92）。

　　随着板球巨星的黯淡，棒球开始兴起。"由于美国民族主义的出现和强化，棒球不断被加强，并被塑造以满足美国人民的需要。它在美国公众中成为坚韧的代表，这最终把板球赶出了美国体育生活之外"（Majumdar and Brown 143）。棒球，是一个强调对抗的更快更艰难的体育运动，它展示的是男性的身体技巧，这吸引了所有美国人的注意力。和板球相比，棒球是一项更具进取性的体育运动，"它比板球更容易学，适用于各年龄层的人士"，而且，棒球能让"身体动作无限迸发，在有限的时间内冲刺"（Story 122-123）。到了1860年，棒球已经成为美国人最喜爱的团体运动，它的主导地位一直持续到内战时及内战后。

第六节　校际体育运动的崛起

　　19世纪40年代中期到50年代，赛艇运动具有相当的知名度。赛艇俱乐部是由中上层人士和他们的孩子们组成的，赛艇比赛开始在东部著名大学里的白人青年的体育生活中扮演重要角色。1843年，在康涅狄格的纽黑文，一些富人的儿子在耶鲁学院组成了一个赛艇俱乐部，"44岁的威廉 J. 威克斯（William J. Weeks）在纽约购买了一艘四桨的怀特霍尔船（Whitehall boat），并把它带到了纽黑文。由亨利 W. 比尔（Henry W. Buel）、约翰 W.杜勒斯（John W. Dulles）、约翰·麦克洛德（John Mcloud）、弗吉尔 M. D.马西（Virgil M. D. Marcy）、约翰 P. 马歇尔（John P. Marshall）和威廉·史密斯（William Smith）组成了耶鲁第一个赛艇俱乐部，这也是美国所有大学中的第一个赛艇组织"（Crowther and Ruhl 14）。

　　在耶鲁俱乐部和19世纪40年代切尔西赛船会的激励下，哈佛学院也紧随其后，于1844年创办了他们自己的赛艇俱乐部。"耶鲁的桨手们一直在关注哈佛俱乐部的进展，这对于当时的哈佛来说是一个挑战。为了测试到底哪一方拥有最优秀的桨手，双方于1852年8月3日举行了一场比赛"（Crowther and Ruhl 16,

17）。这场比赛标志着美国大学间第一场体育竞赛。一个铁路公司把选手、支持者和观众送到了赛船会的地点，一方面是为了推广他们的铁路，另一方面也是为了推广新罕布什尔的一个旅游渡假地。铁路管理者詹姆士·埃尔金斯（James Elkins）允诺，"如果他们同意在温尼帕索基湖的中心港口举办这次比赛的话，他愿意为哈佛、耶鲁队员的交通和住宿费用买单"。两所大学的41名选手通过了这一提议，也因此，商业和体育在第一届大学校际比赛中第一次融合在一起［Kirsch, *Sports*（Vol. 3）40］。代表哈佛学院的奥奈达船在这次2英里（3.2公里）长的比赛中战胜了3名耶鲁桨手，赢得了冠军，奖品是银制的黑色胡桃木桨。《纽约先驱报》这样报道这次比赛：

> 赛船会当天，所有的船都挤满了游客，周边的人群在码头和河岸一字排开，一直到很远处。两艘船并排在水中，等待号响，场面相当壮观。美丽的湖色，平静的水面，周围安静的人群，都使这里的景色变得更加迷人。
>
> 这场赛船会在下午四点举行，船已经被拖到湖上的起始点，大概离岸边2英里处（3.2公里），然后划回岸边。这几乎是早上情景的再现。结果和早上的第一场比赛一样，两船间距离相同，一对上好黑胡桃木做的桨在朝着冠军划动，朝向奥内达……人群对选手们的表现爆发出欢呼，而选手们此时已经移至酒店就餐。［qtd. in Kirsch, *Sports*（Vol. 3）40-42］

人们对于第一次校际赛艇比赛的热情直接导致了另一场赛艇比赛的出现，1855年，耶鲁大学发起了另一次挑战。这场比赛在马萨诸塞州春田市的康涅狄格河上举行，哈佛又一次赢得了比赛。1858年，《哈佛杂志》（Harvard Magazine）建议，"大学间应该建立校际联盟，以便定时举办赛艇比赛。5月26日，来自哈佛、耶鲁、布朗和三一（Trinity）的代表相聚在纽黑文，他们组织了大学联合赛船会"（*Crowther and Ruhl 28-29*）。1859年，哈佛学院在马萨诸塞伍斯特附近的昆西加蒙湖上再次获得胜利（1858年比赛曾被取消，因为耶鲁学院的一名桨手溺水身亡）。耶鲁很想击败哈佛，但是在内战前的最后一次比赛中，哈佛仍是冠军。1861年内战一开始便叫停了赛船会，许多年轻人参了军。当校际赛船会于

1864年恢复之后，耶鲁和哈佛间的竞争更激烈了。耶鲁有着强烈的获胜意愿，他们转换策略，雇佣了一位职业教练。当时最好的耶鲁桨手起到了重要的作用，他们已经准备好同哈佛一战，尽管哈佛具有极强的信心。"这场比赛从剑桥出发，比赛一开始，耶鲁就处于领先地位，并一直保持到终点"（*Crowther and Ruhl 32-33*）。其他著名的学院和大学也采用了同样的办法，尽管最初学校并没有赞助这些由学生发起和组织的比赛，但是赛艇俱乐部同学校合作加强了校际赛艇比赛的挑战性。

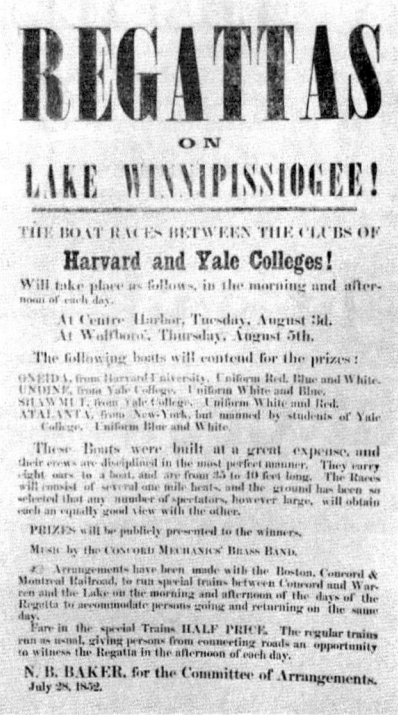

这份传单宣传了1852年哈佛大学和耶鲁大学之间的赛艇比赛

www.rowinghistory.net

除与其他院校间的桨手比赛之外，赛艇队也同国际团队比赛。1869年，美国和英国校际间的四桨赛艇比赛开战，这次是哈佛队对抗牛津队。比赛在伦敦的泰晤士河上举行，这是一场恶战，牛津队熟悉泰晤士河，已经在这里进行过很多次比赛，而且两岸的观众都在为他们欢呼，展示出了胜利的态势。《纽约时报》报道了这场比赛，并对这场年轻人之间的激烈比赛给予持续的关注："两个世界上最大的商贸国家昨天相遇，他们不是为了追寻利益，而是观看八个年轻人间的激烈比赛。"尽管哈佛输了，但是在美国，这场比赛激起了人们对于体育和国际比赛的热情："像美国和英国这样两国间的国际赛艇比赛不能被认为是一件小事情。"《纽约时报》报道说，这场比赛"让全世界开始尊重体育精神、耐力、严苛和健康的组织及其他特性，这是我们一直以来打算培养和为之高兴的，它不比自命不凡的学术的力量差"（"The New York Times Reports" 113–114）。

第一届校际棒球比赛于1859年7月在马萨诸塞州举行，阿默斯特学院以73：32击败威廉学院。因为比赛是在马萨诸塞州举行，两队决定使用马萨诸塞规则。在当时得高分非常正常，因为击球手可以按自己的意愿要求投球手从腰部以上或以下投球。威廉和阿默斯特学院均同意此规则，也同意使用各自的棒球，"像板球一样，棒球可以在任意方向击球，他们还决定先获得65分的球队获胜"。此时，棒球比赛有一条规则规定，接球手接到腾空球或是第一次反弹球，击球手就出局。接到腾空球被认为是"具有男子气概"，而两所学校"均决定展示男子气概"（Smith, Sports and Freedom 54）。然而，大学棒球比赛并没有像其他校际体育运动，如赛艇，以及后来的橄榄球和田径一样迅速发展。1869年，美国第一次大学橄榄球（这是规则现代化和标准化之前的一种橄榄球形式）比赛在罗格斯（Rutgers）和普林斯顿大学间进行。这些校际体育运动的起源及组织大学体育运动的联盟和机制将在后面的章节加以介绍。

卡瑞尔和艾夫斯（Currier & Lves）印制了1869年哈佛大学与牛津大学之间的国际赛艇争夺赛
图片由国会图书馆提供，LC-USZ62-847

第七节 内战和体育活动

1861—1865年的美国南北战争所带来的混乱和屠杀极大地影响了美国人的生活，美国体育的发展也缓慢下来。北部各州经历了工业化和城市化，对于19世纪体育运动的蓬勃发展至关重要。如今他们把全部注意力和精力转向了为击败南部联邦而提供必须的资源和物品上面。除棒球之外，其他体育运动虽然保留了下来，却只有在士兵休息放松时才能进行。因此，拳击、赛马、摔跤、游泳、打猎和钓鱼在战场上仍然或多或少地存在。士兵们想参加而不仅仅是观看体育运动，这反映出许多士兵在战争过后仍然想继续从事体育运动："强尼·瑞伯（Johnny Reb）和比利·扬克（Billy Yank）天生就是从事体育的人，只能观看不能参加体育运动就好像被枪击和报纸上你的名字被拼错一样。"（*Fielding 156*）因此，体育俱乐部在全国开展起来，士兵退役后对体育运动继续持有兴趣，他们不是为了荣誉和战争的需要，而是体育运动给他们提供了一种愉悦的方式，使他们能够在比赛中战胜其他人。

19世纪60年代，内战对美国体育的影响不仅如此，上百万的白人士兵和获得自由的黑人奴隶由于战争、疾病死于战场上，这导致人们强烈希望有一支强大的战时军队来保护美国。因此，军队官员和联邦政府转向支持农业类和政府赠地的大学，用以培养身心健康的男性来为战争和其他对国家的发展和成长非常重要的服务作准备。这些大学是在1862年的《莫里尔法案》❶支持下建立起来的，在农业、工程、机械和家政学（招收女性学生）方面培养学生。随着时间的推移，一些教育机构，例如，建于1855年的宾州州立大学和部分的政府赠地大学，例如密歇根大学、马里兰大学和俄亥俄大学把体育运动和学术知识结合起来，以培养来

---

❶Morrill Act，为了使教育适应农业经济发展的需要，美国国会于1862年颁布了旨在促进美国农业技术教育发展的《莫里尔法案》。该法案规定，联邦政府依照每州参加国会的议员人数每人拨给3万英亩土地，并将这些赠地所得的收益在每州至少资助开办一所农工学院（又称"赠地学院"），主要讲授有关农业和机械技艺方面的知识，为工农业的发展培养所需的专门人才。
<http: //baike.baidu.com/link?url=VYMfLcquxnPNKsG4moSMUl8yIaOh-8MYNliLJvsWAqCz-PBc_Tnrvd6Zd-3YQaul1t7Cnfv4uBODgarF9NrJGK>

自全国各地的青年。这些学院创立了一种社团模式及开发出一些新的资源，用以开办必要的体育课程和促进体育的发展，培养具有强健体能和活力的男性（下一章将具体讨论校际间的体育运动）。

小结

对于1850—1870年间美国体育界的每一个运动员和运动队来说，体育方面的价值观成为了美国特性的重要组成部分。随着媒体对体育信息的传播，现代体育发展起来，出现了具有竞赛性质的、合理的、有组织的及获得公众认可的体育比赛。无论是在比赛时，还是在运动员和观众去体育场馆的交通方面，新科技常常被运用到这些早期的现代体育运动当中。由于体育运动当中一些特殊技艺的出现，以及获胜和成绩在参赛者的运动生涯中占有极大的比重，赌博在一些比赛中开始出现，并且商业化起来。现代体育的兴起导致一些特别的社会阶层通常会形成他们自己的小团体，如赛艇、划船俱乐部等，以区别于其他移民或是其他不同种族和背景的人群。这种所谓的"体育联谊会"激发了部分体育运动的发展，包括赛艇、拳击、台球、竞走和赛马等，并把赌博带进了体育文化中。体育同时也具有性别意识形态，也就是说体育对于男人和女人来说具有不同的含义。同时，为成为一个健康而强健的美国公民而进行的理性休闲和体育运动，在强健身体方面也起着重要的作用。联合棒球队或是大学赛艇俱乐部的竞赛者们加快了美国体育界人士对于胜利的追求，而棒球一类的团队运动又夹杂着逐渐增长的国家主义精神。无论在当地还是在全国，体育运动越来越多地融入运动员、经纪人和观众的日常生活中。与此同时，它也引起了人们对于公平竞争而应该有的行为准则方面的争论。在接下来的几十年，现代体育的不断发展有时还是会在体育竞赛和体育市场领域内显露的业余和职业原则问题上引发争议（下一章有详细的介绍）。

大事年表

- 19世纪40年代—19世纪60年代
  奴隶制和反奴隶制运动的南部扩张还在继续

- 1845年

纽约尼克博客棒球俱乐部

亚历山大·卡特莱特（Alexander Carlwright）发表尼克博客俱乐部棒球规则正式声明

- 1850年

1850年妥协法案通过；解决奴隶问题和局部冲突

逃奴追缉法通过（1850年妥协法案的其中一部分）

- 1851年

举行了第一届美国游艇赛冠军杯

- 1852年

举行了第一届大学校际体育比赛（赛艇，耶鲁对阵哈佛）

- 1854年

《堪萨斯—内布拉斯加州法案》通过

- 1857年

美国最高法院裁决德雷德·史考特（Dred Scott）案例与奴隶制和公民权相关

- 1858年

国家职业棒球运动员协会成立

- 1859年

第一届校际棒球比赛开赛（阿默斯特学院73：32完胜威廉学院）

乔书亚·沃德（Joshua Ward）在波士顿美国帆船锦标赛中夺冠

- 1860年

亚伯拉罕·林肯（Abraham Lincoln）被选举为总统

南卡罗来纳州脱离联邦

- 1861年

阿姆斯特大学推出首次国家男子体育教育系列课程

南卡罗来纳州枪袭事件导致美国内战爆发

- 1861—1865年

美国内战爆发

- 1862年

《莫里尔法案》通过为公立大学的发展谋利

- 1863年

亚伯拉罕·林肯（Abraham Lincoln）总统宣布《解放奴隶宣言》

- 1865年

李（Lee）在安波马·托克斯投降

亚伯拉罕·林肯（Abraham Lincoln）总统被暗杀

国会通过第十三条修正案，废除奴隶制

- 1866年

三K党形成

纽约体育俱乐部成立

- 1868年

第十四条修正案批准，给予获得自由的奴隶以公民身份

- 1869年

横贯大陆的铁路完工

第一届大学校际橄榄球比赛开赛（罗格斯大学对战普林斯顿大学）

骑士团工人联合会成立

辛辛那提红长袜成为第一个被承认的职业棒球队

第五章

镀金时代①体育的扩张和新形式

（1870—1890年）

阅读完本章节后，你将会了解以下内容：
- 城市化和体育文化的关系
- 不同民族和社会阶层体育形式的发展
- 大学校际体育的成长和发展
- 体育的商业化和职业化发展
- 体育发展过程中企业家和媒体的角色
- 男性亚文化和男性主义与体育的关系
- 体育运动的迅速发展和妇女解放

---

① 之所以把这个时代称为镀金时代（Gilded Age），是因为有许多人在这个时期里成为巨富，也因为富有，而过着金色的生活。1873年，马克·吐温出版了小说《镀金时代》。从此，人们用这个词来形容从南北战争结束到20世纪初的那一段美国历史。<http://www.24en.com/subject/american_story/category/page/jb/gilded.htm><http://baike.baidu.com/link?url=WEU7T7twebgUSP9Dow4-vEhCgpMxfcZJ62Yn79WUUb4GI-pNciU7YGlehKEqD8QVKzEJWOJu5CHBhKk7gcSaoq>

第五章 镀金时代体育的扩张和新形式（1870—1890年）

  1869年11月的《罗格斯大学学生报》报道，13日星期天举行的普林斯顿大学对罗格斯大学的第二场橄榄球赛以普林斯顿的胜利告终。比赛执行十五局八胜制，但当普林斯顿前八局全部拿下后，剩下的局数不再进行。双方的比赛风格迥异。"我们自认为自己的风格更加振奋人心，更像橄榄球该有的风格"，普林斯顿的学生总结道。常规比赛结束后我们又打了两局，结果我们赢了。我们25名球员都绝没有系统地练习过任意球。6点半我们坐下来享用了一顿由主办方招待的非常丰盛的晚餐。这顿晚宴伴随着交流和歌声，在一片欢快中度过，直到开往不伦瑞克的晚班车惊醒我们。我们迫不及待地迎接普林斯顿大学来不伦瑞克进行第三场比赛，并击败他们。他们的欢呼声像是爆破出来似的，伴随着一声声响亮的叫喊声，他们从失败中解脱出来，就如我们对他们热情好客的感激一样，他们的声音一直回绕在耳边。如果我们必须被击败的话，我们也很高兴败在这样的对手手上［qtd.in Kirsch, Sports（Vol. 4）234］。

  19世纪末的大学校园，这个项目行将开始超越国球——棒球。它类似于英式足球，但在调整规则和削减不必要的客套竞赛礼节之后，这个项目在随后的几年越发具有美国特色。实际上，美式体育应当与英式体育区别开来，主要原因是在世纪末美国体育具有"不惜一切代价取得胜利"的观点，激烈竞赛及对业余理念的抵触遍及了大学和中学校园。

  在随后的几年里，美国体育的形式和实践加快了远离英国模式的步伐。因为整个19世纪美国经历着一场社会变迁，体育的规范和精神便伴随着城市化进程产生了。乡村、公社和农业社会的缓慢变迁在一些地方突然开始加速。如芝加哥，从一个边区村落一跃而出，历经一代人的时间成为人口过百万的大城市。新的城市环境为不同种族、信仰的人们提供了家园，而不同的人群又拥有其独特的兴趣爱好、价值观念及娱乐活动。这些不稳定的环境因素与工业化结合产生了社会的不公平，不同种族、信仰和阶级间出现矛盾以及政治斗争。这一切的发展从不同形式上影响了体育运动,并从各种途径影响了美国社会。这些还使得各种体育形式和协会诞生——基于群体、人种和信仰的体育组织。然而,不考虑阶级、人种、性别或宗教信仰,所有群体的体育实践模式都在从近代向现代转变,因为体育具有了更加组织化、合理化、权益化、商业化及职业化等特点。体育运动在某些方面将单个群体联系到一起,同时隔离了其他群的群体,像棒球和橄榄球这样的项目开始确立其独特的国家文化特色。

美国社会的演变在内战后的几年里表现出了文化困境。最终导致奴隶解放的这场战争似乎解决了美国政体中最大的裂痕,并承诺实现无产阶级的民主。战后的重建时期,教育对于一些自由人来说或多或少成了可能,一些黑人甚至被选入议会。但当共和党和民主党之间的妥协暗中破坏黑人权利时,这些黑人的权利地位又被证明是短暂的。1876年那场极具争议的总统选举以共和党获胜而告终。共和党领导人拉瑟福德·伯查德·海斯(Rutherford B. Hayes)在恢复南方白人民主权力的条件下当选,因此非裔美国人的复兴进程被全面否定。即使理论上他们是自由的,但在南方农业经济的条件下作为佃农,他们注定是贫穷的一代。

美国内战更像是一场对奴隶制的战斗。这场内战解决了早期就一直存在于共和政体的经济本质的问题。在镀金时代,托马斯·杰斐逊所支持的自耕农让步于亚历山大·汉密尔顿(Alexander Hamilton)❶所支持的资本主义创业者。在以工业为主的北方,对财富的疯狂追求和对社会达尔文主义适者生存的认同,使得穷人的困境是由于其自身的弱点这一说法得到合理化解释。大量的合资行为和垄断开始在经济中盛行,像安德鲁·卡内基(Andrew Carnegie)、康内留斯·范德比尔特(Cornelius Vanderbilt)、J. P摩根(J. P Morgan)和约翰·洛克菲勒(John D Rockefeller)都积聚了巨大的财富。远离了道德禁律的年代,贿赂和腐败在商业事务中猖獗,在这个世俗的现代世界,就连议员也成为了百万富翁。体育,也从而呈现出现代特征。正如艾伦·古特曼(Alen Guttmann)所说,体育的实践已经变得理性化,更加世俗化。随着对胜利重要性的认同,科层化的管理机构开始出

---

❶亚历山大·汉密尔顿(Alexander Hamilton,1757年1月11日—1804年7月12日),是美国的开国元勋之一,宪法的起草人之一,财经专家,美国的第一任财政部长。是美国政党制度的创建者,在美国金融、财政和工业发展史上占有重要地位。<http://baike.baidu.com/view/674096.htm>

现以规范竞赛。专业的运动员可以提高成功的可能性（例如，一个专业的投球手能轻易地影响比赛的胜负）。可以进行科学测量和分析的纪录形式也使得比赛能够量化。俱乐部和企业家赞助比赛和队伍来推广他们的产品，因此体育也就获得了商业方向的发展并开始产出效益（Guttmann，From 62，73）。

第一节　体育和社会阶层化

财富和特权的快速积累打破了人们对于美国乌托邦式的民主的概念。一些体育实践和他们的参与者已经超越了阶层限制，去展现一个平等主义的前景，而另外一些体育形式则加强了阶级的差异。尽管出身工薪阶层，比格林兄弟（Biglin Brothers）仍然作为专业的赛艇运动员拥有了冠军的地位，棒球运动员和他们的粉丝也往往来自社会中下阶层。然而赛车和游艇的拥有者组成了一个明显不同于其他社会阶层的圈子，维系着一种特殊的社会价值体系：恪守维多利亚时代的礼仪，强调节制、自尊、自我约束和白人新教徒虔诚的价值。中产阶级年轻男子都在充斥着男性亚文化的酒吧去寻找刺激，在这样的环境中，人们提出对于享乐、放纵和对男性阳刚之气的追求。体育以这样的方式使得不同的社会团体分分合合。

一、镀金时代的宗教和体育

美国早期安息日的习俗非常明显，我们已经在前面几章有所讨论。安息日的习俗继续阻碍美国南部体育运动的发展，而在东北部，中产和上层阶级的白人新教徒对于周日竞赛的管制一直持续到20世纪。然而，随着爱尔兰和德国移民的持续增长，中西部兴起了自由主义，特别是在城镇地区。早在1885年，当芝加哥市长试图去禁止他们最喜爱的饮料消费时，那里的德国人发动了啤酒暴动。数人的伤亡和强加的戒令都导致了颠覆立法的公民投票。

基督教青年会在19世纪70年代迅速发展，它为来自不同城市的年轻人和单身男子提供体能训练和体育项目，从而去实现（上一章给出了例子）基督徒强身的目标。铁路公司雇佣基督教青年会为他们的员工提供健康的休闲方式。当有关裁员和减薪的问题以一种激烈的对抗破坏了整个系统，引发了之后的1877年国家罢工❶后，铁路公司和基督教青年会的体育联系产生了更加深远的影响。也同样是在1877年，女性也进入到以男性主导的基督教青年会组织，并且在波士顿专门为女性提供健身课。1884年，基督教青年会在波士顿甚至建立了一个为女性创办的体育馆。

巴尔的摩基督教女青年会舞蹈美育
图片由国会图书馆提供，LC-B2-3690-10

少数民族宗教团体，如犹太青年会（第四章中已讨论过），也增加了新的场所和运动项目，反击以清教主义为导向的基督教青年会。这个"犹太教协会"最初（在本世纪之前）迎合了犹太运动员的利益。女性成为附属成员而不是（像她们后来那样）创办独立的女性青年会。在路易斯维尔的犹太青年会，主要由有社会地位的犹太人组织去帮助东欧的移民。肯塔基州的酿酒厂主、慈善家艾萨克 W.伯恩海姆（Issac W. Bernheim）于1890年建成了一个体育馆。一年之后，路易斯维尔的犹太青年会为女性设定了独立的课程。19世纪晚期，不管是犹太教还是基督教的协会，体育都成为陶冶情操的工具并且发挥了巨大的意义。

---

❶美国历史上最早的一次铁路大罢工。这次罢工的直接原因是铁路工人的工资被削减了10%。这次削减工资是1873年大恐慌造成经济大萧条后出现的一系列工资削减中的最后一次。<http://www.zsbeike.com/bk/152833.html>

美国的新教主张个人主义，与许多移民团体的生活方式不同。内战后，随着工业化和城市化对美国社会的改造，在城镇的飞地，同类的乡村社区和被神职人员统治的教区，民族团体依然保持着旧的风俗习惯。体育成为了一种文化渗透的方式，但是这种同化过程是不平衡的。

二、城市化和体育的持续发展

城市促进了体育的发展，技术则加速了体育发展的步伐。已在第四章详细阐述了技术发明和创新在19世纪后几十年继续推动机械化的浪潮，这些变化同样也改变着美国体育。在城镇的建立过程中，电力代替了煤气灯。运动俱乐部和企业家对会员和公众提供更多的商业化娱乐。数量日益增加的体育用品制造商更快地生产着体育设备，为乡村和城镇地区的家庭和体育协会提供与时俱进的产品。邮政公司给住在大城市、小城镇和乡村地区的人们邮送广告和体育手册。19世纪80年代，像斯伯丁、罗林斯、锐驰、米查姆和麦克林这样的运动产品制造商不断提高产品的质量，正如体育历史学家斯蒂芬·哈代（Stephen Hardy）所说的那样："消费者不管在什么时候或者任何情况下，都可以通过邮递或者在五金店、杂货店、百货商店购买到运动产品。或者还可以在制造商的直营店购买某品牌的产品。"正在研发的和已标准化生产的体育产品中，"专营体育用品公司明显使得许多美国人提高了对于激烈运动的兴趣和参与度"（"Adopted" 141，146）。因而，体育实践变得更加组织化、理性化和量化，这个发端于前几十年的进程（第四章已经分析过），在镀金时代具有了更加显著的资本主义特征。

资本主义造成了财富分配的不平等，然而随着工人阶级的财富不断被他们的老板侵蚀，工人们开始组建工会去争取权利和更好的工作条件。对工人们来说，雇佣劳动占据了他们大量的时间并使得休闲娱乐空间最小化，但是体育运动有时又掩盖了日益分化的社会阶级。比如台球这样特殊形式的运动，能够在有钱人家的会客厅里或者在工人阶级的聚会期间进行。拳击比赛也同样吸引了来自社会各阶层的观众。

风云人物

阿尔弗雷德 J. 锐驰（Alfred J. Reach）

1865年，阿尔弗雷德 J. 锐驰首次作为费城运动家队的接球手。同时，他也被公认为第一位专业的棒球运动员。阿尔弗雷德直到1875年一直作为内场手，之后他开了一家经营棒球装备的专营店。正当做得不错的时候，他又在1881年找到一个合作伙伴本·夏伊布（Ben Shibe）。本随后取得了美国联盟的费城特许营销权，开始用皮革生产棒球和手套。1882年，美国联盟（从1882年到1891年是国家联盟的竞争对手）开始用锐驰的棒球作为他们的官方比赛用球。1883年，锐驰垄断了国家联盟。他的球和棒球在20世纪开始成为美国联盟用球的标准。1909年，锐驰公司为软木球申请了专利，并随后代替了橡胶球，为比赛注入了新的活力。该公司同时也扩大生产其他类型的运动产品，包括高尔夫设备，但最终被主要对手斯伯丁所收购。

资料来源：www.baseballlibrary.com/ballplayers/player.php?name=al_Reach_1840

三、精英体育

更多时候，运动方式在各个社会阶层中有不同的形式。只有富人才能够拥有名马，然而各个社会阶层的人都喜欢观看赛马。1866年，富甲一方的美国赛马俱乐部，在纽约的杰罗姆体育场开放，该公园是一个专门为良种马举办比赛的赛马场。蒙默斯郡体育场于1870年成立。随后的1879年，布莱顿海滨场道在布鲁克林建立。19世纪后半期，民主党和富人社团的联盟控制了美国的这项运动。在东北部，1870年皮姆利科在巴尔的摩开始这样的赛马形式。1875年，丘吉尔园马场在肯塔基州的路易斯维尔开放。随着第一个肯塔基赛马场的运营，肯塔基州成为另一个赛马中心。

铁路巨头康内留斯·范德比尔特（Cornelius Vanderbilt）最爱赛马比赛，他的支持者也给这项运动贡献了影响力。全国小跑步马协会于1870年成立，随后

1876年全国饲养员协会成立。赛马在乡下的集市上仍是一个主要运动项目。城市化的进程使得农业经济开始向工业经济转变，诸如棒球场和赛马场的场地在喧嚣的城市中创造了一种露天的、田园生活的环境。

赛马在一定程度上至少是大众娱乐，所有的阶层都能够参与，但是赛马场开始为富人客户建立舒适的专业俱乐部会所。1871年，新奥尔良的梅泰里赛道为非裔美国人赞助商划出了一个隔离区域。同样地，尽管赛马比赛欢迎各个正常渠道的赌金，但是却要求最低赌金的数额，从而将那些可支配收入低的群体排除在外。运作赛场的独立赌注经纪人接收小注赌金，在城市里，不合法的公开赌场和庄家迎合了那些小众顾客的口味，城镇职工根本无力参加此类活动。此类运作被黑社会和相关政治家所保护，从而在很多美国城市中形成了一个犯罪网络。随着高尚的改革者和神职人员试图把赌博从美国社会斩除掉，在之后的25年里又出现了一些有作为的社会改革活动家。

赛马这一项运动从某种程度上来说超越了阶级的限制，然而帆船比赛不可避免地只吸引了富有的运动员参赛。1849年在新奥尔良成立了南部帆船俱乐部，许多社会精英注册为会员，俱乐部也参加了在庞恰特雷恩湖和墨西哥湾举行的比赛。美国内战结束了这样的集体游戏，但是俱乐部在战争结束之后又重新开始组织和运转。对于富人来说，到更温暖的地方去旅游和进行休闲活动是不受国家和地区限制的。来自北方的精英冬天到南方去旅行并建立了帆船俱乐部。在北方，小詹姆斯·戈登·班尼特（James Gordon Bennett Jr.）担负起了纽约帆船俱乐部的领袖角色。1866年他在极具挑战性的横跨大西洋比赛中取得了成功。阔别了6年以后，这项运动获得了大量的媒体关注度，并且帆船俱乐部在纽约、旧金山、芝加哥和底特律（五大湖为中西部的比赛提供了合适的场地）大量涌现。

1875年，小班尼特旅行到英格兰，他注意到英国的军官积极参加马球比赛。1876年，班尼特把这个游戏介绍给了纽约的富人朋友，他们很快组建了威彻斯特马球俱乐部。夏季，他们在罗德岛的纽波特豪华修养处静养，但是继续保持他们的骑术练习。富人在他们的旅行中宣传此项运动，于是马球俱乐部在全国开始涌现，并且也在殖民地出现，如新奥尔良、旧金山、科泉市、洛杉矶和夏威夷。西点军校把马球教授给装甲部队军官，然后他们在不同的值班地点练习。就像帆船，大众也无法太多触及马球运动，因而这项运动成为了社会差异的制造者。

班尼特，或许是美国第一位伟大的运动推广者，并在那个时代创办了几个体育公司。班尼特赞助了一个专业的赢得了高额奖金的竞走者——丹尼尔·奥利瑞（Daniel O'Leary）。

奥利瑞准备充分，并且几乎完成了156小时的自由竞走，意味着要同骑师和马在一样的赛道上为了争夺4000美元奖金而比赛。这项锦标赛开始只有500美元奖金，然而观众席、主看台和其他的建筑物上却塞满了人。丹尼尔·奥利瑞跑了30英里，打败了其他3个跑10英里的运动员。这3个运动员分别是：詹姆斯·麦卡利维（James McLeavy），苏格兰冠军；怀特·伊格尔（White Eagle），来自加拿大的印度考夫纳瓦格部落里号称最快的脚；查尔斯·普莱斯（Charles Price），英国10英里跑步的冠军。（"O'Leary's Tournament" 3）

班尼特同时也支持了1871年举办的大学生间的运动会，推动弗吉尼亚猎狐运动，1880年建立了有吸引力的罗德岛纽波特赌场，委任著名的建筑公司麦金利、米德和怀特设计并建设了维多利亚俱乐部。纽波特赌场为新英格兰的富人提供了游乐场所，像台球、餐饮、保龄球、草地保龄球、马术表演、剑术和草地网球。此时，古怪的班尼特却背井离乡去了巴黎，他因为类似平民的行为被上流社会排斥。班尼特的行为降低了他的社会地位，但是他仍然设法去扩大在《纽约先驱报》的体育报道。随后，他又赢得了著名的国际汽车和飞机比赛的冠军。

其他富人于1866年组建了纽约运动俱乐部（NYAC, the New York Athletic Club），与志同道合的人一起参加体育活动。两年以后，俱乐部被合并，开始举办田径比赛。俱乐部的会员分两种：一种是业余打发时间的，另一种是以体育的方式获得酬劳的专业跑将。跟随着纽约运动员俱乐部的领导，许多精英和中产阶级组织形成了大都市的俱乐部。他们接受英国的业余主义原则，通过排除那些靠身体能力获得报酬的人，来严格限制会员资格。这些规则意味着平等竞争和公平比赛，但是它的广义的解释被那些通过体力劳动而获取报酬的劳动阶层所摒弃。这的确是一个有争议的话题，因为许多俱乐部仅允许业余爱好者们进行比赛。"开放性"竞争应该允许每个人去比赛，但是如果一些业余者在这样的比赛中竞争，他们就会失去业余证明。一些追求竞争优势的俱乐部名义上雇佣那些所谓的业余爱好者，但是却在私下里用现金或者更为秘密的方式付给他们酬金。

纽约运动员俱乐部设想在之后的十年里建立煤渣跑道，推广使用鞋钉，并于1878年举办全国业余爱好者田径锦标赛而领导业余爱好者运动。一年后它赞助了为业余爱好者举办的全国游泳锦标赛及1878年的摔跤赛和拳击赛。到十年期限时，业余爱好者的俱乐部已经扩散至中东地区。由于是模仿英国的贵族进行体育训练，业余爱好者被禁止与专业人员竞争或者接受他们给的报酬。从那之后，业余性的概念充斥了校际和院际的运动员之间。到19世纪80年代，纽约运动员俱乐部限制了它的会员制度，相对于重视队员们的努力，它更专注于维持它的精英般的社会地位。其他有抱负心的运动员俱乐部也迅速建立起具有约束性的合同，确保吸引积极的客户加入。这些俱乐部以有着较高的社会地位和会费限制为特点，并且促进了美国许多商业的发展，形成了经济、商业、社会和宗教相互联系的网络。在平等的观念和无产阶级民主的社会中，这样的规则和协会扩大了社会分工。

在费城，富人们模仿英式板球运动。以为期两天的穿白色制服并且可以休息饮茶的悠闲的比赛为特色，英式比赛常带有明显的贵族标志。19世纪40年代，英国的移民把这项比赛传入了费城，而年轻的美国人则把这项运动本土化，并且把外国人排除在最好的俱乐部之外。作为有着较高地位的团体，费城的五大高等俱乐部出现。内战之后，一所奢华的、建立在豪华地段的俱乐部会所，与那些中等的俱乐部区别开来。1874年，费城的全明星队在新斯科的哈利法克斯市打败了英国队和加拿大队。

第二节　民族休闲形式的保留

随着上层阶级的建立，体育运动提升了他们在美国社会中社会地位，许多民族也力争保存他们的欧洲文化。像第三章描述的那样，于1894年建立的有着317个俱乐部和近4000名会员的德国特纳协会是最突出的，其他组织都在努力赶上这个组织有序的德国协会。

一、捷克人

捷克人于1862年在布拉格按照德国特纳协会的模式建立了国家性的俱乐部——索科尔。像德国人一样,他们强调爱国主义和体育训练,以发展强健的身体去对抗奥地利哈普斯堡皇室强行的文化侵略。19世纪中期,捷克人开始向美国移民,许多人在美国的中西部定居下来。捷克人于1865年在圣路易斯建立了索科尔协会（Sokol）。像德国的协会一样,捷克的索科尔协会也面临着有关于宗教的论战,划分成有争议的自由思想者（在特定时期用于无神论者的化名）和反对天主教者。但是,两个派别都强调对捷克文化和体育的忠诚,他们常常进行大量的训练。这样的民族性俱乐部保留着他们的共同社会,并且一起抵制美国主流文化的同化。

二、波兰人

以德国和捷克为典范,波兰的猎鹰俱乐部于1887年在美国建立了相似的组织。俱乐部的数量像筑巢一样,在7年时间内达到了十多个。他们大多数建立在芝加哥,那里现在变成了波兰移民者聚居的美国城市之一。类似德国人和捷克人,波兰人像推广他们的语言和文化一样推广他们的体育运动。但是第二代和第三代波兰人在20世纪被美国的体育形式如棒球、橄榄球等同化（*Kirsch et al. 368-370*）。波兰人发展出特殊的技巧来打保龄球,因而随后的几年他们夺得了这项运动的多个冠军头衔。

三、非裔美国人

当欧洲的俱乐部极力反对同化,非裔美国人则追求融合,可是却被拒绝。内战之前,南方的黑人拳击手和竞走者经常在新泽西举行比赛。其他人则喜欢进行一种类似于长曲棍球的名叫拉奎特的项目,这种比赛吸引了不同种族的人群,并且在国际大都市的梅泰力赛道上的马术比赛中也有被看到过。在南方,非裔美国人面临残酷的种族分离。美国重建时期,即使是在更为自由的新奥尔良的城市中，也通过沙滩隔离和拒绝黑人到白人俱乐部等方式来实施吉姆·克劳法❶。

北方的黑人比起南方的黑人总体上享受更多的自由，但是在1867年，全国业余棒球协会投票拒绝接纳黑人运动员和使其成为俱乐部成员的资格。1876年，全国职业运动员联盟也禁止黑人运动员加入。1884年，黑人和白人的混血儿摩西·弗利特伍德·沃克（Moses Fleetwood Walker）作为美国联盟的托莱多市的接球手，当他试图续约合同失败后丢掉了工作。据说是因为芝加哥白袜队的球员经理卡普·安森（Cap Anson）拒接与非裔美国人比赛。其他的白人种族主义者也支持安森。19世纪90年代，黑人球类运动员面临着被主要的联盟队伍驱逐的处境，这种情况一直持续到20世纪前半期。结果，他们只能依靠在较小的联盟、半职业性的职业联赛或加入巡回表演赛俱乐部。费城猎户座俱乐部早在1882年就出现了黑人运动员流失的情况。

更长一段时期，黑人运动员为了反击种族偏见，建立了属于自己的以追求运动和娱乐为目标的组织和机构。1867年，黑人群体在弗吉尼亚州的里士满和田纳西州的纳什维尔建立了自己的基督教青年会。同一年，非裔美国女性，摒弃了他们在社会中无地位的观念，也建立了自己的棒球队，如费城较为著名的多莉瓦登队。在南方，黑人被孤立到自己的组织，被迫只能在黑人团体中进行体育比赛。1892年，大学之间的黑人，在夏洛特的比德尔大学（如今的约翰逊·C.史密斯大学），北卡罗来纳和索尔兹伯里市的利文斯顿举办了第一次橄榄球比赛。

两年以后，美国自行车联盟为了安抚南部的白人会员，从名单中移除黑人自行车运动员的排名。19世纪的多数时间，黑人运动员被主流社会所无视，因而体育的同化价值很难在黑人的社会接受度及公平就业方面发挥作用。

拳击是极少数保留下来的对黑人开放的运动之一，因为白人观众很享受观看非裔美国人之间的残暴对决。白人们对黑人形成了一种刻板的印象，认为黑人们怯懦、缺少勇气和韧性，不能忍受惩罚，因此达不到白人们的标准。白人们认为黑人很容易受到致命打击，他们怀疑当比赛回合循环一百次甚至更多时候，黑

---

❶吉姆·克劳法（Jim Crow laws），泛指1876年至1965年间美国南部各州及边境各州对有色人种（主要针对非洲裔美国人，但同时也包括其他族群）实行种族隔离制度的法律。这些法律上的种族隔离强制公共设施必须依照种族的不同而隔离使用。<http://baike.haosou.com/doc/6649724-6863542.html>

人的忍耐力是否还可以。南方的白人们常聚集黑人男孩们（他们有时候被蒙住眼睛）并且强制他们参加皇室战争以用来成为白人们竞猜最后胜者的赌注。

根据《时代精神》的报道，台球是这一时期非裔美国男人们的另一项育运动：

> 要让大家知道的是，我们这些有色人种在台球以及其他球类运动中不是没有雄心壮志。当球被手工乌木球杆推进，其所产生的回声好像长久不绝，能传到第八个分区的边缘。傍晚时分，商家把两个台球桌存放在伍思德大街149号，由此成为小部分人在夜间的好去处。球类运动保持着生机勃勃的浪潮，大量的人等待着能轮到他们，并将脚在火堆前倾斜15°抬起，形成一种强有力的姿势，就像在会议讨论期间，某位议员设定了某一确定的位置。房间呈现出天堂般的景象，并且在这些常客放松的时候呈现出最完美的状态。毫无疑问地把他们这种退休后的悠然自得的状态，看作是好时光将要来临的微妙反应。因为我们是人道主义者，所以我们衷心希望他们获得成功，但是根据他们能够重新获得重要性的地位，也许不能被用作是一种能煽动他们违法和暴力行为的方式。

1870年的秋天，在某些具有体育知识的有色人种和有色人种中象征性的冠军之间，存在着诸多问题。为了解决这一问题，梅杰·普尔（Major Pool）想出了一种不错的方法，就是为积极的运动员提供不错的价值50美元的球杆作为奖品，并成为有色人种参与锦标赛的重要标志。其中7个有资格的是J.沃恩（J. Vaughn），C.马什（C. Marsh），R.胡克鲁斯（R. Huclus），威廉·米勒（William Miller），J.杰克逊（J. Jackson）和梅杰·普尔。锦标赛期间W.S.维京（W. S. Widgeon）作为主裁，来自萨凡纳的J.桑兹（J. Sands）和费城的W.T.琼斯（W. T. Jones）作为记分员。在美国四球比赛中，比赛由一千个点分组成，连撞两球得三分。首届比赛是在沃恩和马什之间进行，前者通过244点赢得比赛最高点63分，在第二场比赛中胡克鲁斯以196分打败米勒，最高点分是54。杰克逊和约瑟夫（Joseph）开始第三场比赛，前者被以199分征服，最高点分是39，第五场比赛的对手是胡克鲁斯和普尔，前者以

第五章　镀金时代体育的扩张和新形式（1870—1890年）

235分赢得比赛，他获得54分（这难道不是碰运气获得的第一名吗），比赛最后缩小成为胡克鲁斯和沃恩之间的比赛，经过191个回合，相当长的比赛之后，胡克鲁斯通过1000分比963分的比分领先。胡克鲁斯的最高分是36分，击败了他对手的27分，随后他激动地赢得了锦标赛。我们都知道"为王者无安宁"，这一刻再一次证实了这句话。星期四的最后一场锦标赛中，委员递送了附加文件，表明沃恩没有将最后一场比赛的结果，作为考验他和胡克鲁斯的竞争力的指标。

1871年2月14日，纽约

给梅塞尔Wm. T. 维京（Messrs Wm. T. Widgeon），Wm. T. 琼斯（Wm. T. Jones）和S.里斯（S. Eilis）有色人种业余爱好者锦标赛委员的绅士们，这封信是为了通知纽约业余锦标赛的罗伯特·H. 胡克鲁斯（Robert H. Huclus）先生，我特此向他挑战最早的规则下的锦标赛和冠军球赛的桌球配对游戏，并且我渴望能根据联赛的条件去参加首届比赛。我恳求您能尽早回复。

谨启，约翰·H. 沃恩（John H. Vaughn） *[qtd.in Kirsch, Sport (Vol. 4) 314]*

风云人物

摩西斯·弗利伍德·华克（Moses Fleetwood Walker）

摩西斯·弗利伍德·华克1857年生于美国俄亥俄州，他的父亲是黑人，母亲则是白人。他在以第一位非洲裔美国职业棒球球员的身份在大联盟中获得声誉之前，就读于欧柏林学院和密歇根大学。1884年，华克作为接球手加入了美联托莱多队，他的兄弟韦尔迪（Weldy）在当时的赛季同样也为该队伍效力。在托莱多队赛季结束之后与华克解约，华克在整个1889年赛季中仅参加了乙级联赛。后来他成了一名成功的企业家、报纸编辑、作家、炮弹的发明者，以及电影放映机的改进者。在他的文章中，他主张非裔美国人移民到非洲，尔后这个主张被黑人活动家马库斯·加维（Marcus Garvey）所采取，以作为当时对美国种族主义的较为激进的反映。

摩西斯·弗利伍德·华克（Moses Fleetwood Walker）（后排右二）
© Getty Images

四、爱尔兰人

这一时期的爱尔兰移民被普遍认为是社会地位最低的。在南方，从奴隶时代起，爱尔兰的劳工就做着最艰难的工作，他们贫穷的同时也被认为是最有价值的。1850年，纽约75%的家庭仆人是爱尔兰妇女。1874年，非裔美国的医生把爱尔兰人描述如下：

> 突出的嘴、暴牙、暴露的牙龈、高高的颧骨以及低塌的鼻子在未开化的脸上而著名，他们在整个人类的身体条件上呈现出退化和磨难的特征。为了使他们被讨厌，所以列举了人类退化的例子，他们平均只有五尺二寸高，并且有着罗圈腿和失败的容貌，这显示出爱尔兰人的丑陋和贫困。（qtd.in Roediger，Black 56-57）

凭借着在拳击赛场和棒球场证明的勇气，爱尔兰人得到了白人的接纳，并且允许他们进入主流文化。尤其是最初的爱尔兰裔美国人，他们的社会资本也随着自身在民主党内人数的增加而增强。一些运动员也因为体育运动与政治间的联系而获得通向上层社会的资本。政治家经常赞助工人阶级的体育俱乐部，他们的

第五章　镀金时代体育的扩张和新形式（1870—1890年）

受助者则提供政治声望，作为在选举日投票上进行致命一击的筹码。爱尔兰的政权统治者、其他城镇的和种族的群体在竞争上以执行者或者保护者表现出来。这些活动给民主党政治集团提供了统治大城市的基础，最典型的是纽约的坦慕尼协会。在这种环境下，拳击手获得了尊重甚至有了名气。

在芝加哥，汤姆·福利（Tom Foley），一名市专业棒球队的成员，同时也是一名老练的台球手，赚得了足够的钱赞助一个大型的台球室。他的身体素质使他能够获取企业上和政治上的机会［就像约翰·莫里西（John Morrissey）利用他在拳击上的成功一样，正如第三章讨论的一样］。福利（Foley）以工人党一员的身份赢得了芝加哥城委员会的一席之地。对贫穷的美国人以及那些从1880年到1920年涌入美国海岸的各族移民群体来说，这些发展推进了体育运动的精英化，并且让体育运动成为促进阶级流动性的一种方式。

实际上，拳击确实在特定的族群造就了无数的英雄，包括19世纪赤拳格斗赛斗士中最大的运动明星约翰L. 沙利文（John L. Sullivan）。沙利文出生于1958年，父母是爱尔兰移民，以"波士顿强壮男孩"著称。他因为挑战酒吧的老顾

约翰L.沙利文（John L. Sullivan），赤拳格斗冠军赛的拳王，也是第一位伟大的美国体育英雄
图片由国会图书馆提供，LC-DIG-pga-05673

客和吹嘘自己能够打败屋内的任何人从而获得了最初的声名。1882年，沙利文在密西西比河的一个秘密场所里轻松地打败了当时的冠军贝迪·莱恩（Baddy Ryan）。到了1885年他非常受欢迎，能够吸引1万名观众观看纽约市巡回站的比赛，并且他的比赛表现奠定了他世界最强男子的地位。1889年在一场持续75回合的赤拳格斗冠军赛的最后，沙利文战胜了杰克吉·尔莱恩（Jake Kilrain）。随后沙利文用夸张的表现和拳击展示开启了该国巡回演出，并且他的照片被工人阶级当成英雄装饰了无数的酒吧。作为1882年至1892年间的冠军，沙利文利用一项有色人种禁令拒绝与黑人拳手对抗，从而维护了爱尔兰人的白人特性，同时标志了象征的奖品属于且只属于白人。1892年新奥尔良，在新昆斯伯里侯爵规章下，他的冠军头衔输给了另一个爱尔兰裔美国人"绅士吉姆"科比特（Corbett）。这项新的规章禁止摔跤，要求佩戴拳击手套而不再是赤手空拳，规定了限时3分钟一局，并且宣布了在裁判员10秒倒数后则是击倒淘汰。因此沙利文的职业生涯见证了从赤手空拳的肉搏（类似于酒吧或者后街打架）到规范化、更严格管理的竞赛的转变。在这个过程中，工人阶级的力量和身体素质融合了中产阶级的秩序与官僚主义，从而形成了适合于所有社会阶层的运动（Gorn, Manly）。

　　19世纪最有名的爱尔兰棒球运动员迈克·金·凯利（Mike King Kelly）的例子则代表了包括体育运动的发展、工人阶级的刚毅、精英阶层的洞察力和社会阶级流动性的融合。1857年的最后一天，他出生于纽约特洛伊的爱尔兰移民家庭，1878年在辛辛那提开始职业生涯，1880年至1886年在芝加哥获得明星地位。他的击球表现在1884年到1886年间的赛季领跑，并且在此期间的每一年都获得最多得分。他是飞速的跑垒员、专业的偷垒好手，他的英勇被赞颂成了一首名叫《滑垒，战士，滑垒》的流行音乐。他的故事充斥着关于他赫赫有名的花招和他对于光棍亚文化式生活方式的信奉。有一次，当裁判员转过身时，据说他正好冲过投手站立的土墩从一垒上到三垒，分心的官员就假定他偷了两垒球。还有一次，他因余醉未醒不能打球而在长凳上休息候场，直到一颗高飞球袭来他才清醒。到守场员不能比赛时，他突然站起来，并且宣称他代替成为捕球手。据说在他身处迷糊时，以外野手的身份满垒接住了一个远射球，从而在黄昏时结束了这一场势均力敌的比赛。裁判员判定击球员出局，随后他的球队成员热烈地祝贺他传奇的接球，他表示那球几乎越过他的头，但他的能力远不止那些。

　　那些滑稽的举止迷住了凯利的粉丝，并且帮助他进行了夸张的巡回赛，据说

第五章　镀金时代体育的扩张和新形式（1870—1890年）　205

1886年穿着被A.G.斯伯丁（A.G. Spalding）交易过的波士顿制服的迈克·金·凯利（Mike "King" Kelly）
© Getty Images

第一次给爱慕者签名也诞生于此。他发行于1888年的代笔签名，帮助创立了一种运动员签名的新类型，当时许多运动员以他的签名为样本持续到下一个世纪。那时，白袜队的领导艾伯特·斯伯丁（Albert Spalding）对于凯利场外赌博和酗酒已经失去耐心，于是派了一个私家侦探跟踪凯利。这名间谍报告，凯利夜不归宿喝柠檬水直到凌晨3点，并向法院指控他可能不利于青少年的发展。面对指控，凯利唯一的修正是说他喝的不是柠檬水而是纯威士忌，他不想自己的刚毅品行被质疑。斯伯丁很快为了当时10000美元的天价把凯利出卖给了波士顿俱乐部。球员们纷纷反对这种允许队伍随意更改球员合同的保留条款，也为了防止球员自由地从这支队伍到那支队伍去，于是在1889年自己组建联盟。作为全国棒球联盟的领导，斯伯丁给凯利提供了10000美元和一份保证他回归的合同。但是凯利对他的共谋者非常忠诚，宣称"他不可能背弃那些队友"来证实他的团结（Pearson

这则连环画描绘了19世纪晚期棒球运动员的负面形象

图片由国会图书馆提供，LC-USZ62-42416

199）。凯利对于荣誉准则的坚贞和对单身男性亚文化的坚守，与上流社会那些将喝酒和狂欢视为不道德、不健康和徒劳的人的价值观形成了对比。

第三节　校际间体育文化的发展

当非洲裔美国人还在为了机会而奋斗，以及其他少数民族试图与主流文化疏远时，上流社会的孩子们已经建立了早期学院间运动的规则。1869年，哈佛大学队为同牛津大学在泰晤士河上比赛而前往英国。尽管哈佛队输了，但是这项冒险活动激发了大家对于赛艇的兴趣，其他学校也于1870年成立了赛艇协会。16个学校在赛舟会上竞争，规模较小的学校设法赢过德高望重的大学机构，例如哈佛和耶鲁。1873年，因为公平竞技的本质成了一项更大的问题，因此协会禁止聘请专业的教练。1874年和1875年的赛舟会在纽约萨拉托加❶湖上吸引了大波人群和媒体的注意。队员遵从严格的训练方案只为获得成功，美国竞技精神和对获胜的看重开始在大学校园内升温。这些特性在其他竞技比赛中也呈现出来，很快成了国家特征的标志。19世纪70年代中期，其他运动开始变得重要，而此期间的种种事件则代表了学院赛艇比赛的全盛期。

---

❶萨拉托加县是美国纽约州下辖的一个县，该地以温泉而著称，故又称"萨拉托加温泉市"。
<http://baike.baidu.com/item/%E8%90%A8%E6%8B%89%E6%89%98%E5%8A%A0%E5%8E%BF>

第五章　镀金时代体育的扩张和新形式（1870—1890年）

赛艇一度是学院间最流行的运动，实际上1873年的赛艇会，当《纽约先锋报》为一个2里程（3.2千米）的比赛提供奖杯时，学院间的田径比赛也成了一个意外趣闻。五项田径比赛在接下来的一年里纷纷亮相，1876年校际美国业余体育协会为田径比赛正名。由纽约运动俱乐部提议的公开竞赛很快吸引了大学生运动员，并且超过了赛艇比赛的吸引力。最终田径比赛获得优势地位得以普及，并且不再需要依附赛艇比赛。

在19世纪后期赛艇成了一项主流大学生运动，并且有了现代训练配置，例如滑动训练椅，正如迈布里奇（Muybridge）的照片集中展示的一样

图片由国会图书馆提供，LC-B2-963-11

1858年4所大学形成了大学赛艇联赛协会，而1859年的比赛以学院间棒球比赛为主，这场比赛阿莫斯特以73比32完胜威廉姆斯（当时的比赛规则很大程度上照顾了击球手，那些高分并不罕见）。整个19世纪60年代，哈佛派出了一支无与伦比的棒球队参加比赛，它拥有着长达7年不可击败的幕后操纵，到1870年，主场比赛吸引了多达1万人的粉丝。那个夏天，这支队伍忙于从东部到中西部的巡回赛，与业余爱好者和专业的队伍比赛。美国内战后，棒球运动流行到了南部的大学校园，东南部的学校首先于1879年成立了美国大学棒球协会。一个松散的联盟，它试图实施低资格的规则，允许学生和教员参加校队。在许多情况下，某些大学甚至聘请专业的球员来提高他们取胜的可能性。这些变化混淆了精英运动与绅士行为间的区别，进一步疏离了英国学校的传统贵族运动习惯。

取胜在橄榄球运动中具有重要的意义，胜利在橄榄球运动中扮演着最重要的角色。胜利在社会达尔文主义的男性气质和身体力量的观念中承载着巨大的象征性的砝码。在镀金时代，除了与当地美国人的边界小范围冲突外，并无战争。只有少数场地可以让年轻的美国白人发展和展示自己的勇气。橄榄球提供了在其他团队运动中找不到的身体接触和英勇策略。这项运动的起源是英国农民足球运动。到1827年，哈佛学生在学年开始开展了一场整体的混战，目的是在入学仪式上残酷地对待新生。耶鲁大学于1840年开始了残酷的欢迎仪式，直到1860年才被校方禁止。波士顿学校的学生继续这一艰苦的形式，直到1868年，普林斯顿大学的学生威廉 S. 甘米尔（William S. Gunmere）才在新泽西学院采用了伦敦足球协会的运动规则。规则称，在一场足球式的竞争中，每队有25名运动员。1869年11月6日，普林斯顿大学参观了罗格斯大学，双方进行了大学校际间的第一场比赛，最终主队罗格斯大学以6比4赢得了比赛。随着规则的可协商性发展，哥伦比亚大学以三方竞赛（三个大学彼此之间进行的一系列比赛）的形式加入了比赛。1872年，哈佛大学采用了橄榄球中允许带球奔跑的规则，并且不想屈服于耶鲁大学或是普林斯顿大学的领导，更倾向于采用自己的规则。哈佛大学拒绝遵从下一年的比赛规则惯例，这一规则惯例正是美国学校背离英国版比赛形式的开始（Gems，For Pride 12）。1876年，其他一些学校开始采用英式橄榄球规则，将重视踢球的规则改变为持球前进。

在美国中西部，密歇根州的大学和康奈尔大学于1873年在克里夫兰举行了一场比赛。但是，密歇根州的州长安德鲁·怀特（Andrew White）说："我不会允许30个男人行程400英里（大约645千米）仅仅是为了让夸夸其谈的人狂躁不安。"（Nelson 32）然而，对于大部分学校领导来说，他们在那时的学生活动中几乎没有发挥什么作用；学生们自己安排规则惯例、比赛和训练，而且还要对自己产生的费用负责。他们于1876年举行了第一场正式的校际足球锦标赛。耶鲁大学用每边11人制的独特比赛规则打败了普林斯顿大学，但是哈佛大学怀疑耶鲁大学所获得的冠军称号，因为它遵循的是15人制的比赛规则。由于存在这样的情况：哈佛大学的学生都是上层阶级的子弟，而耶鲁大学的学生都是高贩、暴发户家庭出身，因此参赛的运动员都带有很深的情绪，这吸引了更多的校友、委托人和赞助人的支持及其更高的参与度，紧张的社会关系很可能在橄榄球球场上继续蔓延。

第五章　镀金时代体育的扩张和新形式（1870—1890年）

凭借纽约马球俱乐部提供的奖品和场地，1877年的锦标赛更具有了商业化的性质。位于国家媒体中心以及最大城市中的场地，它的利益、宣传效益及可预测比赛胜利的重要性都获得了高度的关注。1877年的赛季中，塔夫斯大学抱怨耶鲁大学的比赛策略："耶鲁大学的绅士队友们都养成了发脾气的习惯，并且用拳头伤害他们的对手。大部分都是学生的观赛者用他们手中的砾石和剩下的香烟开玩笑地投向那些运动员以展现他们的大度。"（*Harvard Advocate 49*）

早期的橄榄球比赛被拿来和拳击比赛一起作比较，并且重伤是难免的
重印自J. E. Gorn, W. Goldstein. 美国体育简史［M］. 纽约：希尔和王，1993：157.

风云人物

沃尔特·坎普（Walter Camp）

沃尔特·坎普是第一个在耶鲁大学参加了5项运动的运动员并且最终在橄榄球领域获得了声望。在成为耶鲁大学橄榄球队的运动员及教练之后，他获得了作为1888年到1906年的耶鲁大学运动员的指导者这一更高的角色。作为指导者，他筹集资金，寻求校友支持，招募高水平的运动员，改进训练体系，让耶鲁大学在镀金时代引领球场。由于他从1878年到1925年作为教练，在规则委员会及学校的松散组织任职,因此,坎普被誉为"美式橄榄球之父"。在美式橄榄球规则的巨大改变中,坎普提出了每队11名运动员的攻防线和记档距离的比赛规则,改变了依赖踢球以及擒住并摔倒腰部以下练习方式的得分方法。1889年,坎普和体育记者卡斯帕·惠特尼(Casar Whitney)一起组建了第一支美国队。

对于双方可以参与比赛的人数,耶鲁大学和哈佛大学校队的队长仍然持有不同的意见。耶鲁大学同意1878年的15人制,但是对于感恩赛,每人必须获得100美元的担保费以提高商业化的感觉。那一年在新泽西州的霍博肯❶,普林斯顿大学在2000人的见证下打败了耶鲁大学获得了冠军。美国下一任总统伍德罗·威尔逊(Woodrow Wilson),是当时普林斯顿教练董事会的秘书。沃尔特·坎普,是美国橄榄球领域的运动员、教练员、体育记者,耶鲁大学校队队长,他直到1925年去世都一直担任规则委员会秘书。

19世纪70年代后期,哈佛大学、耶鲁大学及普林斯顿大学都采用了耐用的帆布宽松上衣和裤子,取代了之前运动员穿的紧身衣。衣服和器材的发展不仅提供了更好的保障,而且增加了竞争的有利条件。运动员往裤子上涂油以阻碍潜在的防守者,但是比赛存在不间断的暴虐行为,例如不断指责互掐(窒息)、踢并且猛打对手,这些现象时有发生。弗雷德里·克雷明顿(Frederic Remington),一位耶鲁大学的运动员,之后成为一名著名的艺术家。据说,为了让1878年与哈佛大学的比赛更具有商业性,他把上衣浸在了屠宰场的血液里。

1880年,坎普把假想线的概念引入橄榄球中,加速了此项运动与传统足球的分离。在战争年代,这项运动迅速以详细的策略、协调的战略和独特的领域性为特征。来自肯塔基州的森特学院队和特兰西瓦尼亚队,率先在南部进行了大学间的比赛,给美式橄榄球增添了斗争性。

过度强调控球导致了比赛的枯燥(总是零得分),坎普引入了进攻档位和码数的概念(出现在1882年的规则惯例中),并且强调踢球得分,在射门后得5分,达阵后踢球得4分。运动员和粉丝会对一场仅仅是为了维护男子气概而进行大屠杀的比赛感到疲倦。1883年的规则仍然允许乱踢、互掐、用头撞并且绊跌对方。有的人可能用拳头猛击对手3次直至他被强制离开比赛场地。健壮的年轻男

---

❶美国新泽西州的城市,临哈得孙河,对岸为纽约市的曼哈顿岛,属于纽约都会区的一部分。其境内的火车站(Hoboken Terminal)是新泽西重要的交通枢纽。<http://baike.baidu.com/view/860541.htm>

人被"大屠杀"所吸引,橄榄球迅速发展到中西部地区。到1886年,它已经发展到了加利福尼亚州。

有组织的暴力吸引了越来越多的观众,并且使比赛更具有商业化的性质。1885年,一个中立的裁判员取代了之前执裁的校友。1888年,另一个副裁判被引入比赛,监控暴力行为,但是观众继续扰乱比赛的赛场。1893年普林斯顿和耶鲁大学的比赛,以国家锦标赛来进行宣传,吸引了40000名观众,包括纽约居民、校友及远至来自俄勒冈州和得克萨斯州的观众。尽管当时面临着严重的经济萧条,在比赛前仍进行了4个小时的游行。反对者形容校际间的体育比赛是"22个顽皮的职业拳击手在嬉戏打闹"(Gems,For Pride 25-26),并且尽管没有多少可能,精英学院的全体教职工仍试图去为运动员说情。

但是在这次比赛中,橄榄球已经呈现出了特别的特征,很多美国人都把这一特征当成是民族特征。沃尔特·坎普声称:"我们的运动员已经偏离了原始的橄榄球规则,但是这样做,他们就已经建成了属于并且更适合美国人需要的比赛规则。"另一个支持者也赞扬这一运动:"体现了典型的美国人的性格因素。强壮、集中、有进取心是取得进步的根源,这一根源支撑和满足了美国人的霸权主义以及橄榄球运动。"(Gems,For Pride 25-26)

一幅新闻漫画描绘了随着伤亡率的逐步上升,死神盘旋在一些橄榄球比赛上空的场景
图片来自《世界》杂志,1897年1月14日

纵观19世纪80年代，新的规则引发了橄榄球领域的专业化，类似于工业领域的发展。运动员为了提高效率承担了特殊的角色，就像前锋和后卫的特殊职责被分配到不同的职位上。19世纪末，橄榄球在大学校园的受欢迎程度已经超过了棒球。

第四节　男性体育文化

19世纪的单身亚文化（在前一章节已探讨过）保持了男性的性别身份，并在镀金时期超越了阶级界限。单身文化下的男性都有强壮的身体、韧性以及肉体为标志的阳刚之气。随着现代化和不断推进的工业化，19世纪，对自由工匠和农民的需求减少，男性因此逐渐失去了自尊感以及先前束缚于职业和农场劳动的社会身份。在内战之前，10个人里面有9个是自由职业者，但是到1910年，只有不到1/3的人还是这种身份（Gems, For Pride 5）。拿鞋匠作为一个例子，他因在一个制鞋厂成为一个工薪劳动者而失去了自由，被束缚在了资本主义工作原理设定的工作节奏和时间定律之中。他再也不能按照自己的意愿去狩猎或是垂钓，或是拥有自己的工作节奏，甚至是自己的时间表。工业化夺走了他先前的自我感觉以及对时间的自律感。

为了补偿这种缺失感，男性转向于运动的同性社会环境中。移民人口统计学倾向于男性，而且早期美国在很大程度上确是个男权社会。内战前，五百万的移民大多数都是年轻的男性。他们到了美国（Foner and Garraty 534），由于结婚机会的限制，很多男性成为单身汉。到19世纪中期，40%的25～35岁之间的年轻男性仍为单身，他们其中很多人有一种包容的感觉，在志同道合的男性的陪伴下他们也有了友情，这些人包括家庭生活不得意的已婚男性。有时，富人也参加下层社会的体育运动，他们追求社会体制排斥以维持男性崇拜的身份。但是，就绝大部分人，包括工匠、志愿消防员、工人阶级劳动者、赌徒、有轻微罪行的罪犯以及爱尔兰移民，均不赞同白人中产阶级统治下的道德、宗教、社交礼仪和尊重原则。

这些男性聚集在台球室、剧院、妓院和城市里面的酒吧讲故事、吹牛、喝酒、抽烟、赌博以及从妓女那里寻找性欲的快乐。城市的酒吧给男性兄弟会营造出了一种可以让自己沉溺于奢侈环境的氛围。在纽约，凯特伯恩斯大厅可以容纳下400人。同时，纽约另一个更为有名的地方，哈利伊尔歌舞厅里有着各种各样的烈酒、啤酒和葡萄酒，还有一个音乐大厅以及一个拳击和摔跤比赛的场地。在芝加哥的皇后大牧场，拳击比赛的胜利者可以得到一套房子的使用权作为奖品。

酒吧通常都有一个密室，用来进行非法拳击比赛（也被用作南北战争前一些企业的实践基地）。经营者通过展办一些所谓的展览来规避法律，在展览会上没有任何决议被提出。主顾付入场费成为这些酒吧的会员，他们在参与者上下赌注，给了他们平凡的生活一种冒险的快感。哈利·伊尔（Harry Hill）作为一个拳击裁判而全国闻名，同时他也是大赌注时的智囊团。比利·马斯格劳瑞（Billy McGlory），一个纽约的黑社会人物，向参加他的推广会的人索要15美分。他的大型交际舞会于1883年在机械库大厅举行，其中包括了黑人的步态舞、男女对抗的拳击比赛、选美比赛以及化妆舞会（*Gilfoyle 115*）。

直到1882年，当昆斯伯里（Queensberry）侯爵的统治取得了支配地位，赤手格斗职业拳击赛（没有带拳套的搏击）被证明是城镇最受欢迎的娱乐方式。到了19世纪80年代，好的赤手格斗者单独一个回合就可以赢得500美元——相当于一个劳工一年的工资。拳击手成了英雄，只有顶尖的台球运动员才比得上，与此同时，观众要花一个星期的工资去观看决赛并且下注。甚至在内战以前，纽约的每个台球室平均每年收入都超过了一万美金。在1865年，芝加哥的台球桌租金都是每天4000美元。然而，在美国的中西部，一个瑞士的移民约翰·布伦瑞克（John Brunswick）发现了制造台球桌的商机。他于1845年在辛辛那提开始了这项工作，1848年他在芝加哥也开设了经营处，到1879年，他合并了巴尔克和柯伦德公司来推进联赛以及销售他的产品给酒吧。运动产品的制造和销售成了一个欣欣向荣的行业。

由于单身亚文化和对运动的特殊癖好的流行，人们继续享受着血腥运动，例如斗鸡、斗狗、使观众毛骨悚然的捕鼠游戏，它们给赌注提供了无数的选择。然而白人中产阶级的伦理学者和改革家仍然坚定认为这些体育方式在主流文化中是不被接受的。在捕鼠比赛中，赌徒可以赌一条狗在规定时间内可以捕到的老鼠的数量，或是犬科动物完成可怕的任务所需要的时间。在凯特伯恩斯的企业中，观众甚至要花钱去观看当地人的庆典（*Riess, Sport 17*）。

专业的竞走比赛（在第四章中谈到过），在战争前就很受欢迎，因运动本身的乐趣而刺激了赌博的发展。参加竞走者或是跑步者，在室内场地比拼耐力。在一些比赛中，要么是个人，要么是一个组会长时间或是长距离的比赛，有时甚至会长达六天。男性和女性都为了战利品而竞争，有时即使是男性女性之间也会发生冲突。1870年在纽约，女性游泳运动员为了有宝石的奖品而竞争。5年以后，随着国际比赛引起越来越多的关注，英国的游泳冠军J. B.约翰逊（J. B. Johnson）在费城以13米的距离（21千米的比赛）战胜了当地的冠军，赢得了1000美元［Kirsch, Sports（Vol.4）46］。

更常见的是，体育兄弟会铁杆粉丝会在赛马比赛中用不合理的赌本下赌注，他们也接受赌注小的赌徒。大一点的城市也有台球场，工人和白领们可能会在那里赌博。比赛电报报道使得有些地方允许没有在场的观众参加投机买卖。对于那些不是很年老但仍有消遣时间的人而言，在当地管辖权之外的区域设置的赌场，因为低入场费和自由的赌本而吸引了他们，这些不法赌场当中甚至有些接受信用证系统。中产阶级美国人以歧视的态度看待这些经营，然而芝加哥发生的暴力事件对促使发生改变没起什么用。乔治·特拉赛尔（George Trussell），一个职业赌徒，在城市街道参加点球，和他的对手——卡普·海曼（Cap Hyman）决胜负。激烈的对抗在赛尔的女朋友结束了他的生命后才结束，据称是因为他陪她的时间没陪马的时间多。

赛艇运动和徒步竞走也给了工人阶级凭借他们的力量而争取收入的机会。在桨手中，沃德（Ward）兄弟和比格林（Biglin）兄弟成了家喻户晓的人。艺术家托马斯·艾金思（Thomas Eakins）在19世纪70年代的画作中描绘了比格林兄弟。然而，直到那个时候，棒球作为美国首要的运动才开始出现。它受欢迎的程度远远超过平底船比赛，尽管怀旧的画作里仍有吸引美国画家的航道上的桨手形象。

风云人物

托马斯·艾金思（Thomas Eakins）

托马斯·艾金思（1844—1916），虽然他因为轻率言行的丑闻在有生之年很大程度上被忽略，但他依旧是目前公认的美国最伟大的现实主义画家。艾金思着迷于人体解剖学和身体运动。在他早期的运动研究中，他以一名摄影师的身份与埃德沃德·迈布里奇（Eadweard Muybridge）共同工作，所以他对体育活动的分析尤为杰出。作为一名美术老师，他坚持男女学生都用裸体模特进行观察和工作。

图片由国会图书馆提供，LC-USZ62-85536

运动题材是艾金斯职业生涯中的重点。19世纪70年代，他创作了24幅划船者的画作，他自己本身也是划船运动的参与者。划船运动在那个时代非常流行，艾金思对工薪阶层职业运动员的描绘显示了他对几何透视和光的运用的精通。10年后，他的画作《游泳池》（1884—1885）捕捉到了一名在自然环境中消遣的赤裸的男性，这幅画引起了卫道士们的愤怒。

19世纪90年代，艾金思将他的注意力转到了摔跤手，以及在公众场合下展示男子气概的极具单身亚文化特征的男性的社群关系环境。这些作品证明了美国体育艺术研究的必要性。

第五节　商业体育

1858年，美国纽约地区的22个俱乐部建立了一个组织，将其命名为国家棒球运动员协会，这个组织坚持业余的指导方针。这个以阶级为基础的绅士俱乐部渐渐向雇佣运动员这样的职业性质靠拢，因为俱乐部、社区和城镇的居民对获胜的欲望日益强烈。19世纪中期，不同版本的棒球规则仍然大量存在，然而内战给了纽约规则的条文以特权（在军营中，纽约规则取代了马萨诸塞州规则，而且纽约规则也被带回到了老兵的故乡）。在纽约规则的条文中，棒球比赛队伍由9名运动员组成，他们站在四条对齐底面形成的一个菱形内场中。随着商业化及赞助经营的日渐发展，俱乐部吸引了付费观众来为其经营筹措资金。重要比赛的胜负，可能会影响赌局或是改变俱乐部的命运，个人明星也可因为他们自身的出色发挥而获得酬劳。布鲁克林的精进队因此诱因于1860年招募了年轻明星投手詹姆斯·克赖顿（James Creighton），他也渐渐地被公认为是第一职业投手。美联盟的锐驰于1865年成了一个公认的职业队。

一、职业棒球队

市民的自豪感以及商业的竞争使得辛辛那提于1869年成立了它的第一支职业队伍。辛辛那提的商人与芝加哥、圣路易斯和密尔沃基的商人为了内地交易而竞争，同时棒球成了为地域宣传的一种手段。辛辛那提从东部地区俱乐部雇佣了最好的运动员，并且让他们从东至西在全国参加比赛。运动员工资从600美元到2000美元不等，职业化的红袜队在此期间赢了58场比赛，平了一场，未尝有败绩。芝加哥在第二年的还击时也有了自己的专业队伍。商人在一个合股公司筹集了15000美元来赞助白袜队，城市的领导人成了他们最初的股东。这支队伍从事和其他球队的竞争，很快就证明了他们的奋斗精神。在白袜队以157∶1战胜孟菲斯后，差不多10万市民欢迎他们回家。

美国棒球运动员协会在1870年规则的协定上存在歧义。结果，国家职业棒球运动员协会在1871年成立了，它松松散散地存在到了1876年。队伍们通常都不按时进行早已提前安排好的比赛，当其他队提供更好的酬劳时，运动员也会违反合同。无论城镇大小，只要花10美元就可以进这个联盟。

1876年，混乱的组织结构被一个更完善、更为有名的组织——全国棒球联盟所代替。威廉·赫尔伯特（William Hulbert），芝加哥交易所的一名成员，也是芝加哥白袜队的总理，在东部企业中提议协会应该由俱乐部管理人而不是球员运

第五章 镀金时代体育的扩张和新形式（1870—1890年）

第一支职业棒球队来自辛辛那提
图片由国会图书馆提供，LC-USZ62-32016

营，从而获得了控制权。赫尔伯特以强有力的商业原则，劝诱其他拥有者重组联盟使利益最大化，正如一份文件所展示的：

> 芝加哥，1876年1月23号
> 签署人芝加哥、辛辛那提、路易斯维尔和圣路易斯俱乐部将委派给你一个委员会，与你商讨比赛中的盈利事宜，还会特别针对当下存在的弊病以及构建新协会的事宜进行讨论。因此，我们邀请你们的俱乐部作为代表，赋予其权威，明年2月的第二个星期三在纽约的大中酒店12点来见我们。在对职业俱乐部的需求进行仔细的考虑以后，我们提出的这

个组织在现有环境下有着坚定的信仰，要求比赛的自发赞助者做出强有力的行动。我们所有投票人诚挚的建议是，忽略和忘掉过去所有的分歧和不愉快，我们所提出的会议应该是冷静、友好和深思熟虑的讨论，只关注那些赋予这项运动特点和持久性的俱乐部的利益。我们很自信地认为我们提出的提议将会得到你的赞成和支持，我们提出的建议如果适时适地地满足你的要求我们一定会很高兴。

W. A. 赫尔伯特，恰斯. 安. 福尔（CHAS·A·FOWLE）

敬上 [Kirsch, Sports（Vol. 4）84]

其思路是如果球队老板打造出一个更健全的（自然更易接受的）白人中产阶级新教徒形象，而又能对志同道合的中产阶级公民和家庭产生呼吁，他们就可以禁止赌博和周日的嬉戏，他们会限定会员数量来确保潜在的利润。原先的会员由大城市波士顿、芝加哥、辛辛那提、路易斯维尔、哈特福特、圣路易斯、费城和纽约组成。所有者最终规定了队伍的时间表、门票价格和执行任务，但是劳工问题仍然存在，正如众所周知的运动员"左轮手枪"因为更好的酬劳而离队跳槽。个人所有者凭着个人爱好，以及超越联盟利益的对胜利的渴望来适应这种方式的跳槽。1879年，球队所有者在运动员合同中采用了一个"保留条款"，条款规定运动员只能为一个球队效力。所有者保有他们的花费以及不断增长的利润。运动员因失去自由效力的权利而悲叹，但同时他们也享有比其他工作者高三四倍的工资。威廉赫尔伯特辖制了联盟，迫使他的法令有了独裁的方式——包括对纽约、费城和辛辛那提因违反联盟方针的驱逐——直到他1882年去世。因此，更像是工业的巨头，棒球所有者巩固他们的资源来面对竞争的联盟，以损失他们的雇员为代价使得他们的利益最大化。

以下是美国协会在它的安排会议上通过的特别的规则。"假如保留追偿权的运动员故意拖延，以及拒绝与他效力的俱乐部签署正规的合同，以扰乱俱乐部为目的，或是迫使俱乐部给他提薪水，或是通过任何手段，直接或间接，不择手段地勒索他所效力的俱乐部。他可能，因为他所效力的俱乐部所提供的众多证据而被协会主席和秘书组织列入黑名单，公告会发布给所有俱乐部，像是所提供的宪法和国家协议一样。"（Chicago Tribune 9）

1889年，劳资关系的矛盾最终爆发。正如职业棒球运动中的劳资关系那样，这同样反映了贯穿整个美国的工业劳动力的紧缺。1889年，由纽约巨人队的游击手约翰·蒙哥马利·瓦尔德（John Montgomery Ward）和一位律师共同领导的球员反抗运动，源始于1885年职业棒球球员的兄弟会组织。和其他早期工会一样，球员们被禁止像工人们那样试图从雇主手中赢得更大的自由和更多的利益。这条限制性条款不允许球员们有协商合同的余地，或寻求更好待遇的机会。1890年，当雇主所提出的条款没能得到共鸣时，球员们组建了属于他们自己的兄弟会联盟（也被称作"运动员联盟"），他们依靠全国棒球联盟的特权和美国协会队为粉丝们而战（1881年，全国棒球联盟将辛辛那提除名，并建立了一个更具竞争力的组织）。美国协会俱乐部大多数由酿酒厂主经营，他们把打棒球当成一种售酒的方法，但却坚持着和旧时期全国棒球联盟一样的雇佣关系。

运动员联盟吸引了众多顶级球员，并且从那些过去被全国棒球联盟寡头政治避之门外的雇主手中得到了赞助。通过球员与酿酒厂主间的共同谋利与俱乐部管理，这只队伍在社会主义管理之下良好运转着，因此它对资本主义的运动结构增加了直接经济性与哲学性的挑战。球员们把他们的球队划分在七个全国棒球联盟城市中，迫使粉丝作出选择。在阿尔伯特·斯伯丁的带领下，国家联盟通过收买球星、提供比赛免费门票，以及为球员的赞助商提供加盟特许政策来实施反击。这些联盟在恶性竞争中都遭受了经济损失。但早已成立的全国棒球联盟却保留着更好的资源。一年后，兄弟会联盟瓦解，美国协会也只持续到了1891年。到后来，全国棒球联盟继承了美国协会的四种特权。直到1901年美国联盟的突然兴起，他们才不得不面临更大的威胁。

二、体育企业家和体育文化发展

体育不仅为球员和球队老板提供了商业机会，同时也为体育记者提供了机会。正如第四章所提到的那样，英国移民亨利·查德威克（Henry Chadwich）找到了一份体育专栏记者的工作。19世纪60年代，他通过为《纽约先驱论坛报》采访棒球运动，丰富了自己新闻工作的经验。作为一位早期棒球赛指导者，他也在《小吏棒球球员》担任编辑长达20余年。1867年，查德威克创立了一份名为《年代记》（Chronicle）周报，将棒球定义为对年轻人的性格塑造有影响的运动。查德威克也创造了一种早期的量化统计，来评价棒球球员的个人表现，他以场均击球率的方式来提高球迷对棒球比赛的兴趣。作为条例委员会中的一员，他提出了一项新的规则，要求击出球在空中被抓住。这条规则在1864年后实施［Rader, American Sports（1983）111］。

国家警察公报（The National Police Gazette）以耸人听闻的犯罪、运动和性故事吸引读者

图片由国会图书馆提供，LC-USZC62-63903

另一位塑造美国现代体育史的新闻工作者是来自爱尔兰的移民理查德·凯尔福·福克斯（Richard Kyle Fox）。他于1877年接手《国家警察公报》（The National Police Gazette）。《国家警察公报》是一本刊印在粉色文纸上的杂志，提供夸张的新闻、丑闻、犯罪、体育运动和衣不遮体的女性方面的淫秽色情信息。这些内容吸引了很多工人阶级的读者，并且可以在任何单身亚文化常出现的地方被发现。安东尼·康姆斯托克（Anthony Comstock）和他打击社会恶习现象的社交圈发起了禁止书刊出版的运动，但却弄得臭名远扬。和女子举重及单车运

动一样，福克斯（Fox）还推广了许多的拟态运动（比如打老鼠、木屐舞）。但最终证明，他最为成功的是作为一名拳击经纪人。他不仅提供了全面而又耸人听闻的拳击赛事新闻报道，而且赞助了精彩的拳击比赛。福克斯创立了重量级别的体系，并且赢得了各类比赛冠军的宝石腰带。到19世纪80年代，他的出版物发行量达到15万，几乎是当时受人尊敬的中产阶级刊物《哈玻斯周刊》的两倍。《国家警察公报》成为拳击界的"圣经"，到1883年，福克斯将公司总部设立在纽约——一座超过25万美元的七层总部大楼。

另一位成功的体育企业家是以单车制造商而闻名的艾伯特·波普（Albert Pope）。那些靠骑手跨坐两轮结构和靠走路推动的简陋自行车，出现在20世纪早期。这些脚蹬两轮车被更换，并于1876年在费城举办的博览会上介绍给美国，以大前轮（大约四五英尺高）与小后轮相结合的创新为特色。骑手坐在小座椅上，控制车把手。平衡自行车顶部结构需要相当高的技能，但能够控制好它就可以以相当快的速度前进。超速行驶的骑手，也被称之为飙车一族，飞奔在各个公园里和城市的街道上，给行人和他们自己都造成了危险。人们也向骑手们证明了危险的存在，当行驶中前轮遇到岩石或洞穴时，骑手就会越过前轮被弹飞——也就是我们常说的"头朝地摔"。

新的自行车每辆价值100美元，就算是一辆旧的也能值35美元。波普（Pope）大量生产降低了自行车的价格，但体育留下了大量的中产阶级消遣活动。波普通过杂志和自行车俱乐部推广骑行运动。1878年，他在波士顿成立了第一个自行车俱乐部。一年后，芝加哥俱乐部成立。它成为芝加哥众多俱乐部中最大的一个。不久，自行车组织在全国各地大量成立。这个活动被证明对年轻的男性和女性都具有吸引力，他们使用自行车运动来避开他们必须的监护人，与维多利亚时期严格的道德婚恋社会制度决裂开来。

1880年，大量的自行车俱乐部合并成为美国骑手联盟。拥有着大量并且持续增长的会员，美国骑手联盟还增添了相当的政治力量。候选人设法获得选票，公务员们迎合他们的需求，包括为黑心领袖铺平可能会被热心群众举报下台的道路。俱乐部还提供公路图，并组织了一百英里（大约161千米）"世纪骑"活动。作为回报，在诸如波士顿这样的城市里，中产阶级骑手们使道路得到了更好的发展。他们对于能够在城外设立长途旅行沿途休息点的渴望，推动了中产阶级旅游业为沿途的旅客提供伙食、住宿以及修理自行车的新业务，以此吸引更多旅客。骑手们也组建了消费者团体购买自行车的相关产品，同时为了旅途也购买运动装。因此，在汽车出现之前骑手们就已对城市交通网和早期的旅游业造成了影响（Hardy，How 148，160-163）。

也许最为成功的早期体育界名人阿尔伯特G.斯伯丁第一次赢得名声是作为一位运动员。1850年，斯伯丁作为三个孩子中的长子出生在伊利诺斯州的一个富裕的家庭。1858年，父亲的死给他的童年带来了变故。不久，他们就搬家到罗克福德。到15岁时，斯伯丁担任"森林之城"棒球俱乐部的神投手，罗克福德最优秀的运动员。1867年在芝加哥的一场棒球锦标赛上，斯伯丁吸引了来自全国各地的注意，他带领他的俱乐部打败了被称为全国最佳队伍的华盛顿国民队，将俱乐部带向胜利的怀抱。

自行车为年轻男性提供了新的社交方式和求爱方式，
并且女性打破了维多利亚时期限制的礼节，
寻求到更广的自由
图片由国会图书馆提供，LC-USZ62-28614

另一支值得注意的队伍，芝加哥艾克塞西奥队立即在花名册上为斯伯丁留出了一个位置，并提供了一份收入可观的工作。当雇主的生意失败时，斯伯丁回到了罗克福德，回到了"森林之城"棒球俱乐部。1870年，在美国中西部和东部的

第五章 镀金时代体育的扩张和新形式（1870—1890年）

罗克福德代表团的旅行中，经历了一次打败辛辛那提红袜队获得胜利的经历。辛辛那提红袜队的哈里·赖特（Harry Wright）重新获得球员经理的职位后，向斯伯丁开出了1500美元的高价，请求他加入他的俱乐部。不久，斯伯丁成为重新改组过的职业棒球运动员协会里的优秀投手。

接下来的一年，斯伯丁接受了芝加哥白袜队的邀请，加入了这支队伍。在这里，他从一个小小的球员经理竟迁到球队主管。威廉·赫尔伯特（William Hulbert）死后，他担任起全国联赛领袖一职。1876年，斯伯丁及他的兄弟和全国联赛组织同心协力，创办了一家公司。不久，总部建立在芝加哥的斯伯丁兄弟体育产品公司，在体育产品制造领域达到了很高的市场份额，这使得斯伯丁成为一位百万富豪。

斯伯丁公司成立第一年，就出版了官方联盟书籍和棒球指南。到1879年，他们收购了一家黑斯廷蝙蝠工厂。在密歇根靠近森林的地方能够供应原材料从而减少产品制造的成本。这是这些工厂在苏格兰、利兹市、伦敦雇佣工人的开始，其分厂甚至远至埃及。19世纪80年代，斯伯丁公司的出版量大大增加，并出现了斯伯丁美国体育史图书馆。最终斯伯丁的体育产业投资培养了包括斯伯丁美国体育出版公司的300家独立公司。这些指南和图书吹捧了一系列的体育运动，当然也将斯伯丁体育产品推广至全国各地（Hardy, "Adopted" 139, 146）。

为了进一步扩大市场，斯伯丁通过给全国的消费者邮购产品目录销售产品。职业运动员和"斯伯丁队"赞助公司对产品的认可，提高了斯伯丁产品作为优秀和官方体育用品的可信赖度。斯伯丁售卖那些可能被美国职业棒球联盟球员使用的体育运动器材，还向那些仅仅是为了自己使用和娱乐的其他运动员、大众和孩子销售产品，他也在不断改进商标名称。斯伯丁的产品线几乎涵盖了所有的体育项目。他收购了他的竞争对手，并垄断了高尔夫、网球、足球、篮球和日常运动器材的制造，甚至包括制服。他为户外运动生产装备，为野外生存者生产船只，为城市骑手生产自行车。正如他的传记作者所观察的那样，他强劲的竞争动力最终促使他在体育产业市场上获取垄断地位（A. G. Spalding 71-96）。

到1880年为止，斯伯丁签下了各种比赛的官方联赛专用球权，并且他承诺，不管是否被指定，他公司名下的任何其他产品都与官方用球的品质一样。在之后的几年里，为了提高球员和行政人员的品牌忠诚度，他向纽约、芝加哥这些大城

媒体图片，例如其中一张图，第一个在纽波特开展的国家自行车见面会，这帮助了此项运动的流行

图片由国会图书馆提供，LC-USZ62-32016

市的体育联盟公立中小学提供奖品，最远甚至到达美属菲律宾。在1888—1889年的淡季时期，他策划了一个全球性的棒球之旅，目的是将美国运动和美国概念带去其他国家，当然也是为了开拓市场。但在夏威夷、澳大利亚、锡兰（现在的斯里兰卡）、埃及、意大利、爱尔兰和苏格兰，却仅仅由于制造受限而无法成功。在大英帝国境内，棒球运动也并没能代替板球运动。然而，斯伯丁获得了国际关注，而他的品牌也得到了更大的曝光。

自大的斯伯丁甚至尝试篡改历史。他并不愿意接受他心爱的棒球运动起源于英国的事实，他坚持棒球运动是从美国殖民地的原始运动进化而成的。1905年，他组织了米尔斯委员会，这是先前棒球负责人和非正式会议的团体。其中也有两个美国的参议员（但是没有史学家），他们共同来判决什么是这项运动的起源。经过两年的研究，米尔斯委员会认定阿布纳·道布尔迪（Abner Doubleday）1839年在纽约的库珀斯敦创造了这项运动。在那时，尽管用来证明它的证据仅仅是寄给斯伯丁的一封似是而非的信件，但是仍然鲜有人对于这个发现有所质疑。1911

年，他书写了自己在棒球史上的篇章，推动了这个传奇的美国运动的诞生。尽管受到全面的阻碍，但这些创造神话在很多美国人中坚持了下来（*Block 16-17*）。

像斯伯丁这样的企业家发财一样，其他雇主也通过提供健康的体育产品来控制员工的休闲时间，以此来获取最大化的利益。那些宿醉的员工周一不去工厂，或者工作效率低下。一些员工队（比如芝加哥棕熊队和绿湾包装工队）最终发展成为职业运动队。

三、工余康乐项目

1877年的铁路大罢工之后，雇主设法加大对大部分移民和少数民族劳动力的控制力度。很多雇佣了基督教青年会的成员，但是并没有组织娱乐项目，也没能改变一个特别的基督教新教的派别。乔治·普尔曼（Gorge Pullman），火车卧铺车厢的发明人，在芝加哥城市的南部建造了一个完整的小镇，镇上建有他的工人的住房和厂房。普尔曼确保他的公司远离大城市的诱惑，他唯一的会客室也是在公司的酒店里面，禁止一切非公司管理人员入内。普尔曼在那里配备了优良的体育设施，包括田径、赛艇、足球、板球、网球、橄榄球、滑冰、台球、划船和射击项目。他认为这些便利的设施为公司管理人员提供了有益健康的休闲方式，也可以作为社会控制的一种手段，用来培养可靠和高效率的工人。1882年，普尔曼体育协会（PAA, Pullman Athletic Association）成立，成了美国第一个工业休闲组织。

普尔曼体育协会组织了几次运动盛会，为公司赢得了声望。1883年的赛艇锦标赛由普尔曼体育协会举办，吸引了15000人到场观看，报社也大版面地报道年度的公路自行车比赛。普尔曼体育协会聘请了专业的教练员和顶级的运动员，参赛选手因此在全国占有显著优势。普尔曼还设立了包括图书馆、商店在内的40个部门来满足工人的需要，但是物主也是房东。所发的工资最后因为要支付租金、购买食物和使用设施最后又归还给了房东。1893年的经济大萧条迫使工厂缩小支出，减少工作时间，解雇工人。这些原本疏离的工人在伟大的社会主义者尤金·德布斯（Eugene Debs）的领导下进行了罢工。最终出动了美国军队来平息这场对抗。

尽管存在雇佣之间的对抗和敌意，但是工人们对体育的兴趣并没有受到影响。工会开始组织自己的棒球队，提供台球厅以及其他设施来加固他们之间的情谊。公司也为工人开展了类似的项目，后来变成了福利资本主义。许多企业开展了休闲项目，包括俄亥俄州代顿市的国家现金注册公司、宾夕法尼亚铁路公司、匹兹堡的亨氏公司、好时巧克力公司、美国钢铁公司等企业。

第六节　性别体育，阶层和社会角色

内战之后，许多像斯伯丁和普尔曼一样的人建立了现代美国体育文化的形式和实务，但是他们很少考虑他们公司女员工参与体育活动的情况。内战后情况开始转变，女性在久坐不动的城市生活中没能得到健康的身体，于是开始更加积极地参与休闲运动和体育锻炼。对于那些在农村地区的女性而言，新形式的体育休闲或许改变了她们的身体状况，而那些离开农庄到城市去的女性又接触到了新的城市模式的体育锻炼和休闲运动。和工人阶级的人群相比而言，中高层的白种女性已有更多的闲暇时间，也有更多的受教育机会，她们发现一些体育锻炼方法似乎既适合女性也符合社会道德要求。在追求身体锻炼和体育活动的时候，所有女人必须要处理和男人的关系，包括课堂上的关系和种族问题。尽管女性参与运动时受到着装的限制（通常会限制身体的灵活性），但是并没有影响她们参与体育运动的热情。19世纪后期，一些女性改革者甚至更加直接地挑战美国体育和文化中男性的地位。

一、工人阶级女性的娱乐活动

工人阶级女性最早于1867年参加了专业的赛艇比赛，19世纪70年代女性职业徒步者和拳击手有了收入，这引起了关注。1871年，5个女性参加了帝国城划船俱乐部的2英里（3.2千米）划船比赛。艾米丽·肖恩（Amelia Shean）以18分32秒的成绩摘得17英尺（5.2米）工业船的个人冠军。1876年，玛丽·马歇尔（Mary Marshall）击败一名男子对手成为纽约城市竞走比赛前三甲。马歇尔的对手是贝莎·王·席勒（Bertha von Hiller），她是一个德国移民，后来成为一个名人。她既是步行者又于1876年和1877年间倡导女性运动。接下来的一年中，艾达·安德森（Ada Aderson）从英国来到美国，吸引了成千上万的观众观看她的长距离竞走。另一次在1878年，她日常行走了一个月，用2700个1/4小时走完了700个1/4英里（也就是765英里，大约1085千米），必要的时候睡在简易小床上［Kirsch, Sports（Vol. 4）350］。她的壮举激发了许多女性行走者，1879年，100多名女性参加了专业性的比赛（Shaulis 39）。

由于竞争激烈，一些女性竞走者开始转向其他运动来谋生——路易斯·阿曼多（Louis Armaindo）、梅·史丹利（May Stanley）和爱莎·王·布鲁门（Elsa Von Blumen）就是例子，她们转为长途自行车手——然而还有些人进入颇为艰难的拳击圈子（Shaulis 43）。自行车项目很受欢迎，并且还产生了早期的全球化效应：

车轮
是爱好者的安静的战马
新的结合
专业明星车手开始了世界征程

自行车手的结合被称之为"冠军联盟"，上周在芝加哥成立。阿曼多是联盟的最爱，她是美国长途自行车赛的冠军，是名单上的头号人物；约翰 S. 普林斯（John S. Prince）是短程冠军；亨利 W. 海厄姆（Henry W. Higham）是英国长途冠军；弗莱德 S. 罗林森（Fred S. Rollinson）是前冠军；托马斯 W. 艾克（Thomas W. Eck）是专业车手，也包含在内。她们都由著名的体育经理人弗莱德 J. 恩格尔哈特（Fred J. Engelhardt）管理。联盟的本意是在西部一线城市组织展览和比赛，然后扩展到澳大利亚和英国。阿曼多以72小时骑行843英里创造了纪录，普林斯则在最后30小时内骑出486英里的骄人成绩；海厄姆，72小时骑行1040英里；罗林森3小时骑了50英里，这些成绩足以证明该联盟的强大。这个"联盟"已经达成共识，这个共识有点新奇。他们建立了共同资金，用来支付他们的开销。这个资金的钱，是由所有成员的全部收入构成的，其中10%用于比赛资金，只包括和联盟外的对手比赛，还包括相当长一段时间内如没有联盟外的挑战者，那么就会用这笔资金就用来组织一个六天比赛，选手为阿曼多、海厄姆和普林斯。尽管联盟外的人可以通过向基金存入三分之一的钱进入比赛，但是只有冠军才可以赢走所有的奖金。11月16日的晚上，这个机构由芝加哥迁移到喀纳斯城。在旧金山，普林斯要遇到太平洋沿岸地区冠军查尔斯·史密斯（Charles Smith）。但是阿曼多，海厄姆和普林斯之间的为期六天的比赛仍然要进行，这比赛花费占了巡回赛资金的10%。他们计划2月1日开始比赛，目的地为澳大利亚。在那里，海厄姆要和澳大利亚冠军罗尔夫（Rolf）一决胜负。双方各自都有两个机器。他们回程的时候会经过英国。（qtd.in Gems，Sports 155-156）

内尔·桑德斯（Nell Saunders）在拳击比赛中击败了罗斯·哈兰德（Rose Harland）赢得了银奖。中产阶级认为这样的消遣活动是不得体的，太不像淑女了。一个芝加哥的记者断言说"男人之间的战斗是非常有观赏性的，但是自我抛弃的、可怜的、几乎赤裸的女人（注：有妓女的意思）之间残忍进行打斗，给人难以忍受的厌恶感。而那些观看她们比赛的就是一群恶棍，在人性方面甚至比这些女人更低贱"［Pierce，A History（Vol.2）468］。

二、中产阶级的体育追求

对于中层阶级的白种女人而言，参加休闲活动是更文雅的，也更是被人接受的。中上层社会女性的体育活动形式是多样的，包括门球和网球，人们认为这样的运动符合她们的社会地位和性别。斯塔恩岛板球和棒球俱乐部有剑术和飞镖项目。19世纪80年代的时候，到处可以看到女人在剑术俱乐部里活动。1879年8月在芝加哥，20个女人参加了第一次全国剑术比赛，来自密歇根的海斯汀斯家的太太斯伯丁·布朗夫（Spalding Brown）夺取了冠军。由于当时服装的要求，她们的灵活性和运动机会受到了很大的限制，尤其是那些中产阶级和富家妇女，她们严格按照当时的流行服饰来穿衣。束身衣和忙碌的生活深化了男女的差别，女性主要参加的是相对被动的运动，即那些没有用到肌肉、没有挑战男人权威的运动。这个时期的女性更加积极地参与了休闲活动——网球、高尔夫或者水上项目（赛艇），或者集体运动，为接下来几十年里更多女性参加更有活力更有竞争性的运动作了准备。

（一）门球

19世纪60年代门球成为一项时尚的休闲运动，由于在家庭前的草地上进行时，年轻的白人中产阶级女性可以和年轻男性参与这个公开团体活动而不需要年长的监护人的看管。19世纪60年代的"门球热"促使女性开始在家里玩这个游戏，也会在度假的时候去镀金时代的景点玩门球，这些景点就是门球草坪和其他一些运动项目的场地，比如游泳、网球、划船。凯瑟琳·比彻（Catharine Beecher）和她的姐姐哈里特·比彻·史杜威（Harriet Beecher Stowe）在靠近康奈蒂克州哈弗特的努克农场玩门球，她的姐姐就住在那儿。对像比彻这样的中产阶级家庭的女性来说，门球不只是一项愉悦的户外运动，还是朋友和家人聚会的机会。有一本书叫作《如何玩场地和室内门球》（How to Play Field and Croquet, 1865），写的就是玩门球的方法：

> 当男人和男孩有健康的户外消遣方式的时候，妇女和女孩们的活动只限于一些没那么有趣的室内活动……手握和使用球棍要优雅，抱着放松和愉悦的态度，轮到你的时候要及时，比赛中要有绅士风度和淑女风范，这些都没必要详述了。（qtd.in Dulles 191）

妇女们为家庭购置门球装备，规则书的出版和体育用品公司大量生产门球用品则增加了女性对门球的热情。

门球在这一时期颇受女性的欢迎，那时候中产阶级美国人极大地受到男女"领域不同"的思想的影响。渐渐地，中层妇女开始追求室内和适合女性的活动，尽管她们有时候也拓展到公共的体育休闲活动。虽然门球被视作是体育活动，但"并不像棒球那样'被视为男人的运动'；门球不要求身体力量和耐力；不需要快的速度，也没有太大的竞争性"。作为一个家庭游戏，"门球具有包容性和社会性，温柔优雅"，玩门球"可以消除当代生活的压力和紧张，因为所有人，包括年轻人和老人、男人和女人都可以在同一片场地上玩闹"（Lewis，"American" 373）。在家庭的草坪上和度假营地上，女性可以参加这种有益身体健康的活动，而且通常是男女混合的情况。门球被认为可以保护女性和她们的家庭远离一些更粗暴的运动和活动，比如说农村的街边生活、大厅、赌博、酗酒和一些不道德的商业娱乐（Lewis，"American" 377）。

门球流行期间，女性的体育活动有所增加，有时甚至还能挑战传统的性别束缚。历史学家乔恩·斯特恩加斯（Jon Sternagass）从性别角色的角度调查了19世纪门球热的情况。比如假动作等："或许从原则上来讲，女人应该是优雅有礼貌、创造时尚的人，但是在门球场上，女性可以暂时一改她们平常被动的角色，在不羞辱男性的情况下女性可以占支配地位。女性认真地参加比赛，和男人一比高低，还经常取得胜利。"女性在门球场上的表现当然是不符合维多利亚时期的刻板的性别形象的，因此可以说19世纪美国文化的一个显著变化就是体育"挑战了男性的权威和男女区别的传统概念"（Sterngass 388，405）。女人可以在门球游戏中"以智取胜"，她们可以用长裙来藏着球棍，掩饰射门的动作，或者用她们的圆形裙摆偷偷地带着球走。女性的一些动作带有性内涵，比如当她们提起裙子的时候，就对男选手露出了她们的脚。有时候，男士会去捡球，放在射球的位置来展示他们的绅士风度。一名女性运动员用球杆径直将她的球传入槌球环内，演示了运动员技巧的同时也从根本上改变了人们对于分球的见解。女性用球杆击打属于男性的球类，象征着一种性别权力的转换，呈现了男女群体混合现象对于传统性别权威的挑战。当门球开始兴起于19世纪时，历史学家乔恩·斯特恩盖斯描述了当女性槌球运动员将她们的球推到她们的对手（男性对手）球边的时候是如何做的——紧跟着推进的击球，可以被认为是一项含有寓意的行为。当他们的女性对手将球整齐地列放好之后，撩起她们的长裙，将她们秀丽的双足搭在她们的球之后，随着"啪"的一声将其他的球打入未知地方之时，男性对手只得被迫抬头往上看（Sterngass 403）。这种含有性暗示的运动激起了那个年代道德和性别之间规则的讨论。

参与者和观众都对门球运动中一种司空见惯的作弊行为进行了抨击。在这种情况下，即使有时为了满足自身利益而扭曲规则的普通男性和女性，也会变得毫无性别差异意识。威廉·迪克斯（William Dix）在19世纪70年代关于美国的度假胜地的回忆录中写道，绝大多数的黄金度假酒店都拥有门球草坪——这些草坪一般情况下都是人们用来聊天甚至争吵的地方（这部分我们可以忽略），有时候过度作弊会导致比赛本身变得无趣（*qtd.in Sterngass 402*）。女性自身也会对于她们在比赛中为了获得胜利而作弊的行为进行抨击。凯瑟琳·莱斯（Katherine Rice），曾在纽约的阿尔巴尼女子学校上学，并且也参加了门球比赛。关于一场1873年开展的非专业门球比赛，她在日记中抱怨道："麦蒂（Mattie）作弊了！作弊了！作弊了！作弊了！作弊了！！"但是似乎并没有人认为这有什么不妥（*qtd.in Sterngass 409*）。比赛自身就包含了竞争因素，这就导致了传统性别角色竞争行为成为草地门球文化空间的一部分。

（二）草地网球

1874年春，玛丽·尤因·奥特布里奇（Marry Ewing Outerbridge）将她在百慕大学到的一种广受欢迎的英式运动——草地网球，介绍给了斯塔顿板球及棒球俱乐部的成员。玛丽带回了一系列的网球装备，并将之展示给了她同样热爱体育的兄长看。在获得了她的兄长——俱乐部的主管A·艾埃米利乌斯·奥特布里奇（A·Emilius Outerbridge）的准许之后，玛丽在并没有受到大多阻挠的情况下，在板球场的一个角落临时搭建起了一张网。这是草地网球第一次受到俱乐部成员的关注，也因此吸引了公众的注意力（*Gillmeister 209*）。玛丽的兄长之一，尤金斯·H.奥特布里奇（Eugenius H.Outerbridge）建议在俱乐部内举办一场网球锦标赛，因此美国第一届网球锦标赛于1880年9月1日在斯塔顿板球排球俱乐部举行，同时也被媒体报道者誉为国际性锦标赛。双打团队由理查德·道德利·希尔斯（Richard Dudley Sears）团队和詹姆士·杜怀特博士（James Dwight）组成，他们随后作为搭档赢得了五项美国双打冠军。理查德·道德利·希尔斯最终成为七次获得美国单打冠军的选手（*Gillmeister 208*）。

这次锦标赛最终促成了美国国家草地网球协会于1881年5月诞生。该协会希望在计分、设备及国家锦标赛上提供一个标准化的规则。代表们决定将罗德岛新建的纽波特赌场设为锦标赛场地，并将1881年8月31日认为是第一届国际草地网球锦标赛的时间（今天，纽波特赌场网球俱乐部已经成为国际网球名人堂及男子锦标赛举办地）。在美国网球锦标赛中，最初的竞赛者都来自社会上的精英及经济雄厚的家庭，并且最开始的时候只有男性可以参加锦标赛。理查德在晚年（20世纪30年代）回忆道，他在19世纪80年代美国网球锦标赛上的开幕词是这样说的：

> 大多数运动员都身着灯笼裤，与之搭配的是运动上衣、皮带、领带以及他们所在队队色的羊绒长袜。他们的鞋子大多都是橡皮制的鞋底及帆布或者鹿皮制的鞋面。他们当中没有任何一个人将袖子剪掉，大多数都选择将之挽起。
>
> 在第二年的锦标赛上，人们发现所有球员开始使用或快或慢的上手发球，大多数人采取较慢速度。一旦有好的机会，人们就会选择截击球。但是我和杜怀特在受到了一系列的挫败之后都选择采用一种高而慢的球技进行截击，当然这种球要求大量的练习并且确保高效。当这些运动员也开始对于这种截击感到厌倦的时候，他们一般也会选择打高慢球，但却更矮，这样就给了我们轻而易举的杀球机会。（qtd.in Gillmeister 212）

在乡村俱乐部和私人网球场里，草地网球很快在白人女性精英群中流行起来，而且越来越多的锦标赛开始被举办。正如早期的划船比赛一样（我们在第四章所讨论的），草地网球的盛行促成了国际性锦标赛的诞生。事实上，据网球历史学家海纳·吉尔梅斯特（Heiner Gillmeister）所言："美国网球所获得的最伟大的成就就是创造了戴维斯杯。"在竞赛中，来自世界各国的单打或者双打竞赛的参赛者都可以为了自己的国家而比赛。当一支来自英国的网球队击败了美国队，并扭转了世界网球局势之后，1883年第一届戴维斯杯先驱诞生（Gillmeister 213）。1899年杜怀特·戴维斯（Dwight Davis）

第五章 镀金时代体育的扩张和新形式（1870—1890年） 233

对新运动形式的传播提升了国民对其的兴趣，并且塑造了更加国民化、更加统一的运动文化
图片由国会图书馆提供，LC-USZC4-1180

委托他方制作戴维斯杯奖杯。1900年第一届戴维斯杯比赛在波士顿举行，并最终以美国队3∶0击败不列颠岛队告终。胜利的队伍里包括了马尔科姆·怀特曼（Malcolm Whiteman）和霍尔库姆·沃德（Holcombe Ward），这些人都曾是哈佛的队员（*Gillmeister 218*）。同时，霍尔库姆·沃德也是同年大学间联合和国际双打冠军。

尽管对于那时的女性而言，竞争性的比赛只停留在她们的幼年时期，但网球不单作为社交工具还作为一种健身目的，的确在19世纪80年代乡村俱乐部里的白人中层阶级女性中广受欢迎（尤其是那些父亲或者兄长具备会员身份的女性）。在一个颇具知名度的俱乐部——费城的日耳曼板球俱乐部中，女性不只打网球，也积极寻求获得比赛的机会。1887年和1888年，该俱乐部给女性队员举办了一场锦标赛，该锦标赛在获得声望之后，于1889年成了专为女性举办的美国网球锦标赛。

（三）高校活动

随着女子学校的建立，中上阶层的白人女性获得了更大程度的自由。当马修·瓦瑟（Matthew Vassar）的女儿被拒绝进入大学之后，为了让女性获得高等教育，他于1861年开办了一个与之同名的女子学院。该学院包括一个为体能训练而设的体育馆、一个马厩，为学生提供了更多参与箭术、槌球及羽毛球运动的机会，同时学生们为了健康而进行球类、划船以及体操比赛。1875年瓦瑟女子学院组建了三支棒球队。史密斯学院于1878年尾随其后，曼荷莲女子学院也早于1884年组建了一支女子棒球队［Guttmann，Sports（2004）132-133］。

1873年威斯康星大学准许女性进入大学学习，并且给她们一个体育馆使用。一年后，亨利·福尔·杜兰特（Henry Fowle Durant）和波林·福尔·杜兰特（Pauline Fowle Durant）兴办韦尔斯利大学，该大学的运动设施包括一个体育馆及学生所需的运动设备。学生在邻近的湖内划船，同时该湖也是她们冬天滑冰、在温暖季节里练习网球的地方。19世纪80年代，韦尔斯利的女性开始采用专业的服饰作为运动服装。在该女子学校体能训练指导员露西尔·伊顿·希尔（Lucille Eaton Hill）的指导下，女子开始参与校内依旧正统的划船比赛。比赛者向哈佛和耶鲁的男子船员学习，甚至为了训练目的而租用划船机器。1891年，最佳船员组成了一支全大学生的船员队伍。第二年，女性为了寻求更高效率而购买了一种带有滑动椅子的现代护壳，同时裤子很快就取代了裙子（Warner，When 182-192）。波士顿学院，也就是后来我们所说的拉德克利夫学院，在1881年将达德利·萨金特博士（Dudley Sargent）从哈佛大学请来当体操教师。

即使是非大学生的女性也很快参与到体育运动之中。除槌球之外，女性通过滑冰而获得了很大程度上的训练，并且轮滑热于19世纪70年代席卷整个国家的现象充分证明了女性在她们的生活当中可以寻求更大程度的自由。

美国内战后期，处于黄金年代的活跃女性继续为她们的参政权、离婚权、戒酒以及获得高等教育资格权而运动。在这种政治性和消耗体力的运动中，女性积极寻求更大程度的自主权，并质疑传统意识对于家庭女性的期望，所有这些都威胁到了男权统治体系。当这些女性在美国社会里不断为了个人独立而工作时，她们用各种花样的娱乐活动,如槌球、滑冰以及后期的骑行,来享受摆脱维多利亚时代对于女性行为束缚后的新自由。

第七节 体育的常规:业余主义对职业化

19世纪后期,阶级问题在很大程度上限制了运动员。上层社会认为那些为了获得报酬或者为了其他任何形式的酬劳而进行的体育运动是不体面、没有价值的,并且高度质疑运动员的荣誉及动机。通常意义上,他们对于非职业的概念是由那些英国贵族对于人们运动是为了消遣或者娱乐,而非为了获得报酬的理念而决定的。对于职业拳击手、竞走者和棒球运动员而言,他们是最能和赌棍、酒吧里的单身汉形象挂钩的,这种观念只会固化人们对于运动员的传统偏见和刻板印象。

精英们对于业余的概念通常都是矛盾的。然而,随着对于美国个性属性——竞争性,以及需要赢的心理认识的加深,至19世纪70年代,甚至是东北部的大学生精英们也开始雇佣专业教练员给他们的赛舟竞赛提供训练。1876年于费城举办的百年纪念展览里就包含了职业和非职业竞赛,1882年,哈佛大学雇佣了一名职业教练员对他们的田径运动员进行训练。艾伯特·斯伯丁和亨利·查德威克(Henry Chadwick)对于体育塑造人格及作为一种有效的控制问题少年的手段赞不绝口。美国人对于体育的价值开始各抒己见,随着困难程度的加大,大量与体育相关的团体开始尝试分析业余和职业之间的区别。首先是1872年美国业余划桨手协会的设立和美国大学生联合业余运动员协会于1876年给田径赛带来的类似问题。非大学间联合运动员俱乐部于1879年与之共同组成美国国际业余体育协会,对那些被认为是非职业人士,该协会的锦标赛对其开放。

伴随着寻求地位的俱乐部对胜利的渴望和希望被任命的心理,一些运动员给统治团体带来了窘境。劳伦斯·朗·迈尔斯(Lawrence Lon Myers)将这种情况告知了曼哈顿体育俱乐部(Manhattan Athletic Club)。作为一个单薄体弱的青年,迈尔斯把从事棒球和竞赛运动作为治疗法。尽管他不足五尺八寸高且体重仅有115磅,但仍保持了从50码(46米)到一英里(1.6千米)的纪录而成为世界上最优秀的跑步运动员。曼哈顿体育俱乐部非常希望迈尔斯能够为之效力，并且忽略他的犹太血统，在俱乐部内付给他工资。正如那个年代的其他业余运动员一样，迈尔斯为了套现很快就将他的奖章奖杯拿去抵押。1885年，迈尔斯甚至举办了一场筹资活动最终为他的锦标赛筹集了4000美元。直到1886年，与英国冠军沃尔特·乔治（Walter George）的竞赛赌注之后，公众才承认了迈尔斯的职业性。而在此前8年时间里，他一直作为业余选手积累财富。跑步运动员将门票收入分配给不同距离的三局两胜的比赛，而第一场就吸引了六千名观众。迈尔斯轻易赢得了1000码（将近914米）以及四分之三英里（1.2千米）的比赛，以曼哈顿体育俱乐部代表的身份将2000美元奖金收入囊中。1888年，15支杰出的体育俱乐部出于对N4A消极抵制作弊行为的反抗，加入了业余体育联盟（AAU，Amateur Athletic Union）❶，这是一个成功取代所有其他私人社团组织及制定美国业余体育运动规章的组织。随着大学间和学校间体育运动的兴起，尤其是随着大量工人阶级青少年于20世纪进入大学学习之后，业余性概念受到了持续不断的挑战。

1880年后，随着大量的移民涌入美国，所呈现出的问题往往超越了业余性问题，体育已经在很大程度上增加了无数的社会焦虑。在美国进步时代早期，社会改革家提出的一些特别的社会主义化、教育、民族同化、文化适应的意识形态与体育运动相关。他们基于一种对于什么是美国人更加清晰的身份认同感，尝试着给美国社会更大程度的凝聚力和认同感。

小结

本章调查了影响或推动19世纪末期体育产业的各种因素。与日俱增的美国城市化进程、源源不断的欧洲移民，以及不同社会种族、各阶层人民均为美国社会和体育运动的发展贡献力量。对于体育运动的管理而言，阶级差异在运动俱乐部

---

❶美国业余体联，成立于1888年，是美国成立最早也是最大的一个体育组织。其成员包括各州体育协会和4个军种（陆、海、空军及海军陆战队）的体育组织，管辖所属的7000多个俱乐部，有30多万名业余教练员、裁判员、比赛组织者、管理人员。它的经费来源是征收会费、门票收入、出卖比赛电视转播权、企业与私人捐助等；国家资助的形式是免税。<http://www.dictall.com/indu55/41/5541352517B.htm>

已登记在案,而且争论点不只是职业化还有业余化。体育企业家采取一定的商业政策使体育比赛更加商业化和专业化。

体育运动的训练同样在两性关系和性别角色定义中发挥重要作用。尤其是力量型运动,还伴随着单身男性亚文化,凸显出浓烈的男性色彩。然而女性渐渐挑战着他们所谓的既定角色以及所规定的运动着装。因此,这段黄金时期在美国体育史上画出了浓墨重彩的一笔。

大事年表

- 1869年

国会通过的第十五项修正案,禁止基于种族的投票权

伊莉莎白·卡迪·斯坦顿(Elizabeth cady stanton)和苏珊 B. 安东尼(Susan B. Anthony)创立国民女子选举权协会,为女子争取选举权和其他一些权利

为推进选举权,美国妇女选举权会成立

- 1874年

美国引进网球

- 1875年

第一届肯塔基赛马会举办

- 1876年

亚历山大·格拉汉姆·贝尔(Alexander Graham Bell)发明了电话

国家棒球联赛成立

修角战役爆发

美国大学校际业余运动员协会成立

切斯特马球俱乐部成立(纽约)

第一届国际田径赛锦标赛举行(纽约运动俱乐部)

- 1877年

铁路大罢工爆发

- 1879年

卡莱尔·印第安学院成立

国际射箭大赛举行

- 1880年

托马斯·爱迪生（Thomas Edison）发明电灯

- 1880年

美国骑行联赛创办

实施对南方黑人隔离和剥夺权力的法律制定

- 1881年

美国草地网球协会成立

- 1882年

《排华法案》通过

普尔曼（Pullman）推出工余康乐体系

第一个乡村俱乐部成立（马萨诸塞州的布鲁克林）

约翰·鲁·沙莉文（John L. Sullivan）在重量级拳击冠军赛中击败了帕蒂·瑞安（Paddy Ryan）

- 1883年

纽约运动俱乐部举办了第一届国际游泳锦标赛

- 1886年

美国劳工联合会成立

干草市场事件发生在芝加哥

- 1887年

第一个女子业余高尔夫联赛举办

- 1888年

业余运动联合会组织国际锦标赛，包括拳击、击剑、体操、游泳、田径

- 1889年

赫尔馆在芝加哥开放，为移民提供体育和运动项目

第一届全美橄榄球队选定

波士顿体育协会给美国介绍水球

第一届美国速滑锦标赛举行

● 1890年

怀俄明州赋予了妇女选举权

谢尔曼反托拉斯法通过

马球协会（后来被称为美国马球协会）成立

兄弟联盟（棒球）成立

联合1896年成立的两个妇女权利团体，美国全国妇女选举权协会成立

第六章

进步主义[1]早期的美国体育和社会变迁

（1890—1900年）

阅读完本章节后，你将会了解以下内容：

- 进步主义改革家们眼中各族群对于美国社会和文化转变的反应
- 工业化所产生的美国文化的改变，以及城市和郊区娱乐空间的需求
- 美式橄榄球崛起成为一种体育现象
- 体育教育与校际体育运动在同化移民中的角色
- 这一时期先进体育科技的意义
- 从和平运动向民族主义运动转变的现代奥林匹克

---

[1] 进步主义是一种19世纪末至20世纪初从北美开始的政治运动和意识形态，此意识形态属于中间偏左，来源于美国社会对工业化带来的问题的种种反思。这些问题包括：腐败的政治，大财团垄断下不自由的市场，贫富差距的不断加大。进步主义者们支持在混合经济的架构下劳动人权和社会正义的持续进步，他们也是福利国家和反托拉斯法最早的拥护者之一。<http://baike.haosou.com/doc/9598001-9943478.html>

第六章 进步主义早期的美国体育和社会变迁（1890—1900年）

进步主义时期出现在美国各高校橄榄球联盟之间的激烈竞争反映出整个美国社会开始发生改变。花钱雇佣专职教练的做法表明球队对胜利更加重视，无论是社团还是大学的球队，都想要在其对手面前占据优势，这成为美国文化的特色。哈佛大学著名的橄榄球教练比尔·里德（Bill Reid）就曾沉迷于哈佛和耶鲁的激烈竞争之中。他在日记中记录下对胜利的渴望，他可以优先占据队员其他活动时间，以及他对队员哪怕牺牲学习时间也来参加训练的期盼：

> 有些队员今天下午晚到了球场，我斥责了他们。布里尔（Brill）因为参加一场演讲而迟到了近15分钟，他说他很害怕自己被淘汰。如我所知，11月份的考试分数到与耶鲁的比赛日之后才能出来，我早知他无法专心训练，所以就告诉他必要的话就放弃，以使他能及时回到训练当中来。我不关心其他时间其他人有多关心学生，（但是）与耶鲁比赛前的四天……我看到每个人都情不自禁地认为没有任何事比击败耶鲁更重要。（qtd.in Smith，Big-Time 291，300-301）

对赢得胜利和获取财富如此的态度，以及在镀金时代伴随着由田园化的农业经济向城市化的工业经济快速的转变而出现的腐败和其他敏感问题，引发了一系列对于美国文化进步性的质疑，不单在体育中，放至整个美国社会亦然。被称为进步主义改革者的社会批评家强烈要求进行一系列的改变来解决这些问题，抑制镀金时代的腐败以及改善迅速增长的城市人口的生活。他们经常关注不断增长的来美移民的数量，并经常在一系列的组织活动中加入体育运动用来教育和同化这些外来移民，同时处理那些敏感的社会弊病。

本章展示了移民、工业化、城市化、帝国主义以及对少数族群的同化是如何改变美国面貌的。

第一节　进步主义时期的社会改革者

社会的进步分子，包括那些隶属松散组织或独立的白人，盎格鲁-撒克逊新教（WASP）❶的信男信女，都成了社会改革者的典范。他们制订了诸多目标、补救办法以及中产阶级的价值观来面对社会弊病，如腐败的政府，不择手段地追求财富，对人们的剥削以及在所谓的民主共和国中权利的不平等。他们的分析和解决办法来源于一个显著的新教道德准则，其被称作"社会福音"。卫道士们坚决反对色情文学和卖淫并赞同禁欲。1919年，通过后来者的努力而取得的成功导致了"第十八条修正案"（即著名的禁酒令）❷的发布，禁酒令严禁生产、销售以及运输非药用性酒精，禁止啤酒以及白酒的消费，使得众多美国人特别是少数民族所喜爱的闲暇活动受到压缩（Powers, Faces 82–83）。因而此法令深化了基于族群、宗教以及阶级的道德尺度。

改革者们同时也在寻求能使公平竞争在资本主义经济体系下得以生存的方法，如工人自行组织一种工人联盟来争取更高的薪水和更好的生活环境。大多数工人一周工作6天，每天要工作10个小时，却仅仅只有9美元的周薪（Blum et al. 467）。一些工人领袖如尤金·德布兹（Eugene Debs）提倡社会主义；有些人提倡无政府主义；甚至，就世界产业工人组织（IWW）来说，更多激进改革甚至意味着将以暴力达到更公平公正的社会作为其终极目标。在这样一个环境中，雇主和其工人之间的一系列矛盾对美国的自由、民主以及机会提出了质疑。例如，1877年7月发生的一次全国铁路罢工削弱了交通网，而作为无政府主义运动中心

---

❶ White Anglo-Saxon Protestant的简称，意为新教徒的盎格鲁-撒克逊裔美国人，现在可以泛指信奉新教的欧裔美国人。现在的WASP词义比当初创建时涵盖的内容要广泛得多。今日所有讲英语的欧裔新教徒都能称作WASP。<http://baike.baidu.com/link?url=mwTIeX5EkyYNSM11QB8EqDXhAna55DX-PsuifLaOFDroECSm85kVvOkQ8-gFn0pbEJVhS-VN6SWoIDm9-5352ZpV4EmWbAP7K-Eq6I1JxHW>

❷ 1917年12月18日，美国第65届国会以"经济、效率和道德"为由，通过了"第十八条修正案"，并将其提交各州审议。该修正案共三款，第一款："本条批准一年后，禁止在合众国及其管辖下的一切领土内酿造、出售和运送作为饮料的致醉酒类；禁止此类酒类输入或输出合众国及其管辖下的一切领土。"第二款："国会和各州都有权以适当立法实施本条。"第三款："本条除非在国会将其提交各州之日起七年以内，由各州议会按本宪法规定批准为宪法修正案，不得发生效力。"<http://baike.baidu.com/view/629049.htm>

第六章　进步主义早期的美国体育和社会变迁（1890—1900年）

的芝加哥见证了1886年5月4日的秣市惨案（Haymarket Massacre）❶——一场发生在工人和警察之间的冲突造成了8人死亡60人受伤。警察以乱枪回应，击倒了更多的人。在接下来的8年里，芝加哥先后爆发了528次工人运动，造成了900万美元的经济损失（Gems, For Pride 3-4）。

工人与雇主的对峙贯穿了19世纪90年代，一支失业者大军甚至于1892年开进了华盛顿。20世纪早期，联邦政府采纳了一些积极措施，压制一些大的托拉斯集团，制止商业上的垄断，对富人征收更多所得税来开发人力和商业资源。在地方上，社会服务所（坐落在移民区周围的社会机构）中的工人和公园主管们试图吸收青少年，然后利用体育运动把他们从父母的温室中转移出来。

一些喜好调查、被称为"揭露者"的记者揭露，政客和雇主的腐败增加了那些寻求改善生活的移民中贫困人口的数量。19世纪70年代，250万人移民至美国，随后在80年代又有500万；从1865年至1915年，移民数量共计有2500万。截至1890年，80%的纽约人是外来移民及其子女（Garraty 444, 473, 477）。

城市中的贫民区居住着几百万人，拥挤且恶劣的条件导致了疾病和犯罪，城市物业完全忽视卫生状况甚至是贫困潦倒的人的基本生活状况。1882年，芝加哥有50%的儿童5岁前就夭折了［Pierce, A History（Vol. 3）55］。一种新职业——社会护工，作为缓和剂应运而生。许多社会护工人员都是受过良好教育的女性，在全国范围内，她们在这个新岗位上担当了一种类似于保姆的角色。强势的女性依然在向社会的性别不平等挑战，如争取选举权、节育以及获取普遍尊重。

进步主义改革者们计划设计一种三级程序来兼容各种伦理标准以及国内的工人阶层，体育运动被纳入这个程序。（第一步）依赖于人道主义关怀。儿童在工厂里长时间工作至疲惫不堪，常常受伤甚至死亡。马匹践踏在街道上玩乐或工作的儿童。激进者们为儿童争取童工保护法，以限制雇佣全日制的童工，但是这样的议案却遭到了父母的反对。在没有实际的薪金下限要求以及工人的退休计划的情况下，移民家庭必须依靠家庭劳动者来维持生计以及保障卫生医疗，抵御失业

---

❶1886年5月4日芝加哥工人为争取8小时工作制在秣市广场举行集会遭到镇压而发生的惨案。1886年5月1日，美国有35万工人举行争取8小时工作制的罢工游行。5月3日，芝加哥麦考密克农机制造厂及其附近的工人举行罢工，警察开枪镇压，打死4人，打伤多人。次日晚，6000名罢工群众在秣市广场附近再次集会，抗议警察暴行，遭到警察弹压。为了纪念美国工人阶级的英勇斗争，1889年第二国际巴黎大会决定，自1889年起每年5月1日定为国际劳动节。<http://baike.baidu.com/view/969530.htm>

和老龄化风险。

失业的孩子在街头流浪，加入街头团伙参与轻微犯罪或恶作剧。激进者们随后通过强制教育法（第二步），要求儿童必须进入学校。到1918年，每一个州都颁布了此类法律（Clement and Reiner 476）。劝学官员强制提高入学率，但是被迫入学的移民们不确定这是学习还是美国化，因为许多移民儿童并不会说英语。就这一点而言，体育教育证明了它的巨大益处，随后迅速成为诸多公立学校的必修课（第三步）。受过训练的体育教育者们教导学生从事一些具有竞争性的美国运动项目，如棒球、橄榄球、篮球等。这些竞赛形式为资本主义经济体系建立了基本原则；团队运动同时教授团队合作和领导力之于民主化的必要性。此外，有管理的比赛通过教练员、裁判员的形式教人们学会服从权威——这为资本雇佣者处理激进分子或不满工人时提供了经验。雇佣者们对于体育运动的转化能力的信仰促使他们提供资金和公共资源来支持与日俱增的学校，从而完成文化渗透。

过度拥挤的房屋导致麻疹、伤寒、白喉、结核病以及其他传染性疾病传播条件趋于成熟

图片由国会图书馆提供，LC-USZ62-8836

第二节　美国意识形态下的竞技和比赛

过度拥挤的城市要求重新进行城市规划以创造更多空间。1893年的芝加哥世界博览会，历史学家弗雷德里克·杰克逊·特纳（Frederick Jackson Turner）宣布

第六章　进步主义早期的美国体育和社会变迁（1890—1900年）

美国开拓时代的完结，并指出这段开拓的历程在塑造美国民族性方面是必不可少的：在没有更多土地或印第安部落需要征服，以及大量欧洲移民流入的情况下，美国新教徒文化中进取、尚武及独立自主的精神特色即使还没有消亡，也将不断衰退下去。心理学家G. 斯坦利·霍尔（G. Stanley Hall）在他的重演论基础上为新教徒提出了新希望，重演论宣称社会，如单个人类，在其固有的竞争方式下渡过了明显的进化阶段。在这个观点中，简单的跑动或投掷动作源自原始的捕猎活动，但却为后来的类似追逐猎物的追逐类体育运动打下基础。久而久之，孩子们学会了更复杂、更具合作性的游戏，锻炼了孩童们的领导力、策略能力以及文明社会所需的种种性格。

霍尔的理论与他的一个学生约翰·杜威（John Dewey）的实用主义哲学结合到一起，为竞技运动打下了坚实的基础。在杜威的体系中，一个人通过经验学习——参与活动，可能使其获得领导力、团队协作力以及为集体利益做出自我牺牲的精神。例如，棒球作为少数民族青年在价值观养成时期的主要运动方式，或许能让少数族裔的社群主义与美国式的个人主义出现和谐相处的情况，因为所有的队员不仅作为一个防守队伍在一起工作，并且通过球棒赢得个人荣誉。之后，通过霍尔和杜威的观点，体育运动获得其合理性，在进步主义时期的末期，历史学家弗雷德里克·帕克森（Frederic Paxson）宣称体育运动成为新的可开发领域，在那里美国人或移民可能会寻求到在西方业已消亡的社会流动性以及从城市精神压力中的解脱。

在这样的环境中，体育运动和比赛扮演了对青年进行身体训练和道德教育的基本角色。人们希望在教练员和受过训练的体育指导员的指导下，通过参与比赛和身体活动，特别是能激发出协作配合欲望和尊重权威思想的棒球、橄榄球和篮球等团队运动来使年轻人，尤其是男孩子们，学着变为忠诚、自律、有道德以及爱国的美国人，而不是堕落的混世魔王。当局者希望学生通过学着服从领袖以及团队配合理解民主原则的实际应用。对裁判员的服从使遵守意识一点点灌输到思想中去，但体育运动的竞争本性也使资本主义经济基础得以加强。此外，橄榄球促进了人们对军事素质在保持国家强大以及保卫资本主义方面的信仰、增强民主以及个人权利的必要性的认识。西奥多·罗斯福（Theodore Rosevelt）指出：

在任何共和国，一个人若想做一个好公民，勇气是最基本的必要条件，他需要身体上的勇气丝毫不能低于道德上的勇气，包括容忍的勇气，以及与无论是灵魂的对手还是身体的对手做英勇斗争的勇气。运动员非常棒，尤其是他们粗犷的身躯，因为他们很注意去发展这一类的勇气。（qtd.in Gems, For Pride 77）

弗吉尼亚大学校长埃德温·奥尔德曼（Edwin Alderman）无视他一名队员在1909年的死亡，力挺橄榄球运动，宣称"对待这项运动就是对待我们的国家特色"（Gems, For Pride 83）。

男孩们早已发起属于他们自己的校际棒球和橄榄球比赛。他们自行预约与众多对手的比赛，安排去比赛地点的行程，同时自行承担所需费用，并抵制校方任何限制他们课外活动的尝试。因此，虽然教育者和管理者为体育课程的价值争论不休，男学生们依然在整个19世纪晚期不断追求那些竞技运动。

一、青年体育教育

大学里，美国教育者们采纳了欧洲的体育系统来同时提高男女学生的健康水平。1885年，俄亥俄州的欧柏林大学开始培养体育教育人才。日耳曼体育协会会员在密尔沃基和波士顿将其开设的课程公之于众，其毕业生在1885年将日耳曼式体育介绍至堪萨斯城的公立高中，随后遍布中西部地区。1889年，玛丽·海明威（Mary Hemenway），一个富有的波士顿人，建立了波士顿体育师范学院，此学院采用了强调灵活性胜于力量的瑞典式体系。在哈佛大学，杜德利·萨金特（Dudley Sargent）博士引入了举重训练机和人体测量学标准。基督教青年会在马萨诸塞州的春田学院开放了教师训练中心。这些各式各样的竞技哲学和训练方法被称作"体制革命"，大学和公立高中都在对训练学生的步骤方法进行总结和反思。

在诸多城市中，体育的合理化和商业化进程仍在继续。1888年，波士顿高中的学生成立了一个橄榄球联赛，此后类似的组织在整个中西部地区迅速出现。在芝加哥，高中橄榄球联赛划拨了专门经费用于锦标赛广告的横幅和标语。获得第二名的球队会收到联赛财务余下的现金。奖杯、奖励以及媒体的关注促使学校的团体荣誉感以及对胜利的期盼更加强烈。高校的报刊将学校的运动员视作伟人一般,除了资金支持外,当地商人尊崇他们,学生以庆祝会和赞美来招待他们的勇士们。激烈的竞争引发出对"冒充者(ringers)"一词的使用——那些非全日制学生或者跟学校没有任何关系的非正常运动员。

不严格的资格审核和管理为高中校际和大学校际的比赛带来了麻烦,甚至一些教员还参加了比赛。1891年,芝加哥联盟中的手工教育高中提出抗议,因为他们是唯一一个真正使用自己学生比赛的联盟成员。如此事实公然侵犯了坚信体育运动会磨炼意志和陶冶情操的主管部门和改革者们的业余主义标准。

尽管有其暴力的方面,但是很多学者仍然将这些经验教训珍视为橄榄球运动的遗产
图片来自《哈勃周刊》,1891年10月31日

1893年6月,伊利诺伊大学邀请了诸多高校来参加其运动员会议。这项会议吸引了200多名来自田径和竞速自行车项目的运动员,还有一名橄榄球踢手以及一名棒球投手参加。由约翰·D. 洛克菲勒(John D. Rockefeller)投资的芝加哥大学,于1892年成立并对外开始承办径赛项目和篮球的校际比赛。其教练兼体育指导主任阿隆佐·斯塔格(Alonzo Stagg)参加了有史以来第一场篮球比赛。这是一项由詹姆斯·奈史密斯(James Naismith)于1891年在马萨诸塞州春田市的青年基督教学校发明的运动。1892年3月10日,斯塔格在给他姐姐葆琳·斯塔格

（Pauine Stagg）的信中写道：

> 我们的教师奈史密斯（Naismith）发明的一项叫做"篮足球"的新运动使得学校的男生充满了狂热。篮球在室内的体育馆或大型的房间中进行。每边有任意数量的成员参与。一个开口大到足以轻易装下一个球的篮子挂在场地末端，离地大概八英尺高。游戏的目的就是将球抛或投入这两个篮子。虽然对不持球的队员没有限制，但是队员不能持球跑。这必然要求进一步传球给其他人，或者向地上拍球。带球跑或踢球会被吹犯规。每个人只要能得到球都可以去争抢，我认为这个游戏肯定也会很容易被女孩子所接受——主要是找一个像房子那么大的篮筐。明天将由学校的教职工与由秘书人员组成的学校最好的队伍进行比赛。我们期待这个伟大的时刻。（Gems, Sports 143）

篮球运动提供了一项冬季可参与的运动，使精力充沛的年轻人在橄榄球和棒球赛季间的过渡期有事可做。更深远的作用是，篮球运动使体育教育者能在一年里更好地管住那些调皮的年轻人。然而，早期的规则允许大量的上场队员，并允许使用类似摔跤比赛中的粗鲁的战术。几个月后，马萨诸塞州史密斯学院的一名指导员，森达·贝伦森（Senda Berenson）为女子比赛设计出一套改动了的规则，篮球随即成为高中女生最喜爱的运动。在春田学院学习了有关篮球这项新运动后，森达·贝伦森于1892年组织了第一场女子篮球赛。她修改了男子比赛的规则，使得比赛减少对抗，并将球场分为三个区域从而限制过于紧张的比赛。女子队员不能穿越区域，从而使通过配合战术来得分变得尤为重要。比赛没有队员之间的身体接触，所以她们无法像男子比赛那样去"抢夺"球或阻挡球员（Hult, Century 24-25）。篮球很快在不同种族背景、不同社会组织和社区的姑娘们之间普及开来。约瑟芬·威尔金（Josephine Wilkin）在1892年3月6日写给她母亲的一封信中描述了在史密斯学院进行的第一场比赛：

> 星期五下午，我们在体育馆里进行了比赛，这代替了平日里的活动。我们将两个废纸篓分别挂在体育馆的两边，悬挂在离我们头顶三英尺高的地方。两个女生选边，为了与对手区分，我们将手绢缠在了胳膊

第六章 进步主义早期的美国体育和社会变迁（1890—1900年） 249

上。三名来自同一边的女孩将球相互传给对方开始了比赛。我们使用了一个足球，但只能用手去碰球。比赛的目的就是将球投入对方球篮同时阻止对手投入自己的篮。当球传到我们这一边时，这边接到球的女生就要试着将球投入篮筐，同时其他人要抢到球再传回给另一边的同伴们。明白了吗？这个游戏实在太好玩、太刺激了，特别是当我们频繁得分的时候。我所在的一边很不幸被打败了，但同时我们也多次地将球投入他们的篮筐中。（qtd.in Gems，Sports 147–148）

与男性同胞一样，一些女性通过参与运动来保持身体健康和追求竞技，但同时她们也卷入了一个争议性的话题中，正如生理学家、心理学家和教育者所争论的，运动究竟适不适合女性。一些权威人士担心运动所带来的压力，另一些则担心运动带来的对生殖能力的破坏或者男性特征的积累性变化。然而，女性仍然从学校、社区以及工业化娱乐节目中得到了很多运动机会。

1895年，由于成人开始对学生课外活动采取更严格的控制，一名青年基督训练学校的研究生威廉·摩根（William Morgan）在奥利约克市附近发明了另一项室内运动排球。从那以后，基督教青年会的传教士将这两项运动传遍世界，因为运动为吸引寻求转变的年轻人提供了途径。随着新世纪的到来，不同的阶层为体育运动展示了一个战争般的赛场，正如外来移民与同化做斗争；年轻人拒绝在学校受成人的控制，寻求自由的空间；职业运动员与体育业余化理念做斗争。

1898年，芝加哥高校的全体教员成立了一个管理委员会来管理学生运动员。他们普及规则，建立合适的要求，规定违反体育道德的行为以及禁止金钱奖励。管理委员会安排比赛时只批准那些成人可以监督学生行动的场地，如学校体育馆、青年基督教会或社区球馆等。委员会甚至为了平衡竞争而根据身高和体重划分了赛区。然而，学生却为了他们失去的自由和缩水的主动权而斗争。他们甚至为了反抗而试着在学校的权限外建立自己的联赛。但当学校的负责人将那些有革命精神的学生开除后，学生们的冒险失败了（Pruter，"Chicago High"）。

学校间的竞争发展良好，并超越了本地的局限。20世纪初，高校队伍开始进行区域性和全国性的竞赛。争论的话题总是围绕某一场全国性的橄榄球总决赛中双方的球队风格展开对比讨论。东部的学校喜欢单纯的、团队式的作战，新英格兰大学展现出他们的蛮力，而中西部的学校则更喜欢速度和迂回奔跑，有时候在一场比赛中有超过一百个战术都在依靠奔跑。1902年布鲁克林的理工高中在一场季前赛中遭遇到芝加哥的海德公园高中。中西部的比赛风格彻底打压了纽约人，芝加哥以105：0的比分赢得胜利。布鲁克林指出，理工高中队并未排出最佳阵容，其职业棒球队的老板查尔斯·埃比茨（Charles Ebbets）出钱，要于第二年在纽约重赛一场。在此次比赛中，当这个来自芝加哥北区的高中以75：0遥遥领先于布鲁克林的男子高中的时候，光线不足导致了比赛中止。

纽约在其对体育运动的常规管理上比其他地区都经营得要好。1903年，卢瑟·古利克（Luther Gulick）博士不仅成了纽约学校系统的体育训练指导员，而且创立了一个综合性的运动员联盟，为棒球、篮球、橄榄球、游泳、网球、田径、赛艇、越野跑、曲棍球和射击提供比赛。男孩们如果完成了体能测试可以得到一个独特的徽章。校队得到区或市的冠军可以得到一个奖杯作为胜利的象征，而这个奖杯则在学校被骄傲地展览。1907年，15000人见证了那场在波罗地（Polo Ground）举行的棒球冠军赛。

纽约公立学校体育联盟（Public Schools Athletic League，PSAL）里甚至包括小学。1905年，一个向女孩提供民间舞的女子部门成立，但它针对学校限制了其他的体育竞赛活动。其他许多城市效仿了纽约模式，因为成人加强了对学生闲暇时间的控制。当童工保护法指导数量可观的少数族裔和移民青年进入学校系统时，成年教育者们就通过体育运动的影响使他们美国化。对其他那些在学校权限之外的人来说，进步的改革者们想出了其他办法诸如在公园、运动场以及遍布全美的社区进行有监督、指导性的比赛。当取得成功的时候，这个系统就执行了一个高效率的社会控制策略，减少了青少年犯罪，加强了成年人的引导。

二、橄榄球运动的崛起

在进步时期的大学校园里，橄榄球作为一项卓越的运动取得了优势地位。19世纪80年代，感恩节的冠军赛成了城市的一个景观：球迷列队浩浩荡荡奔向球场，男生在赛后的晚会上为他们的体育英雄庆祝，球队也利用这个来博取地区的威望和国内的知名度。1893年，耶鲁对抗普林斯顿的比赛，开球前4个小

第六章 进步主义早期的美国体育和社会变迁（1890—1900年）

时，球迷就排起了长队。理查德·哈丁·戴维斯（Richard Harding Davis）在《哈勃周报》上描述了那个生动的场景："整个城市都交与了学生以及他们的比赛，因为这个城市除了总统选举向来没有举办过其他项目。你遇到的任何其他女士、小孩以及年长的男子都开始开往百老汇，他们身系蓝色领结，或者橘黄色和黑色长丝带，以此来表达他们的忠诚和希望。"（qtd.in Riess，Major 117）4万名球迷购买了150美元的门票观看了比赛。他们有些人甚至来自遥远的俄勒冈州和得克萨斯州，一名旅馆的侍者被这些陌生人委托以50000美元的赌注。

当橄榄球的先驱沃特·坎普（Walter Camp）和体育作者卡斯帕·华特尼（Caspar Whitney）在1889年开始命名一支全美球队来标榜个人和专业化的优秀成果时，体育英雄的那些狂热粉丝变得更多了。1865年（美国内战的结束）到1898年（美西战争期间），年轻人发现没有战争来证明他们的勇气和男子汉气概了，而橄榄球通过其团队协作和野蛮的战术成为一个可替代、能给予受伤和死亡的项目，使其得到满足。到1892年，有将近100所大学组建了校队，于是橄榄球达成了其非军事目的。正如国会议员亨利·卡伯特·洛奇（Senator Henry Cabot Lodge）说的，"所发生的伤病……是英语语系民族为成为世界的征服者所付出的必要代价。胜利者就是精神的表现和证明，而这是至关重要的。伟大的民主化进程不停向其伟大的目标前行。对禁止帝国主义化进程的个人或国家，我感到悲哀"（qtd.in Gems，For Pride 26）。橄榄球头盔直到1939年才被要求使用，之前一些队员把长头发用作保护垫，但这个微弱的护具却未能提供保护，仅1905年一年就有18起死亡和159起严重受伤。1909年，死亡人数为33人，而激增的死亡人数也导致了一些人对这项运动的抵制。

来自68所学校的官员于1905年召开会议来成立专门的管理机构。全美高校运动员联合会（IAAUS）很快变成了国家大学生运动员联盟（NCAA）。新规则允许向前传球使比赛变得活跃，同时减少了比赛中队员的扎堆挤压。然而，几乎没有学校接受新战术，因为防守者会开始攻击外接手，同时根据规则，在具体规则没有改变之前，不成功的传球会导致球权转换。圣母学院，一个印第安纳州的小型天主教学校，为普及新战术做出了巨大贡献，他们运用引进的新战术在1913年令人吃惊地以35：13击败了一支极具实力的军事球队。

20世纪初，橄榄球成了一项巨大的商业运动。芝加哥大学的投资人约翰D.

洛克菲勒（John D. Rockefeller）捐赠了3百万美元，只求校队在1895年对威斯康星州的一场比赛中胜利。校队没有令其失望，他们后来居上，以22∶12取得了胜利。19世纪90年代，耶鲁在其橄榄球项目上的投入提升了10万美元；1904年，哈佛在橄榄球投资中盈利50万美元；事实上，对于公共机构来说，只有学费可以保证更大收益。1903年，哈佛修建了一个拥有四万个座位的混凝土体育馆来容纳花钱前来观看其校队比赛的观众。其他学校纷纷效仿哈佛在场馆建筑的范例。1906年，芝加哥大学利用其橄榄球项目盈余的42000美元的收益支撑了其他运动项目。

独立投资人开始对橄榄球的商业化进行资本化运作。为了能在1902年的首届玫瑰碗比赛中遇见斯坦福大学队，帕萨迪纳市的玫瑰花车游行组委会主席詹姆斯·瓦格纳（James Wagner）为密歇根大学提供了3500美元的保证金。结果证明这场比赛与支持加利福尼亚旅游业的成长的本意格格不入。密歇根大学在那个赛季共得501分并使所有对手都没有得分。其教练菲尔丁·约斯特（Fielding Yost）曾被斯坦福大学解雇，如今他率队以49∶0击溃加利福尼亚人一雪前耻。斯坦福大学的队员在比赛中遭受伤病困扰，导致比赛无法继续。鉴于此，玫瑰花车游行委员会中止了这个项目长达14年。

哈佛队与普林斯顿队之间的橄榄球赛
图片由国会图书馆提供，LC-USZ62-78261

第六章　进步主义早期的美国体育和社会变迁（1890—1900年）

约斯特手下的明星球员威利·赫斯顿（Willie Heston）跟随他从加利福尼亚到密歇根，被教练们和男生们视作明星球员，"流浪的运动员"这一类行动在那个年代至少持续了20年之久。耶鲁在招募队员方面是很特别的，他通过遍布全国的毕业生向橄榄球队的经理收集信息。在沃尔特·坎普（Walter Camp）的管理下，橄榄球项目达到了一种在官僚体制、高效率的组织下机械般自行精细运转的地步。它做出了有效率、有影响力的成绩。1886—1895年间，耶鲁赢得了124场胜利，只输掉3场，打平3场。其1888年的球队当赛季累计得到了698分，同时使对手们一分未得。其他学校都寻求耶鲁的前队员来做教练以及介绍耶鲁体系。作为一名耶鲁的前任教授和新上任的芝加哥大学校长，威廉·雷尼·哈勃（William Rainey Harper）聘请了一名耶鲁的全美球员阿莫斯·阿隆佐·斯泰格（Amos Alonzo Stagg）作为学校第一名橄榄球队教练。哈勃给予斯泰格终身教员的地位以及一份高于绝大多数教授的薪水，并再给予其最直接的信任和最高的威望。然而在之前的几十年间，学生们通常（只有在赛季之间）只是雇佣临时的专业训练员来使学校在校际间的竞争中获得更多的机会。

斯泰格的队伍很快开始为国家荣誉而战，甚至与其母校为对手。面对耶鲁的时候，斯泰格的招募网络通过提供一些物质性的诱因留住顶尖的运动员，如很巧妙地将8万美元的奖金用在了需要的学生身上。斯泰格手下的一名招募的队员，之后获得了全美级别的荣誉，他警告中西部的对手们说："你们这些家伙别想在西北部地区得到我，威斯康星州也得不到我，因为你们没钱。我要去芝加哥。"（Jordan 19-20, 23）1901年，耶鲁招募到了27岁的詹姆斯·霍根（James Hogan），他于1904年成为球队队长。学校为他免除学费，提供免费的食宿，一次加勒比的度假，参与棒球队销售的分红，以及分得纽黑文市所有香烟销售的手续费。

如此的诱因与社会荣誉感的结合强化了对胜利的重视，与博彩的关联导致了橄榄球的明显职业化。一名耶鲁的全美级球员、在巅峰时期被人称颂为"矮胖子"的沃尔特·赫佛芬格（Walter Heffelfinger）于1892年开始为芝加哥运动员俱乐部队比赛而收费。那个赛季之后，艾格勒尼运动协会在一场生死战比赛——对阵其主要对手匹兹堡队后付给了他500美元。职业化迅速波及了西宾夕法尼亚和东俄亥俄，因为社会向大型赛事输送了球员。1897年，甚至蒙大拿州的比优特都开始购买球员来应付对西海岸球队的比赛。当钱发挥作用的时候，各个球队都寻找能使比赛变得不同的球员，甚至种族主义的气氛有时候都被弱化了，因为俄亥俄队签约了非洲裔美国明星如查尔斯·福利斯（Charles Follis）和"博士"查尔斯·贝克（Charles Baker）。从而，橄榄球在高水平赛事中为美国黑人和工薪阶层运动员提供了比棒球或初生的篮球更多的机会。

诸多职业球队都以公司的组织形式开始。在他们中间，1901年成立于俄亥俄的哥伦布潘汉德队（Columbus Panhandles）成了宾夕法尼亚铁路的代表。橄榄球赛的艰难激烈很自然地与工人阶级成员和球迷的艰难生活相融合。由于长期的久坐生活，这些中产阶级追随者需要用比赛来证明他们的男子汉气概，与他们不同的是，工人阶级球员欣赏他们独有的价值系统中的硬汉形象和运动中的熟练技能。因为对于工人阶级来说，艰难激烈正是其工作生活的一部分。

橄榄球在女子中引起了复杂的反应。一些人将橄榄球英雄理想化，另一些同意泰迪·罗斯福（Teddy Roosevelt）总统❶的看法，认为橄榄球是缓和文化女性化的一种必要的解毒剂。中产阶级的男孩花费了太多时间与其母亲和女老师在一起，男性领导者担心男子气、竞争意识以及标志美国竞争力的尚武精神在流失。1897年，一名队员在对阵弗吉尼亚的比赛中死亡后，乔治亚州的立法机关准备禁止这项运动，直到那名球员的母亲提出反对。但当4名队员在1909年同一天的另外一起事件中死亡之后，许多母亲责骂大学对橄榄球的重视，与比赛有联系的反智主义者，批评对胜利和商业利润不停地运作的恶行。1907年，一位百万财产的女继承人安娜·詹尼斯（Anna Jeanes）去世后将她在煤矿和其他矿业的价值百万的财产留给了斯沃斯莫尔大学，条件是放弃其橄榄球项目。这个礼物标志着妇女做出最大的努力来改变校友会和校委会心目中根深蒂固的商业化的体育意识形态。斯沃斯莫尔的校长将比赛推迟了一年，但最终还是拒绝了这份礼物而不是放弃竞技体育。这个项目作为男性固有的尊严，以及其附有的攻击性，标志着美国文化特色中的军国主义价值超越了对暴力和商业化的关注。

---

❶ 西奥多·罗斯福（Theodore Roosevelt，人称老罗斯福，昵称泰迪，1858年10月27日—1919年1月6日），美国军事家、政治家，第26任总统。<http://baike.baidu.com/view/55031.htm>

风云人物

威廉·乔治·"吉尔伯特"·帕腾

威廉·乔治·"吉尔伯特"·帕腾（1866—1945）在他20岁时发表了第一个短篇故事，从此开启了他的作家职业生涯。而后他受雇于《顶尖周刊》（Tip Top Weekly），并以Burt L. Standish的笔名在1896年发表了一个短篇故事，创造了一位名叫弗兰克·梅里威尔（Frank Merriwell）的虚构英雄。这个英雄而后变得非常有名。帕腾之后继续对极具理想主义的"冠军"人物进行描绘，这位英雄在接下来的17年作为耶鲁大学的学生在不同赛季参与了不同的体育运动，并成了最后时刻决定成败的英雄。英雄梅里威尔不仅擅长运动，而且能轻松解决伦理困境。当时的美国年轻人纷纷坐等更新，《顶尖周刊》当时周销量达到了20万。帕腾写了200多部小说，他笔下的英雄梅里威尔甚至在两部电影中亮相。

第三节 娱乐空间

改革者寻求减轻城市污染和过度拥挤以及大量涌现的城市重建引发的弊病。孩童是高危人群，他们得到特别关注，并是同化影响的焦点。然而，儿童通常都只在他们自家的街道、胡同和空地上玩耍。进步主义则呼吁在成人监督下的运动场、公园以及球场里开展儿童活动。当波士顿人于1885年在帕门特街道建立沙地公园时，积极的人们谨慎地维护着这个项目。两年之内，这个城市提供了11个空地来满足小孩子们玩耍的需要，费城和纽约随后迅速补充了建设小公园的概念。一些移民家长欢迎这一类的在家附近的安全游玩场所，而另一些人则不同意这些善意的进步改革家们的介入。游玩空间如娱乐中心、公园和运动场由盎格鲁美国人所控制和监管，这些人对孩子们的影响可能超过了其父母。事实上，一群预期的受益人——美国印第安人、外来的移民族群、来自不同背景的妇女、工人阶级未能容易地或全面地接受白人新教徒的价值观，从而引起了社会压力和政治争论。

一、定居救助所 [1]

经常由社会和商业利润支持和联合的社会服务所的工作人员，尝试着根据他们特别的组织、效率和道德观点为城市塑形。作为美国化进程的一部分，改革家们在纽约、波士顿、芝加哥、底特律、费城以及其他城市的外来移民者邻近处建立了定居救助所。他们认为他们或许可以打造一个更公平的社会，以及一座可以将资本主义工业化进程中所产生的阶层和社会分化连接在一起的桥梁。改革家们将定居救助所安置在充满外来族群附近，以将居民纳入他们的文化系统中来。救助所提供了教育课堂和对美国社会的定位，以及包括体育教育和训练的项目——这促进了对城市生活中不道德和不健康的娱乐活动的改善——同时包括英语指导、公民教育、职业教育、妇女速记教学、俱乐部和改革家们认为有益和适当的其他活动。

芝加哥的赫尔馆（Hull House）是帮助移民家庭定居救助所的一个鲜活的例子。它由简·亚当斯（Jean Addams）建立，此人是首批接受大学教育的女性中的一员，她逃避了传统女性的角色。在游历欧洲并观察了伦敦贫民窟里的社会公益工作后，亚当斯于1889年同她的大学好友埃伦·盖茨·斯塔尔（Ellen Gates Starr）回到芝加哥，并于同年开设了赫尔馆，为无数贫困的欧洲籍美国人提供帮助和教育。同大多数定居救助所的典型特征一样，赫尔馆容纳了来自18个种族的7万名居民。每个五口之家居住在三间或更少的房间中，依靠每周5美元的收入维持生计（Ely 17-21）。亚当斯运用她大量的社会关系来为她的社会慈善事业提供资金，力图使不同民族的成员适应社会，即在第二次移民浪潮中来到美国的各个族裔中获得投票权的那些人。她尝试通过艺术课程传播高等文化的

---

[1] 19世纪末出现的"定居救助之家"运动（Settlement House Movement）。该运动主要由美国中产阶级和上层人士中的某些群体推动，他们向低收入群体尤其是外来移民提供各种社会服务，帮助他们解决所面临的各种问题，从而适应美国新的地理和社会环境，接受或者融入美国生活方式。朱亚鹏. 美国"进步时代"的住房问题及其启示［J］. 公共行政评论（广州），2009（5）：76-91.

举动并未吸引多少参与者，但幼儿园却提供了急需的儿童看护。尽管那些富有的捐资人对过度的资本主义系统或发展慈善事业的动机心存质疑，但通过这些人的帮助，赫尔馆拓展了其项目和设施，将年轻人吸引至它的游乐场所，并为孩子们的运动队提供赞助。

风土人情

芝加哥希伯来学院

犹太人的定居救助所中一个杰出的案例就是芝加哥希伯来学院，它成立于1903年11月，旨在发展美国犹太移民的道德、体育、宗教和社会福利。作为东欧移民美国化过程中的重点学院，它在公民权利方面提供了综合性的课程，英语、经济、家政学、犹太文化、文学、艺术、体育文化、戏剧以及音乐，它还被称为20世纪初期最好的运动会所之一。1908—1923年的运动指导员哈利·克曼（Harry Berkman）在一篇1913年的报纸文章中介绍学院的方法："全面发展智力和体力是我们的宗旨……我们让孩子们锻炼以使其变得自力更生、独立自主以及在每件事上都保持正直。"（"Good, Clean Sport" n. pag.）

事实证明，体育运动是赢得尊重的主要方法之一，还是一个对美国社会接受程度的标尺，并且学院在众多项目中都出过犹太冠军。它众多的运动场和优良的基础设施吸引了各个年龄段的人们，仅仅1913年就有超过113000名项目参与者（Chicago Hebrew Institute Observer）。记者伯莎·勒布（Bertha A. Loeb）在1914年的美国犹太报纸《前哨》（The Sentinel）中说道："身小病弱的'犹太病夫'很快将成为昨天的回忆了。"（qtd.in Borish, "Athletic Activities" 253）在击败了其他运动俱乐部和青年季度会后，芝加哥希伯来学院摔跤队赢得了1911年业余运动协会的冠军。来自希伯来学院的五届业余运动联盟冠军本杰明·鲁本（Benjamin Reuben），与其队友一起代表美国参加了1920年在比利时安特卫普举办的奥运会（Gems, "The Rise of Sport" 152-153）。犹太女子同样在运动中高人一等。1921年，女子篮球队以26∶0赢得了业余运动联盟中部地区的女子篮球赛冠军。同年，由一名丹麦奥运选手执教的女子游泳队赢得了芝加哥城市公开赛的游泳冠军。

为了躲避芝加哥炎热的夏天，亚当斯和她的同事又带领那些移民的孩子和成人通过短途旅行来做户外运动。建于1895年的伊利诺伊州沃基根鲍文公园成了亚当斯赫尔馆中的孩子和成人们的夏季会所。在远离芝加哥密集人群的自然环境中，赫尔馆的居民找到了一个合适的寓所，在那里他们可以充分享受运动和户外娱乐活动，如网球、游泳、徒步、篮球和棒球。

教堂、其他宗教组织以及社会公立机构迅速模仿赫尔馆的模式，1917年就在芝加哥建立了68所定居救助所。另一些有着高密度人口的市、区也从事着类似的事业——强调体育运动是种族同化和文化渗透的重要方法。如在芝加哥、纽约，斯坦顿·柯尔特（Stanton Coit）、莉莲·沃尔德（Lillian Wald）以及玛丽·西姆克赫维奇（Marry Simkhovitch）等社会工作人员在荒废区域经营定居救助所。与亚当斯的操作方式很相似，沃尔德（Wald）于1895年建立了著名的亨利街服务所，旨在做慈善家。其他城市的改革家们很快主动做出类似的冒险，到1910年就有了将近四百个关注美国社会居民需求的服务所（Fass 762）。

除了其施舍，服务所表现出一种显著的中产阶级的、白人新教导向的价值体系，这个体系很难为外来移民民族的宗教和工人阶级文化所理解，有时甚至引起了争端。作为一种结果，天主教和犹太教分别提出了他们自己的体系。一些富有的德国犹太人，虽然已经被美国资本主义体系同化，却希望保持他们自身的宗教信仰。他们通过在纽约、密尔沃基、波士顿、匹兹堡以及芝加哥建立属于他们自己的定居救助所，努力将其更正统的东欧同胞融合到现代美国社会中来（Borish，"Women"）。

二、运动场

1906年，在一次华盛顿特区的会议上，像简·亚当斯（Jane Addams）、莉莲·沃尔德（Lillian Wald）这样的社会服务指导员与卢瑟·古利克（Luther Gulick）、亨利·柯蒂斯（Henry Curtis）共同关注健康话题。此次会议成立了美国运动场协会。协会运用国家力量来吸引有监管的比赛和运动，以此作为对年轻人道德和公民化教育的合适方法。柯蒂斯和古利克（在青年基督教会教学并组建了纽约公立学校的体育联赛）将体育心理学理念作为一种科学原理为他们对体育运动的应用和对适当体育空间的呼吁服务。亚当斯援引约翰·杜威关于在实践中学习的理念，发展了应用型实验的概念。杜威是芝加哥大学的一名心理学教授，他后来在1897年成了赫尔馆的理事。一位如此杰出的人士给予的支持为发展运动场运动提供了极大的动力。1917年，改革家们统计出全美共有3940所运动场（Gorn and Goldstein 177），504个城市设置了娱乐项目，他们中的大多数模仿了芝加哥计划（Riess，Sport 142）。

德沃夏克公园，位于芝加哥西区，以捷克作曲家安东尼奥·德沃夏克（1841—1904）命名，是芝加哥几大户外场地之一

图片由约翰·格拉芙提供

"芝加哥计划"利用经过训练的指导员以及一名警惕性高的警官来保证具体的、旨在服务于美国化的娱乐活动和课程。妇女们为女孩子们提供夏季的幼儿园和工艺室，专业教练则为男孩子们提供运动技能指导。1905年，芝加哥公园委员会乐观地声称"运动场的特点使他们远离不良团伙以及沙龙和舞厅的堕落氛围而拯救年轻人"（A Plea for Playgrounds 17）。城市进一步通过在公园里建设体育馆吸引孩子们，到1904年这些拥有会议室和工艺室、独立体育馆、运动场甚至是游泳池的巨大建筑成了社区中心。大型体育馆的运营概念是整年使用，特别是在冬天，当工作人员很难有机会对邻近的孩子们进行有进步价值

的教育时。许多地方政府之后效仿芝加哥模式，在训练有素的成人监管下将设施整年使用。

在纽约，市长亚伯兰·休伊特（Abram Hewitt）在1887年以建设公园和公共浴池满足贫穷居民的要求作为竞选提案。尽管他从州政府筹到了100万美元的补贴，但公园的建设却是1896年威廉·斯特朗（William Strong）市长在任期间才真正开始的。斯特朗同时还在海滩、水边建立了娱乐码头，学校的董事会也要求学校必须拥有运动场（有些学校甚至还加了坚固的顶棚）。1905年，纽约的学校已经拥有了一百个以上运动场，城市也运作了15个公共浴室，但事实证明这些还不够（Riess，City 136）。运动场仅仅接纳了不足10%的孩子，大部分年轻人团体、帮派有着自己的目的，他们将公园作为总部，在此赌博、打架和从事犯罪活动，从而阻碍了改革家们对青年进行社会控制的意图（Riess，Sport 142）。

芝加哥运动场主管克拉伦斯·雷恩沃特（Clarence Rainwater）仍然相信这些地方会给予官方"一些机会来对80%的人保持每周64个小时的控制，即使在工人们的空闲时间"（Hogan 70）。城市南部公园区的体育主管E.B.德格鲁特（E. B. DeGroot）指示他的工作人员"遵守秩序和保持团队精神，教他们学会对权威的服从以及对命令的立即执行"（Halsey 32）。1908年，社会学家阿伦T.伯恩斯（Allen T. Burns）推断芝加哥体系已经使犯罪率下降了至少28%，但承认这些防范措施并未得到改善（Hasley 34）。对不良少年们进行严密控制的想法也使得芝加哥在1900年建设了美国第一个青少年运动场，以此作为减少犯罪行为的一种方法。城市运动场和社会公益工作人员对运动场的严格监管是有意要通过植入新教价值观和中产阶级标准来防止年轻人陷入麻烦或辍学，但年轻人依旧在继续向城市空间的严格控制发出挑战。

三、公园

全美对芝加哥模式的采用为一个争议性话题带来了决议，这个对公园具体利用的争议已经持续了整个19世纪后半期。早期的公园主张是在拥挤的城市环境中开辟一个开阔的、空气新鲜的空间，但阶级之间的利益在对娱乐空间的性质和设计的决议上发生了冲突。富有的公园赞助人计划在公园投资便利设施和器材——如博物馆、动物园、图书馆和艺术画廊——这些源自其自身的教育和高等文化的利益需要。在这样一个环境中，为了保持美学气息以及秩序和被尊重的感觉，即使是在草地上行走也被官方禁止。而工人阶级则希望能对公园进行更有效的利用。

19世纪70年代，周末到芝加哥林肯公园野餐的人数高达3万人，球员、自行车爱好者、骑马爱好者以及网球运动员都开始无视"禁止践踏草坪"的告示。1904年，根据芝加哥公园委员会的记录，超过100万人在使用城市运动场，但不是所有人都被认为是文明的，一些人还是疏于对运动场使用规定的学习（*A Plea for Playgrounds 17*）。然而，一些中产阶级利益集团获得了更多青睐，他们要求为他们的比赛获得更多空间。1885年，纽约中央公园建设了30个网球场，到1915年仅仅在作为城市管理下的三大公园之一的芝加哥南部公园就有300个这样的场地。纽约的范科特兰公园在1895年对公众开放了一个高尔夫球场，1898年波士顿的富兰克林公园也开放了公共高尔夫球场。到1910年，全美只有24个公共球场还存在着。这些公共高尔夫球场为中产阶级提供了价格适宜的打球机会，并开始使这项运动的精英地位下降（*Riess，City 62*）。因为城市公园逐渐迎合中产阶级和工人阶级的利益需要，富人们便开始为他们的娱乐活动寻求更加独特的环境。

上层社会的成员们想要优美的公园适合于休息和思考。在它的全盛时期，芝加哥最悠久的公园之一——埃利斯公园，有着喷泉、大树、修剪整齐的草坪以及休闲散步的小径（*Graf 59*）

图片由约翰·格拉芙提供

风云人物

卢瑟·哈尔西·古利克（Luther Halsey Gulick）

卢瑟·哈尔西·古利克（1865—1918）出生于夏威夷的一个传教士家庭，因为接受大学教育返回了美国大陆，并于1889年获得纽约大学医学学位。在那时，他已经在斯普林菲尔德学院设立了体育系，来作为基督教青年会辅导员培训学院。在那里，他指导了詹姆斯·奈·史密斯。奈·史密斯在1891年发明了一项年轻人冬季运动篮球。

1900年，古利克搬到了纽约，在那里，他成了公立学校的体育负责人，并在1903年成立了公立学校体育联盟。他于1903—1906年间担任美国体育协会主席，并于1907任美国游乐场协会主席。1912年，他和妻子在美国组建了一个女童子军，与童子军组织来往密切。古利克是努力将体育作为在进步时代课程的组成部分的重要领导人。古利克奖成立于1923年，是褒奖美国联盟成员的健康、娱乐、舞蹈和体育的最高荣誉（现在的SHAPE奖）。

四、赛马场

在乡村俱乐部出现之前，大量的社会精英们还在赛马场中享受他们的休闲时间。在芝加哥中西部赛马中心，奢华的华盛顿公园赛马总会于1884年开放，菲利普·谢里丹（Philip Sheridan）将军成为其主席。到1892年，芝加哥278位百万富翁中的96人持有这个组织中的会员资格，要加入这个组织必须得到执行委员会的全票通过。它其中500名会员的身价超过3亿美元，他们建了一个价值5万美元的俱乐部和一个价值4万美元、专门服务社会上流阶层的看台。这个私人俱乐部包括一个咖啡厅、十几个餐厅、一个酒吧、一个台球厅、一些休息室以及阁楼中的佣人房，还包括一个外表装潢华丽的宽敞阳台和包厢，还有两个能提供广阔视野的屋顶观景台。事实证明俱乐部的美式赛马会是一个社交亮点，在那个时候女

第六章　进步主义早期的美国体育和社会变迁（1890—1900年）

士们展示着她们华丽的服饰，男士们则在他们的良种马上晒着太阳。富人们如此作为是为了展示他们不同于平民百姓的特权和地位。社会学家托斯丹·韦伯伦（Thorstein Veblen）称这样的举止为"摆阔"——一种在超阶级民主下建立阶级界限的方法。平民的体育成员只能在后面呆呆地看着精英们的华丽服饰，因此更强化了阶级差别。

在精英们的场地上，珍贵的良种马为高达5万美元的奖金而展开角逐。铁路线、有轨电车和宽阔的马路为下级阶层参与赛马提供了可能性，更重要的是，他们也可以为比赛下赌注。不间断的赌博在众多赛场导致了腐败，于是赛场所有者在1891年成立了一个管理委员会来处理此类恶行。1894年，运动领导人成立了赛马俱乐部，通过制定规则、发放许可证以及注册赛马和指定具体官员来进行更进一步的调节。第二年，纽约注册协会成立一个赛马委员会增强对本州的控制。监管并未奏效，问题依然继续，许多州不得不制定对赛马周期性的禁令，此规定贯穿了之后的进步主义时代。然而，限制并没有给富人带来太多不便，他们随后将赌博转向了他们私人乡村俱乐部的其他项目中，如高尔夫、网球、纸牌等。

在西部地区，赛马表现出了不同的模式，具有了不同的阶级内涵。由于富人居住在东部靠近顶级赛马地点的地方，西部良种马的短缺迫使人们只得依靠役畜，这就要求缩短竞赛距离，饲养专门擅长短距离加速或从事1/4或半英里赛程项目的马匹。早在1883年，在佩克斯、得克萨斯等地举行的提供资金奖励的早期比赛中，牛仔们就开始在竞技中展示他们的技术了，这些地方都允许在赛马、套小牛和骑野马甚至是跳舞等项目中赌博。这些与工作相联系的技能考验了参与者的体能——这与东部那些富有的良种马所有者进行的项目是相当不同的。1888年，竞赛表演的概念在远及西部的亚利桑那州的普莱斯考特出现，1897年，首届一年一度的夏安族拓荒者大会召开，到1900年，这个大会为各族男女和印第安人举办了不同的竞技赛马。印第安参与者在一场战斗舞中展示出他们已经失去的野蛮和凶猛，白人定居者在主宴会厅与一支管弦乐队一起享受了这个夜晚。在其他技术和文明的展示中包括了一场棒球赛和一场热气球跳伞表演。在与当地报纸和联合太平洋铁路公司的合作下，节日通过创作一种使工作技能和娱乐相结合的全民商业化景象吸引了成千上万的来自整个西部的竞技者和观众，并发展出了独特的西部体育运动范式和区域认同感。

五、乡村俱乐部

在东部和中部地区更拥挤的城市中，上流社会的美国人开始寻找一个能保持他们精英地位的地方，并通过在边远地区发展乡村俱乐部重新组织规划大都市的空间，这样使这些俱乐部只对有道德和缴纳会费的精英开放，以此来建立会员的高级社会地位。作为富人的社交和运动乐园，乡村俱乐部会员制只接受白人、盎格鲁-撒克逊人和新教申请人，特别是高尔夫和网球只对那些希望保持精英地位的人开放。

高尔夫需要昂贵的器材和广阔的球场，它因此拥有了独特的阶级内涵。尽管这项运动在苏格兰普及几个世纪了，但传入美国却相当晚。苏格兰人在19世纪80年代将这项运动引入美国，并由约翰·里德（John Reid）领导，于1888年通过开设首次培训课建立了圣安德鲁高尔夫俱乐部。三年后，富有的纽约人在康尼岛的珂克山开设了一个九洞的球场。一个第二代苏格兰人，也是1893年芝加哥高尔夫俱乐部的创始人，查尔斯·麦克唐纳德（Charles Macdonald）将自己视作是球场的建筑师。他的芝加哥俱乐部在美国建造了十八洞的球场。其他苏格兰人成了专业的高尔夫教练或器材设备的生产商。社会名流成立了拥有严格会员契约的乡村俱乐部，在那里，男孩子们作为球童替他们背着装备包。

国家性的赛事出现于1894年，五个俱乐部于1895年成立了美国高尔夫联合会（USGA，the United States Golf Association）作为主管部门。第一届美国公开赛于同年10月在新港乡村俱乐部举行，仅仅一个月后，女子赛事也在长岛美特宝俱乐部举行。因为这是一个锦标赛，爱好者和专业选手一样可以参加比赛。在第二届珂克山全美公开赛的众多高尔夫选手中有一名叫约翰·希彭（John Shippen）的美国黑人选手，他从球童开始学起逐渐成为一名高尔夫选手，另一名珂克山印第安人奥斯卡·布恩（Oscar Bunn），其部族帮助修建了球场。当白人球员提出抗议并以罢赛相威胁时，俱乐部主席西奥多·哈夫迈耶（Theodore Havemeyer）做出一次大胆的举动——勇敢地维护希彭和邦恩参赛的权利，在那个时期鲜有为少数民族权益而与传统社会意识形态做斗争的人。大学校际高尔夫协会（the Intercollegiate Golf Association）于1897年成立，到19世纪末，西海岸已经有足够多的俱乐部来成立南加利福尼亚高尔夫协会。高尔夫球场在温暖的东南部各州的发展使得富人可以全年享受他们的娱乐。

高尔夫球很快成了美国总统选择的运动，比如说热衷于高尔夫球的威廉·霍华德·塔夫脱，他想要描绘一幅极具活力的蓝图

图片由国会图书馆提供，LC-USZ62-41721

与高尔夫相似，网球也需要一片开阔的地方来建设球场。网球运动源自大不列颠，它提供了一种贵族式的炫耀并迅速成为上层社会最喜爱的一项娱乐，上流社会的男女一般都在乡村俱乐部的草坪上进行这项运动。1877年，在新泽西拉姆森成立了希伯来草坪网球和板球俱乐部，在这里，网球成了一个主要的体育焦点。作为美国最早的俱乐部之一，这里从1884年开始，在希伯来邀请赛上聚集了众多全美和国际知名的球员（女子比赛于1920年加进来）。这里在1886年由一个英格兰式的板球场和三个网球场构成，在1910年网球场增至22个。

第四节　回归大自然运动

19世纪后期，城市居民对良好道德和健康的关注孕育了一场参与户外娱乐的运动。许多人察觉到过于拥挤的城市成了充满传染病和被恶习及堕落践踏的肮脏的贫民窟。此外，中产阶级成员和白领员工正在遭受与日俱增的压力，神经衰弱的症状也在久坐的办公室人员间蔓延。西部地区和偏远地区看起来对反感工业污染和尘垢的城市居民更有吸引力，与此同时其他人希望在荒野远足这一类的回归大自然的运动中得到释放。与自然和其他元素的对抗需要付出努力和勇气，因此这项运动被认为可以保持活力以及男子气质。

射击在最开始是具有取得生计的功利性功能的，但射击在城市中除了作为体育运动外几乎没有其他用处。国家射击协会早在1858年就成立了，许多移民和工人团体都成立了他们自己的训练和射击队伍。成人的打靶比赛在19世纪70年代举办，1888年，乔治·力高斯基（George Ligowsky）为飞靶射击比赛发明了首个实用性泥制飞靶。这种模拟狩猎的射击比赛融合了现代科技和旧时的回忆，从而使参与者能够减轻城市化进程中经受的各种痛苦。其他人远离城市，为的就是从事如徒步旅行、钓鱼、野营等运动，有的甚至尝试着通过登山运动来征服大自然的。

欧洲移民将他们的冬季娱乐项目带入了美国，但正式的滑雪比赛直到1868年美国滑雪协会（the American Skating Congress）成立、更好的规则制定后才实现标准化运作。苏格兰移民将速滑运动介绍到美国，第一届全国男子锦标赛于1889年正式开始。1892年成立的国际滑雪联盟（the International Skating Union）于同年冬天在阿姆斯特丹举办了第一届国际锦标赛。女子速滑比赛直到20世纪才得到发展。1886年成立的国家业余滑雪联盟（the National Amateur Skating Union）于1907年与国际滑雪联盟合并成为速滑和花样滑冰的主管部门。

雪中行走运动与滑雪运动在冬季承担了实用的功能，并使特殊的民族团体保持其传统体育。斯堪的纳维亚人将滑雪技术作为一项娱乐活动传入美国，但在19世纪中期的加利福尼亚的淘金热期间，滑雪者在冬季可将邮件送达煤矿营地，因此诞生了为男子和女子的滑降滑雪比赛，定居于美国中西部北方地区的移民在19世纪80年代开始举办有组织的比赛。美国滑雪俱乐部首届比赛于1891年在密歇根的伊什珀明举行。第二年，明尼苏达州的红翼极光俱乐部利用伊什珀明的场地举办了一场展示斯堪的纳维亚文化的跳台滑雪表演赛。

北欧移民把冬季运动引入美国，当它们被美国北部的人们接受时制造了反向文化流
图片由国会图书馆提供，LC-USZ62-135333

同时，受英式橄榄球和长曲棍球的规则启发，加拿大人在19世纪70年代又发明了一种冰上曲棍球。天气允许的情况下，在冰冻的室外水道上，它变成了加拿大人的最爱。在美国，耶鲁大学和约翰霍普金斯大学在1893年接受了这种游戏，纽约队也于1896年组织了一个业余联赛。巴尔的摩联赛在一年后出现，校际曲棍球联盟（the Intercollegiate Hockey League）和职业联赛于1898年和1903年相继成立，但是这样的冬季运动组织已经脱离了农村，并得到了城市和中产阶级的青睐。到19世纪90年代，纽约市的室内溜冰场完成了从农村到城市的娱乐游戏的过渡（Kirsch, Harris, and Nolte 231），发展中的冰球管理组织创造了符合和促进该项运动的规章制度。

其他户外运动项目,如野营、垂钓、划船和徒步旅行等也吸引了众多练习者到偏远地区去。对于他们来说,新鲜的空气就意味着健康、和平的慰藉。这些群体中最有名的布恩和克罗克特俱乐部,拥有了100多名会员,包括西奥多·罗斯福都参加了这个大型的狩猎野外探险的游戏。这样的游览需要足够的闲暇时间和财力,让这些运动形式只流行于富裕的参与者中。作为总统,罗斯福指定了数百万英亩土地作为联邦保护区,并建造了18个国家公园,为未来几代人和所有阶层保护历史遗迹、自然资源和优美的风景名胜。1916年,伍德罗·威尔逊(Woodrow Wilson)总统❶授权国家公园服务企业来管理公共土地,但私人企业家和铁路公司已经在风景优美的地方开始经营旅游及酒店业。缺乏资金并且没有足够的旅游度假时间,使大多数工人都没有这样的机会,另一方面,政策也限制了针对中上层阶级旅游业的发展。

城市也开始努力保护近郊那些普通工人可以负担得起的自然旅游资源。著名建筑师丹尼尔·伯纳姆(Daniel Burnham)提出了一个开发城市计划,分别包括华盛顿特区、克利夫兰、旧金山、芝加哥,甚至美国(当时)的殖民地——菲律宾的城市马尼拉和被称为夏季天堂的首都碧瑶。在芝加哥,伯纳姆提供了一个综合性公园和游乐场的设计,用湖畔的天然屏障作为公共空间。保持森林环抱于城市周边,宽阔的林荫大道有策略性地通过公共交通系统及其部件相互连接。尽管如此,大多数在较远地区的贫困人口还是难以享受这些条件。

第五节 族裔群体

1848年革命❷失败之后,德国人在第一批移民浪潮中来到美国。许多人渴

---

❶托马斯·伍德罗·威尔逊(Thomas Woodrow Wilson,1856年12月28日—1924年2月3日),美国第28任总统。<http://baike.baidu.com/subview/148491/10137746.htm?fromtitle=%E6%89%98%E9%A9%AC%E6%96%AF%C2%B7%E4%BC%8D%E5%BE%B7%E7%BD%97%C2%B7%E5%A8%81%E5%B0%94%E9%80%8A&fromid=10307181&type=syn>

❷Revolution of 1848,这场运动强调了泛日耳曼主义,并反对在旧神圣罗马帝国地区内的39个邦国组成的德意志邦联的专制政治体制。1849年3月,议会通过帝国宪法,但遭到腓特烈·威廉四世的普鲁士和奥地利帝国等各邦君主的拒绝。同年5月,德意志西南各邦民众发动起义,掀起维护帝国宪法的斗争,结果失败。<https://baike.baidu.com/item/%E5%BE%B7%E5%9B%BD%E4%B8%80%E5%85%AB%E5%9B%9B%E5%85%AB%E5%B9%B4%E9%9D%A9%E5%91%BD/984642?fr=aladdin>

望在共和国建立之后返回祖国，但这个愿望几十年后都没有实现，致使他们留在了美国，在这个国家他们获得了在德国无法得到的自由和权利。不久以后，德国移民就开始组织他们具有民族特色的特纳体操俱乐部以及德意志沙龙，并向所有家庭成员提供娱乐活动，这很不同于美国人强调的男性亚文化。在中西部城市，德国人在民政事务中担任了重要职务。1885年，他们开始在芝加哥公立学校里将德国特纳体系推广为正式的体育教育体系，并开设德语课（Riess, "Introduction"; Gems, Windy）。

德国人在19世纪晚期的工人运动中起了很大的作用，许多人对社会主义政治观点表示支持。工人们拥有属于自己的民兵组织来进行自卫，这些组织为雇佣者和当地政府带来一定程度的威胁。成千上万的工人和他们的支持者参与了城市的劳动者集会。早在1878年，社会主义者们就选举了他们的伊利诺伊立法机关的候选人，并且他们的芝加哥市长候选人赢得了20%的选票。密尔沃基在1910年选举了一个社会主义者作为市长，到1913年，许多更小的社区单位也做了同样的事情。当芝加哥当局拒绝社会主义者进入公共集会区域时，特纳的大厅向他们打开了大门。1886年，仅芝加哥一地的社会主义组织就增长到了26个，而臭名昭著的秣市惨案❶就发生在同年同地。三名特纳会员以及另外两名无政府主义者被逮捕，随后被判处死刑，这也使得他们成了国际主义的殉道者（Riess, "Introduction"; Gems, Windy）。

到1890年，有34个特纳社团超过5000名会员活跃在芝加哥，一年以后，在芝加哥成立了拥有6万名成员的300个工人联盟（Riess, "Introduction"; Gems, Windy）。尽管工人的不满在之后的岁月中一直在持续，但体育确实缓解了他们的一些紧张情绪。特纳俱乐部对于社会主义的支持力度逐渐减弱，因为德裔青年对美国体育形式的接受程度逐渐增高。23家德国特纳俱乐部成了1904年圣路易斯奥运会的佼佼者，来自纽约州布法罗市的布法罗德裔篮球队全部由德裔球员组成，他们赢得了全国冠军并最终成了职业队（Gems, "The Chicago Turners"）。在众多棒球队员中，胡纳斯·约翰尼斯·瓦格纳（Honus Johannes Wagner）就是向美国体育转型的典范，作为国联匹兹堡海盗队的顶级明星，他

---

❶1886年5月4日，芝加哥工人群众为争取8小时工作制在秣市广场举行集会遭到镇压而发生的惨案。

于1908年获得了1万美元的薪酬，是美国人平均年收入的十几倍（棒球合同的里程碑）。

1917年美国参加"一战"敲响了德国文化在美国的丧钟。德国人在美国遭到排斥，媒体将他们视作敌人。他们被指控不忠和背叛并面临迫害和监禁。尽管直到30年代一些特纳社团仍然在使用祖先的语言，但德语和特纳体育教育体系从学校课程中被剔除了出去。那时，芝加哥仅仅只有6家特纳俱乐部在维持，它们是对强迫同化的抵制，但体育使得这些抵制者的孩子们逐渐美国化（Gems，"The Chicago Turners"）。

捷克人，也称作波西米亚人，组建了索科尔，一个类似于德国特纳的民族体操组织。这个组织最早在1862年成立于布拉格，并很快在美国成立了他们的族裔俱乐部（圣路易斯，1865；芝加哥，1866；纽约，1867）。到1884年，在芝加哥成立了一个全国索科尔联盟，由一群捷克的无神论者发起，被称为红人。信仰天主教的捷克人被称为蓝人，则成立了一些其他组织。索科尔早在19世纪80年代就开始支持棒球队，抛开宗教观点不论，红人和蓝人时常相互竞赛。女性早在1870年就开始组建自己的俱乐部，并服务于官方会面，组织舞会、野营、戏剧作品和体育活动，以为社会主义理想筹集资金。一些女性为她们的选举权而争取，芝加哥的波西米亚女性主义者们甚至发行了自己的报刊。女性也会组织她们自己的体操课，并参加了击剑队和自行车俱乐部（Riess，"Introduction"；Gems，"Sport and the Americanization"）。

如同德国特纳，索科尔举办了民族体操节，诸多族群前往举办城市去推广他们的民族价值观和活动。索科尔的会员甚至每六年就回到欧洲故乡来庆祝这样的节日，以此保持他们与故乡文化的纽带，抵制美国进步主义改革家们的同化政策。

20世纪头十年，美国的捷克人接受了已在欧洲流行起来的足球，并且成立了俱乐部来与其他族裔球队竞技。到1917年，芝加哥的捷克人甚至组织起了自己的联赛。虽然出生于美国的第二代捷克青年逐渐被美国体育形式所吸引，但这样的跨大西洋纽带使得各个族群在保持其自身的宗教和文化价值观的同时能够有选择性地加入美国的体系中（Riess，"Introduction"；Gems，Windy 226）。

类似于德国人和捷克人，波兰人也于1867年成立了民族体操俱乐部并将其迁往美国，史称法尔肯（Falcons）。因此许多波兰人迁徙至美国，最终导致芝加哥成了波兰人口第二大城市（仅次于波兰首都的华沙）。然而，波兰人不同于捷克人，他们更严格恪守天主教教义。在美国，他们在自己的教堂周围建设起波兰社区。芝加哥的圣达义·葛思佳教堂（St. Stanislaus Kostka Church）拥有五千教区居民，成了世界最大的教会区之一。这样的族裔教会社区往往由其祖国的牧师带领，从而将欧洲的语言、习俗和价值观贯彻到底。虽然这些族裔领袖培养了乡情，但还是有其他人推崇同化。波兰人于1888年选举了他们自己的议员奥古斯特·科瓦尔斯基（August Kowalski）为芝加哥议会议员，到1900年，科瓦尔斯基在教会区组建了一支美式橄榄球队来与其他族裔球队竞赛，并且用波兰语做战术信号来迷惑对手。三年的连冠为波兰人带来了荣耀，也使得教会区居民融入了美国主流文化。

为了响应这个荣耀，当地的棒球队在1906年将队名更改为科修斯科马队（Kosciuszko Colts），来缅怀美国独立战争时期的波兰战斗英雄萨丢斯·科修斯科（Thaddeus Kosciuszko）。到1908年，这支球队接纳了爱尔兰、德国以及瑞典籍球员，因为胜利的重要性已经开始超越民族界限。到"一战"时，波兰人成了美国坚定的支持者并为波兰从德国统治下取得独立而战斗。当法尔肯俱乐部在芝加哥发起从军号召时，得到了215000人的响应（Gems, "Sport and the Americanization"; Gems, Windy）。

犹太人曾面临没有祖国以及在欧洲长达几个世纪的漂泊。尽管早在19世纪40年代一些德裔犹太人就来到了美国，但直到19世纪末期，东欧和俄罗斯的犹太人才大量涌来。在美国，犹太人获得了宗教自由，但却发现难以被大众所接受。他们的宗教价值观崇尚学术成就而非身体能力，这使得犹太人的孩子很容易成为被欺负的对象。在必要的时候，犹太人需要为保卫自己而打架，从而产生了大量击败爱尔兰裔冠军的专业拳击手。早在1901年，哈利·哈里斯（Harry Harris）获得了最轻量级冠军；1917年，本尼·伦纳德（Benny Leonard）由于夺得轻量级冠军而成了犹太英雄，并消除了"犹太病夫"的观念。

在东正教成员抵达美国之前，德裔犹太人比他们的东欧同胞获得了更大的成功，即使他们没有被完全接受。担心自身的社会经济地位可能会被后来者侵蚀，德裔犹太人开始在移民社区对定居互助所进行经济支持以加速同化进程，尤其是在犹太人大量聚居的纽约和芝加哥。芝加哥的希伯来学院配备了一批这个国家最好的体育器材供犹太人和其他族裔人群使用。希伯来学院的运动队赢得了很多冠军以及来自其他少数族裔的尊重。到1920年，本杰明·鲁本（Benjamin Reuben），来自希伯来学院的摔跤冠军，代表美国参加了奥运会，这是犹太人比其他族群更快接受同化的标志性事件。

在众多1880—1920年之间移民至美国的族群中，意大利人被同化的速度较慢。这些来自刚刚解放的国家的人群大部分是目不识丁的农民，他们对于民族身份和体育文化几乎没有概念。他们甚至被美国本地人排挤出白种人的行列，并且遭受诬陷和压迫。然而，为了从事农业生产，他们练就了良好的体格，这帮助他们在美国建设中占据了一席之地并且对日后出现体育人才起到了关键作用。意大利裔的父母顽强地反抗着童工法，因为他们需要提高家庭收入；但公立学校体育课程的出现，最终使得意大利裔的孩子迅速被吸引过去。

早在19世纪90年代，一名意大利移民的儿子艾德·阿巴提（Ed Abbaticchio），成了最早一批美国职业橄榄球运动员的意大利人，他效力于宾夕法尼亚的拉特罗布球队，司职后卫和弃踢手。在他初入职业棒球联赛的那个夏天，他挣到了5000美元，这证明成为顶级运动员是有可能改变人的阶级属性的。20世纪头十年，平·博迪（Ping Bodie）由于在美联担任外接手而成为明星；但他的父亲却由于他更改了姓名而与他断绝了关系，其他人在同化进程中同样遇到了如此窘境。早在1899年，意大利铁匠劳伦斯·布里尼奥利（Lawrence Brignoli）夺得了波士顿马拉松比赛的冠军，此后意大利人开始建立起民族自豪感。1912年，一名意大利移民加斯通·斯多比诺（Gaston Strobino）代表美国在奥运会马拉松比赛中获得一枚铜牌，标志着族裔身份的逐渐过渡。到"一战"的时候，意大利裔的拳手经常使用爱尔兰人的名字，开始在这个象征力量的比赛中挑战着爱尔兰和犹太拳手的冠军地位。

第六节　身体文化

维多利亚时期对于礼仪与道德有着严格的要求，性别规范的转换对男女都产生了一定的影响。就像体育锻炼可以塑形，经典的希腊雕塑成为男性标准体型的典范。科学家认为身体就像机器一样可以变得更有效更具影响力，体育表演通常被用来衡量身体机能。在学校、公园、定居救助区甚至是殖民地区，体育都被当作爱国情操、领导力的训练以及个性发展的方式。有人认为体育锻炼是对身体的完善，有人认为可以提高病人的身体恢复能力，或者用作一种特殊的治疗方式。

一、标准体态

尤金·萨多（Eugen Sandow）出生在普鲁士的福德里希，他是一个转型成功的国际典范。一开始他作为一名马戏团演员或者是杂耍演员来维持生计，毕业后他主要从事举重特技表演、杂耍展览以及戏剧演出。萨多认为自己的身体是一项艺术，完全符合现在健康与活力的新标准。他有棱角而性感的体型能够激起他人的欲望，他在摆造型的时候几乎是全裸，只是用腰布或者是树叶遮住他的生殖器官。在1893年的芝加哥世界博览会上，他引起了美国的轰动。一位非常富有的社会名流愿意花300美元在一个私展上感受一下他的肌肉。萨多紧接着举办了一场全球展演。1901年他在伦敦举行了首届健美模特大赛，他开办了一系列的工作室来训练男性的身体以达到完美体格。萨多将他的企业扩张到出售健康产品、健身器材，他的书讲述着如何通过力量训练来达到健美、有活力的状态以及塑造肌肉群的方法。

萨多在美国的同伙人班纳·迈克法登（Bernarr Macfadden）始终认为"软弱就是犯罪"。他主张通过锻炼来达到身体健康，少食多餐的饮食比饿了就吃好一些，好的生活方式包括健身锻炼和户外活动。自信的迈克法登非常反感一些假正经，他组织一些国内活动来选出经培养后可打造出完美体形的男人和女人。这些活动使麦克法登被以淫秽罪名起诉而拘留，但他坚持了下来。1903年，他的《身体文化》（Physical Culture）杂志每月的销售量都超过十万份。出版持续了超过50年，麦克法登创造了一个出版帝国，其中包括书籍、杂志以及电影，这使他成了一个百万富翁（Ernst）。他对自然美的强调使其反对女性的束腹、化妆、高跟鞋以及紧身衣。他的选美大赛中的选手们身着合身的紧身衣秀场，这些选手在出版物上的照片无疑使读者感到兴奋。麦克法登在新泽西创立了一种健康的生活方式，又建立了学校来训练教师、教练和治疗专家，之后在密歇根的巴特克里市建立了一所疗养所。

尤金萨多：理想化的男性身体
图片由国会图书馆提供，LC-USZ62-95729

二、巴特克里市疗养所

然而，巴特克里市最重要的健康会所却是由其创立者——约翰·哈维·克罗格（John Harvey Kellogg）博士而闻名。巴特克里市疗养所建于1903年，当初的设计理念是将其设计成为集健康、锻炼和医疗于一体的综合性的会所。这个疗养所为消化不良者提供健康的食谱，组织一些体育运动帮助病人恢复其身体机能。至此健康不再只是一项医学课题，还成了一种商业行为。

巴特克里市疗养所在世界范围内得到了认可，吸引了包括运动员、政客以及其他公众人物在内的大牌病号和参观者。这里建了一个游泳池、一个体育馆和一个日光浴室。克罗格开发了一个名为"生物化生活"的项目、一种新的治疗方式以及一些改善病人或是参观者们身体状况的健康食物。他提倡素食主义食谱，劝说病人戒烟戒酒，真心通过健康饮食、身体锻炼、户外旅行、水疗和物理疗法以及暴露在适当的空气、温度和阳光中以帮助他们。在厨房中，克罗格在1894年首创玉米片，在巴特克里市发展了谷物加工业。1902年，一场大火毁掉了疗养所的大部分设备，之后的1903年，一个新的、更宏伟的、高达五层的疗养所大楼修建起来。在这个新设施里，治疗室为人们接受治疗提供空间，客人们也可以使用室内体育馆的设施。疗养所的地面上还包含了一个精致的花园和一个湖边的场地来做室外运动。

威廉·塔夫特（William H. Taft）总统在1911年成了万名注册的客人之一。其他在20世纪头十年访问疗养所并使用这里的设施的知名人物包括约翰·D.洛克菲勒（John D. Rockefeller）、萧·伯纳（George Bernard Shaw）、亨利·福特（Henry Ford）、J. C. 彭尼（J. C. Penney）、克拉拉·巴顿（Clara Barton）、埃利诺·罗斯福（Eleanor Roosevelt）、埃迪·坎特（Eddie Cantor）、布鲁克·T. 华盛顿（Brooker T. Washington）、蒙哥马利·沃德（Montgomery Ward）、约翰尼·维斯穆勒（Johnny Weissmuller）、海军上将李察 E. 伯德（Admiral Richard E.Byrd）以及威廉·詹宁斯·布赖恩（William Jennings Bryan）。访客们可以参与室内或室外的游泳、体操、自行车、划船、马术、骑马、徒步以及其他体育活动以达到良好的健康状态，成千上万的寻求健康的人员每年都会来此地（*Butler*）。

第七节　体育运动和科学技术

追求人类和社会发展的进步主义时代，催生了影响体育实践的新技术，这是体育和技术之间日益紧密的关系的开始。1881年，获得专利权的邓禄普轮胎气压改变了轮滑和马具。1888年，更安全的自行车取代了危险的高轮自行车，同时使得移动速度更快。1899年，查尔斯·墨菲（Charles Murphy）在一次皮划艇训练中达到了1分钟超过1.6公里的速度。1897年，新型的滚珠轴承使自行车选手能在2分钟以内突破1英里。

媒体的进步作为一个重要因素同样刺激着体育的进步。报道体育赛事的报纸激增，《国家警察公报》（National Police Gazette）加强了对拳击运动的报道。《时代精神》（Spirit of the Times）提供了关于赛马的广泛的报道。1886年一个新的机制建立起来，极大地促进了生产。《体育新闻》（Sporting News）是报道棒球运动的知名杂志，出现于这一年。这些出版物证明了体育运动的流行程度。到1890年，《纽约世界报》（New York World）划分出了一个版面专门报道体育事项和其他快速新闻。那时，诸如《哈勃周刊》（Harper's Weekly）、《远足》（Outing）、《大众科学》（Popular Science）、《大都市》（Cosmopolitan）、《亚特兰大周报》（Atlantic Monthly）这样的中产阶级的杂志都会分配一部分版面去报道体育事项来巩固他们的地位。民族报纸也同样报道德国、捷克、波兰以及犹太人的棒球队参与的比赛。图像加强了故事性，帮助体育运动员在技术和表现方面更快地提高。

托马斯·爱迪生（Thomas Edison）在1889年发明了活动电影放映机，之后动画也随之发展起来。1894年出现了拳击片，极大地满足了男女观众的兴趣。

爱迪生1879年发明的电灯使得体育场有了好的照明条件，促进了1883年开始的棒球运动。1893年芝加哥世博会专门强调电灯使得球迷可以彻夜观看比赛，而这就是科技的力量。新奥尔良的奥林匹克俱乐部于1890年第一次开展了拳击比赛，四通八达的铁路网使得全国各地的球迷都可以来这里看比赛。

19世纪80年代，德国工程师发明了内燃机，很快用汽车取代了马车。马萨诸塞州春田市的弗兰克（Frank）和查尔斯·杜里埃（Charles Duryea）于1893年建立了美国第一代汽车产业。1894年，由《小日报》（Le Petit Journal）赞助的第一届赛车大赛在法国举行（从巴黎到里昂），并且提供了1000美元的奖金。之后一年从巴黎至波尔多的多场更大规模的比赛相继举行，1895年11月2号，美国《芝加哥时代先驱报》（Chicago Times-Herald）举办了第一场在美国的比赛，奖金高达5000美金。只用一辆车（由杜里埃兄弟驾驶）完成了53英里的赛程。

同年，摩托车比赛也开始流行起来，当地举办方在亚特兰大、代托那比奇以及印第安纳波利斯这样的城市中开辟了比赛路程。1911年，8万参观者参加了印第安纳波利斯的第一届赛车比赛（*Riess*，*Sport 41*）。汽车的商业化生产促使一个流动性更强的社会出现，并且极大地影响了美国文化。福特的流水线生产方式以及其他价格低廉的商家极大地增加了人们对汽车的拥有欲望。由兰塞姆·奥茨（Ransom Olds）设计的可以提供三马力的单缸汽车（奥尔兹牌汽车）只卖650美元。到1904年，奥尔兹汽车已经销售了近5000辆。之后的10年间，人类还实现了飞行的梦想，飞行比赛也随之登场。

第八节　现代奥林匹克

进步主义时期的理想主义者们尝试解决那些从身体文化到女权主义再到健康改革的普遍问题。在法国，顾拜旦（Coubertin）期望一个更和平的世界，并把体育运动作为达到目标的方法。受1970年普法战争失败的影响，他寻求一种机制以激发法国的活力以及用来教授友情和和谐。他游历了英美两国后，确定法国应该从教育系统中获得力量，尤其是对运动员来说。他认为公平的竞争是健康的。1894年，他在巴黎成立了一个国际体育联合会，号召恢复古代奥林匹克运动会，聚集运动员来参与其中。

摄影，例如这个迈克里奇运动照序列，加强了成像效果以及对运动执行的研究
图片由国会图书馆提供，LC-USZ62-103032

顾拜旦在1896年第一届雅典现代奥林匹克运动会上实现了他的梦想。因为排他主义，他和希腊的组织者们拒绝女性参加任何比赛项目。男性更多的是为了个人去参加比赛而非代表国家，但是民族主义的报告者们很快就将金牌数与公民

品质以及政治联系在一起。13个美国运动员响应了这些号召，包括1个游泳运动员、2个枪手、10个田径运动员，其中一名来自哈佛大学的运动员甚至在申请参加比赛被否决后辍学。这个名叫杰姆斯.B.康纳利（James B. Connolly）的辍学者在三级跳远比赛中获得第一名。其他来自普林斯顿以及波士顿体育协会的美国人几乎垄断了田径所有的项目。但是一名希腊牧师斯皮里东·路易斯（Spiridon Louis）赢得了马拉松的冠军。他的希腊同胞用礼物淹没了他，包括免费食物、衣物还有余生当中的理发。

作为与以马为动力的相关案例，新型无马四轮车以竞赛的形式在赛马场测试
图片由国会图书馆提供，LC-USZ62-100197

1900年奥运会作为巴黎世博会的附属品举行，失去了其在雅典的宏伟和凝聚力。许多竞争者甚至不知道他们参与的项目只是博览会的附属品，作为男子比赛的附属，网球、高尔夫、帆船、槌球、热气球和马术这些运动也开展了女子比赛。一些最好的美国男性运动员被从1900年的项目决赛中逐出，因为他们拒绝在周日比赛。

1904年的奥运会比赛和圣路易斯展览会同时举行。展览会的一个显著特色节目就是其人类日，在当天的部落展上，不同的种族和族群之间进行了比赛。项目包括赛跑、爬杆、拔河，甚至是混战。对大多数竞争者来说，对西方体育模式

第六章 进步主义早期的美国体育和社会变迁（1890—1900年）

的陌生导致运气不佳和荒唐可笑，这是个巩固白人对其种族优越感的信仰的结果（Dyreson, Making）。然而，乔治·波格（George Poage）对这种信仰发起了挑战，因为他是第一位赢得奖牌的美国黑人，他在200米和400米栏的比赛中获得了第三名。在世博会一场非官方的女子篮球锦标赛中，来自蒙大纳肖堡印第安学校的美国印第安女孩赢得了所有比赛，挑战了白人的霸权。

随着奥林匹克精神的减弱，顾拜旦先生接受了希腊提出的在1906年举办一场临时奥运会比赛的提议。这次，罗斯福总统作为奥委会荣誉主席来挑选一支官方的美国代表队。没有令其失望，运动员们在19个田径项目的比赛中赢得了11个项目的胜利。法国赢得了包括射击、击剑、自行车、赛艇、摔跤、网球、体操、足球、举重以及射箭在内的所有冠军。因为在国际赛事中国家之间的相互竞争，体育运动被赋予了更多的国家主义的意义。

对国家体育运动的需求和对奥林匹克精神的需求在1908年的伦敦奥运会上展示得很充分。大英帝国将这种风气传播到世界。由于当时美国经济上已经压倒了英国，所以英国极力希望通过体育来振兴。另外，美国队包括许多爱尔兰裔美国人，他们厌恶自己大不列颠的祖籍。其中的一员、护旗手拉夫·罗斯

人类学日的比赛被证明是种族主义的运动，这与奥林匹克理想背道而驰
图片来自乔治·马修斯和桑德拉·马歇尔，1904年圣路易斯奥运会（美国图像系列）
（芝加哥：阿凯迪亚出版社，2003：121）

（Ralph Rose）拒绝在开幕式上降低星条旗向英国国王致敬。其队友马丁·谢里丹（Martin Sheridan）对愤怒的英国人表明，这个旗帜不会向任何国王致敬。因此，尽管顾拜旦的意图很明确，但是奥林匹克运动已经变得非常政治化。

一些国际间的论战随之而来，愈演愈烈的敌对气息在美国和英国之间越来越明显。因为主办国提供技术官员，所有当英国人将两名在400米跑中击败英国选手的美国运动员取消比赛资格时，美国对这起阴谋提起控诉。美国人拒绝回到比赛，于是裁判员将胜利判给了自己国家的运动员。美国拔河队同样被保护主义所害，因为英国队被允许穿钢架靴子，而这种靴子可以为其在比赛中增加牵引力。同样，马拉松比赛也增加了仇恨，意大利运动员德兰多·皮特里（Dorando Peitri）第一个进入运动场却在完成比赛前跌倒在赛道上。爱尔兰裔美国人强尼·海耶斯（Johnny Hayes）以第二名紧随其后时，英国裁判员将皮特里扶起并帮助他跑过终点线。裁判员最终还是将冠军归还给了海耶斯。美国指出他们是田径比赛的冠军，但英国以获得其他大量赛事的冠军而自吹自擂，不过那些项目如果美国参与的话，英国人能夺冠的则会少之又少了。被这对敌手惹怒的国际奥委会决定在后来的比赛中使用第三方中立裁判。

1912年在斯德哥尔摩举行的奥运会取得了巨大成功，这是一次组织良好和高效的赛事，来自欧洲、北美、南美、亚洲、非洲和澳大利亚的26个国家的代表队被大量媒体报道，甚至上了美国报纸的头条。吉姆·索普，这位来自美国的五项全能和十项全能冠军，被认为是世界上最杰出的运动员——尽管一年之后他被发现曾经参加过棒球联盟的职业比赛。这一违规行为使他的奥运奖牌被没收，因为奥运会规定只允许业余选手参赛。1912年的奥运会首次允许女子游泳运动员参赛，尽管瑞典举行的女子水上运动比赛没有经过奥委会的批准。这次比赛也是首次在田赛项目中使用电子计时设备，在科学、技术、数量和合理性方面不断地进步让体育更值得让人信赖。

通过这些早期的奥运会，女性开始争取在这类赛事中获取参与权。在1904年圣路易斯奥运会上，只有6名美国女性（都是射箭项目）是中代表国家出战的。到1908年，当奥林匹克运动在现代体育的发源地英国举行时，女权主义者才取得了一些成就，包括网球、帆船、滑冰和击剑在内的四种运动的比赛，都取得了优异的成绩。1908年和1912年，来自丹麦、挪威、瑞典、英国以及芬兰的女性体操队展示了她们身体技术和能力。根据1908年《伦敦每日电讯

第六章 进步主义早期的美国体育和社会变迁（1890—1900年） 281

英国官方在一次有争议的马拉松赛跑中帮助跌倒的德兰多·皮埃特利，后来他反败为胜
© Getty Images

报》（London Telegraph）报道："女性展示出了她们所具备的优雅与聪慧。"（qtd.in Daniels and Tedder 43）1912年，西班牙队允许女性运动员参加游泳项目（Mitchell 212）。一些流行体育运动包括了女性运动及相关的项目，11个国家派出女性运动员到斯德哥尔摩，超过50名女运动员参与了此届奥运会项目，占参赛运动员的2.2%。

通常意义上讲，顾拜旦奥林匹克运动的理想是通过运动竞赛达到国际的和平，但在1908年奥运会上国家主义已经暴露出达此理想的阻碍因素，1914年世界大战的爆发震惊世界并标志着进步改革家们达成世界和平的尝试失败。战争迫使1916年柏林奥运会中断。

小结

本章描述了进步主义改革家们对于社会的认识和对于重组城市、缓和社会不公的尝试，以及白人、盎格鲁-撒克逊人、新教徒、中产阶级等各式移民的美国化。体育运动在文化渗透的进程中被给予重要任务。本章还论述了妇女对于寻求更多自由以及大量种族、宗教和社会团体的多种多样的反应。一些团体尝试保持其自身的体育文化，而另外一些则接受和吸收美式文化来满足需要。体育运动的实践被证明是一种解放运动——比如白人女性的女权运动。对于其他群体来说，如美国印第安居民以及欧洲少数民族，体育最终培养出一种更加相同的文化，因为年轻人在学校、公园、运动场以及社区中被吸收同化。棒球繁荣发展成为国球，而因为商业化对于胜利的专注使橄榄球获得了大学校园的优势地位。橄榄球在城市中心成为一种体育奇观，各个大学很快就在校园中建造起自己的体育场以容纳更多观众。

现代奥林匹克运动会以增进国际友谊为目的而开展起来，因此西方体育形式开始向居住在殖民地的人渗透，但这种内涵很快被民族主义的对抗掩盖。1904年与圣路易斯世博会一起举办的奥运会，险些被人类学日这个宣扬社会达尔文主义的活动终结。奥林匹克和进步主义运动的梦想都在"一战"的战火中破碎，而"一战"却使一种新的、均衡的美国文化产生并使美国人的含义发生改变，因为移民选择性地接受和适应了社会的主流价值观。

大事年表

- 1891年

詹姆斯·奈史密斯（James Naismith）发明篮球

- 1892年

森达·贝伦森（Senda Berenson）成为马萨诸塞史密斯学院的体育总监

帕奇·赫飞芬格（Pudge Heffelfinger）成为第一个职业橄榄球运动员

科贝特（Corbett）在第一届戴手套重量级拳击锦标赛中击败沙利文（Sullivan）

第一场女子篮球赛在史密斯学院举行

- 1893年

出现经济萧条

第一届斯坦利杯

- 1894年

普尔曼罢工上演

科克西军队进军华盛顿

美国高尔夫球协会成立

神庙杯系列赛从棒球项目开始

- 1895年

威廉·摩根（William Morgan）发明排球

美国保龄球协会建立

十大高校联盟形成

USGA（美国高尔夫协会）举办男子和女子的全国业余高尔夫球冠军赛

第一届美国汽车比赛举行

普莱西 v. 弗格森（Plessy v. Ferguson）案最高法院决定允许种族隔离

- 1896年

希腊雅典举行第一届现代奥运会；美国的罗伯特·加勒特（Robert Garrett）赢得掷铁饼金牌

- 1897年

第一届波士顿马拉松赛举行

夏延拓荒者节推出

- 1898年

吞并夏威夷

美西战争爆发

- 1898—1900年

非裔美国人梅吉尔·泰勒（Major Taylor）成为自行车赛冠军

世界体育史丛书
郝勤　主编

美国体育史（下）

［美］杰拉尔德R.杰纳斯　琳达J.波里什　格特鲁德·菲斯特　著
霍传颂　宋秀平　张鹏翔　卢凤仪　译

人民体育出版社

目 录

第七章 体育的符号意义：文化渗透与帝国主义（1900—1920年）
....（1）

第一节 体育、民族以及对社会流动性的要求 ……………（3）

第二节 美国社会各民族群体的同化过程 ………………（12）

第三节 挑战性别界线 ……………………………………（24）

第四节 对社会改革的抵制 ………………………………（32）

第五节 体育及殖民主义 …………………………………（34）

第六节 "一战"期间的体育运动 …………………………（42）

小结 …………………………………………………………（45）

大事年表 ……………………………………………………（45）

第八章 体育、英雄式体育运动员和大众文化（1920—1950年）
....（48）

第一节 战争、大萧条及美国的成型 ……………………（52）

第二节 社会变革以及体育事业的普及 …………………（55）

第三节 黄金时代的英雄 …………………………………（86）

第四节 体育的传播媒体及商业化 ………………………（98）

小结 …………………………………………………………（106）

大事年表 ……………………………………………………（107）

第九章 体育的传媒化、商业化及政治化（1950—1980年）…（111）

- 第一节 冷战时期的体育……………………………………（114）
- 第二节 体育与媒体关系的变革……………………………（116）
- 第三节 另类英雄的产生……………………………………（128）
- 第四节 职业体育和劳工关系………………………………（130）
- 第五节 体育与民权运动……………………………………（131）
- 第六节 体育、自恋主义和自我存在的探索………………（150）
- 第七节 科技进步和体育发展………………………………（155）
- 小结…………………………………………………………（157）
- 大事年表……………………………………………………（157）

第十章 全球化的体育（1980—2000年）…………………（161）

- 第一节 公司体育文化………………………………………（165）
- 第二节 吸引更多棒球迷……………………………………（178）
- 第三节 迈克尔·乔丹和职业篮球的发展…………………（181）
- 第四节 高校校际体育和NCAA……………………………（185）
- 第五节 女性和体育…………………………………………（188）
- 第六节 运动员的药物滥用和身体透支……………………（195）
- 第七节 体育中的暴力………………………………………（200）
- 第八节 20世纪末期的歧视问题……………………………（204）
- 第九节 个人主义与体育偶像………………………………（208）
- 第十节 极限运动……………………………………………（211）

小结 …………………………………………………………（213）

大事年表 ……………………………………………………（213）

第十一章　21世纪初的体育运动（2000—2015年）…………（215）

第一节　职业运动队的商业化 ……………………………（217）

第二节　盈利项目的多元化 ………………………………（218）

第三节　美国体育的海外营销 ……………………………（222）

第四节　劳资关系 …………………………………………（223）

第五节　大学校际体育与联盟的变化 ……………………（224）

第六节　《教育法修正案第九条（Title Ⅸ）》和体育中的领导地位
………………………………………………………（228）

第七节　女子职业队及代言 ………………………………（229）

第八节　现代奥林匹克运动遭遇的挑战和奥运明星 ……（232）

第九节　体育危机 …………………………………………（234）

第十节　创伤性脑损伤 ……………………………………（242）

第十一节　极限体育运动 …………………………………（242）

第十二节　大众体育 ………………………………………（245）

第十三节　跑者的崛起 ……………………………………（246）

第十四节　对体育的未来展望 ……………………………（247）

小结 …………………………………………………………（249）

大事年表 ……………………………………………………（250）

第七章
体育的符号意义：文化渗透与帝国主义
（1900—1920年）

阅读完本章节后，你将会了解以下内容：

- 不同种族对进步主义政策的不同反应
- 移民群体对美国文化的影响
- 非裔美国人对被美国社会所接受的需求
- 女性如何利用体育来获得更多独立性及挑战性别界线
- 美国如何在世界各地传播其文化
- 体育在文化渗透进程中的角色
- 将非白人隔离及非主体化的社会达尔文理念体系
- 体育在帝国主义进程中的角色
- 体育在社会阶级、种族、民族及性别方面的符号功能

联邦政府对于同化进程的努力从1879年为印第安儿童建立的第一所寄宿学校——卡莱尔印第安学校（Carlisle Indian School）开始。在与该寄宿学校类似的39所学校中，印第安儿童大多在有教养的教师和教练员指导下受到白人主流社会习惯的影响——从外表到服饰、谈话、工作习惯以及包括体育在内的休闲娱乐等。除了被迫同化，印第安美国人直到1924年才获得公民权利，一些州甚至一直拖延到1957年。

随着1870年宪法第15条修正案（the Fifteenth Amendment）的出台，非裔美国人在法律上获得了公民权利，但这并不能保证他们被白人社会所接受。进步主义致力于对各个移民族群的同化，但在很大程度上忽略了非裔美国人。北方慈善家们投入大量资金为南方黑人孩子建立学校，布克 T. 华盛顿（Book T. Washington）在19世纪下半叶成了黑人的金牌代言人。他主张与白人进行妥协，宣扬有责任的行为，发展强有力的职业道德，保障职业技能学习以及对社会接受和公民权利富有耐心。尤其在1881年，他在阿拉巴马州建立了塔斯基学院（Tuskegee Institute）以宣扬这种价值观。

20世纪初期，W. E. B. 杜布瓦（DuBois），一个北方的自由黑人，持有与华盛顿截然相反的主张。杜布瓦在哈佛读取博士学位，并在为黑人争取公民权利方面扮演了更积极的角色。他争辩如果10个非裔美国人中有1个能得到与白人平等的机会（像他本人），那黑人也足以与白人平等竞争[1]。1909年，他成为有色人种发展国家协会（NAACP, the National Association for the Advancement of Colored People）的创立者之一。南方黑人很快就成了为寻求更好机会而北漂的最大迁徙族群。

在欧洲各民族中，爱尔兰人与德国人是19世纪40年代最早的一批移民。爱尔兰人拥有的天然英语优势使他们很快融入了美国社会，甚至控制了一些城市的政

---

[1] 著名的The Talented Tenth，最早于1836年由白人自由主义者提出，致力于在南方建立学校以培养黑人教师和人才，后来被杜布瓦博士用来作为其文章题目，提出黑人应该得到与白人相同的接受传统教育的机会，并相信在同等教育中黑人也能出现精英。<https://en.wikipedia.org/wiki/The_Talented_Tenth>

治执行机构；而德国人则花费了更长时间才得以彻底同化。他们的共和政治理念使得大部分德国人在南北战争期间支持北方军（Union❶）甚至在军中服役；但是德国特纳体操协会强调保持德语和德式生活方式。第一个著名的文化冲突发生在1885年的芝加哥，李维·布恩（Levi Boone）市长试图在周日关闭城市中所有的沙龙。德国沙龙是工人们在唯一的休息日聚集休闲的地方，因此德国人集会并开往法庭，去支持那些因所谓的"啤酒暴动（Lager Beer Riot）"❷事件而被捕的人。当市长派出民兵以保障本地人利益后，伤亡便接连发生（Gems, Windy）。此外，德国的研究型大学体系早于美国体系几十年，德国人相信他们的学术、文化以及生活方式要优于盎格鲁美利坚人，因此他们不需要也不想要改变他们的生活。

同样地，其他欧洲体操组织，如波兰的法尔肯（Falcon）和捷克的索科尔（Sokol）借鉴了德国的特纳体系以推崇他们的民族文化。被压迫的犹太人离开欧洲并在美国安家，但他们也希望能在美国新教社会中保持住传统宗教。天主教群体，如大量的意大利人和波兰人，在祖国的宗教信仰和新家园之间也面临着窘境。本土主义者认为这样的民族和宗教差异与美国民族主义产生矛盾；但对于体育的共同兴趣可以拉近不同群体之间的距离。

第一节 体育、民族以及对社会流动性的要求

将体育作为一种精英管理体制有助于缓和底层市民的不满情绪，因为工人阶级可能会通过身体素质获得数量可观的财富及改变社会地位的。坚定不移地遵守职业道德和欧洲文化的移民父母，在他们的孩子因参加半职业性质或邻近城市的比赛而为家里带来额外的收入时，也默认了体育运动。像著名的赌徒阿诺德·罗斯坦（Arnold Rothstein）这样的体育比赛组织者甚至会比运动员挣更多的钱。

在1893年芝加哥世界博览会上，德国体操运动员们上演了一次大型表演来展示他们超凡的体操技术，以此说服美国主流相信其信仰。少数民族体育俱乐部依靠其精湛的技艺引起了业余管理机构的注意。来自主流社会的入会申请助长了

---

❶The US，美利坚合众国（尤指南北战争时期）；The Union and the Confederacy: 合众国与南部联邦。
❷1885年4月21日，当几个酒吧老板因为在周日出售酒精饮品而被捕后，抗议者与警务人员发生了冲突。

民族自豪感，但也通过使这些组织更加接近主流文化，逐渐地减弱了它们的独立性。到1897年，业余体育联盟（AAU，The Amateur Athletic Union）举办了国家锦标赛。

少数民族想要保持其在足球联赛中的某种程度的非主流体育文化。在伊利诺伊联赛，瑞典人、丹麦人、德国人、挪威人、匈牙利人、捷克人、苏格兰人、英格兰人和斯拉夫人以及犹太人将他们的竞争转移到了球场上。其中拥有了足够力量的捷克人在1917年创建了一个属于他们自己的联赛，在这个联赛中斯巴达人队骄傲地用起了捷克的民族色。在捷克人的比赛里，当红队（无神论者）对抗蓝队（天主教）时，宗教差异都转移到了运动场上。这些体育实践使各民族在一定程度上保持其欧洲传统和生活方式，这在一战时导致一些本土主义者对他们的忠诚产生质疑。

一、拳击

青少年男子苦于城市街头生活的艰辛，因此拳击变得十分受欢迎，有时甚至成为必不可少的项目。19世纪90年代，爱尔兰裔美国人夺得了大部分拳击比赛冠军，但在世纪之交，其他民族群体开始崇拜他们自己的偶像，有些人甚至为了在拳击界赢得好感而使用了爱尔兰名字。在犹太拳手中，哈利·霍利斯（Harry Harris）在1900年赢得了次轻量级的冠军，阿比·阿泰尔（Abe Attell）统治了1901到1912年的轻量级界。阿泰尔在17岁那年就击败了著名的黑人冠军乔治·迪克森（George Dixon）摘得桂冠。尽管阿泰尔吸食可卡因以及在自己的比赛下赌注削弱了他的吸引力，但犹太人为另一个轻量级冠军贝尼·伦纳德（Benny Leonard）感到无比骄傲。父母是俄国犹太人的本杰明·莱纳（Benjamin Leiner）在与邻家的爱尔兰和意大利青年斗殴中长大。他的犹太教父母对打架并不赞同，因此他像职业拳手那样更改了姓名。作为犹太人的骄傲象征，伦纳德（Leonard）身披大卫王之星，并在1917年赢得了轻量级冠军。犹太人在拳击场上的成就对打消犹太人怯懦和虚弱的说法起到了重大作用（Riess, "Tough Jews" 75–76）。

进步主义时期最出色的波兰体育明星也出现在拳击擂台上。被称为"密歇根刺客"的斯坦尼洛·切克尔（Stanislaw Kiecal）像职业拳手一样将他的名字美国化，成为斯坦利·凯切尔（Stanley Ketchel）。在成为孤儿并在西部矿营和储木场度过了艰苦的生活后，他在1908年赢得了中量级冠军。作为一个粗暴的拳手，凯切尔在1909年勇敢地为重量级桂冠而与体型远大于自己的杰克·约翰逊（Jack Johnson）战斗，并想要击倒冠军保持者。除了相对较短的职业生涯，许多人还是认为凯切尔是史上最好的中量级拳手。对这样的运动员来说，体育是他们艰苦生活的缓解剂。虽然绝大部分人只能是在本地拥有较高名望，但工薪阶层青年仍然极端崇拜运动员对其身体技艺的展示。在艰苦的城市街头生活，一个人通过拳头获得的社会资本往往比通过金钱来得多。

意大利紧跟着进入冠军队伍。皮特·赫尔曼（Pete Herman）的真正姓氏是古洛塔（Gulotta），在故乡新奥尔良学习打拳击，并于1916年20岁时在次轻量级冠军赛中与对手战平。一年后，他赢得桂冠。虽然他在拳击生涯中只被击倒过一次，但其头部遭受击打的累积却使他双目失明。即便像这样的悲剧也没能减弱运动员的上进心，因为这些没钱且没受过教育的人除此之外几乎没有任何希望来达到更高的社会经济地位。

斯坦利·凯切尔的拳击姿势
图片由国会图书馆提供，LC-DIG-ggbain-01676

二、棒球

和拳击一样，棒球亦提供了一定程度的社会流动机会，并起到了同化作用。年轻移民渴望进入专业的队列中，即使是普通的球员都能在半职业性的临时比赛或在公司代表队的比赛中赚取大量的收入。

意大利人平·博迪（Ping Bodies），真名叫弗朗西斯科·斯特凡诺·朋左罗（Francisco Stefano Pezzole）。作为一名优秀的职业棒球选手，他从1911至1921年在芝加哥白袜队和纽约洋基队度过了10年的职业生涯。博迪（Bodies）是东欧或南欧出身的早期球员之一。在那之前，爱尔兰和德国球员一直主导着棒球队伍。胡纳斯·瓦格纳（Honus Wagner）是最优秀的德国球员，8次获得"最佳击球手"称号，被认为是最伟大的游击手，在其漫长职业生涯（1897—1917）中连续17年击球超过300个。波兰运动员奥斯卡·彼叶拉斯基（Oscar Bielaski）早在1872年加入职业棒球队，并且在1876年帮助芝加哥白袜队赢得了全国联赛的冠军。1887年，20岁的艾德·德拉翰帝（Ed Delahanty）作为众多爱尔兰明星中的一员，开始了其漫长的职业生涯。19世纪90年代期间，他3次单赛季击球率超过400，并且以平均值345结束职业生涯。"小威力"基勒（Keeler）虽然身高不足1.70米且体重仅有64公斤，但在1892到1910年间的18个赛季里，基勒的平均击球率高达432，并且在1906年100多次比赛中从未出局。他们表现优异，薪水丰厚，获得了少数民族和工薪阶层的青睐，并成为城市街区里的英雄。

棒球的发展，尤其是职业和半职业棒球的发展，给顶尖球手们（或那些具有商业触觉者）提供了提升社会地位的机会。西部联盟（Western League）总裁班·约翰逊（Ban Johnson），在1901年将其更名为美国联盟（American League），并把它打造成一个与充满赌博和嗜酒氛围的成人俱乐部相隔离的精神寄托。当国家联盟（National League）证明了新兴的组织无法离开商业进行运作时，它于1903年达成了一份国家协议，使两个联赛认可球员合同以及建立一个三方委员会来管理这项运动。同年，在两个联赛冠军间举行了第1届世界职业棒球大赛总决赛。

第七章 体育的符号意义：文化渗透与帝国主义（1900—1920年）

1914年，平·博迪在芝加哥队
图片由国会图书馆提供，LC-H261-4227-A

到1914年，第三个职棒联赛想要共享国家赛事的收益。新的联邦联赛条款强迫国家联盟和美国联盟的老板们提供大笔的薪酬来签下或雇佣他们的明星球员们。泰·科布（Ty Cobb）在1915年赛季大赚2万美元，业余球队中的男孩们希望通过提高他们的身体技能从而能在美国名利双收。科布（Cobb）的薪水使老师（578美元）相形见绌，连技艺精湛的工匠也不及他收入的十分之一（1591美元）。这个在1901年只有13个联盟的小联盟团体到1912年拓展到了46个，这为梦想的实现提供了更多的机会。

当棒球开始吸引众多少数民族第二代的青年时，爱尔兰人仍然在球员和经理的等级中占据支配地位。查尔斯·科米斯基（Charles Comiskey）从国家联盟的圣路易斯布朗队球员经理一直晋升到美国联盟中芝加哥白袜队的老板。约翰·麦克格劳（John MacGraw）的职业生涯始于1891年，他效力的首支球队是巴尔的摩金莺队。但是为约翰·麦克格劳带来无数荣耀的则是作为纽约巨人队的经理。在1899—1932年期间，他在经理岗位上帮助球队获得了10次总冠军称号。在1915年，联盟中16位最著名的教练员有11位是爱尔兰人（*Riess, City 104*）。康尼·麦克（Connie Mack）是职业联盟历史上职业生涯最长的运动员，自1886年以一名接球手开始了职业生涯后，在1894年他又成为一名球员经理，在1901年新的美国职业联盟成立之初，他作为费城竞技队的老板又带领球队获得无数辉煌的成绩，这支球队直到1950年才开始衰弱。

竞技体育给K. M. 这样的运动员带来了他们巨大的财富。在1910年，职业棒球运动员的平均工资为3000美元，大大超过了蓝领工人的平均工资（*Riess, City 87*）。甚至在1900年之后，越来越多的大学生运动员也开始签署职业合同。克里斯蒂·马修森（Christy Mathewson）毕业于巴克内尔大学，在1900—1916年期间效力于纽约巨人队，并以一名投手的身份开始了其职业生涯。在此期间，他有三个赛季为球队带来了单季30场胜利的纪录，而剩余的12个赛季中，他的胜率保持在单季20场以上的纪录。作为典型的绅士代表和一名意志坚定的基督教徒，马修森将中产阶级的理念带到了球场上来。马修森在加入美国陆军参加第一次世界大战之前又在辛辛那提效力了两年，1925年，马修森在欧洲战场执行任务时因毒气泄露而英年早逝。

在世纪之交，许多德国、捷克和波兰的体操俱乐部以及犹太社团都成立了自己的棒球队以此留下他们的年轻男性会员。下面的联赛数据可以说明当时棒球在美国社会中的同化作用以及错综复杂的竞争局面。

文学联赛

来自芝加哥的6家犹太文学社团组织了一个名为文学联赛的棒球系列赛。各个社团之间的比赛模式都参照职业棒球的规则，每个星期天早上举行的比赛都会决出胜负。这些社团包括圣约亚伯拉罕、克莱米克斯·哈金、爱默生、伏尔泰、拉斯科夫和富达。这些社团的实力都不相上下，但凡重要的比赛还会吸引许多的观众前来观看。

	胜	负	胜率
圣约·亚伯拉罕社团	2	0	100
克莱米克斯·哈金社团	2	0	100
爱默生社团	1	1	50
伏尔泰社团	1	1	50
拉斯科夫社团	0	2	0
富达社团	0	2	0

第七章 体育的符号意义：文化渗透与帝国主义（1900—1920年）

今天圣约亚伯拉罕社团对阵克莱米克斯·哈金社团的比赛将在竞技公园举行，爱默生社团与伏尔泰社团的比赛设在南区球场，而拉斯科夫社团与富达社团的比赛将在晚上9点开赛，比赛地点在西南市政球场。

波西米亚地区棒球联赛

昨天早上在圣·费斯克球场举行的棒球联赛中，皮尔森体工队迎战卡拉托夫斯基体工队，最终皮尔森体工队以28∶8获得比赛胜利。皮尔森体工队的投手是科士达，接球手为图尔克；卡拉托夫斯基体工队的投球手为贝奈斯，接球手为卡拉斯。

波兰学社之间的激烈角逐

昨日，两个来自圣·斯坦尼斯洛斯·卡斯特卡教区的波兰学社，圣·卡莱尔青年学社和圣·塞西莉亚学社在亚芳代尔进行了一场棒球比赛。

圣·塞西莉亚学社由其主席约翰·切克拉先生带队。圣·卡莱尔青年学社也同样由他们的主席约翰·内雷先生带队。圣·塞西莉亚学社的队员包括：M. 舒尔茨、P. 马克斯、J. 马克斯、J. 肯泽尔斯基、J. 波拉克、S. 波里诺夫斯基、姆罗茨和F. 阿伦特。圣·卡莱尔青年学社队由E. 巴齐安、S. C. P. 麦克斯、J. 巴齐安、M. 巴齐安、J. 卡纳巴斯、克姆利茨和J. 博古茨基组成。

球赛在位于靠近亚芳代尔圣·海森斯教堂的一块球场上举行，并于当地时间下午3点钟开赛。场面非常的激烈，两队都发挥出了他们的最高水平。比赛经过了3个小时的激烈角逐，圣·塞西莉亚学社最终以13∶7战胜对手，取得了胜利。（qtd.in Gems, Sports 118-119）

这些球队的比赛形式变得越来越美国化，并逐渐成为主流形式。尽管德国工会在密尔沃基成功推举了一名信仰社会主义的市长，但是许多球队组织仍选择避开那些激进的工党运动。德国人在很多方面都很有影响，但是在推动保龄球向沙龙文化靠近的宣传上做得并不是很成功。

三、保龄球、桌球与沙龙文化

城市工薪阶层的沙龙给年轻人提供了最便捷的娱乐方式。在沙龙里，人们可以在类似于酒吧的环境下认识新朋友，而且沙龙还提供免费的午餐和5分钱的啤酒。有些沙龙还提供洗浴服务。在沙龙，玩纸牌游戏，赛马赌注，或是打台球的同时可以以宗教礼仪或是传统形式向好友、相熟的人或是那些体育英雄敬酒。有些沙龙还拥有保龄球道或是台球房。在东部的一些沙龙里甚至还设有手球场地。

在18世纪90年代，保龄球已经成为中层阶级间最流行的一项运动。布伦瑞克公司在1895年组织并成立了美国保龄球协会，制定了规章制度，并购买相关设备。德国人作为政府公务员为保龄球协会服务多年。在世纪之交，美国各城市的商业和工会保龄球联赛越来越正规，商业界、珠宝界、银行界、服装界以及机械工业界都有了自己的保龄球联赛。在这些联赛里，英籍美国人和拥有不同信仰的市民混合在一起进行比赛。固定的赔率吸引了其他公司的注意，并提升了布伦瑞克公司在业内的名声。其他公司也相继组织了男子全明星球队，并进行全国巡回赛，更开出高额的现金奖励。1907年女子全明星队成立并举行了全国巡回赛。世界女子保龄球协会在1916年成立（较晚于美国女子保龄球协会），并设立了2000美元的国家巡回赛奖金。

1909年的芝加哥，超过一半的酒吧以提供台球服务为其主要经营特色；1920年的纽约拥有约4000家台球室。底特律的娱乐室里放置了142个台球桌，并成为美国最大规模的公共娱乐室（*Riess，City 73-74*）。台球受欢迎的原因是因为其特点像啤酒，花费少，布伦瑞克公司正是基于此特点，将两者合二为一，推出了新型沙龙以此来与酒吧和保龄球市场相竞争。

沙龙里最好的台球选手的收入大抵可以与职业选手相同，职业选手的收入一般由参加巡回赛获得的比赛奖金和参加挑战赛赢取的额外奖金组成。而比赛通常是在大型的剧场进行，观众会在现场直接下注。发起者通常会在开赛前像赛马下注那样事先开出赔率，赛后获胜者将和发起者平分奖金，而赞助商通常扮演监督的角色。在美国西部的小镇，球员获得的单场奖金为500美元，而在大城市里，最好的球员可以通过比赛奖金来开创自己的企业。

　　大型的沙龙通常提供许多不同类型的娱乐方式给顾客，例如音乐会、杂技表演和拳击比赛。拳击手和一部分有名气的运动员的海报一般都贴在沙龙的墙上，许多过气的拳击手通常都选择自己经营一家酒吧或是成为沙龙的经营者，但是拳拳到肉的职业拳击比赛仍然对工人阶层有很大的吸引力。1983年，来自新奥尔良的安迪·鲍文（Andy Bowen）和来自得克萨斯的杰克·博克（Jack Burke）进行了一场长达109轮的拳击比赛，比赛耗时约7个半小时，但是双方仍未分出胜负。一年之后，鲍文死在了擂台上，虽然他被对手击倒，但这并未影响他在他的支持者心目中如英雄般的地位。

风土人情

成功的印第安棒球运动员

　　来自印第安苏族的詹姆斯M.托伊（James M. Toy）被视为美国社会同化过程中最典型的一个事例。他是第一位征战全美棒球职业联赛的印第安人，他于1887年在克利夫兰队以一名外接手的身份开始了职业生涯，并在1890年转会到了布鲁克林队，在此之后因为伤病迫使其结束了自己的职业生涯。路易斯·索克雷西斯（Louis Sockalexis），这位来自缅因州的印第安人凭借在1897—1899年期间在克利夫兰队外接手位置上的精彩表现给世人留下了深刻的印象。但是索克雷西斯受到了队员和球迷们的种族歧视，再加上伤病和过度酗酒，他不得不早早地选择退役。甚至名人堂投手查尔斯·本德（Charles Bender）在其漫长的职业生涯中也经常受到种族歧视，并被球迷辱骂为"小偷"，而本德则将那些反对者称其为"外国人"。作为卡莱尔学校培养出的杰出代表，本德在1903—1914年期间率领球队获得5次联盟冠军，并在1927年结束了自己的运动生涯。约翰·托伊·迈耶（John Tortes Meyers）来自加利佛尼亚卡华拉部落。他于1909—1915年效力于纽约巨人队。在其14年的职业生涯中，经常受到来自外界的种族歧视和嘲弄，让他觉得自己是个遭排斥的人（Powers-Beck 77）。

第二节　美国社会各民族群体的同化过程

在美国许多的城市里，作为最大移民族群的欧洲民族团体开始与进步主义改革家们的同化政策做斗争，而其他的民族团体在同化过程中也都遇到了不同程度的种族主义情绪的抵触。亚洲团体的抵触情绪最高，尤其是当初从中国以及日本偷渡到美国来的人。1896年，美国最高法院处理了普莱西诉弗格森案❶之后，在南方将非裔美国人隔离出白人区的行为被合法化了。被征服但不能驱逐的印第安民族则面临被强制居住在由白人管理的寄宿学校生活。

一、美国印第安民族的同化

在对待各民族融入美国社会的问题上，美国当局以体育和教育为突破口对各民族组织及当地印第安民族灌输同化概念。正式的文化渗透开始于1879年成立的卡莱尔学校。卡莱尔印第安人学校作为全美第一批面向美国印第安民族的学校，于1879年在宾夕法尼亚州的一所废弃的兵营正式开学。卡莱尔学校致力于向当地印第安民族灌输白种人文化，卡莱尔学校招收了来自70个部落的学生，并强制命令他们学习英语和职业技能，接受盎格鲁-撒克逊系的白人新教徒的信仰。学校还强制学员剪掉长发，饰物与衣物须与白人无异，还须遵守盎格鲁-撒克逊系的白人新教徒的教规。但是许多年轻的印第安人仍努力设法将自己民族的文化保留下来。

印第安民族很快接受了棒球运动，卡莱尔橄榄球队在此过程中也起到了很重要的作用。球队组建于1890年，仅仅5年时间便升到国家级别的联赛。在1898年，球队的四分卫弗兰·哈德森（Frank Hudson）成为众多印第安球员中第一个以全美球员的身份得到认可的人。

---

❶普莱西诉弗格森案（Plessy v. Ferguson），有时简称"普莱西案"，是美国历史上一个标志性案件，对此案的裁决标志着"隔离但平等"原则的确立，事实上确认了种族隔离政策的合法性，直到1954年布朗诉托皮卡教育委员会案后，这一政策才失去其合法地位。<http://baike.haosou.com/doc/1026561-1085671.html>

第七章 体育的符号意义：文化渗透与帝国主义（1900—1920年）

卡莱尔印第安学校的体操课

图片由国会图书馆提供，LC-USZ62-120987

由于没有自己的场地，卡莱尔橄榄球队不得不四处奔波，在1912年球队甚至还要去加拿大比赛，并在这里参加了一场美式和英式橄榄球混合的比赛，最终以49∶1击败了多伦多大学队。卡莱尔橄榄球队凭借灵活的战术和强壮的身体，一路披荆斩棘，在1896年险些击败了实力超群的哈佛和耶鲁大学队，并在1912年击败了宾夕法尼亚大学队。在1900—1914年期间，卡莱尔橄榄球队一直是全美实力最强的球队之一。1912年球队由来自10个不同的印第安部落的球员组成，这其中就包括著名的吉姆·索普（Jim Thorpe）。这群球员帮助卡莱尔以赛季504分刷新了全国的纪录，吉姆·索普更是完成了全队66次达阵中的25次。

这副卡通来自《世界》1896年版，描述印第安人正在文明化的历程中

图片来自《世界》，1896年11月20日

卡莱尔橄榄球队在充斥着商业运作的全美校际橄榄球联赛中一飞冲天,吸引了无数的球迷前来观看,1901年在底特律的比赛,对手密歇根大学更是开出了单场2000美元的获胜奖金。芝加哥大学也为1907年那场比赛支付了1700美元的奖金。他们的成功重振了美国印第安人的形象,他们的教练员"炸弹"格伦华纳(Glenn "Pop" Warner)因为其奇异的打法和新颖的阵型而获得称誉(例如1903年的比赛中卡莱尔学院就通过将球藏在比赛服里面而击败哈佛)。华纳的这种天赋进一步加强了社会对他的不满和对白人教练员的推崇。华纳不在他队员的球衣上印号码,因为他觉得别人分不清印第安人的长相,由此来欺骗对手。对于这种欺骗行为,华纳声称这是大众的期望,只是他们这么做了(*Beale 147*)。

风云人物

吉姆·索普(Jim Thorpe)

吉姆在1912年入选美国的奥林匹克代表队,并获得了五项全能和十项全能的金牌。但是第二年,美国奥委会指控他在1909年夏天为赚钱而为一所AAU所认为的业余性比赛效力,这违背了业余运动员规则,因此取消了索普的奥运会冠军。索普为了维持生计参加各种比赛。索普在纽约巨人队和辛辛那提红魔队打职业棒球,当然他也参加职业橄榄球的比赛。在1915年,当地的棒球队每场比赛付给他250美元。1920年,一个新兴的职业联赛为了利用他的全球知名度,把他称作第一任主席。在1922年和1923年,他开始作为印第安纳橄榄球队的球员经理来对其进行指导,

图片由国会图书馆提供,LC-B21-2729-20[P&P]

这是支完全由来自12个部落的印第安居民组成的国家橄榄球大联盟的球队。

第七章 体育的符号意义：文化渗透与帝国主义（1900—1920年）

白人体育专栏作家认为卡莱尔队的成功都归咎于他们的欺诈手段。这种媒体报道进一步加强了大众对白人运动员道德素质的认可，而忽略了印第安人总是能战胜白人对手的事实。橄榄球变成了让印第安人捍卫民族荣誉的运动。因为他们的祖先经历了严重的军事入侵和杀戮，所以他们很享受击败西点军校队所带来的快乐。球队历史学家描述在对抗军队时，"北美印第安人像着魔一样打橄榄球"（Steckbeck 95）。在1912年的那场比赛中，当吉姆·索普的达阵被以涉嫌违规的理由取消时，他以第二场比赛的得分并且以27∶6取胜来回应。对于部落来说，这样的比赛代表着边境战争的延续。

橄榄球比赛也是一种让美国印第安人挑战社会舆论的很好的方式，他们想利用比赛来证明他们比美国人更聪敏。在1906年，行进传球的规则被改成只能在球场内部接球。1907年卡莱尔队战胜美国芝加哥大学队的比赛中，卡莱尔的外接手绕着对方的板凳跑，然后突然回到场上接到那个助攻达阵的传球。1911年卡莱尔队以18比15战胜哈佛大学队，索普4次得分并完成一次达阵。击败宾夕法尼亚大学之后，一位卡莱尔选手认为白人也许在火炮和火枪上更胜一筹，但是，印第安人在橄榄球领域的表现与白人相比也毫不逊色（Warner 46）。

印第安人和盎格鲁美利坚人之间至少有一种文化互融出现，即加拿大人和美国人在19世纪都接受了印第安人传统的长曲棍球。到了进步时代，印第安人把腰布和莫卡辛鞋与美国白人的运动衫和运动鞋搭配在一起。当国家长曲棍球队接纳了加拿大，并在1879年于罗德岛的新港举办冠军杯后，这项运动就变得更加规范了。校际长曲棍球联盟成立于1882年，从纽约和波士顿来的队伍与加拿大人较量。全明星队也在1888年开始到英格兰和爱尔兰进行巡回比赛。业余运动员联盟控制管理了这项运动并推动了地区级的比赛，但是它依旧只在新英格兰和大西洋海岸线地区的白人间最为流行。一些持保留意见的印第安人反对在寄宿学校强行普及长曲棍球（改良过的）给孩子，他们希望能用自己传统的规则来保留传承下来的符号、仪式和意义。直到19世纪90年代，白人认为他们是专业的并且开始排除混合比赛。白人牧师也因为教会人员未受到邀请而反对印第安人打长曲棍球（Vennum 277）。

二、非裔美国人的困境

同新来的移民者一样，非裔美洲人也不断尝试在主流白人文化中寻找一席之地。黑人在美国南北战争过后的几年得到了一些政治权利，但当南部的民主党在1876年以总统选举作为交换而重新得到当地统治权后，这项进程就停止了。共和党候选人卢瑟福·海耶斯（Rutherford Hayes）当时失去了民众选票但却得到了选举团的一票通过。这个变化意味着黑人的自由又退回到在白人至高无上奴役下的奴隶状态。直到19世纪90年代，南部的黑人们为了更好的生活迁往北部城市。在1914年到1919年间有50万黑人来到了北方，这场盛大的迁移被称作"大迁徙"❶（Garraty 606）。这样的变化不仅给黑人带来了商机，还为他们带来了尽管有限但确实存在的体育事业机会。

（一）棒球

在大城市中，越来越多生活在北方的非裔美国人支撑起了许多由黑人组成的棒球队。在1895年，密歇根州的一个由全黑人组成的棒球队公司取得了118胜36平2负的记录。截至1900年，芝加哥已经有了两支黑人球队利兰巨人队（Leland Giants）成立于1905年，它在芝加哥城市体育协会中与顶级白人球队竞争。1906年，芝加哥俱乐部和芝加哥白袜队赢得了各自联赛的冠军，进而在中相遇了，但是，一支叫LS的城市联盟球队击败了他们，充分体现出他们的高水准，在那一年击败了前面的两支球队，这体现出了摇摆石广场队的高水准。在1909中，利兰巨人赢得了城市联盟冠军，并且活跃在季后赛的比赛中。

---

❶The Great Migration，是一场发生在1910—1970年的社会迁徙运动，期间来自南部农村的超过600万黑人涌入东北部、中东部以及西部的各个城市中。历史学家将这个阶段一分为二，第一次大迁徙（1910—1940）和第二次大迁徙（1040—1970），直到大迁徙结束，约有80%的非裔美国人居住在了城市里。
<https://en.wikipedia.org/wiki/Great_Migration_(African_American)>

第七章 体育的符号意义：文化渗透与帝国主义（1900—1920年）

路比福斯特，是黑人棒球的先驱，也是全国黑人棒球联盟的创始人
纽约公共图书馆，简·布莱克威·哈特森（Jean Blacwell Hustan）研究中心鲁比·福斯特（Rube Foster）所在的美国巨人队（American Giants）主场黑电气石棒球公园观赏国球的人群，纽约公共数字图书馆，2016.9.27收录

第二年，巨人队的明星投手兼领队"乡巴佬"安德烈·福斯特（Andrew "Rube" Foster）与其老板决裂，随后便与一个酒吧白人管理人约翰·肖尔林（John Schorling）共同成立了美国芝加哥巨人队。然而，严重的种族歧视现象残害着黑人的身体，其中以三K党❶为最。为了寻求工作，大量的黑人移民者涌入北方的工业中心。同时，他们也要面对种族歧视和排斥。1919年，南方人以死刑处死70多个非洲裔美国人，在华盛顿、南路易斯州、芝加哥和塔尔萨，种族暴乱接踵而至，美国南部白人以此否认了进步主义改革者的最大目的（Blum et al. 616）。1920年，福斯特成立了一个国家级别的黑人联盟，其中包括许多地区代表队，例如芝加哥队、底特律队、代顿队、印第安纳波利斯队、堪萨斯城队以及圣路易斯队。这些地区团队组成了一个体育性质的组织，这个组织雇佣且依靠美国人。

（二）赛马

当黑人棒球手努力地想得到肯定时，非洲裔赛马师取得了巨大成功。至少在赛马场上，他们可以与白人选手相抗衡。艾萨克·墨菲（Isaac Murphy）分别在1884年、1890年和1891年赢得了3场肯塔基州德比的赛马比赛，并且获得了巨额奖金。然而，他的名声和才能并没有在白人的世界受到欢迎。1896年，年仅35

---

❶三K党（Ku Klux Klan，缩写为K.K.K.），是美国历史上和现在的一个奉行白人至上主义运动和基督教恐怖主义的民间仇恨团体，也是美国种族主义的代表性组织。三K党是美国最悠久、最庞大的恐怖主义组织。<http://baike.baidu.com/item/%E4%B8%89K%E5%85%9A/684198>

岁的他酗酒过度而亡。墨菲死后，威力·希姆斯（Willie Sims）取代他成了最好的赛马师并且赢得了1896年和1898年的肯塔基州德比赛马比赛。1901年，希姆斯退役，其间他总计赚了30万美金，其收入远远超过了墨菲。吉米·温克菲尔德（Jimmy Winkfield）蝉联了1901年和1902年的肯塔基州德比的赛马比赛，但是由于遭到了一名白人赛马选手的反击，他被迫远走欧洲定居，在那里他拥有漫长而成功的事业。

（三）自行车

非洲裔美国人认为，世界上最优秀的自行车选手出现在世纪之交，他叫马绍尔·梅哲·泰勒（Marshall Major Taylor），出生在印第安纳波利斯州。1896年，泰勒开始了他的职业生涯。1898年，他在1公里自行车赛上创造了新的纪录并于一年后赢得了世界冠军。尽管白人选手心生嫉妒，使用了各种手段阻止他取得成就，但是在1898年至1900年期间，泰勒依然创造了7项世界纪录。1901年后，泰勒决定在欧洲和澳大利亚比赛，并赢得了每年至少1万美元的奖金。

非裔美国人取得的成功使得白人不再盲目有种族优越感，尤其是在激烈的个人赛中。白人拿科学分析来为他们的失败做辩护，他们声称与动物相近的原始特性使得黑人在生理构成上有先天优势。即使是在当时社会氛围自由的法国，科学家给泰勒又是拍X光，又是测量，试图找出他赢得比赛的种族方面上的解释。

（四）拳击

和泰勒不同，黑人拳击手和白人同台比赛的机会少之又少。澳洲的重量级黑人拳击手彼得·杰克逊（Peter Jackson）在第61回合和詹姆斯J.科贝特（James J. Corbert）打平，但是白人冠军约翰L.苏利文（John L. Sullivan）拒绝和杰克逊以及其他黑人选手比赛。一年后，科贝特打败苏利文赢得冠军，他继续推行赛场上的种族主义。同样，其他伟大的黑人拳击手像山姆·兰弗得（Sam Langford）、山姆·麦克维（Sam McVey）、乔·简奈特（Joe Jeannette）和哈里·威尔斯（Harry Wills）从未参加过拳王冠军赛，经常是他们之间互相进行比赛。兰弗得（Langford）和简奈特（Jeannette）比过14场，和麦克维（McVey）比过15场，和威尔斯（Wills）比过23场（*Roberts 45*）。1890年，生于加拿大的黑人乔治·迪克逊（George Dixon）赢得了最轻量级拳王称号，成为第一个黑人拳击冠军，一年后，他又赢得了羽量级拳王称号。乔·甘斯（Joe Gans）在1912年获得了轻量级拳王称号，并持续了6年。但是黑人从未获得过重量级拳王头衔，这意味着社会达尔文主义的胜利，也让白人认为他们在体力上有优势。

1905年，一直保持重量级拳王称号的吉姆·杰弗里斯（Jim Jefferies）退役后，拳王的称号由加拿大人汤米·彭斯（Tommy Burns）和高调的非裔美国人杰克·约翰逊（Jack Johnson）争夺。杰克逊多次与彭斯比赛，终于在1908年澳大利亚的冠军赛上击败了彭斯，获得冠军。约翰逊把身材不高的彭斯打得惨败，成为第一位黑人重量级拳王。当时正在进行着一场搜寻"伟大的白人希望"的行动，意在找到一位能恢复盎格鲁美利坚人在种族上的骄傲和自信的人，而约翰逊的胜利危及了这场行动。由于没人能打败约翰逊，白人说服从未被击败的吉姆·杰弗里斯再度出山。这场历史性的比赛发生于1910年7月4号内华达州的里诺市，门票收入超过了10万美元，还有电视版权收入。两万名观众长途跋涉来到这片酷热的沙漠观看比赛，许多国家（包括欧洲、澳大利亚）的记者都赶来现场报道。为了向压了大笔赌金的人保证比赛公平，承办人泰克斯·理查德（Tex Rickard）担任本次比赛裁判。多数人都看好杰弗里斯，但是约翰逊以绝对优势赢得了比赛，击败了所谓永远不败的白人杰弗里斯，也粉碎了社会达尔文主义❶认为黑人低人一等的观点。

---

❶19世纪的社会文化进化理论，因和达尔文生物学理论有关系而有此名。社会达尔文主义者认为影响人口变异的自然选择过程，将导致最强竞争者的生存和人口的不断改进。社会达尔文主义成为帝国主义和种族主义政策的哲学基础，支持盎格鲁–撒克逊人或雅利安人在文化上和生理上优越的说法。 <*http://baike.baidu.com/view/406212.htm*>

杰克·约翰逊历史性地打败未尝败绩的吉姆·杰夫里斯，击碎了白人的希望
图片由内华达历史协会提供

非裔美国人庆祝了那场胜利，白人以殴打和处私刑予以报复。《芝加哥每日论坛》（Chicago Daily Tribune）报道，共11人在全国性的种族暴乱中丧生：

职业拳击赛之后的种族冲突：

	死亡人数	受伤人数
尤瓦尔迪亚	3	5
伊利诺斯州	2	0
小岩城	2	1
什里夫波特	2	1
休斯顿，得克萨斯州	1	3
吉斯通	1	0
新奥尔良	0	2
威尔明顿，特拉华州	0	12
纽约	0	5
巴尔的摩	0	3
辛辛那提	0	3
圣约瑟夫	0	1
罗诺克	0	6
普韦布洛	0	27
洛杉矶	0	3
查特怒加市	0	2

第七章 体育的符号意义：文化渗透与帝国主义（1900—1920年）

> 昨夜，在美国多个地点发生的种族冲突中至少11人丧生，还有大量人员受伤。
>
> 全国几乎每座大城市的街道上都有殴斗。有更多的黑人暴乱受害者。因为庆祝约翰逊的胜利，他们被白人挑衅并被杀或打伤。
>
> （"Eleven Killed in Many Race Riots"）

在败给杰西威拉德后，杰克·约翰逊指出他没有被击倒，只是保护自己的眼睛免受太阳伤害
图片由国会图书馆提供，LC-USZ62-33753

之后约翰逊与3个白人女子的交往和婚姻又激怒了那些批评他的人，联邦政府指责他违反了曼恩法案（Mann Act）❶，这则法案不允许妇女为了"不道德的目的"往来于各州之间。约翰逊在1913年被迫逃离美国去到欧洲。一年之后"一战"爆发，他难以维持生计。1915年，约翰逊同意在古巴的哈瓦那与来自堪萨斯的牛仔、大个子杰斯·维勒比赛。在第26回合的比赛中，约翰逊莫名其妙地被击倒了，之后他解释说，他和政府制订了一个秘密协议，输了这场比赛就能返回美国。然而这个协议既没有事实根据，也没有实行。他在外又流浪了一段时间，1920年回到了美国，在监狱里服刑一年，此后他再也没有参加过冠军赛。

---

❶1910年6月美国国会通过的一项法案，禁止州与州之间贩运妇女。<https://baike.baidu.com/item/%E6%9B%BC%E6%81%A9%E6%B3%95%E6%A1%88/819085?fr=aladdin>

风云人物

乔治·贝勒斯（George Bellows）

乔治·贝勒斯（George Bellows）（1882—1925）在20世纪初进入了俄亥俄州立大学，在这里，他加入了棒球队和篮球队。尽管他已经足够优秀，能够开启他的棒球生涯，但是他真正的爱好却在艺术上。在他毕业之前，他就离开了学校去纽约寻找他的"缪斯女神"。在纽约，他成立了灰罐艺术学校（Ash Can School of art），开始矢志不渝地对工人阶级城市生活进行描绘。而后，他成了这一流派的主要支持者之一，他的很多画作都揭示了社会中的阴暗面，其中最为出名的是他笔下的拳击手。在他1909年创作的画作《俱乐部会员》中，描绘了拳赛还处于非法时期时在纽约一家私人俱乐部打黑拳的一位黑人拳手和白人拳手秘密比赛的场面。为逃避法律，拳手和顾客们都在这一晚缴纳了会费。拳击是少数没有根据种族而划分对手的运动之一。

贝勒斯在1924年所创作的《杰克·普登西大战路易斯·安赫尔·菲尔波》中，抓住了拳赛的高潮：美国冠军普登西被来自阿根廷的挑战者菲尔波击出了擂台，又由擂台旁的体育记者推回了擂台，最终赢得了可以称得上是史上最为疯狂的拳击比赛。

（五）橄榄球

拳击场上的种族冲突在橄榄球场上表现得并不是那么明显，因为橄榄球是一项团体运动，黑人橄榄球员在北部和中西部的确赢得了喝彩和某种程度的尊敬。乔治·杰维特（George Jewett）在1890年时是密歇根大学一位非常出名的后卫，但是他却受到了来自对手和对手球迷的嘲讽和威胁。在东部，威廉姆·泰库姆斯·施尔曼·杰克逊（William Tecumseh Sherman Jackson）是阿姆斯特的中卫，威廉姆·亨利·刘易斯（William Henry Lewis）在1892和1893年作为主力队员为哈佛大学赢得了全美冠军，之后他担任了哈佛大学橄榄球队的教练员。刘易斯的成就不仅仅局限于橄榄球场上，他在剑桥和马萨诸塞州都入选了市级议会，在国家立法机构工作，之后被任命为美国波士顿的司法部副部长。他在美国司法部长办公室工作的时候正是威廉姆·霍华德·塔夫脱（William Howard Taft）总统❶执政时期。橄榄球使刘易斯一举成名，他的学识助他取得了更高的成就和社会地位，当时在新英格兰这样一个相对自由的社会环境中他获得了一定的社会关注。非裔美国人的领袖、哈佛博士W. E. B. 杜布瓦（DuBois）由此断言说教育程度高的黑人在公平的环境下有能力和白人竞争。

与那些精英阶层的新英格兰学校一样，黑人大学也开始发起他们之间的校际比赛。1894年在华盛顿，林肯·霍华德（Lincoln Howard）比赛成为感恩节的一道独特风景，塔斯基吉和亚特兰大在1897年效仿了这个比赛。1912年，宾夕法尼亚林肯大学与三座南方的大学一道，组成了有色校际运动协会（the Colored Intercollegiate Athletic Conference）。美国高级法院在1896年的普莱西诉弗格森（Plessy v. Ferguson）案例中将种族隔离合法化，使得这个运动联盟与白人的校际运动联盟和黑人团队隔离开来，使得黑人直到20世纪都不能和白人同场比赛，因此黑人获得冠军成了一个遥不可及的梦。

然而20世纪之后，在高中和大学校队的非裔美国橄榄球明星越来越多。明尼苏达大学的鲍勃·马歇尔（Bob Marshall）接连在1905年和1906年都成功入选全

---

❶美国第二十七任总统，他在总统任期内虽然政绩平平，但一直勤勤恳恳，做了不少工作。<http://baike.baidu.com/view/432649.htm>

美橄榄球队,之后就成了一个职业橄榄球队员。爱德华·格瑞(Edward Gray)在1906年成为全美橄榄球队的一员,1910年,尽管密苏里的对手拒绝比赛,阿奇·亚历山大(Archie Alexander)还是为爱荷华赢得了全美冠军。1912年,雷·杨(Ray Young)甚至成了西北大学校队的领袖,他是为数不多的几个黑人教练员。"一战"时期,两位出色的黑人运动员举世瞩目。1916年,来自布朗大学的全美队员傅雷兹·普拉德(Fritz Pollard)率队赢得玫瑰碗冠军,之后他加入了专业球队,成为国家队第一个黑人四分卫和主教练。来自罗格斯大学的全美运动员保罗·罗伯森(Paul Robeson)在1917年和1918年荣获"全美运动员"称号,在成了世界著名的演员、歌手和社会评论家之前,他加入普拉德成为职业球员。这些黑人运动员的成功在某种程度上掩饰了当时美国的种族歧视,但黑人在南北部都仍面临着越来越严重的歧视和偏见。

第三节 挑战性别界线

伴随着其他亚群体的活动的同时,19世纪后20岁女性参与活动的人数不断增多,她们打破了常规和刻板印象,时常向白人男性挑战。一些女性组织开始带着她们女权主义观念去争取更多的投票机会。选举权是在1848年的纽约州塞尼卡福尔斯女权会议上提出的,这是一场女性要求与男性平等权利的斗争。1870年和1910年,公民选举投票在17个场合得以应用,到1917年,超过200万人加入美国女性选举协会,然而直到1920年,她们才有权参加全国选举活动(Coben 94)。同时女性也在不断争取更多的工作机会,随着越来越多的女性参加工作,她们变得更具独立性,与此同时她们开始减少对男性的依赖。

一些积极分子如夏洛特·珀金斯·吉尔曼(Charlotte Perkins Gilman)、玛格丽特·桑格(Margaret Sanger)和艾玛·格尔曼(Emma Goldman)也呼吁女性对于自己的生活和身体有更多的掌控权。格尔曼反对对女性的剥削而倾向于社会主义。格尔曼主张无政府主义、无神论、言论自由和自由恋爱,主张婚姻自由和女性独立性,她和桑格都宣扬控制生育来提高女性生活质量。

女性在业余生活中向往更多的自由,她们对待休闲锻炼的态度从被动变为主动,体育成为文化转变的标志性符号。格尔曼推广女性运动,在罗得岛成立俱乐

第七章 体育的符号意义：文化渗透与帝国主义（1900—1920年）

部。女性职业者可以在男性不使用的情况下使用一些器材，直到19世纪80年代，在纽约的一些俱乐部中，女性可以在指定的时间内打保龄球、玩桌球或者网球、游泳、赛龙舟等。到1901年，一些富裕的女性开始成立一些自己的俱乐部，形成女性运动俱乐部协会。芝加哥的女性运动俱乐部由体操馆、保龄球馆、桌球馆、游泳池和一些篮球、体操设施组成。

艺术家查尔斯·达纳·吉布森（Charles Dana Gibson）在他19世纪90年代的插画作品中描绘一些苗条的女运动员。"吉布森女郎"代表着积极、独立、活泼的形象，与维多利亚时期庄重、内敛、严肃的女性形象截然不同。

体育运动在一代人的时间中帮助女子改变了形象和角色
图像来自《生活杂志》，1926年

这些新女性打破了很多性别障碍，脱离了维多利亚文化❶中的家庭束缚。她们代表着充满活力、独立的女性形象。随着进步主义时期的到来，受一些大众流

---

❶ 以传统中产阶级道德观念为本的维多利亚文化，向来是重视"家"这个观念，以及其所象征的道德和人性中的善。这一点在受中产阶级重视的文学作品中得以体现，家庭在这套中产阶级传统当中所代表的凛然不可侵犯的圣洁形象，所反映的便是当时英国人对自己的文化和身份观所抱有的认同。 <http://wenda.haosou.com/q/1366181298064898?src=140>

行公共文化的影响，越来越多的女性出现在娱乐场所如游乐场、电影院、舞厅、夜店和一些运动场所。

风云人物

安妮·史密斯·派克（Annie Smith Peck）

来自史密斯学院的学者及女权主义者——安妮·史密斯·派克还是一位登山者，当她开始登山生涯的时候，一个男人告诉她"回家去吧，那才是属于你的地方"。然而，她创下了许多登山记录，大多数登顶时她甚至没有使用氧气瓶。派克用登山运动更进一步地在原本属于男性的世界里，为女性寻求平等。一个宪法修订案的参与者承认美国女性享有投票权，派克希望这能证明女性和男性在所有方面都能达到平等。派克登上秘鲁的科罗普纳峰（21079英尺，6425米），在山顶上展开了一张写有"为女人投票"的横幅。

图片由国会图书馆提供，LC-USZ62-11827

一、女性受教育和参与运动的机会

女子学校的成立为女性提供了更多的娱乐活动和场所。瓦萨尔大学于1866年成立女子棒球队，加利福尼亚奥克兰的米尔斯学院在1872年也开始参与女子队比赛。两支女队分别在春田市、伊利诺伊州进行了比赛，并收取了观看费用。这样的活动挑战了传统女性被动参与的状态，关于活动所有权是否归于女性的争议一直持续到20世纪。

第七章　体育的符号意义：文化渗透与帝国主义（1900—1920年）

丹维尔，6月9日——女子棒球俱乐部由来自芝加哥和辛辛那提的女运动员组成，她们以23∶12的比分打败了丹维尔布朗，此次比赛有2000人观看。昨天晚上，州律师布莱克本下达通缉令逮捕非法扰乱社会秩序的人。官员帕特森以他们乘马车去印第安纳州卡温特为由逮捕他们。〔Ottumwa（Iowa）Daily Democrat, June 11, 1890）〕

一个女医生比斯尔玛丽·泰勒·毕塞尔（Mary Taylor Bissell）写到：

一旦棒球、橄榄球和赛艇代表国家体育运动的状况，女性在任何相似的场合的经验就会像月光于日光，水于酒一样……体育休闲精神渗透到每一个女性的生活当中，就像其对于男性一样的重要，它要求考虑到女性自身的想法。（qtd.in Gems, Sports in North America 9）

教育家和医生对于教育和体育之于女性的优劣一直争论不休。《大众科学月刊》（Popular Science Monthly）的一名作者声称女性平均脑重量大约低于男性5盎司（142克），因此女性的大脑智力偏低（qtd.in Marks 103）。一名哈佛的医药专家声称过量的学习可导致女性神经衰弱。G. 斯坦利·霍尔（G. Stanley Hall），一个知名的心理学家表示："让一个好的母亲去做一个语言学家是一种浪费"（qtd.in Townsend 207），女性参与体育活动成为一个突出的问题，伴随着19世纪末白人出生率的降低，一些白人认为越来越多的移民侵占了自己的国家。有人认为文化主权处于危险之中，因为一些医生担心女性过度劳累会导致对生殖系统的损坏，而有人认为需要一些强壮的身体来造就一些健康的白人小孩。伴随着19世纪80年代性观念的重新萌发，一些道德家对此进行了深入的关注，有的认为应该减少能引起性冲动的运动，而有的则认为那样会导致手淫行为。

达德利·萨金特（Dudley Sargent）既是一名医生也是一名哈佛教授，他在1881年创办了一所学校，专门针对女性教师提供了一些体育文化课程（早期的体育教育），并采用了大量的举重器材来训练教师。由玛丽·海明威（Mary Hemenway）在1889年成立，并由艾米·莫里斯·霍曼（Amy Morris Homans）管理的波斯顿体操训练师范学校，也训练出了大量的女性教师。1909年，这所学校成为卫斯利女子学院的分校。从以上两所学校毕业的大多数学生成为在之后半个世纪女子体育运动中的领袖人物，其中包括制定女子篮球规则的森达·贝伦森（Senda Berenson），以及在俄亥俄州的欧柏林大学开创体育教育学的戴尔芬·汉娜（Delphine Hanna）博士。

从这些项目课程毕业的女性受体育理念的影响而充满友爱之心。她们避开了一些高竞争性以及商业化男性体育运动，选择了一些低竞技性的运动来获得娱乐和健康，因此女性开始定义自己的体育文化。这些人大部分成了1885年成立的体育教育进步协会（The Association for the Advancement of Physical Education）的领袖，她们主张一种有教育功能的、有保护的女性身体活动。

1885年成立的布林莫尔女子学校自1901开始为学生开设篮球、曲棍球和田径项目。事实上，多数学校开始通过加入一些校内或者校际间的活动来防止一些情绪冲动的观众有组织性的对抗以及个人敌对情绪的发生。赛前或赛后的活动包括一些聚餐或者喝茶，相对于比赛本身，这些女运动员有时声称她们参加活动更多的是为了社交。当然，并不是所有的女人都认为社交比比赛本身更重要。1895年，芝加哥的高中女生开始进行一些社区服务性的慈善比赛。1896年，在第一场女子校际篮球比赛中，加州大学以总比分1∶2输给了斯坦福大学。

二、体育对传统家庭的挑战

一些女性更进一步地挑战了家庭式的、软弱的女性刻板形象。1885年，安妮·奥克利（Annie Oakley）在西大荒秀（Wild West Show）中的花样射击一举成名。她令人震撼的表演包括击中抛在空中的硬币，射掉在她丈夫嘴中的香烟以及骑在奔驰的马背上射中移动目标。1899年，女性在怀俄明州开始了赛马竞技表演，被称为夏安族开拓节，开始了一些套马以及驯马活动。

佩戴射击奖牌的安妮·奥克利
图片由国会图书馆提供，LC-DIG-ppmsca-24362

第七章 体育的符号意义：文化渗透与帝国主义（1900—1920年）

女性开始用她们的实际行动挑战男性在体育领域的权威。女性自行车运动员参加了1896年的麦迪逊广场花园为期6天的比赛。在纽约，一些女性也开始参加一些自行车马拉松。有些人即完成161公里的自行车马拉松，到1899年，很多女性用5天的时间即完成161公里的自行车马拉松赛。伊莉莎白·柯克伦·西门（Elizabeth Cochran Seaman）以娜丽·布莱（Nellie Bly）为笔名在纽约报做记者，她用72天的时间环游世界。1890年，菲·福勒（Fay Fuller）身穿女式灯笼裤，脚穿男式靴子，像男人一样骑在马背上甚至是横跨在马背上，征服了在华盛顿州的海拔4392米的瑞尼尔山。三年后，海尔格·爱斯特（Helga Estby）身着一件短袖和她的女儿克拉拉（Clara）结伴，从华盛顿的斯波坎市沿着大陆一直走到纽约，以获得1万元美金来赡养她的家庭，但是最终因为她女儿生病而临时停止了活动。

娜丽·布莱（Nellie Bly），摄于1890年
图片由国会图书馆提供，LC-USZ62-59924

在新西兰大学的女性们继续玩着棒球，一些女子球队特别是芝加哥明星队、波斯顿队，以及圣路易明星队在世纪之交开始与男队展开一些巡回比赛。当一些

女子棒球队发现企业只是为了促销他们自己的产品的时候，会对这些企业产生负面情绪，但还是有一些女性棒球运动员会赢得一些尊重。莉齐·阿林顿（Lizzie Arlington），其真名是莉齐·斯特劳德（Lizzie Stroud），19世纪90年代她在宾夕法尼亚州的一个小联盟中名为"读者"的男队效力。作为投手，她一个礼拜能赚100美元。阿尔塔·维斯（Alta Weiss）从1907年到1910年期间在俄亥俄州半职业球队以投手身份效力，赚够足够的钱之后，她成了医学大学的一名医生。

阿曼达·卡门（Amanda Clement）在1905到1911年期间给男子比赛当裁判，直到1922年，她才停止参赛。这样一些独立的个人成就标志着女性在自我认识上有所改变，表明女性独立、自信的意识在不断增强。

爱丽丝·坎普（Alice Camp）和斯特拉·斯塔格（Stella Stagg）在维持她们家庭角色的同时，也担任了她们任橄榄球教练员的丈夫很重要的协助。沃特·坎普（Walter Camp）白天在纽黑文市的钟表公司上班，他的夫人爱丽丝参加橄榄球训练，晚上认真为他和他的队长们的会议做笔记；而斯塔格夫人甚至在体育场的媒体中心为他们的比赛绘制图表。

女性运动进入男性范围内引起了很多男性的焦虑
图片来自《国家警察公报》，1895年6月22日

第七章　体育的符号意义：文化渗透与帝国主义（1900—1920年）

三、体育、时尚与自由

在乡村俱乐部兴起的女子高尔夫、网球运动与之前19世纪持续了几十年的自行车时尚掀起了一场服装改革。在网球场、高尔夫球场、自行车道是禁止穿长裙的，因为裙子容易被卷到车轮里而引起交通事故。于是女性开始穿短裙、灯笼裤和裤子。女性自行车运动员开始适应这样的着装，但是男性还是不太适应穿灯笼裤或者是长裤，因为他们被女性的男性化着装所吓倒，他们认为女性参与体育运动会影响运动的速度与力量。一些自治区禁止身着灯笼裤，但是部长声明女性享有特有权。医生警告女性自行车运动员将会面临身体畸形以及心脏问题。有的甚至认为女性在体育运动中的广泛的爱好会引起性欲，她们通过与自行车坐垫的摩擦来获取性愉悦（Vertinsky，Eternally）。

由于女子网球比赛变得越来越具有竞技性，一些长裙、长袖衬衫、紧身胸衣和帽子显得过于拘束。加利福尼亚的梅·萨顿（May Sutton）身着短袖与短裙，采用凶猛的男士打法赢得了1904年的美国单打赛冠军。在接下来的几年里，她成为第一位赢得温布尔顿比赛冠军的美国女性。最初女子网球仅限于双打比赛以对跑动和灵活性上有所限制，而到了1887年，女性已经在费城板球俱乐部参加了国家单打锦标赛，1891年混合双打比赛也在那举行。

当男性不在球场上的时候，女性也会被允许到国家俱乐部的场地上打高尔夫球。长岛的梅多布鲁克高尔夫球场赞助了1895年的第1届国家锦标赛，芝加哥人玛格丽塔·艾伯特（Margret Abbott）成为第一位奥林匹克女子冠军，她在1900年的巴黎奥运会女子9洞高尔夫球比赛中得到47分。艾伯特身着合适的服装参加各种比赛而击败了穿着高跟鞋的对手。

风云人物

埃莉诺拉·西尔斯（Eleanora Sears）

波士顿的埃莉诺拉·西尔斯习惯用她的时尚、生活方式和浪漫来给财富下定义。要不是因为她的社会地位，她大概会受到严厉的批评。她穿着短裤在运动中和男人们比拼。她游泳，打棒球、高尔夫、曲棍球，她最擅长的是球拍运动（如羽毛球、网球、板球、壁球）。

在1911年到1917年间，她4次获得全美网球双打冠军（其中两次是混双）。她像男人一样双腿分开跨坐在马背上骑马，而不像人们通常看到的女骑手一样把两腿放在鞍具的同一侧。1912年，她成为第一位打马球的女性。也是在这一年，她用不到20小时的时间步行了174千米。不满足于因为女性身体而在生活中受到歧视，她也参加汽车和飞机比赛。1928年，44岁的埃莉诺拉·西尔斯赢得全美壁球冠军。

正如梅·萨顿所展示那样，女性衬衣和裙子变短了显得更具竞争力
图片由国会图书馆提供，LC-BZ-2278-6

第四节　对社会改革的抵制

在美国本土城市及殖民地的学校、公园以及操场上，一些少数民族团体还是会采用美国主流的运动方式，但这并不保证他们已经接受中产阶级盎格鲁-撒克逊白人新教徒的价值观，就像一些原始岛民保留他们自己的语言和习俗一样。在美国的一些州，一些有价值的东西也会有选择性地被坚持下来。天主教和犹太教

第七章 体育的符号意义：文化渗透与帝国主义（1900—1920年）

团体用他们自己的方式来吸引年轻人，一个天主教团体的兄弟团体——哥伦比亚骑士，提倡用竞技运动来制造对基督教青年会的影响。这些团体允许盎格鲁-撒克逊白人新教徒的中产阶级和有抱负的美国人在不牺牲他们自己的宗教信仰的前提下去探寻与主流文化间的平衡。基督教青年会发现无论是工人阶级中的少数民族青年还是在沙龙和台球厅的知识分子，想要使他们转变并接受中产阶级道德是非常困难的。

举个例子，爱德·莫里斯（Ed Morris）是匹兹堡棒球队的一名职业球员，他于1887年加入基督教青年会，然而他却得通过报纸广告来向他在体育兄弟会的朋友保证他没有宗教信仰。他加入了基督教青年会，只是为了可以进入体育馆。但他强健的体魄以及超凡的技术让他在蓝领支持者们中间保持着尊严和地位。

在一些城市的公园和操场中，运动改革者们面对着一项艰巨的任务，即在这些公共场所的使用上，民族和种族对抗的问题就会出现，如侵犯或攻击与他们的信仰相背的种族，这都会促使这些组织为了保护自己的活动场所不被侵犯而采取暴力或战争。一些特别的民族团体还专门把一些场所声称为他们自己的活动场所，并且用暴力来驱逐他们的对手。然而在南方，吉姆·克劳法（Jim Crow laws）强制实行种族隔离，北方的城市则通过控制和占领公园来标示种族分界线，因此种族隔离制或为抑制团体们争夺那些有争议的地方的方式。根据芝加哥的一项调查，一位研究者观察到一个名为"WWW"犹太帮派的四分之一的成员都是由职业拳击手组成，并且不止这一个帮派与波兰团体发生过冲突（*Thrasher 150*）。对此那些改革运动者们则希望将仇恨转变为不那么血腥的体育竞赛。

由于邻近地区团体开始采用体育竞技作为赌博的工具，体育竞赛开始恶化。政治家们组织及赞助一些团队活动，甚至是为了获取忠诚而为临近的俱乐部提供总部的办公场所。一些团队甚至将公园和运动场作为他们活动的中心。一个成立于芝加哥的名叫摩根体育俱乐部是最声名狼藉的团伙之一，当时还没有成为国家领导人的弗兰克·拉根（Frank Ragen）成为俱乐部主席的时候，他们在1908年更名为拉根柯尔特（Ragen Colt）。拥有超过两千名会员的柯尔特俱乐部控制了舍尔曼公园区域并经常恐吓当地居民。从1900—1913年，芝加哥报纸出版商开始发行量竞争并雇用柯尔特会员作为恐吓。在那段时期中，27名卖报小贩死亡。事实证明柯尔特会员同样对1919年那场震动芝加哥的种族暴乱负有很大的责任，这场暴乱造成了38人死亡。这种政治性体育俱乐部对城市的政治机器给予了重大的支持，像这样的"社会体育俱乐部"（其中的一些其实只能算团体，在其名字后面加上字母S. A. C来增加其合法性）的诸多成员最终都成了芝加哥的市长。

19世纪80年代，马萨诸塞州伍斯特市的工人将这里的公园用来举行饮酒聚会。伍斯特和其他城市的工人阶级投票人成功的集结起来以获得对公园空地和球场的有效利用，即便是安息日的严格教义禁止一些地区在周日的比赛（例如波士顿，直到1920年才对周日棒球比赛解禁），比赛依然会偷偷进行。

因为学校致力对孩子们的教育和监管，所以大部分男孩和青年男子加入了工人大军以声讨学校的规定。1902年，基督教青年会组织了一个工人娱乐会，商人对城市里的保龄球和棒球队给予了足够的资助以使其组织起工人联赛。事实证明公司球队不仅可以吸引运动员，同样也能吸引合作者。除了雇佣者为其雇工开展有益的娱乐活动外，工人们还意识到了他们可以通过参加比赛来提升其贫乏的工资。公司的车队经常跟随球队去参加客场的比赛。1914年，11.5万人在克利夫兰见证了一场华特汽车公司对阵奥马哈凌志公司的棒球比赛。一些最早的职业橄榄球队在工业化进程中得到发展。由铁路蓝领工人组成的哥伦布弗吉尼亚队在周末进行中西部地区的橄榄球巡回赛。伊利诺伊迪凯特的斯塔利斯塔奇公司队最终迁往芝加哥，在那里更名为熊队。球员们将其在球场上赚到的钱作为贴补，工人们也试图通过赌博赚取一些外快，但这会为雇佣者带来一些麻烦，因为员工要在挥霍自己的收入（这与雇主希望贯输的中产阶级价值观相抵触）的同时，还要在与商业对手竞争时培养对公司的忠诚度。对休闲的诉求总是围绕工人阶级体力劳动的生活方式，他们需要雇主为他们提供合其需求的活动。

虽然进步时代的社会改革者不是经常能达到其目标，但很多移民和工人阶级团体的确是通过体育达到了对美国文化接受的更高水准。

第五节　体育及殖民主义

进步主义改革者甚至提出用体育将美国新教价值观灌输到海外的殖民地，通过基督教把白种人文明带给这里的人们，使对外国土地的占领合理化。英国是在19世纪建立起帝国主义国家，并吹嘘自己为"日不落帝国"。外国的殖民地在不断扩大的工业经济中提供了自然资源、廉价劳动力以及商品市场。美国直到1898年才赶超欧洲人，但随着美国在美西战争[1]中胜利，这个年轻国家宣称前西班牙殖民地古巴、波多黎各、关岛、菲律宾等为其所有。

1893年，一个美国商人精心策划了一场政变，从一个夏威夷君主那里夺取了夏威夷岛。在1900年阿尔伯特J.贝弗里奇（Albert J. Beveridge）在对美国参议院的演讲中指出了这些吞并背后的一些原因：

> 上帝几千年来给予英国人和日耳曼人的只是自负和孤芳自赏，他让我们成为世界的主要组织人，并在混乱的统治中去建立秩序。他给了我们前进的精神去制服打败地球上的反动力量。他使我们擅长治理，并让我们可以在有野蛮人和老年人的环境中管理政府。如果没有这样一股力量这个世界就会倒退回到野蛮和黑夜。他在我们所有人类种族里挑选美国作为最终救赎这个世界的国家。（qtd.in Blum et al. 536）

美国的传教士早就开始在很多岛屿上活动。到了1820年，他们用君主统治下一代人，并且明令禁止夏威夷的本土运动，如冲浪、独木舟比赛、拳击运动、赌博和色情草裙舞等，以此来强行施加美国的价值观。传教士们建立了寄宿学校给当地的孩子们灌输他们的宗教信仰，他们对夏威夷人美国化的影响也包括棒球的传入。亚历山大·卡特莱特（Alexander Cartwritght）早前是纽约市荷兰裔棒球俱乐部的会长，当他1849年搬到夏威夷时非常惊讶于岛上已经开始流行这项运动。檀香山市在1870年特设的4个联盟吸引了上千的观众。在接下来的一个世纪里，马球、网球和田径比赛备受追捧，但文化的过渡始终不够完全并饱受争议。本土夏威夷人在1875年又开始恢复独木舟比赛，草裙舞在1886年本土国王卡拉卡乌（King Kalakaua）的生日派对上被用来表演。日益高涨的夏威夷民族主义与美国殖民统治产生了分歧，白人在1887年强行对国王颁布了新的宪法，夺走了国王的

---

[1] 美西战争是1898年，美国为夺取西班牙属地古巴、波多黎各和菲律宾而发动的战争，是列强重新瓜分殖民地的第一次帝国主义战争。<http://baike.baidu.com/view/38360.htm>

权力。当国王的继承人利留卡拉尼女王（Queen Liliuokalani）更强烈地主张自己的独立主权时，白人靠美国外交官和美国海军的援助，监禁了女王并且推举了自己人，一位种植园主桑福德·多勒（Sanford Dole）当选为总统，直到夏威夷成为美国的附属地。

1920年，艺术家查尔斯·威廉·巴特利特所创作的木版画，描绘了檀香山的一群冲浪者
图片由国会图书馆提供，LC-USZC4-2063

风土人情

洛蒂·多德与女子精英体育

夏洛特·洛蒂·多德（1871—1960）是出生于富商家庭的4个孩子中最小的一个，她和她的姐姐以及两个哥哥都在私立学校读书，并且擅长多种运动。他们的父亲修建了一个家族网球场，19世纪末期，这个网球场上举行的网球派对建立起了他们的社交网络，并在英国上流社会的家庭中赢得了社交资本。和洛蒂·多德一样，当时富有的女性都开始投身体育运动，尤其是进行那些对闲暇时间和花费

第七章 体育的符号意义：文化渗透与帝国主义（1900—1920年）

要求较高，并且能够把他们和其他较低社会阶层的人分隔开来的运动形式，就像社会学家索尔斯坦·凡勃伦曾说的"炫耀性消费"。19世纪90年代，富裕的美国人们常常聚集在纽波特和罗德岛州参加国家网球巡回赛，并且乐于与他们同一阶级的人一起去私人乡村俱乐部打高尔夫球。而后，游艇和赛马的所有权进一步区分了有钱人和那些负担不起奢侈生活方式的人。

多德本人则是通过在她15岁时拿下温网冠军，并在1888、1891、1892和1893年在此连续拿下该冠军而闻名。她还和她的姐姐一同拿下了双打冠军。和其他女运动员一样，多德采用下手发球，但她的击球更加强劲而有力。1899年和1900年间，多德还加入了国家曲棍球代表队，开始进行曲棍球运动。安逸的生活使得她遍游欧洲和美国，冬天参加冰壶、雪橇和滑冰运动，收入与当时男性的收入水平看齐。她还和她的哥哥一起攀上了欧洲最高的山峰。

她的兴趣甚至包括了射箭。1908年，她获得了伦敦奥运会射箭银牌，而她的哥哥威利（Willy）夺得了金牌。"一战"爆发之后，多德加入了红十字会为英国军队效力。之后，多德被选入国际网球名人堂。

就像他们的本土同行，种植园主用体育运动作为社会控制的手段，为他们菲律宾、日本、中国和葡萄牙的工人劳动力组织棒球联盟。一个夏威夷棒球队在1910年去美国本土比赛并且赢得了大多数场次的比赛。到1913年，他们在对阵美国大学队的59场比赛中胜了54场。成立于1905年日本籍的夏威夷朝日队在夏威夷联赛中获胜15次，并且在日本、菲律宾和美国成功地进行了棒球巡回比赛。对于美国本土来说，在夏威夷的第二代中国和日本的移民者们接触到了体育运动的新形式，他们在主流的运动项目中表现很出色，其成功也增强了民族自豪感。

夏威夷人的水上运动开始形成文化反渗透，从20年代形成了以夏威夷选手为骨干的美国奥运代表团。其中最著名的成员，杜克·卡哈纳莫库（Duke Kahanamoku）在1913年到1932年间赢得了6枚奥运奖牌同时担任运动文化的使者，使夏威夷冲浪运动在世界各地受到欢迎。卡哈纳莫库的游历，以及他的名气和他所带来的异国文化促进了夏威夷岛旅游业的发展并带来可观的收入。

杜克·卡哈纳莫库作为一个运动员和种族先驱构建了文化的桥梁
图片由国会图书馆提供，LC-DIG-ggbain-10653

在美国开始他们帝国主义的进程之前，美国的商人就已经开始寻求外国的港口。早在1863年，美国的侨民就把棒球带到了中国。教师、传教士们和基督教青年会促进了美国体育在亚洲的传播发展。到1877年，传教士已经在中国建立起超过200所学校用以传播基督教。到19世纪90年代，超过1000人从事传播新教的活动，而体育成了现代化的重要手段；但体育活动似乎并不受中国上流社会待见。与此同时，美国人坚持普及棒球和田径比赛，基督教青年会在1896年将棒球传入中国。然而，美国和欧洲的强制措施也带来了抵制和反抗。1900年夏天，义和团运动爆发，在此之后美国人继续他们的布道和体育运动。1910年，基督教青年会组织了一场超过5天的体育锦标赛，并吸引了超过四万名的观众。1915年，中国主办了远东运动会，直到"一战"爆发才中止。

第七章 体育的符号意义：文化渗透与帝国主义（1900—1920年）

自海军准将马修·佩里（Commodore Matthew Perry）在1853年强迫日本人打开了他们的口岸之后，传教士就在日本致力于类似的布道活动。日本人将孩子送到美国人的学校接受教育，在那里日本孩子学会了打棒球。棒球随后在日本成了最受喜爱的运动，他们的精英一子（Ichiko）预备学校击败了很多美国队伍。在20世纪早期，如同日本和美国在太平洋争夺领导地位一样，棒球成了一种替代战争的新形式。日本的大学队伍去夏威夷、美国巡回比赛，华盛顿和威斯康星的大学分别在1908和1909年输给了日本学校，使得日本被描述成亚洲"侵入者"。芝加哥的大学为了挽回美国的颜面，在1910年以未被击败之名对抗日本人，然后宣称这个队伍是"东方不败"。

虽然体育赛场之外存在了一些政治压力，但日本在争取其亚洲领导地位上表现出更加公开的立场。1895年，日本在甲午战争中击败中国并占领了台湾岛，随后将棒球运动传播到这里。1904—1905年，日本在日俄战争中的胜利使其控制了朝鲜半岛，也使得棒球运动在这里得到普及。

随着东京和大阪分别在1917和1923年举办了远东运动会，日本的力量变得更为突出了。之后日本在奥运会上妄图进一步验证社会达尔文主义理念，并在整个30年代表现突出。日本棒球在1936年成立了一个职业联赛，并号召美国成立一个真正意义上的世界棒球系列赛（*Gems, The Athletic Crusade*）。

1905年，日本早稻田大学与菲律宾宿务岛的队伍比赛结果后，在菲律宾也出现了同类的做法。日本人将菲律宾人视作仆人，比赛被描述为"为血而战"。当宿务岛队以3∶1取胜时，这支队伍成了民族的英雄。在1898年与西班牙的战役之后，美国控制了菲律宾，但是通过一些游击战争和一些全国性的抵抗活动，菲律宾人最终在1946获得了独立。在被美国管制期间，美国行政官在群岛周围制定了一系列比在美国都要综合复杂的社会改革项目。为了使得美国本土文化切入，体育成为使菲律宾人美国化的一种基本手段。

1898年，美国士兵登陆不久即引入了棒球和拳击。菲律宾驻马尼拉的美国军队指挥官詹姆斯·弗兰克林·贝尔（James Franklin Bell）将军声称棒球为开化菲律宾人做出了比其他任何东西都卓越的贡献（*Seymour 324-325*）。哈佛橄榄球队前教练W. 凯莫尔·福比斯（W. Cameron Forbes）及贝尔电话公司的继承人，是当时菲律宾群岛的总督。他在碧瑶的夏季政府建设了马球场和高尔夫球场，并且在学校普及健康教育知识。男女学生进行学校之间、地区之间、省与省间的荣誉争夺。学校还添设了很多运动设施来灌输竞赛精神、竞赛规则、深刻的职业道德和社会自豪感。

福比斯与基督教青年会配合使体育运动进一步得到扩展。在基督青年会的指导下，通过提供男子和男学生的棒球、篮球、排球、田径以及女子篮球比赛和一系列游泳、网球、田径、高尔夫、马球、橄榄球、足球和保龄球的国家级公开赛，促进了城镇和部落间的竞争。在基督青年会艾伍德·布朗（Elwood Brown）的带领下，马尼拉嘉年华（the Manila Carnival）邀请了其他亚洲国家组成了众所周知的远东奥运会。

殖民管理者使用篮球将主体人群美国化
图片来自《菲律宾的史实和人物》，马尼拉印刷局，1920
由密歇根安娜堡密歇根大学图书馆数字化提供

在福比斯的理政后期，超过1500个穿着制服的棒球队为争夺奖品和奖杯参加竞赛。并且，有百分之九十五的在校学生参加了体育运动（Beran 74）。基督教青年会准备了一系列的官方娱乐活动，其中包括训练一些运动员辅导员，拓宽他们自己的篮球、排球活动。菲律宾人民把篮球作为他们的本土体育活动，菲律宾

第七章 体育的符号意义：文化渗透与帝国主义（1900—1920年）

的拳击手成了世界冠军，体育成为一种微妙的文化传承方式。美国用野蛮的军事行为镇压菲律宾人民的不满与反抗，但却用一种民族主义运动对付被整个太平洋地区都公认为对手的日本。

在一些加勒比地区的国家，排球活动在美国入侵之前就有了，一些古巴学生在美国学习期间就学会了这项运动，在1864年他们返回国家之后又教给其他国民。1866年，他们开始与美国队比赛，1873年，古巴职业队成立。古巴人甚至在美军侵入他们的新领地前就将棒球运动传入波多黎各和多米尼加。美国人的到来，极大地推动了这项运动，到1900年，众多公司和学校的球队都参与到了比赛中。

虽然美国的管理人员和传教士把体育竞技带到岛上，但他们却尝试着废除一些活动。他们禁止斗牛，斗鸡和赌博，还有女性基督教戒酒联合会禁止酒精饮品。新教传教士在岛上进行了司法管辖，试着去转变已经是基督教教徒的人，还把英语作为学校所需要的语言。基督教青年会1904年在古巴建成几年后才将益克鲁-撒克逊新教传入波多黎各。基督教青年会设立了守安息日的规定，杜绝在周日进行嬉戏运动。文化差异在1906年越来越明显，当基督教青年会的一位领导向一名古巴运动员解释礼拜天是用来思考上帝的，古巴运动员回复他说他们每个礼拜有六天是来做这个的，但礼拜天是唯一可以娱乐的一天（Gems，Athletic 89）。

在美西战争之后，古巴十年间都在忍受美国军队的占领，但作为一个独立的国家它不久就还原了西班牙的语言和拉丁文化。美国人将感受加勒比式的生活开发为异国情调，古巴成了一个最受欢迎的地方，在那里，富有的美国人可以摆脱国内压抑的环境，在这个乐园寻求一些类似赌博或在国内被禁止的非法娱乐项目。美国职业棒球队找到了特别有益健康的加勒比气候，他们每年冬季都会到岛上进行巡演。古巴队时常击败美国人，这使得最好的浅肤色的古巴队员跟美国大联盟俱乐部签了合约。

波多黎各人的待遇差了些，美国的持续存在导致其最终成了一个联邦。基督教青年会引进了篮球和排球，美国政府的管理者们试着通过在操场上和定居救助所里进行体育竞技和游戏来把岛上的居民美国化。棒球繁荣起来，尽管基督教青年会一直在努力，但波多黎各人民仍忠于他们的西班牙语和天主教。基督教青年会甚至允许把拳击作为一种吸引社会成员的手段，但几乎失败了。然而当西斯托·埃斯科瓦尔（Sixto Escobar）在1930年赢得了世界轻量级拳击的冠军，成了波多黎各第一个民族的体育竞技英雄时，拳击才开始迎来发展。波多黎各人民选择了有限的民族同化，他们吸收了美国的体育竞技形式，但为了突显独立文化的特性，波多黎各人成立了他们自己的国家代表队，采用自己的国旗并在奥运会上出现。美国人民很快省悟到了他们日趋上升的国际地位：

> 西印度群岛渐渐趋向于我们，墨西哥共和国艰难很久才有了独立的生活，还有墨西哥城就是美国的小镇。随着巴拿马运河的完成，所有中美洲地区将变成系统的一部分。我们扩展到了欧洲，我们吸引了西班牙那些破碎的领土，还延伸进了中国，我们继续影响到了俄罗斯和德国。我们深入了欧洲和英国尤其是逐渐取得了信赖的地位。如果不是所有帝国的联合，美国将强过任何一个帝国。全世界将向她进贡，财富贸易将从东方和西方同时流向她，过去的秩序将会被颠覆。
> （qtd.in Blum et al. 537）

第六节 "一战"期间的体育运动

在美国，体育运动变成了一种训练战士和培养友情、民族意识和爱国精神的方式。1914年，伦纳德·伍德（Leonard Wood）将军编写出一本针对士兵进行身体训练的手册。普林斯顿的导师约瑟夫·雷克拉夫特（Joseph Raycraft）博士采用了军队体育项目，之后耶鲁著名的橄榄球教练沃特·坎普（Walt Camp）对美国海军采用了同样的做法。坎普依从"每日十二法"：一种提升海员健康的系列练习，但还是竞技体育最大限度地培养了士兵的兴趣，棒球、橄榄球、篮球、排球和拔河活动被用来鼓励进取心、积极性和勇气；职业拳击手成了格斗训练的指导者。

这样的体育训练能为战争培养出好斗以及攻击力强悍的勇士，但同时又专注于道德关怀。在欧洲体育一直被认为具有社会控制的功能，因为它总是会使士兵远离妓女和酒精。性病在法国击倒了很多美国士兵，军队最终为此组建了一个超过两百万球员的棒球联赛（Pope, Patriotic 148）。读经班和基督教青年会的活动

第七章 体育的符号意义：文化渗透与帝国主义（1900—1920年）

进一步阻止了士兵沉迷于违法的娱乐之中。

在美国，童子军采纳了坎普的训练养生法，美国主要城市的市长都提倡体育教育。1915和1916年超过80%的申请入伍人员因为各种缺陷而被拒绝，三分之一的应招入伍人员被认为不适合，这些都成了国家应该关注的问题。战后，22个州签署了强制体育的法律，在麦克阿瑟将军的指导下的西点军校创立了一套针对所有新兵的综合性体育程序（*Pope, Patriotic* 128，129，197）。

在战争期间，军队中产生了一些国内最好的橄榄球队。1918年的玫瑰碗决赛由来自加利福尼亚州瓦列霍市的马雷岛海军陆战队对阵来自华盛顿塔克马港的坎普路易斯部队。海军陆战队以19∶7赢得了这场由红十字会赞助的比赛。体育教人们为整体利益而做出自我牺牲，32名球员中接近一半的人最终做出了最大牺牲——在服役期间失去了生命。第二年，随着战争的结束，马雷岛与来自伊利诺伊州的大湖海军训练营队进行了一场比赛。大湖以17∶0取得胜利，10名参与比赛的队员在20世纪20年代被当作是职业橄榄球队员来看待，其中包括乔治·哈拉斯（George Halas）——芝加哥熊队的创始人（*Hibner* 42，58）。

1918年11月11日的休战纪念日结束了世界战争状态，当许多美国士兵还在等待送他们回家的船只时，其余的人则驻扎在了欧洲的被占领区。体育运动又成了一个比军事训练更合适更有趣的训练方式，从6月22日到7月6日，联合管理员们组织了盟军间的比赛，这类似于奥运会。士兵们在巴黎修建了潘氏体育场，29个盟国中的16个组织了队伍参与比赛，项目包括手榴弹投掷和各类体育竞赛。查尔斯·帕多克（Charles Paddock）创造了200米跑的世界纪录（后来在1920年比利时安特卫普奥运会上夺得了100米跑的冠军）。法国学者帝里艾·特雷特（Thierry Terret）的调查说明盟军比赛是美国的国力及其在欧洲权势的展示。

美国卷入"一战"使其与世界各国的关系发生重大变化，这树立了其世界领导者的新角色，而美国本身还未能完全接受这个新角色。战争及其余波使美国人开始思考其自身价值、他们的民主主义目标、以及作为一个美国人的意义。那些被认为是不忠诚的人遭到逮捕、囚禁或驱逐，移民数量有所减少。20世纪20年代将迎来文化的均衡以及文化认同的凝聚，电影、播音和通过媒体以名人故事对平民加以渲染使之成为新的美国英雄，以这些为核心的繁荣的流行文化也获得了巨大的进展。

盟军之间的比赛，是战后的军事奥林匹克运动会，标志着美国的支配地位
图片由国会图书馆提供，262-135332，Lot 7711

风云人物

罗伯特·泰特·麦肯齐

罗伯特·泰特·麦肯齐（Robert Tait McKenzie）（1867—1938）出生于加拿大，获得了蒙特利尔麦克吉尔大学医学学位。在麦克吉尔大学，他与篮球的发明者奈·史密斯成了同窗、朋友和同事。麦肯齐于1904成为宾夕法尼亚大学的第一位体育教授，他认为身体运动是预防疾病和健康的必要途径。他开始雕刻体育运动人像以供课堂使用，但真正使他出名的则是他战胜对手的面具和奖章。"一战"爆发之后，麦肯齐加入了军队，为受伤士兵提供医疗服务，并对物理治疗法产生了兴趣，于是他在战后就任了物理治疗法教授。"一战"结束之后，雕塑的需求增大，之后的近20年间，他创造了无数的战争雕塑。麦肯齐奖是加拿大体育界最富盛名的奖项，也是美国健康与体育教育协会（SHAPE）颁发的最高奖项之一。

小结

1914年欧战爆发，在公开加入盟军对抗德国、匈牙利帝国和土耳其之前美国保持了一个中立的立场。美国的加入很快使结局明朗并标志着这个国家成了新的超级强国；但美国拒绝加入国际联盟则表明了其对欧洲事物保持的孤立立场。在那时，美国在同化印第安部落和对移民族群的文化渗透方面成效卓越。在战后，美国禁止了酒精饮品的生产、运输和销售，并尝试强制推行盎格鲁-撒克逊新教的价值观，但同时承认了妇女的选举权作为社会变革的方式。这个国家很快通过制定限额限制移民，以此限制外来文化对美国文化的影响；但是种族、民族、性别以及社会阶级差异继续限制着官方的同化努力。

大事年表

- 1900年
戴维斯杯网球赛开始举办
- 1901年
美国联盟（棒球）首次亮相
- 1902年
第一届玫瑰碗橄榄球赛打响
纽约成立青年女子希伯来语协会
- 1903年
芝加哥希伯来语研究所组织
莱特兄弟实现飞行
在卢瑟·古利克博士（Dr.Luther Gulick）努力下纽约成立了公立学校体育联盟
第一届职业棒球大赛
- 1904年
国家滑雪协会成立

- 1905年

世界激进劳动组织产业工人（IWW）成立

- 1906年

全国大学生体育协会成立

美国运动场协会成立

- 1908年

开始生产现代福特T型汽车

非裔美国人杰克·约翰逊（Jack Johnson）打败汤米·布茨（Tommy Burns）赢得了重量级冠军赛

- 1909年

有色人种进步国家协会（NAACP）成立

- 1910年

曼法案通过；禁止州际之间贩卖运送妇女为娼

杰克·约翰逊（Jack Johnson）与吉姆·杰弗里斯（Jim Jeffries）（白人的大希望）之间的重量级冠军的争夺发生

- 1911年

第一届印第安纳波利斯500汽车赛举行，雷·哈罗恩（Ray Harroun）赢得了首届比赛

- 1912年

吉姆·索普（Jim Thorpe）赢得奥运金牌，被称作世界最杰出运动员

西奥多·罗斯福（Theodore Roosevelt）开创进步党

伍德罗·威尔逊（Woodrow Wilson）当选总统

- 1913年

第十六修正案批准（赋予征收所得税的权利）

业余选手弗朗西斯·奎梅特（Francis Ouimet）赢得美国高尔夫球公开赛

- 1914—1918年

第一次世界大战打响（美国在1917年加入战争）

- 1914年

巴拿马运河开通

联邦联赛（第三大棒球联盟）成立

- 1916年

专业高尔夫协会（PGA）成立

美国网球协会（针对黑人运动员）成立

- 1917年

国家冰球联盟成立

女子游泳协会成立（纽约）

- 1919年

红色恐慌出现

第十八修正案批准（禁令）

黑袜棒球丑闻爆发

- 1920年

第十九修正案批准，给予妇女选举权

黑人全国联盟成立

美国职业橄榄球协会成立（后更名为NFL）

第八章
体育、英雄式体育运动员和大众文化
（1920—1950年）

阅读完本章节后，你将会了解以下内容：

- 为什么美国在"一战"后采取孤立主义的立场
- 种族、民族和宗教差异是如何影响美国文化的
- 为什么美国社会在"一战"后和经济大萧条后需要英雄
- 经济大萧条是怎样影响体育文化的？企业家们又是怎么回应的
- 媒体的作用在于塑造流行文化
- 政府的作用在于促进流行体育文化的发展
- 棒球运动废止种族隔离的社会影响

第八章　体育、英雄式体育运动员和大众文化（1920—1950年）

  映衬在十月蓝灰色的天空下，四个男人骑着马。他们有着戏剧性的名字："饥荒""瘟疫""毁灭"和"死亡"，不过这些都只是他们的别名。他们真实的名字是斯图尔德尔（Stuldreher）、米勒（Miller）、克劳利（Crowley）和莱登（Layden）。这个组合是圣母大学橄榄球队的巅峰，有着像飓风一般的破坏力，在55000名观众的见证下，骁勇善战的陆军橄榄球队在波罗球场被他们逼上了绝境。

  飓风难以捕捉，它或许可以暂时被围堵，但在某个地方它还可以突破继续前进。当飓风在南本德登陆时，那里的烛光在印第安那州的无花果树林中摇曳，那些位于飓风前进路线上的人最好还是躲到地下室里避难。昨天飓风般的四骑士再次来袭，圣母学院队以13比7击败陆军队。他们有着明星云集的后场阵容，给陆军队以猛烈的攻击，他们在突破陆军队顽固的防守所表现的强猛速度和力量，都远超过骁勇的军校学员。
  （Rice 177）

  就此格兰特兰德·莱斯（Grantland Rice）这样描述圣母院队：它因其强大的破坏力在1924年那一赛季赢得了国家橄榄球冠军的称号。通过绚丽的文字描述，莱斯和其他体育作家在十年内塑造了一批体育英雄，当时的体育和媒体也在转变着美国的文化。另一名杰出的体育作家，保罗·卡里克（Paul Callico）以"金色的人们"来描述体育明星，同时指出随着"一战"的爆发，体育"拥有了第一批价值百万美金的职业比赛，以及全民族对体育英雄近乎歇斯底里的崇拜"。

  然而"一战"结束时，这些"金色的人们"却什么都不是。战争的迅速恶化和恐怖的新型武器已然粉碎了激进的改革家们所提出的理想化见解。从那以后不久，激进的道德议程也再次在体育丑闻里暴露出局限性，震惊了整个民族，甚至连当时令数百万移民向往的全国棒球比赛也被爆出了腐败事件。赌博长期以来都是棒球的一部分，广泛流行的赌博就像是穷人间的乐透大奖，赌徒可以依照新闻报纸所刊出的比分一整周地就球赛、碰撞、跑位等方面押注赌博。有钱的赌徒会押下重本来做赌注，但这些都取决于比赛的公平性以及运动员的个人表现。然而

19世纪时,体育继续着它社区形成或是冲突聚集场所的作用,1919年黑袜丑闻❶则证明了体育中对抗的压力和种种反常现象。

当格兰特兰德·莱斯写了一份四骑士的报告,他在体育新闻写作方面用诗意但夸张的基调开创出了著名的文风。一个机敏的出版者给骑士们在马背上照了一张照片,成了永久的图像标志

图片由国会图书馆提供,LC-USZ62-26735

在1917年的世界职业棒球大赛上芝加哥白袜队击败纽约巨人队,但是"一战"时期的强制兵役让球队在次年流失多名球员。不过,1919年白袜队成了棒球史上最强的一支队伍。明星投手艾迪·西科特(Eddie Cicotte)赢了29场比赛,外野手"赤足"乔·杰克逊(Joe Jackson)击出351的击球成功率(低于他.356的击球成功率)。尽管他们都有出色的职业表现,但西科特没有奖金,杰克逊参赛6年的工资一直都是6000美金,从未加过薪。相反,他们在1919年世界职业棒球大赛上的对手,辛辛那提队的最佳击球手每赛季能挣1.1万美金(*Frommer 86*)。这让白袜队球员认为俱乐部老板查尔斯·科米斯基(Charles Comiskey)付给他们

---

❶Black Sox Scandal,1919年世界棒球大赛中大联盟历史上最严重的放水打假球事件,史称"黑袜事件"。当年交战的2支球队分别是国家联盟的辛辛那提红人队和美国联盟的芝加哥白袜队。之后成立跨联盟的管理机制,"大联盟"(Major League Baseball)之名也于此时开始使用。<http://baike.baidu.com/view/862675.htm#1_1>

第八章 体育、英雄式体育运动员和大众文化（1920—1950年）

的工资太少且不重视他们。迫于一些背景深厚的球赛赌徒的要求，他们中的一些人合谋把棒球职业赛的冠军让给手下败将辛辛那提队。最终赌徒仅仅付给他们小部分允诺的贿赂金，绕过球员操纵了比赛，从而让白袜队输掉了9场比赛的系列赛。尽管很多人都在质疑白袜队的竞争力，但在1920赛季，白袜队却创造出了新纪录并保持了长达25年之久（直到1946年才被打破）。那一赛季，尽管表现出色的4位投手创造了20场比赛的胜利，并且保持3.5个胜场优势直到赛季末，但白袜队却在赛季结束对屈居第3名。1920年9月，芝加哥大陪审团调查了广为传播的棒球赌博事件，最终起诉了参与1919年操纵比赛的8名白袜队球员❶。

陪审团的判决在芝加哥举行，证据显示8名球员中有7名在参赛外接收了5000到1万美金的贿赂。三垒手"雄鹿"乔治·韦弗（Weaver）声称他对他们的阴谋知情但并未参与其中。尽管他们认罪，有些人还签了认罪书，但认罪书却在审判期间神秘失踪了，芝加哥法庭最后对球员免刑。后来，不识字的乔·杰克逊（Joe Jackson）要告科米斯基（Comiskey）拖欠他工资时，他的认罪书却再次出现。尽管球员们被免罪，但棒球权威当局很快制定了1921年的国家议案，由此产生了一个棒球理事。法官柯尼索·山·兰蒂斯（Kenesaw Mountain Landis），一个爱出风头又颇受争议的联邦地方法官，充任了这样独断专行的角色。他立刻禁赛8名芝加哥队球员，并遏制任何赌球带来的影响。"雄鹿"韦弗（Buck Weaver）倾其余生试图证明自己的清白。他不愿牵连队友，这也例证了美国一直存在的阶级差异。韦弗努力维护其个人和其工人阶级的荣誉，不告密检举，还一直表现出色（世界职业棒球赛期间他击球324次，从未失手）。尽管事实上他并没有收受贿赂，但是理事还是判他同样有罪。对于此事的不同看法也反映了美国社会的阶级差异。很快一些记者就试图去纠改这种社会区分，他们把体育描绘成为一种英才教育的方式，试图重新让人相信美国社会充满了机遇和阶级流动的可能。

20世纪20年代的这十年曾名为"体育的黄金岁月"，在此期间，媒体创造了体育英雄传说，对瞬息万变的美国文化产生了较大的影响。体育明星被奉为全美最佳人物，标榜了美国的文化价值。这四名骑着马来自圣母学院的男子代表了美

---

❶指在黑袜事件第二年，联邦检察官及大陪审团开始调查此事件，最终判定参与放水的8名球员均处终身监禁，审理的联邦法官蓝地斯（Kenesaw Mountain Landis）也被指定为执行长（Commissioner of Baseball）以重建球迷对大联盟棒球的信心。<http://baike.baidu.com/view/862675.htm#1_1>

国意识形态的精神、团队合作以及社会中不同群体间的融合。贝比·鲁斯（Babe Ruth）是体育群英中最为著名的一个，他象征着美国梦，在那片充满机遇遍布精英的热土上，无论你出身如何都能获得成功。关于这些英雄们的描写呈现了一个更加趋同的文化并巩固了美国文化的身份，但也掩饰了在"一战"之后、经济大萧条和"二战"期间美国所固有的矛盾和紧张的社会氛围。

第一节　战争、大萧条及美国的成型

第一次世界大战之后，尽管伍德罗·威尔逊（Woodrow Wilson）总统❶在启动国际组织推动世界和平上做出了重大努力，而美国却拒绝加入国联❷。美国因此远离国际事务而将焦点放在解决国内事务上。1920年的人口普查表明城市居民第一次占据大多数，而不断扩张的城市也带来了文化转变，并产生了社会矛盾和冲突。就业问题和工人的不满促使了工会的形成，而数千工人因不满工资和待遇而进行的罢工，让工会不断质疑着资本主义经济体制（Dawley 234）。社会主义者、共产主义者和无政府主义者挑战着政府。在布尔什维克推翻俄国沙皇统治后，资本家们害怕在美国也有会类似的革命，因而掀起了红色恐怖（Red Scare）❸。1920年的某个夜里，司法部逮捕了数千名疑似激进分子，并且将很多人驱逐出境。反移民潮也随之出现。对于很多欧洲移民来说美国梦变得更难实现。本土主义者，也就是始终标榜白人价值观和权力的本地出生的美国公民，他们对白人新教徒主导的文化所受到的威胁采取了行动，并于1924年制定限制移民的法律，为来自欧洲南部以及东部移民限定配额，并禁止亚洲移民，以维护盎格

---

❶托马斯·伍德罗·威尔逊（Thomas Woodrow Wilson，1856—1924），美国第28任总统。1912年总统大选中，由于西奥多·罗斯福和威廉·塔夫脱的竞争分散了共和党选票，以民主党人身份当选总统。*<http://baike.haosou.com/doc/5798914-6011710.html>*

❷国际联盟（League of Nations），简称国联，是《凡尔赛条约》签订后组成的国际组织，1934年至1935年处于高峰时期，国联曾拥有58个成员国。其宗旨是减少武器数量、平息国际纠纷、提高民众的生活水平以及促进国际合作和国际贸易。*<http://baike.baidu.com/view/27697.htm>*

❸红色恐怖，又名红色恐慌，是指于美国兴起的反共产主义风潮，分为两段：第一段自1917年俄国十月革命爆发后延续至1920年，第二段是指开始于1947年，并几乎贯穿全部1950年代的麦卡锡主义后遗症。*<http://baike.baidu.com/view/913419.htm>*

第八章 体育、英雄式体育运动员和大众文化（1920—1950年）

鲁-美利坚共和国。1920年，《第十九修正案》❶授予女性选举权，这进一步威胁了男性霸权主义及传统的社会性别秩序。

整个20世纪20年代，黑人、犹太人和少数民族宣称在流行文化领域找到了自己的表达方式。布鲁斯❷和爵士乐❸出自南方的非裔美国人。在大迁徙的过程中这种音乐转移到了北方，在那里融合了某些城市经验后产生了许多新的流派。在电影中，少数民族生产者（尤其是犹太人）从他们的移民历史中汲取经验，刻画了工人阶级的男女英雄，一些城里年轻的女性们选择轻佻的有伤风化的生活方式来挑战主流的中产阶级规范。避开了过去宗教的苛责，她们抽烟，经常出入于那些非法经营的酒吧（那里他们无所顾忌地喝着禁售的酒），伴着新兴音乐起舞，那个时代的狂热舞蹈在传统观念中被认为是淫荡的，而名流和普通轻佻女子间的不轨行为更动摇了社会的自由观念。

1929年股票市场的崩溃❹导致了一次世界范围内的经济萧条，20世纪20年代的体育繁荣也因此突然止步。美国工人失业情况急剧恶化，他们不停地质疑着资本主义体制。1932年，失业人口达到1100万，仅在芝加哥地区，失业人口就有70万（占劳动力的40%）。在波士顿有超过4万家庭寻求救济基金。1929年至1931年间，随着超过4300家银行的倒闭，人们几乎什么都没有了（*Blum et al. 656*）。抗议随之爆发，饥饿让贫困的人们陷入了更为绝望的境地，上百万无家可归的人们徘徊在农村寻找工作或者在城市的街道上乞讨。经济状况恶化对非裔美国人是极其不利的，匹兹堡69%的黑人失业，在底特律，这一数据达到了75%（*Ashby 240*）。

---

❶公民的选举权不因性别而受限，即确立女性的选举权。<http://baike.baidu.com/view/629049.htm>
❷蓝调（英文：Blues，解作"蓝色"，又音译为布鲁斯）是一种基于五声音阶的声乐和乐器音乐，它的另一个特点是其特殊的和声。蓝调起源于过去美国黑人奴隶的灵魂乐、赞美歌、劳动歌曲、叫喊和圣歌。<http://baike.baidu.com/view/1431.htm?fromtitle=%E5%B8%83%E9%B2%81%E6%96%AF&fromid=70461&type=syn>
❸爵士乐（Jazz），于19世纪末20世纪初源于美国，诞生于南部港口城市新奥尔良，音乐根基来自布鲁斯（Blues）和拉格泰姆（Ragtime）。爵士乐讲究即兴，是非洲黑人文化和欧洲白人文化的结合。<http://baike.baidu.com/subview/8346/10460796.htm>
❹又称美国股灾：1929年10月29日，被称作"黑色星期一"，这是美国证券史上最黑暗的一天，是美国历史上影响最大、危害最深的经济事件，影响波及西方国家乃至整个世界。美国和全球进入了长达10年的经济大萧条时期。<http://baike.baidu.com/view/724536.htm>

受大萧条影响的不仅仅是城市，农村的穷人也生活在极差的条件中

图片由国会图书馆提供，LC-USF-3301-31322

富兰克林·德拉诺·罗斯福（Franklin Dlano Roosevelt）总统❶的经济复苏计划，即罗斯福新政❷推出了一系列大规模的休养政策，拨款15亿美元给联邦机构用于劳工和基础设施建设。美国民间护林保土队（CCC，The Civilian Conservation Corps）于1933年成立，在两年内雇佣了50万人参与农村的地区保护和环保项目，国家和州立公园的更新项目和遍布全国道路施工建设。民用工程管理部门（1933年），联邦紧急救济署（1934年）全国青少年局（1935年）和公共事业振兴署（1936年）在建设体育场、游泳池、运动场、操场、公园、健身房以及冬季体育设施方面雇佣了大量人员。这些项目都创造了工作机会，这些劳动的成果也满足了20世纪30年代的失业人口被迫的休闲需求（Foner and Garraty 177，1168）。

---

❶富兰克林·德拉诺·罗斯福（Franklin D.Roosevelt，1882—1945），美国第32任总统，美国历史上唯一连任超过两届（连任四届，病逝于第四届任期中）的总统，美国迄今为止在任时间最长的总统。<http://baike.baidu.com/view/25295.htm?fromtitle=%E5%AF%8C%E5%85%B0%E5%85%8B%E6%9E%97%C2%B7%E5%BE%B7%E6%8B%89%E8%AF%BA%C2%B7%E7%BD%97%E6%96%AF%E7%A6%8F&fromid=7874697&type=syn>

❷罗斯福新政（The New Deal）指1933年富兰克林·罗斯福任美国总统后实行一系列经济政策，核心三R：救济（Relief）、复兴（Recovery）和改革（Reform），也称三R新政。<http://baike.baidu.com/view/68802.htm>

第八章 体育、英雄式体育运动员和大众文化（1920—1950年）

美国加入"二战"也转移了人们对经济问题的关注。为了提供战时所需物资，生产得到蓬勃发展，男人们也应征入伍。橄榄球教练则称赞橄榄球运动是为战争而准备的运动。富兰克林·罗斯福总统宣扬棒球对于民族士气的鼓舞十分必要。先前分散的群体团结起来共同面对法西斯对民主的威胁，而此时阶级意识减弱，民族主义取得胜利，资本主义获得发展。

第二节 社会变革以及体育事业的普及

在"二战"中，美国人团结过去分裂的文化团体共同努力对抗法西斯。第二代移民也想证明自己的忠诚和他们的美国身份。

一、体育运动与宗教团体

美国主流清教主义诸如天主教或犹太教那可有可无的信仰早已走投无路。不同的宗教团体进入体育文化的同时也让他们自身更紧靠文化的主流，降低了人们对不同信仰的偏见，也或多或少地增加了民众的接受度，虽然那些民族主义者，比如说三K党仍旧继续反对他们的公民身份。

二、圣母学院和对天主教的接受

在著名的罗克尼（Knute Rockne）教练的指导下，位于印第安纳州南本德的一所很小的罗马天主教大学——圣母学院拥有了一支全国知名的橄榄球队。但并不完美的全美最佳队员乔治·吉普（Geroge Gipp）在1920年赛季后不幸死亡，这让教练罗克尼开始回避个人主义。吉普非同一般，他凭借卓越的运动天赋带领圣母院队走向全国竞技的顶峰。然而他死后，罗克尼开始倾向于强化团队协作。时至今日，圣母学院的橄榄球队员都没有在他们的队服背部写上他们的名字。以队伍为中心的方法更适合传统罗马天主教的社群主义。1924年罗克尼的队伍以移动速度和团队精神闻名。这个队伍在玫瑰碗以27比10打败了斯坦福队，因此成为全国冠军。他通过制定在全国的球赛日程，为全民创造了对手进而也将天主教选民团结起来。他为自己特殊的队伍招揽了爱尔兰人、意大利人、波兰人和德国人等，甚至新教徒、犹太人，这不仅获得了少数民族团体的支持，并打造出一只很类似美国人口构成的球队。然而在这里黑人依旧是不被接受的。尽管如此，罗克尼仍然证明勤劳的移民还是有实现美国梦的希望，通过自己的才干就能获得财富、地位和名望。

正当天主教徒们因为三K党的好恶而受困扰时，圣母学院球队的成功则大大增强了天主教徒们的自豪感。在1924年赛季之前三K党就已向南本德进军，圣母学院的学生们将三K党拒之千里，但是种族主义者仍获得了对州政府的控制。圣母学院像一座壁垒抗衡着盎格鲁－撒克逊白人的新教徒狂热。1928年，因为三K党强烈地反对，阿尔·史密斯（Al Smith），这位天主教总统候选人在全国大选中失利，也进一步说明天主教未能得到全民的认可。然而因为圣母学院击溃了它的对手，橄榄球让天主教徒们感受到了一种宗教被尊重的假象。在此过程中，橄榄球将不同种族，数量广大的工人阶级选民融进美国主流文化，其他天主教学院和高中学校都照搬罗克尼模式让人们在橄榄球场上释放社会带来的压力。

20世纪40年代，圣母学院赢得了4次全国冠军，建立了一个自己的体育王朝。在罗克尼的学生弗兰克·莱西（Frank Leahy）教练的带领下，天主教球员精英们创造了107胜13平9负的纪录，在1946年到1949年间从未遇到过敌手。第二次世界大战期间，莱西暂停了他的教练生涯加入美国海军，并鼓励他的队员报名参加海军。橄榄球代表的意识形态和价值观，这不仅仅体现在策略方面还体现在该运动所蕴含的尚武精神、强悍意志、勇气和领导才能上。莱西的告诫在战争中也进一步把曾经边缘化的天主教徒们与饱含军国主义和民族主义的美国精神联系起来。不久之后，美国加入了战争，三分之一的美国国家橄榄球联盟球员参军，有638人在武装部队中贡献了自己的力量。到1950年，有80个海军司令和98个陆军将领都曾经是橄榄球员（Gems, For Pride 99–100）。

战争期间，西点军校队无疑是圣母院最大的挑战者。西点队的主力有菲力克斯·班查德（Felix Doc Banchard），他是极具攻击性的跑位，还有步伐敏捷的半卫格伦·戴维斯（Glenn Davis），他们帮助西点队在1944年和1945年间战无不胜，而且每场比赛平均分数超过50分。那几年莱希和他的主力们都在军队服役，西点队以59∶0和48∶0打败了圣母学院。在莱西回队重新带领圣母学院队赢得第一的荣誉之前，安纳波利斯的海军学员们组成了第二号强队。西点陆军队与圣母学院队在1946年打成平局，但是圣母学院队在1947年以27比7赢了陆军队，从部队回来的42名队员继续他们职业橄榄球球员的工作（*Littlewood 135*）。对于许多天主教教徒来说，圣母学院队是大萧条后期受过严格训练的著名的精英队伍。即使困难重重，毫无取胜希望，他们仍然可以凭借顽强的独立精神打造出一条通往成功的路。

三、天主教青年组织

体现体育精华的拳击运动，常与工人阶级艰难的生活联系在一起，也引起了很多年轻人的兴趣。第一次世界大战证实人们需要作战技能，因此23个州在1917年承认了拳击这一运动。纽约在1920年取消了它的禁令，接着，伊利诺斯州也取消禁令。1928年，《芝加哥论坛》和《纽约日报》赞助了一场名为"金手套锦标赛"（the Golden Gloves Tournament）的地区性比赛，各地胜者又为全国冠军而竞相拼搏。芝加哥锦标赛得到爱尔兰天主教体育编辑阿敕·沃德（Arch Ward）的指导，与天主教青年组织紧密联系在一起。天主教青年组织为他提供了一批参赛选手。到1933年，金手套锦标赛的冠军们还与国际队伍比赛，把工人阶级和种族无神论主义导入美国民族主义精神和爱国主义精神之中。

对于种族背景复杂的天主教，这一转变是极其正确的。他们在公有教区保留了自己的传统生活方式，接受着旧世界神父管理，而这些神父又抵抗爱尔兰裔美国人的等级制度所带来的同化影响。1930年，芝加哥的伯纳德·赦奥主教（Bishop Bernard Sheil）创立了"天主教青年组织"，旨在通过体育消除不良行为。天主教青年组织的计划包括创办世界上规模最大的篮球联赛，1931年就有了120支队伍加入，它同时还提供举办其他活动的机会。但拳击仍是成功和流行的根基。赦奥在拳击比赛中接受了各类人种及教义，但又要求人们必须对上帝和国家忠顺拥戴。天主教青年组织的队员可免费获得医疗服务、服装、工作或是奖学金，还有出国旅行的所有费用。1936年有3个天主教青年组织的拳击手代表美国参加了奥运会，还有很多人在拳击场追求着自己的职业生涯。因为犯罪因素日益干扰着拳击手，天主教青年组织的经理不得不谨慎行事。天主教青年组织虽然是个天主教机构，但在赦奥的指导下，也巧妙地迎合了盎格鲁-撒克逊白人新教徒（WASP）的规定，与此同时，相互竞争的宗教团体在体育中找到了某些共同点。

在30年代末，赦奥计划的影响扩大到了全国，他本人作为社会和劳工的积极活动家也赢得了全国性的声名，反对反犹主义和种族歧视，同时作为总统的顾问，他的影响也遍及了整个白宫。他利用体育使不同的种族团体相互融合，从而形成美国的主流文化，进一步消解了工人阶级的激进情绪。在他的指导下，宗教信仰超越了阶级观念。1948年，赦奥主教与阿奇华德（Arch Ward）合作，举办了"金手套锦标赛"，这项赛事进行了120回合，比赛时3个拳击场同时开赛，吸引了来自31个州的参与者（Littlewood 80）。天主教主义与民族主义、爱国主义的融合通过体育文化的作用，促使早期遭受排斥的团体得到主流文化的认可。

拳击手宾尼·罗斯和菲尔·冯的赛前称重

图片由国会图书馆提供，LC-DIG-hec-33436

四、拳击和犹太裔美国人

和天主教徒一样，体育也给犹太裔美国人提供了融入主流文化的入口。尽管反犹主义情绪较盛，在20世纪20年代到30年代，犹太人在拳击事业的成就达到了巅峰。那个时期18个犹太冠军的诞生让人备受鼓舞，最著名的就是宾尼·伦纳德（Benny Leonard）这位轻量级的冠军。杰基·菲欧德（Jackie

第八章 体育、英雄式体育运动员和大众文化（1920—1950年） 59

Fields）在1924年的奥运会上赢得了次轻量级的金牌，那年他16岁。5年后，他获得了职业次中量级的冠军。宾尼·罗斯（Benny Ross）穿着印有"大卫之星"的紧身短裤，在20世纪20年代赢得了3次冠军。这些拳击手换了名字，是为了掩盖他们的拳击活动，因为他们遵循传统的父母很蔑视这种比赛。作为年轻人，为了与其他少数民族的对手竞争，这些选手在犹太人聚居区学习必要的技术。有些犹太人居所还会开设拳击课程。最好的选手走向了职业化。他们的成功通常会被拿来与其他少数族裔选手进行对比，这也有助于消除犹太人脆弱不坚强的刻板偏见。

犹太运动员在篮球上的表现也很出色。南费城犹太全明星队（the South Philadelphia Hebrew All-Stars）享有全国范围的声誉，而爱尔兰和波兰人的业余选手和许多半职业代表团在中西部的一些城市也有比赛。诸多犹太人在篮球方面表现极为突出，以至于评论家们认为这是"犹太人的运动"，可见犹太人对篮球有着特别的天赋。

五、黑人体育运动文化的优势

在第一次世界大战期间及战争结束后，有超过100万的黑人从南部搬到北部城市。在一些北部城市的文化中心，活跃的非裔美国文化围绕着宗教、音乐、体育和艺术而发展。像马库斯·嘎维（Marcus Garvey）和都波斯（W. E. B. DuBois）等黑人民族主义者宣讲了黑人的自尊、自豪和独立。黑人自豪运动，兴起于纽约城的黑人住宅区哈莱姆（Harlem），后发展成为著名的哈莱姆文艺复兴（the Harlem Renaissance）。1922年罗伯特·道格拉斯（Robert Douglas）创立了哈莱姆文艺复兴篮球队，全部由非裔美国人组成。在1925到1926赛季期间，哈莱姆队在连赢了88场比赛之后又和纽约凯尔特人队大战6局。在那个时代众多顶级篮球俱乐部中，凯尔特人通过巡回比赛使他们确立了自己在全国的地位。1923年，他们赢了211场比赛中的204场（Riess，City 108）。哈莱姆队与凯尔特人的交手证明了他们可以与最好的白人球队竞争。1939年他们赢得了第1届全国职业锦标赛的冠军，那时职业篮球处于边缘地位，但参照了职业棒球和橄榄球的发展模式，各个联盟为了达到令人满意的赛绩和追求更多的利益而接受黑人队员，随后又毫不客气地摒弃了他们。

虽然纽约仍是黑人引以为傲的中心，但在芝加哥已经出现了类似的活动中心。1920年，有超过10万名黑人定居在芝加哥。10年后，这个城市的非裔美国居民达到了近24万人，他们建立了一个市内很知名的繁荣社区叫作铜镇（Bronzeville）。在赛沃伊舞厅，篮球比赛和舞蹈一起进行。当地叫作赛沃伊5号的篮球队，发现与白人球队的比赛变得越来越难打。但犹太经理人阿波·赛皮斯汀（Abr Saperstain），坚持要他们成为世界上最著名的篮球队。1927年，他们开始巡回比赛，用敏捷的身手、利落的传球让观众兴奋不已。他们的天资使得自己在至少10年内都是最显眼的黑人球队。他们起了个新绰号"哈林环球旅行者队"（Harlem Globetrotters）❶，以此来标榜种族自豪和远大的抱负。最初，他们在中部地区参加比赛，但为了能一直参赛，哈林篮球队故意掩其锋芒，制造势均力敌的假象。他们在第一次职业联赛中负于哈勒姆文艺复兴队，但一年后就赢得了全国锦标赛冠军，证实了他们的能力。哈林篮球队以经常参与国际大赛和动作粗犷而闻名，随着20世纪中期国家篮球协会开始签约黑人球员，经纪人赛皮斯汀对黑人天才选手的垄断也渐被削弱。对于非裔美国人，篮球成了一种经济且具有表现力的出路，它在黑人城市文化中呈现出越来越强的重要性。

鲁比·福斯特（Rube Foster）作为黑人棒球联盟的发起者，也是马库斯·加维（Marcus Garbey）的追随者。他在1920年创办了"黑人国家联盟"。黑人们被迫住在贫民区并且还被禁止参加全国娱乐节目中的一些主要棒球联赛，这使得非洲裔美国人感觉被排斥在主流文化之外。在福斯特的领导下，"黑人国家联盟"得到了平等的对待，而且被认为是可以替代白人大联盟体系。独立自主让黑人们可以更好地掌握自己的命运，随后的宗教主义也很快促成了第二个专业黑人联盟的成立，也就是众所周知的东部有色人种大联盟（ECL）。1923年大联盟队伍中费城山谷队（Hilldale of Philadelphia）在七场比赛中六胜白人联盟队。黑人球队这样的胜利打破了白人种族的优越感，也让棒球委员会委员凯纳索·蓝地斯（Kensw Mountain Landis）下令禁止了未授权的跨种族的竞赛（Mangan and Ritchie 106）。

---

❶哈林男子篮球队荣称为"世界上最受欢迎的篮球队"，该队成立于1926年，哈林篮球队成立初期主要在国内进行比赛和表演，曾取得胜333场，负8场的好成绩，1945年后该队真正开始了环球旅行家生活，迄今为止，据不完全统计，他们已访问过115个国家和地区，观众已超过一亿多人。<http://baike.baidu.com/view/1157736.htm>

第八章　体育、英雄式体育运动员和大众文化（1920—1950年）

拉丁裔球员也和黑人球员一样不受尊重。古巴明星队因未能得到大联盟中出场的机会，于是在1935年加入了黑人国家联盟。古巴明星队由亚力克斯·庞培（Alex Pompez）经营，他们的球队名册上有多国成员，包括非裔美国人、拉美裔和西印第安的队员。庞培在曼哈顿建造了一个价值6万美元的体育场馆，全部配备了灯光以供夜间的比赛。

在匹兹堡，地下经济凭借体育开始兴起。格斯·格林利（Gus Greenlee）便是其中的代表人物，他既是当地的一个黑人掮客，拥有优秀的黑人棒球队匹兹堡克劳佛（Pittsburgh Crawfords）队。格林利在鲁布福斯特死后经营起"黑人国家联盟"，并成为首任主席。在他的领导下，"黑人国家联盟"1933年在芝加哥科米斯基公园举行了第一次全明星赛；全球最大的黑人报《芝加哥卫报》和《匹兹堡快报》，共同促进了该项运动的崛起。克劳佛队从来都是在自己的场馆比赛，他们不会租用白人的设施，以此来显示自身的成功完全依赖于美国黑人企业。

橄榄球由于对抗赛渐渐火热，需要选拔更多的顶尖运动员，这也为北方学校杰出的非洲裔美国球星们提供了更多机会。弗瑞兹·波拉德（Fritz Pollard）和保罗·罗伯逊（Paul Robeson）分别在布朗和罗格斯赢得了享誉全美的荣誉，这些明星也被他们的白人和黑人球迷寄予厚望。他们取胜不仅为了自己，也是为了那些追随者们。杰克·特莱斯（Jack Trice）是第一个进入爱荷华州队的黑人运动员，他在1923年与明尼苏达州的比赛前写到："我的种族、家庭和自我的荣誉感受到威胁，人人都希望干几件了不起的大事……"（Gems, For Pride 117）。这些运动员肩负着希望和几代非裔美国籍人的尊严。19世纪20年代，"公爵"佛雷德·斯莱特（Fred Slater）成为爱荷华州杰出的线卫。他赢得了所有美国人的认可，并一直效力于芝加哥职业队红雀队，随后他又开始学习法律专业，并获得了法官的头衔。尽管6个职业队伍总共聘请了十几个非裔美国球员，但1933年黑人选手却被禁止参赛。

同样，在南方参加当地比赛时，北方大学球队为了不得罪南方队，经常不允许非裔美国队员参赛。这种状况持续了几十年。1937年发生了一个有名的事件，锡拉丘兹队去马里兰时将他的明星队员威尔梅斯·斯丹辛格（Wilmeth Sidat Singh）（他是一个非洲裔美国人，曾由一个印第安医生收养）留在板凳席，那场比赛以14：0告负。次年，在锡拉丘兹举行的复赛中，斯丹辛格参加了比赛并且带领球队以51：0击溃对手。

在拳击竞技场，顶尖的挑战者们，比如山姆·朗福德（Sam Langford）和哈里·威尔斯（Harry Wills）都没有机会去参加重量级公开赛；所以朗福德和威尔森之间较量了22次（Wiggins, African 408）。问题根源在于，自从杰克·约翰逊（Jack Johnson）被杰西·威拉德（Jess Willard）击败，就下发肤色禁令，使得历届的冠军都保持在白人手中。在乔·路易斯（Joe Louis）得到机会出场之前，黑人拳击手们经历了漫长的等待。

六、棒球运动的社会意义

棒球运动的流行使其成为国家性运动，且为改革者们所喜爱，然而"黑袜丑闻"发生后一切发生了改变。在接下来的10年，棒球很快开始自我补救。一些严重嗜酒、行为粗暴的棒球运动员和那些啤酒赞助商们的赞助给这项运动增添了负面效应，也导致了1901年美国联赛作为"道德替身"出现。此后棒球采取了更多民族主义和爱国主义的立场。在第一次世界大战期间，很多棒球运动员为了避免军事征兵而在军事战争相关的单位工作，因而受到了不爱国和无所事事的指责。面对这些指责，棒球队经理们决定在1918年决赛期间演奏"星条旗永不落"（尽管直到1931年它才定为官方国歌）。

1919年的"宝贝"乔治·鲁思
图片由国会图书馆提供，LC-F8- 4544-A

第八章　体育、英雄式体育运动员和大众文化（1920—1950年）

与此同时，棒球组织者也采取措施以使比赛更加有趣（这反而创造了20世纪20年代的体育黄金时期），这些措施有禁止投"水球"（用不可预知的运动轨迹来欺骗击球者）和增加击打灵活的球。结果引起一个进攻高潮的出现，特别是全垒打，这使得棒球从过去的战术（科学性的）导向变成了全新的力量导向运动。其中1915年打出384个全垒打，而1930年则打出了1565个全垒打［*Rader, American Sports*（1983）203］，最厉害的进攻手就是"宝贝"乔治·鲁思（Gorge "Babe" Ruth），他是开启美国体育黄金时代的重要人物。尽管是个投手，鲁思还是在1919年创造了新的全垒打纪录29次，并成为一名可以胜任任何位置的全能球手，1920年他以54个本垒打的成绩位居首位。

乔·约翰逊是"黑娃丑闻"事件中的重要人物
图片由国会图书馆提供，LC-USZ62-78070

尽管在最初十年棒球运动发展充满了曲折，媒体不断地以理想化的方式来报道该项目和运动员们。他们信奉体育是一种好的形式，有助于形成一个统一和谐的社会，是人人都参与民主进步的基本要素。贝比鲁斯是一个很好的典范。他被描述成一个孤儿（事实也是如此），被天主教神职人员抚养并教会他打棒球，很快他也证明自己有达到顶尖水平的天赋。

尽管鲁斯出身卑微，但是在他职业生涯第十年时，他所要求的年薪就超过了当时的美国总统。体育新闻记者通过报道他的慷慨大方以及对生病儿童的关注来吸引读者。事实上，当鲁斯在离巴尔的摩的家不远的圣玛丽男子工业学校上学期间，曾因偷窃和屡教不改而被排挤过。为了把他打造成美国的英雄并树立起体育名人的形象，体育新闻记者们同样忽略了他诸如暴饮暴食、酗酒、生活不检点以及行为粗鲁等缺点。粉丝们在为鲁斯伟大的棒球成就欢呼雀跃时也注意到了他的缺点和人性欲望。当然，鲁斯确实在球迷中形成了强大的凝聚力，比如，在中产阶级的管理者可能会重视他的创造力的时候，工人阶层的人则可能会注意到他的体能技巧。因此棒球作为国球，代表了社会中不同阶层的价值观。

在美国，棒球也能反映出种族关系由紧张到缓和的改变。许多年来，美国的非裔美国人，少数的自由白人体育新闻记者以及共产主义群体就曾呼吁过废除棒球运动中的种族隔离制度，并把此举作为真正自由和民主的典型代表。一般看来，"二战"是自由与法西斯之间的一场对决。然而，对于非裔美国人来说，这其中却充斥着伪善。"二战"期间，应富兰克林·罗斯福的要求，主要的棒球俱乐部联盟要继续帮助树立美国人的道德观。但是即使球队因为球员服兵役而人数减少，俱乐部老板也拒绝雇佣黑人球员。1945年，华盛顿议员队甚至雇佣了独肢的"二战"老兵波特·谢泼德（Bert Shepard）担任投手。在外场，圣路易斯布朗队（St Louis Browns）则以断臂的皮特·格雷（Pete Gray）为宣传焦点。在这种情况下，布鲁克林道奇队（Brooklyn Dodgers）的总经理布朗·里奇（Branch Rickey）想出了一个废除棒球运动中种族歧视制度的计划。

作为一个虔诚的循道宗教徒，里奇对困境中的非裔美国人深表同情。此外，他还是位精明的商人。为了废除棒球运动中的种族隔离制度，里奇需要一名特殊的球员和一个切实可行的方案。最后他组建了全美棒球联盟并成为一个主要的黑人球队联盟。虽然这个联盟很快就解散了，但是纽约法律要求保留服役军人的工作。里奇和杰克·罗宾逊（Jackie Robison）签订了合同。罗宾逊是加州大学洛杉矶分校的优秀运动员，"二战"期间曾是陆军中尉。尽管他的哥哥迈克（Mack）是1936年奥运会奖牌获得者，但却在退役后沦落为一个毫无技术含量的劳工。"二战"期间，因为拒绝执行种族隔离制度，罗宾逊被军事法庭指控（后来免于指控），可他在法庭

第八章 体育、英雄式体育运动员和大众文化（1920—1950年）

上表现出了领袖气质和反对种族主义的立场。里奇仰慕罗宾逊的勇气和坚强意志。罗宾逊在服兵役期满后，先是在堪萨斯州黑人君主队打棒球，后又与里奇的黑人球队签约。当这个假联盟解散的时候，里奇派罗宾逊到蒙特利尔的一个小的分会打球。加拿大的蒙特利尔在国际联盟中是个兼容并包的城市，这样做有利于他向白人的群体靠拢。罗宾逊在联盟中的击球率遥遥领先。第二年，里奇把他带到了总部。在那儿，他忍受着隔离的春季训练、种族嘲讽、暴力威胁以及来自队友和对手的暗地里的打击。尽管有那些令人迷茫的禁律和障碍存在，罗宾逊凭借非裔美国人的力量坚持了下来。如果里奇的"伟大实验"破灭了，那么种族关系的改善和黑人社会阶层的成功变动将会推迟好多年才会实现。

当道奇队到场的时候，棒球场内人满为患。非裔美国人不远千里来为他们的英雄喝彩。罗宾逊不仅为自己赢得了荣誉而且获得了年度新手奖。1949年，罗宾逊赢得了全国棒球联盟最有价值球员奖。直到1956年，他都在为闪电队效力。在此期间，他带领球队赢得了6届全国棒球锦标赛和1届世界职业棒球大赛。而且，罗宾逊庄重的行为和表现为其他非裔球员铺好了道路。从1947年到1959年波士顿红袜队废除种族隔离制度这段时间，黑人球员在13位最具价值奖的获得者中占据了9个名额（Gorn and Goldstein 217）。许多黑人球员为布鲁克林闪电队效力的这一事实突出表明了布朗·里奇的远见卓识和杰克·罗宾逊的坚强意志。

在罗宾逊成为棒球职业联盟成员6年后，发生了重要的布朗诉托皮卡教育局案（Brown v. Board of Education）❶。在此案的判决中，最高法院废除了种族隔离制。从某种意义上说，罗宾逊、里奇和布鲁克林推动了美国的社会改革。罗宾逊激动人心的比赛，庄重严谨的行为以及那些见证了他的比赛的数以千计的非裔美国人都表明种族关系已经发生了巨大的转变。

---

❶布朗诉托皮卡教育局案（Brown v. Board of Education of Topeka，347 U.S. 483，1954），全名Oliver Brown et al. v. Board of Education of Topeka et al.，以下简称布朗案）是一件美国历史上非常重要、具有指标意义的诉讼案。是一件美国史上非常重要、具有指标意义的诉讼案。种族隔离的法律因为剥夺了黑人学童的入学权利而违反了美国宪法第14条修正案中所保障的同等保护权，学童不得基于种族因素被拒绝入学。因为本判决的缘故，终止了美国社会中存在已久白人和黑人必须分别就读不同公立学校的种族隔离现象。从本判决后隔离但平等的法律原则被推翻，任何法律上的种族隔离随后都可能违反宪法所保障的同等保护权而被判决违宪；同时本案也开启了接下来数年中美国开始废止一切有关种族隔离的措施；美国的民权运动也因为本案迈进一大步。<http://baike.baidu.com/view/1671919.htm>

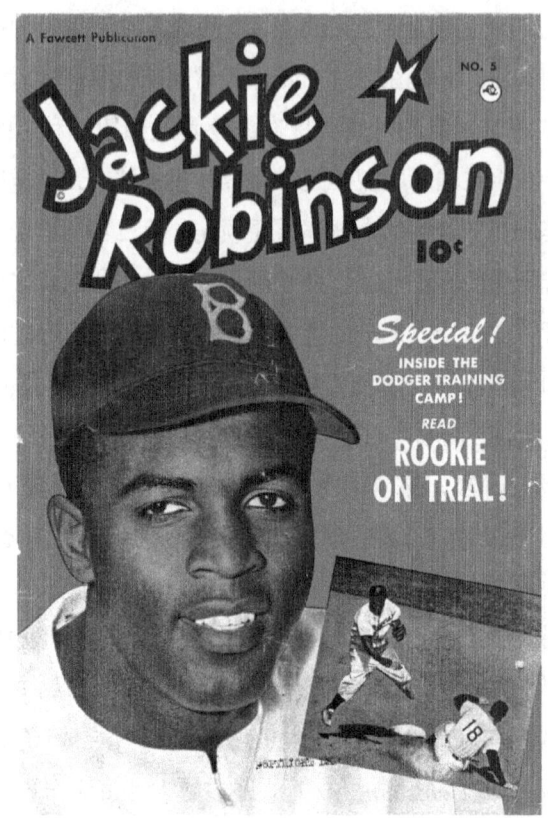

杰克·罗宾逊,不仅仅是一个运动员,也是种族先驱

图片由国会图书馆提供,LC-USZC4-6144

七、体育对工人阶级的吸引力

在大萧条时期❶百无聊赖的闲暇时间里,市中心的体育运动吸引了大批的参与者和观众。对于好的运动员来说,体育甚至给他们提供了谋生的途径。不管是男性还是女性都打垒球,和棒球相比,垒球需要的装备和空间都很少。1933年,美国垒球联合会举办了男子和女子锦标赛,到1940年,该联合会宣布有300万球员。在垒球的诞生地芝加哥,仅夜间比赛就有数以百计的球队参赛。

---

❶大萧条(Great Depression),是指1929年至1933年之间发源于美国,并在后来波及许多国家的经济危机 <http://baike.baidu.com/subview/87519/5111765.htm>

第八章　体育、英雄式体育运动员和大众文化（1920—1950年）

街区球队为了奖品和钱进行比赛。在赌徒和酒吧操纵地区比赛的时候，即使是少年队都会因为胜利而得到10或20美元。到1933年，球队都能从每次锦标赛中赢得1500美元的奖金，这个数目和当年美国家庭平均年收入相等。毛利尔·布鲁诺（Mario Bruno）是这座城市中众多印第安裔球员中的一位，当时他在一场比赛中就赢得了1650美元，而那时当地银行连100美元都不会借给有房子的家庭。大萧条期间，工人阶层参与其中的黑人体育经济支持了资本发展，和在欧洲的发展不同，大萧条之后，美国的社会主义者的体育运动就消失了。

芝加哥市垒球联盟（The Windy City Softball League）于1934年开始打比赛，由《美国芝加哥晚报》（Chicago Evening American）举办的锦标赛包括4800多场比赛，吸引了100多万观众观看。因为一些女子球队的球员身着绸缎短裤比赛，故尤其吸引球迷。在夏季的几个月里，女子垒球比赛吸引的观众比芝加哥白袜队在职业棒球赛期间吸引的观众还多（Gems, Windy 190-191）。

大萧条期间，对于失业的青年人来说，台球场也是个好地方。随着1933年禁酒令的废除❶，酒吧重新开张，为年轻的单身汉们提供了便宜的投币式的台球桌。一些酒吧还在小巷里设置了保龄球，一种在20世纪30年代比垒球还流行的运动，特别是在美国中西部如底特律和芝加哥等城市更受欢迎。30年代末，芝加哥的900多个体育联盟中有将近50万人打保龄球。保龄球最受妇女欢迎，在20世纪30年代期间，仅是芝加哥就有超过15万人次参与女子国际保龄球大会（Women's International Bowling Congress，WIBS）。1935年在芝加哥举行的国家保龄球锦标赛为获奖者提供1.5万美元的奖金（Gems, Windy 191），1万多妇女参与当地一个比赛（Riess, City 78）。波兰人对这一运动极为擅长，他们赢得冠军后成为少数族裔团体中的英雄。一些波兰人挣够了钱，放弃了工人阶级的苦力活，自己做生意，还有人被选为政治官员。许多工人阶级的年轻人继续抱着体育是一种英才教育的观念，人们可以依靠体力而不是财富或者接受教育来提升自己的社会阶层。

---

❶1933年2月，美国国会通过第二十一条宪法修正案以取消禁酒之第八修正案。次年，随着犹他州作为第36个州签署此法案，美国的全国性禁酒便寿终正寝了。<http://baike.baidu.com/view/629049.htm>

保龄球吸引了工人阶级中的男性和女性参与者，促进了阶级流动性

图片由国会图书馆提供，LC-USZ62-122873

八、体育成为一种政治工具

第一次世界大战后，联邦政府开始越来越多地参与到体育运动中，根据1922年美国最高法院的裁决，免除了棒球项目在反垄断法中的相关责任。巴尔的摩队，这个1913年到1915年的第三大球队是联邦解散的球队之一。巴尔的摩队曾经在一个反垄断诉讼案件中状告棒球大联盟（MLB，Major League of Baseball），但是法庭判决结果是，棒球不是商业行为所以不能够被同样的商业法规所限制，在20世纪，这个豁免案允许棒球的经营者们在大多数的劳动关系中免遭处罚。

整个30年代，体育被赋予了更多的政治意义，因为法西斯在意大利、德国、西班牙、日本获得了对政府的控制。希特勒的雅利安人至上的原则在体育领域内受到了挑战，特别是在个人项目中，一位犹太裔美国拳击手，"酷鱼"马歇尔·罗森布鲁姆（"Slapsie" Maxie Rosenbloom）在1933年击败了德国轻重量级选手阿道夫·休瑟（Adolph Heuser），维护了犹太人的尊严。从那之后，希特勒

第八章 体育、英雄式体育运动员和大众文化（1920—1950年）

不允许德国人和犹太人进行比赛。在接下来的10年中，其他运动项目强调了民主主义和纳粹法西斯之间意识形态上的不同，乔·路易斯（Joe Louis）和德国重量级选手马克思·斯迈林（Max Schmeling）之间的两场拳击便是一个例子。

"二战"中，军队的宣传描绘了重量级拳击冠军乔·路易斯手握上有刺刀的来福枪的情形。
直到在军队的指导和表演工作结束，路易斯才被允许继续参加拳击比赛
图片由国会图书馆提供，LC-USZC4-1334

路易斯和史迈林第一次较量是在1936年6月19日。尽管不是纳粹党人，但是在美国人的眼中史迈林代表着阿道夫·希特勒的纳粹政权。希特勒已经开始他的反犹太人和欧洲侵略的举措，但那时美国摆出自己是世界领导者的姿态，是民主和非极权政府的代表。因此，这次较量不仅仅是一次拳击比赛，更是在拳击领域中的不同意识形态的碰撞。史迈林在12回合后击败了看似不可征服的路易斯，震惊了美国人，让希特勒非常高兴。

尽管史迈林取得了惊人的胜利，希特勒建立雅利安人超级种族说的信念在1936年遭到了严重的挫折。这年在德国举行了奥林匹克运动会，希特勒和德国的

体育官员利用这个机会美化纳粹帝国和法西斯意识形态，新古典主义建筑的作品，在大观景象和豪华表演中介绍纳粹的仪式和符号。纳粹理事表示禁止"纯"犹太人代表德国奥林匹克运动队，以免危及希特勒的种族主义理论。纳粹党对犹太人和吉普赛人的迫害引起了国际关注。对犹太人的迫害甚至引起了一场奥林匹克抵制运动，但是，美国奥委会的主席埃弗里·布伦戴奇（Avery Brundage）却拒绝参加抗议。

在比赛中，非裔美国运动员在最重要的田径比赛项目中打败德国男子运动员，这一事件严重的损害了雅利安人至上原则。杰西·欧文斯（Jesse Owens），是俄亥俄州立大学的冠军，4次获得金牌，有一项纪录保持了近50年。最后，在400米接力赛中，教练员罗森·罗宾逊（Lawson Robertson）让欧文斯和另一个非洲裔美国运动员雷尔夫·梅奇尼克夫（Ralph Metcalfe）代替了山姆·斯托雷（Sam Stoller）和马蒂·格里科曼（Marty Glickman），此事在美国引起了很大的争议，因为他们都是犹太人。4×400米米接力赛中，教练没有用他的黑人明星们，其中阿奇·威廉（Archie Williams）是一位奥运冠军，美国紧随英国屈居第二。

尽管欧文斯是奥林匹克的英雄，但当他回到了种族主义盛行的美国后，他被美国业余田径联盟（AAU）禁止参赛，因为他拒绝参加欧洲的后奥运之旅（他想回家），在纽约为他举行的招待会上，他甚至不能从正门进入著名的华尔道夫饭店（Waldorf-Astoria Hotel）。另外，美国业余田径联盟拒绝授予他"苏利文奖"（the Sullivan Award）——田径最高荣誉奖，后来欧文斯靠与狗和马赛跑这种可悲的表演来获得收入。这也证明了身为一个非洲裔美国人，他的英雄地位非常脆弱。

1937年，乔·路易斯打败了吉姆·布列德拉克（Jim Braddock）成为举重比赛的冠军。1938年6月22日，他在洋基体育场举行的复赛中遇见了斯迈林。路易斯在这次比赛中报了他之前的失误之仇，并在首轮便将斯迈林打败，大概有67%的美国人通过无线电广播收听了比赛实况 [*Rader, American Sports*（1983）326]。此后路易斯保持这个冠军头衔长达12年之久。不过在日本偷袭珍珠港之后他报名参军。整个战争期间，他以爱国的演讲鼓舞了军中士气，并且他把自己在比赛中获得的奖金捐献给海军部队和陆军部队救济基金，以此来帮助战争中的孤儿。尽管军队里推行（种族）隔离政策，他仍大力推动了国债在黑人中的发行。"二战"后，技能的衰退使得路易斯从军中暂时退役。尽管他对政府表

第八章　体育、英雄式体育运动员和大众文化（1920—1950年）

达了忠诚和慷慨，但仍被美国国内税务署（Internal Revenue Service）以退缴税的名义指控，进而宣布破产。在1950年的一次冠军争夺战中另一个非裔美国人艾扎德·查尔斯（Ezzard charles）把他打败了。路易斯最后则以拉斯维加斯一个看门人的身份终其一生，马克斯·斯迈林为他的葬礼支付费用。这是一个曾经名噪一时而后又渐渐被人遗忘的非裔美国英雄的典型例子。

在第二次世界大战爆发之前，美国和德国之间的体育对抗就已经持续了很多年。唐·巴奇（Don Budge），一个在加利福尼亚公共场地中打网球的美国人，在1935年的温布尔顿比赛中输给了德国男爵戈特弗里德·冯·格拉姆（Gottfried von Cramm）。在1937年7月20日戴维斯杯比赛的复赛中，巴奇代表美国打败了英国，赢得了从1926年开始的戴维斯头衔。1938年，巴奇赢得了澳大利亚、法国、英国及美国网球公开赛冠军，成为首位网球比赛大满贯选手。但是随着欧洲在另一个毁灭性的战争中越陷越深，巴奇也没有像其他运动明星那样的备受关注。

杰西·欧文斯，1936年奥运动会美国田径队的明星运动员
图片由国会图书馆提供，LC-USZ62-27663

当一些美国运动员在国外遭遇法西斯时，另外一些美国人则努力寻求在美国政体内获得认同。亚裔美国人和非裔美国人仍然在隔离学校和不公平的社会条件下工作，随着战争的爆发，在西海岸的日裔美国人隐退在收容军营里，他们仅仅因为自己祖先的恶名而被怀疑背叛国家以及与敌人勾结。在这样的军营里面，日裔移民的第二代以参与美国体育运动的形式来表明他们对国家的忠诚和爱国主义情怀。在吉拉河安置营地，三家棒球联盟组织了28支球队，吸引了四五千名观众（Elias，Baseball 127）。第二代日裔美国人向政府请愿，请求让他们代表国家而战，最后陆军第442作战团由第二代日裔美国战士组成，并登陆欧洲，在那里，他们成为在整个队伍中最出色的团体，消除了人们对其是否忠于国家的疑虑。

在战争期间，一些非裔美国人也参加服役，在被隔离的部队中，渐渐他们也越来越不满意于自己的命运。他们为了工作而比赛，为了结束隔离，享有公平的住宅政策而从事运动。1943年，反动派的种族骚乱中出现了不稳定的情况，在洛杉矶墨西哥裔美国人遭受白人攻击，纽约和底特律的黑人也是如此。底特律的骚乱随后引发了在一处公园内持续两天的斗殴。

九、校际体育中的问题

在第二次世界大战以后，《美国退伍军人权利法案》（the GI Bill）❶允许军队退伍老兵通过政府津贴来支付大学费用。到1946年，超过200万的美国老兵注册进入高等教育班级（Spears and Swanson 303）。他们进入大学生活给校际运动带来了活力，退伍军人使得他们所在学校的队伍变得更有实力。由于他们对胜利的期望值很高并想要增强实力，于是努力招募教练员和拉拉队，与此同时作弊现象及各种诱惑变得更普遍。不道德的招募活动使（美国）全国大学生体育协会"（National Collegiate Athletic Association）在1948年颁布了《身心健全法法则》

---

❶美国国会于1944年颁布了"退伍军人权利法案"，旨在帮助退伍军人在"二战"后更好地适应平民生活。法案的基本内容有：美国国会授权联邦政府，对在"二战"中服兵役超过90天的美国公民提供医疗、卫生、住房等方面的优惠政策；对因战争中断深造机会的美国公民提供资助，让他们有机会接受适当的教育或训练。该法案的颁布实施，使数百万美国退伍军人受惠，对美国迅速从战时经济向民用经济转变提供了智力支持和人才保证。<http://baike.baidu.com/view/1131782.htm>

第八章 体育、英雄式体育运动员和大众文化（1920—1950年）

（Sanity Code）目的是为了增强业余锻炼精神，给运动员提供相应的经济帮助，鼓舞遵循学术标准，使得新成长起来的体育企业有更好的制度控制能力。因为缺乏强有力的执行能力，体育竞技中的违纪持续发生，在篮球和橄榄球上表现得更为显著。

篮球越来越受欢迎。在一些乡村地区，像印第安纳州、肯塔基州以及南部的一些地区，篮球在当地的文化中变得根深蒂固，就像是地方队或国家队代表着整个城市或国家的形象而自豪。俄克拉荷马州A&M因一位身高2.13米的中锋鲍勃库兰（Bob Kurland）而出名，鲍勃库兰防御性的干扰球迫使"全国大学生体育协会"（NCAA）采用新的规则，规定篮下干扰球属于犯规。然而，没有规则可以阻止库兰的大力灌篮。A&M在1945年和1946年两度赢得国家冠军。

广受欢迎的体育形象在1950年经受了一次严重的打击，那时美国陆军军官学校因为考试作弊行为而开除了几乎所有学校橄榄球队的队员。一年以后又发生了一个大丑闻，当时纽约行政区律师指控30多名大学篮球队员有诈分之嫌。之前，黑帮、赌徒以及敲诈者常涉足职业拳击、桌球、赛马甚至棒球等比赛，而大学生运动还保持了一个相对纯净的运作。调查表明，诈分现象自1945年就开始发生了。赔率制定者用现金贿赂运动员以此来保证他们对比赛结果的预测，进而保证赢得赌注。到1951年，来自纽约和中西部7所大学的运动员因为有合谋操纵之前的两个赛季比赛结果的嫌疑而受到控诉。NBA取缔了所有涉嫌运动员的终身参赛资格，NCAA给予了肯塔基大学停赛一年的处罚，纽约长岛大学也暂停了他们自己的篮球计划2次。批评者们着手解决纽约市的犯罪问题，因而也转移了公众对在麦迪逊花园广场进行的比赛的关注度。因此，NCAA篮球锦标赛被视为比NIT（国家锦标邀请赛）更有显著成就。随着橄榄球招募丑闻和对运动员公开资助的内幕曝光，NCAA为了已经公开的运动员奖学金放弃了《身心健全法则》，不过也通过相应的调查团队加强了自身的执行力。

球迷的忠诚度和拉拉队的热心拥护也形成了很多问题。过于对比赛胜利的追求使得教练员的薪水超过了那些学校的校长，甚至一些教练员的平均工资超过了全职教授。各比赛队为了吸纳最好的运动员来提升他们的胜率和名次而相互竞争。随着大学橄榄球赛不断地商业化，学校和市政当局修建了更大的场馆来容纳越来越多的观众及球迷。为了坐拥最大的"主场"比赛，圣母学院队甚至离开了校园，选择在芝加哥的军人球场比赛。在1929年，卡耐基基金会

（Carnegie Foundation）[1]出版了一份对校际体育历时三年的研究成果，它证实了种族间严重不当行为的存在。学生们以及其他一些忠诚的球迷对比赛下了成千上万美元的赌注，俄亥俄州立大学的支持者把他们球队的胜利视作"金融投资"。此外，不断滋长的商业化和物质主义侵蚀着大学体育，教练员们、校友们以及热心的"支持者们"一同努力以最大限度来确保队伍胜利，包括普遍对明星运动员的招募和奖金奖励。卡耐基报告发出红色警报，但它并没有什么影响，并且也没有力量带来变化，矛盾冲突依然存在于理想的业余参与精神和注重胜利的商业性之间。最终只有芝加哥大学中断了它们的体育项目。

十、体育运动与阶级地位的维护

尽管体育运动将少数民族、种族以及工人阶级融入主流文化中，但是它却仍然存在基于财富的社会差异。一些体育项目的花费便将那些支付不起器材费，培训费以及俱乐部会费的人排除在外。此外，业余精神的贵族观念仍然在整个上层社会占据主导地位。

两次世界大战之间的时期见证了高尔夫运动的流行与普及，沃克杯的创立便说明了这一点。沃克杯由美国高尔夫协会前任主席乔治·沃克（George walker）于1922年捐赠，旨在促进民族主义精神，当时来自英国和美国的业余球队争夺该奖杯。5年之后，塞缪尔·瑞德（Samuel Ryder），一位英国商人，为专业队提供了一个相类似的奖项。当一位来自工人阶级的球童及业余球员弗朗西斯·乌伊梅（Francis Ouimet）在1913年美国公开赛上打败了英国的专业球员时，美国人才开始关注该项比赛。沃尔特·哈根（Walter Hagen），是美国职业球员，在该项运动独领风骚，并刺激了对只允许富人使用精英俱乐部的条款的改革。因为是一名明星球员，俱乐部不得不放宽针对职业运动员的标准而允许哈根使用他们的器材。随着哈根赢得越来越多的比赛及产品代言，门票收入和奖金促进了多场巡回赛的举办。他奢华的生活也引得了公众的注意并让他成了名人。

只有波比·琼斯（Bobby Jones），最后的业余运动员之一，能够比得上沃尔

---

[1] 卡耐基基金会成立于1911年，在纽约注册。其创始人是安德鲁·卡耐基，基金会宗旨是"增进和传播知识，并促进美国与曾经是英联邦海外成员的某些国家之间的了解"。*<http://baike.baidu.com/view/1604793.htm>*

特·哈根。一位律师记录着他整个业余竞赛生涯的成绩，琼斯从他1923年开始比赛到1930年共赢得了21场比赛中的13场。其最骄人的成绩是1930年成为英国和美国公开赛业余组冠军并获得了高尔夫大满贯。28岁时，波比·琼斯宣布退役，之后便致力乔治亚州的奥古斯塔国家高尔夫球场的设计工作，该球场于1934年开始举办美国大师赛。

在男子高尔夫职业巡回赛中，萨姆·斯内德（Sam Snead）和本·霍根（Ben Hogan）都是家喻户晓的人物。两人都出道于19世纪30年代，其中斯内德的职业生涯超过了60年。凭借姿势优美的挥杆以及对跨立姿势创造性的革新，他在PGA比赛中保持了81场比赛获胜的纪录。萨姆·斯内德和本·霍根都是工人阶层出身，两人的高尔夫生涯的都是从做球童开始。年轻气盛的本·霍根向萨姆·斯内德的高尔夫王者地位发起挑战，1929年，年仅17岁的他就进入了职业球坛，但直到1940年他才首次获得锦标赛的冠军。虽然他身材瘦小，身高不过1.70米，体重才61公斤，但在其运动生涯中共赢得了62次锦标赛冠军。特别是在1949年一场可怕车祸之后，虽然身缠绷带，带着伤痛，但他凭借坚持不懈的毅力仍获得了1950年美国高尔夫公开赛的冠军。1953年，他成立了自己的高尔夫装备制造公司，这使他一跃成为百万富翁。1997年，他离开人世，当时他的财富估计达到了10亿美元。此后霍根的故事成了美国梦的典型。他在摆脱贫穷的道路上毫不懈怠，他有着良好的职业道德、旺盛的夺冠欲望和勇敢的精神，这些让他克服了一切困难并取得成功。然而，除了少数几个例子，高尔夫球的高消费仍然对工薪阶层的参与设置了屏障。

网球同样也保持了精英优越感，因为诸多国家俱乐部和网球俱乐部大多是为上层人群开放的。20世纪20年代的超级巨星，有"大比尔"之称的蒂尔登（Tilden）在那个时期统治了网坛。蒂尔登身材高瘦，动作优雅，从1920年开始，他连续6年夺得了美国网球大奖赛的冠军。体育记者保罗·加里哥（Paul Gallico）这样评价蒂尔登：

> 在那个时期浩如烟海的各色冠军中，这个男人绝对是最富争议的一个。作为一名球员，他在国内外巨星层出不穷的时候统治了网坛十多年，作为票房吸引力的保证，无论对于业余爱好者或是职业球员，他都是被追逐的对象。他向草根民众打开了通往百万富翁天堂的大门。他这个人古

怪，自立，又极富争议，他是一个巨人，一个标杆，拥有无与伦比的技术和用之不竭的体力，他是一个极其优秀的运动员。（Gallico 120）

博比·琼斯成了高尔夫粉丝的宠儿。工人阶级认同他的脾气和竞赛的热情，上层阶级赞扬他的礼节，对公平竞争的意识，以及对业余原则的遵守。因为一次违规他甚至处罚了自己

图片由国会图书馆提供，LC-USZ62-98076

蒂尔登是第一个获得温布尔顿男单冠军的美国选手（1920年、1921年、1930年获温网冠军），从此之后，他便开始统治美国网坛。他为自己出书立传，却因为同性恋丑闻身败名裂，甚至因为恋童癖在20世纪40年代锒铛入狱。在工人阶级看来，20世纪前期的网球仍旧是一项没有什么起色的运动（Gems，Windy 158）。

十一、女性为平等参与体育运动的抗争

20世纪20年代，女权运动和女性对于社会地位的追求在那个时代掀起了一场轩然大波，当时的女性无法像男运动员那样出现在杂志封面或获得各种荣誉，不过在体育事业中却也有所作为。其中1920年美国女权运动的一项主要目标得以实现，就是女性赢得了选举权，音乐、戏剧以及电影方面都有女性解放的身影。特别是年轻的城市女性不断探寻展示自身的新方式。美国体育教育委员会的杰出女性成员认为体育锻炼，或是诸如篮球这样的男性运动，对女性的身体健康也是有益的。然而，

第八章 体育、英雄式体育运动员和大众文化（1920—1950年）

她们反对在公共场合进行体育比赛，认为这样会对女性生理产生影响，这样的比赛不仅不健康，对女性也会有道德侵蚀。她们认为女运动员在面对与男运动员同样问题时会屈服。面对诸多的阻挠，美国的女性没有放弃，许多工人阶层的女性参与到俱乐部和公司队伍的比赛中去。美国女性也把这一改变带出了美国本土，在法国，爱丽丝·米利亚特（Alice Milliat）鼓励越来越多的女性参与到田径比赛中去。

20世纪20年代，在美国女性取得进步的同时，她们的能力和女性在整个体育文化中的参与作用仍旧受到质疑。女性仍被当作男性运动员被动的支持者，甚至连拉拉队都依旧由男性把持，因为他们认为女性没有足够的能力担任拉拉队长发号施令。既便如此，女性仍然不懈地挑战那些曾束缚她们的传统角色。

尽管女性曾被认为是弱势性别，但她们已经逐步进入了许多曾经被认为是由男性统治的领域。比如，女性飞行员率先证明了她们拥有和男性相同的能力。1932年，艾美利亚·埃尔哈特（Amelia Earhart）独自横越大西洋，这一成绩可以和1927年由查尔斯·林登伯格（Charles Lindbergh）所完成的壮举相媲美。杰奎琳·科克伦（Jacqueline Cochran）在1932年获得了飞行员执照，在她退休时，她的飞行记录，无论是从速度、海拔高度或是距离上都已经超越了同僚。也许相比于那些克服了先天阻碍的女性，杰克·米歇尔（Jackie Mitchell）并不是很出色，但她凭借自己的棒球天赋而成功吸引了全美的眼球。在1931年的比赛中，年仅17岁的小将在查塔努加瞭望台队（Chattanooga Lookouts）迎战纽约扬基队（New York Yankees）的比赛中登场，将贝比·鲁斯（Babe Ruth）和路·盖里格（Lou Gehrig）三胜出局而震惊了全场。然而棒球理事堪尼索·芒汀·兰蒂斯（Kenesaw Mountain Landis）以比赛对于女性太过激烈了的勉强理由让她的合约失效了。

（一）棒球

1943年，由于很多职业棒球队员在部队服兵役，芝加哥小熊队的老板菲利普·里格利（Philip Wrigley）成立了全美女子棒球联盟。它最初被设计为一个垒球组织，但女子比赛慢慢向棒球规则靠拢并且极富盛名。1948年他们拉到了近100万美元的赞助，该联盟直到1954年解散。此种创举为女性提供了机会，运动员不得不遵照中产阶级社会地位的标准，那需要适宜的礼仪、化妆、连裙制服等。但所有的白人联盟仍然排斥坚忍的美国黑人运动员。

AAGBL选手玛姬·卡拉汗在裁判员诺里斯·沃德的注视下跑回本垒

图片由佛罗里达州立图书档案馆提供

（二）田径

20世纪20年代，大批雇佣者在工业复兴计划中使得众多女性参与到了田径竞赛中，而莉莲·科普兰（Lillian Copeland）进入了南加利福尼亚大学并且成了一名出色的运动员，在标枪和铁饼比赛中共赢得9项国家冠军并创下世界纪录。在美国，业余竞技联盟（AAU：Amateur Athletic Union）于1924年给女性授予了首枚田径冠军奖章。在1932年的洛杉矶奥运会上，莉莲·科普兰赢得铁饼项目的金牌并创下了另一个世界纪录。她的队友米尔德里·贝比·德里克森（Mildred Babe Didrikson）最初作为全美篮球明星为达拉斯的雇工伤亡保险公司赢得声誉，之后公司让她报名参加了1932年的全国田径锦标赛，在该比赛中，她独得6项冠军，打破4项世界纪录，从而为全队赢得冠军头衔（*Guttmann, Sports: The First Five Millenia* 127）。1932年奥运会上，她在标枪和跨栏项目上获得金牌，同时在跳高比赛中获得了一枚有争议的银牌，尽管其成绩打破了世界纪录。

泰德·皮克特（Tidye Pickett），一位非洲裔美国人，篮球和田径明星，她和另一位非裔美国人露易丝·斯托克斯（Louise Stokes）获得了进入1932年奥运会田径国家队的资格，但得到的却只是队友的轻视与冷落，最终二人都没有入选参加比赛，尽管在1936年奥运会上皮克特确实上场跑过，但就在她最爱的跨栏比赛初赛时因脚摔伤而无法参赛。与附加在男性身上的光环相比，女性运动员得到的少之又少。皮克特的事情也只有在非裔美国报纸上被关注过。

艾丽丝·柯契曼（Alice Coachman）接替迪德里克森，成为这项运动的又一名非裔美洲籍的顶级明星。柯契曼作为一名短跑运动员兼跳高运动员多次代表塔斯克基学院参赛，并在后来的竞赛中10次获得国家锦标赛冠军，塔斯克基学院女子田径队也在1937年至1948年11次获得美国大学联合会锦标赛冠军（Cahn，"Cinderellas" 216）。从此，这位来自南方隔离黑人学校的非裔美国女性成了美国奥林匹克国家队的骨干。1948年柯契曼勇夺奥林匹克跳高项目的冠军，但白人媒体仍旧为对这些有着卓越成绩的黑人女性视而不见。

（三）游泳

在夏洛特·艾普斯特因（Charlotte Epstein）和她富于改革意愿的国家女子救生联盟（National Women's Life Saving League）队友的案例中，女性在游泳运动上获得的身体自由与政治选举权的自由相一致。艾普斯特因推动了泳衣改革，并领导游泳组织获取政治进步。1915年，共有50名游泳健将兼参政员的女子运动员参加了在纽约的曼哈顿海滩举行的户外游泳比赛，这次比赛再次强调了国家女子救生联盟对选举权的提倡。艾普斯特因是国家女子救生联盟游泳队的一员，她参加了费城的城际游泳比赛，并以此带动了更多的比赛（Borish，"The Cradle"）。其他人，如擅长长距离游泳的露西·弗里曼（Lucy Freeman）打破了人们的传统观点，即女性不具备挑战一些艰苦赛事所需的耐力。

为了促进女子的竞技游泳，夏洛特·艾普斯特因于1917年在纽约成立了女子游泳协会（Women's Swimming Association，WSA）。通过自己的努力，她不仅租了一家酒店的游泳池，同时还留下了青年女子希伯来协会（Young Women's Hebrew Association）的游泳池。她安排著名的刘易斯德.B（Louis de B）志愿教授给游泳者们一套招牌泳姿，即特拉金式爬游法（剪水和上下打水相配合的爬泳姿势）。

艾普斯特因认为长距离游泳对身体有好处，并积极宣传以打破性别障碍，有利于塑造女性的身体价值。她也曾公然挑战男性奥运会官员的权威，为女子游泳运动员争取参与1920年比利时安特卫普奥运会的机会，最终由她担任总教练的美国奥运女子游泳队在这次奥运会上不负众望拿下冠军。而1924年巴黎奥运会及1932年洛杉矶奥运会上的成功，更是让艾普斯特因一生荣誉满载。1920年奥运会上诞生的新星有拿下两项赛事冠军及一项接力赛金牌的埃尔达·布莱布特雷（Ethelda Bleibtrey）；14岁的艾琳·里金（Aileen Riggin），又一次成为跳水卫冕冠军。在艾普斯特因的指导下，在接下来的12年里，美国女子队几乎完全控制了奥运会的游泳及跳水项目，并创下51项世界纪录。爱丽丝·洛德（Alice Lord），海伦·温莱特（Helen Wainwright），海伦·米妮（Helen Meany），格特鲁德·艾德莉（Gertrude Ederle），埃莉诺·霍尔姆（Eleanor Holm）以及多丽丝·阿玛拉（Doris O'Mara）等这些美国英雄及奥运英雄们成功将女子竞技游泳普及于美国文化中（Borish，"The Cradle"）。

除了艾普斯特因的努力外，还有其他一些竞技俱乐部也为妇女提供了比赛所需的设备和培训。伯莎·赛文丽（Bertha Severin）于1918年成立了伊利诺伊州女子竞技俱乐部，对她所招聘的工人阶层的妇女，只要求她们保持业余身份和妇人举止便可享受免费培训。芝加哥人赛比尔·鲍尔在1922年创下9项新纪录，甚至在仰泳项目上超过了男子纪录。《纽约时报》推测她可以在奥运会上与男子一搏，但是国际奥委会断然不允许此种交锋发生（Gems，Windy 145）。1924年奥运会上鲍尔轻而易举地就夺得100米仰泳冠军，她所有的卓越成就直到1926年她死于癌症之前都不曾被超越。

1924年的奥运会对美国女子游泳队来说又是一场胜利。其中20世纪里最著名的女性运动员之一格特鲁德·艾德莉获得了金牌和铜牌。艾德莉是一位德裔美国人，她回忆道曾经在艾普斯特因的游泳俱乐部学习过美式爬泳。艾德莉在1921到1925年间共创下29项国家及世界纪录。然而最让人印象深刻的要数在1926年8月6日，19岁的她就成为第一位渡过英吉利海峡的女性，除此以外，她只用了14小时31分钟就游过了这段21英里（34千米）的危险海域，打破了男子的纪录。艾德莉赢得了全国好评，被冠以"游泳女王""美国最佳女孩"。纽约市群众为了庆祝她的丰功伟绩，举办了一个盛大的游行。体育记者保尔·加里克（Paul

第八章　体育、英雄式体育运动员和大众文化（1920—1950年）　　81

Gallico）在描述这次大游行时说道："观众们通常都是在人行道上排队观看整个过程，但是于艾德莉就不一样了，有史以来最大的人群把人行道边至整个大道都堵塞了"（Gallico 52）。在接下来的两年中，常有媒体报道艾德莉出现在美国及欧洲的各大游泳展览会及歌剧演出中。但是由于聚光灯的压力导致了她精神崩溃以致最终淡出泳坛。

风土人情

西比尔·鲍瑟尔（Sybil Baucer）

西比尔·鲍瑟尔从15岁开始学习游泳，她成为第一个打破男子游泳纪录的女运动员。1992年，在百慕大的集会中，她在440码（402米）的仰泳中，将世界记录缩短了4秒，打破了之前由男运动员斯塔比·克鲁乔（Stubby Kruger）所创造的世界纪录。作为一名出色的仰泳选手，她在1921—1926年的美国业余联合会上，连续取得了100码（91米）的冠军，赢得了世人的喝彩。同时，她也获得了100米（109码）、150码（137米）和220码（201米）仰泳的世界冠军（美国和英国的游泳赛事以码来度量，而由欧洲承办的赛事则是以米作为度量单位）。此外她还代表国家队与队友一起在自由泳比赛中打破世界纪录并获得了世界冠军。在她22岁的时候还保持着当时的23个女子仰泳的世界记录。

（四）网球

虽然不像奥林匹克选手艾德勒（Ederle）和霍尔姆（Holm）那么出名，但是，网球选手们在美国的体坛史上也赢得了一定的声誉。苏珊·朗格伦（Suzanne Lenglen）年仅15岁时就在自己的祖国法国夺得了冠军。1919年，第一次世界大战后，她又在温布尔顿摘得桂冠。到1926年为止，她在温布尔顿累计获得6次胜利，几乎独占了温布尔顿网球赛的所有冠军。她是网球赛场中嬉戏的精灵，她穿着"伤风败俗"的服装，做出"无礼"的举动，这一切挑战了正统习俗，吸引了媒体的注意，也为她赢得了无数的球迷粉丝。1926年，朗格伦在法国戛纳众多观众面前遇到了她的美国竞争对手——海伦·威尔斯·慕迪（Helen Wills Moody）。威尔斯曾获得6次美国网球冠军和8次欧洲网球冠军，同时在1924年的奥运会中包揽女子单打和双打冠军。朗格伦的冠军生涯初露头角，便挤入了职业选手排名。而威尔斯则是继续统领着业余比赛，在1927到1933年间，她赢得了几乎每盘比赛的胜利。《纽约时报》的记者艾莉森（Allison Danzig）在威尔斯于1928年夺得世界网球冠军时曾这样写到：最具威慑的力量由一位女士发挥到了网球上，这力量给温布尔登带来了变革，也在昨天让海伦·威尔斯小姐，这位23岁的加州伯克利女孩赢得了她第5个世界冠军，3个月的比赛中观众亲眼见证了她在奥特伊、温布尔顿和森林山（纽约长岛网球比赛场）取得完胜。

网球运动还发展到了非裔美国人社区。由于黑人没法与白人在比赛中对抗，于是黑人发展了他们自己的组织。1924年，奥拉·华盛顿（Ora Washington）在美国网球协会举办的比赛中赢得了女子单打冠军，并且，她将这项荣誉保持了12年之久。体育运动，如网球和高尔夫只是看重维护中等阶级的声誉标准，而对种族隔离则不加以理会。

（五）高尔夫球

直到19世纪80年代，女子高尔夫球选手才出现在美国体坛上。葛来娜·克里特（Glenna Collett）的体育生涯从1922年到1935年，是女子高尔夫球明星，她赢得过世界业余高尔夫球锦标赛的冠军，以开球距离达200码（183米）而出名。1928年，克里特编写了一部有关高尔夫运动的书。1932年，她参加了第1届科蒂斯杯的比赛（在美国和英国举办女子高尔夫团体赛）。另一位高尔夫女子球星是爱丽恩·罗森特尔（Elaine Rosenthal），一位来自芝加哥的犹太人。她在1914年的美国女子高尔夫业余锦标赛中得到了第2名，并于1917年3月29日在派恩赫斯特（北卡罗来纳州）俱乐部举办的女子南北业余锦标赛中取得最重要的胜利。1915年，罗森特尔赢得了她的首个西方女子高尔夫球锦标赛（Western Women's Golf Association Championships），她共3次夺得此项赛事的冠军（Borish, "Women" 84）。

第八章　体育、英雄式体育运动员和大众文化（1920—1950年）　83

葛来娜·克里特在自己的职业生涯中长期统治着女子高尔夫球
纽约公共图书馆数字化图像集

女子高尔夫直到20世纪40年代才引起媒体的关注。贝比·迪克里森（Babe Didrikson）参加了奥林匹克运动会中的女子高尔夫巡回赛，她以一个工人阶级的身份去挑战由上层阶级制定比赛规则的运动。除了迪克里森完成女子职业巡回赛对高尔夫发展有影响，女子高尔夫的发展还得益于1941年在俄亥俄州立大学举办的学院间的女子巡回赛。由格拉迪斯·帕尔默（Gladys Palmer）组织的该项赛事女子比赛脱离了游戏的概念，得到许多教育家的支持。接下来的半个多世纪里女子高尔夫球又重新开始了它漫长的发展，渐渐重返校际竞技。

（六）篮球

由于篮球迅速从新英格兰传到中西部、南部以及西海岸，它在整个美国的女性中很受欢迎。但在当时，很多女性体育教育学家并不喜欢比赛，不过运动员俱乐部、基督教女子青年会、希伯来教女子青年会、商务企业和一些学校都建立了篮球队。1924年，北美大学联盟为女子队伍组织了它的首届全国篮球锦标赛，并且在两年之内女子联赛采用了男子联赛的规则。然而，爱荷华州的高中却坚持他们独特的三节比赛赛制，因为在他们看来这更适合于女性。爱荷华的赛制要先于女子全国锦标赛，因为爱荷华州联合会在1920年赞助了首届全国冠军锦标赛，共有24支队伍参赛。到1926年，爱荷华州的高中已经赞助了159个女子的球队。1921年，肯塔基为女生举办了她们首届全国篮球锦标赛，但最终在1932年屈服于女性教育学家的压力。在整个20世纪20年代，肯塔基学院都有女子队伍参加比赛（Hult and Trekell 167-180）。

对女性体育运动的本质仍存在争议，这是因为女性教育学家与男性管理人员和管理机构就比赛、规则和比赛条件展开了争论，很多受女性教育学家影响更大的学校则选择竞技性较低的比赛（很多女性领导者觉得带有攻势的比赛太男性化且对女性的身心有伤害），对于女性体育运动实践的关注一直持续到20世纪，因为管理人员、教育者和其他代表不同阶级利益的群体对于女性身体特征的本质意见不一致。虽然有的人坚持女性体弱的观念，但其他人则反对在比赛和胜利上以男性为重点。

尽管对于很多高中和学院的女孩来说，她们的比赛机会逐渐缩小到学校内部的比赛，但工人阶级的女性却在俱乐部队伍和公司赞助的代表队找到了机会。在加利福尼亚，帕萨迪纳运动员俱乐部于1926年举办了女子全国北美大学联盟篮球锦标赛，而俱乐部自己的球队成为了比赛冠军，并且加利福尼亚女子联赛在1928年采用了男子联赛的规则。很多公司发现，女子运动队是为产品打广告的良好途径。到1930年，得克萨斯州达拉斯的报纸仅在这一个城市就覆盖了48支女子球队。1927年至1929年间，达拉斯太阳石油公司队所向披靡，并在1928年至1930年每年都取得全国北美大学联盟（AAU）锦标赛冠军。他们的主要对手是达拉斯雇佣者意外事故保险公司（Employers Casualty Insurance Company of Dallas），其特色是它的篮球队和田径队里有很多全美运动员，这其中包括最著名的贝比·迪里克森。雇佣者和私人运动俱乐部开始吸收女性运动员，为的是给他们带来更大的名气和更多的关注。

在更为保守的南方，黑人和白人女性都成立了篮球队，体现了基于阶级、种族和性别的因素关于女性的不同看法。参与体育运动的白人工人女性和黑人女性在传统观念里被认为更具体力和性欲。贝内特学院的女性在19世纪30年代统制了北卡罗来纳黑人学院之间的比赛，但却在1934年连续3场比赛输给了《费城论坛》队（Philadelphia Tribune team），后者以全国黑人女子网球冠军奥拉·华盛顿（Ora Washington）闻名。然而到1942年，学院之间的比赛让位给了主流教育学家所钟爱的比赛日理念（Liberti）。全美红头队（the All-American Red Head）是1936年创立于密苏里的一支白人球队，在全国与男子球队打巡回比赛并使用男子比赛规则，红头队在50年间取得了80%以上的胜利。1949年，前红头队成员黑兹尔·沃克（Hazel Walker）建立了一支类似的球队，阿肯色旅行者队，这支球队在与男子球队的比赛中取得了85%以上的胜利。旅行者队连续打了16个赛季的比赛，而一般来说迪里克森的影响给女子体育运动留下了永久的财富。

教会联赛给女子篮球运动员特别是非裔美国球员，提供了又一个可以比赛的地方，早在1911年，芝加哥的黑人社交俱乐部就有女子在比赛中相互切磋，到1919年已拥有1.1万名成员。号称美国最大的奥利维特浸礼教会已在赞助女子球队。随着企业赞助球队，这些代表队吸引了一大批支持者，甚至促进了教会出席率。芝加哥流浪者队——奥利维特教会队的对手在1921年开始参加比赛。这支球队由前奥林匹克田径明星索尔·巴特勒（Sol Butler）经营，其特色是有非裔美国女子网球全国冠军伊萨多·查诺斯（Isadore Channels）。流浪者队与其他女子和男子球队打比赛。之后的比赛在没有侵犯传统成人男性空间的界限的前提下，扩展了性别的界限。

在此期间，芝加哥容纳了很多女子篮球队、教会联合会以及工人独立的球队。在1926年的一场不同人种之间的比赛中，奥利维特输给了白人球队泰勒·特兰克斯（Taylor Trunks），后者成为了全国女子冠军。这样的球队被证明是相当民主的，因为家庭佣工、肉贩、销售员、学校老师和学生的加入形成了平等的球队，在这里能力比社会地位更为重要。19世纪30年代早期，Store Co-Eds俱乐部（the Club Store Co-Eds）用中锋泰迪·皮特（Tidye Pickett）控制了对手，她有6英尺7.5英寸高（2米），又是奥运会田径队成员。尽管如此，斯宾塞煤矿公司还是克服了缺少本地明星的困难而赢得了全国女子比赛冠军。这样的比赛吸引了成千上万的观众，并得到了当地杂志的报道，这种对于女子体育运动功绩和能力的媒体关注，则进一步消除了女性体弱的传统观念。

犹太女性也参加篮球比赛，既与犹太球队比赛也和非犹太球队比赛。20世纪的前几十年，在全国各地——像纳什维尔（田纳西州）的希伯来教女青年会和纽约的希伯来教女青年会这些地方，像亚特兰大的犹太教育联盟和华盛顿特区的犹太社区中心这些娱乐、教育和社会中心——对于犹太女青年和女孩来说，篮球是一项非常受欢迎的运动。

第三节　黄金时代的英雄

20世纪，技术上的进步产生了许多新的体育形式和英雄。1895年，美国芝加哥举办了第1届赛车比赛。随着更多大功率的汽车引擎出现，印第安纳波利斯（即印第安纳州首府）举办了一系列的大型赛车比赛。1911年，著名的印第安500英里（805千米）汽车大奖赛的举办吸引了许多赛车迷，他们聚集在赛车场边，围着2.5英里（4千米）椭圆形跑道，导致100英里赛车跑道不得不扩大面积以容纳超过25万名观众。1923年，比赛日期固定在将士阵亡纪念日（Memorial Day），这天是用来纪念在战争中遇难的人，有将近15万的人参加了这个活动，更有力地增强了国家民族主义的情感。飞机的使用及空中表演让男选手和女选手都参与到对速度和耐力的竞争中来。查尔斯·林德伯（Charles Lindbergh）和阿米莉亚·艾哈特（Amelia Earhart）成功横渡大西洋这一英勇事迹被称颂为民族的伟大胜利。

一、棒球英雄

对美国人来说，棒球在主流之外提供了一条更快捷的文化融合之路。第二代移民的年轻人在公共操场上或者学校里学会了这个体育项目，在两次世界大战之间，他们因此而成为明星。其中最出名的可能就是德裔美国人贝比·鲁斯（Babe Ruth）和卢·盖瑞格（Lou Gehring）了。犹太人对于移民者的儿子汉克·格林伯格（Hank Greenberg）的成就感到十分自豪。格林伯格拒绝在犹太人的赎罪日❶打比赛，因为这是犹太人的最高神圣日（Jewish High Holy Days）之一。在季后赛中，有些对手带着反犹太人的污蔑嘲讽他。即便如此，这位被粉丝们称作"铁锤汉克"（Hammerin' Hank）的犹太裔第一球手仍旧为他所在的底特律老虎队累

---

❶ 赎罪日（Yom Kippur）是犹太人一年中最重要的圣日。在新年过后的第10天，这一天是犹太人一年中最庄严、最神圣的日子。对于虔诚的犹太人教徒而言，还是个"禁食日"，在这一天完全不吃、不喝、不工作，并到犹太会堂祈祷，以期赎回他们在过去一年中所犯的或可能犯下的罪过。<http://baike.baidu.com/item/%E8%B5%8E%E7%BD%AA%E6%97%A5/4302578>

第八章 体育、英雄式体育运动员和大众文化（1920—1950年）

积了出色的成绩。他在1938年打出了58个本垒打，并带领美国棒球职业联盟打出了4次本垒打和跑垒得分。他让球队在1937年到1940年间连续获得全明星队的称号，他本人也在1935年和1940年获得最具价值球员的殊荣。但是在"二战"时，因为要服兵役，他的棒球职业生涯被打断了。

乔·迪马吉奥（Joe DiMaggio）是进入职业运动联盟的三个意大利裔美国兄弟之一。他一出现就成为了纽约扬基队的明星。从1936年到1951年的职业生涯中，他在棒球的各个位置都有卓越表现，无论是作为击球手、守场员还是跑垒者。对于意大利裔美国天主教徒来说，迪马吉奥点燃了他们在美国社会中的骄傲、自尊以及长期追寻的被接纳感。在他参与的13个赛季中，扬基队赢得了10次联赛冠军和9次世界职业棒球大赛。1941年，迪马吉奥在一击之下打破了职业运动联盟连续比赛的纪录，这为他赢得了职业生涯中最辉煌的喝彩。那个夏天里56场连续比赛中，棒球迷们暂时忘却了欧洲的战争，他们的记忆被扬基快艇的壮举充满。

也是在1941年的赛季，波士顿红袜队的外野手泰德·威廉姆斯（Ted Williams）似乎要成为自1930年以来第一位平均击中率达到0.400的球员。该赛季的最后一天，威廉姆斯的平均击球数达到了0.39955，这个接近0.400的击中率十分圆满。但是他选择了打连番赛，这就使得他那惊人的成就陷入危机。在这两场比赛中，他8次击球，6次击中。最终以击中率0.406的成绩结束比赛。此后再也没有人打到过0.400分，只是有少数人接近了这个数字。

1941年12月7日的偷袭珍珠港事件打破了棒球赛季的欢呼。迪马吉奥和威廉姆斯都在1942年的赛季后参军，因此错过他们职业生涯的三个赛季。威廉姆斯甚至在朝鲜战争中作为海军战斗机飞行员服役。随后，他凭借棒球职业生涯进入名人堂，一直到1960年退役（在1958年他的击中率仍旧有0.388）。在1951年的世界职业棒球大赛结束后，迪马吉奥退役，并在1954年同电影明星玛丽莲·梦露（Marilyn Monroe）结婚。尽管这段婚姻很短暂，但它却象征着意大利移民为美国社会主流所接受。像迪马吉奥这样的运动员为意大利人的形象从流氓转为健康的美国公民起到了很大的帮助。由于"二战"时，意大利在法西斯独裁者贝尼拖·墨索里尼（Benito Mussolini）的领导下加入了轴心国（Axis）并对抗同盟国（Allies），这种转变就成为了十分重要的标志。通过选择参军，迪马吉奥打消了对意大利裔美国人忠诚度的担忧。

斯坦·穆希尔（Stan Musial）成为了波兰裔美国人的英雄。他的职业生涯于

1938年从圣路易斯红雀队开始,但是很快他就由于卓越的成绩在1943年进入了全国棒球联盟,成为了顶尖的击球手。在此之后他的职业生涯又持续了20年,期间他赢得7次击球冠军,3次获得最有价值球员奖,24次当选参加全明星赛。

尽管不能和贝比·鲁斯相比,但作为队友和兄弟的德裔美国人卢·格里格(Lou Gehrig)于1923年至1939年间在纽约扬基队开启了其辉煌的职业生涯。以"铁马"著称的格里格创下了连续2130次的参赛纪录,并且创造了23个满贯全垒打,在被确定患上肌缩性脊髓侧索硬化症之前,格里格已获4次最有价值球员奖,而后这种病被称为卢·格里格(Lou Gehrig)氏症,就结束了卢·格里格的棒球生涯及他的生命。

意大利人引以为傲的另一个纽约扬基队员托尼·勒泽瑞(Tony Lazzeri)。1939年勒泽瑞结束了他的美国职业棒球大联盟的比赛生涯,但是作为球队的二垒手,他克服癫痫病创下了联盟单场比赛 2个满贯全垒打纪录以及单场比赛中获得11个击球跑垒得分的纪录。扬基队的构成反映了纽约多语言混合的人口分布,其成功也表明民主国家实现多民族合作是可行的。体育运动促进了不同民族和信仰的群体在美国主流文化中的交流。

20世纪30年代涌现出许多体育明星,其中一些人被选入1939年对公众开放的纽约库伯城的棒球名人堂,为世人所敬仰。同年,少年棒球联盟成立,目的是为青少年创造机会,青少年通过效仿他们的棒球偶像去追求自己的伟大梦想。

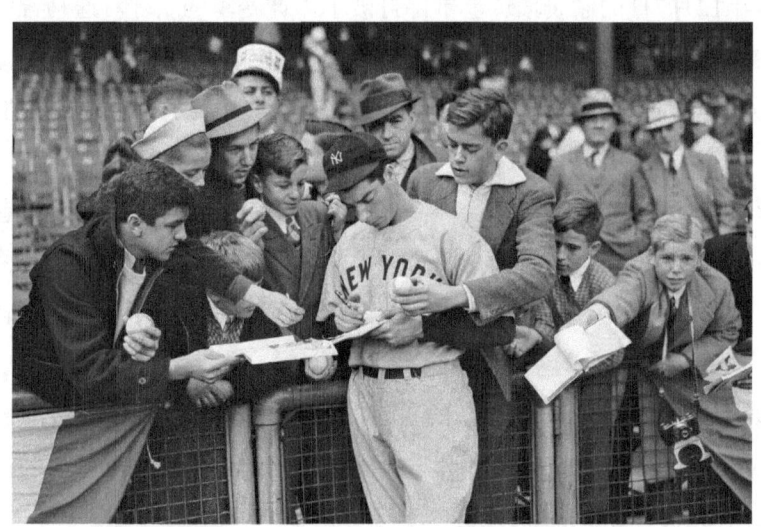

迪马吉奥,一个意大利裔美国人成为了美国人的英雄

© Getty Images

第八章　体育、英雄式体育运动员和大众文化（1920—1950年）

风云人物

"宝贝"米尔德里德·迪德里克森（Mildred "Babe" Didrikson）

多才多艺的"宝贝"迪德里克森在田径赛场上
© Getty Images

　　米尔德里德·迪德里克森出生在得克萨斯州博蒙特镇一户挪威裔的工人家庭。"宝贝"这个绰号是因她的棒球击球能力而来的，但她的名气却是因为在运动方面的勇猛和全能。她在达拉斯（Dallas）的雇员工伤保险公司赢得了一个名义上的工作，在那里她受雇成为一名速记员。但她对于公司的真正价值却在于她在公司篮球队的卓越表现。从1930年到1932年间她在公司篮球队的成就得到了全美的认可，并且带领篮球队获得了美国业余体育联合会（AAU）1931年度的冠军。1932年她个人参加比赛时，由于独力赢得6个奖项而夺得该年度的国家径赛队冠军。在1932年的洛杉矶奥林匹克运动会上，她被限制只能参加3项比赛，但仍旧赢得了100米跨栏和标枪2枚金牌，并打破了世界纪录。一位洛杉矶时报的记者这样描述她的表现:"'宝贝'米尔德里德·迪德里克森,这个128磅(58公斤)的女性,昨天获得成功,而当时所有所谓更强男子们可以打破却未打破世界纪录……当勇猛的迪德里克森夫人在她第一次努力时就投掷出了143英尺4英寸(43.7米)时,超过5万名观众都加入了狂野的欢呼中。这也打破133英尺(41米)的前世界纪录"(Dyer,"Babe"9)。她本来也能赢得跳高项目,但是官方宣称她的鱼跃式跳法违规,所以给了她一面银牌而不是金牌。

尽管迪德里克森保龄球的平均得分达到了170,并且据说她能将橄榄球凌空踢出75码(68.6米),以世界纪录的速度游泳,但是在奥运会后她选择以巡回比赛棒球选手和职业篮球员的身份为生。她随后又转入了高尔夫球界并在1935年赢得了西得克萨斯公开赛。但是社交圈却对她的工人阶级出身和粗鲁的举止没什么好感。她是一个自夸的人,对自己的能力极端自信。她有一次在女性衣帽间问:"你们这些女孩儿到这里就是为了看看谁能得第二名吗?"

1938年,她嫁给了前摔跤选手乔治·扎哈里亚斯(George Zaharias),这缓解了她的"假小子"形象,但是并没能减少她的自吹自擂。随着年龄增长,她的社交技巧变得优雅一些了,但她从未成为高尔夫球界的宠儿。然而,她那令人吃惊的成功还是带来了对女子高尔夫巡回赛的关注。她赢得了34次锦标赛,其中包括连胜17次(1946—1947)。1948年,她作为发起人之一组织成立了美国女子职业高尔夫协会(Ladies Professional Golf Association,LPGA)。尽管在一个41岁这样相对年轻的年纪就忍受着直肠癌的折磨,她回到高尔夫球场上后,还是在1953年夺得了由体育记者颁发的年度回归球员奖(Come Back Player of the Year)。她在1956年去世,留下了一段令人难以置信的运动传奇。美联社授予过她6次年度女性运动员的荣誉,并在1950年赞誉她为半个世纪以来的最优秀女性运动员。迪德里克森树立的榜样鼓舞了许多女性去挑战性别界限和社会角色。她的表现不仅为女性参与体育运动带来了重要的媒体关注,而且也为女性本身显著的能力带来了极大的关注。

二、拳击英雄

由于战争使得人们偏爱格斗项目,拳击的社会地位不断上升,工人阶级发现了新的英雄,拳击重量级冠军杰克·邓普希(Jack Dempsey)。然而美国政府却

第八章 体育、英雄式体育运动员和大众文化（1920—1950年）

认为邓普希是个懒汉。邓普希出生在科罗拉多州的矿业城市马纳萨镇，他出生贫寒，历经磨难。拳风华丽但凶狠无比的邓普希被称作"马纳萨拳王"。邓普希打倒杰西·维拉德（Jess Willard）成为世界重量级冠军，后者曾在1919年比赛第一轮中5次击倒世界重量级拳王杰克·约翰逊赢得冠军，之后他的经纪人卡恩斯博士（Doc Kearns）和拳赛推广人特克斯·里卡德（Tex Rickard）将杰西·维拉德精心培养成优秀拳击手。

1921年，里卡德组织了一场邓普希与欧洲轻重量级职业拳击冠军乔治·卡本提尔（Georges Carpentier）的对决。里卡德吹捧法国人在与强壮野蛮的美国人争斗中是富有经验的战斗英雄，这表明此番比赛涉及国家层面和社会阶级层面。里卡德在泽西城建造了一个体育场，超过8万名爱好者来观看比赛，邓普希轻松夺冠，此次大赛总共收入200万美元。1923年，里卡德通过宣传被称为"潘帕斯草原上的野牛"的阿根廷人路易斯·菲勒普（Luis Firpo）获得另一笔横财。邓普希在纽约马球场与菲勒普的较量堪称拳击史上最野蛮的拳赛，比赛仅进行两轮但却令观众们兴奋不已。虽然比赛伊始被击倒在地，但邓普希先击倒菲勒普7次。拳赛赞助商要求邓普希继续采用猛攻猛打的打法，他在第二回合击倒菲勒普不止3次，直到菲勒普被他制胜击倒〔Rader, *American Sports*（1983）190〕。

之后于1926年里卡德又举办一场争霸赛，吉内·腾尼（Gene Tunney）挑战邓普希，这次比赛被宣传为博学的海战英雄与最受喜爱的偶像之间的王者之争。比赛当天，超过12万名观众到场观赛，超过百万听众在收音机前收听费城拳王争霸赛实况，出乎意料的是吉内·腾尼击败邓普希。比赛中，腾尼使用"科学"方法得分从而避免相对粗鲁的邓普希对他的凌厉攻势。有人不服这个结局请求复赛，1927年10万多名拳迷挤满了芝加哥士兵营观看比赛。在他们之中，很多在美国最富有的名人和100多位政治家都为比赛收益做出了贡献。隶属于美国全国广播公司的73个广播电台向约5千万（据估计）听众广播了这场颇具争议的交锋，其中有75%是美国听众〔Rader, *American Sports*（1983）192; Evensen 100, 110, 117, 118〕。在第7回合，邓普希似乎把腾尼打昏了，但是新的规则要求他在中立角等裁判员数秒。当裁判员把邓普希引向适当位置时，腾尼赢得了宝贵时间，他在裁判员数到9时（实际上是14秒的间歇）恢复了体力。根据判定，以腾尼胜利结束了比赛。这导致了大量邓普希拳迷们上诉要求撤销裁决，但未成功。这一裁决就好像象征着美国工人阶级的命运，工人们被主导城市生活的公司所控制和欺骗着。在这里体育象征着逐渐发展的美国社会里的阶级和文化紧张状况（Gorn，"The Manassa" 27-47）。

犹太人、意大利人和非裔美人同样是拳击场上的英雄。阿尔·卡彭（Al Capone）的前手下巴尼·罗斯（亦称巴内特·洛夫斯基，Barnet Rosofsky）就佩戴着大卫之星以表明他犹太人的身份。他忠实的拳迷们会跑去看他的比赛并为其胜利而兴奋。罗斯在1929年赢得了金手套轻重量业余级冠军，而作为一个职业拳击手他分别获得了轻量级、次轻中量级和次中量级冠军。他在拳击场上赚了50万美元并把其中大部分捐给了犹太慈善机构。随着"二战"的爆发，罗斯加入了海军陆战队并且在瓜达尔卡纳尔之战中表现英勇。好莱坞制片人为他创作了两部传记体电影，这两部电影和他的自传一起强化了通过体育达到同化和进步的理想主义观念。

1927年的腾尼—邓普西之战
纽约公共图书馆数字化图像集

乔·路易斯（巴罗）［Joe Louis（Barrow）］是阿拉巴马州一个黑人佃农的第8个孩子，他的拳击生涯同样是从金手套拳击比赛开始的。在他12岁时除了他父亲因为精神病而留在了阿拉巴马州，全家搬到了底特律。他母亲再婚了，继父又带来了8个孩子。因此路易斯不得不去一家每天工资为5美元的汽车工厂工作，不过他在拳击中找到了躲避凄凉生活的避难所。作为一名业余选手他仅仅输过两

第八章 体育、英雄式体育运动员和大众文化（1920—1950年）

场比赛。而在专业级别赛中，因为有上一代的非裔美人杰克·约翰逊挑衅性的统治的前车之鉴，白人重量级组拒绝让他参加冠军赛。路易斯的经理和教练坚持以一个精心的计划来使白人们确信路易斯不会是另一个杰克·约翰逊。这一战略赢得了拳迷和拳击推广人的好感，在1936年路易斯以一个顶尖重量级拳击手的身份出现。同样他也是同时代年轻人的表率，杰出运动员的代表和热爱祖国的美国人榜样。但这位非裔美国人楷模的拳击手后半生却都深陷在被忽视和诋毁之中。

另一位非裔拳击手亨利·阿姆斯特朗（Henry Armstrong），又名亨利·杰克逊（Henry Jackson）于1938年夺走了巴尼·罗斯的次中量级冠军。早在1937年，阿姆斯特朗已经打败皮特·沙荣（Pete Sarron）赢得轻量级冠军。那一年阿姆斯特朗以毫无天分的攻击风格打败了22个对手。在与沙荣和罗斯的比赛中，阿姆斯特朗又赢了14次。之后他在1938年8月又打败了卢·安布尔（Lou Ambers）赢得了轻量级冠军，这使他成为了三个级别的冠军得主。1940年，阿姆斯特朗和菲力皮诺·赛弗里诺·加雷塔（Filipino Ceferino Gareta）争夺中量级冠军，但是比赛以平局告终。

休格·雷·罗宾逊（Sugar Ray Robinson），又名沃克·史密斯（Walker Smith）在加入职业组之前曾分别于1937年和1940年赢得金手套冠军。他的职业生涯持续了24年，共参加过200场比赛。他是典型的拳击手，大部分的胜利都是通过速度、力量、敏捷、优雅和表现力的完美结合取得的。1946年到1951年，他蝉联了次中量级冠军，1951年到1960年，他5次赢得中量级冠军，这使他踏上了成为国际名人的道路。他的公众生活也有着他拳击场上的浮华风格。他去欧洲旅行时需要大批的随从人员，其中包括一名贴身男仆、一名理发师、一名教练员和一名充当吉祥物的小矮人。他在美国开粉红色凯迪拉克到处走，他靠拳击的收入使他能够涉足几个创业企业，其中包括哈莱姆区夜总会，而在那个时候非裔美国人的经济机会十分有限。

黑人运动员在体育和商业上的成功鼓舞了非裔美国人的志向，人口更多的黑人使美国社会持续的社会经济不平等性受到质疑，也使美国全国有色人种协会在"布朗诉教育部"案中挑战种族隔离政策。瑟古德·马歇尔（Thurgood Marshall）赢了这个案子，随后成为美国最高法院的第一位非裔美国人。

随着非裔美国人逐渐被完全接受，意大利裔美国人同样也通过体育获取了更大的认可。除了乔·迪马吉奥在棒球上的成就，意大利拳击手们达到了胜利的顶峰。1943年，被称作"愤怒公牛"的拳击手杰克·拉莫塔（Jake LaMotta）成为了从1939年到1951年第一个打败了休格·雷·罗宾逊的人。罗宾逊赢了之后的5场比赛，但拉莫塔却在1949年赢得了中量级冠军。与其他运动员不同，像拉莫塔这样的拳击手即使是在有了丰厚收入之后也一直保持着工人阶级的生活方式，他们对阶级习惯的坚持使拳迷们对他们的英雄有了持续的支持。

和拉莫塔同一时代的的洛基·葛致诺（Rocky Graziano），又名托马斯·洛克·巴贝拉（Thomas Rocco Barbella）在中量级组中表现出了和拉莫塔相似的风格。在1949年，他赢得了年度荣誉拳击手称号。在和托尼·扎勒（扎勒斯基）[Tony Zale（Zaleski）]进行的4场冠军赛中，他表现出的不屈不挠的精神让他成为了拳迷们的最爱。1918年在芝加哥体育场举行的比赛因为靠近波兰拳迷的聚集地，吸引了数量破纪录的观众。1952年，葛致诺在另一场冠军赛中输给了休格·雷·罗宾逊，但和拉莫塔相反的是，他在拳击之后的生涯中从事艺术、演员和作家工作。他的生平和拉莫塔的一样成为了流行电影的主题。他们个人的声望也促进了娱乐产业的蓬勃发展（*Hauser and Brunt, 107, 135*）。

最伟大的意大利冠军及重量级不败之王洛奇·马西亚诺（Rocky Marciano）曾希望成为一名篮球运动员。高中时他辍学去参军并在"一战"中以一名军人的身份开始练拳击。1952年，他击败泽西·乔·沃尔科特（Jersey Joe Walcott）赢得重量级拳击冠军。身高不过1.8米体重84公斤的马西亚诺是个厉害的拳手，在1955年退役之前与49位对手竞技，击倒对方43次。1969年他在一次空难中罹难，但仍然被很多拳击迷尊敬，很多人将他视作近代最伟大的拳击手。

风土人情

"老墨"乔治·里卡德（George "Tex" Rickard）

"老墨"乔治·里卡德（George "Tex" Rickard）的一生充满冒险，他是一个牛仔，州长，阿拉斯加淘金者和投机商人，但他却是作为拳击推广人而出名的。他筹划了杰克·邓普西和来自法国和阿根廷的挑战者的比赛，从而唤起了人们的民族精神。1920年，里卡德在纽约市租用了麦迪逊广场花园，租期为10年。他不仅仅把他在美国主要的室内运动场用来筹划赚钱的职业拳击赛，还把热情转

第八章　体育、英雄式体育运动员和大众文化（1920—1950年）

到冰球上，使波士顿棕熊队在1924年作为全美国第一支球队加入了全国冰球联盟（National Hockey League，NHL）。随后在1926年，芝加哥队、底特津队和纽约队相继加入。由于里卡德过去是在得克萨斯长大的，因此他把纽约队命名为得克萨斯流浪者队。他改了加拿大队员的名字以反映纽约的种族构成。犹太人和意大利人都来观看比赛，他们希望能够看到同胞表现并为新的运动建立粉丝基础。1929年里卡德死于阑尾炎，1.5万人在麦迪逊广场花园瞻仰了他的遗体，9000人参加了他的葬礼，这确认了他的名人地位[Rader，American Sports（1983）187-193]。

以拳击推广人而出名的乔治·里卡德
图片由国会图书馆提供，LC-B2-5461-13

三、黑人明星的崛起

乔·路易斯被证明是那个时代最伟大的美国黑人运动英雄，但他肯定不是唯一的一个。埃迪·托兰（Eddie Tolan）和拉夫尔·特卡尔夫（Ralph Metcalfe）是两名短跑运动员。他们在1932年的奥运会上一举成名。黑人棒球选手约什·吉布森（Josh Gibson），也就是众人所熟知的"宝贝"鲁斯所创造的成就甚至超过了他的白人传奇对手。在1931年到1934年他在灰色家园队和匹兹堡克劳福德队做接球手时,每个赛季都会打出60多个全垒打。在某一个赛季,他打了89个全垒打(由于记录不完整,统计数据都很粗略)。有多次他挥棒的次数都超过400下,其中包括464下和457下。然而在18年星光灿烂的职业生涯后,35岁的他还没加入白人棒球联盟就死于酒精中毒和脑出血。

20世纪30年代和40年代,匹兹堡队中吉布森的一些队友也展现了其类似杰出的才能。"酷爸爸"詹姆斯·贝尔(James "Cool Papa" Bell)在几个不同的队中做过外野手。贝尔挥棒速度快且奔跑速度惊人。20世纪20年代,他以其无人能比的速度建立起个人的名誉。在雨天,他跑完所有垒所用的时间是13.1秒。据说,在晴天时,他只用12秒就可以跑完。

作为有史以来可能最厉害的投手,"背包"佩吉将速度、策略和花招运用到极致
© Getty Images

"背包"雷若伊·佩吉(Leroy "Satchel" Paige)是黑人联盟的成员。他最终加入了美国棒球联盟。一直以来,他被誉为世界上最好的投手。从20年代到60年代,他一直活跃在比赛中,并且用他非凡的才能、幽默让观众感动和激动不已。尽管有关他成就的记录不完整,但据说佩吉投出了55场无安打比赛;并且有单季度赢得100多场的纪录(*MacCambridge 121*)。1948年,佩吉作为一名

克里夫兰印第安人队队员在棒球联盟中首次亮相。7.8万名球迷到现场观看了42岁的佩吉的精彩表演。1952年，46岁的他入选美国棒球联盟的全明星队。1965年，59岁的他参加了堪萨斯城竞技体育比赛，再一次出现在观众面前。

除了美国黑人外，其他人群中也出现了运动方面的能人。奥地利后裔约翰尼·韦斯马勒（Johnny Weissmuller）在20世纪20年代成为泳坛轰动一时的人物。他创造了从100码（91.4米）到半英里（800米）各种自由式游泳的世界纪录。他是第一个用了不到一分钟就游完100米的人。在1924年和1928年的奥运会中，他一共获得了5枚金牌。在1924年的奥运会中，他作为一名水球队员为他所在的队夺得了一枚铜牌。在结束了在欧洲和日本的游泳比赛后的20多年间，韦斯马勒在好莱坞电影中担任泰山这一角色，展现了他健壮的体魄。

四、赛马

并不是所有的英雄或冠军都是人类。"海洋饼干"是来自西部的一匹马，虽然它并不是赛马圈中的精英，却在1938年一场看似毫无胜出可能的比赛中脱颖而出，吸引了成千上万美国人的眼球。在无比紧张之下，处于劣势的"海洋饼干"打败了1937年三连冠的得主"战斗的海军上将"，接着成为所有奖金的获得者。它似乎可以当作一个合适的象征，象征因经济大萧条引起的贫困而饱受压迫的美国人。

埃迪·阿卡罗（Eddie Arcaro），来自水果小贩之家，很长一段时间内是世界上最伟大的职业赛马骑师。1938年，阿卡罗首次赢得肯塔基州德比赛马比赛冠军，此后他还4次获得冠军。他还获得5次贝尔蒙特大赛冠军及6次科内斯赛马冠军，并且在6个不同的赛季中成为最赚钱的赢家。在20世纪40年代，他赢得两次三连冠：分别是在1941年的"疾旋风"和1948年的"嘉奖"中获得。"嘉奖"在20场比赛中赢了19场，成功踏上了那年的争夺年度荣誉之路。阿卡罗于1962年退休，结束了他30年的职业生涯。随后，他创建了职业赛马骑师协会。这一慈善机构用来资助他的同事。20世纪40年代对喜欢看马赛的人而言是令人心潮澎湃的十年。除了阿卡罗有过如此辉煌成就之外，康特·富力特（Count Fleet）和安索次（Assault）分别在1943年和1946年获得三连冠。

五、短暂和有限的名声

保龄球在20世纪40年代享有盛名,特别是在中西部地区。保龄球运动员的收入也是相当的可观。然而,他们通常都不会获得多大的成就。1941年,美国保龄球协会建立名人堂以纪念那些保龄球明星。1947年,国家冰球联盟(NHL)开始举办全明星赛以宣传他们最优秀的球员。不像顶级棒球员或拳击手可以获得报酬,参加这两种运动的人不会获得任何东西;并且最有才能的球员仍需参加淡季的比赛。由于这些职业运动生涯一般都比较短暂,所以即使大多数运动员都达到登峰造极的地步,但也只能得到短暂的荣誉。事实证明,对大多数美国人而言,接受教育仍是融入社会和获得物质报酬的最好途径。

第四节 体育的传播媒体及商业化

20世纪20年代出现了一种新的通信媒体——无线电,并得到了广泛的应用。当广播员生动及夸张地报道体育赛事给遥远地区的人们时,同时也对那些体育英雄起到了宣传作用。当无线电广播已经迎合了人们对戏剧及音乐的需求以及种族上的特殊嗜好,体育类节目将重心放在了对美国赛事,如棒球比赛、肯塔基州德比赛马比赛、印地500卡丁车赛及玫瑰碗橄榄球赛等,将其听众与美国传统联系在一起。最初,那些运动队拥有者们很害怕无线电的存在将会极大地威胁到去现场观看比赛的人数。但是商业电台通过向他们贩卖广告时间买到了播报赛事的权利。在20世纪20年代期间,尽管有7个不同的电台对芝加哥小熊队的棒球比赛进行了报道,该队在10年间还是吸引了1400万名观众前去观看比赛(*Noverr and Ziewacz 76*)。1926年,全国广播公司(NBC)建立电台网站。与此同时,哥伦比亚广播公司(CBS)也建立了电台网站。这些通常由报纸拥有的联合网络,创建了集中在少数人手中的集团。

1920年的感恩节,大学橄榄球广播转播Texas-Texas A&M比赛,抢走了篮球

第八章 体育、英雄式体育运动员和大众文化（1920—1950年）

报道的观众。《芝加哥论坛报》和WGN（"世界最大的报纸"的简称）电台合力打造了一家传媒公司。该公司在1924年对密歇根——伊利诺伊斯对抗赛的密切报道使得"红头"哈罗德·格兰奇（Harolrd "Red" Grange）更受欢迎，而格兰奇在当时已经是十分有名的橄榄球星了。在6.7万名亲临赛场的狂热粉丝的注视下，在难以计数的电台听众的聆听下，格兰奇在开局冲刺95码（87米），达阵得分。随后在开局短短12分钟内，格兰奇分别冲刺67码、56码、44码达阵得分。直到第1个半场他才下场休息，不过在那之前他已经又靠11码的助跑得分，并又获得18码的达阵得分，所以在整局比赛中格兰奇和他的队友共拿下了400码（366米）进攻距离。

体育评论家们纷纷赞扬格兰奇的谦虚，恭维他平民的出身。他5岁时，母亲就过世了，于是他的警察父亲带着4个孩子回到位于芝加哥城郊的伊利诺伊的惠灵顿老家。在老家，已长成少年的他依靠做农活或搬运冰块补贴家用，这也为"红头"赢得了一个"惠灵顿冰块男"的绰号。出身农村，单纯善良，依靠辛勤工作的美德和勤俭节约的好习惯发家致富，评论家们总是对这样的形象偏爱不已。后来他们称"红头"为"飞驰的幽灵"，以称赞他橄榄球场上的卓越功勋和无以匹敌的奔跑速度。当格兰奇在1925年赛季后离开学校，加入职业球队芝加哥灰熊队时，他已经是全美最炙手可热的球星了。

有些体育评论员在捧红运动员的同时自己也变成了名人。比如像保罗·加里科（Paul Gallico），格兰特兰德·莱斯（Grantland Rice），达蒙·鲁尼恩（Damon Runyon），阿里森·但泽（Allison Danzig），阿奇·沃德（Arch Ward），威斯布鲁克·皮格勒（Westbrook Pegler），雷音·拉得纳（Ring Lardner）和海伍德·布朗（Heywood Brown）等一批记者。他们将橄榄球运动员捧得大红大紫，将他们塑造成广受年轻人崇拜的英雄和榜样。其中作为体育评论员泰斗的格兰特兰德·莱斯，对比赛具有喜剧色彩并采用夸张手法的表述引起听众的兴趣。

另一个风云人物奈特·弗莱舍（Nat Fleischer）于1912年开始投身体育新闻，在多家纽约的报纸担任体育版的编辑。1922年，他参与创办了杂志《拳击场》，该杂志被视为拳击运动的圣经。而50多年以来，奈特对拳击运动的兴起有着举足轻重的作用。他写了许多关于拳击运动和拳击运动员的作品，他多次担任过锦标赛裁判员，提供每个重量级的选手的排名，还为冠军授腰带。作为一个改革者，奈特增加了对选手进行药检的程序，创建了国家拳击委员会来管理这项运动（Kirsch et al. 158）。所有这些使他成为20世纪最值得信赖的评论员。

还有许多其他运动的评论员，如格雷厄姆·麦克纳米（Graham McNamee）后来成为了著名的电台主持人。1920年，大学开始成立电台播报他们自己的橄榄球比赛，到1921年专业篮球队和拳击运动推广人也开始纷纷效仿成立自己的电台。麦克纳米用他独特的戏剧化风格，热情洋溢地参与电台评论，其独具视角的解说调动起了观众更大的兴趣，成为了20世纪20年代广受欢迎的重要体育赛事的解说员。1925年麦克纳米对世界棒球系列赛事的精彩解说为他带来了5万封球迷的来信［Rader, American Sports (1983) 198］。

一、运动员和教练员的市场化

职业篮球队员和大学橄榄球队员都受到人们极大的尊重，于是为了让这些运动员为自己的产品做广告，制造商付给他们丰厚的报酬。贝比·鲁斯不仅赞助体育器械，还有服装、糖果、香烟、汽车、牛奶、电器、口香糖、麦片及其他商品。他的名字不仅出现在电影片头，还出现在出版的报纸文章上。尽管许多由运动员代言的商品和体育产业没什么关系，不过广告商还是将商品同品质、奢华、性能等一类保证材料质量和舒适程度的抽象概念联系到一起，而这些作为美国梦的一部分，是具备勤劳美德的人可以得到的。"红头"格兰奇作为20世纪20年代橄榄球场的风云人物也在1925年的秋天雇用过一个经纪人，就是查尔斯C.（Charles C.）。格兰奇和芝加哥灰熊队的合同由派尔从中协商，他还负责安排服装、吉祥物、糖果和饮料的赞助，甚至还负责协商一份电影合同。

1916年，弗里茨·波拉德（Fritz Pollard）成为了第一个全美国的橄榄球队都想招进的非洲裔球员，他也是第一位参加玫瑰碗橄榄球赛的黑人。这之后，作为第一位黑人四分卫和第一位非洲裔美国国家橄榄球队的主教练员，他成了一个明星人物。尽管有着高超的技艺，波拉德在他的职业生涯中还是遭受到了种族主义者的嘲弄、肢体暴力及社会排斥。白人明星球员，比如说格林奇，可以享受大量的来自赢得比赛的奖金，但是和他们相比波拉德发现自己的许多事

第八章　体育、英雄式体育运动员和大众文化（1920—1950年）

"红头"格兰奇的昵称——飞驰的幽灵——是20世纪20年代深受球迷和运动员喜爱的外号之一
图片由国会图书馆提供，LC-USZ62-49414

业在很大程度上都只限于非裔美国人的社区。除了拥有橄榄球员和教练员两个身份外，波拉德还是运动推广者，银行家，房地产商人，报纸出版商，戏剧和音乐会票务预订的代理商，电影制片人和税务顾问。尽管一些白人拒绝和他签署交易，但是波拉德在体育界取得的成功给他带来的一些社会关系却有利于他的各种事业发展。这也造就了他在非洲裔美国人社区的英雄形象（*Carroll 186-206，224-226*）。

与此同时一些教练员也成为了明星。圣母学院的洛克那（Knute Rockne）加入了克里斯蒂·沃什的出版代理机构。他通过多种方式获利，在培训学校和夏令营工作，指导游客开展与体育有关的旅行、授课，为从运动产品到剃须泡沫甚至汽车代言。斯塔迪贝克汽车（Studebaker Auto）公司甚至以洛克那的名字来命名他们的一款汽车。到1992年，他的年收入大约达到了7.5万美元。1930年，他拒绝了综艺蓝调给出的5万美元的合作，转而接受了只有3万美元的橄榄球比赛的合约（*Sperber 238-239*）。

二、打造体育商业文化

腾尼和邓普希之间的比赛在宾夕法尼亚和芝加哥市民体育馆举行，这两个场馆都能容纳超过10万名观众。这样庞大的观众数量足以证明体育运动以及它的潜力是文化内聚力和商业开发之间的桥梁。不断增长的对体育运动的兴趣，媒体的强力推广，再结合20世纪20年代经济的繁荣发展，这一切掀起了体育场馆建设的旋风。大学建造混凝土体育馆以满足大量的观众需求同时从中获取高额利润。俄亥俄州立大学1922年花费了130万美元建成了一座体育馆，但是6.6万个坐席仍然满足不了观众的需求。在一场对阵密歇根的比赛中，有7万多名观众来观看比赛。密歇根在1927年新建了一个有7.2万个坐席的体育馆，这个体育馆后来被扩建到可以容纳10万多人。在1913年至1922年间租借坡落场地之后，纽约建成了扬基体育馆。因为这座体育馆的赞助商为击球手鲁斯，故此馆被称为"鲁斯之家"。扬基队的主人在1921年用60万美元买下博尼斯球场，然后花费250万美元在此建造了一个可容纳6.3万人的场馆。同一年，纽约西边的网球俱乐部建成了一座有着1.4万个坐席的场馆用来举行美国公开赛（*Creamer* 276; *Riess*, *City* 221）。前一年，位于加利福尼亚州帕萨迪纳的玫瑰碗建成，可容纳人数超过5.2万人，之后也扩充到10万人的容量。

其他宏伟的市政体育馆也一一建成，很多纪念第一次世界大战亡者的纪念体育馆也在美国相继出现。洛杉矶纪念大体育馆于1932年建成，它的容量在举办1932年奥运会时增加到了10.5万人。巴尔的摩市政体育馆建成于1924年，可容纳8.8万人。克里兰夫市政体育馆于1931年首次亮相就可以容纳7.8万名观众。最大的市政和纪念体育馆名为士兵球场，1924年建成于芝加哥，到1929年，此体育馆已完善到可以容纳12万人，并举办了很多大型运动会。包括超过10万名观众观看了1926年国家橄榄球冠军赛，1927年有超过10万名球迷观看了邓普希和腾尼之间的冠军赛对决。同年，大约有11.7万人出现在圣母学院橄榄球赛场，观看该大学对阵南加利福尼亚大学的比赛。而十年之后芝加哥高中生橄榄球冠军赛更是吸引了超过12万名观众，当时是美国历史上观众最多的一场比赛（*Riess*, *City* 144, 239）。体育场馆的规模及耗资情况以及商业价值已不仅仅体现了技术的发展，也体现出了美国的文化价值观。这段繁荣发展在股票市场崩溃之前，大量的

第八章　体育、英雄式体育运动员和大众文化（1920—1950年）

资金和空间都被用于体育和商业比赛，是非常罕见的。

20世纪20年代被誉为黄金时代，这一时期体育事业繁荣发展并带来巨大商机。1913年，美国职业棒球系列比赛吸引了15万名球迷，带来32.6万美元的利润；1928年，该比赛更是吸引了50万名观众，盈利180万美元。类似的还有1921年邓普希–卡朋迪尔拳击比赛，8万名观众带来18万美元的收入；1926年邓普希–腾尼之战有12万名观众带来200万美元的收入，这场比赛在1927年更为盛大，约有5000万名观众通过收音机收听比赛，带来超过260万美元的收入。1922年，美国高尔夫协会成立了522家俱乐部，到1930年即涌现出了1195家。印第安纳波利斯原先只有500户居民，到1920年有11万户居民，之后的10年间飙升至16万。这10年里同样翻倍的还有赛马比赛中场地和参赛马匹的数量以及奖金的数额。1920年，一匹名叫Man-o-War的马在贝尔蒙特大奖赛中的21场比赛中获胜20场，赢得8000美元的奖金。1920年贝尔蒙特赛奖金总数额达到780万美元，而1930年达到1370万美元。获胜者格兰特·福克斯（Gallant Fox）赢得6.6万美元的奖金。早期的国家冰球联盟到1927年发展到10支队，国家橄榄球联盟在1926年扩大到22支队。从1921年至1932年间，国家橄榄球联盟增加了36个成员，直到1930年代才趋于稳定。之前，国家橄榄球联盟并没有多少地位，甚至曾经有一位评论员说它是"由一群流氓和爱计较的地下商人经营的肮脏的小生意"（Carroll 102）。

贝比·鲁斯是体育黄金时代的超级巨星，他的成功促进了运动的商业化
图片由国会图书馆提供，LC-DIG-ppmsca-38379

美国经济大萧条时期，绝大多数美国人因为在商业体育运动中遭受损失变得穷困潦倒甚至身无分文。体育商品销售额1929年创下8800万美元，而1933年却只有3800万美元。1933年，美国联盟的圣路易斯布朗棒球队平均每场比赛只有1159位球迷前来观赛（*MaCambridge 126*）。专业队的负责人限制工作人员的数量，提供给雇佣人员的工资也很低，体育赛事推广人通过发展创新的策略拉回大萧条时期失去的赞助。主要的联盟队伍通过提供双重比赛来吸引球迷，使他们只花一场比赛的钱而可以观看两场比赛。在辛辛那提，总负责人赖利·马克菲尔（Larry MacPhail）在1935年5月24日引进夜场比赛以吸引有工作的人前来观看。在1935年7天的夜场比赛中，红队平均每场有17713名观众，而白天的比赛却只有4699名。1938年，道奇球场的夜场比赛共吸引了约3万名观众（*Spirou and Bennett 112-113*）。热爱创新的黑人球队几年前就已经用便携电灯给晚上的运动提供照明，这也给白人经营商提供了经验。阿奇·沃特（Arch Ward），一名《芝加哥先驱报》体育专栏作家，借鉴一种小说文体使球迷可以同时看到所有喜爱的选手。他于1933年7月召集所有联盟中最优秀的队员参加在芝加哥科米斯基公园举行的全明星赛，使公园门票很快售罄，来自46个国家的球迷前来观看那场汇集了所有棒球明星的盛大赛事。贝比·鲁斯也恰到好处地使美国联盟主场以4比2获胜，并揭开年度仲夏比赛传统的帷幕（*Littlewood 66-76*）。

1934年8月31日，沃特举办了大学全明星橄榄球赛。这是大学里水平顶尖运动员与全美橄榄球联盟卫冕冠军芝加哥棕熊队在士兵球场的比赛。粉丝们及体育记者已观看过多年的这两个水平相当的球队之间的比赛。尽管比赛结果0∶0，仍吸引了约8万名观众。到30年代末，对职业比赛的兴趣已产生了人均达到2000人的球迷队伍［*Rader, American Sports（1983）253*］。1933年国家橄榄球联盟采用新规则增加得分，创造分区以及季后赛；1936年又首次对大学生球员进行"选秀"，为了促进平等，实力较弱的队伍首次拥有了选择权。同时，这一策略避免球队所有者为吸纳出色运动员而出现竞争，节省了资金。

玫瑰碗橄榄球赛一直吸引着南部加利福尼亚州的注意力。20世纪30年代时期，其他地区的体育倡导者开始通过橄榄球提高公民认知度，促进旅游，以及在本地区赚取利润。1933年，迈阿密州举行了棕榈碗比赛，1935年更名为桔子碗；同年，新奥尔良举办了蜜糖碗；随后是1937年达拉斯的棉花碗。节日与体育融合给人带来无限娱乐，表达了地方人民的自豪感，吸引游客来到举办城市。

第八章 体育、英雄式体育运动员和大众文化（1920—1950年）

第1届海斯曼杯（Heisman Trophy）在1936年由纽约运动员俱乐部授予芝加哥大学杰伊·柏华格（Jay Berwanger）。他是当时最出色的学院橄榄球运动员。同年，美联社通过每周投票方式确定橄榄球榜排名。这引起了全国忠实粉丝及男校友的极大兴趣及对比赛的焦虑。这种奖励富有神秘色彩而且只授予全国锦标赛，因此激发了粉丝观众们在整个赛季中的兴趣。这种宣传策略提高了报纸杂志的销量，同时吸引了收音机的听众。

篮球也重新修订规则，举行新一轮联赛使球迷们对比赛产生兴趣。1935年实行3秒规则，以防止进攻队员长时间占据篮下的限制区。1937年取消了每次得分之后的中圈跳球以加快比赛速度。1938年，全国邀请赛在纽约举行，为全国锦标赛做准备。它的影响力大大超过了1939年举行的全国大学生体育联赛。全国邀请赛在20世纪50年代前一直是顶级大学篮球赛事。

三、职业队的发展

竞赛组织在战后方面取得了进展。这与第二支职业橄榄球联盟——众所周知的全美橄榄球联合会的预言相一致。体育记者奥克·沃德（Arch Ward）称这一协会为另一项冒险事业。这一新的联盟扩展到了南部的迈阿密，航空的便利又使其扩展到了西部。然而，国家橄榄球联盟的经营权由克利夫兰转移到洛杉矶和旧金山。全美橄榄球联合会布朗队取代了克利夫兰支离破碎的队伍，其中有两名出色的非裔美国运动员，后卫比尔·威利斯（Bill Willis）和后卫马里恩·莫特利（Marion Motley）。另外两名黑人运动员肯尼·华盛顿（Kenny Washington）和沃迪·斯特罗德为加州大学洛杉矶分校效力，后又与洛杉矶公羊队签约进入半职业队伍。职业橄榄球队在竞争中维持了4年，直到1949年巴尔的摩、克利夫兰及旧金山拥有了全美橄榄球联合会的经营权，同时出现了全国橄榄球联盟。

大学篮球赛仍集中在纽约城，但是职业循环赛已拓展到了中西部。1946年，出色的东部和中西部职业队共同组建了全美篮球协会（BAA）。1949年，全美篮球联合会（BAA）与国家篮球联盟（NBL）合并为全美篮球协会（NBA）。由于利润与大型比赛场的门票息息相关，因此小城镇无法与大城市抗衡，使得小城市队伍不得不从协会撤出，或并到较大的城市队伍中。这一合并产生了一个包含17支球队的联盟。但是到1954年只剩下8支队。大城市及优秀运动员开始主导比赛，如明尼阿波里斯湖人队及其6英尺10寸（2.10米）的中锋乔治·迈肯（George Mikan）。早期职业棒球和职业橄榄球队组织松散时，职业篮球队就已经在各种族中招募有能力的运动员了。美国橄榄球队大联盟和美职棒分别在1946年和1947年废除种族歧视。这一举动有利于新联盟的产生。1950年，全美篮球协会开始招募非裔美国运动员。这一举动最终迫使哈林花式篮球队在美国境外进行巡回演出来寻求新的利润来源。

四、电视体育的兴起

20世纪30年代，技术进步为奥林匹克运动会提供了图像终端设备，在柏林奥运会赛场，安装有早期电视机。在莱尼·里芬斯塔尔（Leni Riefenstahl）描述1936年奥运会上的电影《奥林匹亚》中甚至采用慢镜头和水下摄影技术。这个新技术对那些想要提高成绩的教练员和运动员来说是一个恩赐。美国棒球和橄榄球比赛的电视转播开始于1939年，但那时很少有人拥有高达600美元的早期电视机（Gems，For Pride 188），甚至在10多年以后，也只有不到100万的家庭拥有电视机。然而到了1955年，就算工薪阶级也买得起电视机了，67%的美国家庭因拥有电视机而开始改变他们的娱乐习惯（Gorn and Goldstein 238）。

小结

随着进步时代和第一次世界大战的结束，美国开始专注于国内事务，而对国际事务则表现出了一种孤立的姿态。为致力于整合美国文化，国会颁布了移民条款，活动家利用大量综合的体育节目来帮助年轻移民适应新文化，理想主义的体育作家把少数民族和工薪阶层的体育英雄塑造为楷模。20世纪繁荣的20年代迎来了体育文化的日益商业化发展，大型体育场馆得以兴建，出现了体育经纪人以及运动员也被强势提升为名人。但是30年代的经济大萧条迫使企业寻求革新方式来吸引观众。当法西斯在欧洲和亚洲攫取了政权，体育比赛被赋予了更大的政治意义。第二次世界大战中，体育极大地鼓舞了美国的士气。

原子弹有效地结束了战争并把世界带到了核时代。随着政治阵营以意识形态结成相互敌对的联盟，冷战时代来临。资本主义阵营和共产主义阵营在接下来的岁月里都处于敌对的立场，而体育也就成了全球战场的政治工具。确实，资本主

第八章 体育、英雄式体育运动员和大众文化（1920—1950年）

义吸收了美国的文化，指引着工作方式以及休闲习惯。在美国，商业化的体育活动主导了体育机构的本质、体育规范、体育策略甚至运动方式。尽管美国联邦政府没有把棒球视作一门生意。1945年，纽约扬基棒球队的经营权以280万美元出售两年后，美国职业棒球大联盟电视转播了世界职业棒球联赛，赞助商为广告权花费了6.5万美元。

尽管经济上取得如此成功，但美国社会仍然混乱不断。美国体育为民主而战且一直被视作伪善，直到杰克·罗宾逊在职业棒球联赛中获得反种族歧视的成功。在此过程中，罗宾逊及一群体育明星们从20世纪20年代开始通过媒体广播获得了名人地位。电视转播体育赛事的到来很快刺激了美国体育的第二个黄金时代。电视随后便对体育和社会带来了不可限量的影响，包括经济模式、力量关系及意识等。

大事年表

- 1920年

沃伦·哈丁（Warren Harding）当选美国总统

第一个商业电台开始播出

- 20世纪20—30年代

海伦·威尔斯（Helen Wills）赢得美国网球锦标赛

比尔·蒂尔登（Bill Tilden）主宰男子网球锦标赛

- 1921年

登普西（Dempsey）和卡彭铁尔（Carpentier）的斗争上演

- 1922年

美国曲棍球协会成立

格伦娜·科利特（Glenna Collett）首次赢得美国女子业余高尔夫锦标赛

- 1923年

茶壶顶丑闻爆发

沃伦·哈丁（Warren Harding）总统去世，卡尔文·柯立芝（Calvin Coolidge）继任总统

- 1924年

红鬼和四骑士的对决开启校际橄榄球赛

国会通过移民配额法

- 1925年

斯科普斯审判进行

- 1926年

格特鲁德·埃德尔（Gertrude Ederle）游英吉利海峡

- 1927年

萨科和万泽蒂进行审判

贝比·鲁斯（Babe Ruth）命中60个本垒打

查尔斯·林德伯格（Charles Lindbergh）做出首次个人直飞大西洋的飞行

第一部有声电影出现（《爵士歌手》）

邓普希–腾尼复赛举行（长记历斗争）

哈林篮球队开始表演之旅

- 1928年

阿米莉亚·埃尔哈特（Amelia Earhart）成为第一位横跨大西洋飞行的女性

赫伯特·胡佛（Herbert Hoover）当选总统

- 1929年

股市崩盘作为大萧条的信号

卡内基（Carnegie）报告有关校际体育的问题

- 1930年

鲍比·琼斯（Bobby Jones）赢得高尔夫大满贯

天主教青年组织成立

- 1932年

富兰克林·D.罗斯福（Franklin D. Roosevelt）当选为第一期总统

洛杉矶举办奥林匹克运动会；贝比·迪德里克森（Babe Didrikson），莉莲·科普兰（Lillian Copeland），埃莉诺·霍尔姆（Eleanor Holm）和其他美国女子胜利

- 1933年

第二十一条修正案的批准（废除禁令）

民保兵团成立

第一届美国职业棒球联盟全明星赛举行

- 1934年

第一届大学全明星橄榄球赛举行

第一届高尔夫大师赛举行

- 1935年

全国青年管理建立

公共事业振兴署建立

社会安全法案签署

产业组织联合会（CIO）形成

美国职业棒球大联盟（MLB）开始打夜场

杰·伯旺格（Jay Berwanger）获得第一届海斯曼杯

- 1936年

美国奥林匹克委员会主席布伦·戴奇（Avery Brundage），选入国际奥委会

柏林奥运会（"纳粹奥运"）举行；杰西·欧文斯（Jesse Owens）取得胜利，一些犹太运动员抵制

- 1938年

全国邀请赛（篮球）开展

乔·路易斯（Joe Louis）和马克斯·施梅林（Max Schmeling）上演拳击复赛

- 1939年

第一次电视棒球比赛表演

全国大学生体育协会篮球锦标赛推出

纽约伦斯（全黑人队伍）统治职业篮球锦标赛

- 1941—1945年

美国参加第二次世界大战

- 1943—1954年

全美女子棒球联盟运行

- 1945年

联合国成立

- 1946年

全美橄榄球联合会成立（包括黑人运动员和白人运动员）

- 1947年

杰克·鲁宾逊（Jackie Robinson）重返棒球赛场

- 1949年

全国篮球联盟（NBL）和美国篮球协会（BAA）合并组建国家篮球协会（NBA）

女子职业高尔夫协会（LPGA）成立

第九章
体育的传媒化、商业化及政治化
（1950—1980年）

阅读完本章节后，你将会了解以下内容：
- 体育运动在冷战政治中的作用
- 体育节目转播的经济影响
- 体育和电视业间的共生关系
- 职业美式橄榄球成为美国国球的上坡路
- 民权运动中体育运动的作用
- 穆罕默德·阿里（卡修斯·克莱）的社会影响
- 女性挑战体育中的性别角色、推进教育法第九篇修正案的实施和体育女权运动所带来的社会影响

一位充满男子气概又久经历练的拳击手，是不大可能永远像个长不大的孩子的；然而，阿里却正是这样一个人，如此有趣，如此活泼。即使是坐在一大堆钞票上为《体育画报》拍摄封面时，他看上去也不太物质，不那么世俗。他年轻时皮肤光滑漂亮，节奏灵活多变。即使是在体型变得松垮之后，他的气质还是像个孩子一般。作为一个恶作剧大王，谁也别想戏弄他。历史学家认为，阿里的这些不同特质正是集黑人不同特征于一体的表现，他是谦逊的"杰克"，是顺从的"山波"，也是凶残得令人害怕的"奈特"。在阿里的职业生涯中，他的赛场从菲律宾的马尼拉到非洲的扎伊尔，他周游世界，仿佛全世界都是他的主场。

这个永远长不大的孩子持有"强烈的无政府主义"和"推翻改变现有世界秩序"的观点。恐怕连阿里自己都没有意识到，在那个推翻旧权威、追求新观点的年代里，他的形象是如此鲜活。（Zang 299）

默罕默德·阿里（Muhammad Ali）代表了"二战"后改变美国社会的"婴儿潮"一代人，他们质疑权威，他们追求像肯尼迪❶、马丁·路德·金❷那样的年轻领袖的新主张。他们发动了追求多样性、利己主义、公民平等、女权主义、同性恋权益等社会问题的运动，他们的努力掀起了挑战民族主义、爱国主义、性别歧视、物质主义的战争，从而创造了一个更加自由与多元化的美国（Steinhorn）。

在战争刚刚结束的时候，美国社会表面上看起来繁荣统一稳定，然其面具下掩盖的则是人们的焦虑和担心。年轻人自20世纪50年代中期开始对社会产生质疑，并通过摇滚乐来表达与释放自我，同时挑战主流权威和价值观。体育，也在下一代人的文化战争中成为了争议的实体。

---

❶ 约翰·费茨杰拉德·肯尼迪（John Kennedy, 1917—1963），通常被称作约翰·F. 肯尼迪（John F. Kennedy）、JFK 或杰克·肯尼迪（Jack Kennedy），美国第35任总统，他的执政时间从1961年1月20日开始到1963年11月22日在达拉斯遇刺身亡为止。<http: //baike.baidu.com/view/148537.htm>

❷ 马丁·路德·金（Martin Luther King Jr., 1929—1968），著名的美国民权运动领袖。<http: //baike.baidu.com/subview/81787/5031683.htm>

第九章 体育的传媒化、商业化及政治化（1950—1980年）

对于很多人来说，20世纪50年代是美国体育的第二个黄金时代。在"二战"期间研发出的新科技，使运动员有了更好的运动表现：铝、铁、玻璃纤维改变了撑杆跳的本质；铝制球杆和塑胶球使高尔夫成绩得到提高；一些新兴运动，比如滑翔、壁球、滑冰给人们带来了新的生活方式，以上种种都象征着年轻和自由。赛车运动由1951年成立的全国高速赛车协会负责管理，这项给人速度与激情的运动使越来越多的人为之疯狂。喷气式飞机缩短了空中旅行的时间，火箭甚至也穿越到外太空。人类看上去似乎要征服整个宇宙。

1967年的默罕默德·阿里
图片由国会图书馆提供，LC-USZ62-115435

20世纪20年代，媒体将运动员们刻画成英雄和偶像，运动员们就像那个年代得以进步的科学技术一样崇高，其卓越的表现暗示着人类无穷无尽的潜能。1953年，新西兰的埃德蒙·希拉里（Edmund Hillary）和他的向导征服了珠峰。人们常常认为人类不能在4分钟内跑完1英里（约1600米），然而1954年，罗杰·班罗斯特（Roger Bannister），一位英国医学生在牛津跑出了3:59.4的纪录，一旦心理上与身体上的障碍被打破，其他运动员便纷纷赶了上来。澳大利亚的约翰·兰迪（John Lalldy）仅仅在一个月之后就将纪录刷新为3:57.9，另一个澳大利亚人，赫博·艾略特（Herb Elliott），将纪录再次刷新为3:54.5，在60年代，美国高中生吉姆·莱恩（Jim Ryun）也跑进了4分钟大关。在20世纪末，摩洛哥·希凯姆（Moroccan Hicham）创造了新的纪录——3:43.13。

体育的成功标志着美国一些人的进步，有色人种成为体育明星，反映了社会阶层的流动性，但这并不能掩饰有色人种所受的不同待遇。"二战"结束后，军人退役条令使很多人走进了大学校园。社会经济学张弛有度的发展使有色人种移民后代的生活水平得以提高。他们生活在远离喧嚣与污染的郊区，追寻他们的享受主人身份的美国梦。"郊区化"的现象预示着生活在南部与东部的欧洲移民后代生活水平提升。北部的制造业由于劳动力不足的情况而陷入困境，为下一代埋下了忧患。堕落和绝望的都市生活使有色人种和女性由于歧视得不到应有的机会，迫使他们奋起反抗、挑战权威、争取平等的权利。美国国内的"民权运动"与国际上日益扩张的共产主义，以及"二战"的恐惧，使得美国人开始通过体育运动发泄情绪和压力，从而也让体育成为各个阶层人群展示自己美国梦的舞台。

第一节 冷战时期的体育

尽管50年代赋予了美国人欢乐的梦，但这一时期国际上的种种威胁依旧存在，冷战便是其中一种。在"二战"中曾与美国结为盟友抵抗法西斯的苏联成为美国最强大的敌人。美苏在政治、哲学、经济制度上均存在着巨大的分歧。

1953年，在欧洲和美国进行的克鲁斯·韦伯（Kraus-Weber）体测结果显示，60%的美国年轻人身体状况不达标，而欧洲只有9%的年轻人没能通过测试。体质上的下降，在任何战争中都是不利因素，政府官员和体育教师们对这个结果很是担心，他们认为美国退化成了一个体育的旁观者而不是参与者。所以在1955年，当时的总统德怀特·D.艾森豪威尔（Dwight D. Eisenhower）建立了体能训练营。1954年，苏联举重运动员开始利用一些方法来提高运动表现。他们的竞争对手，扮演世界领导者角色的美国开始失去了体育和科学方面的优势地位。如果战争爆发，美国不一定会胜利，美国人民的自信和把握开始动摇。

在这样的背景下，人们通过运动来逃避来自冷战和民权运动的压力。1962年，当苏联在古巴安置导弹时，美国总统约翰·肯尼迪下了最后通牒，这两个超级大国差点走到核战争的边缘。苏联的步步紧逼逐渐减弱，但一年后总统肯尼迪却在达拉斯遭到暗杀。总统遇害两天后，当全国还沉浸在悲伤气氛中时，NFL按原计划继续进行比赛。

1952年芬兰奥运会，苏美两国将冷战中的战斗延续到体育运动中。苏联运动员实力强劲，尽管美国男子运动员在田径方面表现优越，但是苏联的女子运动员却远胜于美国女运动员，总的来说还是苏联占有较大优势。此后，奥运会成为了

第九章 体育的传媒化、商业化及政治化（1950—1980年）

两个超级大国之间的战争替代品。在1956年的奥运会上，苏联通过总成绩展示了自己的权威，尽管美国田径队获得了大多数奖牌，但是在其他项目上，苏联获取的奖牌数远胜于美国。

1960年，美国作为东道主在加利福尼亚的斯阔谷举行冬奥会，美国再次与苏联争锋。只有很少的人选择到现场看比赛，大多数人选择观看电视转播。这次比赛最后的结果是：尽管美国人大卫·詹金斯（David Jenkins）和卡罗尔·海斯（Carol Heiss）摘下花样滑雪桂冠，但是苏联克服了美国的主场优势，在其余所有项目上超过了其他的国家，快速站上了体育的世界级舞台。

威尔玛·鲁道夫是1960年奥运会上与苏联运动员水平相当的几个非裔美国人明星之一
© Getty Images

同年，在罗马举行的夏季奥运会上，苏联又派出了一支非常优秀的运动代表队，而美国则是将注意力集中于游泳和田径项目。3位非裔美国明星运动员得到了众人的关注，其中一名高个子短跑运动员名叫威尔玛·鲁道夫（Wilma Rudolph），来自田纳西大学，虽然她幼年时曾得过小儿麻痹症，但是她和队友在接力赛中斩获了3枚金牌，震惊了苏联女性。这也使苏联人将注意力高度集中在了他们的女运动员身上。

在拳击方面,轻量级冠军腰带被快速有力的卡修斯·马修勒斯·克雷(Cassius Marcellus Clay)获得,他便是日后为别人所熟知的拳王阿里。在铁人三项中,非裔美国人费雷·约翰逊(Rafer Jonson)战胜了自己加利福尼亚洛杉矶大学分校的队友,来自中国台湾的亚裔美国人C. K. 杨,在为期2天历时26个小时的比赛中,他们都打破了纪录,最终约翰逊以58分的优势胜出。

奥林匹克赛场上出现了两种截然不同的现象,政府往往利用奥运会作为意识形态的战场,而运动员们则如奥林匹克之父皮埃尔·顾拜旦所期望的那样,成为了朋友。如此说来,奥运会为冷战提供了一个暂时庇护所,也为同意识形态的国家搭建了一座友谊之桥。1962年,正当美国政府与苏联政府为古巴导弹危机而忙得不可开交时,斯坦福大学的田径教练员佩顿·乔丹(Payton Jordan)却把苏联田径队邀请到加州来参赛。那次比赛也是美国历史上非奥运动到场人数最多的一次(15万人),在为期两天的比赛中,双方运动员结下了深厚的友谊,比赛即将结束时,双方运动员手牵手向观众致敬。8.1万名观众起立鼓掌,这是被称为"卡拉·马拉蒂"的神奇时刻(*Cavalli 7*)。

在令人心惊胆颤的冷战期间,体育成为了一种逃避战争的手段,使人们可以暂时不去思考那随时有可能到来的世界末日,并且创造了强大的民族自豪感,体育不仅为大众提供了娱乐,同时,还为电视网络提供了以廉价节目吸引大众的良机。

第二节 体育与媒体关系的变革

1946年9月,《体育》杂志发行了创刊号,并提出了"不将运动员英雄化"的创刊思想(*Silverman 4*)。这样的口号确是与美国体育黄金时期那些体育作家一律吹捧大相径庭。《体育》杂志聘请了包括格兰特兰德·赖斯(Grantland Rice)、里德·史密斯(Red Smith)这些大牌写手,他们的文章在美国体育界有着深远影响。

他们的对手《体育画报》创刊于1954年,由时代公司创办。早期的文章多半关注马球与游艇等运动,但他们很快就把视野扩大到其他项目,他们瞄准了那些初级读者,以大量的图片与通俗易懂的文章为主。1964年,《体育画报》泳装号发行,这期杂志得到了前所未有的关注,并且成为了年度特色。《体育画报》借此发行了日历、视频及电视节目,最终使其成为了订阅量超300万的杂志巨头("Sports Illustrated Facts"),周阅读量超过2300万。这样的数字也体现出了体育及其相关产业的巨大潜力,尤其是对中产阶级男性而言。

一、电视成为社会要素

美国电视体育直播比赛最早从1939年哥伦比亚大学与普林斯顿大学的棒球比赛开始。那场比赛的直播十分简陋,只有两台摄像机、两张桌子及一个冷饮机。1948年,美国拥有7000台电视机,到1950年,这个数字就涨到了400万,电视技术的不足起初对拳击、摔跤越野等项目有很大的限制(Davies 230)。但是,大学与职业比赛的大部分项目却一直被转播,既缓解了一部分政治压力,也创造了大量体育明星。

(一)棒球

第一场全国直播的棒球赛是在1951年,AT&T提供了有线电视系统,1951年的MLB决赛被认定为全美第一次体育直播。但当季后赛中出现了布鲁克林·道奇与纽约巨人队这样的强强对话时,转播计划便被提前了。CBS当即决定要转播该系列赛。切斯特菲尔德烟草公司赞助了本系列赛的最后两场的直播,展示了体育赛事直播通过广告来获得利润的潜力。旅游业也是如此,他们把电视放在过道边的橱窗中,放在酒店的大堂里,以此来吸引大量行人驻足观看。两队在前两场战平,在第三战中道奇还以4:1领先,巨人队的鲍比·汤普森(Bobby Thomson)上场击球时击出一记本垒打,使巨人队意外获胜。电视机使得这场比赛产生了巨大的效应,也使观看总决赛的人数达到了7000万人(Elias, Baseball 178-179)。1953年,2000万美国家庭拥有了电视机,到了50年代末,90%的家庭拥有了电视机(Gorn and Goldstein 238)。

电视的出现使观众如痴如狂,也使球队的老板们忧心忡忡。他们担心球迷会不再购票进场看球,于是拒绝电视转播当地的比赛。1953年,经过一系列官司,最终判定这样的拒绝转播是违背自由贸易法的,有了法院的判定,电视台开始大量涌入当地市场,使球场上的观众人数从1949年的4000万下降至1957年的1500万〔Rader, American Sports(1983)286〕。

纽约扬基队的解说梅尔·艾伦
© Getty Images

大量小联盟的球队纷纷倒闭,它们无法在电视直播与大联盟的夹击下生存,1954年,51个小联盟已经缩水到了36个〔Rader, American Sports（1983）286〕。就连大联盟球队也不得不搬迁以寻求新的市场。当飞机旅行越来越方便之后,许多球队老板便将球队搬到西部和南部的山区去了。1953年,波士顿勇敢者队搬迁到了密尔沃基〔Rader, American Sports（1983）286-287〕。第二年,圣路易斯布朗队搬迁到了巴尔的摩。1958年,即使是纽约这样的城市也留不住自己的球队了。巨人队与道奇队双双搬迁到了加州。这些新的主场城市为了吸引球队加盟,纷纷出台政策,甚至包括了政府出资的场馆。

一位出众的球星总是能够获得球迷的欢心,即使不是在球场上,观众们也能够在电视上一睹他们的风采。这些球星包括扬基队的米基·曼透（Mickey

Mantle），巨人队的威力·梅斯（Willie Mays），勇敢者队的汉克·阿龙（Hank Aaron）等。而克里夫兰的投手鲍勃·福勒（Bob Feller）则更是证明，他能投出每小时145km的球，速度甚至超过了摩托车。在波士顿，泰德·威廉姆斯（Ted Williams）则在朝鲜战场服役后继续着他那完美的击球。在球队方面，扬基队统治了职业棒球，50年代共获得6个总决赛冠军。最伟大的球员便是扬基队的投手唐·拉尔森（Don Larsen），他在1956年的冠军战中创出了无安打无失分的佳绩，他连续将27位击球手三振出局。

（二）大学橄榄球

电视台所播的地区"宿敌"之间的比赛，给大学橄榄球带来了前所未有的关注度。1946年，俄克拉荷马大学的校长决定全力支持本校的球队来改变人们对俄克拉荷马州橄榄球运动不利的印象（*Ashby 284*）。于是该校在50年代多次获得全国冠军，在1957年被圣母学院10∶7战胜之前，创下47连胜的纪录。

大学橄榄球总是很受欢迎，却也总是缺乏最基本的制度与监管，在新任总裁沃尔特·拜尔斯（Walter Byers）上任后，这一切都得到了改变。拜尔斯采用了卡特尔垄断组织的管理方式，聘用了大量调查员来对服装、规章制度的实行进行规范，并为NCAA橄榄球与篮球签下了巨额的电视转播合同，在他1988年卸任之前，他的管理为NCAA的巨大影响力打下了基础。

（三）职业橄榄球

在NFL总裁巴特·巴尔（Bert Bell）的带领下，NFL成功地与电视媒体达到了共赢的局面。与棒球老板们各自为战、贪图私利不同，橄榄球老板合力拥护1946年上任的贝尔（Bell，前费城老鹰队的老板兼教练员），组成了卡特尔集团❶性质的垄断组织。由贝尔与电视网谈判电视转播费用，并将利润平均分配给各支球

---

❶卡特尔（cartel）是由一系列生产类似产品的独立企业所构成的组织，集体行动的生产者，目的是提高该类产品价格和控制其产量。根据美国反托拉斯法，卡特尔属于非法。<*http: //baike.baidu.com/item/ %E5%8D%A1%E7%89%B9%E5%B0%94/505189*>

队,这也使NFL一些地处小城市的球队(如绿湾)得以生存。

球场上的改革也使比赛更加精彩,联盟开始允许自由换人,一些过去不得不参与到进攻防守甚至加入特勤的球员可以选择自己固定的位置了。另外,1958年的NFL冠军决赛采用了"死亡时间法"(任意一队得分即比赛结束),当时有44万人观看了该场比赛。比赛的英雄是巴尔的摩的四分卫约翰尼·尤尼塔斯(Johnny Unitas)。这场比赛使橄榄球的受关注度大大增加,逐渐发展壮大。也使橄榄球的受关注度超过棒球,继而成为了美国国球。

体育市场的巨大财富使美国各大体育组织内部结构发生了巨变,1959年,两位来自得克萨斯州的百万富翁因为没能获得NFL球队的代理权而组建起了自己的联盟,那就是AFL,联盟包括波士顿队、水牛队、休斯顿队、达拉斯队、新纽约队、丹佛队、奥克兰队和圣地亚哥队。1963年,达拉斯德州人队搬至堪萨斯城并成为了酋长队。而NFL的球队在新委员皮特·罗泽尔(Pete Rozello)的带领下,也开始在达拉斯与明尼苏达建队,将联盟扩大至美国东南部,将美国的民族体育文化进一步融入东南部地区。

两个联盟的竞争日益激烈,投标大战和顶级球员不断增长的高薪相继出现,AFL在竞争过程中差点破产,联盟成立的第一年便亏损了近300万美元。AFL通过将转播权销售给ABC,挽回了一些损失。NFL则是在1961年将所有节目打包卖给了CBS。这些安排均由联盟以卡特尔的方式推行,所有球队共享利润。这样的行为也在1961年国会通过《体育转播法》❶时被合法化,这一结果使两大联盟的收入达到了不可思议的地步,1962年CBS为NFL的转播权付出了450万美元,而1964年,他们却要支出1400万美元。每一支NFL球队都获得了100万美元的分红。NBC则击败了ABC获得了AFL的转播权,但他们却付出了4200万美元的代价,每支AFL球队都得到了85万美元,球员们的薪水开始大幅上涨,球队老板们纷纷寻找非裔球员,以减少成本[Rader, American Sports(1983)257]。

两个联盟在1966年达成了合并协议,分别成了一个联盟下的两个分区(美联&国联),联盟沿用NFL的名称,冠军战则被命名为超级碗,于1967年开始运

---

❶ 美国国会在1961年制定的《体育转播法》(Sports Broadcasting Act)(1966年修订),其中明确规定了任何由有组织的职业联合会签订的广播权转让协议不适用反垄断法。谭小勇,等. 美国职业体育赛事转播反垄断政策考察——《体育转播法》介评[J]. 天津体育学院学报,2011(3).

营。这样的行为再次让人怀疑是不是垄断行为，但路易斯安那的国会议员们却成功地让这一行为成为了合法行为（橄榄球合并计划），作为回报，路易斯安那也因此获得了自己在新奥尔兰的球队。 会议协议在1970年举行，重新安排了球队的特许经营权以平衡电视市场[Rader, American Sports（1983）258]。

职业橄榄球的流行程度在1968年11月17日得到了很好的证明。两支宿敌球队纽约喷气机队与奥克兰突击者队在奥克兰会师，这场令人激动的比赛由NBC直播。当比赛还剩1分5秒的时候，比赛改为了无线电播放，当时纽约喷气机队以32比29领先，但当时NBC原计划在晚上7点播放电影《海蒂》。在比赛的最后50秒，奥克兰突击者拿下两次达阵得分，没有看到最终结果的狂热球迷们的抱怨电话将NBC的话务台彻底打瘫痪了，NBC也不得不就此事发表书面道歉，这件事第二天由《纽约时报》进行了全面报道。

（四）篮球

篮球运动在这一时期同样面对着成长的烦恼，职业篮球在当时还处于幼儿期，在20世纪50年代两大关键事件为自己日后的成功打下了基础——黑人球员进入了联盟，以及白人明星球员、波士顿凯尔特人队的鲍勃·库西（Bob Cousy）崭露头角。在50年代前几年期间，来自哈林篮球队的黑人明星"糖水"内特·克里弗顿（Nat "Sweetwater" Clifton）加入了纽约尼克斯，而后波士顿凯尔特人通过选秀签约了另一名黑人球员查克·库伯（Chuck Cooper）。同棒球一样，联盟对于黑人球员的引进增强了基于种族感情的球迷基础，并且推动了对最高竞技水平的要求。

NBA于1951年推出了全明星赛这一概念，凯尔特人队的白人控卫鲍勃·库西（Bob Cousy）成为了最大的明星。他虽然是白人，但却拥有黑人般的技术，令人眼花缭乱的运球与传球。他8次成为联盟助攻王，并且曾经在比赛中拿下28次助攻。

在观众及NBC电视网络的压力下，NBA在1954年出台了24秒进攻规则，这一规则在当时是势在必行[Rader, American Sports（1983）296]。在1950年活塞与湖人的一场比赛中，双方战成19∶18，全场仅命中8球，在新规则下，每队只有24秒进攻时间，否则将失去球权，这使比赛更加具有攻击性，而这种比赛则更为观众所喜爱。这一时期电视网络开始对比赛产生影响。由于其区域性质，职业篮球在这一时期成长缓慢，因为球队大都位于小城市，并且篮球必须要与观众人群已经成熟的橄榄球和棒球相抗衡；结果是篮球队的老板在这一时期无法获得大的电视转播合同。NBC在1962年决定不再播出篮球比赛，而1964年，ABC只支付NBA65万美元的转播费用。

到了1959年，在NBL与BAA合并10年之后，NBA终于把它大部分的球队搬到了大城市。1959年，8支球队吸引了超过200万名球迷到现场观战，但这也让与NBA对立的ABL大为恼火，1967年ABL改组为ABA，他们采用了红白蓝三色相间的篮球作为标示，并制定30秒进攻时间和三分球规则，这也使比赛更有侵略性与观赏性并吸引了大量球迷，与橄榄球联盟一样，两个联盟的分歧直到1976年的合并之后才结束。

（五）拳击

在刚刚登上电视舞台时，拳击并没有达到人们所预期的高度。早在1944年，吉列剃须刀公司就开始赞助每周直播的拳击比赛，吉列的名气使得其他赞助商纷纷效仿。赞助商只希望宣传获胜的选手和漂亮的重拳，结果就是，与小联盟棒球一样，小型的拳击赛开始大规模丧失观众。更严重的后果是，一些帮会开始对比赛进行幕后操作，影响比赛结果，从中大发横财。贿赂、敲诈、暴力现象层出不穷。IBC控制着1949年至1953年80%的冠军争夺战（*Riess*，*City* 180）。在随后的几年里，美国政府判定IBC为垄断组织，这也使拳击在60年代的电视屏幕上几乎消失。

二、对运动英雄的颂扬

当运动员或组织开始意识到自己的重要性之后，他们便开设了许多运动项目的名人堂。棒球名人堂开设于1939年，但其他项目的名人堂到1960年之后才相继出现，比如：职业橄榄球名人堂（1963）、国际游泳名人堂（1965）、篮球名人堂和全美冰球名人堂（都在1968年成立）。与名人堂发展的趋势齐头并进的则是媒体对明星球员的颂扬，以达到吸引球迷、培养球迷的目的。

第九章 体育的传媒化、商业化及政治化（1950—1980年）

对冰球来说，"火箭"莫里斯·理查德（Maurice Richard）这样的加拿大运动员将美国观众吸引到了冰球运动中来，而到了60年代，另外两名加拿大人也永远将自己的名字刻在了冰球历史上。格迪·霍伊（Gordie Howe）带领底特律红翼队4次获得斯坦利杯，并6次获得MVP奖杯，他6次获得NHL得分王，并在1971年短暂退役前21次入选全明星。1961年，鲍比·胡尔（Bobby Hull）带领芝加哥黑鹰队成为10年内唯一一支获得冠军的美国球队，他也因为特有的金发和速度被人称为"金色喷气机"，其特有的大力击球可以达到每小时161km，他7次获得NHL得分王，1965—1966赛季，他在65场比赛中打进54球，超越了莫里斯50球的纪录。这相当于棒球中杰森·马里斯打破贝布·鲁斯的全垒打纪录一样意义重大。他成为第一个单赛季获得10万美元薪水的球员。1972年，他跳槽加入WHA，签下了一年130万美元的合同。

在乡村俱乐部这样相对安静的赛场，阿诺德·帕尔默（Arnold Palmer）与杰克·尼科尔斯（Jack Nicklaus）两位选手在1962年的奖金高达10万美元，他们出色的表现征服了电视机前的观众。联合媒体将帕尔默选为年度最佳运动员。他那多如牛毛的赞助合同使他成为百万富翁。帕尔默从1959年开始了他那一系列的胜

1956年效力于底特律红翼队的格迪·霍伊
© Getty Images

利。4年之后他成为了大师赛冠军。这一系列成功使他成为了"工人阶级"的英雄，他的球迷人数众多，他们自称为"阿隆的军队"并一路追随着他。帕尔默的成功也打破了高尔夫作为精英运动的固有形象，一个以蓝领形象示人的冠军在电视上所向披靡，成为一道独特的风景线。

帕尔默最大的对手，杰克·尼科尔斯最终获得了20个大满贯头衔，1962年美国公开赛是他第一次战胜帕尔默，他虽然没有帕尔默那么有魅力，但他却更为稳定。他打出的长线球迫使高尔夫球场设计师重新考虑球场的设计。体育记者们纷纷将他称为高球界的贝布·鲁斯。退役后他开始转而设计高尔夫球场，并取得了成功。由媒体演绎出的尼科尔斯与帕尔默不同个性之间的对抗无疑增强了公众对于两人较量的兴趣。

三、ABC与电视体育赛事的转型

作为50年代四大电视网中最弱的一个，ABC看起来处处遭受排挤。于是电视网的官员们便将体育作为拓展市场的重要手段。在鲁尼·阿尔里奇（Roone Arledge）的领导下，ABC开始使用先进的转播技术与具有争议的解说内容来吸引观众。他们开始将体育比赛戏剧化，利用多角度的摄像机和引导性的访谈来创造噱头。摄像师们也开始将镜头投向拉拉队员的胸部与臀部，借此来吸引男性观众。观众们在看台上的挑衅式加油也越来越吸引人眼球（*Roberts and Olson 270–272*）。

1961年，阿尔里奇创造了获得"艾美奖"❶的节目《体育大世界》（*Wide World of Sports*），一个每周到世界各地去报道各种比赛的节目。吉列剃须刀公司出价850万美元来赞助这个节目。到了60年代中期，这个节目突出的是具有争议的运动员们和同样具有争议的主持人霍华德·科塞尔（Howard Cosell）。他凭借解说《周一橄榄球之夜》（*Monday Night Football*）而成为了全国家喻户晓的人物。他的出现不仅确保了节目的橄榄球收视人群，同时也改变了百万计美国观众的收视习惯。

---

❶艾美奖共分为两大奖项，即美国艾美奖和国际艾美奖，国际艾美奖的参赛作品全部来自美国以外的国家。美国艾美奖是美国电视界的最高奖项。艾美奖的地位如同奥斯卡奖于电影界和格莱美奖于音乐界一样重要。<*http: //baike.haosou.com/doc/2933773–3095607.html*>

霍华德·科塞尔作为当时有争议性的体育播报人和当代最有名的记者提升了美国广播公司电视的收视率

© Getty Images

这种战略不仅为ABC带来了巨额的收入，而且还从本质上改变了体育直播节目的性质和操作手段。伊维尔·肯内威尔（Evil Knievel），一个以大胆出名的摩托车特技运动员，凭借在电视上表演夺人眼球的特技而家喻户晓。他却也为他的大胆而多次受伤甚至险些死亡。

ABC同时还赢得了1964年NCAA大学橄榄球的决赛转播权。他们付出了300万美元的代价，但是这项赛事的价格在两年之后即翻倍。他们成功获得了转播权，但同时还获得了对赛事的话语权，他们在赛事的举行时间上有了决定权。他们可以使比赛为他们服务。最终，高中球队在星期五、大学球队在星期六、职业球队在星期日比赛的制度出现了，这样电视台便可以吸引最多的观众。一些教堂甚至为了比赛而改变了做弥撒的时间，电视台还涉足规则的改变，他们鼓励进攻，还发明了"电视暂停"这一概念。ABC就是这些动作的先行者，在接下来的10年中，ABC的收视率从第4位上升到了第1位。

四、电视与体育"联姻"

随着NFL高层与电视网谈判的步步成功，越来越多的富豪们开始投入橄榄球市场。1970年，NFL与NBC、CBS、ABC三家重要电视网签下了总额达到1.42亿美元的转播合同，这使NFL成为了无可争议的体坛巨无霸，NBC获得了美联比赛的直播权，CBS获得了国联比赛的直播权，而ABC获得了美联和国联比赛13场周一比赛的直播权。在电视网络鹬蚌相争之时，NFL趁此机会得以升值并有了市场可能性。这三家电视网络的解说员都对比赛进行了非常详细的报道，并且聘请了专业的评论员进行评论；ABC改变了转播战术，率先开启周日比赛的中场精彩回放，而其他电视网却主要将精力放在乐队上。

在他们的努力下，《周一橄榄球之夜》成为了全美国最受欢迎的节目之一。节目的主播团队：霍华德·克塞尔（Howard Cosell）、唐·梅瑞狄斯（Don Meredith）和弗兰克·吉福德（Frank Gifford）也因为节目而大火，尤其是主播霍华德·克塞尔，他那火爆而又直率的性格往往最能够煽动观众的情绪。他大胆地在节目中批评体育制度，同时对阿里等黑人运动员大加赞扬，他的这些言论对开明地区与媒体非常受用，但却在中西部掀起轩然大波，一位印第安纳的球迷每周都会为他而砸烂一台老式电视机。在一项调查中显示，三分之一的美国人在比赛日当天会收看他的节目，而在一些城市，员工们在星期二会出现大面积旷工现象（Pope, New American 377）。随着体育越来越向纯粹的娱乐消遣靠拢，每周一越来越像一个狂欢节，球迷们为了迎接这一天甚至会穿着出位，言语癫狂。

《周一橄榄球之夜》的成功造成了大规模的跟风现象，许多电视台都采取了"博人眼球"的制作策略，他们邀请影视明星加盟，导致节目的质量日益下降。他们在节目中刻意制造矛盾与冲突，最终这样的节目在观众中逐渐失去了吸引力。

1974年，NFL与三大电视网的转播合同所带来的收入达到了2亿美元，CBS开始在节目中加入节目前后的报道，第二年，CBS在自己的报道团队中加入了前美国小姐菲利斯·乔治（Phyllis George）。1978年，CBS向NFL开出了10亿美元的转播费用，作为回报，NFL将每年的常规赛场数增加到16场，每年还增加了一支持外卡参赛的季后赛球队。CBS与NBC分庭抗礼，ABC则增加了一场周四的比赛。在整个10年中，NFL的规则不断改变，球门缩小了，以此来鼓励达阵而减少踢球得分。进攻方的开球位置从40码推进到了35码，以此来鼓励进攻。不仅如此，防守球员的动作被减少，规则在不断保护四分卫。比赛中的得分确实提高了，场面也更加好看了。

大量的金钱不仅对职业队尤为重要，对于大学橄榄球来说同样是如此，外界虽然在不断地批评这项运动的暴力型与商业化，但是，当美国最铁杆的橄榄球迷之一尼克松总统❶为大学冠军颁奖时，表明大学橄榄球已经深入人心。1973年，NCAA分为3个级别，第一级别成为了吸引电视及广告的中心，1969年，ABC为大学橄榄球支付了300万美元的费用，而在10年之后，这项费用达到了2900万美元，1981年ABC与CBS分割了NCAA第一分区转播权时，转播费用达到了6570万美元［Rader，American Sports（1983）271］。

参加第一级别的篮球比赛的学校要多于橄榄球，这是因为篮球要求的投入较少，而且更容易出现明星（一支橄榄球队需要很多好球员，而一个篮球明星就可以改变一支球队）。篮球队对高中球员的招募出现了很多不正规的行为，NCAA加大了打击力度，但是教练员们却只要加入另一支球队就可以了，这样打擦边球的行为成为了普遍现象。

五、追求电视市场

电视直播带来的效应也使职棒大联盟有所改变，他们增加了球队数量，同时还将已有球队搬到大城市以追求更大的市场。1961年，参议院队离开了首都，搬到了明尼苏达，更名双子星队。美联迅速将市场拓展到了华盛顿与洛杉矶。1962年，纽约大都会队成立，1966年，勇敢者队离开了密尔沃基来到了市场更大的亚特兰大。堪萨斯队也离开了，他们搬到了奥克兰。1968年，西雅图出现了一支球队，第二年，密尔沃基出现了自己的球队——酿酒者队。15年内，大联盟球队达到了24支。

扩张必然会造成球员的大量增加，于是便有批评说大联盟的球员水平正在大大下降，1962年到1968年，纽约大都会队输掉了100场比赛。1963年，仍然有100万名球迷去关注这支总是失败的球队。与NFL不同的是，职棒大联盟的老板们拒绝平分利润，这必然造成球队的不平衡发展及各队球员水平不平衡的状况。

---

❶理查德·米尔豪斯·尼克松（Richard Milhous Nixon，1913—1994）是一位美国政治家，曾于1969年至1974年担任第37任美国总统，1974年时成为该国历史上第一位也是唯一一位在任期内辞职的总统。<http：//baike.baidu.com/view/89074.htm>

纽约扬基队花了大价钱签下了罗杰·马里斯（Roger Maris），马里斯在1961年打出了61记本垒打，打破了贝比·鲁斯（Babe Ruth）的纪录。当然贝比·鲁斯用了154场而马里斯用了162场才打破了纪录，这多出来的8场比赛，为电视及联盟创造了巨额的利润。但是最终马里斯却成为了一个反面角色。体育利用自己的明星偶像、体育流氓和侠盗英雄形象，创造出了不同于普通肥皂剧的体育故事。

ABC花费2500万美元，从蒙特利尔手中拿到了1976年夏季奥运会的电视转播权，产生了不少英雄业绩，此举使体育和电影的"联姻"得以证实。布鲁斯·詹娜（Bruce Jenner）在运动会中打破了十项全能的世界纪录；数个美国拳击手夺金，包括苏格·雷·伦纳德（Sugar Ray Leonard）、里昂（Leon）和他的兄弟们迈克·斯平克斯（Micheal Spinks）、里昂·伦道夫（Leno Randolph）和霍华德·戴维斯（Howard Davis）。其中，伦纳德获得了拳击名人堂中史上最佳拳手的称号（Hiestand and Martzke 2003）。

第三节　另类英雄的产生

体育与各种社会现象都是密切相关的，体育是社会进步与种族融合的绝妙舞台，同时却也成为了那些保守力量与白人力量的舞台。由于电视直播带来的巨额利润为体育联盟的发展提供了契机，同时也为球员的薪水提高提供了契机，当时美国虽然在社会上取得了一些进步，但当时社会的主流文化毕竟是白人盎格鲁-撒克逊文化，许多社会团体都将同色人种运动员当作自己的偶像和英雄。

在棒球界，犹太裔投手桑迪·库法克斯（Sandy Koufax）帮助道奇队统治了国联，可惜他却在30岁时就因为膝盖的伤势而退役了。他是个能够投出高速曲线球的左手投手。1965年，他创造了单赛季将382位击球手三振出局的纪录，他在职业生涯中平均每赛季将300名以上的球员振出局。他获得了赛杨奖（Cy Young）❶，同时获得了MVP奖项，他不仅个人完成了多次无安打无失分

---

❶美国职业棒球联赛MLB年度最佳投手奖。

第九章　体育的传媒化、商业化及政治化（1950—1980年）

比赛，还带领道奇队两次在决赛中战胜了不可一世的扬基队。他成为了全美闻名的体育英雄，棒球名人堂也在他36岁时便将他引入，这也承认了他在棒球历史上的地位，他的犹太血统和犹太教信仰不仅没有阻碍他的成功，反而因为他的成功而得到了主流文化的更多的理解和接受。试想，如果他不是一个伟大的运动员，而是像其他犹太人一样，去做律师和会计师，那会是怎样的结果呢？

在库法克斯退役后，一位非裔美国人投手成为了MLB的领导力量，他就是效力于圣路易斯主教队的鲍勃·吉布森（Bob Gibson），他凭借那风驰电掣般的投球统治了MLB，成为了历史上第二位职业生涯中将3000名击球者三振出局的球员，即使在1969年MLB将投手丘的高度降低以帮助击球手，吉布森还是两次将主教队带进了总决赛，他也成为了MLB历史上第二个少数族裔的英雄，对后世产生了巨大的影响。

在匹兹堡，海盗队对波多黎各外场手罗伯特·克莱门特（Clement）的表现非常满意。尽管他在比赛中是最优秀的全能队员，但是却很少得到体育专栏作家们的亲睐，因为他们缺少对于拉丁文化及其"运动浪漫主义"（拉丁人对于狂热运动的潜质及热爱）的了解。他们经常把他定义为阴郁的、虚荣的，掩饰对运动的真爱和对自尊的追求的人。但是没有人能够否认克莱门特的影响力。他在13个赛季的比赛中共击球3000次，击球率更是超过0.300。在1966年更是成为最有价值球员，平均击球率4次联盟第一，使海盗队12次成为全国棒球联盟全明星队。1971年在与金莺队的对抗中，击球命中率0.414，随之获得了世界职业棒球大赛的最有价值球员称号。在1972年12月的最后一天，他携带着食物及其他供应品支援尼加拉瓜地震灾民，但是因飞机失事不幸遇难。仅仅几个月之后，棒球专栏作家们终于承认了他的价值从而将他选入名人堂。克莱门特的死震惊了读者及有着人道之心的运动员们，而他将永远活在运动场上。很多拉丁球员尊他为神——加勒比的杰基·罗宾逊。

在此期间，橄榄球也产生了一群进入名人堂的球星，但是在比赛中最能体现男子气概的当属来自芝加哥的迪克·布特库斯（Dick Butkus），来自一对中产阶级立陶宛夫妻的儿子，作为熊队中后卫球员，布特库斯在球场上横冲直撞，快速而又可怕，他用咆哮、假刺来吓唬对手，而且总是行为放浪。他那245磅（111千克）的身躯以惊人的力量撞击着阻拦者、跑动者及接球员。尽管在其职业联盟的

9个赛季（1965—1973）的大多数时间，他都效力于一支失利的球队，但他却7次入选全联盟队。教练员们和对手们将他认定为橄榄球运动员的典范。对于很多的中产阶级球迷来说，当他们面对着生活中直接的、残酷的挫折时，布特库斯强健的体魄、超凡的技术，以及比赛中心不在焉的战术都反映了他们的生活方式。以致于当这种职业运动发展到更高的贵族运动的时候，诸如布特库斯这样的球员仍然让橄榄球运动深深地抓着中产阶级球迷的心。

第四节　职业体育和劳工关系

尽管运动英雄们获得了荣耀，运动比赛中蕴含着巨大的利益，但是雇主和雇员们却并没有享受到平等的回报，职业运动员和球队所有者们之间不断地发生着有关工资、奖金、自由球员权利等方面的摩擦。1970年，全国橄榄球联盟队员发起了一次罢工，奥斯卡·罗伯森（Oscar Robson）带领NBA队员起诉他们的雇主，尽管科特·弗勒德（Curt Flood）在棒球案件中没有获胜，但是NBA球员们从他们先前的捆绑协议中获得了较大的自由。1972年，巴尔的摩小马队队员，橄榄球运动员联盟主席约翰·麦基（Mackey）成功地将橄榄球联盟起诉并且否决了著名的"罗泽尔条款"（Rozelle Rule）❶，该条款曾规定允许理事皮特罗泽尔建立赔偿金制度，如果任何运动员从他的签约球队离开转投到其他队，必须支付一定的赔偿金。因为理事无可避免地与球队所有者站在一边，这一条款便剥夺了球员在自由市场上估算自己价值的机会。因着这一有利的规则，联盟球队所有者们对自由球员并没有显示出多大的兴趣，到1980年，球员的平均工资仅仅达到6.9万美元［Rader，American Sports（1983）353］。

棒球球员们在追求自由球员的道路上获得了较大的成功。在运动员联盟执行理事马维·米勒（Marvin Miller）的指导下，蒙特利尔博览会队的投手球员戴维·麦克纳利（Dave McNally）和洛杉矶道奇队的投手安迪·麦瑟史密斯（Andy Messersmith）实施了一种不同的策略。根据他们已完成的合同条款，他们在

---

❶罗泽尔条款，即球员转会时新球队必须给旧球队付转会费的规则。<http://fanyi.baidu.com/?aldtype=85#en/zh/Rozelle%20rule>

1974年赛季中并没有与球队所有者签署任何协议。没有合同，他们便声称是自由球员，可以与任何俱乐部就他们的服役问题进行协商。仲裁专家组和联邦法庭同意，从本质上打破了将近持续了一个世纪的将运动员束缚在某一个队上的规则。由于各队竞相出高价买入队员以为其队配置最好的运动员，在接下去的5年里运动员的工资涨了近3倍［Rader, American Sports（1983）352］。在职业篮球圈内，NBA与其竞争对手美国篮球协会（ABA）展开了激烈的争夺，这也导致运动员的工资越来越高。当两大联盟在1970年试图合并时，运动员们提起诉讼，阻止了这次合并。1976年，ABA的印第安纳步行者队、丹佛掘金队、圣安东尼奥马刺队和纽约网队加入NBA，由此ABA停止运作。1980年通过与电视台签订转播合约，NBA各队赚到达88万美元的丰厚利润［Rader, American Sports（1983）298］。

第五节 体育与民权运动

20世纪50年代的青年人对他们的衣着、发型以及对音乐的品位持有十分明显的质疑和反叛态度，这增加了政治领导人对社会的关注。美国歌手采用布鲁斯悲伤的风格创造出一种新的音乐类型，那就是为众人所熟知的摇滚乐。摇滚乐中蕴含性暗示。法兹·多米诺（Fats Domino），查克·贝里（Chuck Berry）和小理查德（Little Richard）三人的音乐跨越了种族界限，吸引了各种族的人们。正是白人歌手艾维斯·普里斯利（Elvis Presley）采用了黑人音乐的风格才使摇滚乐作为一种社会现象在全国占有举足轻重的地位。

一、印第安人

尽管部分美国人成功过渡，但是依然有很多美国人对这美国体制信心不足。很多美国最为贫困的印第安公民在荒凉的保护区和城区贫民区受苦。在"二战"之后的时期，印第安人引用了他们传统的生活方式以保持文化凝聚的相似，但是有些人也以参加竞技表演的方式通过体育来赢得更多认可和额外收入。运动员们在竞技协会中发挥了卓越的作用，他们还以政治目的结成联盟，如在20世纪六七十年代的抗议运动。沃格拉拉的印第安孤儿比利·米尔斯（Billy Mills）在1964年的奥运会上的夺冠大大增加了印第安人的自豪感。米尔斯赢得了一万米跑金牌并打破了世界纪录，他也是美国历史上第一个赢得奥运会一万米跑金牌的美国人。米尔斯在退役后投身于激进主义当中，给美国本土青年注入了自豪感并带去了希望。

1964年奥运会，比利·米尔斯赢得10000米冠军
图片来自美国海军陆战队

二、非裔美国人

当他们解放近一个世纪之后，非裔美国人依然面对广泛的不公平。在1954年，他们开始挑战隔离学校制度并在法庭上述说这些不公。在布朗诉教育局案中，最高法院禁止了所有区域的隔离政策，这引发了民权运动。但是社会歧视不可能仅靠法律就能消除，它继续存在于很多领域里，包括劳动力市场和体育界。

1963年，非裔美国人公认的非暴力民权运动的领导人马丁·路德·金（Martin Luther King），领导了一场在华盛顿的游行。正是因为它的象征意义

第九章 体育的传媒化、商业化及政治化（1950—1980年）

（华盛顿是林肯纪念馆以及联邦职责和国家政府的所在地）引起了对此案的巨大关注。

> 当我们让自由之声轰响，当我们让自由之声响彻每一个大村小庄，每一个州府城镇，我们就能加速这一天的到来。那时，上帝的所有孩子，黑人和白人，犹太教徒和非犹太教徒，耶稣教徒和天主教徒，将能携手同唱那首古老的黑人灵歌："终于自由了！终于自由了！感谢万能的上帝，我们终于自由了！"（Martin Luther King speech, August 28, 1963）

同时，运动员们越来越质疑他们的体育理念及其在美国社会中体育作为综合力量所起的作用。1964年国会通过一项权利法案，但是由于越南战争的升级，征兵及贫困范围的扩大，导致了10年来的城市暴动和大规模的抗议活动。

奥尔瑟雅·吉普森手握网球拍的宣传照
图片由国会图书馆提供，LC-USZ62-114745

在体育运动的世界中，美国黑人奥尔瑟雅·吉普森（Althea Gibson）成为早期先驱登上舞台并引起了大众对网球的广泛兴趣。随着业余运动员加入到职业的行列中，且美国人在1950年至1967年只取得了3次戴维斯杯❶的胜利，美国网球失去了昔日的活力。但是在1950年，吉普森作为第一位美国黑人参加并取得了美国草地网球协会（United States Lawn Tennis Association：USLTA）的国家冠军成为一大亮点。在前任白人冠军爱丽丝·马波尔（Alice Marble）的帮助下，吉普森扮演着她的类似于杰基·罗宾森在棒球方面的全能角色。她获得了1956年法网公开赛的冠军及温网的单打和双打冠军，第二年又获得了美网的冠军。美联社将她评为1957年度女性运动员，她是首位获得此荣誉的黑人女性，第二年她又获此殊荣。她于1959年进入职业排行榜，1964年作为美国高尔夫协会成员转为职业运动员。

吉普森的成功为他的男伴阿瑟·阿什（Arthur Ash）铺平了道路，吉普森发现了他的潜力，而黑人医师罗伯特·沃特·约翰逊博士（Dr. Robert Walter Johnson）也对他产生了兴趣并提供了指导。1968年，在带领美国队夺得戴维斯杯之前阿什（Arthur Ash）便囊括了美网业余组冠军及美网公开赛的冠军，第二年，成为首位获得男子职业巡回赛的美国黑人，1970年，获得澳网公开赛冠军，1973年，作为首位黑人运动员参加了南非锦标赛。由于阿什（Arthur Ash）在这项"白人运动"中的巨大成功，也因为他的政治活动，从而为打破美国国内外的种族隔离做出了贡献。

1975年，阿什成为首位获得温网男子单打冠军的美国黑人，1977年再获澳网冠军。他的生活在1979年发生了历史性巨变，当时他心脏病突发需要手术，因输入了感染性血而感染了艾滋病。尽管他遭遇到了一连串的病变，但他仍然建立了服务于城市贫困青年的网球体系，成为一名社会活动家，并且写了关于美国黑人运动员的相关书籍。阿什于1993年去世。

还有一些美国黑人运动员在橄榄球和篮球方面大放异彩。在1957年加入克利夫兰布朗橄榄球队之前，吉姆·布朗就在雪城大学的四项运动中成为了主角，成为年度最佳新秀，然后布朗以其速度与力量的结合统治联盟8年之久。当时，布朗连续8年成为联盟头号人物，平均每次进位超过5码（4.6米），每次比赛共超过100码（91

---

❶戴维斯杯（Davis Cup）为世界上极受瞩目的国家对国家的男子网球团体赛事。*<http: //baike.baidu.com/view/1025977.htm>*

米）。1965年他第二次获得最有价值球员称号，在其职业生涯126次达阵中占有21次。在其事业的高峰期，年仅30岁的布朗退休，成为一名演员，开启了一种以黑人运动英雄为特色的新的电影题材。这为日后运动员从体育向娱乐业的转变铺就了道路。但是，对于少数民族来说，在通往成功的路上会遇到更多的坎坷，会承担更大的负担。如果一名带着黑人民众希望的黑人运动员失败了，那便意味着他为了另一次的成功还需要等待不为人知的几年，但是一旦成功将一劳永逸。

体育运动给美国社会也带来了其他的显而易见的变化。1966年，得克萨斯西部学院队（现在的得州大学厄尔帕索分校）在NCAA的篮球冠军争夺战中打败了夺冠热门、大学篮球联赛的常胜队伍肯塔基大学队。肯塔基大学的首发阵容是5名白人队员，而得克萨斯西部学院则在首发队伍中派出了5名黑人队员。得克萨斯西部学院最终以72比65赢得了冠军，从而改变了美国团队体育的构成和种族关系。

网球选手阿瑟·阿什是一位艺术家、企业家、作家和一名竞赛运动先锋
© Getty Images

美国黑人很久之前就可以参与一些类似于音乐人或者是运动员可以给白人观众提供娱乐的工作。做得好的，只要他们不扰乱由白人制定的既定的社会秩序，就可以积累财富和名气。但是从20世纪50年代后期到60年代前期，黑人运动员开始在除了冰球之外的所有主要体育项目中大放异彩。在篮球界，从1957年到1969年，波士顿凯尔特人队在职业篮球联赛中占主导地位，并且曾经赢得11次NBA总冠军。这主要归功于他们的黑人中锋，之后的球员教练——比尔·拉塞尔（Bill Russel）。在比尔·拉塞尔参加选秀加入凯尔特人之前，他就曾经带领旧金山大学篮球队赢得了1955年和1956年的大学生篮球联赛冠军。他打球无私，拼抢积极，封盖及时，以防守震慑对手。在凯尔特人以雪茄而闻名的犹太教练，"红衣主教"奥尔巴赫（Red Auerbach）的带领下，球队夺得了9个总冠军。在场下，拉塞尔拒绝接受对非裔美国人社会角色的默认，他公开发表声明拒绝种族主义和社会的不平等。尽管波士顿是种族隔离最严重的城市之一，拉塞尔仍然被球队奉为队长与领袖。1967年，球队更进一步任命他为主教练，这使他成为NBA历史上第一个出任了球队所有角色的黑人。之后他又为球队赢得了两个总冠军，打破了对黑人缺乏智慧与领导力的既有印象。

其他黑人球星也声称受到过歧视，只是不像比尔·拉塞尔般惨烈。在场上，他们的表现很精彩。埃尔金·贝勒（Elgin Baylor）以力量、敏捷与弹跳力的完美结合迷住了许多粉丝，而这也就是以后的"黑人风格"。1960年作为一个身高2米的明尼阿波利斯湖人队后卫，他取得了单场71分的成绩，在他14年的NBA职业生涯中，他的场均得分超过了27分。他的湖人队白人队友杰里·韦斯特（Jerry West），一位技艺精湛的投手，也在14年的职业生涯中取得了场均27分的好成绩。当埃尔金·贝勒的职业生涯在1971年结束时，他成为一名NBA教练员和经理从而克服了种族束缚（Raffety 61-62）。

奥斯卡·罗伯特森（Oscar Robertson），另一位非裔美国人，以一名辛辛那提大学学生身份连续三年夺得全国冠军。作为一个2米高的后卫，参加了1960年辛辛那提皇家队的选秀，并且在攻防方面表现非常优异。1961—1962年的整个赛季就拿下了惊人的赛季场均"三双"（指得分，篮板球和助攻上均为双位数——10或10以上），这样惊人的成绩使得白人媒体也开始关注他。

对于拉塞尔来说，最大的挑战便是费城76人队中锋，高7英尺1英寸（2.20米）的威尔特·张伯伦（Wilt Chamberlain）。堪萨斯大学毕业后的一年张伯伦都效力于哈林篮球队，而在1959年，他加入了NBA。新秀赛季场均分就超过37分，两年后就能平均每场拿50.4分。在三个赛季的每场比赛中，张伯伦平均抢到24个篮板球。他创造了单场比赛55个篮板，一个赛季场均27.2分，职业生涯场均22.9

分的纪录。1962年他在单场比赛中独得了100分（迄今无人能及）。有一年，他还成为了NBA助攻王。他与比尔拉塞尔的对抗，是在不可阻挡的进攻与无懈可击的防守之间的经典对抗。最终团队精神战胜了个人主义，相比于拉塞尔带领凯尔特人队不断夺得冠军，张伯伦率领的76人队却只得到过一次（1967年）。不管怎么说这两位巨人一起把被白人统治的篮球运动转变成了扎根于城市的黑人运动。

在校际比赛中，在传奇教练约翰·伍登（John Wooden）以及中锋球星卢·阿力辛达（Lew Alcindor）和比尔·沃尔顿（Bill Walton）的带领下，UCLA❶主宰了NCAA篮球界，其在1964—1975年间共赢得10次冠军，包括1967—1973年的连续7次冠军。阿力辛达拒绝加入1968年国奥队反映了美国黑人对这项运动越来越不满。之后他便加入了伊斯兰教，以卡里姆·阿卜杜尔·贾巴尔（Kareem Abdul Jabbar）为名；他的这一宗教信仰变化反映了他对白人体制的不满。

三、橄榄球成为南方社会变动的前兆

大学橄榄球教练员提出了一套新的高分进攻系统来取悦激进的球迷。合众社❷教练员和美联社❸体育记者每周对橄榄球队进行投票，这样不仅引起球迷的兴趣，而且还不断给教练员和球员赢得比赛增加压力，并成为一种风尚。在阿拉巴马州大学的教练"大熊"保尔·布莱恩特（Paul "Bear" Bryant）曾在19世纪60年代带出了3支全国冠军队，但是他的成功代表着传统的南方价值观。自从19世纪早些时候，南方球队采用体育手段作为"失败"的联盟，崇拜宗教主义，只选用白人球员。南方学校禁止黑人球员也进入场地和他们比赛。当南方球队对阵北方球队的时候，橄榄球比赛成为美国内战的重现，乐队唱着"南方各地"，球

---

❶加利福尼亚大学洛杉矶分校（University of California, Los Angeles, UCLA），是位于美国加利福尼亚州洛杉矶市的一所公立研究大学，是美国最顶尖的综合大学之一。<http://baike.baidu.com/view/587086.htm>

❷UPI（United Press International），（美国）合众国际社，美国历史上著名的商业通讯社。由著名报人斯克里普斯创立于1902年。1958年，与赫斯特创办的国际新闻社并组成了合众国际社。<http://baike.baidu.com/view/5030514.htm>

❸The Associated Press（AP），美国联合通讯社，美国最大的通讯社，国际性通讯社之一，简称美联社，英语直接称为"联合通讯社"。汉语为将其和其他国家的联合通讯社区分开来，加上其所属国家之名称，称为"美国联合通讯社"。英文简称AP。<http://baike.baidu.com/view/315323.htm>

迷们挥舞着联盟旗帜。在历史性事件"布朗诉讼教育局案"7年过后,阿拉巴马大学和密西西比大学还没有整合它们的公立学校。

布莱恩特曾执教诸如马里兰、肯塔基和德州大学等的南方学校,之后在1958年回到自己的母校。他是一个专制的教练员,他利用残酷的训练给球员灌输纪律、韧性和永恒的决心。当伯明翰警察用警犬和消防软管袭击维权游行者时,阿拉巴马球队仍旧是美国自以为是的种族态度的象征。赛场上的暴力性比赛反映出了对付当地维权主义者的阴谋。对于他的球迷来说,他和他的球队,代表着南方的荣誉,挑衅对这个地区缺少尊重的这个国家的其他地区(*Doyle*)。

19世纪60年代中期,为赢得橄榄球界的声誉,阿拉巴马接受了季后赛的邀请,并在比赛中遇到了黑人运动员。作为一个没有公开声明的种族主义者,布莱恩特用很实用的方法进行回应,安抚白人的支持者直到对黑人球员的需求公之于众。他在种族问题上保持低调以维护支持者俱乐部的利益。事情的转机就在1970年阿拉巴马与南加利福尼亚州的一场比赛。南加州以42比41取胜,黑人跑卫山姆·康宁汉姆(Sam Cunningham)取得4个达阵成为功臣。布莱恩特由此开始雇黑人球员,其他的南方学校教练也在效仿。随着整合球队的发展,布莱恩特和他的阿拉巴马大学球队在70年代夺得了多次全国冠军。比起美国其他大学教练,布莱恩特是美国历史上夺得冠军最多的大学球队教练,直到被艾迪·罗宾逊(Eddie Robinson)超越——担任格兰布林州立大学的历史性的非裔美籍教练。

四、运动革命

文斯·隆巴迪(Vince Lombardi),1959年加入绿湾包装工队的著名教练员。他以纪律、规范和精确著称,带领球队夺得了5届全国橄榄球联盟(National Football League,NFL)冠军(包括头两届超级碗❶)。在与球员的关系中,他坚信传统的家长等级制及比赛中的家长制角色。作为绿湾包装工队的英雄,他是全国传统主义者的偶像,与他的小镇队一起,在保守的NFL里充当着击杀歌

---

❶ 超级碗(Super Bowl)是美国国家橄榄球联盟的年度冠军赛,胜者被称为"世界冠军"。超级碗是比赛的名称,其奖杯名称为文斯·隆巴迪杯(Vince Lombardi Trophy)。<http://baike.baidu.com/view/25499.htm>

利亚（Goliaths）的大卫（David）的角色❶。在残酷的较量中，乔·拿马斯（Joe Namath），一位白人球员，作为华丽的且又粗暴的橄榄球联盟（AFL）的纽约喷气机队（New York Jets）四分卫，代表着傲慢、反叛的城市青年形象。作为一个野性的长发单身汉，拿马斯代表快节奏和快乐的生活方式，挑战着传统标准。被称为"百老汇·乔"的他，有时穿着毛茸茸的大衣，留着大胡子，甚至为了电视广告穿上女士长筒袜。在两次赢得超级碗之后，他公开表示喷气机队会赢得第三次比赛。他的独立、富裕和影响是这个国家反传统文化的代表。

穆罕默德·阿里可能是20世纪最杰出的运动员，他逼迫整个美国对抗自己
© Getty Images

黑人的不满倾诉在穆罕默德·阿里（Muhammad Ali）身上予以放大。集赞美与咒骂于一身的阿里，超越了体育本身而成为了那个时代的诸多领域的焦点。因为阿里，体育在美国变成了文化战争的舞台，成为了与传统主义者抗争的方式，以此来定义体育的性质。传统主义者们坚持体育应作为品质培养途径这种理想主义信念，时任国际奥委会主席艾弗里·布伦戴奇（Avery Brundage）坚持推

---

❶大卫击杀歌利亚，圣经典故，以色列孩童大卫靠石子击杀非力士重甲武士歌利亚，后被称为"大卫王"，用以形容以弱胜强的大逆转——《圣经旧约·撒母耳记》，第17章。

行业余主义原则。而UCLA篮球教练员约翰·伍登（John Wooden）坚持对职业道德和尊重权威的旧时价值观。一大群橄榄球教练员，尤为著名的是阿拉巴马的"大熊"布莱恩特、俄亥俄州的伍迪·海耶斯（Woody Hayes）以及在职业体育层面的乔治·阿伦和文斯·隆巴迪都在宣扬保守的价值观和原则。教练员时常对运动员的着装、发型等提出要求，尤其禁止运动员与不同种族的人进行约会。一些运动员对他们进行了抵制，包括白人与黑人，他们认为这样的指令是压迫、剥削及独裁的。而这些运动员往往被教练员和大部分媒体视为叛逆。这些运动员通过一些新的、革新的方式来推动美国主流社会理念中的种族意识的转变。穆罕默德·阿里便成为了这个被称为"体育革命"的运动的领袖。

以卡休斯·克莱（Cassius Clay）的名字获得奥运会冠军之后，作为一个世界重量级拳击冠军，阿里走上了职业生涯之路。在拳击台上，他跳舞、曳步、扮小丑。在分散对手注意力，让对手抓狂时，他还趁机娱乐拳迷。对于一个重量级拳击冠军来说，克莱能非常迅速地躲开对手的出拳，且步履生风。他声称可以"像蝴蝶一样轻盈，像蜜蜂蛰人一样犀利。"同时他也在提升自己的实力以及在诗歌、炒作和应付采访方面的能力。与黑人冠军乔·路易斯（Joe Louis）和弗洛伊德·帕特森（Floyd Patterson）不同，阿里赞美自己的黑肤色，并且要求获得白人拳迷和白人控制的媒体的尊重，但还是很难做到，尽管这些人普遍都发现阿里的古怪行为在有些时候很有趣。随着拳击运动员实力的迅速攀升，阿里迎来了另一位黑人拳手，重量级拳击冠军索尼·利斯顿（Sonny Liston）。他在1964年以1：7落败。利斯顿，是一个脸色阴沉、面露不悦之色、可怕残暴的人，也是一个有前科的黑社会流氓分子的马前卒。阿里在拳击台上似乎是不可战胜的，然而，克莱打败了他。这之后克莱便宣布改变名字和信仰，皈依比较激进分裂的黑人穆斯林。在许多人看来，这是对他们自己以及现有秩序的一种威胁。

阿里宣称自己是"最伟大"的，在批评美国社会时更加直言不讳。以拳王宝座作为他的讲坛，阿里变得更加桀骜不驯和更有影响力。他打败了一连串的挑战者，其中就包括前世界冠军弗洛伊德·帕特森（Floyd Paterson）。此前帕特森曾立誓要为基督教美国夺回冠军。因为他的傲慢，阿里在拳击台上狠狠地教训了他。对许多人来说，阿里看起来就像是魔鬼的化身。而对另外一些人来说，他则代表了黑色人的反击（*Miller and Wiggins 293*）。阿里甚至预测出他的淘汰赛胜利的具体回合数。但是，尽管在擂台上立于不败，联邦政府却以拒绝服兵役的罪

第九章 体育的传媒化、商业化及政治化（1950—1980年）

名收回了他连夺数次的拳王桂冠。阿里拒绝到越南参军打仗，他说，他和越南之间并没有争端，他认为他是基于宗教信仰原因不肯服兵役。政府不仅拒绝了阿里的请求，还判了他5年徒刑，并处以1万美元的罚金。阿里将案子上诉至最高法院，然而他等来的判决声明却是拳击协会禁止他再参加体育运动。他摘下了冠军头衔，也无法再谋生计。他当起了一个有原则有操守的"烈士"，把价值观置于诱惑、名望和荣誉之上。随着反战运动的升级，他被迫离开却使他拥有了更多的追捧。

一些流行抗议歌曲的歌词例证了人们对越战，对依赖穷人和工薪阶级，以及强迫数量过多的黑人入伍的不满。一首流行的摇滚歌曲就体现了工人阶级宿命论的感觉：

一，二，三，我们为了什么在抗争？不要问我，我不会去谴责。下一站，是越南！五，六，七，打开宝贵的关口。啊，没有时间去问为什么。狂欢吧！我们都将死去！（Country Joe and the Fish）

司法法令迫使阿里放弃了王冠，却更加坚定了他的使命感。阿里卷土重来了，他上演的也许是体育历史舞台上最具喜剧性和持续时间长久的一出回归。他全心致力于国家的一系列最深重的问题，包括种族、宗教和爱国主义。在继续追寻他的拳击事业时，他总有恶意的戏码，包括插科打诨和戏弄对手。1964年，他打败了6个挑战者。3年后，由于美国国务院撤回了他的护照，他因逃避征兵而获得罪名也不允许他再参与更多的比赛。因此，在职业生涯不稳定的时期，阿里度过了生命中最闲适的几年。

然而在1971年，美国最高人民法院撤销了1967年的裁决。同时，阿里找到重夺拳王称号的方法，那就是在没有拳击委员会的乔治亚州比赛。同年，在打倒了两个白人选手之后，他在麦迪逊广场花园迎战当时的冠军乔·福雷泽（Joe Frazier），争夺拳王桂冠。他们二人的迥异风格成就了拳击史上最精彩的拳击比赛。久未参赛的阿里在速度和躲避击打的能力方面削弱不少，这迫使他使用更狡猾灵活的战术。福雷泽，一个意志坚强的拳手，擅打具有破坏性的左勾拳。他说话含糊不清，表现出和话多的阿里明显的差别。苦战到15回合的决胜轮时福雷泽获胜。但是在1974年的次回合挑战赛中，阿里从裁判那里博得了12回合的胜利。同年晚些时候，阿里在伊扎尔首都金莎萨挑战拳王乔治·福尔曼（George Foreman）。福尔曼更年轻强壮，块头也更大，这个在1968年的奥运会上动作迟缓，打击力却强劲的重击手和爱国主义英雄，是非常强有力的对手。阿里采用他的"倚绳战术"，任凭福尔曼强劲的连续出击，而他只是沿栏绳招架。到了第8回合，福尔曼体力下降，然后被阿里一个击倒打败。1975年，阿里和福雷泽在菲律宾第三次交锋，这场壮观的比赛被称作"马尼拉的震颤"。双方轮流出击，直到两个人都几乎不能站立，但他们一直顽强应战。两个人都显示出了非凡的勇气和绝不服输的坚毅。到第14回合时，裁判员判阿里一个技术性击倒获胜。但是，两位拳手同样伟大。

阿里不断超越着自我，即使在退役后，他依然是历史性的偶像。1980年，他成为政府特使前往非洲，10年后他又前往伊拉克免费帮助解救了15个美国人质。此后，他因帕金森综合症沉寂了下来。但他依然显示出坚定不移的精神品质。1996年，他点燃奥运圣火，揭开了亚特兰大奥运会的序幕。作为一位运动员，一位叛逆者以及社会工作者，他成了桀骜不驯的一代和革命的代名词，他帮助推动了美国社会的进步。

阿里身处困境时正值黑人运动员起义兴起。1965年，美国黑人运动员组织了一场针对美国橄榄球联盟全明星赛的联合抵制运动，并使得众多的不满因素持续了整整10年，包括和白人相较而言低廉的薪水，黑人教练员的缺乏，以及旧习的堆积。所有这些迫使黑人成为这样的角色：仅仅拥有超高运动能力而不具备教练员对白人运动员所要求的领导力的运动智商。例如，黑人棒球选手通常被分到外野区❶，在橄榄球中黑人运动员可能是前锋或角卫，却永远不可能是中锋或四分卫❷。

黑人们的不满在一次暴力事件中偶然爆发。马尔科姆·X（Malcolm X），伊斯兰国家的一个魅力非凡的演说家，在1965年被竞争者暗杀。同年，洛杉矶

---

❶ 外野区（outfield），棒球场区域之一，外野手（Outfielder，通常简写成OF）是棒球与垒球运动中的一个守备位置或该守备位置运动员的统称，也称外场手。通常是对内野手的漏球进行补防。<http://baike.baidu.com/view/394717.htm>

❷ 美式橄榄球中的前锋（receiver），进攻组成员，主要负责接传球与冲锋；角卫（corner back），防守组成员，负责牵制对方外接手，拥有最好的倒退冲刺速度；中锋（center）和四分卫（quarterback），进攻组成员，由中锋负责发球，故中锋与四分卫之配合是进攻之始，四分卫（有译作"主帅"）是球队进攻的灵魂和指挥官。<http://baike.baidu.com/view/51304.htm>

附近的黑人瓦特发起了一场暴乱,导致35人死亡,经济损失4000万美元。两年后,随着黑人权利倡导者开始呼吁社会、政治和经济力量,暴乱肆虐到了克利夫兰、纽瓦克和底特律地区。另外,学生非暴力合作委员会的领头人,比如斯托克利·卡米歇尔(Stokely Carmichael)和休伯特·莱普·布朗(H. Rap Brown),他们颂扬种族自豪感和自力更生,除了一些支持独立的伊斯兰国家的极端分子,以及从事与白人权利机构进行暴力对抗的好战的黑豹党❶。

阿里的判决下达之后,圣荷塞州立大学的一位黑人社会学教授,哈里·爱德华(Harry Edward)成立了奥林匹克人权组织(the Olympic Project for Human Rights,OPHR),意在使黑人运动员联合抵制1968年奥运会。该组织列举了一些要求:恢复阿里的重量级世界冠军头衔;开除看似种族主义且保守的国际奥委会主席艾弗里·布伦戴奇(Avery Brundage);开除那些在奥运会比赛中吹捧种族隔离的国家;任命黑人教练员参与美国奥委会;整合黑人运动员进入全白人的纽约运动员俱乐部。1969年2月,黑人运动员在纽约运动员俱乐部室内跑道上进行联合抵制。国际奥委会于同年春季将南非,这个种族隔离国家,从奥林匹克运动会上除名。同时,随着马丁·路德·金和罗伯特·肯尼迪接连被暗杀,美国社会看起来四分五裂了。大学生反战对抗者就民主国家争端问题连续遭到芝加哥警察武力打击。至少有37名大学生参与了这场联合抵制运动,他们还要求将黑人学生和更多运动队伍中的黑人教练员集中起来。另外,NBA球员工会也决定参与斗争。

当学生运动员享受暑假时,爱德华发起的运动失去了凝聚力,但是运动员们维持着他们的态度及在奥运会中的反抗,这衍生出了许多惊人的表现。奥运会中最棒的场面出现在200米决赛,非裔美国人托米·史密斯(Tommie Smith)凭借新的世界纪录赢得了金牌,他的同胞约翰·卡洛斯(John Carlos)获得了铜牌。在领奖台上,当国歌响起的时候他们穿着黑袜子同时举起戴着黑手套的紧握的双拳向黑人力量致敬。因此,全世界的观众见证了美国陷入困境的种族关系。美国奥林匹克委员会将他们两个剔除出美国代表队,并在第二天就将他们送回家。

---

❶黑豹党(Black Panther Party)是一个1966年由非裔美国人修伊·牛顿(Huey Newton)和西尔(Bobby Seale)在加利福尼亚的奥克兰所组织的团体,其宗旨主要为促进美国黑人的民权,另外他们也主张黑人应该有更为积极的正当防卫权利,即使使用武力也是合理的。*<http://baike.baidu.com/view/133970.htm>*

五、运动农奴制的挑战

1969年，美国在阿波罗11号着陆月球后有了巨大的民族自豪感，但是这样的成功并没有缓和体育中的种族问题，普通的运动员和特殊的非裔美国人力求更好地控制自己的生活。在篮球方面，NBA与ABA的对抗使ABA联盟的丹佛掘金签约了斯潘瑟·海伍德（Spencer Haywood），一个来自底特律大学的大二学生，他代表美国队参加了1968年奥运会。海伍德在ABA有过杰出的一年，同时摘得得分王和篮板王的头衔使他赢得了最佳新秀，而且是当年的最有价值球员。1967年，他选择了NBA的西雅图超音速队，但是NBA选秀规则规定大学没有毕业的运动员不能签订合同，这个规定为了保护运动员过早离开学校加入职业队伍。联邦法院说明他是个有特殊困难的特例，因为他要为他的家庭提供必要的资金支持。这个判决最终改变了NBA选秀系统，迫使联盟不限定运动员的年龄而允许他们进入选秀。

在职业篮球中，"J博士"朱丽叶斯·欧文（Julius Erving）为球迷创造了很多精彩时刻。在他1971年去NBA纽约篮网队和费城76人队之前，也就是离开马萨诸塞大学两年后加入了ABA的弗吉尼亚州乡绅队。因为他非凡的弹跳能力结合他的表现力，他的打球风格令人振奋，后来被称为"黑人风格"，这使他接管了比赛，并将比赛进攻的焦点从篮下的大中锋身上转移到能持球灵活、动作华丽的个人主义上来。欧文在1987年退役成为了唯一一个不是中锋却拿到3万分的人。非裔美国人在体育世界中的巅峰成就彻底摧毁了怀疑非白人能力的社会达尔文主义。

在棒球中，科特·弗洛德（Curt Flood）抵制保留条款（运动员合同的标准）❶将他们约束到一个队伍。在1969年，一个来自圣路易斯红雀队全明星级别的外野手拒绝接受被交易到费城队，因为他厌恶被当作一份财产。他在1970年赛季重新回归，来到了华盛顿参议员队。最高法院5∶3的投票通过了对他的判罚，援引1922年的审判原则，判定棒球没有构成一种生意所以不能算是垄断。1953年建立的棒球运动员联盟直到1966年雇佣了马文·米勒（Marvin Miller）成为执行主管时才有了真正的力量。在米勒的领导下，运动员们继续挑战着保留条款和球队老

---

❶球员合同中的保留条款禁止自由转会的规定，规定球队终生拥有球员直至将其释放或交易。

板将他们送到其他队伍而且降低薪水的权力。在1969年,运动员们联合抵制春季训练而且在3年后他们进行了罢工示威,逼迫着球队老板接受更好的薪酬计划。

随着权利运动带来的改变和容忍的差异增多,非裔美国运动员在媒体前达到最大的曝光,而且他们参加改善社会。在1974年,当弗兰克·罗宾逊(Frank Robinson)被任命为克里夫兰印第安人队经理时,他成为了第一个职业棒球大联盟的黑人经理。汉克·阿伦也在这一年完成了职业生涯中的第715记本垒打,超越了他的前辈贝比·鲁斯在几十年前创造的在当时看来是不可逾越的纪录,他也因此受到了大量仍然信奉"白人至上"主义的种族歧视者的死亡威胁。汉克·阿伦在其职业生涯中总共送出了755记本垒打,场均击球成功率0.305,同时他在职业生涯中还保持着多垒安打总数、垒打总数和打点得分[1]总数的纪录。在田径赛场上,埃德温·摩西(Edwin Moses)在1976年蒙特利尔奥运会上赢得了男子400米栏的冠军,一年之后他又创造了122连胜的纪录,换言之他在1967年到1977年这10年中未尝败绩。

NFL运动员们于1956年成立了球员工会,但该工会一直没有什么地位,直到1966年NFL与AFL合并后情况才有所改观。在那之后,NFL的球员们就一直在争取更好的薪酬待遇和退休津贴,以及在签订合同时的咨询权。球员们在1968赛季前夕的罢工迫使各球队老板们在球员薪资方面做出让步,他们将NFL球员最低年薪标准从7000美元提高到了1.2万美元[Rader, American Sports (1983) 350]。但各队老板也通过将那些鼓动罢工的球员工会代表们交易出球队或者是将其下放到二队的手段来予以报复。

在薪资、退休福利以及对球员的尊重等问题困扰着大多数职业橄榄球运动员的同时,种族主义所孕育出的其他一些激进行为也出现在了职业赛场以及大学联赛中。1965年,新奥尔良当地因拒绝接待黑人美国球员而导致那些黑人球员退出当年本应该在新奥尔良举行的AFL全明星赛,联盟高层也被迫将全明星赛转移到休斯敦举行。1969赛季期间,大学校园中爆发了多起球员抗议事件。俄勒冈州立大学的47名橄榄球运动员集体退出了校队。在其他一些大学里,球员们到处抗议他们所受到的刻薄对待,马里兰州、怀俄明州及华盛顿州的多所大学也因此辞退

---

[1] 多垒安打(extra base hit)、垒打(total base)、打点(run batted in),棒球技术统计术语。<http://baike.baidu.com/view/48.htm>

了大学橄榄球队教练员（Wiggins，Glory Bound）。

六、体育和女权主义

1966年，美国妇女组织的成立给予了女权主义者话语权，同时也提高了改变女性现状的呼声。女性体育教师开始倡导女子应该享有与男子同等参与体育运动的机会，于是女性运动员抗议活动也逐渐发展了起来。1968年，著名女子网球运动员比利·简·金（Billie Jean King）抨击温网❶以业余之名行职业之实。她非常抵触这一赛事，在没有收到与男选手同等金额的出场费的前提下，她拒绝参加该赛事。结果，温网官方正式将温网定义为公开赛，允许职业选手参加，金在温网赛场上也一直处于统治地位。

比利·简·金在赛场内外都是女权的捍卫者
© Getty Images

---

❶ 温布尔登网球锦标赛（Wimbledon Championships，或简称"温网"）是网球运动中最古老和最具声望的赛事，是网球四大满贯之一。温网举办地在英国伦敦郊区的温布尔登，通常于6月或7月举办，是每年度网球大满贯的第3项赛事，排在澳大利亚网球公开赛和法国网球公开赛之后、美国网球公开赛之前，也是四大满贯中唯一的草地比赛。<http://baike.baidu.com/view/3819870.htm>

第九章　体育的传媒化、商业化及政治化（1950—1980年）

20世纪70年代期间，女性在维护自身权利的过程中取得了重大的突破，金在其中起到了功不可没的作用。1970年，金和其他7位女子选手因为洛杉矶网球锦标赛只为女子选手提供相当于男子选手零头的奖金而拒绝参赛。反之，她们共同参加了一个新创建的由一家生产女性香烟的卷烟厂所赞助的弗吉尼亚"520女子香烟"巡回赛。1971年，金成为了第一个通过网球获得超过10万美元奖金的女子选手。

风云人物

葛雷娣斯·迈达列·海尔德曼（Gladys Medalie Heldman）

葛雷娣斯·迈达列·海尔德曼（Gladys Medalie Heldman）在她的两个女儿出生后就只打网球了，但她的贡献是深远的。她在1953年创立了《世界网球》杂志，同时作为出版商和主编。她支持了女子专业网球巡演的建立，给女性提供了更加公正的赢得奖金的机会。1970年，她在她的专业巡演中领导了最好的几个女性运动员如比利·简·金，罗斯·卡萨尔斯（Rose Casals）和南希·雷切（Nancy Richie）。海尔德曼在休斯顿时于赛前和这些运动员签署了世界网球一美元协议。维珍妮女士香烟赛成为了女性的职业之旅，这些专业女性运动员组织也因此得到了扩大，最终和USTA[1]合并。海尔德曼被选入国际网球名人堂和国际犹太人体育名人堂。

比利·简·金因为1973年和鲍比·雷吉斯（Bobby Riggs）的比赛而获得了更高的名望和重要的社会地位。鲍比·雷吉斯，一个前网球冠军，以及一个公认的沙文主义者。他宣称可以打败任何一个女性。在1973年的母亲节他以6∶2、6∶1的比分轻松击败了另一名出色的女选手玛格丽特·考特（Margaret Court）。这场失败看上去确定了女性网球的发展和女权运动的程度，直到比利·简·金接受了雷吉斯的挑战。金当着网球比赛创纪录的3万名观众的面提供了10万美元来打赌，如果赢了可以赢得双倍赌金。卫星电视把这场比赛发送到了全球36个国家。最

---

[1] 美国网球协会给网球选手（含业余）的等级评判。

终，观众夸张地将此升级为"两性之战"。金最终以6∶4、6∶3、6∶3的比分打败了雷吉斯，做出了关于女性体育地位的声明［Rader, American Sports（1983）344］。这场胜利也奠定了金作为女权运动领导人的地位，她用她在电视上的表现，表达了她对女权运动直言不讳的维护。

七、教育法修正案第九条❶

1971年，来自大学校际女子体育协会（AIAW）的女性为了促进更多的女大学生有运动的机会，她们努力通过各种女性活动向国会申请一个联邦法律，就是我们所熟知的1972年教育修正案"第九条"。该修正案要求给男性女性提供联邦法律中提到过的同等的机会，高中或大学同样如此。下面是"第九条"法案的有关条例：

> 在美国，任何人都不应该因为性别的原因被排除在田联邦资助的教育和活动计划之外，不能被剥夺这个计划和活动提供的待遇，也不能因为性别原因受到这个计划和活动的歧视。（qtd.in Carpenter and Acosta 3）

该法则十分适用于在体育运动中获得平等的机会，虽然它受到美国大学生体育协会、学校、教练员及个人的抵制，但法院还是一致支持的，这样的话，就有了大量的资金支持在校园的大规模的挑选。女孩们甚至赢得了加入小型棒球联盟队的权利。学校之间的女子队伍的扩增以及参与者的人数从最初的24.9万人次激增至最后的将近200万人次［Rader, American Sports（1983）341］。在大学这个级别里，美国校际女子体育运动协会中的女性开始在各种各样的体育项目中独放异彩。

因为女性管理者在一开始就有意识地避免商业化及过度竞技化的男性模式，她们不想用奖金等作为对运动员的奖励。1973年一个女性田径运动员为女性运动员提出与男性运动员平等的奖金要求，而且包括最受欢迎的女篮不久也拥有了自

---

❶ 美国教育法修正案第九条（Title IX）禁止接受联邦教育资助的项目进行性别歧视。这项联邦法律使高校女子体育运动获得的新机会受到了极大的公众关注。<https://en.wikipedia.org/wiki/Title_IX>

己的选秀——那些原来只属于男性体育项目的规则。

女性体育的日益流行使得NCAA在1981年开始举办自己的大学校际女子锦标赛，并与AIAW开始直接竞争。相比于NCAA，AIAW遇到资金问题，实力也不能够和NCAA相比，而且NCAA还有控制电视的转播权的权利。其次，在男女同校的大学里面体育管理者普遍是男性，他们更加倾向让NCAA办锦标赛。由于全国大学体育运动协会（National Association of Intercollegiate Athletics，NAIA）——另一个可以举办锦标赛的组织机构的产生，AIAW到1983年已经停止运作，NCAA拥有了垄断。不顾第九修正案的承诺，大学校际女子体育协会的终止严重地阻碍了女子体育发展的机会，这种情况同样存在于大学官僚机构里面。即使女子队，男性体育管理者也倾向于雇佣男教练员。在1972年，超过90%的女运动队的教练员是男性，但是这个数据在2004年下降到了44%。相对地，在1972年，超过90%的女子大学运动员组织里面都有一名女性管理者，但是在2004年下降到了只有18%（Acosta and Carpenter，"A Longitudinal Study" 2-3）。

忽略这个可怕的男性化趋势，女子运动员在其他运动领域仍然取得了斐然的成绩。1973年，戴安·克鲁普（Diane Crump）成为肯塔基赛马中唯一的女骑手；同年，比利·简·金组织成立世界网球队，这为女子职业运动员提供了更多的机会。女子职业高尔夫协会（Ladies Professional Golf Association，LPGA）也在继续壮大，直到1977年它已经为女子职业运动员举办了33届联赛，发出了300万美元的奖金。女子还加入了男子的赛车领域，1977年，詹妮特·格斯里（Janet Guthrie）加入了全国运动汽车竞赛协会（National Association for Stock Car Auto Racing，NASCAR）队伍，还参加印第500系列赛❶；雪莉·穆尔唐尼（Shirley Muldowney）在1972年开始了她的赛车生涯，取得了3次世界锦标赛的冠军，最终赢得了来自北部郊区中产阶级的粉丝群，其中当然还包括男粉丝。

当这些女性体育风云人物为女性的爱好、能力还有成就证明的时候，一个流行的女子赛事继续吸引更多的人加入，粉丝群也在继续壮大，那就是女子篮球队。爱荷华州女子高中在篮球联赛上的积极性超过了同城的男子高中。1920年第一个州联赛开始，然而那时还是每队6名运动员在分割开的球场上进行比赛，这

---

❶印第500系列赛，全称为印第安纳波利斯500英里比赛（Indianapolis 500-Mile Race），是印第赛车每年在美国的印第安纳波利斯赛车场举行的比赛。<http://baike.baidu.com/view/11818558.htm>

种规则限制了队员们的发挥（这个规则后来开始了逐渐转变，直到1985年完全成为传统意义上的5人制全场的篮球比赛模式）❶。还有部分因为她们的特殊性，传统的打法，女子篮球队发展了一批忠实的追随者，并且女子联赛早在1951年就获得了高收视率。联赛在国家首都举行的前几个月门票和宾馆就已经被预订完了。联赛周甚至成了一些学校的长假，节日气氛和附带的隆重仪式传达了对运动员的敬意，与此同时也显示了在爱荷华州对女子体育的重视。就像在其他州的男子体育赛事一样，获胜的队伍增强了他们的公民自豪感和归属感。直到20世纪70年代末，一个全国的调查发现爱荷华州在全国的女子高中里面拥有最多的女子运动员（*Hult and Trekell* 200）。因此爱荷华州的例子显示女子不仅可以打篮球，而且女子赛事在那里也有大规模的粉丝群。

第六节　体育、自恋主义和自我存在的探索

体育的扩张与美国文化的转变是一致的。越南战争拖延了美国进入20世纪70年代的步伐，升级了赞助商和美国政府之间的矛盾。在1970年5月，国民警卫队射击了在俄亥俄的肯特州立大学附近的抗议者，致使4名学生死亡❷。过度反应激起了人们关于言论自由界限和警察国家独裁主义者反应的讨论。当华盛顿邮报的记者揭露了在1972年的水门事件❸ 中总统理查德·尼克松授权夜盗民主党国家委员会的办公室，执行人员当场被捕。尼克松试图用谎言去遮掩他的劣行以至于遭受到了弹劾，甚至带来了对美国道德和伦理的更深担忧。

---

❶这种模式最早出自"篮球之母"，史密斯学院（Smith College）的体育教师森达·贝伦森（Senda Berenson）在1892年对男子篮球规则的修改以使其更适合女性学生，为使女学生更好地锻炼、娱乐而避免过多身体冲撞和体能消耗，贝伦森将场地划分为前、中、后3个区，每队上场9人，每区3人，不准越区活动；1917年以后，女子比赛场改为两个区，每队上场6人，前场3人只管进攻，后场3人只管防守，仍不许越区活动。
❷1970年美国肯特大学反战惨案，国民警卫队员向俄亥俄州立肯特大学的抗议学生开枪，打死两名女生和两名男生，打伤8人。<http://baike.baidu.com/view/5273590.htm>
❸水门事件（Watergate Scandal）或者水门丑闻，是美国历史上最不光彩的政治丑闻事件之一，其对美国本国历史以及整个国际新闻界都有着长远的影响。由于此事，尼克松于1974年8月8日宣布将于次日辞职，从而成为美国历史上首位辞职的总统。<http://baike.baidu.com/view/320.htm>

因为富有侵略性和战争倾向的运动被认为带来或鼓励了好战的行为，并且因为冷战带来了人们对于核武器的恐惧，在20世纪60年代，教育家开始对美国文化价值观产生了质疑。体育教育者提出了"新体育运动"议案，发展对抗性不强的体育运动项目，比如飞盘（Frisbee）。很多美国人将目光转向自我，发展自身的兴趣，这是唯一一件他们可以控制的事情。一些人关注他们自身的外在形象或者锻炼新的能力，而其他人则在心理方面去揭示新的真理。许多人在新的生活方式中找到心灵的安慰或者欢乐，尝试亚洲的宗教信仰或者不寻常的性体验。在这样一个需求的状态下，许多人也在无数疗法中寻求安慰，其中包括一些药物体验，尤其是大麻。药物在运动员中也成为一种司空见惯的东西。

一、去掉光环的运动员

尽管运动员在个人水平和某一基本增长的特定运动中都有获得成功，但是体育却丢失了很多它原本理想化的内涵。体育作家和某些运动员对于体育中的药物检测、酗酒、越轨和过度利用运动员等问题写了批判性的文章。吉姆·布顿（Jim Bouton）因为《棒球轶事》（Ball Four）的出版成为最畅销书作者，皮特·金特（Peter Gent）的《达拉斯猛龙》（North Dallas Forty）进一步检测了职业体育和美国社会的腐败。事实上，在20世纪70年代体育的意识形态已经改变。媒体不再统一地膜拜运动员，因为调查记者用轰动效应的报道深入到运动员的私人生活，揭示他们人之常情的弱点和失败。另外，运动员也成为娱乐者，并且受制于奉承、曝光和对于其他明星队员批判的泥潭中。随着运动员的薪水增加和对工薪阶级的疏远，人们逐渐失去对于他们先前的英雄的认同感。

二、体育和身体活动是健康的灵丹妙药

运动员受损的形象以及不断增加的媒体把体育作为娱乐的写照，减少了一些对它理想化的想法，但是对于个人娱乐和改进的身体活动如提高一个人的健康，却被认为越来越重要。当一些年轻人倾向于都市生活以及迪斯科的音乐去释放他们的压力时，其他人更热衷于体育活动。医生、哲学家、心理学家开始赞扬跑步对于健康和快乐的好处。肯尼斯·库珀博士（Dr. Kenneth Cooper），美国宇

航局科学家并且后来成了罗纳德·里根总统的私人医生，他提出了全民的有氧健身活动，这项运动发展成了妇女的主要活动，并且对于一些女性的生活产生了很大的影响。心脏病专家乔治·希恩（George Sheehan）写了一本关于跑步潜在好处的畅销书，而宗教研究家迈克尔·诺瓦克（Michael Novak）把体育（尤其是跑步）和神秘的宗教经历相提并论。大约200万美国人包括总统吉米·卡特（Jimmy Carter）❶在20世纪70年代开始慢跑［Rader, American Sports（1983）359］。由吉姆·菲克斯（Jim Fixx）写的《跑步手册》（The Complete Book of Running）销售了10万多册，并且由于一些美国人以一种陶醉于追求人类完美的方式探寻健康和成就感，使得健身热潮风靡美国。

利用美国的跑步明星如史蒂夫·普利方坦（Steve Prefontaine）、弗兰克·肖特（Frank Shorter）和玛丽·德克尔（Mary Decker）来鼓励观赛者并且使一些人走上健康的道路。肖特赢得了1972年慕尼黑奥运会的马拉松比赛，并且在远距离跑步项目中也获得了几次国家锦标赛冠军。德克尔在12岁就开始跑马拉松，并且在1973年她才14岁时，就在800米的对抗赛上打败了俄罗斯对手。一年之后，她获得3项世界纪录，并且在冷战期间保持了全美纪录，在20世纪80年代她创造了很多纪录，鼓舞了一些妇女和年轻的女孩去跑步。

三、女性打破其身体虚弱的观念

尽管现代马拉松早在1896年奥林匹克运动会上就已出现，但是关于女性耐力的那些新颖的、更现实的观点则是在第二次世界大战之后才开始确立。女性运动员在1960年奥运会被允许参加800米跑，1972年被允许参加1500米跑。

然而，在那些在跑步的世界里占主要地位的人眼中，女性参与马拉松比赛仍被认为是不能想象的，并且女性参与那些著名的比赛比如波士顿马拉松比赛，更是被看做是亵渎神灵。

---

❶詹姆斯·厄尔·卡特（James Earl Carter），习称吉米·卡特（Jimmy Carter），1924年10月1日生于佐治亚州普兰斯，1977年任美国第39任总统，1980年争取连任落选，2002年获诺贝尔和平奖。<http://baike.baidu.com/view/40014.htm>

第九章　体育的传媒化、商业化及政治化（1950—1980年）　153

玛丽·德克尔·斯莱尼（图中373号），美国最好的赛跑运动员，虽在奥林匹克运动会上从未夺金，但在其他比赛中创造了世界纪录
© Getty Images

尽管如此，在1966年，罗伯塔·吉布（Roberta Gibb）没有注册就报名参赛了。在比赛开始后，她立刻混入一群人中，在没有被人发现的情况下三个半小时到达终点线。1967年，凯瑟琳·斯维泽（Kathrine Switzer）注册为"K.V.Switzer"并得到了起始编号。然而，在比赛开始后不久，她被发现是一名女性。尽管其他的跑步者支持她，媒体也在为她欢呼，但她被马拉松的一名主任身体攻击，意图把斯维泽赶出赛场。斯维泽的235磅重的男友冲进来，用他强壮的身体拦住了那个攻击斯维泽的人，斯维泽继续完成这场比赛。到了1972年，女性才被官方允许不用伪装地参与波士顿马拉松比赛。1971年，一位女性跑步者通过参加纽约马拉松比赛实现了每个长跑者的梦想。20世纪80年代，女性长跑经历了突破。第一个女性马拉松锦标赛出现在赫尔辛基。1984年，女性首次可以在马拉松项目上争夺奥林匹克桂冠。同年，美国人琼·贝罗蒂（Joan Benoit），一位前大学生田径运动员获得金牌。

1967年4月19日，凯瑟琳·斯维泽和她的朋友一起反抗试图撕掉她的号码布的、阻止她参加波士顿马拉松赛的琼克·参普

© Getty Images

风云人物

史蒂夫·普雷方坦（Steve Prefontaine）

在1975年的一场车祸中，24岁的史蒂夫·普雷方坦（Steve Prefontaine）英年早逝。史蒂夫·普雷方坦打破了14项美国的长跑纪录并吸引了大批忠实的追随者。正如穆罕默德·阿里般的傲慢、坦率和自信，普雷方坦表达了他对运动非凡的贡献，这呈现了他性格里对宗教的热忱。普雷方坦运动反对那些被他认为是过时的业余理想，并且攻击那些不能成功支持和发展体育运动的官僚主义。他公开的、言语上的对AAU（美国业余体育联会）的抨击吸引了被剥削权利的年轻人，那些人视他为愿意面对新生的英雄。在那些最先穿耐克跑鞋的人中，普雷方坦对于推动这家刚起步的由他在俄勒冈大学的教练比尔·鲍尔曼（Bill Bowerman）及他教练以前带过的一名赛跑运动员菲尔·奈特（Phil Knight）共同创立的公司

起到了至关重要的作用。更具讽刺意味的是普雷方坦的个人形象在其死后马上从叛逆代表转变为了合作模范。

© Getty Images

第七节　科技进步和体育发展

20世纪60年代，当橄榄球超越棒球一跃而居美国最受欢迎的比赛之时，其他的体育活动也开始呈现出崛起之势。科学技术发展的同时，满足了体育运动对于新场地的需求并促进了新生体育活动的产生。

1966年，随着室内溜冰竞技场的建立，国际冰球联盟满怀从如此之大的市场中获取收视利益的期望，将它的传统冬季运动传播到了南部（亚特兰大）以及西部沿岸（旧金山或洛杉矶）一带。1965年，休斯顿斥资4500万美元修建了宇航中心体育馆，自然因素对于体育活动的限制得以改善，开启了体育活动得以全年开展的新时代。天气因素影响的消除，棒球及橄榄球运动员运动速率的提高（得益于人工草皮），使以速度为基准的战术得到了更大程度的侧重。该联盟为了吸引更多在白天工作的工人及更多的黄金档观众而举办了更多夜场比赛。随着达拉斯牛仔队开始使用电脑针对专门的对手和选秀期望球员作准备而进行分析和计划时，科技同时也改变了教练的本质。

新科技的影响在赛车领域里显得尤为突出，正如设计更为精良的汽车以及更加有动力的引擎（配备技术一流的赛车手）赛车可吸引更多粉丝。例如，备受欢迎的赛车手A. J. 福伊特（A. J. Foyt），一位在1960年代3次赢得印第500大赛冠军并于1977年取得了他的第4个冠军头衔的赛车手，他也参加了美国汽车俱乐部（USAC, United States Auto Club）并5次赢得了锦标赛冠军。他参加了1967年在利曼举行的欧洲大奖赛（Eurpoean Grand Prix）。他的对手，意大利移民马里奥·安德烈提（Mario Andretti），也同样广受欢迎，他曾先后赢得了1965年的美国汽车俱乐部（USAC）大赛、1967年的代托纳500汽车大赛❶和1969年印第500汽车大赛的锦标赛冠军，并在1977年的欧洲大奖赛一级方程式赛车❷项目中获得金牌。与此同时，理查德·佩蒂（Richard Petty）统治了纳斯卡房车赛——于1949年设立，并于1960年代将中心设在南部。作为一个北方的卡罗来纳州人，佩蒂通过赢得200英里比赛（200 races），7次获得锦标赛冠军以及7次赢得代托纳500大赛而成为一个超级明星。他的赛车团队由家庭成员构成，包括了一个具备安全性能的翻车保护杆和双向无线电设备与全队人员进行联系以及一副非常酷的头盔。这些技术创新武装了他们的赛车手。

保龄球也同样受到了影响。1956年，一家名为宾士域公司（Brunswick Company）的保龄球设备制造厂商，开始生产一种用在保龄球道内的保龄球自动服务机，也因此以更为低价和高效的工作优势取代了不堪的传统手工制作。保龄球道开始在尺寸上拓宽，保龄球便服也开始在女性群体当中大受欢迎［*Rader, American Sports*（1983）337］。宾士域公司的销售值从1954年至1961年间从3300万暴涨至4.22亿美元，宾士域公司开始赞助保龄球锦标联赛电视直播。随着有

---

❶Daytona 500，是一个在佛罗里达州代托纳海滩国际赛车场举行的长达500英里（805公里）的年度汽车大赛，在美国被称为赛车界的"超级碗"，具有极高的关注度和商业价值。<*https：//en.wikipedia.org/wiki/Daytona_500*>

❷世界一级方程式锦标赛（FIA Formula 1 World Championship），简称F1，是由国际汽车运动联合会（FIA）举办的最高等级的年度系列场地赛车比赛，是当今世界最高水平的赛车比赛，与奥运会、世界杯足球赛并称为"世界三大体育盛事"。<*http：//baike.baidu.com/view/981995.htm*>

第九章 体育的传媒化、商业化及政治化（1950—1980年）

112条保龄球道的球馆在新泽西爱迪生市建立，大型保龄球不仅开始在城市中出现，同时也在城郊中存在（Kogan 172-173）。然而在拳击运动面前，保龄球让出了最受欢迎的席位，直到保龄球运动员不仅用他们的技术以及滑稽动作，还用一种激动人心的表现去娱乐大众，而这将之定位为娱乐形象。

除此之外，体育运动的合流以及仍在发展中的电视媒体使两方获得了共赢。地区性和早先小众的体育运动项目成为主流，为网络和运动员更大的曝光率提供了一个平台。公司赞助商纷纷支持运动竞赛，将传播媒体、大学团队、专业的体育老板以及运动员打造成为一个共栖关系。

小结

这一章节主要讲述了电视媒体对于体育运动的影响，包括了使得体育运动获得流行的广播创新战略，体育比赛的播出增加了国家税收，也因此导致工人阶级关系问题的产生。在这个过程中不断发展的职业橄榄球也为其超越棒球一跃成为国家项目创造了条件。

冷战期间，随着奥林匹克运动被用于国家主义目的以突出资本主义和共产主义之间意识领域的区别，体育运动俨然已成为一种政治性工具。在美国国内，大多数人以及妇女开始利用体育去阐述并攻击社会不公现象，以获得更大程度的民主权利及女权。

然而，随着大多数的体育运动开始向纯娱乐性转变，一些运动员也因自身表现而黯然失色，因为体育运动自身就包含个人重要性的突出。适度的体育繁荣使得跑步作为更大程度地追求健康和增强自身方式而成为一种流行。婴儿潮时期（"二战"之后的一种情况）给美国社会带来了巨大的社会变迁，体育运动也因此成为该进程中固有的一部分。

大事年表

- 1950年
朝鲜战争打响
- 1951年
专业大学篮球丑闻爆发

- 1951—1954年

麦卡锡主义产生

- 1954年

布朗·V.（Brown V.）教育董事会在美国最高法院决定下开始废除公立大学的歧视

- 1954年—20世纪60年代

非裔美国人民权运动向种族隔离挑战

- 1955年

美国劳动和产业工会联合会联盟合并

迪士尼乐园在加利福尼亚阿纳海姆开始营业

- 1956年

阿尔西尔·吉布森（Althea Gibson）成为赢得温布尔登网球冠军的第一位非裔美国女性

- 1959年

美国橄榄球协会成立；比赛在1960年开始

- 1960年

非裔美国人威廉·鲁道夫在罗马奥林匹克运动会赢得3枚金牌

- 20世纪60—70年代

现代女性权利运动寻求平等的教育机构，增加运动的参与和社会全面平等

- 1961年

维和部队建立

艾伦·谢菲尔德（Alan Shepard）成为第一个上太空的美国人

- 1963年

贝蒂·弗里丹（Betty Friedan）出版《女性的奥秘》，激发了关于妇女在美国的权利的辩论

约翰·肯尼迪（John F. Kenned）总统遇刺身亡

- 1964年

穆罕默德·阿里（Muhammad Ali）成为重量级拳王

- 1965年

休斯敦天文观测窗打开

第九章 体育的传媒化、商业化及政治化（1950—1980年）

- 1965—1973年

越南战争

- 1966年

国家女性组织（NOW）成立

职棒大联盟球员工会形成

- 1967年

第一届超级碗开始比赛

美国篮球协会（ABA）开始比赛

- 1968年

马丁·路德·金（Martin Luther King Jr.）和罗伯特·F. 肯尼迪（Robert F. Kennedy）遇刺身亡

在墨西哥城市奥运会的领奖台上两名美国运动员对黑人权利进行抗议

北美足球大联盟成立

- 1969年

美国实现登月

- 1970年

女子网球选手因奖金问题抵制美国网协

格拉迪斯·赫尔德曼（Gladys Heldman）同比利·简·金（Billie Jean King）及其他运动员一起成立弗吉尼亚细长巡回赛（女子专业网球巡回赛）

"周一足球之夜"推出

- 1971年

大学校际女子体育协会成立

- 1972年

教育修正案第九条法令予以批准

游泳运动员马克·施皮茨（Mark Spitz）在慕尼黑赢得7块奥运金牌

在慕尼黑奥运会上以色列运动员被巴勒斯坦人杀害

科特·弗拉德向最高法院控诉棒球自由球员市场立案失败

平等权利修正案通过了美国参议院和众议院，并发送到各州批准

- 1973年

在网球比赛"性别之战"中，比利·简·金（Billie Jean King）击败鲍比·里格斯（Bobby Riggs）

- 1974年

尼克松总统因水门事件辞职

- 1976年

女子篮球在蒙特利尔夏季奥运比赛中成为比赛项目（美国队摘金）

- 1977年

珍妮特·格思里（Janet Guthrie）成为第一个驾驶印第500赛车的女性

- 1979年

娱乐与体育节目电视网推出

- 1980年

美国男子冰球队赢得奥运会金牌成为"冰上奇迹"

美国抵制莫斯科夏季奥运会

第十章
全球化的体育
（1980—2000年）

阅读完本章节后，你将会了解以下内容：
- 传媒集团的成长以及它和体育的关系
- 体育场馆对城市形象定位的作用
- 体育对旅游的影响
- 贯穿在体育经济中的劳资谈判
- 迈克尔·乔丹地位攀升成为世界偶像
- 体育的全球化
- 越来越多的女孩和妇女参与体育
- 损害运动员和体育形象的问题
- 新体育形式的出现

如今的体坛可谓是日新月异，不同以往。也许这一变化要追溯到1984年，正是那一年，迈克尔·乔丹（Michael Jordan）加入了美国篮球职业联赛（NBA）。

迈克尔·乔丹被誉为"新一代的迪马吉奥"以及"穿高帮运动鞋的埃尔维斯"❶，这些称号折射了他所代表的赫拉克勒斯的英雄主义❷。在人们把迈克尔·乔丹视为不可战胜的文化偶像来崇拜的现象里甚至有些宗教的色彩，在他诸如"球队的救世主""篮坛主教"和"比耶稣更受人欢迎的人"等称号里唯独少了"更佳广告代言合同"（Dyson 259）。

论及乔丹1997年的巴黎之行，法国媒体宣称："迈克尔·乔丹来巴黎了……这比教皇来了还要好，他是上帝般的人物"（qid.in Halberstam 4）。

乔丹加入芝加哥公牛队时，球队经营正值窘境，市值仅为1870万美元，球迷和电视观众寥寥无几。10年之后，球队价值已经超过1亿9千万美元（LaFeber 49）。伴随着大鸟伯德和魔术师约翰逊的崛起和对抗，人们对NBA的兴趣复苏了。到1996年，NBA比赛用40种语言给超过175个国家转播比赛（LaFeber 135）。两年以后，《财富》杂志称赞乔丹为美国的经济带来了100亿美元的收入（LaFeber 137）。在乔丹加入NBA的10年里，乔丹和他身后众多的企业赞助商以及媒体网络共同主导了竞技世界，在全球传媒产业里声名显赫。乔丹的国际知名度引发了一场跨国公司争夺日益壮大市场的经济战争。NBA、MLB、NHL，甚至是NFL开始引进美国本土以外的球员来壮大自己的阵容，更重要的是吸引了新的美国本土以及本土以外电视观众。

因此美国的体育文化成了一个面向全球的产业，有这样一个事实也许可以从姚明现象中得到最佳佐证。这位从中国引进的身高7英尺5英寸（2.26米）的高

---

❶埃尔维斯·普雷斯利（Elvis Presley），1935年1月8日出生在密西西比州图珀洛，绰号猫王，美国摇滚歌手及演员。<http://baike.baidu.com/subview/145979/18778230.htm>
❷赫拉克勒斯（Heracles）是主神宙斯（Zeus）与阿尔克墨涅（Alcmene）之子，是希腊神话中最伟大的英雄，是力量、勇气和智慧的化身。<http://baike.baidu.com/subview/37058/11068020.htm>

个子是继乔丹之后拥有最大经济影响力的新秀。休斯顿火箭队的主场上座率上升了17个百分点。这么多年以来，火箭队第一次引发了人们的持续关注。现在有6家中国电视媒体转播NBA的比赛盛况（*Deitsch et al.*）。

姚明代表美国体育的一个新阶段——全球化
© Getty Images

现在我们来谈谈姚明。所有那些关于陌生的中国人的轻视和偏见已被他奋力的一记灌篮击碎。放眼当今世界，论及中国人引发的轰动效应，没有一个有血有肉的中国人可以和这位瘦长的NBA新秀媲美。在国人追踪他们的新宠，也就是姚明代表的休斯顿火箭队动态的同时，NBA比赛在中国的电视收视率创下史上最高。在全美范围内，姚明整洁的外表和健康的形象帮助他赢得了从VISA卡到苹果电脑的广告代言……毫无疑问，营销商无一例外地将姚明视为他们打入中国巨大市场的撒手锏，但是有谁会料到这个说着一口并不流利英语的"大个"篮球运动员会成为麦迪逊大道商家眼中的红人呢（Beech）。

姚明的成功让美国的职业体育联盟看到了本土之外的巨大市场，也让他们更有兴趣向这些地区拓展业务。这些发展态势表明美国职业体育正在远离先前那种将自身限制在北美本土球队和球员身上的狭隘种族主义偏见。

1980年之后，随着资本家对利益丰厚的市场的开发和大型媒体集团间竞争的加剧，不同的体育项目和运动员在世界范围内的交流也日渐频繁。然而这种发展也带来了很多影响，即美国流行文化在渗透到整个世界并带给世界巨大的文化同一性的同时，却也损害了世界的文化多样性。除了美国体育、电影、音乐和时装外，英语语言也在快速传播。美国公司和它们奉行的弱肉强食、竞争激烈的商业惯例侵蚀了地方文化。虽然一些人欣然接纳这些变化，但这种文化侵蚀有时会激起人们的反抗，因为部分群体感受到身份和传统文化丧失的威胁。对于他们来说，威胁源自于美国最糟糕的一面，那就是过度商业化、贪婪、财阀政治、暴力和滥用毒品。更为传统的父权制文化害怕正在改变的性别角色和青年文化，把它们视为美国既定社会分工潜在的破坏力量。随着冷战的持续，不仅仅是共产主义政府，包括一些神权政体在内都怀疑美国的价值观、经济制度和领导体制。

1979年，伊朗人包围了美国驻德黑兰领事馆并挟持美国人做人质长达一年多。吉米·卡特（Jimmy Carter）的总统生涯只维持了一届，因为他没能让美国人质成功获释，此外当时通货膨胀率高，他抵制1980年莫斯科奥运会的做法也不得民心。伊朗人质事件之后，前加利福尼亚州州长和前好莱坞明星罗纳德·里根（Ronald Reagan）❶当选为美国总统。事实证明里根是两代人里最为保守的国家总统。他对社会福利和国家政策方面大刀阔斧的抨击影响到了在贫困线上挣扎的人❷，他们的生活因为1982年的经济衰退受到了进一步的威胁。此外，越战的记忆还是让美国人的心中充满了失败和罪过的痛楚。1982年，旨在缓解这些紧张关系的越战纪念碑在华盛顿揭幕，可是这一颇有争议和非常规性的做法只能增加人们的焦虑，并引发人们关于如何正确定义荣誉，该不该修建

---

❶罗纳德·威尔逊·里根（Ronald Wilson Reagan）于1911年2月6日生于美国伊利诺伊州坦皮科城。美国杰出的右翼政治家，曾担任第33任加利福尼亚州州长，第40任（第49~50届）美国总统（1981—1989年）。<http://baike.baidu.com/view/66246.htm>

❷里根改革中的一项，为了减轻联邦政府的财政压力，里根政府采取了紧缩社会福利规模并逐步扩大私人和地方经营的规模，减少联邦政府的干预的措施。<http://baike.baidu.com/view/5121217.htm>

第十章　全球化的体育（1980—2000年）　165

国家纪念堂，如何界定英雄甚至是战争本身是否高尚的争议。

一年以后，忧虑随着美国攻占加勒比海国家格林纳达的一场军事行动❶而增长。随着古巴接纳了共产主义，美国政府坚决反对与之意识形态相对的信仰。里根获得总统连任，对另一个共产主义政体发动了一场秘密战争，这次是一个名叫尼加拉瓜的马克思主义国家❷。同时，随着金融奇才在华尔街聚敛财富，无家可归的美国人增多，越来越多的人沉迷于吸食毒品，尤其是可卡因，艾滋病开始使美国人垮掉。当时的美国人正乘坐一辆社会过山车，当1986年美国"挑战者号"航天飞机起飞不久就爆炸时，机上7位宇航员无一幸免，整个国家都为之哀悼。这一灾难让外界怀疑美国人是否对他们在社会、经济和技术上的优越性保有信心。正巧在这个时候，苏联开始解体。

随着企业文化和企业价值在里根总统执政期间的繁荣，体育运动的方式也有了创新，因为有时某项运动理事机构的条例就能对这项运动的发展产生巨大推动作用。因而这些体育运动协会的掌权者有了更大的野心。

第一节　公司体育文化

有线电视和卫星电视网络，然后是因特网，共同催生了20世纪最后20年的全球体育爆炸，同样也是由于某项运动的推广者掌握了一套与跨国公司的扩张文化息息相关的推广方式。多数情况下，不同国家会忠于本国的传统运动项目，从而自上而下地反抗西方体育文化，但不可避免的，扩张还是让世界的文化趋于统一。

像美国广播公司的《体育大世界》这样的美国体育节目，偶尔会关注如阿富汗的马背叼羊和日本的相扑运动等新奇的异国体育赛事。然而，这一西方体育进程强调的是商业化及男性主导的体育形式，用商业化和市场化的方式在资

---

❶美国入侵格林纳达战争。1983年10月25日凌晨，美国出动"快速部署部队"对加勒比海岛国格林纳达发动了一场海空联合作战，这是自越南战争失败以来美国最大的一次军事行动。<http://baike.baidu.com/view/5459977.htm>

❷1984年美国对尼加拉瓜的第三次入侵，并在其港口布雷。<http://baike.baidu.com/subview/6291531/15819791.htm>

本主义市场经济里销售产品、身体和理念。西欧体育组织尤为促进了橄榄球运动的发展，包括橄榄球、棒球、篮球和冰球在内的北美体育领导者在全球范围内寻求更大的经济市场。

在有公司经营头脑的专业人员的指导下，美国流行文化、运动员和联盟本身的营销大为拓展。在大多数团体运动中，球员也雇佣经纪人来打造自身形象，赢得广告合同，协商充满激励条款的更高薪水条约。在个人项目中，运动员越来越多地扮演娱乐人和竞争者的角色，在很多情况下，运动员的场上表现和他们的知名度、外形条件及生活方式对能否获得广告合同同样重要，甚至后者比前者还要重要。自由经纪人不断地寻求更大的市场、更高的薪水和更多的广告代言机会。

当运动员寻找并接到越来越多的代言合同，帮助运动员处理新问题的相关机构也随之出现。克利夫兰的律师马克·迈克科（Mark McCormack）便是最早的体育经纪人之一。他是高尔夫球员阿诺德·帕尔默（Arnold Palmer）的经纪人，在20世纪60年代扩大了自己的公司，最终国际管理公司（IMG）在世界上30个国家的70个办事处拥有2200多名职工。到20世纪末，该公司成了国际体育产业里的一个主要成员。它的成功造就了自己的电视分支机构来制作在全球放送的体育节目，让美国体育和名人的影响遍布全世界。随着20世纪下半叶世界经济从工业型转向个人消费型，公司越来越多地依靠产品的营销来让顾客相信产品的价值。IMG企业的业务发散拓展开来，客户包括娱乐人士、模特和运动员。类似机构出现在球场内外，他们管理、经营和推销名人和他们代言的产品。

一、传媒集团

娱乐与体育节目网（Entertainment and Sports Programming Network，ESPN）的成立给了球迷与日俱增的机会来满足他们日常生活对体育的需求。成立一个体育网的想法是比尔·拉斯姆森（Bill Rasmussen）和他儿子斯科特（Scott）以及企业家艾德·伊加（Ed Eagan）在1979年提出的。他们最初的目标仅涉及康涅狄格州布里斯托地方市场，可公司却很快发展成一个全天候服务的体育节目，满足了体育迷的愿望，同时也给那些以前被视为边缘的体育运动更多的曝光机会。ESPN的节目安排有女子篮球、曲棍球、足球、网球、高尔夫、男子校际冰球和篮球、网球、滑雪、赛车。甚至NFL的选秀节目在黄金收视时段也有很多电视观众。

ESPN始终以年轻的男性观众为受众群体，为此其节目专门设计营造出了类似兄弟会聚会时的氛围，让大声高呼、声音沙哑的评论和解说声充斥在节目中。高声、吵闹的报道员和评论员用画外音为观众呈现前场比赛的精彩画面，于是这些人自身也成了名人。最终女性记者开始接触赛事报道，有时她们会在访谈节目中揭露一些运动员的无知和粗鲁，比如乔·纳马斯（Joe Namath）显然喝醉了，神志不清，他竟然在一场橄榄球比赛中当着全国电视观众的面要求一个女记者给他一个吻。一些女性为自己赢得在演播室的工作，甚至是橄榄球播报员的职位。ESPN的采访和分析也许可以成就或摧毁运动场上的英雄。在这个过程里，ESPN改变了美国人观看和诠释体育的方式。

ESPN的巨大成功促使主要的电视内容供应商播放更多的体育报道，造就了地方体育频道和许多类似的电台体育访谈节目。ESPN自身也打造成了一个传媒集团，并制造出数不清的副产品，如ESPN高清频道，ESPN2高清频道，ESPN经典频道，ESP新闻频道，ESPN体育付费频道，ESPN西班牙语频道，ESPN大学生频道，ESPN 360.com，ESPN 移动电视，ESPN.com，ESPN电台，ESPN杂志，ESPN 区域餐厅和ESPN国际频道。到21世纪，这些节目在180个国家里用21种语言播放。在被吸纳入主流媒体后，ESPN丧失了部分竞争力但是却获得了更多的影响力（Freeman）。ESPN和它的模仿者用大量的信息和铺天盖地的赛况分析影响了赌注赔率。从这一点上看，媒体成就文化变化的能力已经显而易见。到2006年，一直寻求更多市场和新电视观众的ESPN更成功地推动诸如扑克牌和彩弹射击比赛作为电视转播的体育赛事。体育的精彩呈现让人们像吸食毒品一样非常容易上瘾。

这种表面上对体育的浓厚兴趣导致了如雪片般多的ESPN模仿者。职业联盟模仿它们自己的电视公司如NFL Network，NBA TV和NBA Preview从而在电视市场里分得更大的一块蛋糕。大学生运动会也紧跟其后。其他一些运作专注特定活动，如高尔夫频道、户外频道、福克斯足球频道、康卡斯特体育网等提供地方和区域节目以及高清节目选择；尼克游戏和体育专注儿童市场，培养他们成年后的观赏兴趣；还有数不清的其他付费选择项目针对那些不满足于这些丰富体育节目的人。即便是那些主要收入来源不是体育节目的网络也增加了它们的体育新闻报道。泰德·特纳（Ted Turner），特纳广播公司和亚特兰大勇士队的主人把旗下的棒球节目卖给了全美范围内的有线电视台。直属《芝加哥论坛报》（Chicago Tribune）的WGN和它旗下的芝加哥小熊队做的也是类似的事情。这两个队在给母公司创造额外收入的同时也让自己的球迷群体遍及全国。NBC网络掌握了拥有6000万观众的欧洲超级频道。有近80%的欧洲电视源自美国，这种专注美国提供的电视节目的做法在一些地区引起了人们的强烈抵制（Maguire, Global 150-154）。

在1997年，澳大利亚的媒体大亨鲁伯特·默多克（Rupert Murdoch）花了3.11亿美元买下了洛杉矶道奇队。已经坐拥福克斯体育网、20世纪福克斯和世界范围内报纸和有线电视单元如福克斯大学体育的默多克还斥资5.65亿美元从MLB购买了全国电视转播权（Elias, Baseball 210）。身为英国、亚洲和日本卫星转播的主人，默多克运用自己的权力和影响力让世界进一步美国化。这样的金融运作方式在激增。像迪斯尼公司拥有ABC、ESPN和部分欧洲体育频道及MLB的阿纳海姆天使队和NHL的阿纳海姆巨鸭队一样。这种显而易见的利润使传媒企业集团时代华纳公司购买了特纳广播公司（TBS，Turner Broadcasting System, Inc.）和勇士队。这种跨范围经营的方式引发了若干问题，集团公司和拥有大市场的球队使市场份额小和私人拥有的球队丧失了获取最佳球员的能力。球员的工资飞涨，门票价格也是如此。这些媒体巨人们甚至有能力去操纵比赛的场次安排来确保他们球队的最大曝光率，这产生了更多的夜间比赛。这些内部盘根错节的公司也给母公司旗下的媒体产业带来了麻烦，在报道自己公司内部的事务时，报道的真实可信度随之变得可疑。

二、从体育中获得最大利润

电视网络、联盟执事和球队官员全都致力于革新，从而增加球场获胜和吸引观众的成功机会。电视制片人使用技术创新来提升观众对转播的兴趣。在1986年，即时回放系统的广泛运用在某种意义上让观众自己成了裁判，从而进一步加强了他们对比赛的投入程度。为吸引尽可能多的电视观众，美国职业棒球大联盟开始把更多的比赛安排在晚上，并且增加七场冠军系列赛作为世界锦标赛前的半决赛回合（*Gorn and Goldstein 239-240*）。

  NFL引入了自己的创新。它的球队之一，由睿智的比尔·沃什（Bill Walsh）担任主教练的旧金山49人队，用被称作西岸线进攻的控传球策略吸引新的球迷。在四分卫乔·蒙大拿（Joe Montana）的带领下，49人队在20世纪80年代4次获得超级碗比赛的冠军，他的成功使其他队也采用了这一创新的进攻方式。

  体育运动的发展是有利可图的，这也给既定的体育组织带来了挑战。比如合众国橄榄球联盟（USFL）在1983年开赛，把赛事安排在春天，避免和NFL的直接冲突。三年后，它才转向更为传统的秋赛季并且起诉NFL的垄断行为使它没法获得一个广播电视合同。虽然USFL赢得了官司，但是纽约陪审团没有支持原本要求的近20亿美元的赔偿费，对方仅需支付一美元的赔偿费。陪审团认为USFL的大多数问题是自身管理不善造成的，陪审团的这一决议有效地把USFL挤出了商业竞争。

  虽然在1981年由于罢工赛季被缩短了，但棒球还是造就了众所周知的风靡全国的费尔南多热现象❶。中心人物是费尔南多·巴伦内拉（Fernando Valenzuela），一个讲西班牙语的19岁墨西哥投手。他在1980年赛季末加入国家联盟。在作为洛杉矶道奇队的替补投手参加的10场比赛里，他创造了无可挑剔的零自责分❷率，在17局中打出16次三振❸。在1981年，球队经理汤姆·拉索达（Tommy Lasorda）让巴伦内拉担任球队的首发投手，对南加利福利亚的广大墨西哥人和墨西哥裔美国人来说，这是一件大快人心的事情。巴伦内拉没有让大家失望，为东山再起的道奇队奉献及时的击球和一流的投球。创纪录的观众见证了巴伦内拉的英雄奇迹和独树一帜的风格。在三振出局中，他是国家联盟投手的领军人物，赢得了年度最佳新秀奖和国联赛扬奖。道奇队自1965年以来，

---

❶1981年4月9日，20岁的 Fernando Valenzuela，道奇队第三号先发投手，在开幕式当天代替受伤的 Jerry Reuss 上场并开创了无人能与之匹敌的空前胜利。巴伦内拉在首发前场比赛中创造了杰出战绩，一瞬间成为标杆，一时之间由此而来的"费尔南多热"（Fernandomania）席卷了包括洛杉矶、纽约在内的很多地方　费尔南多热肇始（1981年4月9日）[OL]. 洛杉矶会议及旅游局. <http://www.hellola.cn/media/newsdetail/fernandomania-begins>.

❷自责分（Earned Run，通常记为ER），在棒球比赛里指的是对方的得分当中，因为投手的投球所造成的部分（也就是扣除因为失误或是捕逸所造成的失分），其数值越低，表示每场比赛失分越少。<http://baike.baidu.com/view/48.htm>

❸棒球术语，投手通过投球使击球员三击不中而出局的防守行为叫投杀，对于击球方来讲，也叫三振出局。（struck out）<http://baike.baidu.com/view/48.htm>

首次赢得了世界职业棒球大赛（MLB）总冠军。费尔南多热引发的热情成就了一个美籍西班牙英雄，提升了少数族裔的自豪感，为占据主流的美国人、定居美国的奇卡诺人和成千上万的移民和外出务工人员创造了一共同的兴趣爱好。

移民和外出务工人员忍受着糟糕的工作条件：不牢固的房屋及微薄的薪水。在过去的几十年里，美国抵制不断膨胀的奇卡诺民族主义[1]。当瑞恩斯·洛佩兹·泰杰瑞纳（Reies Lopez Tijerina）领导的联盟阵线试图收回落入美国白人之手的新墨西哥时，美国军队采取措施囚禁了联盟阵线的领导。相似的是，曾经是拳击手的政治家"大宝"鲁道夫·冈赛赖斯（Rodolfo Gonzalez）引领了为改善待遇的正义运动，但获得最大成功的是凯撒·卡唯兹（Cezar Chavez），他把外出务工人员组织起来成立了联合农场工人联盟，开展一场全国范围内抵制葡萄的运动。过去温顺的美国西南部拉美裔人开始有自己的主张。在那种环境下，当墨西哥裔和其他少数族裔无法解决自己的贫困问题，棒球给了他们减轻痛苦的可能，并用一种非暴力方式让他们获得精神上的超脱。

三、依靠城市补贴建造的体育场馆

没有合理分配收益的棒球老板们寻求新的利益最大化方式（即使他们在1995年平分了美国亚利桑那州响尾蛇队支付的作为拥有特许经营权的1.3亿美元）。尤其是市场份额小的球队面临着不利的境况，缺乏市场广大的球队的转播收益，他们付不出那么多钱去获取新球员。在所有体育运动中，职业球队的老板想办法赚取最大的利润，他们开始给市当局施加更多的压力让当局资助或补贴体育场馆的修建，帮助他们获取利润。在威胁要搬到其他更有利的地区时，他们把整个城市都当作了赌注。在1982年到1997年间，NFL的7支球队的确搬到了别的地方，在1989年到1997年间，31个职业球队用公众费用修建了新的体育场馆（*Guttmann, Sports: The First Five Millennia 139；也可参考下表*）。新的棒球公园成了球队老板吸引新顾客的一个主要方式。

---

[1] "奇卡诺"（Chicano）一词是20世纪中期以后墨西哥裔美国人的代名词；墨西哥裔美国人民族主义是奇卡诺民族主义的意识形态，奇卡诺主义倾向于强调民权、政治运动和社会包容，而不是民族主义。<https：//en.wikipedia.org/wiki/Chicano>

公司的豪华包厢、个人VIP席位、独家停车收费权、补贴、食品、饮料及服装销售让球队老板的腰包鼓了起来。球队也把命名权卖给公司赞助商，并且播放商业广告来增加收入。例如，在2000年，太平洋贝尔公司为了获得24年的体育馆命名权而付给旧金山巨人队5400万美元，美国第一银行（Bank One）以660万美元的费用获得了30年的亚利桑那响尾蛇棒球公园的命名权（*Elias, Baseball* 209）。1992年到2001年间，NFL旗下的球队修缮或修建了15个体育场馆。在1995年到2000年期间，随着巴尔的摩金莺的新场馆的巨大成功，棒球队们新开了13个棒球公园（*Spirou and Bennett 188*）。随着体育场馆变得像主题公园，像圣地亚哥PETCO公园以为少年儿童提供操场著称，和迪斯尼的人物一样，吉祥物也娱乐了观众。随着城市的发展，政客们也开始了理性化消费，他们把落后地区重新发展为吸引游客赚取美元的娱乐地区。

1990—1999年期间场馆建造和翻修费用

年份	队伍及场馆	用于建造或翻修的花费（百万）
	棒球场	
1991	芝加哥白袜队 / 球场	$150
1992	巴尔的摩金莺队 / 康顿球场金莺公园	$235
1994	克利夫兰印第安队 / 进步球场	$173
1994	得克萨斯流浪者 / 阿美利奎斯体育场	$191
1995	科罗拉多诺基山队 / 库尔斯球场	$215
1996	奥克兰运动家队 / 奥克兰阿拉米达郡竞技场（和NFL突击者队共享）	$225（翻修）
1997	亚特兰大勇士队 / 特纳球场	$235
1997	圣地亚哥教士队 / 圣地亚哥（和NFL光电队共享）	$78（翻修）
1998	亚利桑那响蛇队/切斯球场	$355
1998	洛杉矶安那罕天使队/爱迪生国际球场（后被命名为洛杉矶安那罕天使球场）	$117（翻修）$85（在1990年开放）$65（在1998年翻修）
	坦帕布魔鬼鱼队 / 纯品那康球场	$115
1999	西雅图水手队 / 塞弗科体育场	$517

（续表）

年份	队伍及场馆	用于建造或翻修的花费（百万）
	橄榄球场	
1992	亚特兰大猎鹰队/乔治亚圆顶	$214
1995	杰克逊维尔美洲虎队/欧特尔球场	$135（翻修）
1995	圣路易斯公羊/爱德华琼斯圆顶球场	$300
1996	卡罗来纳黑豹队/美国银行体育场	$298
1996	奥克兰突击者队/奥克兰阿拉米达郡竞技场（和MLB运动家队共享）	$295（翻修）
1997	圣地哥光电队/高通体育场（和MLB圣地亚哥队共享）	$78（翻修）
1997	华盛顿红人队/联邦快递体育场	$251
1998	巴尔的摩乌鸦队/M&T银行体育城	$229
1998	坦帕湾海盗队/雷蒙德詹姆斯体育馆	$190
1999	田纳西巨神队/古罗马竞技场	$292
1999	巴罗布比尔队/拉尔夫布朗体育场	$63（翻修）
1999	克利夫兰布朗队/克利夫兰布朗体育场	$309

数据来自《芝加哥太阳时报》刊登的卡罗·斯雷扎克（Carol Slezak）的《什么有名气？》，2008年3月2日：56A；<www.ballpark.com>，<www.ballparksofbaseball>，<www.leagueoffans.org/mlbstadiums1990.html>，<www.stadiumsofnfl.com>，<www.indystar.com/apps/pbcs.dll/section?Category=sports0305–47k–>，<www.proplayerstadium.com/content/architecture.aspx>

四、体育旅游

芝加哥白袜队于1991年新建了一座科米斯基运动场（后来命名为美国蜂窝球场），1992年巴尔的摩开放作为金莺队新主场的凯姆登球场，附近还有供NFL旗下的巴尔的摩乌鸦队使用的主场设施和贝比·鲁斯诞生地纪念馆。新建这一体育综合馆旨在通过创造和重塑历史的记忆振兴城中心地区。贝比·鲁斯的出生地成了城市现代化球队的总历史纽带，球队在新的球场比赛，但球场被设计成怀旧风格，以勾起很多对过去球场的幻觉和怀念。与此同时，像波士顿的芬威球场和芝加哥的莱格里球场这样真正的老场馆对人群依旧有吸引力，无论他们的球队在球场上的运气如何。新球场更小的场地尺寸会产生更多的本垒打，而这一直以来都是球迷最爱。巴尔的摩的球场连接着附近的内陆湖地区，该地区的特色为餐饮、购物和其他的娱乐方式。城市资助场馆的修建和修缮，从而球队只需出一部分钱。这样一来，体育运动和体育综合场馆成了吸引游客的场所。城市通常为场馆维护、交通管制和安保措施买单，甚至用补贴来担保规定的上座率。

城市修复的一部分涉及修筑名人堂来吸引球迷。历史学家艾瑞克·霍布斯鲍姆（Eric Hobsbawm）和特伦斯·兰格（Terence Ranger）把这样的制度称作"发明的传统"，这些传统旨在随着时间的推移产生意义和认同。一些城市盖了建筑物来纪念当地的历史，而另外一些城市作为回忆和怀旧的地方在全国或全世界都有名气。这些圣地以一种近似城市宗教的特别方式展示男子气质来美化体育英雄，他们大多是白人男性职业运动员，球迷踏上朝圣之旅去参观那些他们顶礼膜拜的球星们，这些棒球、橄榄球、篮球、冰球、网球、高尔夫、拳击、赛马、足球、摩托车运动、游泳和田径球星来自全国的不同地区。

照这种思路，整个印第安纳波利斯市宣称自己是"世界业余体育之都"，这个城市实际上已经成了体育的圣地。2003年ESPN杂志把它称作顶级职业体育城市，该城市的经济在很大程度上依赖体育和体育旅游。除了印地500大赛外，该城市还举办红砖赛道全美400英里大赛和一次方程赛车比赛。该城市除了是小马队和步行者队的主场，还是NCAA总部、美国体操协会、美国田径协会、美国跳水协会、美国花样游泳协会、美国运动医学学院、印加赛车联盟、黑人教练协会、全国州高中协会联盟及其他一些组织的所在地。在政府的办公地点成功地搬到新的郡县大楼后，商业利润确保了公司对城市和边远地区的控制（*Schimmel, Ingham, and Howell 234-237*）。在1977年到1991年间，与体育有关的买卖给地方经济带来了超过20亿美元的收入。但这些收入中几乎没有多少分到了那些因为到处修建运动设施而流离失所的贫困家庭身上。

五、劳资关系和利润分配

虽然职业体育让球迷激动不已，可劳资纠纷却经常给球迷的热情泼冷水。

1981年，职业棒球大联盟的球员因为自由择队问题在赛季中罢工了。50天后，在球队老板同意承认球员有权利商谈合同和薪水的条件下，他们回到了比赛场地。同时球队老板通过选秀挑选、和球员现金交易弥补自由球员离开所造成的损失。

1994年，球员再次罢工迫使职业棒球大赛决赛在开赛90年以来第一次被取消，这一切惹怒了球迷。当时，一支加拿大球队——蒙特利尔博览会队位居国家棒球联盟的榜首。圣地亚哥教士队的托尼·格温（Tony Gwynn）的安打❶数几近0.400，这是自泰德·威廉姆斯（Ted Williams）在1941年创下了406个安打的记录以来，没有人能接近的水平。旧金山巨人队的马特·威廉姆斯（Matt Williams）已经打出43个本垒打，他有机会超越罗杰·马瑞斯（Roger Maris）在1961年创下的61个本垒打❷的记录。此外，职业棒球联盟在前一个赛季已经创下了上座率的记录。面对这样一场罢工，许多彻底失望的球迷发誓再也不来观看比赛了，他们责怪球员和老板的贪婪。老板要求工资封顶，可球员不愿意，这一罢工持续了234天，最后联邦法官站在球员这边。1995年赛季在现存合同下进行，双方中没有任何一方能大体上改变这个集体劳资协议。在罢工之前，MLB每场比赛能吸引31,256名观众，10年之后，球队仍在努力把上座率恢复到这一水平，2004年，比赛的平均上座率为30290名观众（*Chicago Sun Times*）。

NFL队员曾追随MLB同仁的脚步，在1982年赛季开赛不久，就进行罢工。在磋商后的第57天，他们又重返赛场，磋商规定并同意提高最低工资标准，发放季后赛薪水，并赋予球员包括离队补偿金津贴在内的新的权利。然而老板却保留了对电视收入及球员转会的控制权。在20世纪90年代，NFL在新委员长保罗·塔格里亚布（Paul Tagliabue）的带领下，平息了联盟内的劳资纠纷，但事实证明老板们在追求更高利益方面决不妥协，于是球队撤离休斯敦、克利夫兰和洛杉矶。1993年塔格里亚布为休斯敦和克利夫兰组建了新的球队，并且特许夏洛特和杰克逊维尔拥有自己的球队。然而洛杉矶球队的缺失给这个国家的第二大市场留下了一个巨大的空洞。尽管有这样一个缺憾和乏善可陈的国际化进程，1998年NFL还

---

❶ 安打（batting）是棒球及垒球运动中的一个名词，指打击手把投手投出来的球，击出到界内，使打者本身能至少安全上到一垒的情形。<http: //baike.baidu.com/view/48.htm>.

❷ 本垒打（homer, home run），棒球术语，是指击球员将对方来球击出后（通常击出外野护栏），击球员依次跑过一、二、三垒并安全回到本垒的进攻方法，是棒球比赛中非常精彩的高潮瞬间。<http: //baike.baidu.com/view/48.htm>.

是签下了所有职业联盟中利润最可观的电视合同。合约的有效期长达8年以上，提供的资金超过170亿美元，保证每个球队每年有大约7500万美元的收入。

NBA的繁荣大多归功于斯特恩相当敏锐的商业嗅觉。他帮助球员和老板达成劳资协议，同意付给运动员53%的总收入，也采用了工资帽（工资上限）的形式帮助球队老板减少日渐增长的球员工资支出。斯特恩还把青少年作为目标人群来推广NBA和球员，打造了篮球更酷更有活力的形象，从而截然不同于棒球的传统形象，这一形象对年轻人很有吸引力，给篮球创造了许多终身球迷。NBA全明星赛的阵容发展壮大，增加了突出个人能力的灌篮大赛和三分球大赛。迈克尔·乔丹称霸篮坛期间，从公司价值观到嘻哈文化，NBA对球星和名人的营销可谓包揽一切，吸引了从商界精英到儿童领袖在内的众多人群。

这种劳资双方和谐共处的局面持续到1998年，因为无法在工资帽和保障性工资的问题上达成一致，那一年NBA停摆204天。随后球员和老板达成一致才让这个只有50场比赛的缩水赛季开始进行。球员们赢在了保障性工资，老板们赢在了工资帽，只有观众和球迷遭受了损失，NBA的现场观看人数和收视率双双暴跌。

六、奥林匹克运动的商业化

美国运动员在1980年纽约普莱西德湖举办的冬季奥运会上取得令人震惊的胜利，这让民众支持者十分激动。速度滑冰运动员埃里克·海登（Eric Heiden）获得了5枚金牌，在他参加所有项目比赛中，从500米到10000米，他都打破了奥运会纪录。更令人吃惊的是，由不出名的大学生运动员组成的美国冰球队击败了被视为世界第一的强敌苏联队，而就在13天前的一场表演赛中，苏联队以10∶3的比分战胜了美国队。美国队以4∶3的比分奇迹般地赢得了半决赛，这让美国的民众支持者沸腾了，之后年轻的美国队在金牌争夺赛第三回合的比赛中得了3分，以4∶2的比分战胜了芬兰队。美国认为这一不太可能的夺冠之旅标志着资本主义在与社会主义较量的经济大战中获得了巨大胜利。《纽约时代》（New York Times）声称美国的成功是"奥林匹克历史上最惊人并且最戏剧性的意外之一"（Eskanazi 1）。与苏联的比赛刚刚结束，总统吉米·卡特致电给还在更衣室的队员表示祝贺。夺冠这一喜讯打断了纽约无线电城音乐厅的一场演出，剧院观众中断观看演出，随即一起唱响了国歌。

这一场全国性的庆典暂时缓和了当时国内的紧张局势。然而，在1979年12月，苏联入侵阿富汗，总统吉米·卡特回应声称要以抵制莫斯科奥运会作为反击。当以美国为首的36个国家放弃参赛时，恐吓即成了事实。奥运会再一次成了国际政权角逐的棋子。

在这一动荡时期，西班牙贵族胡安·安东尼奥·萨马兰奇（Juan Antonio Samaranch）接替基兰宁勋爵（Lord Killanin）担任国际奥委会主席一职，但他也未能阻止苏联率领13个东欧集团国家拒绝参与1984年洛杉矶奥运会的决定。尽管这些国家缺席比赛，该届美国奥运会却鸿运高照，皮特·尤伯罗斯（Peter Ueberroth）通过使用授权、销售规划、市场营销等措施把此次奥运会商业化。在当时，与美国广播公司签订的电视转播权合同收益2.25亿美元，在奥运会结束时还结余2亿之多。这个数字相对于1976年蒙特利尔奥运会花费的15亿美元来说，确实是令人震惊的一大进步［Rader, American Sports（1983）310］。这次的成功也转变了奥运会的营销模式，不久之后，国际奥委会不单单接受了奥运会的商业化，更变成了坚定的拥护者。1985年，国际奥委会创立了自己的商业合作伙伴项目，提供奥运会标志和产品特许经营权，并以四年为期限来收取高达5000万美元的合作伙伴费用。

1980年冬奥会，战胜强敌苏联的美国男子冰球队
© Getty Images

奥运会自此摆脱了空耗资金的恶名，成功转型为资产运作项目，这引起了未来申奥国之间更大规模的竞争，也极大增强了掌控终极决定权的国际奥委会的实力。从那以后，在奥林匹克运动的管理上，国际奥委会把它的西方价值观和标准强加在所有申办国头上。

1984年的奥运会见证了卡尔·刘易斯（Carl Louis）一连串成功事例的开始，在此次田径赛中他4次夺冠。事实上，刘易斯和其他非裔美国人选手帮美国队摘得田径比赛49枚金牌中的40枚，美国拳击手赢得了11枚金牌中的10枚（Verney 91）。在赛场外，曾被奥林匹克之父皮埃尔·德·顾拜旦所珍视的奥林匹克业余运动精神逐渐衰落之时，刘易斯和萨马兰奇成了两个重要的领军人物。苏联及其他一些东欧国家的运动员通常以军队成员的形式为国家效力，他们的薪水是国家公共费用支付的。在一些资本主义国家，很多明星运动员通过私人签约来赚钱，比如佩戴某个标志或穿个别品牌的跑鞋。早在1974年，国际奥委会就批准了国家体育管理机构收取这些费用来给运动员支付薪水。1972年奥运会游泳比赛7枚金牌得主马克·施皮茨（Mark Spitz），还有1976年奥运会十项全能冠军选手布鲁斯·詹纳（Bruce Jenner）很快就成了一系列产品的代言人［Rader, American Sports（1983）312-313］。随后，卡尔·刘易斯和其他运动员设法把自己广告代言的收入放到仅够支付他们的日常生活开销的个人金融信托名下，借此来维持他们这种业余选手的身份。新闻人给这些做法贴上了"冒牌业余选手"的标签。萨马兰奇逐渐让步了，他渴望看到最佳选手出现在奥运会的比赛现场。1985年，国际奥委会及国家单项体育联合会投票表决允许职业选手参加网球、曲棍球和足球比赛，其他运动项目也很快效仿这一做法。

七、全球化的美国体育形式

棒球和橄榄球同样致力获得更大的全球市场份额。为了达到这一目的，MLB在1989年创立了一个全球商业部，1996年NFL也紧跟其后，在墨西哥、加拿大和日本设立了地区办公室，并在中国筹划比赛。早在20世纪50年代，NFL就在加拿大打比赛，在20世纪70年代，它跋山涉水到东京和墨西哥城举办表演赛。NFL原本计划在20世纪70年代成立一个全球橄榄球联盟，可美国政府干预并终止了这一计划，因为美国害怕激进的欧洲团体（如意大利的红色旅组织和德国的红色军阀）策划的恐怖活动由此而增加，这些组织曾因为民族和政治矛盾实施过绑架行为。

接下来的10年，美国碗在伦敦举行，1986年吸引了8.6万名观众（Ford and Foglio; Jozsa 70）。瑞典、加拿大、日本、德国、爱尔兰、西班牙和澳大利亚相继出现类似的比赛。一个由10支队伍组成的橄榄球世界联盟冒险在1991年开赛，结果只是昙花一现。NFL和福克斯电视网络联手于1995年成立了一个欧洲联盟，但橄榄球没能抗衡足球根深蒂固的吸引力。即使是联盟的赞助商百威啤酒也没能取代欧洲啤酒的地位，在澳大利亚打广告时还不得不放弃这个名字，因为澳大利亚一家啤酒厂自17世纪以来就使用这个名字。橄榄球在墨西哥、日本和太平洋更为成功。在美国本土以外，超过100万孩子加入到腰旗橄榄球运动中；在大洋洲，不少萨摩亚人毕业后选择效力于美国大学球队甚至是NFL；在日本有200多所大学拥有橄榄球队。

另一个社会主义国家古巴，这个深受美国贸易禁运伤害的国家，选择向其他发展中国家售卖成熟的体育训练方法。事实上，体育产业不仅仅是古巴的出口经济来源，更是一个政治工具，主要表现是在自己的优势项目上打败美国，比如1992年和1996年赢得奥运会棒球金牌，还有随后的挑战美国职业棒球队。1999年，古巴在两回合与巴尔的摩金莺队的较量中均取得了胜利。

第二节　吸引更多棒球迷

美国职业棒球大联盟（MLB）总裁塞利格（Bud Selig）介绍了大联盟在1994年的另一项创新，外卡系统。外卡系统的应用使原本因为没有在分赛区夺冠而被淘汰的球队有资格继续进行季后赛，只要这支球队在分区里有最高的常规赛胜率。时隔一年后的1995年，外卡系统正式启用。两年之后，1992年才进入联盟的新军佛罗里达马林鱼队就以外卡身份赢得总冠军。之后，赛利格又提出了另一项创新，即常规赛期间，允许球队跨联盟进行比赛（比如美国联盟的球队和国家联盟的球队进行常规赛），这种情况之前只会发生在总决赛的时候。同时，隶属于不同联盟的同城德比也被允许，这样的比赛将会在纽约、芝加哥、洛杉矶和旧金山湾区等大都市上演。这种创新让当地球迷们在整个赛季都对棒球赛充满了期待。

第十章 全球化的体育（1980—2000年）

风云人物

卡尔"图菲"罗兹（Karl "Tuffy" Rhodes）

从1990年到1995年，图菲罗兹为几个MLB的队伍效力过，他职业生涯的平均击球率仅为22.4%，全垒打成功率也只有十三分之一，然而，他却在日本大获成功。1996年，他和太平洋日本职业棒球联盟的大阪近铁野牛队签订了合同，至2007年，他也效力于另外两支队伍。在那段时期，他击出了402个全垒打，是外国运动员在日本棒球历史上的最高纪录，并且他也平了在2001年全垒打数55个的单赛季平均纪录。到了2007年，他击打了超过3000分并且创造了击球跑垒得分1089的纪录（"Tuffy Rhodes"）。

1998年，诸多事件极大地推动了MLB的复苏。芝加哥小熊队的多米尼加击球手山米·索萨（Sammy Sosa）在全垒打冠军的征程中遇到了圣路易斯红雀队的马克·马奎尔（Mark McGwire）。两位击球手都在追赶罗杰·马里斯（Roger Maris）单赛季61全垒打的记录。在9月8日与小熊队的比赛中，马奎尔率先破纪录，却不想随后就被索萨以66个全垒打的总数反超。这还没有结束，在马奎尔最后的11个成功击球中，他打出了5个全垒打的佳绩，以70个全垒打的总数创造新纪录。棒球迷们沉浸在这一历史性的时刻，然而却有人指出这是因为使用了包裹性更好（因而击打更远）的比赛用球，更有人怀疑两位击球手使用了增强能力的类固醇禁药。马奎尔随后承认使用了雄甾烯二酮来增强肌肉能力。尽管NCAA，NFL和IOC等组织早已禁止使用类固醇药物，但在MLB却没人重视这个问题。2001年，伴随着同样使用禁药的质疑，贝瑞·邦兹（Barry Bonds）以73个全垒打的总数打破了马奎尔的记录。现场疯狂的球迷毫无理性地疯抢邦兹击到观众席的棒球。之后，邦兹又在击球距离上打破了汉克·阿隆（Hank Aaron）的755码记录，却引起了更多的质疑。邦兹后来承认在使用违禁药物这件事情上曾经撒谎，这让他创造的击球记录变得饱受质疑。

很明显，全垒打的出现能吸引更多观众，索萨（还有邦兹）的登场的确可以吸引更多的加勒比地区观众和球迷。索萨和马奎尔之间公平友好的竞争又可以展现不同种族之间和谐相处的情形，这正是MLB想要的结果，因为MLB想要借此来抚平球迷，球员和联盟之间的裂痕。在全垒打之战期间，芝加哥人把美国和多米尼加国旗同时挥舞，想要用一种团结的形式（被利用的团结）来淡化种族和国家主义造成的疏离。

　　对于球队老板来说，拉丁裔球员使他们能够以便宜的价格来强化球队的配置。在21世纪初期，多米尼加裔球员就占到了MLB的近十分之一，而拉美裔则更是达到了26%的比例。1985年，得克萨斯仅用3500美元就签下了索萨，之后，1988年，道奇队给佩卓·马丁尼兹（Pedro Martinez）这样具有统治力的投手开出的起薪也只有8000美元。美国棒球学院自费培养了一群全日制的年轻棒球运动员，并把他们推向职业联盟，这也迫使MLB后来修改规定，只有年满16周岁才能和职业球队签约。尽管如此，独立经纪人还是在不停地榨取年轻人，甚至包括12岁的具有天赋的男孩（Knisely; Le Batard）。

2006年，在击打出第715个全垒打之后，贝瑞·邦兹超越了贝比·鲁斯，在职业生涯全垒打总数上位列历史第二

© Getty Images

风云人物

小卡·瑞肯普（Cal Ripken Jr.）

　　1995年，尽管现场观看棒球比赛的人数锐减，心怀不满的球迷依然兴致勃勃于小卡·瑞肯普不断创造出来的连续参赛纪录。事实上,自19世纪80年代以来的5年间,他甚至没有错过任意一节的比赛。终于在1995年9月6日,这位巴尔的摩金莺队的铁人以他连续出战的2131场比赛打破卢·伽蕾（Lou Gehrig）的记录。超过500万户美国家庭收看了这场全美直播的比赛。瑞肯普所体现出来的恒心、毅力、工作态度及谦卑的品质类似于之前被人盛赞的伽蕾,引起了全美人民对旧时美好时光怀念的共鸣。在持续不断的劳工与政客的纷争中,瑞肯普代表了美国人理想中的自己———一个安静的以身作则的领袖。他不但做好本职工作,轻伤不下火线,同时追求卓越,奋斗成为全明星级别的游击手。至于他的生活,也是平静如水,似乎是一个更为传统、纯真年代的象征。

20世纪90年代,球队的价值在呈指数增长,因为来自世界各地的劳动力能够让球队减少开支的同时开拓全球市场。1980年之前,没有球队会被估值2000万美元,但在接下来的十年,有5支球队卖出了高于1亿美元的价格,纽约洋基队甚至估值达9亿美元（*Guttmann, Sports: The First Five Millennia 363*）。2006年,扬基队成了首支估值上10亿美元的职业球队。

第三节　迈克尔·乔丹和职业篮球的发展

棒球和美式橄榄球都在日渐繁荣,篮球则有着更抢眼的表现。1984年,在总裁大卫·斯特恩（David Stern）掌权后,NBA迎来了爆炸式的发展。斯特恩拥有敏锐的商业嗅觉,与同时期出现的篮球巨星卡里姆·阿卜杜勒·贾巴尔（Kareem Abdul Jabbar）、魔术师·埃尔文·约翰逊（Earvin "Magic" Johnson）、拉里·伯德（Larry Bird）及新秀迈克尔·乔丹一道,为篮球的推广做出了许多贡献。个人主义在球队的盛行让球员们开始娱乐大众。约翰逊,一个2米06的大个子控球后卫,用他魔法般的篮球技艺,游走在篮球场上的各个位置,并且能够时常斩获三双,这是用来表示球员技术全面的一项数据统计,是指在一场比赛里,某个球员至少得到了10分、10个篮板和10个助攻。约翰逊和同队的另一位明星球员,2.08米的贾巴尔,带领洛杉矶湖人队在10年间取得了5次总冠军。约翰逊的劲敌,同样身高的拉里·伯德,也在同时期带领波士顿凯尔特人队三夺总冠军。

被描述成乡巴佬的伯德出身于印第安纳州的小城镇，他拥有扎实的篮球基本功，擅长传球和投篮，曾经三度被评选为NBA最有价值球员。体育作家在对伯德和约翰逊的比较中不仅强调他们的篮球风格，同样还要对他们的社会和地缘区别展开比较。体育运动有很强的包容性，NBA也借这两位完全不同的对手而不断发展，并以此宣传联盟的包容性，这样做既能带来丰厚的利润，也把NBA与种族歧视盛行的职业摔角运动区别开来。

乔丹被定义为20世纪90年代最具竞争实力的体育艺术家，他在篮球场上描绘令人难忘的场景，上演独领风骚的影片，享受令人眼花缭乱的艺术所带来的金钱利益。他的传奇始于大学一年级，当时他投进决胜一球，帮助北卡罗来纳大学获得了1982年NCAA的冠军。两年后，他被评为年度最佳大学生球员，并带领奥运会篮球队一路得分连续赢得两次奥运会冠军。

迈克尔·乔丹的声望促进了NBA的全球化发展
© Getty Images

第十章 全球化的体育（1980—2000年）

大学四年级时，乔丹离开学校加入NBA，带领芝加哥公牛队多次打入季后赛。为表彰他的个人成就，他赢得了NBA全明星队的席位并获得年度新秀的荣誉。尽管一只脚受伤了，乔丹仍在1985—1986年赛季末重返球场，展示了他打篮球的强烈决心。在季后赛中为球队贡献了49分和63分。当时他令人叹为观止的扣篮技术吸引了一大批球迷和商业广告赞助商。1985年，耐克公司生产制造了首批飞人乔丹篮球运动鞋，把耐克和乔丹带到了全世界人民的面前。这一聪明的营销NBA和乔丹的举措使篮球运动成为一个全球现象，逐渐侵蚀足球运动的国际流行程度。

乔丹的又一丰功伟绩在于他推进了篮球运动的发展，因为全世界的青年都渴望"成为乔丹传人"，这是乔丹许多可观收入广告合同里的一句口号。1986—1987年赛季中，乔丹成为联盟得分王。第二年，他获得了最有价值球员奖和最佳年度防守球员的称号，成为那一赛季和下一赛季的风云人物，赢得了NBA电视转播的扣篮大赛的冠军。在他越来越多的奖项中，还包括1987年至1988年间全明星赛最佳球员的桂冠。虽然他拥有这么多的荣誉，但他所在的球队却多次与冠军失之交臂。伴随着队友斯科特·皮蓬（Scottie Pippen）的成长和传奇主教练菲尔·杰克逊（Phil Jackson）的到来，这一不利情况得以改观。1991年公牛队击败洛杉矶湖人队首次获得NBA冠军头衔，乔丹在联盟中的得分能力帮助他获得了常规赛和季后赛中最有价值球员的殊荣。第二年，公牛队在常规赛中赢了67场并摧毁波特兰开拓者队获得冠军，乔丹也因此得以延续他在所有三个比赛类别中的传奇。

1992年的夏天，乔丹带领美国的"梦之队"轻松摘取了巴塞罗那奥运会篮球比赛的金牌。"梦之队"是首支由职业球员组成的篮球队。与乔丹并肩作战的有皮蓬、约翰逊、伯德、查尔斯·巴克利（Charles Barkley）、卡尔·马龙（Karl Malone）、克莱德·德雷克斯勒（Clyde Drexler）及大学生克里斯蒂安·莱特尔（Christian Laettner），这一支由NBA最佳球员组成的球队彻底击垮了它的对手，每场比赛平均比对手多得44分。他们的欧洲胜利之行让无数人为之疯狂，也让篮球这一运动名声大噪。

在接下来的一个赛季，公牛队打败凤凰城太阳队，连续三年获得冠军。乔丹以每场平均得分41分的成绩又一次获得了最有价值球员奖。在赛场外，耐克公司和乔丹获得了前所未有的成功。他出现在各种广告中，他光秃秃的脑袋成了一种时尚，数百万人纷纷效仿。1993年的夏天，乔丹的父亲被谋杀，这一事件严重挫伤了他的热情。第一次和普通人一样，他表现得不再那么坚不可摧甚至有几分脆弱了。人们批评他的赌博恶习，质疑他精心编织的形象。他决定在1993年赛季开始前退役。休整两年后加上在小棒球联盟内的失败经历，乔丹在1995年赛季末重返球场。虽然他在季后赛的一场比赛中获得了55分的高分，但是公牛队还是没能夺冠。

乔丹打满1995—1996年的赛季，此时善抢篮板球和防守的怪才球员丹尼斯·罗德曼（Dennis Rodman）加盟芝加哥公牛队。芝加哥公牛队打破以往的纪录，赢得72场常规赛比赛，再一次登上NBA的冠军宝座。1997年和1998年，芝加哥公牛队延续了这一传奇。乔丹在每一季NBA比赛中的得分都遥遥领先。在10次赢得得分王的称号，6次获得冠军头衔，5次荣获最有价值球员奖后，乔丹于1999年宣布他二次退役。ESPN称他为本世纪最伟大的美国运动员。

乔丹的退役让NBA的电视收视率在1999年下降了14%，但他的退役只是短暂的（Hughes 176）。2000年乔丹成了华盛顿奇才队的小股东，但竞争的火焰在他心中从未熄灭。为了拯救他无能的球队，乔丹放弃了自己的股份，在2002—2003年赛季回到球场继续比赛。乔丹的表现依然让人印象深刻，每场比赛的平均得分为20分。和他作为一种文化现象所做的丰功伟绩比起来，他长青的运动生涯显得有些苍白了。他让篮球成为一种世界性的运动，帮助把美国的商品卖到全世界，也让自己成了资本主义的典范。

乔丹在1997—1998年赛季的收入超过3300万美元，他的广告收入就更多了（*MacCambridge 284*）。他成了一个全球偶像，被人们神话为"黑人耶稣"。从北京到波斯尼亚的各大报纸都把他1999年的退役宣言作为头版头条（*Miller and Wiggins 305-306*）。他成了自穆罕默德·阿里以来全世界最受人欢迎和知名度最高的人。很多黑人青年几乎把乔丹等同于上帝，视他为最令人崇拜的人物（*Miller and Wiggins 312*）。

NBA利用这种知名度继续扩张自己的领地。1995年，多伦多和温哥华组队，在1998年到2004年间，有7支新的球队加盟，球队的市值也大幅提升。尽管拥有的市场不大，温哥华灰熊队在2000年还是以1.6亿美元的价格卖出，波士顿凯尔特人队的收入为3.6亿美元，凤凰城太阳队赚得4.01亿美元（"Great American" 71）。1996年，通过在世界范围内出售它的产品，NBA收入5亿美元，但它还在寻求更大的市场。同年，NBA发起并资助美国女子篮球联盟（WNBA），希望吸引更多的女性观众。到2005年，WNBA拥有至少30个海外球员，同时也在193个国家用31种不同的语言转播比赛（Friedman）。在商品化的过程中，乔丹超越了种族、社会阶级和民族的界限，在提升篮球这项运动和推进资本主义体制方面都做出了贡献。到2000年，NBA在205个国家用42种语言向超过7.5亿的人转播比赛（Miller and Wiggins 308）。

第四节 高校校际体育和NCAA

国家大学体育协会（National Collegiate Athletic Association，NCAA）一直坚持自己的业余化理想，除了体育奖学金和提供给大学生运动员的学费、住宿和食宿，它拒绝其他任何形式的补偿。然而，许多球员却认为自己是学校的雇员。事实上，1998年NCAA的一项调查发现大学生运动员的训练时间多于学习时间，他们周平均学习时间是26小时，可运动时间却是30小时（Gorn and Goldstein 233）。这些调查质疑了NCAA视为底线的业余属性并且怀疑学校是幕后黑手。NCAA无视运动员们的异议，依然恪守自己的规则，但是很多情况下，球探们会暗箱操作，继续诱惑和补贴学生运动员尤其是橄榄球和篮球运动员。

高等院校因运动队的成功得到国家媒体的关注，大学间争夺顶级运动员的竞争加剧了。一系列的丑闻让人们不仅怀疑NCAA的业余性质，而且质疑教练员和校友的道德行为。这些教练员和校友被发现行为不端，例如，不合规则的招生、年龄造假、私下用金钱诱惑球员、在球员的参赛资格上弄虚作假、假造成绩单、编造子虚乌有的课程，他们这么做的目的是为了吸引和留住运动员。那些被判犯有上述违法行为的教练员主动或被迫离开后，通常很快就在别的地方找到新工作，而工作的地方往往是他们以前的竞争对手。因为他们的不端行为，大学也要面临NCAA禁赛的惩罚。比如1980年，久负盛名的太平洋十校联盟中的5个成员大学就因违反规则遭到NCAA的禁赛，使得联盟中的一半成员没有资格参加橄榄球锦标赛。

接下来的一年，NCAA实施专门条例来解决这些问题。这些条例规定了大学生运动员要达到的最低学分，课程数目，课业总量，以及有关绩点的要求。同时也规定了学校的相关部门要严格考量。即便这样，滥用学生运动员的情况依然存在，尽管电视转播给学校带来了更多的收入。NBC花费700万美元获得了1983年的玫瑰碗❶橄榄球比赛的电视转播权（Pope, The New 376），那一年NCAA总共净赚了7500万美元（Gorn and Goldstein 235）。主要的大学橄榄球赛事为了分得电视转播的收益，在大学橄榄球协会（CFA）的旗帜下携手共同对抗NCAA。体育强校声称因为他们的比赛吸引了最多的关注，而且给NCAA带来了更多的转播收益，所以他们应该得到更多的报酬。NCAA中稍微低等级的学校也站在了CFA的对立面，因为这些学校正在受益于NCAA，他们也能从转播收益中分得一杯羹。传统的橄榄球强队乔治亚大学和俄克拉荷马大学因为这一问题起诉NCAA并赢得了官司。到1985年，体育联合会甚至是个体学校都有权利协商自己的电视合同。

尽管NCAA颁布了新的规定，为了争得更为丰厚的回报，各大高校依然在剥削自己的学生运动员。1987年，已经因为屡次违反NCAA规定而禁赛的南卫理公会大学又因为非法付给它的学生运动员报酬而被判"死刑"。NACC禁止其参加1987年赛季的橄榄球比赛，第二年也只准它参加7场客场比赛，因为球员转队或毕业了，橄榄球队缺乏球员，所以学校决定放弃这项运动。球队的解散后来被证实是短暂行为，学校官员迫于校友和支持者的压力在1989年重新组建球队。

顶级的高校联盟开始通过独立与电视台达成协议来增加自己的收入。1992年，为能在锦标赛中与顶尖球队抗衡，以前各自为战的季后赛选拔委员携手主要的高校联盟成立了一个团体（即众所周知的季后赛联盟）。然而大十联盟和太平洋十校联盟受迫于先前的合约，只能派出强队参加玫瑰碗的比赛。1995年，季后赛联盟浮出水面，喜庆碗、蜜糖杯和橘子碗就一项轮转赛程达成一致意见，该计划使他们可以让来自不同高校联盟的顶尖球队进行对抗，因此联盟内的强队不再享有参加季后赛的保证。可是玫瑰碗仍然忠于它传统的两个联盟，由此造成的结

---

❶玫瑰碗（Rose Bowl Game）是年度性的NCAA美国大学美式橄榄球比赛，通常于元旦在加州洛杉矶北部的帕萨迪纳的玫瑰碗球场举行。"玫瑰碗"即Rose Bowl，得名于举办该项比赛的玫瑰碗体育馆。在美国，很多大型球场都被修成碗的形状，因此得名。<http://baike.baidu.com/view/980766.htm>

果就是，一旦大十联盟或太平洋十校联盟的球队位居第一或第二，季后赛联盟就不能声称这是一场全国冠军争夺赛。1997年，在密歇根队不得不勉强接受与内布拉斯加州队分享"全国冠军"殊荣这一事件发生后，玫瑰碗也参照其他碗赛的模式开始接受其他联盟。在这种模式中，体育新闻记者和教练员在球队排名问题上有时会发生冲突，粉丝之间就哪个队应得到"全国冠军"的荣誉爆发了无休止且无结果的争论。

即使所有的"碗赛"组合起来形成统一的锦标赛系列赛（Bowl Championship Series，BCS），如果对阵的两个联盟没有达成共识，那么一场争夺全国冠军的比赛也依然无法保证会举办。如果一些球队在整个赛季都没被击败，这个问题将会更加严重。BCS甚至到了用电脑数字计算公式来建立一个据说是中立且客观的大众投票系统的地步，但是排名结果却仍无法平息球队铁杆球迷的抱怨（Wieberg and Carey 5B）。

就在少数顶级球队通过电视转播带给联盟最大收益的时候，NCAA于1985年想出了另一个吸引眼球的方案，它把篮球锦标赛的规模从48个球队扩大到64个球队，使地方球队对获得全国冠军产生了更大的兴趣，最后4场决赛甚至演变成一场全国体育盛会。第二年，NCAA增加了三分球这一得分方式，赋予这项运动一个新的维度。在1992年的一场比赛中，特洛伊州立大学在对抗德威尔理工学院一场比赛中出手了109个三分球（进了51个）。其他球队也喜欢这种炮轰的进攻方式，这种打法通常也是球迷最喜欢的一种进攻方式。1989年，来自美国国际的球队在与洛约拉玛利蒙特大学的比赛中得了150分但仍然输了比赛，因为获胜者在这一场比赛中获得了181分，这让整场比赛看起来就像一场田径比赛。特洛伊州立大学的得分甚至超过了这些分数的总和，在与德威尔理工大学的比赛中，上半场破纪录地获得了123分，很快他们就打破这一纪录，在下半场得到了135分，最后以总分258∶141的成绩获得了胜利。如此之高的分数彰显了资本主义对产量的重视，为一些小学校赢得了全国范围内的知名度，也增加了球迷的兴趣。

在1980—1981这一学年，国家大学女子体育协会（Association for Intercollegiate Athletics for Women，AIAW）专门为女性学生运动员举办了39个项目的比赛。但是NCAA，这个男子体育项目主导的体育协会，从1891年起开始与其在女子项目上直接竞争，并最终成功地让AIAW退出体育市场。

第五节　女性和体育

尽管在体育管理机构中，男性权力结构根深蒂固，但他们仍然不愿给予女性平等的机会，女性运动员依然要通过不断超越自我，创造新的记录来打破社会对女性的瘦小羸弱的刻板偏见。事实上，女性获得了空前的成功，很多是在奥运会上取得的。

一、奥运女英雄

1976年任美国女子奥运赛艇队队长的阿妮塔·德弗朗茨（Anita DeFranz）在1986年被选为国际奥委会委员，她是第一位美国女性，也是第一位黑人女性获此殊荣。1997年，德弗朗茨当选为国际奥委会副主席。其他奥运会的成功故事还包括因获得1984年夏季奥运会女子体操全能冠军而成为国民英雄的玛丽·卢·雷顿（Mary Lou Reton）。同时，女子项目发展壮大，艺术体操和花样游泳加入了女子比赛项目行列。美国自行车选手康妮·卡朋特·菲尼（Connie Carpenter-Phinney）摘取了女子公路赛的冠军；琼·贝罗蒂（Joan Benoit）虽刚刚接受完膝盖手术，依然荣获首届奥运会女子马拉松赛冠军；花样滑冰选手德比·托马斯（Debi Thomas）继获得1986年至1988年间的全国冠军后，又赢得1998年的奥运铜牌，成为在冬季奥运会上第一位获得奖牌的非裔美国人运动员。

在田径方面，被粉丝称为"花蝴蝶"的耀眼迷人的弗罗伦斯·格里菲斯·乔依娜（Florence Griffith-Joyner）在1998年的汉城夏季运动会上出尽风头，赢得三金一铜共4枚奖牌。在关于服用类固醇药物的指控未经证实的情况下，"花蝴蝶"创下100米的奥运会纪录和200米的世界纪录，并在4×100米接力赛中再获一金。多才多艺的乔伊娜甚至在4×400米接力赛中为自己跑出了一枚银牌。美国、法国和苏联都认可她是年度最佳运动员。她的才华不仅局限在田径场上，更在于她让前卫的田径赛服装流行起来。她还出演影视节目，担当体育评论员，撰写儿童读物，担任一些慈善机构的发言人。1993年，她成为首位"健身和运动总统委员会"的女性主席。第二年，她成立了一个贫困儿童慈善基金会。1998年，她那富有魅力的生命走到尽头，年仅38岁的她倒在了癫痫病面前。

尽管格里菲斯的亲戚杰基·乔伊纳·克西（Jackie Joyner-Kersee）没她那么耀眼，可也同样多才多艺。杰基·乔伊纳出生在伊利诺斯州东圣路易斯一贫困家庭。1962年，她得到一项篮球奖学金，进入加州大学洛杉矶分校，在这儿她成了大明星，并且遇见了后来成为她丈夫的田径教练鲍勃·克西（Bob Kersee）。尽管乔伊纳·克西患有哮喘病，她依然在1988年的汉城奥运会上赢得七项全能和跳远的金牌。在这一过程中，她还打破了自己保持的七项全能世界纪录并创造了新的奥运会跳远记录。1992年，她在巴塞罗那奥运会蝉联七项全能冠军。在她的职业生涯中，乔伊纳·克西荣获了诸如年度最佳运动员之类的荣誉。2000年，《体育画报》女性期刊称她为本世纪最佳女运动员。退休后，她在自己的家乡成立了一个青年活动中心。

邦妮·布莱尔（Bonnie Blair）是速滑史上的轰动人物。在1988年至1994年间，她赢得了5枚奥运金牌和一枚铜牌。除她之外，还没有任何一位美国女性能完成这样的壮举。1992年，作为美国顶级业余运动员，布莱尔获得了沙利文奖。美国奥林匹克委员会指定她为1992年和1994年的年度最佳女运动员，并且被美联社评选为年度最佳女运动员。

1992年冬奥会上克里斯蒂·山口的金牌表演
© Getty Images

同样是在冰雪项目，克里斯蒂·山口（Kristi Yamaguchi）在花样滑冰中获得奥运金牌，成为首位获得金牌的女性亚裔美国人。在速降滑雪方面，皮卡博·斯特里特（Picabo Street）赢得1994年冬奥运的银牌，1995年她成为首位赢得速降滑雪世界杯比赛冠军的美国女性。1998年，美国女子冰球队夺得奥运金牌。

二、女子职业运动队

篮球运动也在女性运动员中得到推广，涌现了许多女子篮球明星。职业联赛组织女子篮球协会（Women's Basketball League，WBL）于1979年开赛，但在1981年终止。它的继任者美国女子篮球协会（Women's American Basketball Association，WABA）也仅历时一个赛季（1984）。在每一个短暂存在的联盟中，南希·利伯曼（Nancy Lieberman，后来改名为利伯曼·克莱因，Lieberman-Cline）被证实为是最具吸引力的人。在一个破碎家庭中长大的利伯曼从体育运动中寻找到慰藉和认可（Berlage 41）。当她还是一名高中生的时候，就在1975年的泛美运动会（Pan American Games）和世界锦标赛中效力于美国国家篮球队。翌年，她在蒙特利尔奥运会上收获1枚金牌。之后她带领弗吉尼亚州诺福克市的欧道明大学两次获得美国校际女子体育运动会的国家冠军，欧道明大学的主场比赛吸引了1万名观众前来观看比赛。1981年，利伯曼一直效力于男子半职业联盟，直到WBL的达拉斯钻石队给她提供了一份10万美元的合同。WABA达拉斯队之后支付了利伯曼25万美元，她也带领球队获得了联赛的冠军。WABA消亡后，她加入了男子职业联盟，作为马萨诸塞州春田名誉队（Springfield Fame）的一员出现在美国篮球联盟中。在1987—1988赛季，她加入了哈林篮球队。之后她在1997年重返职业篮球赛场，效力于WNBA的凤凰城水星队（Berlage 42）。她的收入虽然远远超过绝大多数女性，但比起NBA的男性篮球明星的收入来说根本不值得一提，这也说明了性别歧视依旧存在。

南希·利伯曼象征着最完美的女性职业篮球运动员形象
© Getty Images

就像比利·简·金一样,利伯曼也为女性运动员们开辟了前进的道路。当她的比赛生涯结束后,她为男子和女子篮球赛担任电视解说员,同时她还著书,指导女子篮球夏令营,并且担任女子运动基金会的主席。她承担了行政管理职责,1998年担任WNBA底特律暴震队的主教练和总经理,2004年担任国家女子篮球联赛(NWBL, National Women's Basketball League)的达拉斯狂暴队的教练员。1996年她被选入篮球名人堂。

利伯曼的成功并不是个案,在她之后还有成就非凡的谢莉尔·米勒(Cheryl Miller)。米勒在加州里弗赛德(Riverside)时,连续4年被评为全美高中女篮第一人。高中四年级,她甚至曾在一场比赛中独得105分,而她在4年的高中比赛的平均得分也达到了32分,同时还有15个篮板球入账。进入南加州大学后,米勒又一次连续4年被评为全美大学女篮第一人,同时还帮助学校两次夺得NCAA的女篮全国冠军。之后,她又带领美国女篮参加了1984年奥运会和1986年世锦赛。退役后,她选择回到南加大执教,之后又在1997年到2000年间成为WNBA菲尼克斯水星队的经理兼教练员。此后担任过篮球的电视播报员和分析师,2014年又在兰斯顿大学重新执教。1999年,米勒入选女篮名人堂，2010年，为了表彰她的伟大成绩，她也被选入了国际篮联（FIBA）名人堂（Nelson）。

在这一时期，女子在足球运动中也取得了巨大的进步和发展。1991年，美国女子足球队在世界杯冠军赛中击败了挪威队。成就非凡的高效得分手米亚·汉姆（Mia Hamm）成为全美国新的偶像，从而激励了年轻人。女子体育的成功在1999年达到极致，当时近7.9万名观众在新泽西梅多兰兹球场见证了美国女足在世界杯中战胜丹麦队。之后又在一场与中国队的决赛中通过点球大战获得世界杯冠军。布兰迪·查斯顿（Brandi Chastain）在打入决胜的一球后，为了表示庆祝扯掉了球衣，露出仅穿运动内衣的上半身，在这之后，兴奋和喜悦很快转变成了争论。虽然很多年以来男足运动员用同样的方式表达他们的喜悦，但是查斯顿的行为仍旧激发了一场关于道德、性和性别的讨论。

布兰迪·查斯顿即兴的庆祝和随之而来的批评暗示了人们在区别对待着不同性别运动员
© Getty Images

风云人物

米娅·哈姆（Mia Hamm）

"米娅"玛利尔·马格瑞特·哈姆（Mariel Margaret "Mia" Hamm），1972年出生，同年《教育法修正案第九条》出台，赶上了一个女子体育蒸蒸日上的时代。哈姆在一个大家庭里面长大，父母分别是空军大佐和前芭蕾舞演员，家里还有两个父母收养的兄弟。她最开始是在青训队里踢球，14岁加入奥运发展队，一年之后，她成了美国国家女子足球队中最年轻的队员。

哈姆1989年考入北卡罗莱纳州立大学，并且在1994年取得政治学学位。毕业前，她率领所在的女子足球队4次夺得NCAA的足球冠军，3次被列入全美明星队阵容里。在1991年至1999年率领国家队连夺世界杯冠军，1996年至2004年间两次摘得奥运金牌，2001年和2002年两度当选国际足联评选的世界最佳球员。在那期间，她被耐克签下做代言，并成为世界女子足球最佳射手。她的迅速成名使足球在当时空前地成为美国红极一时的女子体育运动。

她在1999年启动米娅哈姆基金会，致力于鼓励年轻女性参加体育运动和支持骨髓疾病研究。哈姆有一个弟弟就是死于骨髓疾病的。哈姆在华盛顿自由队星光闪耀，但其所在的女子职业足球联盟却是短命的（2003年解散），随后哈姆在2004年宣布退役，2007年入选美国足球名人堂。（Dyer，"Hamm"）

三、伟大成就和社会变化

这一时期的女性在耐力项目上也展现了非凡的实力。整个20世纪70年代，戴安娜·奈亚得（Diana Nyad）不断打破男性耐力游泳的记录，首先是环绕曼哈顿岛的游泳，之后又在大西洋上完成了100英里（160公里左右）的从巴哈马到佛罗里达的长距离游泳，再后来，她完成了从古巴到美国的路线。1983年，女性在加利福尼亚组织了一次仅有女性运动员参加的铁人三项比赛，吸引了逾600人参加。两年后，莉比·杜斯（Libby Riddles）在爱迪塔罗德的环阿拉斯加州的雪橇大赛上战胜了众多男选手获得冠军，1986年到1990年间，苏珊也在同一赛事上4次战胜男性竞争者。1987年，琳·考克斯（Lynne Cox）完成了一项在当时独一无二的壮举，她从阿拉斯加出发，游过白令海峡到达苏联。一年后，斯塔西·爱丽森（Stacy Allison）成功登顶艾佛莱斯峰。1989年，安·翠森（Ann Trason）赢得了西部100州比赛的冠军，这是一项超级耐力赛，比赛时间长达18个小时。

女子运动员在职业高尔夫球赛中同样取得了巨大的进步。到1994年为止，南希·洛佩斯（Nancy Lopez）在女子职业网球巡回赛中赚得近400万美元。在保龄球运动中，女性也获得了大量的机会。国际女子保龄球协会（WIBC）让女性在保龄球事务上有更大的掌控权。1988年国际女子保龄球大会（Women's International Bowling Congress，WIBC）锦标赛吸引了创纪录的77375名竞争者。2003年，女子职业保龄球巡回赛歇业了。第二年，一个土生土长的纽约水牛城人利兹·约翰逊（Liz Johnson）取得了男子职业保龄球协会的参赛资格。约翰逊在1993年和1994年赢得了国家业余保龄球锦标赛的冠军。1996年，作为一名职业选手，她获得了年度新秀的荣誉，在成为首位参与男子巡回赛的女性之前，她赢得了11场女子巡回赛的冠军。虽然她很成功，可广告专员对她没什么兴趣。女性运动员一直在努力中，希望最终能在一个男性占主导的体育世界里获得和男子同等的知名度和报酬。

尽管如此，女子职业运动员参与包括赛车在内的各种体育运动，作为首位参与印地赛车锦标赛的女性，琳·圣詹姆斯（Lyn St. James）获得了1991年的新秀奖。这一时期的美国女孩和妇女在这些成就的鼓舞下，继续提高她们的运动参与度。到1998年，超过200支少年女子队参与国家冰球协会的比赛，近2000名女孩加入她们所在高中的摔跤队。对"第九条修正案"颁布后出生的一代人来说，勇敢的女性运动员为了获得成就而与父权制的种种局限做斗争，她们的努力让美国的文化景观发生了很大的变化。

在20世纪60年代的体育革命后，媒体越来越关注运动员的生活方式。女性运动员显示了自己越来越多的运动才能，有时甚至是惊人的才能，对她们的关注通常涉及性和性别的思量。玛蒂娜·纳芙拉提诺娃（Marina Navretilova）就是一个很好的例子，1975年她脱离社会主义国家捷克斯洛伐克。作为一名杰出的青少年网球选手，她在美国发挥得一直不稳定，直到1981年她雇佣伟大的篮球运动员南希·利伯曼（Nancy Lieberman）作为她的训练师。在合理的营养搭配和举重练习的帮助下，她成了一个有力的击球手，从而革新了女性的比赛。从1982年开始一直到1987年，她在赫赫有名的温布尔顿锦标赛中占据主导地位，共赢得了创纪录的9个单打冠军。她保持世界第一的排名达7年之久，她也因为公开承认自己是女性同性恋者而获得了媒体的广泛关注。相反，她的劲敌克莉丝·艾芙特（Chris Evert）不仅因为她的球场表现还因为她的女子气质获得了名声。她迷人和时髦的服饰及打球方式都不同于纳芙拉提诺娃，两者之间的反差更加激发了人们对女子网球的兴趣。在长久的运动生涯中，艾芙特赢得了90%的比赛，可在与纳芙拉提诺娃的80场正面交锋中，她仅赢得了37场，略处弱势。比她在网球场的胜利更难以让人忘记的是纳芙拉提诺娃公开自己性别取向的做法迫使支持者、赞助商、反对者和球迷们去审视自己的价值观和偏见。

早在19世纪90年代，医生和社会批评家就贬低体育，认为它会让女人男性化，这样的情况一直持续到1980年。奥运会选手弗罗伦斯·格里菲斯·乔依娜呈现的形象是兼具男性的身体力量和女性的阴柔气质，完全不同于女性运动带给大家那种假小子的刻板形象。她证明了女性运动员可以既强壮又美丽，她用自己的美丽激起男人的欲望从而成功地把自己推销出去，并为现在女性运动员担任模特职业铺平了道路。运动员出身的模特有轮廓极美的排球明星加布里埃拉·丽斯（Gabriella Reece）和奥运会垒球运动的轰动人物珍妮·芬奇（Jenny Finch）。在过去的20年里，女权主义者在女性运动员的肉体诱惑力这个问题分化成不同的阵营，同时围绕这一问题也引发了不少争论。那些旨在推进女子体育的人用柔美甚至是肉欲的吸引力来宣传女子赛事和吸引电视观众。LPGA用刊登在《体育画报》上迷人的职业高尔夫选手简·斯蒂芬森（Jan Stephenson）的特写照片来宣传女子高尔夫巡回赛。

第六节　运动员的药物滥用和身体透支

历史上曾有许多运动员不惜一切代价盲目追求胜利。一些人吸毒或酗酒来舒缓压力和紧张感，一些人则服用可以提高运动成绩的药物来提高自己的身体潜能。耐力运动员尤其是自行车选手在19世纪后期就使用马钱子碱来消除疲劳。1935年，德国科学家成功分离出男性荷尔蒙睾丸激素，该物质可以产生更多的肌肉组织和力量。20世纪50年代，举重运动员通过注射人造睾丸激素来提高运动成绩。这种做法很快就被田径运动员、游泳运动员和橄榄球运动员效仿。体育管理机构最终于1975年禁止了类固醇的使用而且开始对运动员实行药物检查，这一做法仅仅使得运动员采取微妙的方式来逃避检查或是掩盖检查结果。

一、毒品滥用

整个20世纪80年代，运动员的英雄形象被滥用药物的指控蒙上了一层阴影，并且这层阴霾一直挥之不去。波士顿凯尔特人队选中新秀兰·巴阿斯（Len Bias）当天，这名马里兰大学的全美运动员就死于吸食过量的可卡因。他企图掩盖自己吸毒真相的做法让教练拉夫缇·德莱索（Lefty Dreisell）丢了饭碗，也败坏了学校的名声。8天后克利夫兰布朗队的唐·罗杰斯（Don Rogers）死在了自己的单身派对上，成为又一名可卡因受害者。其他一些明星，吸食可卡因仅仅是让他们丢了饭碗并扰乱了其正常生活，这之中就包括棒球明星杜威特·古登（Dwight Gooden）和达里尔·斯卓贝里（Darryl Strawberry）。纽约巨人队线卫劳伦斯·泰勒（Lawrence Taylor）用他强大的力量、惊人的速度和强硬的风格给对手的四分卫造成巨大的破坏，他的运动生涯在名人堂里得到了体现，可是他的成就却因为吸食毒品而大打折扣。他因吸食可卡因上瘾而被捕和停赛，最后不得不在1993年退役，作为最伟大的橄榄球运动员之一的名誉也随之灰飞烟灭。

在棒球运动中，加利福尼亚天使队的投球手唐尼·莫尔（Donnie Moore）在1986年的联盟冠军赛中使对手击出了一个本垒打，使得球队与冠军失之交臂，为此他遭遇了球迷的围攻和媒体的炮轰，也因为这件事情他对自己产生了怀疑并且变得郁郁寡欢，伴随着一系列的家庭暴力和酗酒丑闻，他于三年后自杀了。1980年史蒂文·豪威（Steven Howe）以投球手的身份加入洛杉矶道奇队，他因吸食可卡因上瘾而被棒球大联盟停赛7场。虽然屡次吸毒，但仍有其他3支球队愿意雇佣豪威。1992年总裁费·文森特（Fay Vincent）最终给这个不思悔改的投手下达了终生禁赛的通告，可这一措施并不奏效，因为豪威打赢了官司，声称他需要可卡因来治疗他的注意力缺失紊乱疾病。1996年，豪威最终因为失去投掷快球的技能而结束了自己的职业生涯。因为上述种种问题，职业运动队开始调查球员的生活方式，以避免投资数百万美元在那些生活方式有问题的新秀球员上。

二、类固醇的使用

服用违禁药物现象在1988年的韩国汉城奥运会上达到了严重的地步。加拿大的本·约翰逊（Ben Johnson）在100米比赛中创造了新的世界纪录，轻而易举地打败了之前众望所归冠军争夺者卡尔·刘易斯。当约翰逊在药检中被检测出服用了一种可以提高运动成绩的药物时，人们的不信任情绪代替了之前的惊愕。之后他断言这种药物在田径明星中非常普遍地在使用，更糟糕的是，他是在教练员的鼓励和医生的怂恿下服用这些药物的，他的教练员和医生认为要获得成功就有必要这么做。这种看法一直都存在，服用违禁药物的现象蔓延到了冬奥会参赛者、棒球运动员甚至是想要获得比赛胜利或仅仅是追求更棒身材的美国高中生。

在赢得比赛的压力或者自我对成功追求的压力下，一些运动员不择手段地提高自己的运动能力，然而即便是最严厉的教练员和管理者对这种现象也是睁一只眼闭一只眼。为了阻止类固醇的使用，NCAA对参加橄榄球杯赛和锦标赛的运动员实行强制药物检测。然而这一旨在洗刷橄榄球运动和运动员污点的做法却一败涂地，因为大学球员起诉NCAA，认为这些措施构成了对他们隐私的侵犯，并且赢得了官司。之后的1994年，加州高级法院站在了NCAA这边，允许其之后加强对运动员滥用药物的检测。

自行车运动员长久以来一直被怀疑使用禁药，最终在1998年的环法自行车赛上❶，这一怀疑得到了证实，因为法国警察在骑手身上发现了兴奋剂（PEDs），由此，IOC专门召开了针对兴奋剂使用的会议。1999年，国际奥委会组织成立了世界反兴奋剂组织（World Anti-Doping Agency，WADA）来具体解决这个问题，并为这个组织提供半数的运营经费，剩下的一半则根据国家的规模和财力分配给不同的国家。2004年，WADA设立了禁用药物条例，同时还建立了血液、基因的检测分析流程，以及针对运动员的随机24小时监管法则。美国随后

---

❶环法自行车赛（Tour De France）是知名的年度多阶段公路自行车运动赛事，主要在法国举办，但也经常出入周边国家。自从1903年开始以来，每年于夏季举行，每次赛期23天，平均赛程超过3500公里（约2200英里）。完整赛程每年不一，但大都环绕法国一周。近年来，比赛结束前总是会穿越巴黎市中心的香榭丽舍大道，并且经过埃菲尔铁塔。<http://baike.baidu.com/view/204247.htm>

在2000年设立了本国的反兴奋剂组织（USADA）来配合WADA的工作（Teetzel, "Doping"）。

对于女性类固醇使用者来说，在显著提高运动成绩的同时，一些男性生理特征出现了，比如肩膀变宽，肌肉组织增多，面部长出毛发，以及声音变得更低沉。最臭名昭著的例子之一就是玛丽恩·琼斯（Marion Jones），2000年奥运会田径明星，多枚金牌获得者。之后她转行成为WNBA中的职业运动员。她使用禁药的行为最终还是东窗事发，由此招致了6个月的牢狱之灾（Gems and Pfister）。

三、身体畸变，透支及伤病

安东尼斯情结（Adonis）是指对完美男性身体的追求，就像追求古希腊男性雕塑那样完美的身体。这种阳刚的形象不断通过商业电影，肌肉杂志和健美比赛进行强化。部分青少年男孩沉迷于追求这种完美形象，因而开始使用类固醇，进行极限的力量训练，甚至采用危险的脱水方式降低体脂。高中摔跤运动员为了能够取得比赛优势，采取各种方式降低体重，从而能够参加更轻量一级的比赛。这种方式的广为流行引起了关注，NCAA最终不得不要求大学生运动员需要保证一定的体脂率和水分来参加比赛。

1998年环法自行车赛，马尔科·潘塔尼处于领先位置
© Getty Images

第十章　全球化的体育（1980—2000年）

拒绝食用营养物质会导致一系列的严重伤害，但是运动员，尤其是男性运动员，认为带伤作战是光荣的。这种对伤病的隐忍以牺牲身体健康为代价为他们赢得了同行的赞誉，队友的尊重和球迷的钦佩。NFL运动员的寿命明显短于常人，尽管如此，大多数NFL球员依然享受橄榄球比赛。名人堂球员、奥克兰突袭者队的角位吉姆·奥图（Jim Otto）接受过23次手术，其中有5次膝盖置换手术。1993年，一份关于NFL球员的研究报告指出有40%的球员因为伤病离开比赛，60%的运动员留下了永久性的身体损伤。尽管如此，名人堂球员、芝加哥熊队的防守端锋丹·汉普敦（Dan Hampton）说过："真正的运动员从不在意受伤或者其他伤痛……你可以接受核磁共振、X光照射或者其他治疗，然后重回赛场……任何工作都有风险。我的天，橄榄球运动员真应该脱掉球服，走出去打人。"（Hewitt 17B）

无论长幼，女性都被媒体所描绘的女性形象影响着。20世纪60年代的美女是性感的玛丽莲·梦露（Marilyn Monroe），之后是身材瘦削的崔姬（Twiggy），最后是90年代苗条的超模。媒体对于瘦身的大力宣传致使许多人盲目节食，吃减肥药丸，甚至有些人得了厌食症和贪食症。越野跑运动员更容易被厌食症或贪食症影响，因为他们需要把体重控制在很轻的程度。很大比例的女运动员因为体内缺少脂肪，都有着混乱的生理期，甚至经期消失。尽管经期消失可能是暂时现象，但是混乱的生理期则可以直接威胁到生命。这样的病症在体操界也广泛存在，因为体操运动对身材娇小的运动员更具优势。

职业运动员似乎从来不用担心没有性伴侣；威尔特·张伯伦（Wilt Chamberlain）声称自己有过2000多个性伴侣。这样混乱的男女关系可能带来糟糕的后果。1991年，魔术师约翰逊，因为乱交而被确诊感染上HIV病毒。这件事情震惊了NBA，恐惧开始在队友之间和球队之间蔓延，最后导致约翰逊退役。种种劣迹的揭露让公众开始关注运动员的私生活，许多运动员都有私生子，但却拒绝承担抚养义务。就如查尔斯·巴克利（Charles Barkley），作为一个职业运动员，他并不是一个好的偶像，青少年们也确实是这样看待他和其他运动员的。当青少年们习惯于模仿这些公众人物的穿着、球技和行为习惯时，公众开始质疑运动员的社会责任，以及他们是否有义务树立良好的社会形象。

第七节　体育中的暴力

在众多过量服用类固醇引起的有害副作用中，随之而来的暴力倾向（或称为"类固醇易怒症"）引起了特别的关注。社会学家和心理学家就体育运动是否会增加暴力倾向这一问题展开争论。非接触类运动（如游泳、体操）似乎没有导致暴力倾向出现，而接触类运动（如橄榄球、冰球、足球）则让人狂躁易怒（Coakley 173-201）。使用类固醇的运动员更容易变得情绪冲动。

这些问题只能增加人们对一些运动野蛮本性的忧虑，然而在运动能否作为一种消除暴力倾向的手段这个问题上，心理学家没能达成一致意见。最新的社会学研究显示，不管比赛的结果如何，赛后橄榄球观众间的敌视有增无减。另外一项研究发现，超级碗之后，国内针对妇女的袭击案件也有所增加。像冰球和摔跤等其他对抗性比较强的运动也导致了类似的敌对加剧，相反游泳和体操类比赛的观众却没有太大的变化（Eitzen and Sage 133）。其实在冰球、拳击、橄榄球这些运动中，为了赢得比赛有时候需要表现得具有强烈的侵略性。在拳击的比赛规则中，毫无疑问，允许采用规定的暴力动作来赢得比赛。冰球比赛同样会默许球员的暴力行为以展示他们的男子气概。冰球队甚至会用一些所谓的"打手"充当暴力执行者来保护他们明星运动员的安全，同时对抗一些有威胁的对手。有时候无法控制的攻击会变成赤裸裸的暴力行为。

冰球有着较为悠久的暴力史，人们通常把暴力行为当作冰球的顽疾，却视之为促进男子汉气概的一个组成部分。1933年波士顿棕熊队的防守队员艾迪·肖尔（Eddie Shore）让枫叶队的艾斯·贝利（Ace Bailey）重重地摔倒在冰上，后者的头骨粉碎性骨折，职业生涯也宣告结束。1955年莫里斯·理查德（Maurice Richard）先是用球杆打了一名对手的头部，随后又用拳头把一名裁判员打伤。当NHL的主席克莱伦斯·坎泊尔（Clarence Campbell）勒令理查德停赛时，蒙特利尔的球迷闹事，造成了50万美元的损失。在1969年的一场无关痛痒的季前赛中，波士顿的泰德·格林（Ted Green）卷入了一场打架斗殴事件，维恩·梅基（Wayne Maki）用球棍猛击格林，致使后者头骨粉碎性骨折，几乎丧命，做了3次手术，花了一年时间才康复。

在20世纪和21世纪之交，体育赛事中的暴力行为仍时有发生。一名NHL的球员布莱恩·马奇蒙德（Bryan Marchment）视暴力为一种男子气概的展示："嘿，这是一场男人的比赛，如果你不能打，就滚去打网球"（*Coakley 181*）。强化男子气概，尤其是当着其他男人的面展示男子汉气概是赢得团体认可的一个重要因素。长久以来，这种身份认同感已经根植于社会，成为男孩和青年男士的追求目标。当波士顿的马蒂·迈科索雷（Marty McSorley）砍伤温哥华的唐纳德·布拉什尔（Donald Brashear）的头时，职业冰球最终在2000年受到强制性约束。迈科索雷因故意伤害被起诉，而后被NHL禁赛一年，最终让他选择退役。

这样的袭击事件在冰球比赛中似乎是司空见惯的事。年轻人开始效仿他们的职业偶像。在年轻人的运动中，甚至有一些父母攻击教练员和比赛裁判员。在芝加哥的一场比赛中，在教练员的鼓励下，一名球员在离场时袭击了对方另一名球员，致使对方脊髓受伤而瘫痪。在2000年马塞诸塞州的一场比赛中，冰球选手父母间的一场打架斗殴导致一人死亡；此外，一位学员父亲对教练员的训练课程提出质疑，而后将其打晕在地，这位父亲将面临过失杀人罪的指控。

涉及运动员暴力行为的报道在这一时期的报纸上比比皆是。1978年发生了一起臭名昭著的案件，被称为"刺客"的奥克兰突击队员杰克·塔图姆（Jack Tatum）在一次极其野蛮的撞击中致使爱国者队员达里尔·斯汀格雷（Darryl Stingley）瘫痪。其他暴力事件还包括1978年鳄鱼杯比赛中，俄亥俄州立大学著名的橄榄球教练员伍迪·海耶斯（Woody Hayes）拳殴一名克莱姆森大学的队员，这一行为让他丢了饭碗。20世纪90年代期间，众多大学橄榄球球员面临着强奸罪或故意伤害罪的指控。NFL球员雷·卡鲁斯（Rae Carruth）被控参与谋杀一名怀有他孩子的妇女，他被判有罪并入狱长期服刑。NFL试图修复其备受指责的纵容甚至鼓励暴力行为的形象，可就在O. J. 辛普森（O. J. Simpson）案件❶败诉后不久又发生了卡鲁斯获罪一案。

---

❶1994年前美式橄榄球运动员辛普森（O.J. Simpson）杀妻一案成为当时美国最为轰动的事件。此案当时的审理一波三折，辛普森（O.J. Simpson）在用刀杀前妻及餐馆的侍应生妮可·布朗（NicoleBrown）两项一级谋杀罪的指控中，由于警方的几个重大失误导致有力证据的失效，以无罪获释，仅被民事判定为对两人的死亡负有责任。本案也成为美国历史上疑罪从无的最大案件。<http://baike.baidu.com/subview/666115/5118901.htm>

作为水牛城比尔队的明星级跑卫，辛普森拥有名誉、财富和声望，他打破了吉姆·布朗单赛季的跑码记录。凭着自己的声望，刚退役的他就在周一晚间橄榄球节目组中谋得职位，并参与拍摄全国播放的电视广告，他也成为了获此殊荣的第一位黑人。在辛普森谋杀了他白人妻子和情人后，他驱车躲避逃亡，让警察大费周折才追到他的车。1995年，在一场颇有争议和充满种族色彩的刑事起诉后，他被宣告无罪，可两年后，他在一起民事诉讼中，被判承担法律责任。

在辛普森被起诉后不久，明星四分卫沃伦·摩恩（Warren Moon）因家庭暴力指控而受到审判，1999年，同样的事情发生在吉姆·布朗（Jim Brown）的身上。一年后，雷·刘易斯（Ray Lewis）面临谋杀指控，他是巴尔的摩乌鸦队当家的线卫。虽然最后法官仅仅因为他帮忙掩盖犯罪事实宣判他妨碍公务，可这样的判决结果无论是对修复NFL已存在的负面形象，还是对弱化橄榄球和暴力之间的联系，都无法起到作用。

当冰球和橄榄球联盟为自身形象努力公关时，拳击运动中的暴力行为却肆意存在着，尤其是当迈克·泰森（Mike Tyson）进入拳坛以后。1986年，年仅20岁的泰森获得了世界拳击理事会（World Boxing Council，WBC）重量级冠军，4个月后，他又获得了世界拳击协会（World Boxing Association，WBA）的冠军。让球迷震惊的是，作为一名强有力的拳击手，截至1990年他几乎摧毁了所有的对手，积累了37场不败的记录。1992年，陪审团认定泰森强奸了德西蕾·华盛顿（Desiree Washington），一名印第安纳波利斯选美比赛的选手。3年服刑期满后，泰森重返拳坛，与另一位冠军拳手伊凡德·霍利菲尔德（Evander Holyfield）打了几场比赛。在他们1997年的比赛中，情绪沮丧的泰森咬下了霍利菲尔德的部分耳朵。一年以前，泰森挣得7500万美元的奖金，但没有一分钱是通过赞助得来的*(MacCambridge 284)*。他的暴力行为超越了人们可以接受的拳坛暴力的上限。

其他一些体育运动也被贴上了野蛮和暴力的标签。即使是质朴的花样滑冰也有过丑闻，托尼娅·哈丁（Tonya Harding）伙同街头流氓致使她的对手南希·凯瑞甘（Nancy Kerrigan）受伤而退出1994年的全国锦标赛。在棒球运动中，罗伯托·阿罗马（Roberto Alomar）在1996年赛季行将结束之际朝裁判约翰·赫什伯克（John Hirschbeck）的脸上吐口水，美国棒球联盟从轻处罚了他，随后又撤销了这一处罚，因为阿罗马的队伍打进了季后赛。显然，胜利和电视收视率比获得尊敬更有意义。2000年，道奇队球员与小熊队球迷在瑞格利球场（Wrigley Field）发生冲突。2002年，在科米斯基球场（Comiskey Park）观看比赛时，多位白袜队的球迷中途离席并攻击了对手的教练员。一年后，又有一名白袜队球迷攻击一名裁判员。2004年，骑警队（Rangers）的投手弗兰克·塔纳拉（Frank Tanana）朝指责他的观众扔椅子，打伤了一个女人的鼻子。

篮球也在持续不断的暴力行为激起的漩涡中挣扎。1977年，洛杉矶湖人队的科密特·华盛顿（Kermit Washington）被停赛60天，因为他挥拳击打火箭队的鲁迪·汤姆贾诺维奇（Rudy Tomjanovich），致使后者头盖骨粉碎性骨折，躺在血泊中不省人事。1994年，天普大学的教练员约翰·切尼（John Chaney）向他的对手马萨诸塞州大学的教练约翰·卡利帕瑞（John Calipari）发出死亡威胁。11年后，这一颇具争议的人物被停赛，因为他指使手下一名球员给对手"送信息"，致使该球员犯规而弄伤手臂。在1996年的NBA赛季中，丹尼斯·罗德曼和尼克·范埃克塞尔（Nick Van Exel）在一场比赛中挑衅裁判员。1997年，拉垂尔·斯普雷威尔（Latrell Sprewell）用锁喉的方式攻击他的教练员卡莱西莫，致使其窒息，NBA判决斯普雷威尔停赛一年，但是球员工会为其打抱不平，最后联盟改罚他停赛7个月。2002年，新泽西网队的杰森·威廉姆斯（Jayson Williams）的司机死于他的猎枪下，他因此面临过失杀人的指控，虽然洗脱了过失杀人的罪名，但他仍然因为伪造现场等其他4项罪名被处罚。湖人队的科比·布莱恩特（Kobe Bryant）是伟大的篮球明星之一，2003年一名年轻妇女以强奸罪向法院起诉他，这险些葬送了科比的职业生涯，之后这一案件被撤回，当科比承认自己的通奸和错误行为后，这一民事案件在庭外和解。这件事损毁了科比的形象，也让NBA修复自己受损形象的努力受到损毁。这一事件的阴霾还没散尽，2004年赛季初，3名印第安纳步行者队球员攻击底特律球迷，致使罗恩·阿泰斯特（Ron Artest）被停赛一年❶。

---

❶奥本山宫殿群殴事件，发生于2004年11月19日步行者与活塞队的比赛中，是NBA历史上规模最大，处罚最重，影响最恶劣的群殴事件。本次事件起因是阿泰斯特躺在技术台上，一名球迷向他泼洒啤酒，导致阿泰斯特情绪失控；阿泰遂冲上观众席暴打球迷；因为奥本山宫殿事件臭名昭著，这个名称发展为NBA群殴的代名词之一。<http://baike.baidu.com/view/2830677.htm>

风云人物

皮特·罗斯(Pete Rose)

极强的攻击性让皮特·罗斯成为了棒球场上的明星球员,却也让他陷入到了自1919年黑袜事件(Black Sox)后最大的丑闻之中。在24年职业棒球国联生涯中(1963—1986),罗斯先后效力于辛辛那提红人队、费城费城人队及蒙特利尔博览会队,并在不断的比赛中变得极具攻击性且争强好胜。有着"拼命查理"外号的罗斯总是用头来完成触垒,并且在被保送一垒后依然跑步上垒。他曾6次带领球队打入棒球大联盟总决赛,并且经常会是联盟的安打冠军。1978年,他连续44场比赛都有安打入账,1985年,他甚至打破了被认为不可能超越的泰·柯布(Ty Cobb)的生涯总安打数记录。罗斯在自己的运动生涯中一共完成4256次击球,退役后,他成为了辛辛那提红人队的一位球员经纪人。之后,他又继续在红人队担任经理到1988年。作为一位老赌棍,罗斯甚至会拿自己的球队来下注。而后面对事实陈述,他全盘拒绝了之前的下注行为,从而导致他终身不再能够从事棒球相关事业,也不能够入选棒球名人堂。他的麻烦一直持续到1990年,那年政府发现了他的避税行为并判处他5个月的徒刑。棒球的声誉又一次被赌博玷污,批评者质疑体育运动与这个时代中种种恶劣行为的界限到底在哪里。

第八节 20世纪末期的歧视问题

专门为残疾人举办的残奥会已经连续进行了近半个世纪。这项运动的首次举办是在二战后的1948年奥运会之后,专门为"二战"中受伤的老兵举行,真正意义上的残奥会是在1960年举办。1976年,又增设残疾人冬奥会。1988年,确定了残奥会会在奥运会的举办城市进行。美国残奥代表队在加入到美国国家奥委会之后得到了充分的资金支持,同时备受重视,因为大多数运动员都是从中东战场上退伍的受伤军人(*Schultz, et al., "Paralympic"; Schultz*)。尽管不同程度的残障人士在这个世纪都见证了不断增长的参与体育运动的机会,可其他诸如同性恋和少数族裔这样的人群依然在为平等的参与体育运动而斗争。

一、同性恋歧视

跟克里斯·伊夫德(Chris Evert)一样,跳水运动员格雷格·洛加尼斯(Greg Louganis)拥有漂亮的明星长相和完美的运动技能。他赢得了6个世锦赛冠军和4枚奥运会金牌(1984年和1988年)。身为萨摩亚人后裔的洛加尼斯是成功的典范。在汉城奥运会跳水比赛中,因为撞上跳板,他的头部受伤了,可他还是戏剧性地赢得了汉城奥运会的跳板和跳台的双冠军,在赢得比赛后,他公开承认自己不仅是一个同性恋者而且还已经染上了艾滋病。1994年,他克服了社会对"出柜者"的偏见,参加同性恋运动会。他声称:"身为同性恋者并不意味着不能成为运动员,我们不应该把这两者混为一谈,我想我证明了把两者混为一谈的做法是错误的"(*MacCambridge 258*)。于是,洛加尼斯、比利·简·金和玛蒂娜·拉芙娜提诺娃等同性恋运动员把体育作为一种手段,挑战主流社会对性和性别的看法。虽然有些勉强,但是我们也要看到不管性别取向如何,他们的成就让更多的人接纳了他们。在一些体育运动中,至少个人能力比个人生活方式更重要。然而人们普遍认为在棒球、橄榄球、篮球和冰球运动中男子汉气概是必须的,这种看法带给男性运动员很多压力,让他们在整个20世纪不得不在公众面前表现出自己是遵守传统的性别角色和特点的。大卫·考贝(David Kopay)从NFL退役5年后,才在1977年出版的自传中承认自己是同性恋者,可他却被以前队友所排斥。2007年,前NBA球员约翰·阿玛契(John Amaeche)承认自己是同性恋者后,一些NBA球员就急于和他划清界限,甚至公开表示对他的厌恶。

二、种族主义

在杰基·罗宾逊(Jackie Robinson)的"伟大实验"过去近半个世纪后,美国体育中仍然残留着种族主义的污渍。辛辛那提红人队固执己见的老板马基·肖特（Marge Schott）用一系列的种族主义宣言进一步损坏了这一运动的名声。1992年，因为对希特勒的崇拜和佩戴纳粹肩章，马基极大地冒犯了犹太人，同年，她称一些球员为"百万黑鬼"❶，为此她被联盟罚款2.5万美元，暂停参与球队比赛一年，1996年她没能改进自己的行为又被禁两年，导致她在1999年出售球队。

肖特的言论反映了体育界内挥之不去的种族主义，虽然非裔和拉美裔球员取得了进步。在过去的10年中，越来越多的美国职业棒球大联盟球队与拉美裔球员签约，NBA里充斥着非裔球员的身影，1988年NFL选择强尼·格瑞尔（Johnny Grier）作为第一位黑人裁判。可主教练、球队管理人员或是球队老板里少数族裔人寥寥无几。尽管人们在逐渐认清非白人球员的智力水平，但球场上按照人种来分配职责的做法依然存在且充满争议（如白人球员担任四分卫这样的核心角色，而黑人球员只能够去承担一些强调身体素质而非智力水平的职位）。

科学家、人类学家和社会学家试图从理论的角度解释一些运动中黑人的统治地位，1998年，CBS一名橄榄球分析师"希腊佬"吉米·斯内德（Jimmy "The Greek" Snyder）的评论引发了全国性的争议。斯内德声称黑人成功来自奴隶制时期的繁育惯例，暗示生物决定论可以解释这一现象，他甚至宣称黑人在跑动上的优势是因为他们的大腿更粗。第二天CBS就将斯内德开除，可他引发的争议却不断升温。科学家在黑人身上没有发现基因的优越性，但是社会学家认为文化因素和实践的机会是导致这一现象的原因（*Pope, The New 312-228*）。从某种程度上说，城市中体育运动场所的缺乏导致了MLB联赛的黑人运动员数量大幅下滑。

"老虎"艾德瑞克·伍兹（Eldrick "Tiger" Woods）接任乔丹成为耐克和其他一系列商品的全面代言人。21岁时，他赢得了1997年的高尔夫大师赛，创造了低于标准杆18杆的新记录，最强的对手也比他多12杆，可谓是大胜对手。他的父亲有黑人、印第安人和华人血统，母亲有泰国人、中国人和欧洲人血统。伍兹形容自己为"高黑印亚人"。在任何情况下，他已经超越了种族界限，为以前白人一统天下的高尔夫圈子带来了新的竞争者。2000年，伍兹获得了超过900万美元的奖金，他通过代言取得的收入更是不计其数。他高姿态地出现在白人高尔夫世界里，取代乔丹成为美国商业的主要代言人，这一切向我们展示了种族歧视的程

---

❶ 此处所用措辞为 "million-dollar niggers"，"nigger" 一词是对黑人的极端蔑视的说法，具有强烈的种族歧视内涵。

度有所下降，而之前种族主义是美国社会的标志现象之一。

伍兹似乎有着童话般的生活。2004年，他迎娶了瑞典名模艾琳·诺德格伦（Elin Nordegren），1999年到2005年，他蝉联世界第一的排名，但是2009年，他混乱的私生活毁掉了这一切。随后的离婚损害了伍兹的个人形象，让他失去赞助商和代言合同，同时也是他运动生涯由盛转衰的转折点（*Jonsrud, qtd. In Nelson*）。

美国体育届中有色人种的增多，以及他们越来越被人们所接受的现象并没有扩展到所有少数族裔中。1983年，北美印第安人成立了易洛魁国民长曲棍球队，像波多黎各一样，以独立国家的身份参与国际比赛，拥有自己的国歌和国旗。体育成为了一条帮助印第安同盟获取大众认可的最有效的方法。NCAA采用了另外一种帮助印第安人提高社会地位的方法，它要求成员学校不得在校际体育项目中使用印第安人图像作为吉祥物，一旦违反规定，他们就会面临禁赛或不被允许主办锦标赛的惩罚。

老虎伍兹是美国运动史上最受欢迎球员之一。他在高尔夫方面的成功让他从比赛奖金和代言合同中赚取了上百万美金

© Human Kinetics

第九节　个人主义与体育偶像

在整个20世纪的最后25年里，对个人主义越来越多的重视改变了团体运动。运动员寻求对个人的关注，媒体则提供这种个人关注。鼓励性的合同和自由择队权带给职业运动员天价薪水，也极大地减弱了大众对英雄的普遍认同感。此外频繁的球员交易和退出削弱了与团体运动相连的忠诚感和团队身份。就像球员离开崇拜他们的球迷一样，球队老板也经常离开球队所在城市去寻求更大的市场和更多的利润。

球风从注重团队协作转向重视个人能力，这一转变在篮球中最为明显，却并不总能产生积极影响。在1988年的奥运会中，有着统治级水平的美国大学生球队却只获得了令人失望的第三名。迈克尔·乔丹的绝对优势在短时间内纠正了这一偏差，却加剧了个人主义的兴起。通过乔丹，我们可以看到全球化的商业运作和大众流行文化好与不好的一面。他的进取精神、工作伦理、雄心壮志和巨大成功展现了美国生活的种种可能，可他用自私和跋扈的方式控制球队，无视耐克在海外血汗工厂里如何剥削工人坚持推广耐克产品的做法招来了人们的批评（Coakley 404-405），这一切表明为获取和维护他头上的光环，他需要付出代价。

尽管运动员带来的负面影响日益增多，但仍有一些运动员不忘初心，被体育迷们视作榜样，也让体育迷更加相信德艺双馨的运动员会再次出现。就像在这一篇章前边讲到的，各式各样的体育名人堂让人们误以为具有高尚品格的运动员随处可见，但事实却并非如此。

20世纪80年代，埃德蒙顿油工队（Edmonton Oilers）赢得4届NHL总冠军，他们的成功很大程度上要归因于韦恩·格雷茨基（Wayne Gretzky），这位17岁就进入WHA职业冰球联盟的球员。尽管没有出众的身体和顶级的滑冰速度，格雷茨基还是在众多对手中脱颖而出，9次成为WHA联盟中的最有价值球员，捧起哈特奖杯。进入NHL后，格雷茨基10次领跑联盟射手榜，并在13个赛季成为联盟助攻王。1988年，油工队把格雷茨基交易到洛杉矶国王队，这一行为被认作是加拿大的悲剧，以及对英雄人物的亵渎，因为在加拿大，他是人人敬爱的品德高尚的民族英雄。

格雷茨基的名气和声望让冰球在美国开始流行，也让NHL成为了四大职业联赛之一。之后NFL开始接纳美国西部和南部的球队，把这项冬季运动项目带到了气候温和的地区。20世纪90年代，格雷茨基先后效力于圣路易斯蓝调队和纽约游骑兵队，并在赛场上继续着他巨星级别的表演。1999年退役时，格雷茨基创下了2857个进球的联盟记录。2005年，菲尼克斯郊狼队聘请格雷茨基为主教练，寄希望于他能带领球队再创辉煌。

作为格雷茨基的铁杆球迷，芝加哥熊队的橄榄球运动员怀特·佩顿（Walter Payton）总能在比赛中重创对手，因此他为自己赢得了尊重，赢得了芝加哥人的爱戴。当芝加哥熊队从名不见经传的杰克逊州立大学选择佩顿时，身高1.78米、体重93公斤的他显得十分弱小，可佩顿却拥有一项顶级的运动天赋，那就是似乎消耗不完的体力和极强的战斗意志。他成功地带领羸弱的芝加哥熊队杀入超级碗总决赛。在他13年的职业生涯中，作为一名跑卫，他用16726码的跑码成绩领跑全联盟，成为了NFL历史上的跑卫第一人。此外，佩顿还曾在10个赛季中跑出1000码以上的成绩，也曾两次被评为NFL最有价值球员。因为忠心耿耿地为并不强大的芝加哥熊队奉献了大部分的职业生涯，佩顿被芝加哥人视为偶像，这时候的迈克尔·乔丹还没有加盟芝加哥公牛队。佩顿用他在逆境中的乐观主义精神和一丝不苟的工作态度，用他对比赛丝毫不减的热爱之情及他积极的打球方式，为这座工业之城的蓝领球迷树立了良好的榜样。之后在芝加哥从事的慈善事业又进一步加深了佩顿和这座城市的感情。

1985年，熊队的管理层制作了一份球员表，包括了"铁人"教练迈克·迪特卡（Mike Ditka）领导下的球队队员。这支队伍创造了常规赛15胜1负的良好成绩，并在总决赛超级碗上以46比10的比分战胜新英格兰爱国者队。他们的队歌和歌曲视频"超级碗舞步"，清楚地展示了在大众流行文化盛行的时代体育和娱乐是怎样完美融合的。1987年，佩顿退役后投身企业投机和赛车运动，并在美国之路系列赛中拥有一辆参赛车辆。不幸的是，1999年，佩顿确诊得了罕见的肝病，随后离开人世。像传奇的棒球手卢·盖瑞格一样，整个城市和整个NFL联盟对他的去世进行了哀悼。在这两起事件上，球迷把自己和激起他们共鸣的悲惨体育英雄等同起来，他们从这些英雄身上看到了自己或是部分的自己。这些理想化的行为为体育在社会中的作用和体育需要英雄的论断提供了功能主义理论。佩顿在芝加哥拥有烈士般的地位，他的遗物被安放在郊区的名人堂里。

芝加哥熊队的怀特·佩顿在1986年的超级碗上
© Getty Images

其他运动员虽然没有盖瑞格、格雷茨基和佩顿那样的荣耀和认可度，可他们也是其他支持者的认同对象。咄咄逼人的波·杰克森（Bo Jackson）是一个多能运动员，在职业棒球和橄榄球比赛中出任过首发，后来他成为了媒体的宠儿和商品宣传员。臀部的一次受伤使得杰克森提早退休了，"霓虹灯"桑德斯（"Neon Deion" Sanders）接替了他的位置，成为又一个自鸣得意、行为怪异的双料运动巨星。头戴大礼帽，身穿燕尾服的桑德斯乘着豪华轿车来参加他最后一场大学橄榄球赛。作为唯一参加过美职棒决赛和超级碗的运动员，他有本钱炫耀自己、目中无人、自吹自擂。在这个行动自由的年代,他把自己的才能卖给出价最高的买家,可到1998年,他舍弃了自己挥霍无度的生活方式,成了一个重生的基督徒,在电影和音乐行业里重建自己名人的形象。

穆罕默德·阿里离开拳击舞台后,另外一个几乎和他一样有趣并且魅力十足的斗士以完美杂耍人的形象出现。舒格·雷·伦纳德(Sugar Ray Leonard)赢了150场业余拳赛中的145场,在1976年的奥运会上获得了轻重量级冠军。在阿里前教练安杰罗·邓迪(Angelo Dundee)的指导下,他转为职业选手。1979年,他击败了维尔弗雷德·贝尼特斯(Wilfred Benitez),夺得WBC重量级冠军。在整个20世纪80年代,这个哗众取宠、夸夸其谈的伦纳德成了球迷的最爱和媒体的宠儿。和他同台竞技的名人包括罗伯托·杜兰(Roberto Duran)、汤米·赫恩斯(Tommy Hearns)和马文·海格勒(Marvin Hagler),他们之间的每一场比赛都是拳击史上的经典对战。1982年,伦纳德因视网膜脱落要做手术而被迫退役。在1984年到1989年间,在他与可卡因这个毒魔作战的同时,又在5个不同重量级别中累计获得5个世界级冠军头衔,1997年,他永久退役了。他的成功故事继续激发年轻人的理想热情,鼓励他们培养运动才能并远离体育文化中的有毒物质。

伦纳德被许多人视为偶像,这其中还包括追随他脚步的墨西哥裔美国人奥斯卡·德拉·霍亚(Oscar De La Hoya)。德拉·霍亚在1992年奥运会上获得金牌后,又在职业比赛中的6个不同重量组别赢下10个世界冠军头衔。就像新生代的许多运动员一样,他也开辟了跨界的事业,成为了一名流行乐歌手,在2000年还发行了自己的专辑。德拉·霍亚2009年退役后,并没有像其他拳击手那样挥霍无度,他转职成为一名拳击比赛推广者,并把资产投入到自己的金色男孩公司,随后,他又向房地产领域进军(Gems, Boxing 181–182)。

第十节 极限运动

在女性挑战社会壁垒的同时,年轻男子和女子(有些还是男孩和女孩)也在挑战体育的极限。轮滑、山地自行车、风帆冲浪、自行车、摩托车越野、赛车、跳伞、皮划艇和滑板等个人运动项目越来越有吸引力。在极限滑雪、攀岩、登山等运动中，个体挑战自我的极限，甚至不顾生死。追寻自我实现和叛逆身份，寻找高峰体验，去蹦极或在孤立的自然环境里冒险徒步旅行是对这个年代一成不变的城市生活的独特反叛。这些消遣娱乐方式契合了不安分的灵魂、叛逆的心态和社会反叛者的形象，是主流体育项目的替代品，吸引有青春活力和不满现状的参与者。

服装制造商利用这种象征主义，生产切合非主流形象的产品。这些随处可见的再创造使这些做法更贴近主导规范，而企图用常规方法给这些产品打广告的做法又加剧了这一结果的实现。由公司赞助的铁人三项比赛和有奖探险赛，以及滑板滑雪和滑板运动比赛很快就被纳入标准的商业运作中。滑板滑雪、自由式滑雪、皮划艇、跆拳道和铁人三项都被纳入奥运会比赛项目，确保它们被纳入主流。

在一些人从事如跳伞、冲浪、帆板冲浪、山地自行车、皮划艇、极限漂流、探险赛、攀岩、滑板滑雪、极限滑雪等冒险运动的同时，另外一些活动如轮滑、滑板和摩托车越野赛变得非常普遍，许多社区甚至修建了半管坡道方便从业者练习表演技巧和空翻。

20世纪80年代后，帆板等一系列极限运动开始流行

© Getty Images

小结

本章阐释了公司办的经营理念和组织架构是怎样改变体育产业的。球队的老板给市政当局施加压力迫使他们赞助大众体育场馆,如果他们不这样做到话,球队就会转到别的城市去。政客们则借助体育场馆的建造开发城市休闲区,把体育场和餐馆、剧院、名人堂纪念馆和娱乐设施结合起来吸引游客。这种把体育作为娱乐产业及推销体育明星的营销策略改变了观众和社会批评家对体育的认识。

随着对迈克尔·乔丹这位世界巨星的成功塑造,美国体育形式和商业实践也有了全球化升级。美国的文化价值观传遍了全世界,这通常对地方文化造成了损害。1984年在美国人的运行下,甚至连奥运会都变成了一个商业化的表演,这也改变了奥运会的传统价值观。

体育比赛和电视转播的结合创造了大量的利润,这使得球队老板和球员之间就收入分配问题产生的劳资纠纷,引发了罢工、停工和仲裁。球队老板为了降低成本和获取最大的利润,把目光转向了全球的劳动力市场。

进一步的商业化也影响了大学校际间的体育比赛,在追求胜利和更多利益的驱使下滋生了更多的违纪违法行为。即使某些女性和男性运动英雄坚守体育宣称的理想主义价值观,但贪婪、暴力、同性恋、种族歧视仍然存在。1972年《第九条》法案通过后,女性在运动参与上取得了尤其重大的进步。

对主流体育文化中商业化的比赛感到不适的年轻人创造了一系列的新兴运动,可最终结果却是被电视台和营销公司威胁、指派和引诱而进入了主流。随着年轻人对商业化的体育产业的持续质疑,其他另类的体育项目可能会被再创造出来。无论怎样,有一件事情是肯定的,那就是随着4100万儿童参与到了各种体育项目中(Carney 21),体育仍会是美国文化的一个重要组成部分。

大事年表

- 1984年

东欧国家抵制在洛杉矶的夏季奥林匹克运动会

琼·班诺特(Joan Benoit)赢得第一届女子奥林匹克马拉松

- 1986年

挑战者号航天飞机在起飞不久后爆炸

- 1990年

哈勃太空望远镜开始使用

1990年代

迈克尔·乔丹成为全球偶像

- 1991年

威利T.瑞比茨（Willy T.Ribbs）成为第一位印地500驾驶员的非裔美国人

美国女子足球队赢得世界杯

- 1995年

世界美式橄榄球联盟（后来的欧洲NFL）开展

- 1996年

美国女子足球队赢得了奥林匹克运动会金牌

- 1997年

女子国家篮球协会（WNBA）成立

- 1998年

美国女子冰球队赢得奥林匹克运动会金牌

- 1999年

美国女子足球队赢得世界杯

第十一章
21世纪初的体育运动
（2000—2015年）

阅读完本章节后，你将会了解以下内容：
- 体育商业化和特许经营价值的日益增长
- 体育场馆经费筹措的相关问题
- 劳动关系和国际劳动力日益增长的作用
- 为追求更大收益而进行的校际橄榄球联盟的调整
- 女性运动员的更高参与度和声望
- 腐败、丑闻等损害体育形象的相关问题

2001年"9.11"恐怖袭击之后,美国总统布什(George W. Bush)身穿防弹背心,于2001年10月30日晚大步走向洋基体育馆的投球区土墩,投出美国职业棒球大联盟总决赛第三场比赛的第一球。在过去的一个半月里,世界发生了巨大的变化。体育似乎不再是一个安全的避风港;然而在如此严格的安保环境中,在民族主义标语下高唱"美国","美国"的喧闹的人群中,小布什所投的这一球意义远不仅止于开球。这是民族团结的象征性的表现,加强了体育摆脱压力、紧张和悲剧的体育意识。在接下来的十年乃至更长时间,体育赛事的组织者加强了体育在爱国主义、民族主义和英雄主义方面的体育意识。美国国家橄榄球大联盟特别与美国军方一道表达了对美国国旗的拥护,并将美国对中东的军事入侵作为报复性的措施。美国国家足球联盟的球员帕特·蒂尔曼(Pat Tillman)离开足球生涯参军,于2004年死于阿富汗伊斯坦丁战场。他虽是因盟军误杀而死,但联盟依旧将他作为战争英雄纪念他,将他推崇为体育运动和美国生活方式的典范。足球加强了保护美国在国内外利益所必需的军事素质。

2001年10月30日,纽约洋基体育馆美国棒球大联盟总决赛第三场比赛开赛前,美国总统小布什与托瑞,鲍勃·布伦站在一起向人群挥手
© Getty Images

第一节 职业运动队的商业化

2003年超级碗比赛中，仅30秒的商业电视广告就花费了赞助商200万美元（Guttmann, Sports: The First Five Millennia 154）。这个费用在2016年升至500万美元。2007年，美国国家橄榄球大联盟的特许经营权飙升到最不值钱的队伍上（明尼苏达维京人队），其价格亦高达7.2亿美元。而华盛顿特区（the Washington, D.C）的估值才刚超过14亿美元。前一年，国家橄榄球大联盟（NFL, the National Football League）获得了近55亿美元的电视收入，其中59.5%用于支付球员薪水（Bergen）。国家橄榄球大联盟中薪水最低的总教练都能拿到145万美元，更有甚者能拿到800万美元（"where's the lover?" 86A）。

在不断寻求收益增长的过程中，球队老板们以特许经营迁移为威慑，施压于市政当局，使其建造新的体育场馆。而这些建筑的绝大部分经费是由纳税人支付的。被称为NFL迪士尼世界的洛杉矶公羊球场综合建筑估计建造花费26亿美元，这是迄今为止最昂贵的同类体育场建筑（Ponsford）。

尽管2008年经济严重衰退，职业体育仍继续享有声望和利润。像赛琳娜·威廉姆斯（Serena Williams），老虎·伍兹（Tiger Woods）和勒布朗·詹姆斯（LeBron James）这样的体育明星们在越来越多的报道下吸引了更多的粉丝。澳大利亚媒体大亨鲁伯特·默多克（Rupert Murdoch）获得了2007年NASCAR（美国纳斯卡车赛）的电视转播权。在2013年，他推出了另一个24小时有线电视频道福克斯体育频道2台（Fox Sports 2）。福克斯广播公司通过购买男子和女子世界杯2015年到2022年的电视转播权，扩大了其全球影响力。迈克尔·乔丹（Michael Jordan）从美国男子职业篮球联赛（NBA）退役之后，一个新的篮球巨星出现了，他就是勒布朗·詹姆斯（LeBron James）。身为青少年篮球天才的他在NBA选秀中夺得状元，绕过高校篮球，直接进入了NBA。在那里，他的表现继续推动了NBA的国际化发展，也使自己闻名于世。詹姆斯在他2003—2004新秀赛季中就获得最佳新秀奖，并在2008和2012两届奥林匹克运动会上夺金。2010年，他离开了克里夫兰骑士队，与迈阿密热火队签约。在2014年重回克利夫兰骑士队之前，他率领热火赢得了2012年和2013年两年NBA总冠军。截至2016年，詹姆斯已被12

次选入NBA全明星赛,并且是NBA最具价值球员奖的4次获得者。他已成为世界最受欢迎的运动员之一(Smith, "LeBron James"; www.bleacherreport.com/articles/1709676-has-lebron-james-become-the-most-popular-athlete-in-the-world)。

世界上最富有的运动员是拳击手弗洛伊德·小梅威瑟(Floyd Mayweather Jr.)截至2015年,梅威瑟都立于不败之地,他在6个不同体重级别比赛中获得了10个世界冠军。奥斯卡·德·拉·霍亚(Oscar De La Hoya),他的表现远不仅在电视中所呈现的拳台上。他通过拳赛腰缠万贯,成为2012年到2014年连续三年出场费最高的拳手,使得他的净资产在最后一年高达2.16亿美元(Gems, Boxing 176–177)。

克利夫兰骑士队的勒布朗·詹姆斯在2016年NBA总决赛中
© Getty Images

第二节 盈利项目的多元化

美国职业棒球大联盟(MLB)也经历了痛苦的发育期。那时,来自加拿大的蒙特利尔世博会队很难在说法语的魁北克省吸引到足够的粉丝。在2003和2004赛季期间，蒙特利尔世博会队在波多黎各进行了多场主场比赛，并在2005年之前转场华盛顿，成为了华盛顿国民队。在那时，棒球比赛的国际化程度远远不够，国际球员员数量占MLB的28%，国际收益近1亿美元。该收益自1989年起增长了800%（Jozsa 8，17）。

2000—2016期间体育场馆建造与翻修费用

年份	球队和球场	用于建造或翻修花费（百万）
棒球场		
2000	底特律老虎队/卡玛瑞卡公园	$290
	休斯顿太空人队/美汁源球场	$266
	旧金山巨人队/AT&T公园	$306
2001	密尔瓦基酿酒人队/米勒公园	$414
	匹兹堡海盗队/PNC公园	$233
2003	辛辛那提红人队/大美国棒球场	$361
2004	费城费城人队/市民银行球场	$458
	圣地亚哥教士队/Petco公园	$456
2006	圣路易红雀/布许球场	$365
2008	华盛顿国民队/国民棒球场	$611
2009	纽约大都会队/花旗球场	$600
	纽约洋基队/新洋基球场	$800
2010	明尼苏达双城队/标靶球场	$480
2012	佛罗里达马林鱼队/马林鱼棒球场	$420
2017	亚特兰大勇士队/太阳信托广场	$622（估算）
橄榄球场		
2000	辛辛那提孟加拉虎/布朗保罗体育场	$452
2001	丹佛野马/丹佛多功能体育场	$360
	匹茨堡钢人/亨氏球场	$244

（续表）

年份	球队和球场	用于建造或翻修花费（百万）
2002	新英格兰爱国者/吉列球场	$395
	底特律雄狮/福特球场	$300
	休斯敦德州人队/瑞兰特体育场	$402
	西雅图海鹰队/Qwest体育场	$430
2003	绿湾包装工队/蓝波球场	$295（翻修）
	芝加哥熊队/军人球场	$632（翻修）
	费城老鹰/林肯金融球场	$520
2006	亚利桑那红雀/凤凰城大学体育场	$455
2008	印第安纳波利斯小马队/卢卡斯石油体育场	$675
2009	达斯拉牛仔/AT&T体育场	$1000
2009	迈阿密海豚/海豚球场	$400（翻修）
2010	纽约巨人和纽约喷气机（共享）/大都会体育场	$1600
2014	水牛城体育场	$130（翻修）
	旧金山淘金者队/里维斯体育场	$1200
2016	洛杉矶公羊体育场	$2600
	明尼苏达维京人队/美国银行体育场	$1000
	迈阿密海豚/永明体育场	$400（翻修）
2017	亚特兰大猎鹰	$1500

数据来源：Slezak, Carol. "What's in a name?" Chicago Sun-Times, 2 March 2008: 56A; www.ballparks.com, www.ballparksofbaseball.com, www.leagueoffans.org/mlbstadiums1990.html, www.stadiumsofnfl.com, www.indystar.com/apps/pbcs.dll/section?Category=sports0305-47k-, www.proplayerstadium.com/content/architecture.aspx.

　　球队老板也开始引进顶级的日本体育明星。引进最好的运动员可能花费不菲，但老板在这些运动员身上花费的训练成本却少之又少。铃木一郎（Ichiro Suzuki）为西雅图马林鱼队提供了实质上的价值保障并在2004年的棒球联赛中创下了击中次数262的赛季最佳记录。早在2001年，西雅图就通过在日本推广棒球比赛而在亚洲拥有了立足之地。在2006年，波士顿红袜队为获得与日本投手松阪大浦（Daisuke Matsuzaka）的谈判权，支付了超过5100万美元，而后又与他签定了为期6年价值更高的合同（*Browne*）。

美国职业棒球大联盟发现了另一种利润最大化并且更为平等的方法：聘请专长科学分析的年轻经理。他们在选择球员时判断明智，紧跟体育发展趋势并据之产生策略，使得小市场团队能够和大城市市场竞争，使得常年输家成为赢家。2015年堪萨斯皇家队击败纽约大都会队就很好的证明了这一点。在过去十年中，数据分析革命在职业体育领域中无处不在，对橄榄球和篮球的影响也与日俱增。

随着棒球、篮球和橄榄球在各自领域的扩展，国家冰球联盟（NHL）也随之制定了自己的发展战略。1997年，NHL在日本进行了一场比赛，随着这场比赛中铁幕队的战败，联盟开始在队伍中引进更多的欧洲及俄罗斯球员。华盛顿首都人队的左边锋、超级巨星亚历克斯·奥维琴科（Alex Ovechkin）在2013—2014赛季打入400球；而新泽西魔鬼队的右边锋亚罗米尔·亚戈尔（Jaromir Jagr）于一年后创下了一个赛季打入700球的纪录（*www.nhl.com/ice/news.htm?id=697071*）。

同棒球一样，NBA也经历过包括1998年罢工事件在内的劳资冲突，之后也采取了转向征募国际球员以减轻部分成本的措施。随着美国队在世锦赛上输给了南斯拉夫队、西班牙队和阿根廷队而窘居第六，NBA球员的价值从2002年开始逐渐清晰起来。两年之后，美国队在雅典奥林匹克运动会上摘得铜牌，NBA在全世界如多米尼亚共和国、波多黎各、墨西哥、西班牙、法国、意大利、希腊和日本等地开展NBA表演赛，对NBA的推广起到了不小的作用。这些地方都能以更低的成本为NBA所有者提供有潜力的球员，更不用说现在诸如帽子，球衣和夹克等NBA商品销售的收入。在2002年，NBA向212个国家转播了NBA常规赛（*Jozsa 110*）。并选出17名外国新球员，其中就包括来自中国的身高7英尺5英寸（226厘米）的姚明。第二年，估计有一千万的中国家庭收看了NBA转播，为NBA产品打开了世界上最大的市场（*Jozsa 17*）。NBA与姚明合同的签订很大程度上要归功于中国政府，这意味着体育技能已经成为社会主义国家可输出的商品。

随着NBA持续地寻求更大市场以推广其产品，NBA的国际球员数量与日俱增。在2015—2016赛季，NBA统计出有来自37个不同国家和地区的100名国际球员。2013—2014赛季，NBA推出了NBA全球赛，9支球队在巴西、中国、德国、土耳其、墨西哥和英国这6个不同国家进行表演赛和常规赛。NBA的比赛向215

个国家进行了转播，篮球大有可能挑战足球成为世界上最受欢迎的运动（www.nba.com/global）。

2012年，西雅图马林鱼队的捕手铃木一郎在赛菲科球场捕球
© Getty Images

第三节　美国体育的海外营销

薪工成本可能被国外市场的商品推销所抵消。2003年，美国职业棒球大联盟（MLB）在109个国家销售其产品，在215个国家播放了比赛。随着美国流行文化和美国产品在世界范围内的扩张，百事可乐合作赞助了澳洲棒球联盟（*Miller, Law-rence, McKay, and Rowe 14-17*）。在2007年，MLB向非洲派出了一支推广代表队；加纳在1999年成立了第一支棒球国家队，MLB的代表们认为非洲将是棒球潜在的丰富的人才来源地。年轻的加纳球员可能在某一天达到取代非裔美国人（2005年联盟中美籍黑人占球员总数量的9%）并为棒球比赛提供新的市场

（Rogers 6-7）。一个棒球球探甚至在印度进行了选拔赛，将两名球员签到了匹兹堡海盗队的下级联赛组织中（Bernstein）。

在国际上，古巴在2004年奥运会棒球比赛中夺金，再一次将体育作为政治冲突的替代形式。当美国政府威胁要阻止古巴参加2006年美国世锦赛时，体育的政治意义再次得以体现。

同样是在2006年，美国职业棒球大联盟花费5000万美元，邀请了来自5个大洲的16个国家参加了联盟组织的第1届世界棒球经典赛。而令美国球迷沮丧的是，日本队和古巴队一路领先，最终日本队夺得胜利（早在20世纪30年代，日本就一直要求同美国进行一场真实的棒球对抗）。这场旨在开拓新市场和新利润来源的棒球比赛被看作是与奥运会大不相同的精彩表演。这样的规划和比赛安排提升了人们对于棒球运动的兴趣，提高了人们对比赛结果的期望，增强了民族热情，并且为后续产品开拓了国际观众和市场。

日本在2009年再一次在世界棒球经典赛中夺冠。在2013年的棒球联赛中，来自北美、南美、加勒比、欧洲、亚洲和澳大利亚的16支球队再一次进行了世界冠军的争夺战，最终由多米尼亚共和国夺得胜利（web.worldbaseballclassic.com）。

NFL没有做到那么成功则是由于橄榄球在欧洲远不能替代足球的地位。但在2014年，橄榄球在中国建立起了滩头阵地。NFL在赛季中每周顺次直播5场球赛，至2013年，中国已经建立了8支遍及全国的橄榄球联盟（Astiadi）。虽然橄榄球的发展不如棒球那样成熟，但在世界上71个国家都能看到橄榄球的身影（IFAF）。

NFL的国际市场营销值在2002年已近一亿美元，单在墨西哥市场的NLF的商品销售额就高达1600万美元。在俄罗斯，超级碗已吸引了1000万观众（Jozsa 76-98）。

第四节 劳资关系

2005年NBA所签订的劳资谈判合同将于2011年到期，但在2010年，合约双方就薪金约束和运动员在NBA收入中所占份额上调至57%这两个方面展开了争辩。NBA所有者想要更大的份额，谈判再次破裂，导致了NBA的老板们停摆以抵制球员的要求。这一次，球员们纷纷寻找另谋高就的机会，有的球员去到了欧洲或者中国。一位联邦调解员最后出面打破了僵局，双方达成了为期10年的协议，但经过为期161天的仲裁，恢复的赛程仅有66场比赛。（http：//hoopspeak.com/2011/09/know-your-nba-lockout-history-1999-lockout-calendar/；www.nba.com/2011/news/09/09/labor-timeline）。

NFL在2011年也遭遇了一次停摆，但在老板和球员最终达成一致之后整个赛季得以挽救。经验丰富的老球员薪酬收入更高，但是新球员往往没有机会签到高薪的合同。所有球员的训练次数和时长都减少了。老板的收入也得到了增长，但是他们并没有拿到能将赛季延长到18场比赛的额外2场比赛。在利润丰厚的NFL中，双方的收入争议持续不停增长，所以球迷们对争执双方——百万富翁和亿万富翁——几乎没有同情（Union-Tribune）。

国家冰球大联盟（NHL）已经扩张到了30支队伍，其中24支队伍位于美国。加拿大的冬季运动向美国南部一些不太适合冬季运动的地方迁移，如佐治亚州、佛罗里达州、得克萨斯州、加利福尼亚州和亚利桑那州。在1999—2000赛季，NHL发起了四对四加时赛以提高球迷的兴趣，但在2004—2005赛季比赛开赛之前，NHL的老板和球员因劳资纠纷两败俱伤，使得NHL退步到棒球运动十年前的地位。如果球员与老板不能就薪金约束达成一致意见，他们将失去2004—2005整个赛季。同棒球一样，冰试图通过发起更多进攻来吸引球迷。2005年，联盟对守门员施加了更大的限制，并开始使用点球决定胜负来解决超时的僵局（Podell 93A）。在2015—2016赛季，NHL开始采用三对三加时赛。

第五节　大学校际体育与联盟的变化

大学校长与国家大学体育协会（NCAA）拒绝了一级联盟的季后赛体系，以至有关大学橄榄球是否具有优越性的争论一直延续到21世纪（类似的季后赛系统已经在二级和三级联盟中规模略小的学校实施）。管理者认为橄榄球比赛的长时间延续只会降低大学生运动员的学业进取心，并且对于2004赛季之后进入决赛的学校的毕业率考察也印证了这一点。NCAA允许获得体育奖学金的学生6年完成4年的正常学习课程。在所有一级联盟院校中，只有54%的大学生运动员在规定时间内完成了全部课程。而在那些进入过决赛的院校当中,课程完成率更低。尽管波士顿大学、雪城大学和诺特丹大学中超过75%的大学运动员在规定时间毕业,但大多数院校的毕业率低于平均水平,一些院校运动员的毕业数量还不到三分之一(*Wieberg and Carey 5B*)。

那些感觉自己受到剥削的大学生球员也想得到更多的奖学金来作为生活开支和对自身形象在商业化产品中使用的补偿。NCAA在2014年批准给予参与前五大联盟的体育比赛的运动员更多的奖学金,但随着体育收入的持续增长,劳资之间的关系使得运动员与所有者和管理者产生冲突,这种冲突将会持续出现。

对商业化、收益、优秀运动员的招聘和赢得校际比赛的不断强调引发了一批21世纪初的丑闻。在美国迈阿密大学,狂热体育迷(athletic booster)内文·夏皮罗(Nevin Shapiro)承认从2002年到2010年中,他给橄榄球和篮球运动员支付现金的同时还带他们去脱衣舞俱乐部取乐,为他们提供妓女,甚至为堕胎提供资金。夏皮罗最终因在庞氏骗局中欺骗投资人而被判入狱20年。NCAA因"管理不力"废除了迈阿密大学的奖学金并暂停其季后赛以示处罚(*Litke*)。

更有甚者,在那些需要更高体育殊荣的学校,如北卡罗来纳大学,管理者、教师、教练员、学术主管、系主任乃至教职工主管都开始为运动员的功课作弊。学生们不用上课,除提交论文之外没有其他要求,而所提交的论文都可能是由他人代写的。论文由一名文书助理打分,他伪造教师签名并给学生打出他们根本得不到的高分,以保证他们参与体育竞赛的学业资格。此外,指导教授曾从一门莫虚有的课程中收到1.2万美金。这种欺骗行为一直持续了18年之久,截至2011年事件曝光,这种虚假课堂已经招收了超过3100名学生。更具讽刺的是,引导运动员们进入虚假课堂的学院主席是一位哲学教授,也是学院道德规范中心的主任(*Nocera; Lyall; Thomason,* "*Key Players*"*; Thomason,* "*3 Key Findings*"*; Stripling*)。

在2013年橄榄球赛季结束之时,一项在一级联盟橄榄球强队中决出真正的国家冠军的协议通过了。一支由13位专家组成的委员会挑选并排名出每周的25支最强队伍,与在赛季结束时挑选的前4支队伍进行季后赛。橄榄球季后赛的半决赛轮流举行,主办国家锦标赛的城市通过投标决定,同NFL的超级碗的安排形式相似。佩珀博士饮料公司（Dr. Pepper）花费了3500万美元赞助锦标赛的纪念品，赞助时间一直到2020年；ESPN为季后赛的电视转播支付了73亿美元的电视转播费至2025年（*Seifried; www.collegefootballplayoff.com/ story?id=10328143*）。

　　路易斯维尔大学就体育在营销中所扮演的角色提出了研究实例。当约翰·W. 苏梅克（John W. Shumaker）于1995年来到学校就任校长时，他着手规划了新的安排来提升学校的知名度和声誉。他于1997年聘任汤姆·朱里奇（Tom Jurich）为体育指导主任，他们与体育电视巨头ESPN合作，提议"在任何时间任何地点与任意对手比赛"。ESPN很快用路易斯维尔在周二周三的比赛填补了工作日晚间下滑的收视率，达到了预期的电视曝光度。在2001年，学校聘请了著名的篮球教练里克·皮蒂诺（Rick Pitino）来提升篮球的实力。随着橄榄球队和篮球队的声望日益增高，学校为争取更大的利益离开了美国大学体育联盟，转而加入大东联盟，后来又加入大西洋海岸联盟。2012年，路易维尔斯大学开始了一个包括新的橄榄球练习场、棒球和足球场、高尔夫和赛艇中心以及游泳馆在内的耗资2.52亿美元的建筑项目。这所大学迎来了黄金时代（*Chudacoff 125—126*）。

　　富有的球迷，就是我们所熟知的狂热体育迷，其中部分是校友，他们为学校的体育部门捐赠了大笔资金，这些捐款在他们的退税申报单中得到退税。T. 布恩·皮肯斯（T. Boone Pickens）为他挚爱的俄克拉荷马州立大学捐赠了1.65亿美元，增加了包括橄榄球、棒球、田径、网球、女子足球和马术队在内的体育项目。同样的，耐克的总裁菲尔·奈特（Phil Knight）向俄勒冈大学捐赠了6800万美元用以修建橄榄球表演中心，成功地为校队招募到了顶级运动员。

　　在2009年至2013年期间，原本以区域为基础的体育联盟经历了一次大规模的重组。早在1990年，宾夕法尼亚州立大学就加入了大十联盟（Big Ten）；而传统意义上，它应该属于中西部联盟。在整个20世纪90年代，其他学校都开始寻求加入能给他们提供更大电视市场和更多分红的联盟。内布拉斯加林肯大学离开大十二联盟转而加入大十联盟，艰难地完成了其全国范围内的改组。

　　在2013年末，出现了5个顶级联盟，联盟招收了绝大多数的橄榄球实力强劲的高校球队。在过去十年中发展的西南联盟，吸收了得克萨斯农工大学和密苏里大学这两所位于西南区域之外的学校。大十联盟由外加了罗格斯大学和马里兰大学在内的14支球队组成。罗格斯大学给大十联盟提供了进入令人垂涎的纽约电视

第十一章　21世纪初的体育运动（2000—2015年）

十大联盟中的对手，伊利诺伊大学厄巴纳香槟分校与普渡大学，在联盟重组后继续开球
© Human Kinetics

市场的机会，马里兰大学又提供了其进入华盛顿特区的机会。科罗拉多大学和犹他大学同西海岸球队及亚利桑那州的两所州立大学一起加入了太平洋十二校联盟。大十二联盟只有10支球队，其中一支叫做西弗吉尼亚大学，这所大学很突兀地与中西部大学、俄克拉荷马州立大学及美国德州大学竞争。拥有众多球迷的诺特丹大学在绝大多数体育项目上参与了大西洋海岸联盟，唯独保留了橄榄球的独立地位。令球迷们懊恼的是，这样的联盟改组意味着他们失去了与过去一个世纪发展出的当地老对手的年度比赛。然而，这样的历史情怀对于追求更大利润的意义不大。东南联盟的学校与ESPN合作建立了一个用于电视播送学校运动队的地区有线电视网络，参与播送的每所学校获利高达3500万美元，他们还获得了CBS（哥伦比亚广播公司）的5500万美元橄榄球比赛的播出费用。一些学校，诸如美国得州大学，建立了它们自己的有线电视网络，大家都在想象未来网络时代的各种可能性。大十联盟的所有成员都期望能在短短几年内获利4400万美元（Chudacoff 130；Dosch，2014；www.usatoday.com/story/sports/college/2014/04/24/ncaa-board-of-directors-meeting-big-conference-autonomy/8108647；www.sbnation.com/college-football/2014/2/13/5404930/college-football-realignment-2014-conference-moves）。

培养出冠军队的教练会获得丰厚的回报。阿拉巴马州立大学的橄榄球教练尼克·萨班（Nick Saban）在2014年获得超过700万美元的报酬；而杜克大学的篮球教练迈克·沙舍夫斯基（Mike Krzyzewski）年收入近1000万美元。这些数字还不包括他们的奖金和福利，比如汽车、乡村俱乐部会员、球鞋合约和电台节目等。尼克·萨班和迈克·沙舍夫斯基是他们各自体育领域中收入最高的教练员，一级联盟院校的橄榄球教练员其薪水通常比校长还高（Chudacoff 133）。

第六节 《教育法修正案第九条（Title IX）》和体育中的领导地位

自从1972年颁布《教育法修正案第九条（Title IX）》以来，女性有权利参与从少年棒球联合会比赛到高校摔跤比赛的几乎所有体育运动。事实上，自颁布《第九条》以来，女性运动员的成就已成为这我们这一代人印象最深刻的成就之一。参加校际体育的女孩数量持续上升。1971年，总共有294015位女孩参与高中体育，但是到2013年，这个数字增长到了300万（Summers）。2001年的调查发现，年龄在6到17岁的女孩中有48%的人在有组织的球队中比赛（Eitzen and Sage 318）。

在2013年的高中排名中，女队员有3222723人，男队员有449854人。1972年只有1.6万名（15%）女队员参与了校际比赛，而到2014年已有超过20万名女运动员加入其中。虽然女性在参与比赛方面和男性平分秋色，但在领导角色上却是进步缓慢（www.acostacarpenter.org 1，6A）。

尽管带来了这些非凡的成就，《第九条》仍被认为是利弊并存的法案。1972年，有超过90%的女子校际队伍由女教练员进行指导，到了2014年这个数字下降到43.3%。无独有偶，1972年由女性管理者管理了90%的女子校际运动项目，但在2014年只有22.3%的项目（www.acostacarpenter.org 6A）。当体育项目合并之后，男性体育官员依然留有权力，并且他们倾向于聘用其他男性为主教练（Acosta and Carpenter 64）。

在全美大学生体育协会中，80%的美国大学在《第九条》颁布的30多年后，性别平等标准还没达到2004年的要求。并且，尽管2003年女性数量占据了全部大学生数量的56%，女性仅仅拿到了36%的体育预算经费和32%的体育奖学金

(Priest 29；Yiamouyiannis 53）。2003年，男性占据了绝大多数NCAA的领导角色，包括协会主席，执行委员会20个席位中的15个，和所有一级联盟的行政管理官员（Lapchick）。2014年，虽然女性在董事会中得到了一些职位，但是男性依然占据协会主席在内的绝大多数领导角色。

虽然女性已经在专业水平的体育行政管理的执行职位上取得了长足的进步，但终究是凤毛麟角。2014年，女性担任NFL的副主席及以上职位有21个，较上一赛季增长了5%。NBA2013至2014赛季中，有42名女性榜上有名，还有3名女性持股：洛杉矶湖人队的珍妮·巴斯（Jeanie Buss）、萨克拉门托国王队的玛蒂娜·欧瑞斯特克欧林科斯（Matina Kolokotronis）和犹他爵士队的老板凯伦·盖尔·米勒（Karen Gail Miller）。在球队专营中，58名女性担任了副主席一职，占总人数的16.6%。在2014年的MLB中，女性占据了联盟办公室30%的工作，但相较于上个季度而言这个数量下降了5.6%。在高管中，女性数量占21.4%，比2013年略有下降。有4支球队将女性视作球队的部分所有人，并且有61位女性在24个特许经营中担任副主席。有些人对MLB的开支削减和缓慢变化表示担忧；但是性别不平等问题最为显著的是体育媒体领域，在那里，女性扮演的是少数群体，几乎所有的体育编辑都是白人男性，这些男编辑往往选择聘用其他白人男性。一项2010年的研究发现"女性或有色人种编辑的数量下降了2.3个百分点，由2008年的11.7%下降到了2010年的9.42%；而白人男性特别是男性体育编辑的数量上升了3个百分点（Moritz）。

第七节　女子职业队及代言

2002年，超过260名女性运动员参加了美国女子职业高尔夫巡回赛（LPGA）的比赛（Eitzen and Sage 329）。这些女性运动员中有来自欧洲和亚洲，也有来自美国的国际团体。来自夏威夷的魏圣美（Michelle Wie），在她12岁那年（2002年）就拿到了她人生中第一次LPGA比赛的参赛资格。一年之后，她甚至参加了男子职业巡回赛。虽然女子运动组织的规模正在不断扩大，大众对女性参加高尔夫巡回赛的接受度也越来越高，但即使是顶尖女子高尔夫球手的收入也仅是男性高尔夫球手的一小部分；并且那些更被好看，更时尚的本地球员会比那些被认为不那么有女人味的女球员分到更多的代言费。

一些女子网球球星因其外貌而球场外的表现吸引了更多的媒体报导。安娜·库尔尼科娃（Anna Kournikova）虽然从未赢得过一场大型锦标赛，但她凭借自身迷人的魅力成为明星。然而维纳斯·威廉姆斯（Venus）和塞雷娜·威廉姆斯（Serena Williams）在她们崛起到顶级的过程中将实力与美貌、将力量与性感融于一体，提升了大众对女子网球的兴趣。到2002年，职业女子网球运动员的数量相较于1977年翻了至少3倍，并且最优秀的女球员赢得的奖金与一些男球员旗鼓相当（*Eitzen and Sage 328*）。尽管受到了一些女权主义者的指责，但是性特征确实成了女子网球巡回赛的主要吸引力。

威廉姆斯两姐妹独霸职业网坛十年有余。她俩双双取得过世界第一的排名，赢得多次大满贯，以及4枚奥运金牌。与其他新时代的运动员一样，她们的兴趣和商业活动远不限于体育领域。维纳斯拥有服装，服装线和室内设计业务。塞雷娜是一个演员、作家和模特，她还卖服装、珠宝和钱包。两姐妹都持有迈阿

2015年5月塞雷娜·威廉姆斯在"Mutua"杯马德里网球公开赛
奥斯卡·冈萨雷斯/WENN.com/age fotostock

密海豚职业橄榄球队的部分特许经营权。媒体无视她们在球场内外的成功，不关注她们的运动表现，反之常常把注意力放在她们的身体上（Edmondson；www.biography.com/ people/venus-williams-9533011#off-the-court- pursuits&awesm=~oIemQJJS8FOEgq）。尽管塞雷娜多年来一直在球场占据统治地位，排名较低的玛丽娜·莎拉波娃（Maria Sharapova）的代言费用在2015年却是塞雷娜·威廉姆斯的两倍，这就是持续偏见的证据（Bunn）。

妇女体育基金会是女运动员获得发展和平等的支持者与推动者，拒绝接受将性展示作为营销形式。然而，奥运会却没有这样的疑虑，甚至要求沙滩排球的女运动员穿着小而暴露的比基尼来吸引电视观众，尽管这项规定在2012年已经放开。一种类似的要求随着女子拳击在2010世界拳击锦标赛的发展而出现，国际拳击协会试图迫使女拳手穿短裙以代替短裤。大多数女性都拒不屈从，一个女记者解释道："这是一项相互用拳猛击、试图让对方放弃的比赛，他们居然还想让她们看起来性感……平心而论，这一切就是为了电视播放，贩卖女性。这一切就是营销。"（Gems，Boxing 234）随着女子拳击在奥运会赛场上出现，组委会仅仅给女拳手提供了3个公斤级别，而男性拳手有10个公斤级别可供选择。

女拳手挑战了传统的性别角色和社会界限；但其他项目的运动员为了提高被接受度，选择继续推销她们的身体而不是技术。奥运会夺冠三年后，劳瑞莎·希尔兹仍旧没有接到代言。反之，7枚奥运游泳金牌（1992—2004）得主珍妮·汤普森（Jenny Thompson）在2000年的体育画报上仅着短裤出现，而美国奥运女子游泳队抛开平常服饰，直接在她们裸露的身上披上美国国旗进行宣传拍摄。置道德主义者和女权主义者的担心于不顾，性至此成了体育营销中更公开的因素。

对全国冠军的渴望和对随后金钱的挥霍常常带来对胜利的盲目追求，这种思想的泛滥甚至会影响到高中的队伍。电视台为了额外的体育节目游说了很多学校，一些如ESPN在内的媒体开始吹捧校际排名和杰出青少年。勒布朗·詹姆斯（LeBron James）是高中篮球的轰动性人物，他甚至在进入NBA之前就成了国家风云人物，据报道，他在开始职业生涯之前就累计获得了超过1亿美元的代言费（Guttmann，Sports: The First Five Millennia 321）。一些高中橄榄球队吹嘘自己队伍的数百万美元的预算拨款和私人飞机，ESPN在全国转播中将高中橄榄球队和篮球队作为特色节目，吹捧他们在虚构的国家排名方面的能力。

美国女子国家足球队也有过同样的烦恼。在1999年主办并以戏剧性的双加时赢得了世界杯后，女足队伍在足球迷中掀起了一股"足球热"。然而，事实证明这只是三分钟热度。布兰蒂·查斯丹（Brandi Chastain）是胜利时刻的女英雄，但她因赛后庆祝点球得分时脱下球衣只穿内衣的照片在齿轮杂志和ESPN杂志上的美体专刊刊登而获得了更大的关注。尽管女足的成功大大超过了男足，但维持女子职业足球联盟的尝试却以多次失败告终。至2016年，女足获得了4次奥运会冠军和3次世界杯冠军，但她们的酬金只是男足的四分之一。2016年女足向美国足协提起申诉希望获得与男足平等的报酬（"U. S. Women's Team"）。

美国女足运动员在获得2015年国际足球联合会（FIFA）女子足球世界杯冠军后欢呼雀跃
© Getty Images

第八节　现代奥林匹克运动遭遇的挑战和奥运明星

由于民族自尊心和全球认同感利益攸关，夏季和冬季奥运会的竞标变得异常激烈，导致由盐湖城主办的2002年奥运会涉及重大丑闻。普遍存在的不正当行为浮出水面，引发了一系列控诉。这些控诉不仅包括竞赛组委会向国际奥委会提供现金、贵重礼物和捐款，而且涵盖为奥委会成员的亲属前往美国大学提供学费、医疗和"过度接待"等贿赂行为。一位国际奥委会成员承认，这种大手笔从1990

年起就已司空见惯。国际奥委会形象和诚信的崩塌，致使奥委会中10人被除名，10人受罚（*McLaughlin*）。

国际奥委会制定了新的招标规则，限定了对未来举办地进行考察的观察员人数。只有在如澳大利亚、中国、俄罗斯和巴西这样的新兴市场的举办城市的选取中才能实现利润增长。美国国家广播电视台（NBC）为拿到2002年至2008年奥运会的转播权出价35亿美元，而2014年到2020年的奥运会电视转播权费用已达44亿美元。在资本主义的狂潮下，奥林匹克这座矿山保证了运动会、举办国和企业赞助商曝光度更高；到2016年，奥运会的潜在举办国面对持续的超支和安全问题望而却步之前，奥林匹克有关的巨额费用丝毫没有减少的迹象（*Flyvberg and Stewart*；"*Commercialization*"）。

美国在冬奥运上的表现总体来说相当不错，奖牌总数仅次于挪威。亚裔美国人花样滑冰运动员关颖珊（Michelle Kwan）于2006年退役，退役之前她获得过9次全国锦标赛冠军，5次世界锦标赛冠军和2枚奥运金牌。塔拉·利平斯基（Tara Lipinsk）在1998年获得了花样滑冰的金牌，紧接着，萨拉·休斯在2002年冬奥会花滑项目夺金，伊万·莱萨切克（Evan Lysacek）在2010年获得男子单人滑冠军。梅丽尔·戴维斯（Meryl Davis）和搭档查理·怀特（Charlie White）在2014年赢得了奥运会花样滑冰冰舞冠军。阿波罗·安东·奥诺（polo Anton Ohno）自2002年起就成为全美最成功的短道速滑运动员，获得过8枚奖牌和2008年的世界冠军。

在滑雪运动员中，伯德·米勒（Bode Miller）赢得了包括2010年的1枚金牌在内的多枚高山滑雪奖牌，泰德·里格蒂是2006和2014两届冬奥会高山竞速滑雪的金牌获得者。美国的女子冰上项目运动员表现也同样出色，茱莉亚·曼库索（Julia Mancuso）、林赛·沃恩（Lindsey Vonn）和米凯拉·希夫林（Mikaela Shiffrin）三人各自在2006年到2016年的10年间获得了一个冬奥会高山滑雪冠军。自滑雪板运动在1998年纳入冬奥会以来，美国队一直独领风骚。罗斯·鲍尔斯（Ross Powers）在2002年、2006年和2010年各获一枚单板U型滑雪项目金牌。而肖恩·怀特（Shaun White）在2006年和2010年拿到冠军，使单板滑雪迷们欣喜若狂。赛奇·考森伯格（Sage Kotsenburg）紧接着在2014年也将另一枚滑雪金牌收入囊中。女子滑雪板运动员也表现良好，凯莉·克拉克（Kelly Clark）在2002年盐城湖冬奥会上夺得金牌；紧接着，汉娜·泰德在2006年夺金，凯特琳·费琳顿

（Kaitlyn Farrington）和杰米·安德森（Jamie Anderson）在2014年冬奥会上也纷纷摘得桂冠。

在美国，水上运动很少能够引起人们的注意，但是迈克尔·菲尔普斯（Michael Phelps）在1972年马克·施皮兹（Mark Spitz）奥运会上赢得7枚金牌之后造成了巨大的轰动。菲尔普斯早在15岁时就参加了奥运会的游泳比赛。四年之后他赢得了8枚奖牌（6金2银），紧接着，他在2008年奥运会上凭借其良好的表现获得了8枚奖牌并打破了7项世界纪录。在2012年再次获得了6枚奖牌（5金）。在他参加的最后一次奥运会上，菲尔普斯在他的收藏品中又添5金1银。他所获得的28枚奖牌（23金）远远超过了其他现代奥林匹克运动员的成就（*Teetzel*，"Michael Phelps"）。

迈克尔·菲尔普斯在2016年夏季奥运会男子4×100米混合泳决赛的颁奖仪式挥手致意
© Getty Images

第九节 体育危机

尽管体育运动有数量众多的追随者和广泛的支持者，但似乎优秀运动员的壮举常常受到质疑，那是因为一些杰出的运动员通过采用非法和不道德的手段进一步提高自己的能力。

一、兴奋剂

2004年，纽约洋基队的击球主力杰森·吉昂比（Jason Giambi）承认使用类固醇，并牵连了前美国职棒旧金山巨人队球员全能击球手贝瑞·邦兹（Barry Bonds）以及和巴尔科实验室（BALCO）合作的其他球手。实验室所有者维克多·康特（Victor Conte）声称他也向顶级橄榄球运动员和世界级的田径明星提供药物。美国短跑名将马里昂·琼斯（Marion Jones）在多年的否认之后终于在2007年承认使用药物。她被迫交出5枚在2000年悉尼奥运会上获得的奖牌并因为支票诈骗和违背法庭上的誓言被判入狱6个月。公众和媒体呼声强烈，政府也开始调查，最终美国职棒联盟被迫官方出面解决美国职棒成员涉及的兴奋剂问题。然而，美国职业棒球大联盟（MLB）的主席巴德·塞利格（Bud Selig）在检测和执行措施上不够强硬，直到国会介入调查，才采取了包括对初犯禁赛50场在内的更为严苛的处罚措施。

塞利格要求前美国参议院乔治·米切尔（George Mitchell）对使用类固醇的棒球运动员进行深入调查。最终，米切尔的调查报告于2007年发布，调查发现类固醇使用猖獗，在检测报告呈阳性的100名运动员中甚至还有一些大明星。迄今为止打出全垒打的佼佼者，7次赛场奖（MLB当季全联盟最佳投手）的得主，顶尖棒球运动员罗杰·克莱门斯（Roger Clemens）同贝瑞·邦兹（Barry Bonds）一起受到质疑并最终被起诉。克莱门斯被判无罪，但邦兹被判伪证罪；但是人们对他们的猜疑根深蒂固，所以即使他们的职业生涯经历丰富并且多次破纪录，但还是没有入选名人堂（*Balfour and Odenheimer*）。

尽管世界反兴奋剂组织（WADA）和美国反兴奋剂组织（USADA）已经做出了巨大努力，一些运动员还是坚持服用兴奋剂，试图战胜反兴奋剂组织的检测，运动增强药物的使用在欧洲自行车赛场上尤其猖獗。1986年，格雷格·莱蒙德（Greg LeMond）成了第一个赢得极富盛名的环法自行车赛的美国人，尽管发生了追逐事故差一点夺去莱蒙德的生命，但他仍在1989年和1990年两次卫冕冠军。兰斯·阿姆斯特朗（Lance Armstrong），继莱蒙德后美国最伟大的赛车手。且不论阿姆斯特朗一再面临未被证实的对运动增强药物的使用，他克服了睾丸癌，在

1999年到2005年间拿到了7个环法自行车赛冠军头衔。13名车手因血液兴奋剂检测呈阳性被禁止参加2006自行车巡回赛，但美国人对此还不以为然，直至拥有7个环法自行车赛冠军头衔的弗洛伊德·兰迪斯（Floyd Landis）因服用睾酮药物而被剥夺了冠军头衔（Mercury Sport 24）。

2012年，USADA 因服用运动增强药物起诉了阿姆斯特朗。在经过不断否认后，他于2013年在电视上公开承认服用。他被剥夺了环法自行车赛冠军头衔，并被国际自行车联盟终身禁赛。

二、体育暴力

2007年，亚特兰大猎鹰队的明星四分卫迈克尔·维克（Michael Vick）因参与运行非法斗狗案而被指控为虐待动物罪。维克在2001年选秀中顺位第一；2007年与亚特兰大猎鹰队签约成为薪酬最高的橄榄球员，10年吸金1.3亿美元，还拿到了签约奖金3700万。但是他的个人形象因牵连斗狗案而受损，并被判入狱18个月而一蹶不振。猎鹰队将维克开除出队，他也被迫宣布破产，直到费城老鹰队和一家仁慈的媒体挽救了他。2014年，维克同纽约喷气机队签订了合同，在那里，他的一举一动都被世界媒体中心深入分析（Elovaara）。

匹兹堡钢人队的四分卫本·罗斯里斯伯格（Ben Roethlisberge）因为在2008年被指控强奸和2010年的性侵犯，受到了媒体的高度审查。虽然他逃脱了正式指控，但是美国国家橄榄球联盟（NFL）主席罗杰·古德尔（Roger Goodell）因其违反个人行为准则和破坏联盟的诚信和声誉对他进行了禁赛4场的处罚（Bellisle；http: //sports.espn.go.com/nfl/news/story?id=5527564）。

新奥尔良圣徒队在2009到2011赛季为防守队员提供奖金，作为伤害对手的奖励。2012年这一制度公开之后，橄榄球的暴力特征变得极为明显。一个极为明显的肇事者，NFL的教练员，防守协调员格雷格·威廉姆斯（Gregg Williams）在他执教过的3支球队中都有过类似的事件发生。其他的球队官员对他睁一只眼闭一只眼。NFL的主席罗杰·古德尔对新奥尔良圣徒队的教练威廉姆斯罚以无限期停职，对主教练肖恩·佩顿（Sean Payton）禁教一年，对总经理米奇·卢米斯（Mickey Loomis）禁赛8场，并对球队助教乔·维托里奥（Joe Vitt）禁赛6场，另对球队处以50万美金的罚款并被取消了球队2012年和2013年的第二轮选秀权。球员们从赛季初到赛季末的整场比赛都被暂停。围绕该案的负面宣传只起到了培养比赛暴力心态的作用（*Maske*; http://espn.go.com/nfl/topics/_/page/new-orleans-saints-bounty-scandal）。

比圣徒队的场上暴力和和维克的场外暴力更糟糕的是NFL前新英格兰爱国者的超级巨星，全国第一近端锋阿隆·赫尔南德斯（Aaron Hernandez）。他在2013年因谋杀朋友受到指控。2014年，赫尔南德斯又面临着2012年谋杀两位路人的双重谋杀指控（2017年，年仅27岁的赫尔南德斯在监狱中自杀身亡）。

NFL巴尔的摩乌鸦队的明星跑锋雷·莱斯（Ray Rice）在酒店电梯中和未婚妻发生争吵并殴打未婚妻，随后将她拖到走廊的视频流出，橄榄球的场外丑闻由此在2014年曝光。NFL的主席罗杰·古德尔仅对莱斯处以两场禁赛，这引起了大批粉丝和女权组织的不满。社会媒体因古德尔对莱斯的宽容，纷纷要求罢免古德尔的主席一职。尽管只有莱斯事件占据了新闻头条，但当时有超过30名NFL球员被调查或被指控家庭暴力。前芝加哥熊队的总经理杰瑞·安吉洛（Jerry Angelo）已经在NFL工作了超过30年，他承认为了能将球员留在赛场上，球队在那段时间已经掩盖了数百起这样的案件。明尼苏达维京人队的艾德里安·彼得森（Adrian Peterson）因用树枝抽打他4岁的儿子而受到指控，后来也被禁赛。这样的事件引发了社会阶层对于管教孩子的不同方式的问题，更重要的是，引发了人们对类似于橄榄球这样极具进攻性的体育运动是否会助长场内外的暴力行为的问题的关注（*Telander*, "Switching" 73; *Morrissey*）。

三、赌博

棒球并不是唯一一个有形象问题的体育运动。2007年，NBA裁判蒂姆·多纳吉（Tim Donaghy）被抓到在自己执裁的球赛上赌球并把保密消息泄露给不法分子。调查发现，大多裁判员都参与赌球，多纳吉指证裁判委员会与NBA相勾结，通过延长季后赛使某些球员获得优待，而另一些球员会成为犯规时的替罪羊或是犯规后不被处罚。多纳吉最终入狱，NBA也为裁判修订了赌博规则（*Tuohy*; www.cbsnews.com/news/ex-nba-ref-tim-donaghys-personal-foul）。

四、同性恋恐慌

当多个知名运动员宣布出柜时,民众对个人性取向的接受程度会更大。在2012—2013赛季结束之后,为NBA效力12年的老将贾森·科林斯(Jason Collins)公开宣布出柜,成为北美体育史上第一个公布自己同性恋身份的现役职业球员。虽然他的真性情得到了民众普遍的支持和赞扬,但当他在休赛期成为自由无约的职业球员时却没有球队对他感兴趣。科林斯最终在2014年2月与布鲁克林篮网队签约至2013—2014赛季结束。一种对出柜运动员的接受表现就是一些大型企业聘请他们作为公司产品的代言人,以扩大其产品在同性恋群体中的市场。著名女子篮球运动员布兰妮·格里娜(Brittney Griner)在加入美国国家女子篮球联盟(WNBA)的菲尼克斯水星队之前,曾在2012年带领贝勒大学在整个赛季中所向披靡,并拿到全国冠军;她也在2013年公开宣布出柜。虽然贝勒大学是一所信奉基督教的大学,并且要求格里娜隐藏自己的性取向,但是WNBA欣然接纳了庞大的女同性恋粉丝团。在橄榄球领域,就读于密苏里大学,被誉为全美最佳防守端锋,并在2013年获得东南部年度最佳防守球员的迈克尔·萨姆(Michael Sam)公开表明了自己的性取向,并在选秀中被圣路易斯公羊队选为防守端锋,至此成了NFL中第一个公开的同性恋球员(Telander,"Gay Pitchmen")。萨姆后来陆续被圣路易斯公羊队和达拉斯牛仔队裁员,随后与加拿大橄榄球联盟的蒙特利尔云雀队签订了2年的短期合同,但是合作颇不顺利。

世界同性恋运动会(The Gay Games)由前美国奥运会十项全能选手汤姆·沃德维尔(Tom Waddell)于1982年创办。和奥运会一样,世界同性恋运动会每4年举办一届;和奥运会不同的是,世界同性恋运动会没有参赛资格标准,人人皆可参与。为了支持女同性恋、男同性恋、双性恋和变性人群体(LGBT),世界同性恋运动会现已吸引了同传统奥运会相近的参赛人数,在国际上进行举办地招标也充分显示了世界同性恋运动会的国际影响力(www.gg9cle.com)。

女运动员也同样面临被轻视和对她们性别的审查。南非运动员卡斯特尔·赛门亚(Caster Semenya)是2009年女子800米跑的冠军。她在面临对她双性人的怀疑和指控后经受了性别检测。在她恢复女性身份之前,性别测试和人们的非议使她在竞争和困窘中付出了一年的代价。2006年里约奥运会上赛门亚再次夺得800米跑的金牌，加之检测出她体内睾丸素水平升高，她令人争议的性别问题再次被推到了风口浪尖。

2014年5月13日，迈克尔·萨姆在美国密苏里州地球城的公羊公园参加新闻发布会时宣布被圣路易斯公羊队选中

© Getty Images

类似的事件也发生在1976年奥运会十项全能的冠军布鲁斯·乔纳（Bruce Jenner）身上。他在2015年公开宣布变性，宣布自己正在向"凯特琳·乔纳"过渡，这一举动再次引起了全世界对于性别和身份问题的关注。类似的问题已经渗透到校际体育中，使得变性了的青年运动员在选择运动队时进退维谷，这也迫使了高校董事会和州立运动协会对资格问题进行裁决，判定结果好坏参半。

五、性侵行为

1997年，多伦多枫叶花园冰球队的前教练员，后来的设备经理戈登·史塔克雷斯（Gordon Stuckless）因猥亵24名男童超过300次被判有罪，加拿大人在他们所钟爱的冰球比赛中遭受到了性变态的创伤。

史塔克雷斯仅被从轻判决了4年监禁。NHL前运动员里奥·弗勒里（Theo Fleury），讲述了他在童年所受到的教练员对他的性侵害。这名教练格雷厄姆·詹姆斯（Graham James）还承认曾经也性侵其他运动员，最终，他于2011年被处以5年有期徒刑。当史塔克雷斯于2001年假释出狱后性侵17名儿童的悲剧再次上演时，将教练员视作行为榜样的看法遭到了严重质疑。

2011年，当美国校际体育史上最大的丑闻之一曝光时，对加拿大教练的质疑延伸到了美国教练员和管理者之中。宾夕法尼亚州立大学橄榄球队的前助教杰里·桑杜士基（Jerry Sandusky）被证实对多名男童进行了多年的性骚扰。虽然东窗事发时桑杜士基已经不受雇于学校了，但他仍有接触球队和球队设备的渠道。他用自己的基金向孩子们提供礼物和帮助，借此以引诱他们，这个基金据说是为了帮助贫困儿童而建立的。宾夕法尼亚州立大学的校长和体育部主任涉嫌在此事件中掩盖丑闻，著名教练员乔·帕特诺（Joe Paterno）也因上报不力，被判有包庇罪而受到处罚。桑杜士基被处以至少30年有期徒刑；学校校长辞职并被起诉，学校的体育部长也被开除。教练帕特诺不仅丢掉了工作，在NCAA撤销了学校球队1998年至2011年间所有的成绩之后还失去了NCAA史上获胜最多教练员的荣誉（后来恢复荣誉）。被开除2个月后，帕诺特因癌症恶化去世，但学校所受的惩罚还在继续。NCAA向学校征收了6000万美元的罚款并对其季后赛禁赛4年，大十联盟还另行索要了1300万美元。截至2013年，宾夕法尼亚州立大学已经向受害者赔偿了接近6000万美元，但是案件将持续多年，受害者所受的创伤是金钱无法弥补的（Smith, Wounded Lions; www.cnn.com/SPECIALS/us/penn-state-scandal）。

NFL在2014年也陷入了家庭暴力和虐待儿童的丑闻风波。在球员被证明滥交时也同样备受指责。据报道，明星跑卫艾德里安·彼得森（Adrian Peterson）同6个不同的女人孕育了6个孩子。外接手桑托尼奥·霍尔姆斯（Santonio Holmes）非婚生育了3个小孩，而备受尊敬的后卫球员雷·刘易斯（RayLewis）和跑卫马歇尔·福克（Marshall Faulk）各有6个子女，被选入橄榄球名人堂的德瑞克·汤马斯（Derrick Thomas）也是7个孩子的父亲。看起来这种滥交是男子气概和性交能力的象征，但在有11个孩子的跑卫特维斯·亨利（Travis Henry）面前，他们都黯然失色（Telander, "Switching" 73）。

六、种族主义

为了增加NFL中黑人在主教练中的数量，联盟在2003年通过了鲁尼法则（Rooney Rule）（要求联赛球队面试少数候选人担任主教练和高级橄榄球操作职务的反歧视政策）。在此之前，NFL教练中的黑人数量与MLB和NBA相比相差甚远。由匹兹堡钢人队的主席丹·鲁尼（Dan Rooney）牵头建立的NFL政策委员会规定，当总教练职位空缺进行面试时，团队中至少要有一名黑人参与面试。这项政策的结果时好时坏。2002年球队中只有2名黑人主教练，但在2011年上升到了8名。2014年，黑人主教数量又下滑到4名（Thiel and Bukstein）。

所有权也反映出了类似的人种多样性的缺乏。在122个大型职业体育特许经营权中（NFL32个，NBA、NHL和MLB各30个），迈克尔·乔丹（Michael Jordan）手持NBA夏洛特黄蜂队的大部分股权；出生于印度的威维克·拉纳蒂夫（Vivek Ranadivé）拥有萨克拉门托国王队；西班牙人亚提·莫雷诺（Arte Moreno）是MLB洛杉矶安纳罕天使队的球队老板；出生于巴基斯坦的舍希德·汗（Shahid Khan）拥有NFL的杰克逊维尔美洲虎队；出生于中国上海的纽约岛人队所有者王嘉廉（Charles Wang）是NHL中唯一一位非白人老板（*Chalabi*; *www.diversityinc.com/news/major-league-white-pro-spotsarent-what-they-seem*）。

从1981年起就任NBA洛杉矶快船队老板的唐纳德·斯特林（Donald Sterling）于2014季后赛时在网上发布的种族主义言论引起了大批球员、粉丝和媒体的声讨。球员们打算罢工，新的NBA总裁亚当·席尔瓦（Adam Silver）及时采取措施，迫使斯特林卖掉球队，并且对斯特林处以终身禁赛的处罚。至此，白人老板又少一位（Chalabi）。前微软CEO史蒂夫·鲍尔默（Steve Ballmer）以20亿美元的天文数字收购了快船队，恢复了白人的特许经营所有权。

斯特林危机迫使其他联盟开始考虑种族问题。NFL迫使华盛顿红人队更名，许多粉丝和其他的球队老板表示现有队名不够得体而且冒犯了美洲印第安人，但更名的要求遭到了球队老板丹尼尔·施耐德（Daniel Snyder）的拒绝。一些球队老板担心道德和商业方面的持续重压会打击到联盟的商机和收益。MLB的克利夫兰印第安人队和亚特兰大勇士队的球队老板正面临着同样的担忧。以上情况表明尽管存在与事实相反的主张，但美国还未进入后种族社会（不以肤色而以品格作为评量人标准的"色盲"社会）。

第十节　创伤性脑损伤

也许，体育运动最迫在眉睫的威胁存在于体育的运动形式本身。在类似于橄榄球、足球、曲棍球这样的接触性运动中，运动员的身体往往更为强健，运动速度更快，在这种情况下所产生的身体撞击将更为强烈。当撞击涉及头部时，脑震荡时有发生。大批患有痴呆和自杀性抑郁的前运动员集体将NFL和NHL告上法庭；除此之外，大学生运动员们联合起来索求更高额的赔偿和保险费用。越来越多的研究表明，年轻人，尤其是女孩，由于大脑还处于发育阶段，所以很容易受到伤害；即便是很轻微的重复击打也可能产生长期的不良影响。因此，美国足球协会已经禁止10岁及以下的运动员用头部击球；华纳橄榄球（Pop Warner football）已经终止了发球来避免撞击。在职业级别，超过4500名前NFL球员起诉了联盟，最终在2013年双方以7.65亿美金的赔偿费用达成一致（*www.nytimes.com/2014/04/20/sports/ hockey/hockey-players-concussion-suits-follow-path-charted-in-nfl-cases.html*；*Greenstein*）。

第十一节　极限体育运动

在竞争性资本主义形式的体育运动之外，那些包含固定风险、叛逆形象和极具个性表现的新的体育形式吸引了大量人群（*Beal*）。单板滑雪运动的参与者由1992年的160万人上升到1999年的360万人；滑板运动员的数量在本世纪初上升到了1150万人（*Barcett*；*Dean*）。到2005年，至少有三分之一的单板滑雪运动员、冲浪运动员和至少四分之一的滑板运动员是女性（*Thorpe 219*）。虽然在20世纪90年代，运动推广人和服装设计师成功选择了主流的体育运动和流行款式，但仅2006年一年，新型运动如冲浪、单板滑雪和滑板项目的消费就高达99亿美元，其中接近80%的消费都用在了服装、鞋子和配件上（*Thorpe 219*）。ESPN自1999年起开始将极限运动作为特色节目推出，奥运会也在1998年将单板滑雪运动纳入比赛项目

第十一章 21世纪初的体育运动（2000—2015年） 243

之中。短短几年时间，滑板运动员托尼·霍克（Tony Hawk）和越野摩托车手杰里米·麦格拉思（Jeremy McGrath）就被列入美国青年最知名运动员排名之中。在体育中介的营销和管理下，霍克和冲浪冠军基利·史利达双双成为千万富翁，即使是参加最低级的比赛也能拿到25万美元的年薪，这个薪酬相当于NFL新秀的最低工资。2006年，当美国国家电视台体育频道（NBC Sports）的副总裁凯文·莫纳汉（Kevin Monahan）表态说直播节目缺少付费观众无关紧要之后，电视台对在企业媒体中播放极具叛逆色彩的极限运动的担忧烟消云散。"这些运动正在为网络平台、环球、全美、NBC无线和互联网等媒体提供新的节目。这些媒体平台可以回放赛事、制作精彩特辑以及出售最靓技巧的DVD。"（qtd. in Dean 55）

极限运动的明星之一，单板滑雪运动员肖恩·怀特（Shaun White）因其技巧而出名。他在13岁那年就成了职业单板滑雪运动员，接着很快有了自己的运动器材和服装生产线。2003年，他也成了一名职业滑板运动员。夺得了2006年和2010年冬奥会的多项金牌并且还加入了其他娱乐行业。他有自己的电视游戏和电影，并且还是摇滚乐团的一员。怀特被评为世界第二位极具影响力运动员，他的赞助商之一"红牛"甚至为他专门修建了一个500英尺（150米）的超级私人训练，那样他可以自创更多的单板滑雪技巧，让这项运动更加精彩，也为企业赞助商带来更多潜在的经济效益（Poniatowski）。

肖恩·怀特是普及另类体育运动的运动员之一，他的单板滑雪U型场地技巧成功将大众和媒体的注意力吸引到了单板滑雪运动中来。在2014年的索契冬奥会上，他大秀技巧，以至于观众将他的排名（第4）置之脑后

© Getty Images

过去的区域性赛车大赛迅速发展，从一个地道的南方赛事成为发展最快的体育项目，并造就了一些国家英雄。2000年，全美汽车比赛协会（NASCAR）的赛车节目收视率仅次于橄榄球（*Sports Illustrated 121*），截至2003年，NASCAR赛车节目的观众数量高达900万，接下来的一年甚至吸引了3500万粉丝（*Cobb, Away 324*）。赛车运动不仅风靡于乡村地区，而且吸引了城市居民；不仅深受男性喜爱，而且有超过一半的女车迷。女赛车手肖娜·鲁滨孙（Shawna Robinson）在进入2001年的温斯顿杯赛车比赛时成了全场的亮点之一。

NASCAR通过与科技的融合、商业的合作，以及对挑战极限的人们提供极强的个人主义情感实现了爆炸式的发展。1998年，赛车迷们购买了9.5亿美元的NASCAR系列产品（*MacCambridge 284*）。1999年，温斯顿杯赛（NASCAR的顶尖赛车比赛）的电视转播权以6年30亿美元的价格售出。戴尔·伊恩哈德（Dale Earnhardt）极具侵略性的驾驶风格为他赢得了"威吓者"的绰号和铁杆粉丝的热爱。赛车手们通过参加一系列的赛车比赛获得积分，而伊恩哈德在20世纪90年代独霸积分榜，年收入超过300万美金，最终在1998年参加了戴通纳500。2001年伊恩哈德在戴通纳500车赛最后一圈发生猛烈车祸并身亡之前，他就已经获得了4100万美元的奖金。NASCAR赛车迷们多年来一直对失去这样一位优秀的赛车手感到遗憾，但很快，车迷们就将他们对伊恩哈德的强烈情感转移到了伊恩哈德的儿子——同样也是他赛车事业的继承者小伊恩哈德身上。

2014年，NASCAR斯普林特杯系列车赛期间的丹妮卡·帕特里克和小戴尔·伊恩哈德
© Getty Images

NASCAR的赛车手和美国高速汽车协会（NHRA）的短程赛车手一致认为，最低级别比赛的参赛费用相比以前上涨了许多。很多要在NASCAR赛道上比赛的车队都被要求企业赞助，而且即使是NHRA的参赛者也必须对时速超过250英里（400千米）的汽车进行部分维修和保养。对短程赛车手来说，一套能比赛10次的轮胎要花费1000美元，发动机曲轴就要花费2500美元，赛车本身花费就会高达15万美元，高水平的赛车比赛再也不是穷人的运动了。赛车也不仅仅是男性的运动，越来越多的女性开始成为赛车手。一位女性赛车手在南卡莱罗纳州的哈兹威尔市举办的2003达林顿国家赛车赛上说道："我喜欢极速前进，但是我最喜欢赢得胜利……你可以通过获胜赢得极大的尊重。"（Warren 116）2005年，身材矮小的丹妮卡·帕特里克（Danica Patric）已经成了印地赛车联赛上一颗冉冉升起的新星。体育成了类似女性跳脱传统女性角色束缚的媒介。

第十二节　大众体育

有的人依然认为体育包含英雄本色，并且对不同的民族、种族、宗教、性别、社会、政治、经济和年龄都有不同的意义，但是体育如今已不再代表所有人的英雄本色，而是一种生活方式、休闲方式和特有的感觉等。上了年纪的运动者依然还在名人赛中突破生理极限。职业运动员的薪酬不断增加，吸引了包括高尔夫球员魏圣美（Michelle Wie）在内的不少天才早早地开始他们的体育生涯。2004年，14岁的弗雷迪·阿杜（Freddy Adu）就加入了美国职业足球大联盟的华盛顿特区联队。大小威廉姆斯也在14岁时参加了职业网球巡回赛。1998年，19岁的凯文·加内特（Kevin Garnett）就进入了NBA；在2003—2004赛季，18岁的篮球新贵勒布朗·詹姆斯（LeBron James）就获得了克利夫兰骑士队年度最佳新秀的荣誉。这样的成功给其他数百万计的美国青年带来了梦想，催生了一支壮大的青年团队，这些青年往往肩负着父母对他们赢得大学体育奖学金的期望。

美国的社区，无论是在城市还是郊区，都会为居民们提供丰富的娱乐活动。对那些年纪稍大但仍极具竞争力的运动员来说，国家都会为他们提供州级、地区级、国家级甚至是世界级的名人赛。地区级别的青少年足球、棒球、橄榄球、篮球、网球、排球和曲棍球比赛随处可见。在冬季，滑雪和溜冰是非常惬意的娱乐选择。参与高尔夫和保龄球的人数越来越少，尽管许多人从事健身活动，但很少有人有规律地进行锻炼，这导致肥胖、心脏病、糖尿病和其他疾病的发生率很高（www.whitehutchinson.com/leisure/articles/whats-happening-to-bowling.shtml），这困扰着美国卫生保健体系。

CrossFit训练也是体育活动之一，在过去的20年间，CrossFit健身训练体系取得了爆发式的增长，创建CrossFit的公司也成为一家国际企业。CrossFi训练系统每年都会举办一次比赛，比赛由锐步（Reebok）赞助，ESPN体育频道也会对其进行转播。

第十三节　跑者的崛起

跑步已是一项尤为盛行的体育活动。20世纪70年代开始了慢跑热，人们每天跑步锻炼身体，所以催生出了一种超越种族、社会阶层、性别和年龄的文化生活方式。每年都有数百万人参加各种距离的公益长跑和慈善跑，跑步距离从5公里、10公里，到半马、全马，甚至如同西部诸州100公里跑这样的超极限耐力跑不等。有这样一条国际马拉松赛道，吸引了络绎不绝的体育游客前来观赛，那就是波士顿马拉松赛道。波士顿马拉松是美国最古老的马拉松，并且是一项标志性的有报名成绩要求的长跑赛事。有的运动员会把跑步同游泳和骑自行车结合起来，在这种运动方式当中最引人注目的就是每年的夏威夷铁人三项比赛。如今，美国的大学也设有铁人三项运动队。

20世纪后半叶出现并迅速发展的耐力跑和铁人三项已经逐渐转变成了个人或团体的各种不同距离的泥浆跑和障碍跑，这种演变而成的跑步方式得到了当地电视台的关注和报道。在互联网的推动下，其他国家的地方性体育活动也在美国流行起来。龙舟竞渡在中国已经开展了数千年，而今在美国的一些社区和高校比赛中也能见到赛龙舟的身影。

马拉松和有组织的公益长跑如今已是美国的常见体育活动
© Human Kinetics

第十四节　对体育的未来展望

体育形式的转变和新型体育运动的出现将继续对未来体育的发展起到促进作用。拳击在20世纪的前几十年中给无数贫寒的年轻人带来了希望；进入21世纪之后，美国人对诸如综合格斗（MMA）和无限制综合格斗（UFC）之类的新的暴力体育形式的兴趣远超过拳击。MMA是将拳击和摔跤以及巴西柔术结合起来的一项运动。这项运动发源于巴西，于1993年第一次在美国出现，MMA比赛自身的暴力性质遭到了美国国会的反对，所以这项运动被禁止在纽约开展。此后，在MMA对重量级别进行了划分、制定了回合数，规定了使用了手套并禁止击打头部之后，才获准在付费有线电视台播送并慢慢流行开来。

早期的综合格斗运动员如查克·利德尔（Chuck Liddell）和兰迪·寇图尔（Randy Couture）收获了一大波粉丝；2011年，UFC与福克斯电视网签订了7年的播送合约，每年的电视转播费为1亿美元，这也标志着UFC正式成了一项主流运动（*Masucci*）。

从男子足球和女子足球在足球世界杯中所受到的支持和球迷们的热情可以看出人们对足球的日益重视,这也暗示着足球将在未来继续发展下去。体育和通俗文化的全球化将自然而然地促进国际体育联盟的全球化发展;科学、技术和医学的日益增强也必定使得运动员们不断打破世界纪录。教练员们如今已经具备了拍摄运动员技术并对其进行分析的技术工具,可以用来进一步分析以前难以察觉的技术动作。

社交媒体如今改变了粉丝文化。运动员们在推特(Twitter)上与粉丝互动,看起来显示了一种更为私人的关系,球队官方也试图规范运动员们在社交媒体上的互动交流。职业和校际队伍都会核查博客,确定粉丝们的态度和意见,并据此采用市场营销策略。

基于电脑的游戏系统,如日本任天堂公司推出的家用游戏机Wii,已经改变了运动的本质,人们足不出户就可以参加体育运动。在这样的操作系统中,玩家可以通过模仿身体活动或者在技能测试中扮演运动明星来对抗电脑里的虚拟对手。其他玩家可以通过参加虚拟联赛成为他们梦想球队的一员,在电脑上实现他们的梦想。20世纪80年代早期的桌上棒球游戏鞭策了电脑游戏的发展,使更为精良的游戏版本的出现成为可能。游戏机主无论男女,均可参加一个或多个棒球、橄榄球和篮球联赛。在同虚拟游戏中的对手见面之前,团队成员就已经组建完成。球员的表现由统计数据决定,并且虚拟角色可以在现实世界中售卖。现金奖励通常根据联赛结束时的战绩所决定(*Hutchins and Rowe*; *Nelson, American Sports*)。

2015年度UFC金腰带之战中的龙达·鲁西和霍利·霍尔姆
© Getty Images

2000年，三星公司赞助了在韩国举办的世界电子竞技大赛。比赛仿照奥运会，由专业的电竞选手参与比赛，争夺现金奖励。这样的年度比赛吸引了上百位选手跨国参加比赛；2015年，比赛奖金超过1600万美元。这样的游戏和网络运动员不仅改变了体育运动的本质还改变了体育的定义（Hutchins and Rowe；www.telesurtv.net/english/news/World-Cyber-Games-2015-Has-Begun-20150323-0029.html）。

长期以来，体育一直被用作政治工具和为达到国家目的的软实力（相较于军事力量这种硬实力而言）。这种情况只有在较为富裕的国家（或者较为富裕的球队）从国际劳动力中挖掘出人才才会持续下去。中东地区的小国家卡塔尔已经建立了世界一流的体育设施以吸引外国青年加入卡塔尔国家队，并且赢得了主办2022年世界杯的举办权，通过体育旅游促进经济发展。迪拜引进了美国的高中篮球队，并转播他们的比赛，以在全球范围内宣传他们的存在。不可避免的是，正如2013年波士顿马拉松所发生的爆炸袭击的悲剧一样，一些具有另类政治信仰的人将以体育赛事中的大批观众为目标来引起人们对他们动机的关注。体育不再仅仅是娱乐和游戏，体育是快乐的，但也是一件极为严肃的事情（Henricksen）。

小结

随着校际和职业运动队对更大的成功和更多的利润的追求，体育运动发生了迅速的变化。尽管有巨额的场馆和电视转播收入，绝大多数的校队每年都在亏损，这些亏损只有通过补助和提高学生的学费来抵消。在这样的情况下，体育的军备竞赛仍在继续。虽然一些职业球队的老板都声称球队处于亏损状态，但是没有人愿意卖出他们的股权，一些球队老板的身价已经超过了10亿美元。在寻求成功和降低成本的过程中，职业队格外倾向于国际运动员的征召，根据分析学选取合适的能为球队带来显著差别的运动员。

《教育法修正案第九条（Title IX）》的颁布为运动队中的女性提供了更多机会，但事实上该法案对女性的领导作用产生了负面影响，因为男性在教练、执行和所有权角色中仍占据着主要地位。有色人种也是一样，虽然NBA中的有色人种的数量比NFL和MLB多得多，但是总体来说，有色人种要想获得一席之地依然不易。

市民荣誉感、社区或学校之间的竞争，以及美国人民的竞争力，促进了运动员"不惜一切代价夺得胜利"的竞赛态度，促成了非法招募、欺骗、运动增强药物的使用和其他为达目的而采用的不正当手段的出现。譬如说，著名的新英格兰爱国者队的四分卫汤姆·布拉迪（Tom Brady）因为在2015美国橄榄球联合会举办的冠军杯中偷换比赛用球，正面临着停赛4场的处罚。尽管存在着以上的消极方面，体育仍然大受欢迎，并将继续成为美国文化价值观的先驱。

大事年表

- 2002年
盐湖城冬季奥林匹克运动会，贿赂丑闻
- 2004年
美国国家女子足球队奥运夺金
- 2006年
日本赢得世界棒球经典赛
- 2008年
夏季奥运会在中国北京举办
- 2010年
南非成为第一个举行世界杯的非洲国家
- 2016年
巴西成为第一个举办奥林匹克运动会的南美国家

版权声明

书名：Sports in American History

Copyright © 2017, 2008 by Gerald R. Gems, Linda J. Borish, and Gertrud Pfister.

All rights reserved. Except for use in a review, the reproduction or utilization of this work in any form or by any electronic, mechanical, or other means, now known or hereafter invented, including xerography, photocopying, and recording, and in any information storage and retrieval system, is forbidden without the written permission of the publisher.

版权合同登记号：图字01-2017-8658

图书在版编目(CIP)数据

美国体育史 /(美) 杰拉尔德 R. 杰纳斯 (Gerald R. Gems),(美) 琳达 J. 波里什 (Linda J. Borish),(美) 格特鲁德·菲斯特 (Gertrud Pfister) 著;霍传颂,宋秀平,张鹏翔,卢凤仪译. —北京:人民体育出版社,2019
(世界体育史丛书 / 郝勤主编)
书名原文: SPORTS IN AMERICAN HISTORY: From Colonization to Globalization
ISBN 978-7-5009-5614-3

Ⅰ.①美… Ⅱ.①杰… ②琳… ③格… ④霍… ⑤宋… ⑥卢… Ⅲ.①体育运动史-美国 Ⅳ.①G817.129

中国版本图书馆 CIP 数据核字 (2019) 第 150221 号

*

人民体育出版社出版发行
北京建宏印刷有限公司印刷
新 华 书 店 经 销

*

787×1092 16 开本 35 印张 589 千字
2019 年 10 月第 1 版 2019 年 10 月第 1 次印刷

*

ISBN 978-7-5009-5614-3
定价:128.00 元

社址:北京市东城区体育馆路 8 号(天坛公园东门)
电话:67151482(发行部)   邮编:100061
传真:67151483   邮购:67118491
网址:www.sportspublish.cn
(购买本社图书,如遇有缺损页可与邮购部联系)